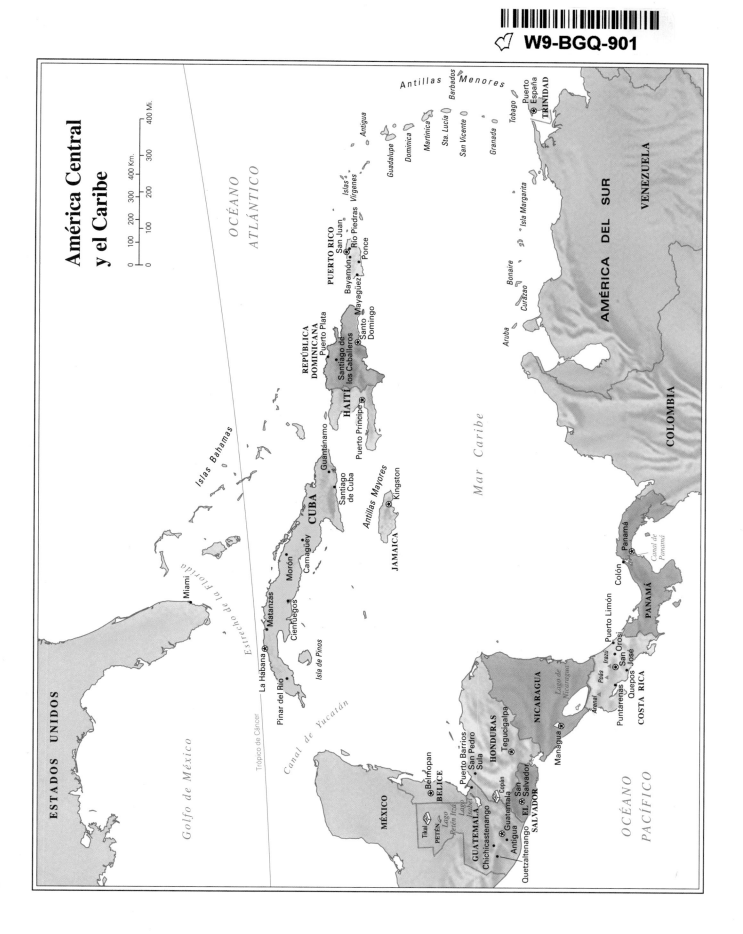

América Central y el Caribe

400 Mi.
400 Km.
300
300
200
200
100
100
0
0

ESTADOS UNIDOS

OCÉANO ATLÁNTICO

Golfo de México

Miami

Islas Bahamas

Estrecho de la Florida

Trópico de Cáncer

La Habana

Pinar del Río

Matanzas

Cienfuegos

Morón

Camagüey

Isla de Pinos

CUBA

Guantánamo

Santiago de Cuba

Canal de Yucatán

MÉXICO

Belmopan

BELICE

Tikal

PETÉN

Lago Petén Itzá

Lago Izabal

Puerto Barrios

San Pedro Sula

GUATEMALA

Guatemala

Copán

Antigua

Chichicastenango

Quetzaltenango

San Salvador

EL SALVADOR

HONDURAS

Tegucigalpa

NICARAGUA

Managua

Lago de Nicaragua

COSTA RICA

Puntarenas

Quepos

San José

Orosi

Arenal

Poás

Irazú

Puerto Limón

Colón

PANAMÁ

Panamá

Canal de Panamá

OCÉANO PACÍFICO

Mar Caribe

Antillas Mayores

JAMAICA

Kingston

HAITÍ

Puerto Príncipe

REPÚBLICA DOMINICANA

Puerto Plata

Santiago de los Caballeros

Santo Domingo

PUERTO RICO

San Juan

Bayamón

Río Piedras

Ponce

Mayagüez

Islas Vírgenes

Antigua

Guadalupe

Dominica

Martinica

Sta. Lucía

San Vicente

Granada

Antillas Menores

Barbados

Tobago

Puerto España

TRINIDAD

Aruba

Curazao

Bonaire

Isla Margarita

COLOMBIA

VENEZUELA

AMÉRICA DEL SUR

W9-BGQ-901

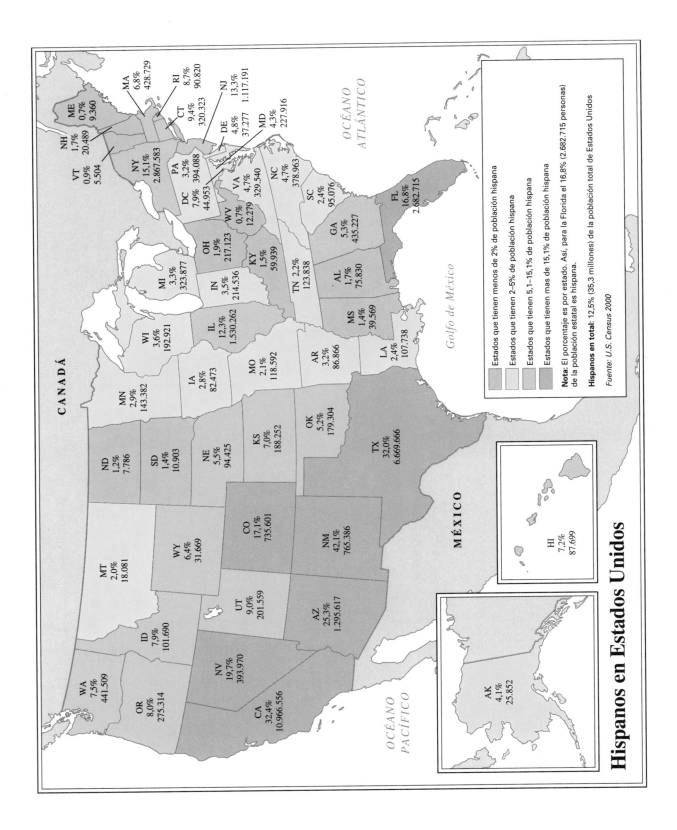

Hispanos en Estados Unidos

OCÉANO ATLÁNTICO

OCÉANO PACÍFICO

Golfo de México

CANADÁ

MÉXICO

ME 0,7% 9.360
NH 1,7% 20.489
MA 6,8% 428.729
RI 8,7% 90.820
CT 9,4% 320.323
NJ 13,3% 1.117.191
VT 0,9% 5.504
NY 15,1% 2.867.583
PA 3,2% 394.088
DE 4,8% 37.277
MD 4,3% 227.916
DC 7,9% 44.953
WV 0,7% 12.279
VA 4,7% 329.540
NC 4,7% 378.963
SC 2,4% 95.076
GA 5,3% 435.227
FL 16,8% 2.682.715
OH 1,9% 217.123
KY 1,5% 59.939
IN 3,5% 214.536
TN 2,2% 123.838
AL 1,7% 75.830
MS 1,4% 39.569
MI 3,3% 323.877
IL 12,3% 1.530.262
WI 3,6% 192.921
MO 2,1% 118.592
AR 3,2% 86.866
LA 2,4% 107.738
MN 2,9% 143.382
IA 2,8% 82.473
ND 1,2% 7.786
SD 1,4% 10.903
NE 5,5% 94.425
KS 7,0% 188.252
OK 5,2% 179.304
TX 32,0% 6.669.666
CO 17,1% 735.601
WY 6,4% 31.669
MT 2,0% 18.081
UT 9,0% 201.559
NM 42,1% 765.386
AZ 25,3% 1.295.617
ID 7,9% 101.690
NV 19,7% 393.970
WA 7,5% 441.509
OR 8,0% 275.314
CA 32,4% 10.966.556
HI 7,2% 87.699
AK 4,1% 25.852

Estados que tienen menos de 2% de población hispana

Estados que tienen 2–5% de población hispana

Estados que tienen 5,1–15,1% de población hispana

Estados que tienen mas de 15,1% de población hispana

Nota: El porcentaje es por estado. Así, para la Florida el 16,8% (2.682.715 personas) de la población estatal es hispana.

Hispanos en total: 12,5% (35,3 millones) de la población total de Estados Unidos

Fuente: U.S. Census 2000

¿Cómo se dice...?

Instructor's Annotated Edition

¿Cómo se dice...?

NINTH EDITION

Ana C. Jarvis
Chandler-Gilbert Community College

Raquel Lebredo
California Baptist University, Emerita

Francisco Mena-Ayllón
University of Redlands, Emeritus

Houghton Mifflin Company
Boston New York

Vice President, Executive Publisher: Rolando Hernández
Senior Sponsoring Editor: Glenn A. Wilson
Executive Marketing Director: Eileen Bernadette Moran
Senior Development Editor: Judith Bach
Senior Project Editor: Aileen Mason
Art and Design Manager: Jill Haber
Cover Design Director: Tony Saizon
Senior Photo Editor: Jennifer Meyer Dare
Composition Buyer: Chuck Dutton
New Title Project Manager: James Lonergan
Marketing Assistant: Ruth Lorreen Pelletier
Editorial Assistant: Paola Moll

Cover image: Gurvich Foundation, Montevideo Uruguay

Credits begin on page C-1, which is hereby considered an extension of the copyright page.

Printed in the U.S.A.

Library of Congress Control Number: 2007939716

Student Text:
ISBN-13: 978-0-547-00131-9
ISBN-10: 0-547-00131-2

Instructor's Annotated Edition:
ISBN-13: 978-0-547-00337-5
ISBN-10: 0-547-00337-4

2 3 4 5 6 7 8 9-DOW-11 10 09 08

Brief Contents

Dear Colleagues,

We welcome you to the newest edition of the *¿Cómo se dice...?* program. Through eight editions and thirty years, we are proud to have helped and motivated more than two million students to continue their study of Spanish!

Of course, we've heard what you like about the program and have retained the hallmark features that have made *¿Cómo se dice...?* so successful:

* A balanced, four-skills approach that adapts to a range of teaching styles and course objectives

* A clear, logical presentation of grammar

* An emphasis on practical communication in natural, high-interest contexts

* An abundance of four-skills practice that is both realistic and challenging for a variety of learning styles and ability levels

Thanks to valued suggestions from many of you, *¿Cómo se dice...?*, Ninth Edition, will be available as a fully integrated, multimedia online eBook. We've made the best use of the newest instructional and course-management technologies so that the wealth of supporting content and practice is accessible with the simple click of a button. As you will notice in the pages that follow, the text itself features a new, easy-to-navigate design, with logical two-page spreads and color-coded lesson sections.

We are confident that you will discover in these pages that *¿Cómo se dice...?*, Ninth Edition, can help revitalize your introductory Spanish classroom and enhance the learning experience. Whether you are a longtime user or are new to the program, we hope you will share our enthusiasm.

Un cordial saludo,

Ana C. Jarvis   Raquel Lebredo   Francisco Mena-Ayllón

New to the Ninth Edition

Users of previous editions will instantly recognize the retention of the program's solid, proven framework. The following list highlights the major changes in the Student Edition and in the supporting components of the program.

New Multimedia eBook includes a live, real-time voice-chat feature that allows students to interact with you and with each other. It provides the entire text online, integrated with audio, video, and practice links at relevant points throughout each lesson.

 New HM SpanishSPACE™ features a basic student website with audio flashcards, vocabulary, grammar, and video ACE practice tests, web search activities, weblinks, in-text audio files in .mp3 format **plus** additional passkey-protected premium content including interactive practice, the complete video in .mp4 format, and SAM audio program in .mp3 format.

New Interior Design is visually clear, appealing, and based on spreads, which makes the text easy to use and stimulates students' spatial memory. The new art and photo program supports visual learning as well.

Revised and Expanded Vocabulary Practice has been sequenced to go from form-focused exercises (multiple choice, sentence completion, etc.) to open-ended activities. New vocabulary activities have been added to offer students more opportunity to practice new terms in context.

Enhanced Cultural Presentation in the new, two-page opening spread provides a complete overview of each lesson's content and introduces cultures and countries to be covered. New photos and detailed maps capture students' interest in cultural content from the beginning of the lesson.

Enhanced Strategies for developing speaking, listening, reading, and writing skills are clearly articulated. Specific exercises guide students in applying the strategies and assimilating them into their approach to language learning and language use.

Revised Multi-tier Video includes new and revised travelogue video segments that relate directly to the *Panorama hispánico* cultural sections. The standard video now includes grammar tutorials for **all** grammar points in the textbook.

Program Components

¿*Cómo se dice…?*, Ninth Edition, features a fully integrated program of components, designed with flexibility in mind to accommodate a variety of individual teaching and learning styles. The complete program consists of the following items:

Student Components

Student Textbook

Each of the eighteen lessons in your textbook presents and practices vocabulary, grammar, pronunciation, cultural information, reading, listening, speaking, and writing. Self-tests appear after every three lessons.

In-Text Audio CDs

Packaged with your textbook, the *In-Text Audio CDs* contain recordings of the *Vocabulario* and *Pronunciación* sections, *dichos,* sample verb conjugations, and the readings in the *Rincón literario* sections. It also includes the recordings to accompany the *Al escuchar…* and *Al conversar…* activities.

Student Activities Manual (SAM)

The *Student Activities Manual* practices the material presented in your textbook. It is divided into a Workbook section, which focuses on vocabulary, grammar, reading, and writing practice; and a Laboratory Manual section, which focuses on pronunciation and listening comprehension.

SAM Audio CD Program

The *SAM Audio CD Program* reinforces your pronunciation and listening skills. It contains recorded material that corresponds to the Laboratory Manual section of the ¿*Cómo se dice…?* *Student Activities Manual.*

NEW! Online Multimedia eBook

The new *Online Multimedia eBook* provides the entire student textbook online for a complete interactive experience. With links to all of the program's media resources embedded at relevant points in the text, one click lets you immediately practice and reinforce what you have learned. The *Online Multimedia eBook* also features instant activity feedback, audio recordings of all vocabulary terms and pronunciation practice, and real-time text and voice chat.

Quia eSAM

This online version of the *Student Activities Manual* contains the adapted content of the printed *SAM* plus the recorded material from the *SAM Audio CD Program* in an interactive environment that provides immediate feedback so you can monitor your progress. In addition, you can link to the textbook website for additional practice or to a SMARTHINKING™ tutor for extra help.

SMARTHINKING™ Online Tutoring for Spanish

Packaged with the *Quia eSAM,* SMARTHINKING™ offers you a range of tutorial services, including live online help, questions any time, independent study resources, and personalized student home pages to archive tutoring sessions and feedback for future reference.

Revised! ¿*Cómo se dice…?*, Ninth Edition DVD

This three-tier DVD features dramatized versions of the lesson-opening dialogues, geographic footage accompanied by descriptive narratives in Spanish, and sixty-seven grammar presentations, one for each grammar topic covered in the textbook. The video program is designed to help you learn about Spanish-speaking cultures, to practice your listening skills, and to reinforce lesson vocabulary and grammar.

HM SpanishSPACE

The *HM SpanishSPACE* website includes a variety of resources and practice to be used as you study each lesson or as you review for quizzes and exams. Each section of the website provides valuable resources:

◆ *ACE the Test* includes vocabulary and grammar practice tests, with automatic feedback that helps you understand errors and pinpoint areas you may need to review. *ACE Video Activities* include practice based on short clips from the *¿Cómo se dice...?* DVD. Completed activities can be printed or e-mailed directly to your instructor.

◆ *Improve Your Grade* features audio flashcards for additional practice of vocabulary, pronunciation, and verb conjugations; .mp3 files of the *In-Text Audio CDs;* and web search activities that provide practice with lesson vocabulary and grammar while exploring authentic Spanish-language websites. In addition, you'll find weblinks that help you explore concepts presented in the *Ubíquese... y búsquelo* feature of the textbook.

◆ Passkey-protected premium content consists of the *SAM Audio Program* in .mp3 format, the complete three-tier video in .mp4 format, and interactive multimedia activities.

In addition, the *¿Cómo se dice...?*, *HM SpanishSPACE website* offers direct links to the SMARTHINKING™ website. *HM SpanishSPACE* is accessible at **college.hmco.com/pic/comosedice9e.**

Instructor Components

Instructor's Annotated Edition

This resource offers a wealth of support for new and experienced instructors alike: answers to textbook exercises and activities appear at point-of-use and icons refer instructors to additional in-class activities, presentation tools, and video resources.

Quia eSAM

This course management resource provides the flexibility to customize content, review and revise grading decisions, provide feedback to students, and grade open-ended exercises.

Revised Video Program (DVD)

This multi-tier video features three types of footage for each lesson in the textbook: a dramatization of the lesson-opening dialogue, new geographic footage with narrative in Spanish, and a video presentation of all grammar topics. It is also available on HM SpanishSPACE.

HM SpanishSPACE (Instructor Website)

Resources include

◆ testing program including answer keys, audio scripts, and downloadable Testing Audio files in .mp3 format

◆ answer keys (textbook activities, SAM, testing program)

◆ audio scripts and video transcripts

◆ additional in-class activities

◆ integration guide, and more

Sample Syllabi

¿Cómo se dice...?, Ninth Edition, can easily be adapted to a variety of course plans and schedules. Careful attention has been paid to the sequencing of grammatical concepts and to the progression of activities to ensure that the text may be used effectively in courses in a two-term, three-term, or a four-term system. The following syllabi are designed for courses that meet five class periods per week for fourteen weeks.

Two-term Course: The first term includes Lessons 1–9. The second term covers Lessons 10–18. The syllabus for each term includes a mid-term exam, quizzes after each lesson, and one or two review sessions.

First term: Lessons 1–9	Second term: Lessons 10–18
◆ the present indicative	◆ the imperfect
◆ the present progressive	◆ the subjunctive (present and past)
◆ the preterit	◆ the present and past perfect
	◆ the future
	◆ the conditional

Three-term Course: The first term includes Lessons 1–6, the second term Lessons 7–12, and the third term Lessons 13–18. The syllabus for each term includes a mid-term exam, quizzes after each lesson, and one review session.

First term: Lessons 1–6	Second term: Lessons 7–12	Third term: Lessons 13–18
◆ the present indicative	◆ the preterit	◆ the imperfect subjunctive
◆ the present progressive	◆ the imperfect	◆ the present and past perfect
	◆ the present subjunctive	◆ the future
		◆ the conditional

Four-term Course: The first term includes Lessons 1–5, the second term Lessons 6–10, the third term Lessons 11–14, and the fourth term Lessons 15–18. The syllabus for each term includes a mid-term exam, quizzes after each lesson, and four review sessions.

First term: Lessons 1–5	Second term: Lessons 6–10	Third term: Lessons 11–14	Fourth term: Lessons 15–18
◆ the present indicative (except for the **e:i** stem-changing verbs)	◆ the present indicative (**e:i** stem-changing verbs)	◆ the present subjunctive	◆ the future
◆ the present progressive	◆ the preterit	◆ the past and present perfect	◆ the conditional
	◆ the imperfect		◆ the imperfect subjunctive

Sample Lesson Plan for Lección 1

Day 1

1. Introduce yourself and have each student introduce himself or herself. Then have the class mingle for five minutes to practice introductions.

2. Introduce the course.

3. Introduce the lesson theme, objectives, and cultural aspects using the photos, instructor's annotation, and lesson objectives on pages 2–3.

4. Present the lesson vocabulary in the context of *Un día con María Inés,* the lesson dialogue.

5. Practice the vocabulary by doing the *Práctica* in the *Vocabulario* section.

6. Check overall comprehension of the dialogue by doing the *¿Quién lo dice?* activity.

7. Devote some time for class "housekeeping" and management issues. You may want to discuss submission and collection of eSAM or web-based practice for your review.

8. Assign your class to

   ◆ watch the *Un día con María Inés* video on the Premium Student Website.

   ◆ read through the *Hablemos* activities after *Un día con María Inés* and the *Para conversar* activities in the *Vocabulario* section.

   ◆ read through the *Pronunciación* section.

   ◆ read through the *Aspectos culturales* section.

Day 2

1. Review and practice the vocabulary in context. Then do the *Hablemos* activity following the dialogue and the *Para conversar* activities following the *Vocabulario.*

2. Present the pronunciation of the Spanish **a** and **e**.

3. Present the material in the *Aspectos culturales* section.

4. Assign your class to

   ◆ review and practice the lesson vocabulary and the pronunciation of **a** and **e** by listening to the In-Text Audio CD and doing the corresponding activities in the Student Activities Manual.

   ◆ read through *Estructuras* points 1 and 2.

   ◆ do the *Ubíquese… y búsquelo* web-based activity.

Day 3

1. Have students discuss in small groups their results from the *Ubíquese... y búsquelo* web-based activity.

2. Present *Estructuras* point 1.

3. Practice by doing the corresponding *Práctica* activities.

4. Present *Estructuras* point 2.

5. Practice by doing the corresponding *Práctica* exercises and the additional activities indicated in the instructor's annotations.

6. Assign your class to

   ◆ review and practice *Estructuras* points 1 and 2 by reading through the corresponding *Para conversar* activities and by doing the corresponding activities in the Student Activities Manual.

   ◆ read through *Estructuras* points 3 and 4, and their corresponding *Práctica* sections.

Day 4

1. Review and practice *Estructuras* points 1 and 2 by doing the respective *Para conversar* activities.

2. Present *Estructuras* point 3.

3. Practice by doing the corresponding *Práctica* exercises and the expansion activity indicated in the instructor's annotations.

4. Present *Estructuras* point 4.

5. Practice by doing the corresponding *Práctica* exercises and the additional activities indicated in the instructor's annotations.

6. Assign your class to

   ◆ review and practice *Estructuras* points 3 and 4 by reading through the corresponding *Para conversar* activities and by doing the corresponding activities in the Student Activities Manual.

   ◆ read *Estructuras* point 5 and its corresponding *Práctica* section.

   ◆ watch the video for *Estructuras* point 6 and read through the corresponding *Práctica* section.

Day 5

1. Review and practice *Estructuras* points 3 and 4 by doing the respective *Para conversar* activities.

2. Present *Estructuras* point 5.

3. Practice by doing the corresponding *Práctica* exercises and the expansion activity indicated in the instructor's annotations.

4. Present *Estructuras* point 6.

5. Practice by doing the corresponding *Práctica* exercises.

6. Assign your class to

   ◆ review and practice *Estructuras* points 5 and 6 by reading through the corresponding *Para conversar* activities and by doing the corresponding activities in the Student Activities Manual.

   ◆ watch the video for *Estructuras* point 7 and read through the corresponding *Práctica* section.

   ◆ read through *Al escuchar…* and *Al conversar…* in the *Así somos* section on page 24. (**strategy training**)

Day 6

1. Review and practice *Estructuras* points 5 and 6.

2. Present *Estructuras* point 7.

3. Practice by doing the corresponding *Práctica* exercises and the additional activity indicated in the instructor's annotations.

4. Present *Al escuchar…* and *Al conversar…* in *Así somos.*

5. Do the listening activity.

6. Assign your class to

   ◆ review and practice *Estructuras* point 7 by reading through the corresponding *Para conversar* activities and by doing the corresponding activities in the Student Activities Manual.

   ◆ read through the *Así somos* activities: *¿Cómo somos?, Para conocernos mejor, ¿Qué dice Ud.?* and *Una encuesta.*

   ◆ read the *¡Vamos a leer!* section on page 26.

Day 7

1. Review and practice *Estructuras* point 7 by doing the corresponding *Para conversar* activity.

2. Do the *Así somos* activities: *¿Cómo somos?, Para conocernos mejor, ¿Qué dice Ud.?, Una encuesta,* and the additional activities indicated in the instructor's annotations. (**lesson synthesis**)

3. Present the reading strategy (Recognizing cognates) and do the exercise in *Antes de leer.* Have students complete the comprehension check *Comprensión* as they read. Then have students complete the *Después de leer… desde su mundo* postreading activity. (**lesson synthesis and strategy training**)

4. Assign your class to

   ◆ read through the *Para crear* activity in the *Así somos* section.

   ◆ go to the Premium Student Website, Interactive Practice and do one of the *Así somos* activities for submission the day of the exam (Day 10).

Day 8

1. Present the writing strategy (Generating ideas by brainstorming) and practice extended writing by having students do the *Antes de escribir* and *A escribir el mensaje electrónico* sections in *¡Vamos a escribir!* **(lesson synthesis and strategy training)**

2. Do the *Para crear* activity in the *Así somos* section.

3. Assign your class to

   ◆ exchange the *mensaje electrónico* with a partner and peer edit using the *Después de escribir* guidelines. Request that it be returned to you during the next period (Day 9).

   ◆ read the *Panorama hispánico* and *Nuestro panorama cultural* questions, go to the Premium Student Website and watch the corresponding video (*Lección 1*, part 3: *Los mexicoamericanos*). Then do the corresponding *Panorama hispánico* activities in the Interactive Practice section.

Day 9

1. Devote the first five minutes to small-group (and/or full-class) reporting of the *Panorama hispánico* web-based activities.

2. Do the *Nuestro panorama cultural* activity in the textbook.

3. Review for the quiz on *Lección 1* on pages 90–91.

4. Assign your class to

   ◆ rewrite the *mensaje electrónico* according to the peer editor's feedback and to hand it in on the next period (Day 10).

   ◆ review material in *Lección 1*. You might suggest students do additional ACE test practice and review the electronic Audio Flashcards on the Basic Student Website.

Day 10

1. Assess by administering *Prueba de vocabulario* and *Prueba A* or *B*, depending on your grading criteria and timetable.

2. Assess by having them submit their final draft of the *mensaje electrónico*.

3. Assess by having them submit the completed web-based *Así somos* activity.

4. Introduce the theme and objectives for *Lección 2* using the opener photos, instructor's annotation, and lesson objectives.

¿Cómo se dice...?

¿Cómo se dice...?

NINTH EDITION

Ana C. Jarvis
Chandler-Gilbert Community College

Raquel Lebredo
California Baptist University, Emerita

Francisco Mena-Ayllón
University of Redlands, Emeritus

Houghton Mifflin Company
Boston   New York

Vice President, Executive Publisher: Rolando Hernández
Senior Sponsoring Editor: Glenn A. Wilson
Executive Marketing Director: Eileen Bernadette Moran
Senior Development Editor: Judith Bach
Senior Project Editor: Aileen Mason
Art and Design Manager: Jill Haber
Cover Design Director: Tony Saizon
Senior Photo Editor: Jennifer Meyer Dare
Composition Buyer: Chuck Dutton
New Title Project Manager: James Lonergan
Marketing Assistant: Ruth Lorreen Pelletier
Editorial Assistant: Paola Moll

Cover image: Gurvich Foundation, Montevideo Uruguay

Credits begin on page C-1, which is hereby considered an extension of the copyright page.

Printed in the U.S.A.

Library of Congress Control Number: 2007939716

Student Text:
ISBN-13: 978-0-547-00131-9
ISBN-10: 0-547-00131-2

Instructor's Annotated Edition:
ISBN-13: 978-0-547-00337-5
ISBN-10: 0-547-00337-4

1 2 3 4 5 6 7 8 9-DOW-11 10 09 08 07

To the Student

Dear Students,

¿Cómo se dice...?, Ninth Edition, is designed to present the fundamentals of Spanish in order to achieve its goal of helping you attain linguistic proficiency. The Ninth Edition involves you in activities that require the communicative use of all four language skills (listening, speaking, reading, and writing). Special care has been devoted to providing practical insights into the cultural diversity of the Spanish-speaking world, because it is as essential to successful communication as linguistic competence.

As you embark on your journey to discovering the Spanish language, allow us to be your guides, together with your instructor, in offering you these tips to make the journey more productive, more interesting, and more enjoyable.

- Take every opportunity to hear, speak, read, and write Spanish.

- Try to relate everything you learn to your own experience, thinking of what you might say in different situations to express your ideas and opinions.

- Try to be aware of the Spanish-speaking community around you.

- Create mental images of what you hear and read, always going from concept to Spanish and vice versa.

- Watch Spanish programs on TV, including the news, and yes, soap operas, or learn some songs in Spanish, because exposure to spoken Spanish will help you internalize the language.

- Remember that learning is not a passive pursuit, but an active one. It is the practice that will help you learn.

Lastly, don't forget, learning Spanish takes time, but with commitment, enthusiasm, and dedication you will achieve your goal.

Un cordial saludo,

Ana C. Jarvis   Raquel Lebredo   Francisco Mena-Ayllón

An Overview of Your Textbook's

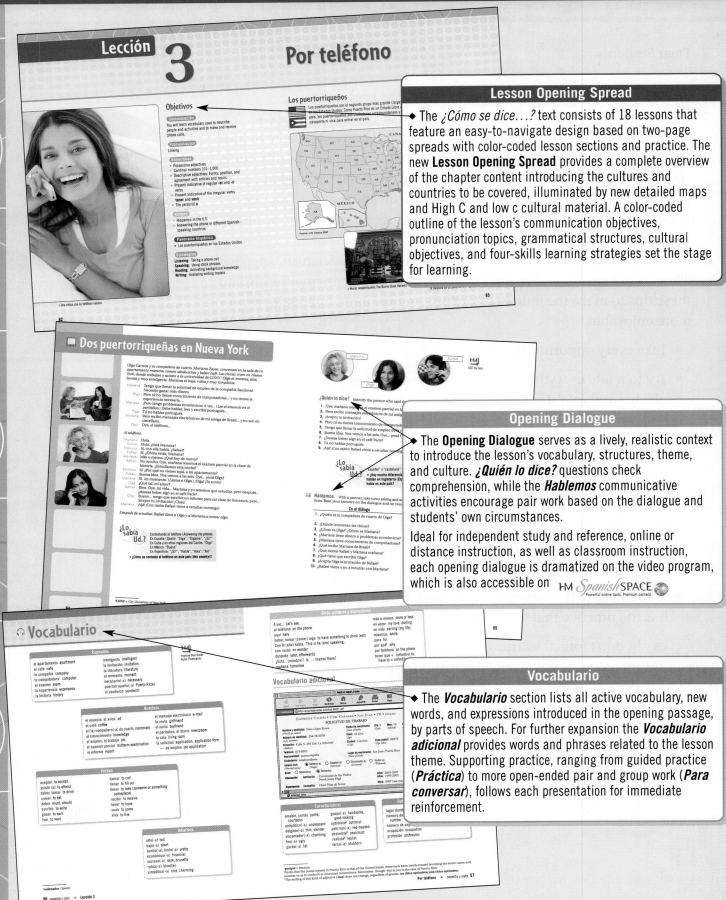

Lesson Opening Spread

◆ The *¿Cómo se dice...?* text consists of 18 lessons that feature an easy-to-navigate design based on two-page spreads with color-coded lesson sections and practice. The new **Lesson Opening Spread** provides a complete overview of the chapter content introducing the cultures and countries to be covered, illuminated by new detailed maps and High C and low c cultural material. A color-coded outline of the lesson's communication objectives, pronunciation topics, grammatical structures, cultural objectives, and four-skills learning strategies set the stage for learning.

Opening Dialogue

◆ The **Opening Dialogue** serves as a lively, realistic context to introduce the lesson's vocabulary, structures, theme, and culture. *¿Quién lo dice?* questions check comprehension, while the *Hablemos* communicative activities encourage pair work based on the dialogue and students' own circumstances.

Ideal for independent study and reference, online or distance instruction, as well as classroom instruction, each opening dialogue is dramatized on the video program, which is also accessible on **HM** *Spanish* SPACE
Powerful online tools. Premium content.

Vocabulario

◆ The *Vocabulario* section lists all active vocabulary, new words, and expressions introduced in the opening passage, by parts of speech. For further expansion the *Vocabulario adicional* provides words and phrases related to the lesson theme. Supporting practice, ranging from guided practice (*Práctica*) to more open-ended pair and group work (*Para conversar*), follows each presentation for immediate reinforcement.

Main Features

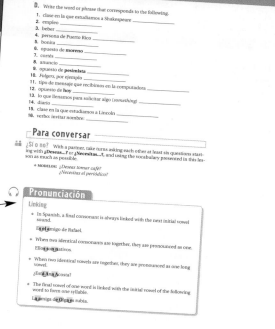

Pronunciación

Appearing in *Lecciones 1–18*, the **Pronunciación** section contains pronunciation, linking, and intonation exercises designed to acquaint students with the basic Spanish sounds and with natural speech. Special in-context coverage in *Lecciones 9–18* includes words and expressions from the lesson dialogues that are challenging for English speakers. ◆

D. Write the word or phrase that corresponds to the following.

1. clase en la que estudiamos a Shakespeare _____
2. empleo _____
3. beber _____
4. persona de Puerto Rico _____
5. bonita _____
6. opuesto de **moreno** _____
7. cortés _____
8. anuncio _____
9. opuesto de **pesimista** _____
10. *Folgers*, por ejemplo _____
11. tipo de mensaje que recibimos en la computadora _____
12. opuesto de **hoy** _____
13. lo que llamamos para solicitar algo (*something*) _____
14. diario _____
15. clase en la que estudiamos a Lincoln _____
16. verbo: invitar nombre: _____

Para conversar

¿Sí o no? With a partner, take turns asking each other at least six questions starting with **¿Deseas...?** or **¿Necesitas...?**, and using the vocabulary presented in this lesson as much as possible.

◆ MODELOS: ¿Deseas tomar café?
¿Necesitas el periódico?

Pronunciación

Linking

◆ In Spanish, a final consonant is always linked with the next initial vowel sound.
Es el amigo de Rafael.

◆ When two identical consonants are together, they are pronounced as one.
Ellos son nativos.

◆ When two identical vowels are together, they are pronounced as one long vowel.
¿Está Ana Acosta?

◆ The final vowel of one word is linked with the initial vowel of the following word to form one syllable.
La amiga de Olga es rubia.

Por teléfono ◆ sesenta y nueve **69**

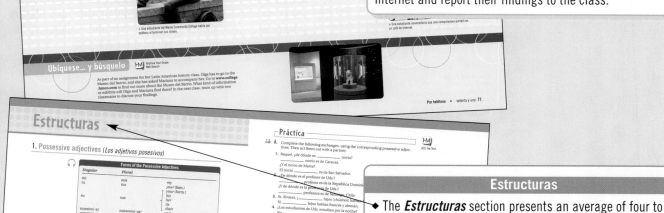

Aspectos culturales

En imágenes (Las telecomunicaciones)

◆ The **Aspectos culturales** section expands on the cultural practices, products, or themes introduced in the lesson's opening dialogue by way of vivid images. The *Ubíquese...y búsquelo* section encourages students to explore the Internet and report their findings to the class.

Ubíquese... y búsquelo

As part of an assignment for her Latin American history class, Olga has to go to the Museo del Barrio, and she has asked Mariana to accompany her. Go to **www.college.hmco.com** to find out more about the Museo del Barrio. What kind of information or exhibits will Olga and Mariana find there? In the next class, team up with two classmates to discuss your findings.

Por teléfono ◆ setenta y uno **71**

Estructuras

1. Possessive adjectives (Los adjetivos posesivos)

◆ The **Estructuras** section presents an average of four to five clear and succinct grammar points in English with practical examples and contextualized language models. Each presentation is immediately followed by *Práctica* exercises and *Para conversar* activities that range from controlled drills to open-ended activities, including illustration-based activities and pair and group work. Ideal for independent study and reference, as well as online or distance instruction, video tutorials are provided for each grammar topic covered in the program. These tutorials are also available for viewing on **HM Spanish SPACE**
Powerful online tools. Premium content.

Forms of the Possessive Adjectives

Singular	Plural	
mi	mis	my
tu	tus	your (fam.)
		your (form.)
su	sus	his
		her
		its
		their
nuestro(-a)	nuestros(-as)	our
vuestro(-a)	vuestros(-as)	your (fam.)

◆ Possessive adjectives always precede the nouns they introduce. They agree in number with the nouns they modify.

Yo necesito **mi** libro.
pluma.

Yo necesito **mis** libros.
plumas.

◆ **Nuestro** and **vuestro** are the only possessive adjectives that have the feminine endings **-a** and **-as**. The others take the same endings for both genders.

Nosotros necesitamos **nuestro** libro.
nuestra pluma.

Nosotros necesitamos **nuestros** libros.
nuestras plumas.

◆ Possessive adjectives agree in gender with the thing possessed and *not* with the possessor. For example, two male students referring to their female professor will say *nuestra profesora.*

◆ Because **su** and **sus** each have several possible meanings, the form **de él** (or **de ella, de ellos, de ellas, de Ud., or de Uds.**) can be substituted to avoid confusion. The "formula" is: *article + noun + de + pronoun.*

sus plumas → las plumas **de él (ella, Ud.,** *etc.*)
su libro → el libro **de él (ella, Ud.,** *etc.*)

—¿De dónde son **tus** amigos?   *"Where are your friends from?"*
—**Mis** amigos son de Puerto Rico.   *"My friends are from Puerto Rico."*

—¿Quién es la profesora **de Uds.?**   *"Who is your professor?"*
—**Nuestra** profesora es la doctora Paz.   *"Our professor is Dr. Paz."*

Un dicho

Mi casa es su casa.

72 setenta y dos ◆ Lección 3

Práctica

A. Complete the following exchanges, using the corresponding possessive adjectives. Then act them out with a partner.

1. Raquel, ¿de dónde es _____ novio?
_____ novio es de Caracas.
¿Y el novio de Marta?
El novio es _____ es de San Salvador.
2. ¿De dónde es el profesor de Uds.?
_____ profesor es de la República Dominicana.
¿Y de dónde es la profesora de Uds.?
_____ profesora es de Santiago, Chile.
3. Sr. Álvarez, ¿ _____ hijos (*children*) hablan inglés?
Sí, _____ hijos hablan francés y alemán.
4. ¿Los estudiantes de Uds. estudian por la noche?
No, _____ estudiantes estudian por la mañana.
5. ¿De dónde es _____ amiga, Srta. Burgos?
_____ amiga es de Tegucigalpa. ¿Y de dónde es Rosita?
_____ amigas son de Cádiz.
6. ¿Las hijas (*daughters*) de Uds. trabajan?
No, _____ hijas no trabajan.

B. Answer the following questions *in the negative*, using possessive adjectives.

1. ¿Lorena es la novia de Alberto?
2. ¿Necesitas tu libro de español?
3. ¿La profesora de Uds. es de México?
4. ¿Carlos y Daniel son tus amigos?
5. ¿El Dr. Paz y la Dra. Ruiz son profesores de Uds.?
6. ¿Tú necesitas mis cuadernos?
7. ¿Tú necesitas la dirección de los chicos?
8. ¿Marisa y Olga son las amigas de Claudia?

Para conversar

Deseamos saber... (*We want to know***. . .)** With a classmate, prepare questions you want to ask Olga and Mariana about their apartment, their classes, etc. Some of the questions should be addressed to both; others to one of them. Make sure you use the appropriate possessive adjectives.

2. Cardinal numbers 101–1,000 (Los números cardinales 101–1,000)

101	ciento uno (*and so on*)	600	seiscientos
200	doscientos	700	setecientos
300	trescientos	800	ochocientos
400	cuatrocientos	900	novecientos
500	quinientos	1.000	mil

Por teléfono ◆ setenta y tres **73**

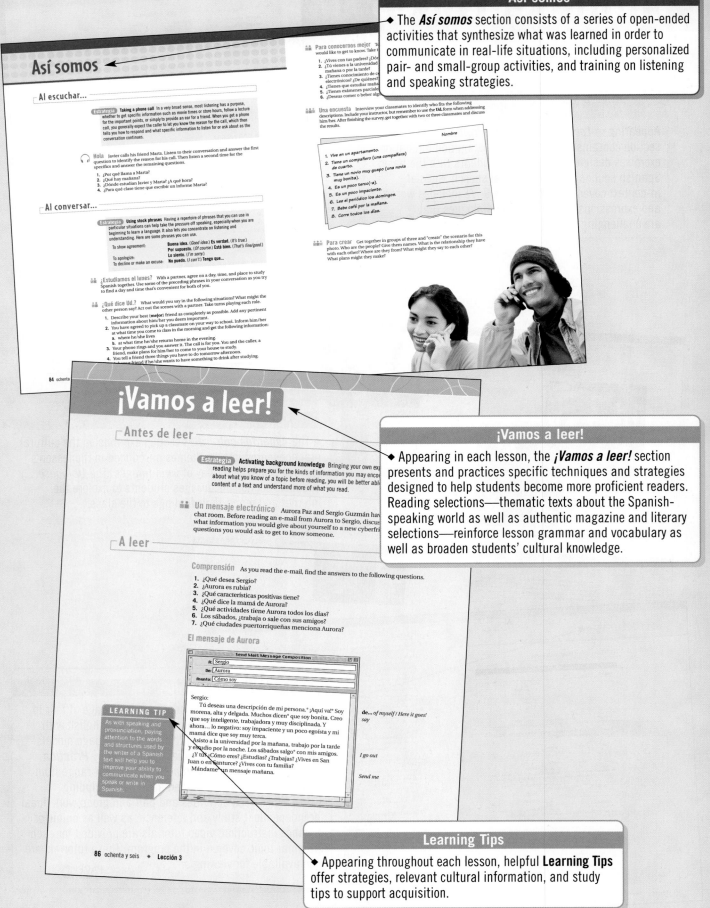

Así somos

Al escuchar...

Estrategia **Taking a phone call** In a very broad sense, most listening has a purpose, whether to get specific information such as movie times or store hours, follow a lecture for the important points, or simply to provide an ear for a friend. When you get a phone call, you generally expect the caller to let you know the reason for the call, which then tells you how to respond and what specific information to listen for or ask about as the conversation continues.

Hola Javier calls his friend Marta. Listen to their conversation and answer the first question to identify the reason for his call. Then listen a second time for the specifics and answer the remaining questions.

1. ¿Por qué llama a Marta?
2. ¿Qué hay mañana?
3. ¿Dónde estudian Javier y Marta? ¿A qué hora?
4. ¿Para qué clase tiene que escribir un informe Marta?

Al conversar...

Estrategia **Using stock phrases** Having a repertoire of phrases that you can use in particular situations can help take the pressure off speaking, especially when you are beginning to learn a language. It also lets you concentrate on listening and understanding. Here are some phrases you can use.

To show agreement:
Buena idea. (*Good idea.*) **Es verdad.** (*It's true.*)
Por supuesto. (*Of course.*) **Está bien.** (*That's fine/good.*)

To apologize:
Lo siento. (*I'm sorry.*)

To decline or make an excuse:
No puedo. (*I can't.*) **Tengo que...**

¿Estudiamos el lunes? With a partner, agree on a day, time, and place to study Spanish together. Use some of the preceding phrases in your conversation as you try to find a day and time that's convenient for both of you.

¿Qué dice Ud.? What would you say in the following situations? What might the other person say? Act out the scenes with a partner. Take turns playing each role.

1. Describe your best (**mejor**) friend as completely as possible. Add any pertinent information about him/her you deem important.
2. You have agreed to pick up a classmate on your way to school. Inform him/her at what time you come to class in the morning and get the following information:
   a. where he/she lives
   b. at what time he/she returns home in the evening.
3. Your phone rings and you answer it. The call is for you. You and the caller, a friend, make plans for him/her to come to your house to study.
4. You tell a friend three things you have to do tomorrow afternoon.

Para conocernos mejor Ta... would like to get to know. Take t...

1. ¿Vives con tus padres? ¿Dón...
2. ¿Tú vienes a la universidad ... mañana o por la tarde?
3. ¿Tienes conocimiento de c... electrónicos? ¿De quiénes?
4. ¿Tienes que estudiar much...
5. ¿Tienes exámenes parciale...
6. ¿Deseas comer o beber alg...

Una encuesta Interview your classmates to identify who fits the following descriptions. Include your instructor, but remember to use the **Ud.** form when addressing him/her. After finishing the survey, get together with two or three classmates and discuss the results.

	Nombre
1. Vive en un apartamento.	
2. Tiene un compañero (una compañera) de cuarto.	
3. Tiene un novio muy guapo (una novia muy bonita).	
4. Es un poco terco(-a).	
5. Es un poco impaciente.	
6. Lee el periódico los domingos.	
7. Bebe café por la mañana.	
8. Corre todos los días.	

Para crear Get together in groups of three and "create" the scenario for this photo. Who are the people? Give them names. What is the relationship they have with each other? Where are they from? What might they say to each other? What plans might they make?

84 ochenta

¡Vamos a leer!

Antes de leer

Estrategia **Activating background knowledge** Bringing your own exp... reading helps prepare you for the kinds of information you may enco... about what you know of a topic before reading, you will be better abl... content of a text and understand more of what you read.

Un mensaje electrónico Aurora Paz and Sergio Guzmán hav... chat room. Before reading an e-mail from Aurora to Sergio, discu... what information you would give about yourself to a new cyberfri... questions you would ask to get to know someone.

A leer

Comprensión As you read the e-mail, find the answers to the following questions.

1. ¿Qué desea Sergio?
2. ¿Aurora es rubia?
3. ¿Qué características positivas tiene?
4. ¿Qué dice la mamá de Aurora?
5. ¿Qué actividades tiene Aurora todos los días?
6. Los sábados, ¿trabaja o sale con sus amigos?
7. ¿Qué ciudades puertorriqueñas menciona Aurora?

El mensaje de Aurora

Send Mail: Message Composition

A: Sergio
De: Aurora
Asunto: Cómo soy

Sergio:
  Tú deseas una descripción de mi persona.° ¡Aquí va!° Soy morena, alta y delgada. Muchos dicen° que soy bonita. Creo que soy inteligente, trabajadora y muy disciplinada. Y ahora... lo negativo: soy impaciente y un poco egoísta y mi mamá dice que soy muy terca.
  Asisto a la universidad por la mañana, trabajo por la tarde y estudio por la noche. Los sábados salgo° con mis amigos.
  ¿Y tú? ¿Cómo eres? ¿Estudias? ¿Trabajas? ¿Vives en San Juan o en Santurce? ¿Vives con tu familia?
  Mándame° un mensaje mañana.

de... of myself / Here it goes!
say

I go out

Send me

LEARNING TIP
As with speaking and pronunciation, paying attention to the words and structures used by the writer of a Spanish text will help you to improve your ability to communicate when you speak or write in Spanish.

86 ochenta y seis ◆ Lección 3

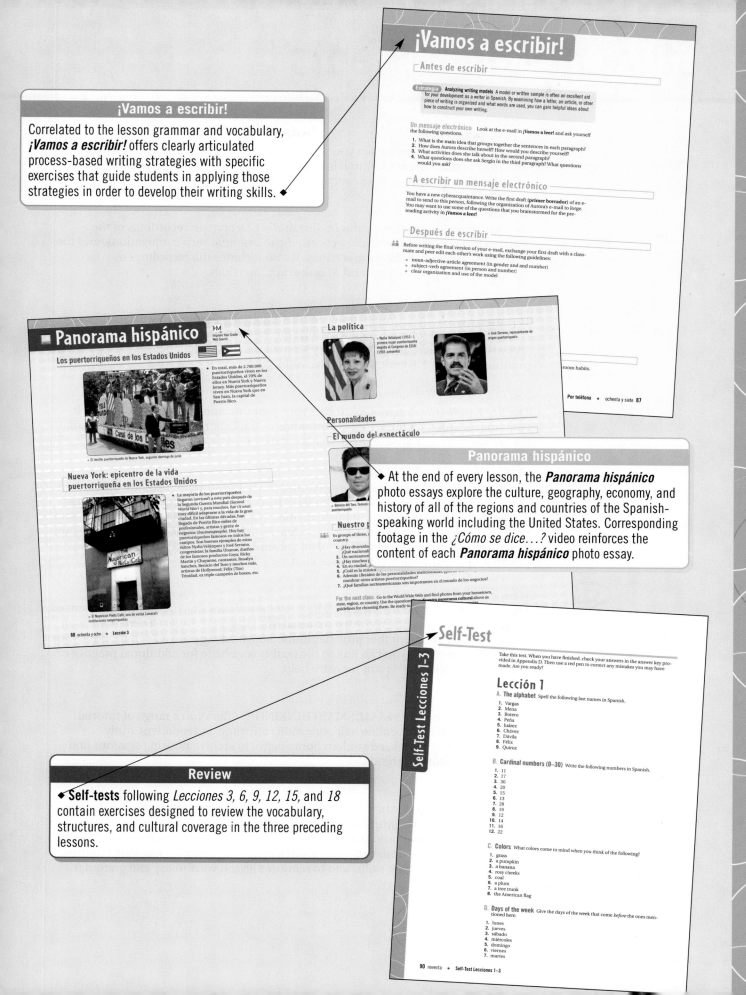

¡Vamos a escribir!

Correlated to the lesson grammar and vocabulary, ***¡Vamos a escribir!*** offers clearly articulated process-based writing strategies with specific exercises that guide students in applying those strategies in order to develop their writing skills. ◆

¡Vamos a escribir!

Antes de escribir

Estrategia **Analyzing writing models** A model or written sample is often an excellent aid for your development as a writer in Spanish. By examining how a letter, an article, or other piece of writing is organized and what words are used, you can gain helpful ideas about how to construct your own writing.

Un mensaje electrónico Look at the e-mail in **¡Vamos a leer!** and ask yourself the following questions.

1. What is the main idea that groups together the sentences in each paragraph?
2. How does Aurora describe herself? How would you describe yourself?
3. What activities does she talk about in the second paragraph?
4. What questions does she ask Sergio in the third paragraph? What questions would you ask?

A escribir un mensaje electrónico

You have a new cyberacquaintance. Write the first draft (**primer borrador**) of an e-mail to send to this person, following the organization of Aurora's e-mail to Jorge. You may want to use some of the questions that you brainstormed for the pre-reading activity in **¡Vamos a leer!**

Después de escribir

Before writing the final version of your e-mail, exchange your first draft with a classmate and peer edit each other's work using the following guidelines:
* noun-adjective-article agreement (in gender and and number)
* subject-verb agreement (in person and number)
* clear organization and use of the model

room habits.

Por teléfono ◆ ochenta y siete **87**

Panorama hispánico

HM Improve Your Grade
Web Search

Los puertorriqueños en los Estados Unidos

◆ En total, más de 2.700.000 puertorriqueños viven en los Estados Unidos, el 70% de ellos en Nueva York y Nueva Jersey. Más puertorriqueños viven en Nueva York que en San Juan, la capital de Puerto Rico.

◆ El desfile puertorriqueño de Nueva York, segundo domingo de junio

Nueva York: epicentro de la vida puertorriqueña en los Estados Unidos

◆ La mayoría de los puertorriqueños llegaron (*arrived*) a este país después de la Segunda Guerra Mundial (*Second World War*) y, para muchos, fue (*it was*) muy difícil adaptarse a la vida de la gran ciudad. En las últimas décadas, han llegado de Puerto Rico miles de profesionales, artistas y gente de negocios (*businesspeople*). Hoy hay puertorriqueños famosos en todos los campos. Son buenos ejemplos de estos éxitos Nydia Velázquez y José Serrano, congresistas; la familia Unanue, dueños de los famosos productos Goya; Ricky Martin y Chayanne, cantantes; Rosalyn Sanchez, Benicio del Toro y muchos más, artistas de Hollywood: Félix (Tito) Trinidad, ex campeón de boxeo, etc.

◆ El Nuyorican Poets Café, una de varias (*several*) instituciones neoyorquinas

88 ochenta y ocho ◆ **Lección 3**

La política

◆ Nydia Velázquez (1953–), primera mujer puertorriqueña elegida al Congreso de EEUU (1992–presente)

◆ José Serrano, representante de origen puertorriqueño

Personalidades

El mundo del espectáculo

◆ Benicio del Toro, famoso puertorriqueño

Nuestro p

In groups of three, country.

1. ¿Hay diversida ¿Qué nacionali
2. Un norteameri
3. ¿Hay muchos p
4. En su ciudad, ¿
5. ¿Cuál es la música
6. Además (*Besides*) de las personalidades mencionadas, ¿puede
   nombrar otros artistas puertorriqueños?
7. ¿Qué familias norteamericanas son importantes en el mundo de los negocios?

For the next class: Go to the World Wide Web and find photos from your hometown, state, region, or country. Use the questions from **Nuestro panorama cultural** above as guidelines for choosing them. Be ready to

Panorama hispánico

◆ At the end of every lesson, the ***Panorama hispánico*** photo essays explore the culture, geography, economy, and history of all of the regions and countries of the Spanish-speaking world including the United States. Corresponding footage in the *¿Cómo se dice…?* video reinforces the content of each ***Panorama hispánico*** photo essay.

Review

◆ **Self-tests** following *Lecciones 3, 6, 9, 12, 15,* and *18* contain exercises designed to review the vocabulary, structures, and cultural coverage in the three preceding lessons.

Self-Test

Take this test. When you have finished, check your answers in the answer key provided in Appendix D. Then use a red pen to correct any mistakes you may have made. Are you ready?

Lección 1

A. The alphabet Spell the following last names in Spanish.

1. Vargas
2. Mena
3. Botero
4. Peña
5. Juárez
6. Chávez
7. Dávila
8. Félix
9. Quiroz

B. Cardinal numbers (0–30) Write the following numbers in Spanish.

1. 11
2. 17
3. 30
4. 20
5. 15
6. 13
7. 28
8. 19
9. 12
10. 14
11. 16
12. 22

C. Colors What colors come to mind when you think of the following?

1. grass
2. a pumpkin
3. a banana
4. rosy cheeks
5. coal
6. a plum
7. a tree trunk
8. the American flag

D. Days of the week Give the days of the week that come *before* the ones mentioned here.

1. lunes
2. jueves
3. sábado
4. miércoles
5. domingo
6. viernes
7. martes

90 noventa ◆ **Self-Test Lecciones 1–3**

Self-Test Lecciones 1–3

Student Components

Student Textbook

Each of the eighteen lessons in your textbook presents and practices vocabulary, grammar, pronunciation, cultural information, reading, listening, speaking, and writing. Self-tests appear after every three lessons.

In-Text Audio CDs

Packaged with your textbook, the *In-Text Audio CDs* contain recordings of the *Vocabulario* and *Pronunciación* sections, *dichos,* sample verb conjugations, and the readings in the *Rincón literario* sections. It also includes the recordings to accompany the *Al escuchar...* and *Al conversar...* activities.

Student Activities Manual (SAM)

The *Student Activities Manual* practices the material presented in your textbook. It is divided into a Workbook section, which focuses on vocabulary, grammar, reading, and writing practice; and a Laboratory Manual section, which focuses on pronunciation and listening comprehension.

SAM Audio CD Program

The *SAM Audio CD Program* reinforces your pronunciation and listening skills. It contains recorded material that corresponds to the Laboratory Manual section of the *¿Cómo se dice...? Student Activities Manual.*

NEW! Online Multimedia eBook

The new *Online Multimedia eBook* provides the entire student textbook online for a complete interactive experience. With links to all of the program's media resources embedded at relevant points in the text, one click lets you immediately practice and reinforce what you have learned. The *Online Multimedia eBook* also features instant activity feedback, audio recordings of all vocabulary terms and pronunciation practice, and real-time text and voice chat.

Quia eSAM

This online version of the *Student Activities Manual* contains the adapted content of the printed *SAM* plus the recorded material from the *SAM Audio CD Program* in an interactive environment that provides immediate feedback so you can monitor your progress. In addition, you can link to the textbook website for additional practice or to a SMARTHINKING™ tutor for extra help.

SMARTHINKING™ Online Tutoring for Spanish

Packaged with the *Quia eSAM,* SMARTHINKING™ offers you a range of tutorial services, including live online help, questions any time, independent study resources, and personalized student home pages to archive tutoring sessions and feedback for future reference.

Revised! *¿Cómo se dice...?,* Ninth Edition DVD

This three-tier DVD features dramatized versions of the lesson-opening dialogues, geographic footage accompanied by descriptive narratives in Spanish, and sixty-seven grammar presentations, one for each grammar topic covered in the textbook. The video program is designed to help you learn about Spanish-speaking cultures, to practice your listening skills, and to reinforce lesson vocabulary and grammar.

HM SpanishSPACE

The *HM SpanishSPACE* website includes a variety of resources and practice to be used as you study each lesson or as you review for quizzes and exams. Each section of the website provides valuable resources:

◆ *ACE the Test* includes vocabulary and grammar practice tests, with automatic feedback that helps you understand errors and pinpoint areas you may need to review. *ACE Video Activities* include practice based on short clips from the *¿Cómo se dice...?* DVD. Completed activities can be printed or e-mailed directly to your instructor.

◆ *Improve Your Grade* features audio flashcards for additional practice of vocabulary, pronunciation, and verb conjugations; .mp3 files of the *In-Text Audio CDs;* and web search activities that provide practice with lesson vocabulary and grammar while exploring authentic Spanish-language websites. In addition, you'll find weblinks that help you explore concepts presented in the *Ubíquese... y búsquelo* feature of the textbook.

◆ Passkey-protected premium content consists of the *SAM Audio Program* in .mp3 format, the complete three-tier video in .mp4 format, and interactive multimedia activities.

In addition, the *¿Cómo se dice...?, HM SpanishSPACE website* offers direct links to the SMARTHINKING™ website. *HM SpanishSPACE* is accessible at **college.hmco.com/pic/comosedice9e.**

Scope and Sequence

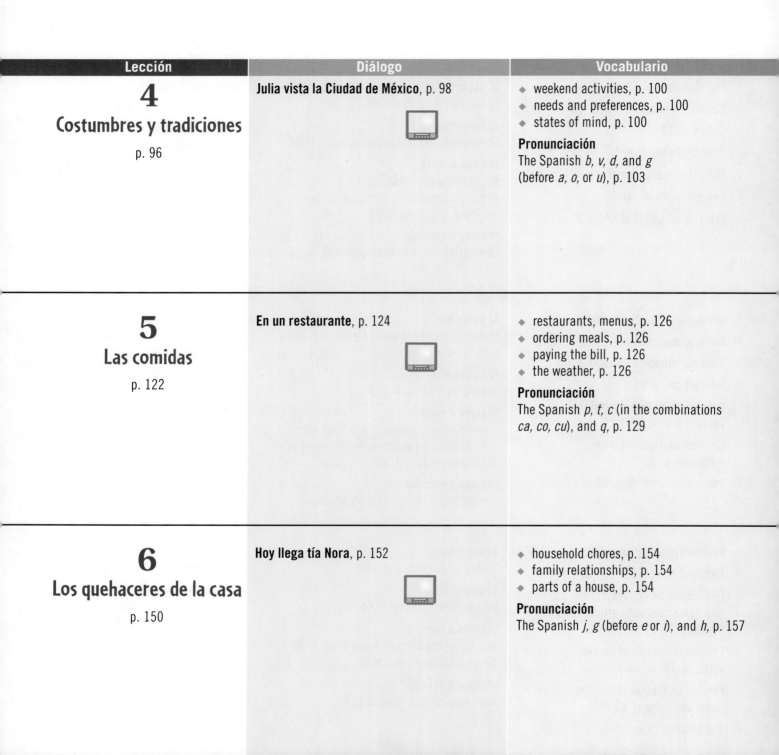

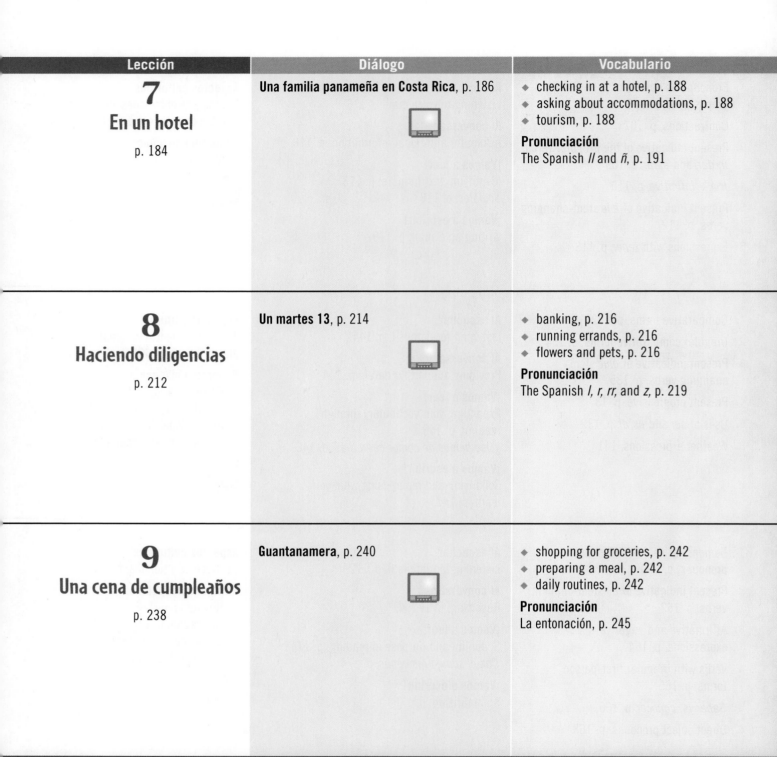

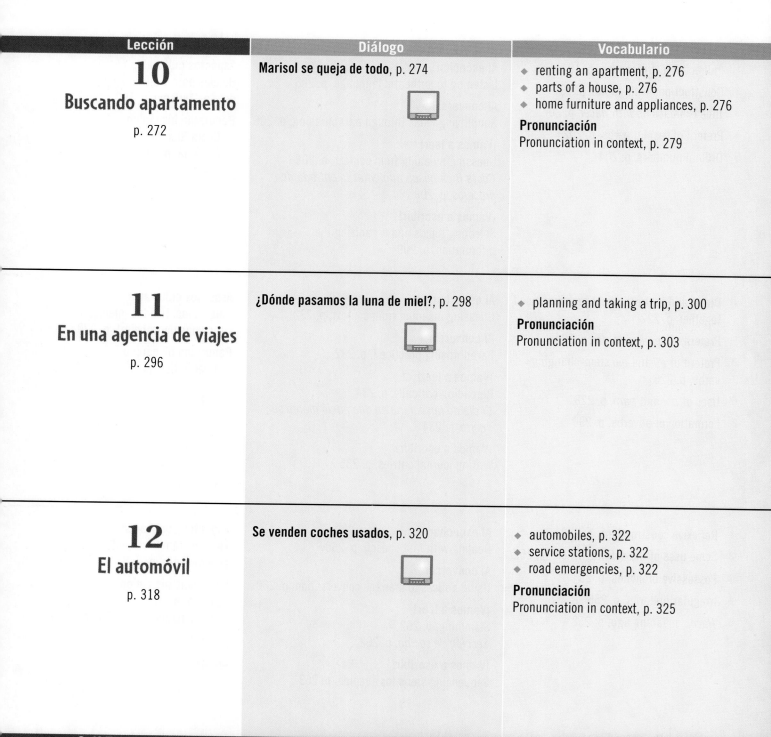

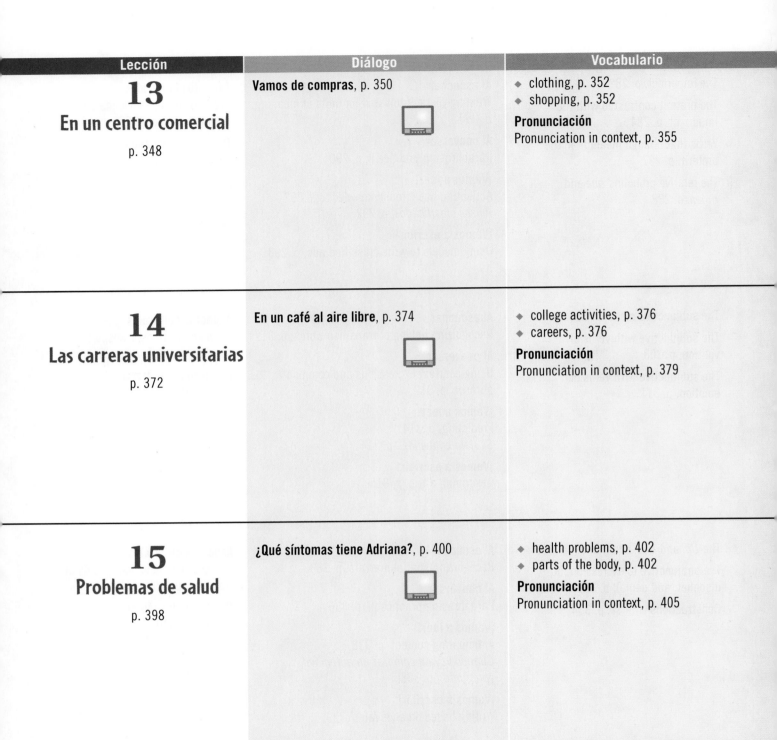

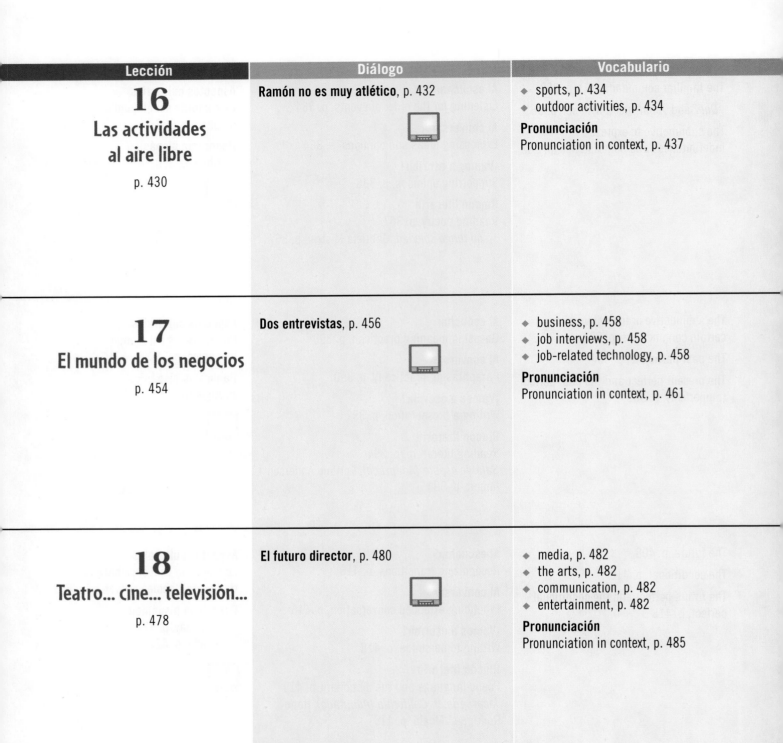

Acknowledgments

We wish to express our appreciation to the following colleagues for the many valuable suggestions they have offered in reviews of several editions of *¿Cómo se dice...?*

Robert L. Adler, *University of Alabama, Birmingham*
Iris Allocati, *Citrus College*
Jon Amastae, *University of Texas, El Paso*
Richard Auletta, *Long Island University, Brookville, NY*
Ann Bachman, *Seminole Community College*
Ann Baker, *University of Evansville*
Clayton Baker, *Indiana University, Indianapolis*
Deborah Baldini, *University of Missouri, Saint Louis*
Alejandra Balestra, *University of New Mexico*
Thomas Bente, *Temple University*
Mayra E. Bonet, *Lehman College, CUNY*
Paul Budofsky, *New York University*
Renatta Buscaglia, *East Los Angeles College*
Graciela Buschardt, *St. Louis Community College, Meramec*
Ezequiel Cardenas, *Cuyamaca College*
Malcolm Compitello, *Michigan State University*
Humberto Delgado-Jenkins, *DeKalb College*
Diana Diehl, *University of Delaware*
Mario L. D'Onofrio, *Cuyahoga Community College*
Martin H. Durrant, *Mesa Community College*
Deborah Edson, *Tidewater Community College*
Kenneth Eller, *University of Nebraska, Omaha*
María Enrico, *Mercy College*
Barbara P. Esquival-Heinemann, *Winthrop University*
Robert Fedorchek, *Fairfield University*
Ronna Feit, *Nassau Community College*
José Feliciano, *University of South Florida*
Roger Fernández, *Los Angeles City College*
Rosa Fernández, *University of New Mexico*
Rachel Finney, *Richard Bland College*
Carmen Forner, *College of Southern Nevada, Las Vegas*
Mark Forrester, *Burlington County College*
Walter Fuentes, *College of Charleston*
Brian Gilles, *Pasadena College*
John W. Griggs, *Glendale Community College*
Yolanda Guerrero, *Grossmont College*
Peg Haas, *Kent State University*
Janet J. Hampton, *University of the District of Columbia*
Paul Jacques, *Grossmont College*
Mercedes Jiménez, *University of California, Riverside*
Larry King, *University of North Carolina*
Lincoln Lambeth, *College of the Ozarks*
Fidel de León, *El Paso Community College*
Roxana Levin, *St. Petersburg Junior College*
Mark Littlefield, *Buffalo State College*
Christopher Maurer, *Harvard University*
Li McCleod, *University of Saskatchewan*
Kathy McConnell, *Point Loma Nazarene University*
Virginia M. McCready, *Pasadena City College*
Ornella Mazzuca, *Dutchess Community College*

Dawn Meissner, *Anne Arundel Community College*
Virginia Morris, *Broward Community College*
Karen-Jean Muñoz, *Florida Community College at Jacksonville*
Oliver T. Myers, *University of Wisconsin, Milwaukee*
Eileen Nelson, *Brookhaven College*
Verónica Mejía Noguer, *Chaffey College*
Joanne de la Parra, *Queen's University*
Loknath Persaud, *Pasadena City College*
George Pesacreta, *Palomar College*
Vernon L. Peterson, *Missouri Southern State College*
Alcibiades Policarpo, *The University of Missouri, St. Louis*
Alvin L. Prince, *Furman University*
Joy Renjilian-Burgy, *Wellesley College*
Duane Rhodes, *University of Wyoming*
Wendy L. Rolph, *University of Toronto*
Jeff Ruth, *East Stroudsburg University*
José Angel Sainz, *Mary Washington College*
José Alejandro Sandoval Erosa, *Des Moines Area Community College*
Ruth E. Smith, *Northeast Louisiana University*
Montserrat Solá-Solé, *University of the District of Columbia*
William N. Stivers, *Pepperdine University*
Octavio de la Suarée, *William Paterson College*
Alice K. Taub, *St. Louis University*
Edda Temoche-Weldele, *Grossmont College*
Charles P. Thomas, *University of Wisconsin*
Matthew Tornatore, *Truman State University*
Alfredo Torrejón, *Auburn University*
Margarita Vargas, *SUNY, Buffalo*
Maurice Westmoreland, *SUNY, Albany*

Finally, we want to extend our sincere appreciation to the World Languages Team at Houghton Mifflin Company, College Division: Rolando Hernández, Vice President and Executive Publisher; Glenn A. Wilson, Senior Sponsoring Editor; Judith Bach, Senior Development Editor; Eileen Bernadette Moran, Executive Marketing Director; Aileen Mason, Senior Project Editor; and Paola Moll, Editorial Assistant. We thank Jerilyn Bockorick Kauffman for creating a wonderful design; Linda Rodolico for tackling the gargantuan task of updating most of the art program; Sue McDermott Barlow for working tirelessly to update many of the photos; Grisel Lozano-Garcini, Cecilia Molinari, and Eleanor Morris for proofreading; and Maro Riofrancos for indexing.

▲ ¿Hola o adiós?

Objetivos

Comunicación

You will learn some greetings and farewells, how to introduce yourself and say where you are from, how to get and give phone numbers, and how to talk about days of the week and dates.

Pronunciación

The Spanish **a** and **e**

Estructuras

- ◆ The alphabet
- ◆ Cardinal numbers 0–30
- ◆ Colors
- ◆ Days of the week
- ◆ Months and seasons of the year
- ◆ Subject pronouns
- ◆ Present indicative of **ser**

Cultura

- ◆ Names and nicknames in the Hispanic world
- ◆ Body language when greeting and bidding farewell in Spanish-speaking societies
- ◆ Ways of addressing people in Spanish cultures
- ◆ Spanish origins of certain regional and city names in the U.S. and Canada

Panorama hispánico

- ◆ Los mexicoamericanos
- ◆ Los Estados Unidos hispánicos y el español en el mundo

Estrategias

Listening: Listening for the main idea
Speaking: Speaking for basic communication vs. highly accurate speech
Reading: Recognizing cognates
Writing: Generating ideas by brainstorming

Saludos y despedidas

Los mexicoamericanos

En los Estados Unidos (*United States*) hay unos 40 millones de hispanos. El 60 por ciento (*percent*) son de origen mexicano. La mayoría de ellos están (*are*) concentrados principalmente en Arizona, California, Tejas, Colorado, Nevada y Nuevo México.

Activity suggestion Use the photo on page 2 to introduce the lesson theme. Ask your students: What greetings and farewells have you heard in Spanish? The young woman in this photo could be saying "hello" or "good-bye." How do you respond? Come back to this photo once your class has completed **Lección 1** and ask students questions using the vocabulary and grammar they have learned. Do the same in every lesson.

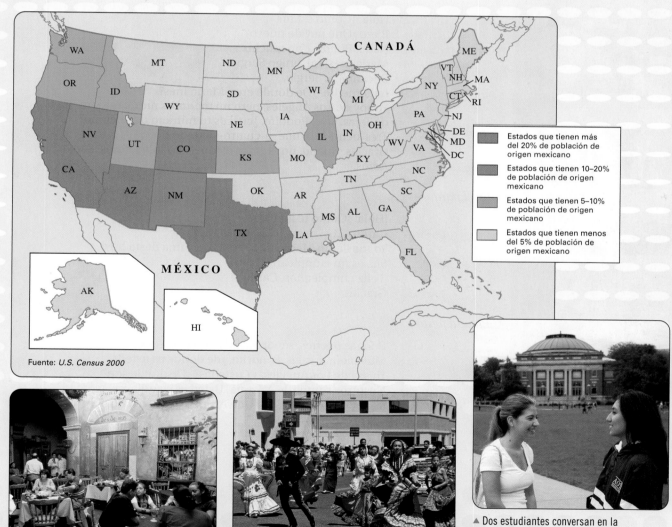

CANADÁ

MÉXICO

Estados que tienen más del 20% de población de origen mexicano

Estados que tienen 10–20% de población de origen mexicano

Estados que tienen 5–10% de población de origen mexicano

Estados que tienen menos del 5% de población de origen mexicano

Fuente: *U.S. Census 2000*

▲ Café Barrio en Phoenix, Arizona

▲ Desfile folclórico durante la celebración de la Conferencia Internacional de Mariachis en Tucson, Arizona

▲ Dos estudiantes conversan en la Universidad de Illinois.

Un día con María Inés

En la clase

María Inés	Buenos días. Usted es el doctor Trujillo, ¿verdad?
Dr. Trujillo	Sí, señorita. ¿Y usted? ¿Cómo se llama?
María Inés	Me llamo María Inés Hidalgo.
Dr. Trujillo	Mucho gusto, señorita Hidalgo.
María Inés	El gusto es mío, profesor.
Dr. Trujillo	Tome asiento, por favor.
María Inés	Gracias.

HM
Handout En contexto

En la cafetería

María Inés	Buenas tardes, señora. ¿Cómo está usted?
Señora	Muy bien, gracias. ¿Y tú, María Inés?
María Inés	Bien, gracias. Bueno, hasta mañana.
Señora	Hasta mañana. Saludos a Teresa.
María Inés	Gracias.

María Inés	Hola. ¿Cómo están?
Rodolfo	Bien. ¿Qué hay de nuevo?
María Inés	Nada. Bueno... no mucho...
Rodolfo	María Inés: mi amigo Sergio.
María Inés	Encantada, Sergio.
Sergio	Igualmente. ¿De dónde eres, María Inés?
María Inés	Yo soy de Los Ángeles, pero mi mamá es mexicana y mi papá es de Tejas. Oye, Rodolfo, ¿cuál es tu número de teléfono?
Rodolfo	Tres-ocho-seis-nueve-cuatro-siete-dos.
María Inés	Gracias. Bueno, nos vemos el lunes, Rodolfo. Adiós, Sergio.
Rodolfo y Sergio	Adiós.

En el parque

María Inés	¡Hola! ¿Cómo te llamas?
Carlitos	Carlitos...
María Inés	Yo me llamo María Inés. Oye... ¿hay una fiesta hoy?
Carlitos	Sí... es mi cumpleaños...
María Inés	¡Feliz cumpleaños, Carlitos!
Carlitos	Gracias.

En una fiesta

María Inés	Buenas noches, señor Paz. ¿Cómo le va?
Sr. Paz	Muy bien, gracias. Señorita, ¿de dónde es usted?
María Inés	Yo soy de Los Ángeles. ¿Y ustedes? ¿De dónde son?
Sr. Paz	Nosotros somos de Arizona. Usted es estudiante, ¿verdad?
María Inés	Sí, soy estudiante de la Universidad de California.

María Inés

el Dr. Trujillo

la señora

Carlitos

Rodolfo

el Sr. Paz

¿Quién lo dice? (*Who says it?*) Identify the person who said the following in the dialogues.

1. Sí... es mi cumpleaños.   <u>Carlitos</u>
2. Oye... ¿hay una fiesta hoy?   <u>María Inés</u>
3. Tres-ocho-seis-nueve-cuatro-siete-dos.   <u>Rodolfo</u>
4. Nosotros somos de Arizona. Usted es estudiante, ¿verdad?   <u>el Sr. Paz</u>
5. Hasta mañana. Saludos a Teresa.   <u>la señora</u>
6. Tome asiento, por favor.   <u>Dr. Trujillo</u>

En el diálogo, Answers 1. Es profesor.   2. María Inés es de Los Ángeles.   3. El papá de María Inés es de Tejas.   4. El Sr. Paz y sus amigos son de Arizona.
5. Es mexicana. *Answers for personalized questions will vary.*

 Hablemos.   With a partner, take turns asking and answering the following questions. Base your answers on the dialogue and on your own circumstances.

En el diálogo	¿Y tú?
1. ¿El doctor Trujillo es profesor o estudiante?	¿Tú eres profesor(-a) o estudiante?
2. ¿De dónde es María Inés?	¿De dónde eres tú?
3. ¿De dónde es el papá de María Inés?	¿De dónde es tu papá?
4. ¿De dónde son el señor Paz y sus (*his*) amigos?	¿De dónde son tú y tus amigos?
5. ¿La mamá de María Inés es mexicana o norteamericana?	¿Tu mamá es mexicana o norteamericana?

¿Lo sabía Ud.?

María es un nombre (*name*) muy popular en España y en Latinoamérica. Frecuentemente se usa con otros nombres: Ana María, María Teresa, etc. Se usa también como segundo nombre (*middle name*) para hombres: José María, etc.

◆ **¿Mary es un nombre muy popular en este país? ¿Se usa con otros nombres?**

¿Lo sabía Ud.?
Did you know?

LEARNING TIP

Many social variables are at play when deciding whether to address people formally (**Ud.**) or informally (**tú**). At work, a superior is addressed as **Ud.**, whereas peers are addressed as **tú**. In social situations, consider the speakers' relative ages, their level of acquaintance, and shared commonalities. When in doubt, use **Ud.**

Vocabulario

Cognados (*Cognates*)[1]

la cafetería cafeteria	**mucho(-a)** much
la clase class	**no** not
el (la) estudiante student	**el teléfono** telephone
mexicano(-a)[2] Mexican	**la universidad** university
mexicoamericano(-a) Mexican-American	

Improve Your Grade
Audio Flashcards

Nombres (*Nouns*)

el (la) amigo(-a) friend	**la mamá, la madre** mom, mother
el cumpleaños[3] birthday	**el número** number
la despedida farewell	**— de teléfono**[5] phone number
el día day	**el papá, el padre** dad, father
la fiesta party	**el saludo** greeting
el lunes[4] Monday	

Verbo (*Verb*)

ser to be

Adjetivos (*Adjectives*)

bueno(-a) good
feliz happy
mi my
nuevo(-a) new

Títulos (*Titles*)

doctor, doctora[6] **(Dr.)** doctor	**señora (Sra.)** madam, Mrs., lady
profesor, profesora professor	**señorita (Srta.)** Miss, young lady
señor (Sr.) mister (Mr.), sir, gentleman	

Activity suggestion Prepare name tags for students to wear until everyone knows everyone else's name. You may want to include the Spanish equivalent of each name. Students may then introduce themselves using **Me llamo...**, and refer to themselves and each other by name.

---

[1]words that are very similar in both languages
[2]Names of nationalities are not capitalized in Spanish.
[3]The word **cumpleaños** is always used in the plural form.
[4]The days of the week are not capitalized in Spanish.
[5]English uses a noun with the function of an adjective: phone number. Spanish uses the **de** phrase: **número de teléfono.**
[6]In most Spanish-speaking countries, lawyers and members of many other professions who hold the equivalent of a Ph.D. are addressed as **doctor** or **doctora.**

Saludos y despedidas (*Greetings and farewells*)

adiós good-bye

buenas noches good evening, good night

buenas tardes good afternoon

buenos días good morning

hasta mañana see you tomorrow

hola hello

Nos vemos. See you.

Note Explain that **buenas noches** may be used both for greeting and for taking leave. The shortened form, **buenas**, and **muy buenas** may also be used as a greeting.

Activity suggestion Encourage students to use these greetings as they enter the classroom each day.

Related vocabulary Other informal expressions are **¿Qué hay?** and **Hasta pronto.** Present several mini-dialogues in which you incorporate some of the expressions. Then have students practice these informal exchanges in small groups.

Preguntas y respuestas (*Questions and answers*)

¿Cómo se llama usted? What is your name? (*formal*)

¿Cómo te llamas? What is your name? (*familiar*)

Me llamo... My name is . . .

¿Cómo está usted?[1] How are you? (*formal*)

¿Cómo están ustedes? How are you (all)? (*when speaking to more than one person*)

¿Cómo le va?[2] How is it going (for you)? (*formal*)

Bien. Fine.

Muy bien. Very well.

Otras palabras y expresiones (*Other words and expressions*)

bien well

bueno... well . . . , okay

¿cómo? how?

con with

¿cuál? what?, which?

¿— es tu número de teléfono? What is your phone number?

de from, of

¿dónde? where?

El gusto es mío. The pleasure is mine.

en in, at

encantado(-a) charmed

gracias thanks, thank you

hay there is, there are

hoy today

igualmente likewise

Mucho gusto. How do you do? Nice to meet you. (*Literally*, Much pleasure.)

muy very

nada nothing

¡oye! listen!

pero but

por favor please

¿qué? what?

¿Qué hay de nuevo? What's new?

Saludos a... Say hello to . . .

sí yes

Tome asiento. Have a seat.

tú you (*familiar*)

un, una a, an

usted (Ud.) you (*formal*)

¿verdad? right?

y and

LEARNING TIP

Use your powers of visualization and association to aid your language learning. Think of real (or funny) images to associate with words you learn in context. Take a moment to create a mental image in which you associate several vocabulary words; then describe the image aloud. For example: **"En la universidad hay clases con (*with*) diez estudiantes." "La fiesta de cumpleaños es hoy."**

¿Lo sabía Ud.?

Se usa **hola** con personas conocidas (*known*), no con extraños (*strangers*).

◆ **¿Cómo saludan ustedes (*do you greet*) al profesor (a la profesora)?**

---

[1]**¿Cómo estás?** How are you? (*familiar*)

[2]**¿Cómo te va?** How is it going (for you)? (*familiar*)

Vocabulario adicional (*Additional vocabulary*)

Activity suggestion Divide the class into two teams and use the vocabulary to play a game of charades or Pictionary. Instructor shows a word or phrase to each student and he/she either acts it out or draws it for his/her team. All books and notes should be closed. This activity can be done with **all** vocabulary sections.

1. Very kind (of you).
2. How is it going?
3. See you around.
4. Bye.

ACE the Test

Práctica

A. Match the questions or statements in column A with the responses in column B.

A		B
1. Mucho gusto, profesor.	h	a. De nada.
2. Pase y tome asiento, por favor.	f	b. Sí, es mi cumpleaños.
3. Muchas gracias.	a	c. De Colorado.
4. ¿Cómo está usted?	j	d. Igualmente.
5. Hasta mañana.	i	e. Sí. ¿Y tú? ¿De dónde eres?
6. ¿De dónde es tu papá?	c	f. Gracias.
7. ¿Hay una fiesta hoy?	b	g. Roberto Campos.
8. Tú eres de México, ¿verdad?	e	h. El gusto es mío.
9. Encantada.	d	i. Chau. Saludos a José Luis.
10. ¿Cómo te llamas?	g	j. Muy bien, gracias.

B. Complete the following exchanges, using appropriate vocabulary.

1. <u>Buenos</u> días, señora. ¿Cómo <u>le</u> va?
   Muy bien, Amelia. ¿Qué <u>hay</u> de nuevo?
   No <u>mucho</u>. Bueno... ¡ <u>nada</u> !

2. ¿Cómo se <u>llama</u> usted, señorita?
   Me <u>llamo</u> Gloria Estévez.
   ¿De <u>dónde</u> es usted?
   De Los Ángeles, <u>pero</u> mi mamá es mexicana.

3. ¿Es usted <u>estudiante</u> de la <u>Universidad</u> de California?
   Sí, señor.

4. Hasta la <u>vista</u> , Gabriela.
   Adiós.

5. ¿Cuál es tu <u>número</u> de <u>teléfono</u> ?
   Siete-tres-dos-nueve-cinco-seis-cero.

Para conversar

¿Qué dicen estas personas? (*What are these people saying?*) With a partner, take turns creating exchanges between the people in the illustrations. Then join another group and compare your ideas with theirs.

Pronunciación

A. The Spanish *a*

The Spanish **a** is pronounced like the *a* in the English word *father.* Listen to your teacher and repeat the following sentences.

Hol**a**, **Am**a**nd**a.

Enc**a**nt**a**d**a**, señor**a** P**a**z.

H**a**st**a** m**a**ñ**a**n**a**, m**a**má.

H**a**st**a** l**a** vist**a**, M**a**rt**a**.

H**a**st**a** l**a** vist**a**, **A**n**a**.

B. The Spanish *e*

The Spanish **e** is pronounced like the *e* in the English word *eight.* Listen to your teacher and repeat the following sentences.

Bu**e**nas noch**e**s, T**e**r**e**sa.

¿D**e** dónd**e** **e**r**e**s?

¿**E**s **e**l señor P**é**rez?

¿**E**s d**e** Los Ángel**e**s?

Activity suggestion Model each word and have the class repeat the sounds and words chorally and individually.

Activity suggestion Have students repeat the following sentences for additional pronunciation practice, using words in context.

a: Ada llama a la dama. Las naranjas van a Granada.
e: Teresa y Elena beben el café de René. Él lee el papel de Pepe.

Aspectos culturales

En imágenes (*Saludos y despedidas*)

▲ Un hombre y una mujer de negocios se saludan.

▲ Una chica y un chico se saludan con un beso en la mejilla (*cheek*).

▲ Dos amigas se besan en la mejilla (*kiss each other on the cheek*).

Ubíquese... y búsquelo

HM Improve Your Grade
Web Search

You are meeting María Inés at calle Olvera and then you are inviting her for coffee, sightseeing, or to eat. Go to **www.college.hmco. com** to decide where you are taking María Inés. In the next class, team up with two classmates to discuss your findings.

Note: Ubíquese... y búsquelo = *Locate yourself and find it.*

▲ En México, dos mujeres profesionales se saludan con el tradicional beso en la mejilla.

▲ Dos amigos se saludan con un abrazo (*hug*).

▲ Dos hermanas (*sisters*) le dan un beso a su mamá.

⌢ Estructuras

1. The alphabet (*El alfabeto*)

Letter	Name	Letter	Name	Letter	Name
a	a	k	ka	s	ese
b	be[1]	l	ele	t	te
c	ce	m	eme	u	u
d	de	n	ene	v	ve[2]
e	e	ñ	eñe	w	doble ve
f	efe	o	o	x	equis
g	ge	p	pe	y	i griega
h	hache	q	cu	z	zeta
i	i	r	ere		
j	jota	rr	erre		

ACE the Test

⌐ Práctica

A. Spell these well-known acronyms in Spanish.

    FBI efe-be-i   **IBM** i-be-eme   **PTA** pe-te-a   **NBA** ene-be-a   **NAACP** ene-a-a-ce-pe

Now you and your partner will give each other one acronym to spell.

> **¡Atención!**   Some acronyms are given as one word: **la CIA.**

B. Here are some English last names (*apellidos*) that you are spelling out for your Spanish-speaking friend. Complete each one, adding the missing consonants.

    ◆ **MODELO:** Lane: ele–a–ene–e

  1. Smith: __ese__ – __eme__ – i – __te__ – __hache__
  2. Carey: __ce__ – a – __ere__ – e – __i griega__
  3. Budge: __be__ – u – __de__ – __ge__ – e
  4. Hewes: __hache__ – e – __doble ve__ – e – __ese__
  5. Jackson: __jota__ – a – __ce__ – __ka__ – __ese__ – o – __ene__

⌐ Para conversar

▪▪▪ **¿Cómo se escribe?**   A Spanish-speaking person may not know how to spell your name. If that person wants to write it, he or she might ask, **¿Cómo se escribe?**[3] (*How do you write it?*). Learn how to spell your name in Spanish and ask five classmates what their last name is, and how to spell it.

---

[1]be larga
[2]ve corta
[3]Also **¿Cómo se deletrea?** (*How do you spell it?*)

2. Cardinal numbers 0–30 (*Los números cardinales 0–30*)

0 **cero**	7 **siete**	14 **catorce**	21 **veintiuno** (*and so on*)
1 **uno**	8 **ocho**	15 **quince**	30 **treinta**
2 **dos**	9 **nueve**	16 **dieciséis**[1]	
3 **tres**	10 **diez**	17 **diecisiete**	
4 **cuatro**	11 **once**	18 **dieciocho**	
5 **cinco**	12 **doce**	19 **diecinueve**	
6 **seis**	13 **trece**	20 **veinte**	

LEARNING TIP

Count from 0 to 30 first by twos, then by threes, by fours, and by fives.

¡Atención! **Uno** changes to **un** before a masculine singular noun: **un profesor** (*one professor*). **Uno** changes to **una** before a feminine singular noun: **una profesora** (*one professor*).

Práctica

HM
ACE the Test

Activity suggestion Instructor calls out a phone number and students say which business the number belongs to.

I 3–9–7–4–2–5–0.
S Florería La Rosa.

A. In Los Angeles there are many businesses that are owned by Mexican-Americans. Take turns with your partner reading the telephone numbers that a Spanish-speaking person would call, according to his/her needs.

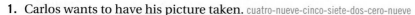

1. Carlos wants to have his picture taken. cuatro-nueve-cinco-siete-dos-cero-nueve
2. Sergio wants to send flowers to his wife. tres-nueve-siete-cuatro-dos-cinco-cero
3. Elena is having car trouble. cuatro-siete-dos-nueve-cinco-tres-cero
4. Lupe needs to have a prescription filled. nueve-siete-dos-cero-cinco-ocho-seis
5. Fernando needs to make a dinner reservation. nueve-tres-cinco-ocho-dos-cero-siete
6. Silvia wants to know what time the jewelry store closes. ocho-seis-cuatro-nueve-cero-uno-cinco
7. Eva and Luis need an apartment. dos-cero-tres-cuatro-nueve-seis-ocho
8. Antonio wants to know if a bookstore is open on Sundays. cinco-siete-tres-nueve-cero-ocho-seis

---

[1]The numbers 16 to 29 may also be spelled as separate words: **diez y seis... veinte y uno...,** and so on.

B. Count along in Spanish! Listen to the song, then try to sing it by heart.

Canción infantil (*Children's song*)

Dos y dos son cuatro,
cuatro y dos son seis;
seis y dos son ocho
y ocho dieciséis.

C. Complete the following series of numbers.

1. treinta, veintiocho, veintiséis, ...diez
2. cero, tres, seis, ...treinta
3. treinta y cinco, treinta, ...cinco
4. uno, tres, ...veintinueve

Activity suggestion Have students practice numbers from zero to thirty by counting forwards and backwards, and by twos in odd and even numbers.

Answers: 1. veinticuatro, veintidós, veinte, dieciocho, dieciséis, catorce, doce   2. nueve, doce, quince, dieciocho, veintiuno, veinticuatro, veintisiete   3. veinticinco, veinte, quince, diez   4. cinco, siete, nueve, once, trece, quince, diecisiete, diecinueve, veintiuno, veintitrés, veinticinco, veintisiete

Handout Bingo

Para conversar

A. **¿Cuál es tu número de teléfono?**[1]   Ask four members of the class what their name and phone number is and write down the information.

B. **Una clase de aritmética**   You and your partner are tutoring some Spanish-speaking children. Prepare addition and subtraction problems and have an answer key. The children only deal with numbers up to thirty.

+ : más
− : menos
= : son
16 + 8 =
25 − 12 =

3. Colors (*Los colores*)

Related vocabulary Point out that the adjectives **claro** (*light*) and **oscuro** (*dark*) are frequently used with some colors.

Expansion Name a color and then have students point to an object in the classroom or to items in the text photographs of that color.

Everywhere you go, there are colors! Learn to say them in Spanish.

---

[1]Say **"¿Cuál es su número de teléfono?"** when addressing someone as **usted.**

Práctica

A. With a partner, take turns naming the colors of the following items.

1. an elephant gris
2. a banana amarillo
3. an orange anaranjado
4. a leaf verde
5. rosy cheeks rosado
6. a dark night negro
7. coffee marrón (café)
8. the American flag rojo, blanco y azul

> **LEARNING TIP**
>
> As you look at the world around you, try to name in Spanish the colors you see. Remember that it is always best to go from the concept to the target language (Spanish) and vice versa.

B. With a partner, take turns naming the colors that each student is wearing.

C. This is a painting **(una pintura)** by a Mexican-American painter. With a partner, take turns naming the colors that you see, in Spanish. You can include:

claro *light*   **oscuro** *dark*
(e.g.: **azul claro** or **azul oscuro**)

◆ **MODELOS:** Esto es (*This is*) de color azul claro.
 Mira (*Look*), morado oscuro.
 Y mira, aquí hay algo (*something*) amarillo.

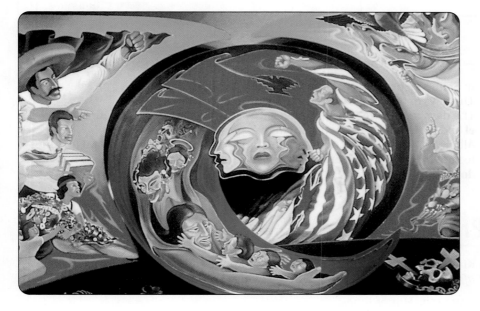

Para conversar

A. **¿Qué color te gusta?** (*What color do you like?*) Conduct a survey of your classmates, to find out which color is the most popular.

El color más popular es el _____ .

B. **¡Somos pintores!** (*We are painters!*) See if everyone knows what colors can be formed by mixing the primary colors.

¿Qué color forman el _____ y el _____?
Forman el color _____ .

4. Days of the week (*Los días de la semana*)

Expansion Personalize the calendar by asking students to give days of familiar events.

¿Cuál es tu día favorito?
¿Qué día es el programa *60 Minutos* en televisión?
¿Qué día es tu clase de... (inglés, historia, psicología, antropología, ciencias políticas, etc.)?

		~ **agosto** ~				
lunes	**martes**	**miércoles**	**jueves**	**viernes**	**sábado**	**domingo**
	1	2	3	4	5	6
7	8	9	10	11	12	13
14	15	16	17	18	19	20
21	22	23	24	25	26	27
28	29	30	31			

Activity suggestion Give a day of the week. Have individual students say the day before and after the day given.

—¿Qué día es hoy? **¿Sábado?**   *"What day is today? Saturday?"*
—No, hoy es **viernes.**   *"No, today is Friday."*

◆ In Spanish-speaking countries, the week starts on Monday.
◆ The days of the week are not capitalized in Spanish.
◆ The days of the week are masculine in Spanish. The masculine definite articles **el** and **los** are often used with them to express *on*.
◆ All the days of the week use the same form for the singular and plural (**el lunes – los lunes**). The only exceptions are **sábado** and **domingo** (**el sábado – los sábados**).

LEARNING TIP

Every day, when you get up, tell yourself: "**Hoy es...** (+ *the day of the week*)."

ACE the Test

Práctica

A. Knowing that **mañana** means *tomorrow* and **pasado mañana** means *the day after tomorrow*, give information following the model.

◆ **MODELO:** Hoy es lunes.
    Mañana es martes y pasado mañana es miércoles.

1. **Hoy es sábado.** Mañana es domingo y pasado mañana es lunes.
2. **Hoy es miércoles.** Mañana es jueves y pasado mañana es viernes.
3. **Hoy es viernes.** Mañana es sábado y pasado mañana es domingo.
4. **Hoy es domingo.** Mañana es lunes y pasado mañana es martes.
5. **Hoy es jueves.** Mañana es viernes y pasado mañana es sábado.
6. **Hoy es martes.** Mañana es miércoles y pasado mañana es jueves.

B. Using the calendar on the next page, take turns asking a classmate what day a certain date falls on.

◆ **MODELO:** —¿Qué día es el dos de agosto?
        —Es miércoles.

Para conversar

Activity suggestion Instructor names a program and student says on what day and at what time that program airs.

Tu programa favorito In groups of three, ask each other what program from **el canal 27** you like each day.

◆ **MODELO:** —¿Qué programa te gusta los lunes?
—Los lunes me gusta el programa...

I Fútbol.
S Los sábados de once a doce.

CANAL 27 *Su canal hispano* **Programación 9:00-12:00**			
	9:00–10:00	10:00–11:00	11:00–12:00
LUNES	Buenos días, Los Ángeles	Programa educativo	Telenovela *María*
MARTES	Hospital General	Música clásica	Tenis
MIÉRCOLES	Música y arte	Ciudades latinoamericanas	Programa político
JUEVES	Una clase de ejercicio	Los jueves con Marisol	Noticias internacionales
VIERNES	Las aventuras de un tigre	Problemas sociales	Telenovela *Tú y yo*
SÁBADO	Programa infantil	Música de México	¡Fútbol!
DOMINGO	Religión	Gimnasia	¡Béisbol!

5. Months and seasons of the year (*Los meses y las estaciones del año*)

A. Los meses

ENERO
L	M	M	J	V	S	D
	1	2	3	4	5	(6)
7	8	9	10	11	12	13
14	15	(16)	17	18	19	20
21	22	23	24	25	26	27
28	29	30	31			

FEBRERO
L	M	M	J	V	S	D
			(1)	2	3	
4	5	6	7	8	9	10
11	12	13	(14)	15	16	17
18	19	20	21	22	23	24
25	26	27	28			

MARZO
L	M	M	J	V	S	D
				1	2	3
4	5	6	7	8	(9)	10
11	12	13	14	15	16	17
18	19	20	(21)	22	23	24
25	26	27	28	29	30	31

ABRIL
L	M	M	J	V	S	D
1	2	3	(4)	5	6	7
8	9	10	11	12	13	14
15	16	17	18	19	20	21
22	23	24	25	26	27	28
29	(30)					

MAYO
L	M	M	J	V	S	D
	1	2	3	4	(5)	
6	7	8	9	10	11	12
13	(14)	15	16	17	18	19
20	21	22	23	24	25	26
27	28	29	30	31		

JUNIO
L	M	M	J	V	S	D
					1	(2)
3	4	5	6	7	8	9
10	11	12	(13)	14	15	16
17	18	19	20	21	22	23
24	25	26	27	28	29	30

JULIO
L	M	M	J	V	S	D
1	2	3	(4)	5	6	7
8	9	10	11	12	13	14
15	16	(17)	18	19	20	21
22	23	24	25	26	27	28
29	30	31				

AGOSTO
L	M	M	J	V	S	D
			1	2	(3)	4
5	6	7	8	9	10	11
12	(13)	14	15	16	17	18
19	20	21	22	23	24	25
26	27	28	29	30	31	

SEPTIEMBRE
L	M	M	J	V	S	D
						1
(2)	3	4	5	6	(7)	8
9	10	11	12	13	14	15
16	17	18	19	20	21	22
23/30	24	25	26	27	28	29

OCTUBRE
L	M	M	J	V	S	D
1	2	3	4	5	6	
7	8	9	10	11	(12)	13
14	(15)	16	17	18	19	20
21	22	23	24	25	26	27
28	29	30	31			

NOVIEMBRE
L	M	M	J	V	S	D
				1	2	3
4	5	6	7	(8)	9	10
(11)	12	13	14	15	16	17
18	19	20	21	22	23	24
25	26	27	28	29	30	

DICIEMBRE
L	M	M	J	V	S	D
						1
2	3	4	5	6	(7)	8
9	(10)	11	12	13	14	15
16	17	18	19	20	21	22
23/30	24/31	25	26	27	28	29

◆ To ask for the date say:

—¿Qué fecha es hoy? *What's the date today?*

◆ When giving the date, always begin with the phrase **"hoy es el…"**

—Hoy es el cuatro de julio. *Today is the fourth of July.*

◆ Begin with the number, followed by the preposition **de** (*of*), and then the month.

el seis de agosto *August sixth*

—¿Qué fecha es hoy? **¿El treinta de abril?** *"What's the date today? April thirtieth?"*

—No, hoy es **el primero de mayo.** *"No, today is May first."*

◆ The article **el** is omitted when the day of the week is expressed.

—Hoy es jueves, 20 de abril. *Today is Thursday, April 20.*

¡Atención! **Primero** (*First*) is the only ordinal number used with dates. Also, the months are not capitalized in Spanish.

B. Las estaciones del año

▲ la primavera

▲ el verano

▲ el otoño

▲ el invierno

Un poema

Treinta días trae° noviembre, *brings*
con abril, junio y septiembre.
De veintiocho sólo° hay uno, *only*
y los demás,° de treinta y uno. **los…** *the others*

Práctica

A. With your partner, look at the dates circled on the calendar on page 17 and take turns saying them in Spanish.

B. Indicate in which season the following months fall in the northern hemisphere.

1. enero invierno
2. octubre otoño
3. julio verano
4. febrero invierno
5. agosto verano
6. mayo primavera
7. noviembre otoño
8. abril primavera

C. Knowing that the seasons are reversed in the southern hemisphere, you and your partner take turns indicating in which season the same months fall there.

1. enero verano
2. octubre primavera
3. julio invierno
4. febrero verano
5. agosto invierno
6. mayo otoño
7. noviembre primavera
8. abril otoño

D. Listen to a folk song you would hear during the Feast of San Fermín in northern Spain. This feast is famous for bulls being let loose to chase the people through the narrow streets of the old city of Pamplona. After listening to the song several times, try to sing it.

Uno de enero,
dos de febrero,
tres de marzo,
cuatro de abril,
cinco de mayo,
seis de junio,
siete de julio,
San Fermín.

Práctica A, Answers 1. el seis de enero / el dieciséis de enero 2. el primero de febrero / el catorce de febrero 3. el nueve de marzo / el veintiuno de marzo 4. el cuatro de abril / el treinta de abril 5. el cinco de mayo / el catorce de mayo 6. el dos de junio / el trece de junio 7. el cuatro de julio / el diecisiete de julio 8. el tres de agosto / el trece de agosto 9. el dos de septiembre / el siete de septiembre 10. el doce de octubre / el quince de octubre 11. el ocho de noviembre / el once de noviembre 12. el siete de diciembre / el diez de diciembre

Expansion A Write the following holidays on the board. Explain their cultural significance and the ways in which holidays are celebrated.

El Año Nuevo—el 1 de enero
La Navidad—el 25 de diciembre
El Día de Reyes—el 6 de enero
El Día de la Independencia de los EEUU—el 4 de julio (en Puerto Rico y en los EEUU)
El Día de los Muertos—el 2 de noviembre
El cumpleaños de Lincoln—el 12 de febrero (en Puerto Rico y en los EEUU)
El cumpleaños de Washington—el 22 de febrero (en Puerto Rico y en los EEUU)

Para conversar

Oye, ¿cuál es tu signo? (*Listen, what's your sign?*) Survey your classmates to find out when everybody's birthday is and what sign everyone belongs to.

◆ **MODELO:** —*¿Cuándo es tu cumpleaños?*
—*Es el dos de abril.*
—*Oye, ¿cuál es tu signo?*
—*Mi signo es Leo.*

Los signos del Zodíaco

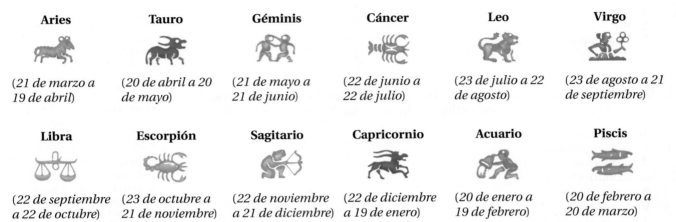

Aries	Tauro	Géminis	Cáncer	Leo	Virgo
(*21 de marzo a 19 de abril*)	(*20 de abril a 20 de mayo*)	(*21 de mayo a 21 de junio*)	(*22 de junio a 22 de julio*)	(*23 de julio a 22 de agosto*)	(*23 de agosto a 21 de septiembre*)

Libra	Escorpión	Sagitario	Capricornio	Acuario	Piscis
(*22 de septiembre a 22 de octubre*)	(*23 de octubre a 21 de noviembre*)	(*22 de noviembre a 21 de diciembre*)	(*22 de diciembre a 19 de enero*)	(*20 de enero a 19 de febrero*)	(*20 de febrero a 20 de marzo*)

6. Subject pronouns (*Pronombres personales usados como sujetos*)

Singular		Plural	
yo	*I*	**nosotros**	*we* (masc.)
		nosotras	*we* (fem.)
tú	*you* (familiar)	**vosotros**	*you* (masc., familiar)
		vosotras	*you* (fem., familiar)
usted	*you* (formal)	**ustedes**	*you* (formal)
él	*he*	**ellos**	*they* (masc.)
ella	*she*	**ellas**	*they* (fem.)

Activity suggestion Write the subject pronouns on the board, then pronounce them while pointing to yourself and to one or more students. You may also draw stick figures on the board or on flash cards to practice the subject pronouns with students in groups or individually.

◆ The **tú** form is used as the equivalent of *you* to address a friend, a coworker, a relative, or a child. The **usted** form is used in general to express deference or respect. In most Spanish-speaking countries today, young people tend to call each other **tú** even if they have just met. If in doubt, use **usted**.

◆ The plural form of **tú** is **vosotros(-as)**, which is used only in Spain. In Latin America, the plural form **ustedes** (abbreviated **Uds.**) is used as the plural form of both **usted** (abbreviated **Ud.**) and **tú**.

◆ The masculine plural forms can refer to the masculine gender alone or to both genders together.

—¿De dónde son el Sr. Paz y sus amigos?	"Where are Mr. Paz and his friends from?"
—**Ellos** son de Arizona.	"They are from Arizona."

—¿María Inés es mexicoamericana?
—Sí, **ella** es mexicoamericana.

—¿De dónde son **ustedes**?
—**Nosotros** somos de Tejas.

—¿**Tú** eres estudiante?
—Sí, **yo** soy estudiante de la Universidad de California.

"Is María Inés Mexican-American?"
"Yes, she is Mexican-American."

"Where are you from?"
"We are from Texas."

"Are you a student?"
"Yes, I am a student at the University of California."

 ¿Lo sabía Ud.?

En la cultura hispánica, los sobrenombres (*nicknames*) son muy populares. Por ejemplo, **Anita** es el sobrenombre de una persona que se llama **Ana**. Otros ejemplos: **Carlos: Carlitos; Luis: Luisito**. Otros sobrenombres no son diminutivos del nombre: **Enrique: Quique; Dolores: Lola; José: Pepe; Mercedes: Mecha.**

◆ ¿Qué sobrenombres son populares en inglés?

Práctica

ACE the Test

A. Identify the personal pronoun that corresponds to each picture below.

B. What pronouns would be used to refer to the following people?

1. el doctor Trujillo él
2. María Inés y yo (*fem.*) nosotras
3. Rodolfo y Sergio ellos
4. usted y Patricia ustedes
5. el señor Paz y sus amigos ellos
6. Enrique y yo nosotros

Info Tell students that in some Hispanic families children use **Ud.** with parents and/or grandparents.

C. With your partner, take turns saying whether you would use **tú, usted,** or **ustedes** to address the following people.

1. Carlitos tú
2. your parents' elderly friend usted
3. two strangers ustedes
4. your instructor usted
5. your best friend tú
6. an older lady you just met usted
7. a twelve-year old girl tú
8. three gentlemen you just met ustedes

7. Present indicative of *ser* (*Presente de indicativo del verbo* **ser**)

ser *to be*		
Singular		
yo	**soy**	*I am*
tú	**eres**	*you are* (fam.)
Ud.		*you are* (form.)
él	**es**	*he is*
ella		*she is*
Plural		
nosotros(-as)	**somos**	*we are*
vosotros(-as)	**sois**	*you are* (fam.)
Uds.		*you are* (form.)
ellos	**son**	*they are* (masc.)
ellas		*they are* (fem.)

Activity suggestion Bring, or have students bring, photos of famous people (historical figures, actors, scientists, etc.) to class. Have students take turns asking questions about the photos: **¿Quién es? ¿De dónde es?**

◆ The verb **ser**, *to be*, is irregular. Its forms, like the forms of other irregular verbs, must be memorized.

◆ The verb **ser** is commonly used to express identity, place of origin, occupation, characteristic, and nationality.

—¿De dónde **son** ustedes? *"Where are you from?"*
—Nosotros **somos** de México. *"We are from Mexico."*

—¿Ud. **es** estudiante? *"Are you a student?"*
—No, yo **soy** profesora. *"No, I am a professor."*

> **¡Atención!** The indefinite article (**un, una**) is not used after the verb **ser** when describing profession, nationality, religion, or party affiliation unless an adjective follows the noun.
>
> El doctor Trujillo **es profesor.**
> *But:* El doctor Trujillo **es un profesor excelente.**

LEARNING TIP

Say where several people that you know are from, including yourself and your family. Think of people individually and in pairs.

Un dicho *A saying*

***El tiempo es oro*[1].**

Equivalent: Time is money.

Práctica

ACE the Test

Práctica A, Expansion Have students act out activity A with a partner.

A. Complete this conversation between two students, using the present indicative of the verb **ser**.

¿De dónde ___son___ ustedes?
Nosotros ___somos___ de Arizona. ¿De dónde ___eres___ tú?
Yo ___soy___ de Tejas.
¿Y María Inés?
Ella ___es___ de California.
¿Raquel y Luis ___son___ de Colorado?
No, de Chicago.

---

[1]gold

B. Say where these people are from, using the information in the illustration.

1. ellos Ellos son de Oregón.
2. tú Tú eres de California.
3. Juan, Mario y José Juan, Mario y José son de Arizona.
4. Carlos y yo Carlos y yo somos de Nuevo México.
5. yo Yo soy de Tejas.
6. nosotras Nosotras somos de Colorado.
7. Teresa Teresa es de Utah.
8. ustedes Ustedes son de Nevada.

En los Estados Unidos, la influencia hispánica se nota en nombres de estados (*states*) como **Colorado** (*red*), **Tejas** (*tiles*), **Nevada** (*snowed*), **Montana** (*mountain*), y ciudades (*cities*) como **Sacramento**, **San Francisco**, **Santa Bárbara** y **El Paso** (*the pass*). En Canadá, un ejemplo es el de la **Península** de **El Labrador** (*the farmer*).

◆ En su (*your*) estado, ¿hay ciudades o calles (*streets*) con nombres en español? ¿Cuáles?

Para conversar

¡Habla con tu compañero! (*Speak with your partner!*) Ask each other the following questions.

1. ¿Quién (*Who*) eres?
2. ¿De dónde eres?
3. ¿De dónde es tu mamá? ¿De dónde es tu papá?
4. ¿De dónde son tus amigos?
5. ¿Tú y tu familia son norteamericanos?

Now join another pair of students and tell them about yourselves.

Así somos

Al escuchar...

Estrategia **Listening for the main idea** Learning to listen in a foreign language takes practice. Throughout the course, you will practice a variety of techniques to help make the process easier. When you listen for the main idea, focus on getting the general idea of what you hear. Don't worry about understanding every word; just try to grasp what a conversation or passage is about.

Una llamada de teléfono Rosalía calls Jorge to check on some information. Listen to their phone call and, in one or two words, jot down what the subject of the conversation is.

Al conversar...

Estrategia **Speaking for basic communication** Throughout your study of Spanish, you will be learning to express yourself orally, first with very basic ideas and gradually with greater sophistication. As you start to speak Spanish, remember the following tips.

- ◆ Keep it simple. Use the vocabulary and structures you already know.
- ◆ Try to speak clearly and accurately, but don't be afraid to make mistakes.
- ◆ Use short sentences or phrases to convey what you want to say until you feel more comfortable using Spanish.
- ◆ Talk to yourself and others whenever you can, using the Spanish you learn in each class.

Hola, ¿qué tal? Greet a classmate you don't know well and use the following questions to get to know him or her. Then answer your classmate's questions.

¿Cómo estás?   ¿Cuál es tu número de teléfono?
¿De dónde eres?   ¿Cuándo es tu cumpleaños?

¿Cómo somos? Using the appropriate forms of the verb **ser,** describe the following people, using the characteristics below. Then, with a partner, talk about yourselves and your loved ones.

yo	mi mamá	mi papá	mis amigos	mis amigos y yo

cómico(-a), realista, optimista, pesimista, estudioso(-a), paciente (impaciente), atlético(-a), inteligente, conservador(-a), liberal, romántico(-a), tímido(-a)

HINT: If the subject is plural, add an **-s** to the adjective if it ends in a vowel. Add **-es** if it ends in a consonant.

¿Qué dice Ud.? (*What do you say?*) What would you say in the following situations? What might the other person say? Act out scenes with a partner. Take turns playing each role.

1. You greet your instructor in the morning and ask how he/she is.
2. Someone comes to see you. You tell this person to come in and offer him/her a seat.
3. You ask a lady what her name is and then you ask her ten-year-old daughter what her name is.

Note: **Así somos.** = *This is the way we are.*

4. Someone is introduced to you.
5. You greet a couple of friends and ask them how they are and what's new.
6. You ask some new acquaintances where they are from and tell them where you are from.
7. You ask a classmate what his/her phone number is, and tell him/her what your phone number is.
8. You are not sure what day today is. You also ask the date.
9. You tell a new friend when your birthday is and what your sign is. You find out that his/her birthday is today!
10. You are going to buy a present for a friend. Ask him/her whether he/she likes (name several colors that come to mind).

Para conocernos mejor (*To get to know each other better*) Work with a classmate whom you would like to get to know. Take turns asking each other these questions.

1. Hola, ¿cómo estás?
2. ¿Cómo te llamas?
3. ¿De dónde eres?
4. ¿Eres optimista, pesimista o realista?
5. ¿Cuál es tu número de teléfono?
6. ¿Cuándo es tu cumpleaños?
7. ¿Cuál es tu signo?
8. ¿Qué color te gusta?
9. ¿Cuál es tu estación favorita?
10. ¿De dónde es tu mamá? ¿Y tu papá?

Una encuesta (*A survey*) Interview your classmates to identify who fits the following descriptions. Include your instructor, but remember to use the **Ud.** form when addressing him/her. After finishing the survey, get together with two or three classmates and discuss the results.

HM

Handouts Palabras escondidas / Palabras y frases / Para decirlo en español / ¿Qué dijiste?

Nombre

1. Es de otro estado (another state). _____
2. Es tímido(-a). _____
3. Es muy optimista. _____
4. Es impaciente. _____
5. Es muy inteligente. _____
6. Es liberal. _____
7. Es conservador(-a). _____
8. Es del signo de Leo.

Para crear In groups of three, look at this photo and use your imagination to create a story about the people in the picture. Who are they? Give them names. Are they students? Where are they from? What might they say to each other? In general, what's the story behind the photo?

¡Vamos a leer!

Antes de leer (*Before reading*)

> **Estrategia** **Recognizing cognates** Many times Spanish words that look like English ones also have the same or very similar meanings. These words are cognates (**cognados**). You have seen numerous cognates in this lesson; for example, **color, programa, alfabeto,** and the months of the year. **Atención:** Although Spanish-English cognates look alike, they are pronounced differently.

Cognados, Possible answers organización, hispanos, miembros, especialización (*major*), administración, educación, biología, sociología.

Cognados Look over the following reading and make a list of all the cognates you find. Use your knowledge of common academic subjects in English to help you.

A leer

✳ ORGANIZACIÓN DE ESTUDIANTES HISPANOS

Nuevos miembros

Sandra Guadalupe Acosta
De: San Diego, California
Especialización: Español

Luis Rodríguez
De: Santa Fe, Nuevo México
Especialización:
Administración de empresas

María Ester Villalobos
De: El Paso, Tejas
Especialización: Educación

Susana Barrios
De: Sacramento, California
Especialización: Biología

Fernando Padilla
De: Phoenix, Arizona
Especialización: Sociología

Comprensión As you read the information about the five students, find the answers to the following questions.

1. ¿De dónde es la señorita Acosta? ¿Cuál es su especialización (*major*)? Es de San Diego, California; Españ
2. ¿De qué estado son Sandra y Susana? Son de California.
3. ¿ De qué ciudad (*city*) es Luis Rodríguez? Es de Santa Fe.
4. ¿Cuál es la especialización de María Ester? ¿Y la de Fernando? Educación; Sociología.
5. ¿Quién es de Tejas? ¿Fernando y Luis son de California? María Ester es de Tejas. No, Fernando es de Arizona y Luis es de Nuevo México.

Note: **¡Vamos a leer!** = *Let's read!*

¡Vamos a escribir!

Antes de escribir (*Before writing*)

Estrategia **Generating ideas by brainstorming** Before beginning to write, you need to generate ideas about a topic. Brainstorming is like thinking aloud. Allow your mind to wander and write down all of your thoughts and ideas about your topic. When brainstorming, avoid censoring your ideas. You can discard the least useful or uninteresting ideas later before you actually write.

Un mensaje electrónico (*An e-mail*) You will be exchanging e-mails with a Spanish-speaking student from another state. Before writing your e-mail, brainstorm the type of information and questions you can include.

1. Jot down information that you can provide about yourself. This will include name, origin, nationality, where you are a student, characteristics, etc.
2. Write the questions you want to ask him or her.

Un mensaje electrónico, Activity suggestion Consider setting up a pen-pal relationship (**amigos por correspondencia**) with another institution in your country or abroad. In your country, you might contact ESL or EFL programs geared to Spanish speakers, or Spanish programs similar to yours. Abroad, you might want to contact programs geared to international learners of Spanish, or programs in which speakers are learning English.

A escribir el mensaje electrónico

Now organize your thoughts and the ideas from your brainstorming and write a draft (**borrador**) of the e-mail. Begin your e-mail with **Hola** and close with a farewell phrase.

Después de escribir

Before writing the final version of your e-mail, your instructor might want you to exchange your first draft with a classmate and peer edit each other's work. Use the following two guidelines.

- ◆ correct use of subject pronouns
- ◆ formation and agreement (with subject) of the verb **ser**

Después de escribir, Suggestion To facilitate peer editing, assign partners and instruct students to return the partner's paper during the next class. In this way, students can benefit from each other's help even if the writing activities are regularly done outside class. Change partners periodically during the course.

Después de leer... desde su mundo (*from your world*)

Give some information about yourself.

Nombre y apellido: _____

De: _____

Especialización: _____

As a class, create your own class directory, including this and any other useful information you wish to include.

_____

Note: **¡Vamos a escribir!** = *Let's write!*

Panorama hispánico

Los mexicoamericanos

- ◆ El grado (*degree*) de asimilación a la cultura norteamericana de los mexicoamericanos es muy diverso. Unos se adaptan fácilmente (*easily*) y otros no. La mayoría conserva su lengua y su unidad familiar.

- ◆ Muchos mexicoamericanos se destacan (*stand out*) en la política, la educación, las artes y la literatura. Muchos han ganado (*have earned*) honores en las fuerzas armadas de este país.

Política y activismo social

◄ Antonio Villaraigosa, Alcalde (Mayor) de Los Ángeles, California

◄ Bill Richardson, Gobernador hispano de Nuevo México

Artes plásticas

Del muralismo mexicano al muralismo mexicoamericano.

▲ *La gran Tenochtitlán* (fragmento), Diego Rivera

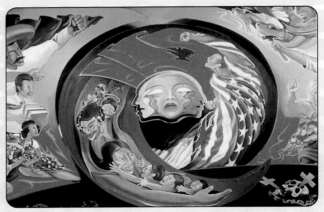

▲ *La antorcha de Quetzalcoatl* (*The Torch of Quetzalcoatl*), mural de Leo Tanguma

Pensamiento[1] y literatura

De la escuela de pensamiento mexicana a la imaginación literaria mexicoamericana.

▲ Sandra Cisneros, escritora mexicoamericana

[1]**Pensamiento** = *Thought*

▲ Artefactos de la exposición permanente de El Museo Mexicano, San Francisco, California

▲ Paseo del Río, San Antonio, Tejas

Los Estados Unidos hispánicos y el español en el mundo

Más (*More*) del 5% de los habitantes del mundo (*world*) hablan (*speak*) español. En los Estados Unidos, unos 39,000,000 de personas hablan este idioma (*language*) como primera (*first*) lengua.

La influencia hispana se nota también (*also*) en otros aspectos de la vida (*life*) como en la comida (*food*), la arquitectura y la música.

En las universidades y en las escuelas (*schools*) secundarias de este país (*country*), miles (*thousands*) de estudiantes toman clases de español.

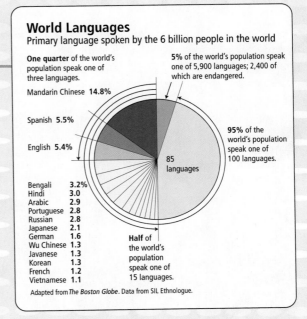

World Languages
Primary language spoken by the 6 billion people in the world

One quarter of the world's population speak one of three languages.

Mandarin Chinese **14.8%**

Spanish **5.5%**

English **5.4%**

5% of the world's population speak one of 5,900 languages; 2,400 of which are endangered.

95% of the world's population speak one of 100 languages.

85 languages

Bengali	3.2%
Hindi	3.0
Arabic	2.9
Portuguese	2.8
Russian	2.8
Japanese	2.1
German	1.6
Wu Chinese	1.3
Javanese	1.3
Korean	1.3
French	1.2
Vietnamese	1.1

Half of the world's population speak one of 15 languages.

Adapted from *The Boston Globe*. Data from SIL Ethnologue.

Nuestro[1] panorama cultural

In groups of three, answer the following questions about your home state, region, or country.

Handout Un poco de cultura

1. ¿Quién es el gobernador de su estado? ¿Y el vice gobernador?
2. ¿Cuáles son algunos (*some*) pintores (*painters*) y artistas famosos de su región o de su país (*country*)?
3. ¿Cuáles son otros escritores famosos de su país?
4. ¿Hay muchas personas de habla hispana en su ciudad?

[1]**Nuestro** = *Our*

Objetivos

Comunicación

You will learn vocabulary related to the classroom, useful questions and answers, and some polite expressions.

Pronunciación

The Spanish **i**, **o**, and **u**

Estructuras

◆ Gender and number
◆ Definite and indefinite articles
◆ Cardinal numbers 31–100
◆ Telling time
◆ Present indicative of regular **-ar** verbs
◆ Negative and interrogative sentences
◆ Possession with **de**

Cultura

◆ The 24-hour time system
◆ Study habits

Panorama hispánico

◆ Los cubanoamericanos

Estrategias

Listening: Listening for specifics and guessing intelligently
Speaking: Asking for repetition
Reading: Guessing the meaning of unknown words
Writing: Conducting and reporting an interview

▲ Unos estudiantes conversan después de (*after*) las clases.

En la universidad

Los cubanoamericanos

Más de medio (*a half*) millón de cubanos viven en Miami, donde ejercen una gran influencia cultural y económica. Antes de la llegada (*arrival*) de los cubanos en 1959, Miami era (*was*) fundamentalmente un centro turístico. Hoy es un centro industrial y comercial de primer orden (*first-class*) y el puente (*bridge*) que une la economía de los Estados Unidos con la de América Latina y con la de España (*Spain*).

Activity suggestion Build on what students know. Formulate questions on the picture on page 30 where students can use the verb **ser**, the impersonal **hay**, the days of the week, and colors. To introduce the lesson topic, ask your students:

1. En la foto, ¿hay estudiantes o profesores?
2. ¿Qué colores hay?
3. Usted está aquí. ¿Qué día es hoy, domingo o lunes?

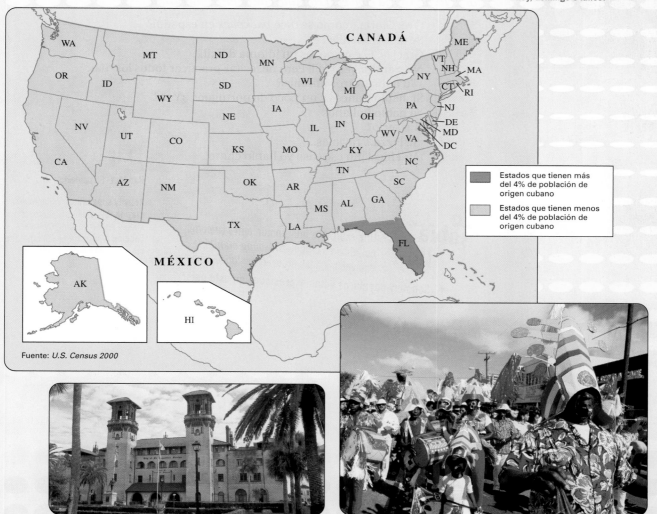

Estados que tienen más del 4% de población de origen cubano

Estados que tienen menos del 4% de población de origen cubano

Fuente: *U.S. Census 2000*

▲ Muestra (*Sample*) de la arquitectura hispánica de la ciudad de San Agustín, Florida, la ciudad europea más antigua (*oldest*) de los Estados Unidos, fundada (*founded*) en 1565

▲ Desfile de comparsas (*costume dancers parade*) durante el Carnaval de la Calle Ocho, en Miami

31

El primer día de clases

Gloria, una chica cubanoamericana, habla con un muchacho de El Salvador.

Gloria	¿Qué hora es?
Julio	Son las diez y cuarto. ¿A qué hora es la clase de inglés?
Gloria	A las diez y media. ¡Caramba! ¡Es tarde! Oye, Julio, ¿Olga y tú estudian en la biblioteca esta noche?
Julio	No, yo trabajo en el hospital por la noche. Olga estudia con José Luis.
Gloria	¡Pero chico! Tú trabajas por la tarde también. ¡Y tomas cinco clases! ¿Cuándo estudias?
Julio	Los sábados y los domingos.
Gloria	¡Necesitas más tiempo para estudiar!
Julio	Sí, y también necesito más dinero. Oye, ¿deseas estudiar conmigo el sábado por la mañana?
Gloria	¡Sí! ¿Estudiamos en mi casa? Y por la tarde vamos a la Calle Ocho.
Julio	Buena idea. ¿Cuál es tu dirección?
Gloria	Calle Quinta, número 120. Y mi número de teléfono es 3-54-67-98.
Julio	(*Anota la dirección y el número de teléfono de Gloria.*) ¡Perfecto! Nos vemos el sábado.

Por la tarde, Gloria conversa con una chica norteamericana.

Sandra	Oye, Gloria, ¿cómo se dice *backpack* en español?
Gloria	Se dice "mochila".
Sandra	Gracias. El español es un idioma difícil…
Gloria	No, Sandra. ¡Es fácil! Pero necesitas practicar todos los días.
Sandra	¿Tú hablas otros idiomas?
Gloria	Sí, hablo francés y un poco de portugués. ¿Y tú?
Sandra	Yo hablo italiano.
Gloria	¿En serio?
Sandra	¡Sí! Pizza… ravioles…
Gloria	¡Ay, chica! ¡En ese caso yo hablo chino!

Handout En contexto

Activity suggestion While role-playing this dialogue, students should review vocabulary from **Lección 2** by asking each other the meanings of words and phrases.

¿Lo sabía Ud.?

Una expresión muy común entre (*among*) cubanos es **chico(-a)** (*young man/girl*), equivalente a las expresiones "*dude*" and "*girl*".

◆ **¿Son muy populares estas expresiones en este país?**

Gloria

Julio

Sandra

¿Quién lo dice? Identify the person who said the following in the dialogues.

1. Yo trabajo en el hospital por la noche. ___Julio___
2. ¡Necesitas más tiempo para estudiar! ___Gloria___
3. ¡Ay, chica! ¡En ese caso yo hablo chino! ___Gloria___
4. Oye, ¿deseas estudiar conmigo el sábado por la mañana? ___Julio___
5. Yo hablo italiano. ___Sandra___
6. ¿Cómo se dice *backpack* en español? ___Sandra___
7. ¡Sí! ¿Estudiamos en mi casa? Y por la tarde vamos a la Calle Ocho. ___Gloria___
8. El español es un idioma difícil. ___Sandra___
9. ¡Perfecto! Nos vemos el sábado. ___Julio___

¿Lo sabía Ud.?

Cuando los hispanos dan (*give*) una dirección, usan primero la palabra **calle** o **avenida**, luego (*then*) dan el nombre de la calle o avenida y luego el número: Calle Quinta # 120.

◆ **Además** (*Besides*) de la palabra "*street*", ¿qué otras palabras usan en este país cuando dan una dirección?

En el diálogo, Answers 1. Sí, es cubanoamericana. 2. Es a las diez y media. 3. No, no estudian esta noche. 4. Trabaja por la noche. 5. Toma cinco clases. 6. Necesita más dinero y más tiempo para estudiar. 7. Calle Quinta, número 120. 8. Sí, habla francés y un poco de portugués.

Hablemos. With a partner, take turns asking and answering the following questions. Base your answers on the dialogues and on your own circumstances.

En el diálogo	¿Y tú?
1. ¿Gloria es cubanoamericana?	¿Tú eres norteamericano(a)?
2. ¿A qué hora es la clase de inglés?	¿A qué hora es la clase de español?
3. ¿Julio y Olga estudian esta noche?	¿Dónde estudias tú?
4. ¿Julio trabaja en el hospital por la mañana o por la noche?	¿Cuándo trabajas tú?
5. ¿Cuántas clases toma Julio?	¿Cuántas clases tomas tú?
6. ¿Qué necesita Julio?	¿Tú necesitas más tiempo o más dinero?
7. ¿Cuál es la dirección de Gloria?	¿Cuál es tu dirección?
8. ¿Gloria habla otros idiomas?	¿Tú hablas otros idiomas o solamente (*only*) inglés?

Vocabulario

Cognados

americano(-a), norteamericano(-a) American, North American
cubano(-a) Cuban
el hospital hospital

la idea idea
el italiano Italian (*language*)
perfecto(-a) perfect
el portugués Portuguese (*language*)

Improve Your Grade
Audio Flashcards

Vocabulario, Expansion Show students a map of Spain to present the different languages and dialects of Spain and surrounding countries, using the same question/response format.

Portugal	portugués
España	español
Galicia	gallego
el País Vasco	vascuence
Cataluña	catalán
Valencia	valenciano
Francia	francés
las Islas Baleares	mallorquín

Nombres

la biblioteca library
la calle street
la casa house
la chica, la muchacha young woman, girl
el chico, el muchacho young man, boy
el chino Chinese (*language*)
el dinero money
la dirección, el domicilio address
el español Spanish (*language*)

el francés French (*language*)
la hora time (*of day*)
el idioma, la lengua language
el inglés English (*language*)
la mochila backpack
la noche evening, night
la tarde afternoon
el tiempo time

Verbos

anotar to write down
conversar, platicar to talk, to converse
estudiar to study
hablar to speak

necesitar to need
practicar to practice
tomar to take (*e.g., classes*)
trabajar to work

Adjetivos

difícil difficult
fácil easy
otro(-a) other, another
primero(-a) first

Otras palabras y expresiones

a at	**por la noche** in the evening, at night
¡caramba! gee!	**por la tarde** in the afternoon
¿Cómo se dice...?[1] How does one say . . . ?	**¿Qué hora es?** What time is it?
conmigo with me	**Se dice...** One says . . .
¿cuándo? when?	**también** also, too
en ese caso in that case	**tarde** late
¿en serio? seriously?	**todos los días** every day
esta noche tonight	**un poco (de)** a little
más more	**Vamos.** Let's go.
para in order to	
por la mañana in the morning	

Vocabulario adicional

Vocabulario para la clase

la luz
la pared
la ventana
el mapa
la pizarra
el reloj
la mochila
la tablilla de anuncios
el borrador
el marcador
la pluma, el bolígrafo
el reloj
la puerta
la tiza
la silla
el papel
la computadora
el lápiz
el escritorio
el pupitre
el libro
el cuaderno
el cesto de papeles

Handout Palabras escondidas

Related vocabulary el sacapuntas (*pencil sharpener*); **la regla** (*ruler*); **el maletín** (*briefcase*); **la hoja de papel** (*sheet of paper*); **la calculadora** (*calculator*); **la goma de borrar** (*eraser*)

You may want to use a picture of these or any objects not found in your classroom to help students relate each object directly to its Spanish name.

Note Point out these variations of vocabulary items: **pluma** or **pluma estilográfica** (*fountain pen*); **alumno(-a)** (*student*); **maestro(-a)** (*elementary teacher*).

Activity suggestion Divide the class into two teams. A member of one team points to an object and selects a member of the opposite team to identify it. You might also have students spell the name of the object to practice the alphabet.

LEARNING TIP

You may want to rewrite the words that you're learning in a way that they appear grouped or rearranged under specific categories or themes. For instance, words about the classroom (**la mochila, la ventana, el escritorio, la computadora,** etc.), parts of the day (**la tarde, la noche**), languages (**el español, el francés, el chino**), adjectives of nationality [**español(-a), francés(-esa), chino(-a)**], etc. Write down all thematically related words under the specific core theme or category of meaning (semantic field).

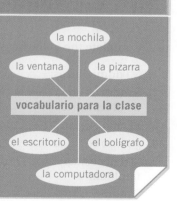

la mochila
la ventana
la pizarra
vocabulario para la clase
el escritorio
el bolígrafo
la computadora

---

[1]**¿Qué quiere decir __?** *What does __ mean?*

ACE the Test

Práctica

A. Match the questions in column A with the responses in column B.

A		B
1. ¿Qué hora es? _f_		**a.** En la biblioteca o en mi casa.
2. ¿A qué hora es la clase de español? _i_		**b.** No, ¡es fácil!
3. ¿Dónde estudiamos esta noche? _a_		**c.** No, cubana.
4. ¿Trabajan por la mañana? _j_		**d.** Inglés, francés y un poco de portugués.
5. ¿Es norteamericana? _c_		**e.** La dirección de Marcelo.
6. ¿El italiano es difícil? _b_		**f.** Son las dos y cuarto.
7. ¿Qué idiomas hablan? _d_		**g.** ¡Sí, todos los días!
8. ¿Qué anotas? _e_		**h.** El sábado.
9. ¿Practicas el español? _g_		**i.** A las tres.
10. ¿Cuándo nos vemos? _h_		**j.** No, por la noche.

Práctica B, Answers 1. el reloj 2. la ventana 3. la pizarra 4. el borrador 5. el marcador 6. el mapa 7. la puerta 8. la tablilla de anuncios 9. la pared 10. la silla 11. la computadora 12. la luz 13. el libro 14. el reloj 15. el cesto de papeles 16. el papel 17. el escritorio 18. la mochila 19. la pluma, el bolígrafo 20. el lápiz 21. el cuaderno 22. la tiza 23. el pupitre

Activity suggestion Have a student stand in front of the class. Have members of the class name an item one at a time. The student points to that item.

B. Review the words referring to people and objects you see in the classroom, then name the numbered items below.

C. Complete the following sentences, using appropriate vocabulary.

1. Mi domicilio es: _____Calle_____ Ocho, número 98.
2. Sandra es una ___chica (muchacha)___ americana y Julio es un ___muchacho (chico)___ de El Salvador.
3. El chino es un _____idioma_____ muy difícil.
4. ¿Cómo se _____dice_____ *backpack* en español?
5. ¿Tú necesitas _____más_____ tiempo para _____estudiar_____? ¡Yo también!
6. Sandra y Gloria ___conversan (platican, hablan)___ en la clase.
7. Julio _____toma_____ cinco clases.
8. ¿Tú hablas cinco idiomas? ¡Caramba! ¿En _____serio_____?

Para conversar

A. Para conocernos mejor You need to complete the following card with information about a classmate. First write the questions that would elicit the appropriate information. Then interview someone in your class and fill out the card. You may also ask additional questions.

> *Mi compañero se llama* _____
> *Es de* _____
> *Dirección:* _____
> *Número de teléfono:* _____
> *Trabaja en* _____

B. Una escuelita (*A little school*) With a partner, play the roles of two people who are in charge of opening a small school for about 50 children. Take turns saying what you need for two classrooms (**Necesitamos...**).

Pronunciación

A. The Spanish *i*

The Spanish **i** is pronounced like the double *e* in the English word *see*. Listen to your teacher and repeat the following sentences.

El chino es difícil.

El inglés es fácil.

Es el domicilio de Mimí.

B. The Spanish *o*

The Spanish **o** is a short, pure vowel. It corresponds to the *o* in the English word *no*, but without the glide. Listen to your teacher and repeat the following sentences.

Yo no tomo.

Trabajo con Rodolfo.

Hablo un poco de chino.

C. The Spanish *u*

The Spanish **u** is shorter in length than the English *u*. It corresponds to the *ue* sound in the English word *Sue*. Listen to your teacher and repeat the following sentences.

Mucho gusto, Julio.

Laura usa uniforme.

Estudia en la universidad.

Aspectos culturales

En imágenes (*Estudios superiores[1] en diversas partes del mundo hispano*)

▲ Oaxaca, México

▲ Lima, Perú

Although Spanish is not recognized as an official language in the United States, there is a very large number of Spanish-speaking Americans. For that reason, we include **Estados Unidos** on our map.

Ubíquese... y búsquelo

HM Improve Your Grade
Web Search

Gloria and Julio are going to Calle Ocho after their study date. You have some extra time to stroll around. Go to **www.college.hmco.com** to familiarize yourself with this area. What section of Miami are you exploring? What are some of the sights or landmarks that you pass? What would you like to do or see with Gloria and Julio while you are there? In the next class, team up with two classmates to discuss your findings.

---

[1]**superiores** = *higher*

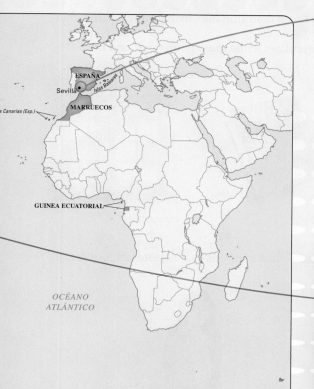

▲ Sevilla, España

▲ Río Piedras, Puerto Rico

Estructuras

1. Gender and number (*Género y número*)

A. Gender

- In Spanish, all nouns—including those denoting non-living things—are either masculine or feminine.
- Most nouns that end in **-o** are masculine, while most nouns that end in **-a** are feminine.

▲ el escritorio

▲ la silla

▲ el libro

▲ la ventana

- Nouns that denote males are masculine and nouns that denote females are feminine.

▲ el hombre

▲ la mujer

Activity suggestion Point to various objects in the classroom and have students name each object, telling whether it is masculine or feminine in Spanish.

Expansion Tell students to close their books. Pick nouns from the vocabulary lists in random order. Say each word and ask students to provide the definite article plus the noun.

I tiza	S1 la tiza
I día	S2 el día

Divide the class into groups of three or four and appoint a leader for each group. This person should refer to the vocabulary lists and ask the other members of the group to identify nouns by asking, "**¿Cómo se dice** *the chalkboard*?" Students should take turns giving a complete response. "**Se dice** *la pizarra*." The group leader should check each response for accuracy and comment, "**correcto**" or "**incorrecto**."

¡Atención! Some common exceptions include the words **el día** (*day*) and **el mapa** (*map*), which end in **-a** but are masculine, and the word **la mano** (*hand*), which ends in **-o** but is feminine.

Here are some helpful rules to remember about gender.

- Some masculine names ending in **-o** have a corresponding feminine form ending in **-a: el secretario/la secretaria.**
- When a masculine noun ends in a consonant, the corresponding feminine noun is often formed by adding **-a: el profesor/la profesora.**
- Many nouns that refer to people use the same form for both genders; **el estudiante/la estudiante.** In such cases, gender is indicated by the article **el** (masculine) or **la** (feminine).
- Nouns ending in **-sión, -ción, -tad, -dad,** and **-umbre** are feminine.

la televisión *television*
la libertad *liberty, freedom*
la muchedumbre *crowd*

la conversación *conversation*
la universidad *university*

◆ Many words that end in **-ma** are masculine.[1]

el poema *poem*
el programa *program*
el sistema *system*
el idioma *language*
el problema *problem*
el tema *subject, theme*

◆ You must learn the gender of nouns that have other endings and that do not refer to male or female beings.

la pared *wall*
el lápiz *pencil*
el borrador *eraser*
el reloj *clock, watch*
la luz *light*

Práctica

ACE the Test

Place **el**[2] or **la**[2] before each noun.

_el_ mapa	_la_ lección	_la_ sociedad	_la_ mano
_la_ ciudad	_la_ pizarra	_el_ idioma	_la_ luz
_el_ poema	_el_ marcador	_el_ hombre	_el_ libro
_el_ señor	_la_ mujer	_el_ día	_el_ papel
_la_ doctora	_la_ libertad	_el_ secretario	_la_ pared
_el_ papel	_la_ silla	_el_ profesor	_la_ certidumbre (*certainty*)
_la_ dirección	_la_ calle	_el_ español	_la_ tarde

B. Plural forms

◆ The plural of nouns is formed by adding **-s** to words ending in a vowel and **-es** to words ending in a consonant.

señor**a** → señora**s**   relo**j** → reloj**es**
sill**a** → silla**s**   borrado**r** → borrador**es**
libr**o** → libro**s**   lecció**n** → leccion**es**

> **¡Atención!** Note that the plural form of **lección** does not have a written accent. See Appendix A.

◆ When a noun ends in **-z,** change the **-z** to **c** and add **-es.**

lápi**z** → lápi**ces**
lu**z** → lu**ces**

◆ When the plural is used to refer to two or more nouns of different genders, the masculine form is used.

dos secretari**as** y un secretari**o** → tres secretari**os**

---

[1]Some feminine words end in **-ma,** such as **la cama** (*bed*) and **la rama** (*branch*).
[2]**el** = *the* (*masc.*); **la** = the (*fem.*)

ACE the Test

Práctica

Activity suggestion Write nouns in the plural on the chalkboard, using colored chalk to emphasize plural endings. Then have students explain to you the rules for plural formation.

Follow-up Play the game ¿Qué ves? Introduce the first- and second-persons singular of the verb **ver** by writing the question ¿Qué ves? and the answer Veo... on the chalkboard. Ask a student to describe what he or she sees in the classroom. Then ask the next student, "Y tú, ¿qué ves?" He or she must repeat the original phrase and add one more item.

| ¿Qué ves?
S1 Veo los libros.
| Y tú, ¿qué ves?
S2 Veo los libros y la pizarra.

You may want to have students play the game in groups of five or six.

Write how many items there are in each picture.

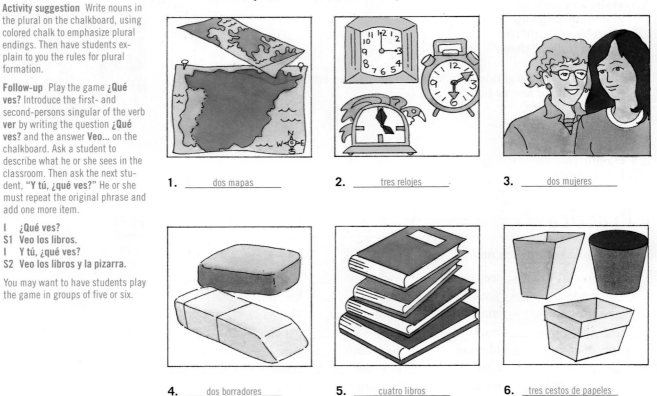

1. ___dos mapas___

2. ___tres relojes___

3. ___dos mujeres___

4. ___dos borradores___

5. ___cuatro libros___

6. ___tres cestos de papeles___

2. Definite and indefinite articles (*Artículos determinados e indeterminados*)

Expansion Have students close their books and practice changing the nouns from the vocabulary lists from singular to plural or vice versa, identifying the appropriate articles.

| profesor
S1 el profesor, un profesor
S2 los profesores, unos profesores

A. The definite article

◆ Spanish has four forms that are equivalent to the English definite article *the*.

	Masculine	Feminine	English
Singular	el	la	*the*
Plural	los	las	

el profesor   **los** profesores
la profesora   **las** profesoras
el lápiz   **los** lápices

B. The indefinite article

◆ The Spanish equivalents of *a* (*an*) and *some* are as follows.

	Masculine	Feminine	English
Singular	un	una	*a* (*an*)
Plural	unos	unas	*some*

un libro   **unos** libros
una silla   **unas** sillas
un profesor   **unos** profesores

LEARNING TIP

Language learning is a cumulative process, so you should connect what you are studying with what you have already learned. For instance, in the first **Estructura** point in this lesson you learned that a noun and its accompanying adjective are either masculine or feminine. You will now find out that a third class of words in Spanish (articles) are also either masculine or feminine.

Práctica

A. ¿Qué es? Identify the following objects or people using the appropriate definite article.

HM

ACE the Test

Práctica A, Expansion In pairs, have students ask each other how many objects or people there are in each drawing. Point out that the interrogative **¿Cuántos(-as)?** must agree with the noun it modifies.

S1 ¿Cuántas sillas hay?
S2 Hay una silla.

1. _____ la silla _____

2. _____ el lápiz _____

3. las mujeres / las estudiantes

4. _____ el profesor _____

5. _____ el mapa _____

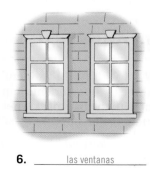

6. _____ las ventanas _____

B. En la clase With a partner, take turns asking each other questions about the items or people that can be found in the classroom, according to the illustrations. Follow the model.

◆ **MODELO:** —¿Hay un cuaderno?
—No, pero hay un libro.

1. ¿Hay una ventana?
No, pero hay una puerta.

2. ¿Hay una chica?
No, pero hay un chico.

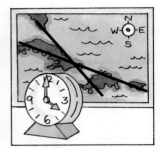

3. ¿Hay un mapa?
No, pero hay un reloj.

4. ¿Hay un pupitre (*student desk*)?
No, pero hay una silla.

5. ¿Hay un hombre?
No, pero hay una mujer.

6. ¿Hay una pluma?
No, pero hay un lápiz.

7. ¿Hay un marcador?
No, pero hay un borrador.

C. With a partner, take turns saying what you need and what you do not need. Use the appropriate indefinite article.

◆ **MODELO:** *Yo necesito un lápiz.* or
Yo no necesito un libro.

Para conversar

¿Qué hay en tu mochila? Identify six or seven students who have backpacks, and have three or four students join each one. These people will take turns asking the student with the backpack whether or not there are certain items in it. For each item mentioned, he/she will say **"sí"**, and show it or simply say **"no"**.

◆ **MODELO:** *¿Hay una pluma en tu mochila?*

3. Cardinal numbers 31–100 (*Números cardinales 31–100*)

31 **treinta y uno**	53 **cincuenta y tres**	80 **ochenta**
32 **treinta y dos** (*and so on*)	60 **sesenta**	84 **ochenta y cuatro**
40 **cuarenta**	68 **sesenta y ocho**	90 **noventa**
41 **cuarenta y uno** (*and so on*)	70 **setenta**	95 **noventa y cinco**
50 **cincuenta**	77 **setenta y siete**	100 **cien (ciento)**

◆ Note that **y** appears only in numbers between 16 and 99.

Un dicho

Más vale pájaro en mano que cien volando.

Equivalent: A bird in the hand is worth two in the bush.

Handout Bingo

LEARNING TIP

Count from 30 to 100 first by twos, then by fives, and by tens.

Práctica

When saying phone numbers, people in many Spanish-speaking countries tend to say the first number alone and the rest of the numbers in pairs. Using this system, give the names and phone numbers of the specialists the following people would call for each situation.

1. Your nephew has a bad case of acne.
2. Mrs. Vega thinks she is pregnant.
3. Your grandmother has blurred vision.
4. Your friend's child is sick.
5. Your neighbor has frequent chest pains.

ESPECIALISTAS

Cardiólogos	
Barrios, Gustavo	342-7859
Martínez, Cristina	561-6294
Dermatólogos	
Carreras, José	402-4180
Rivas, Francisco	829-3785
Ginecólogos	
García, Rosaura M.	607-5391
Torres, Marcelo	243-7160
Oftalmólogos	
López, Arnaldo	750-4538
Ugarte, Eloísa	962-6875
Pediatras	
Méndez, Carolina	806-9952
Rodríguez, Estela	693-4931

ACE the Test

Práctica, Answers 1. Dr. José Carreras: cuatro, cero dos, cuarenta y uno, ochenta; Dr. Francisco Rivas: ocho, ventinueve, treinta y siete, ochenta y cinco   2. Dra. Rosaura M. García: seis, cero, siete, cincuenta y tres, noventa y uno; Dr. Marcelo Torres: dos, cuarenta y tres, setenta y uno, sesenta   3. Dr. Arnaldo López: siete, cincuenta, cuarenta y cinco, treinta y ocho; Dra. Eloísa Ugarte: nueve, sesenta y dos, sesenta y ocho, setenta y cinco   4. Dra. Carolina Méndez: ocho, cero, seis, noventa y nueve, cincuenta y dos; Dra. Estela Rodríguez: seis, noventa y tres, cuarenta y nueve, treinta y uno   5. Dr. Gustavo Barrios: tres, cuarenta y dos, setenta y ocho, cincuenta y nueve; Dra. Cristina Martínez: cinco, sesenta y uno, sesenta y dos, noventa y cuatro

Para conversar

¿Cuánto necesitamos? (*How much do we need?*) You and your partner are in charge of buying school supplies. See what items you need and how much each item costs. First give the price of each item and then take turns indicating how much money you need to buy the items.

◆ **MODELO:** —¿Cuánto necesitamos?
—*Necesitamos 75 dólares para comprar tres mapas.*

Artículos	Precio	Total
3 mapas	$25,00	
40 bolígrafos	$1,50	
200 (doscientos) marcadores	$0,50	
45 borradores	$2,00	
2 tablillas de anuncios	$34,00	
10 cestos de papeles	$3,50	
4 relojes	$10,00	
83 cuadernos	$1,00	

Para conversar, Answers 1. setenta y cinco dólares / tres mapas 2. sesenta dólares / cuarenta bolígrafos 3. cien dólares / doscientos marcadores 4. noventa dólares / cuarenta y cinco borradores 5. sesenta y ocho dólares / dos tablillas de anuncios 6. treinta y cinco dólares / diez cestos de papeles 7. cuarenta dólares / cuatro relojes 8. ochenta y tres dólares / ochenta y tres cuadernos

4. Telling time (*La hora*)

Activity suggestion Bring in a clock, make one out of a paper plate, or draw clock faces on the board to illustrate the time.

◆ To ask what time it is, say, **"¿Qué hora es?"** To tell the time in Spanish, the following word order is used.

Es la or Son las	+	*hour*	+	y or menos	+	*minutes*

◆ **Es** is used with **una.**
  Es la una.

◆ **Son** is used with all the other hours.
  Son las cuatro.

◆ The feminine definite article is always used before the hour, since it refers to *la* hora.
  Es **la** una y media.
  Son **las** diez y cuarto.

◆ The hour is given first, then the minutes.
  Son las **once** menos **veinte.**

◆ The equivalent of *past* or *after* is **y.**
  Es la una **y** veinticinco.

◆ The equivalent of *to* or *till* is **menos.** It is used with fractions of time up to a half hour.[1]
  Son las ocho **menos** cinco.

Activity suggestion Emphasize the difference between *it's* (es, son) and *at* (a la, a las).

¡Atención! The equivalent of *at + time* is **a** + **la(s)** + *time.*

—¿Qué hora es?	*"What time is it?"*
—Son las dos y cuarto.	*"It's a quarter past two."*
—¿A qué hora es la clase?	*"What time is the class?"*
—La clase es a las dos y media.	*"The class is at two-thirty."*

◆ To specify whether the time is A.M. or P.M., use **de la mañana, de la tarde,** or **de la noche,** respectively.

—¿La clase es a las 8 **de la mañana?**	*"Is the class at 8 A.M.?"*
—No, ¡es a las 8 **de la noche!**	*"No, it's at 8 P.M.!"*

◆ To indicate that an activity takes place at an undefined time in the morning or in the afternoon, use **por la mañana, por la tarde,** or **por la noche,** respectively.

—¿Estudiamos **por la mañana?**	*"Shall we study in the morning?"*
—No, **por la tarde.**	*"No, in the afternoon."*

---

[1]It is becoming increasingly popular to substitute **y quince** for **y cuarto, y treinta** for **y media,** and **y treinta y cinco, y cuarenta,** etc., for **menos veinticinco, menos veinte,** and so on.

Práctica

A. With a partner, take turns giving the time indicated on the clocks in the illustration. Start with clock number one.

ACE the Test

Práctica A, Answers 1. Son las cinco.   2. Son las diez y media.
3. Son las cinco menos diez.   4. Es la una menos cuarto.   5. Son las seis y cinco.   6. Son las doce.
7. Son las seis menos cuarto.
8. Es la una y cuarto.   9. Es la una y veinte.   10. Es la una y media.
11. Son las seis menos veinte.
12. Son las once menos cuarto.

Follow-up A Using a map of the world, ask students to tell time in the different time zones. Introduce the expressions **de la mañana, de la tarde,** and **de la noche: Son las dos de la tarde en Chicago. ¿Qué hora es en Madrid? ¿Y en Japón?** Have students take turns asking each other the different times in other cities and countries.

¿Lo sabía Ud.?

Para los horarios (*schedules*) de aviones (*planes*), autobuses, trenes, televisión y algunas (*some*) invitaciones, se usa el sistema de 24 horas. Por ejemplo, las cuatro de la tarde son las dieciséis horas.

◆ **¿Se usa el sistema de 24 horas en este país?**

B. **Un mensaje telefónico** Based on the information provided in the phone message, complete the statements next to it.

1. El mensaje es para _____Carlos Vega_____.
2. El Sr. Vega trabaja en el _____Hospital El Samaritano_____.
3. El mensaje es de parte de[1] _____Jorge Ibarra_____.
4. El Sr. Ibarra trabaja para el _____Hotel Plaza_____.
5. El número de teléfono del hotel es el _____3–86–41–97_____.
6. El mensaje es: ___Desea hablar con Ud. mañana por la tarde___.
7. El Sr. Ibarra llamó (*called*) a las _____diez y media_____ de la _____mañana_____ del _____miércoles_____, 24.
8. En el hotel hay problemas con __las reservaciones del hotel para la convención__.

Hospital El Samaritano

MENSAJE PERSONAL

Para _Carlos Vega_
De parte de _Jorge Ibarra_
De la compañía _Hotel Plaza_
Teléfono _3–86–41–97_
Llamó por teléfono a la(s) _10:30_
☑ de la mañana ☐ de la tarde ☐ de la noche

MENSAJE
Desea hablar con usted mañana
por la tarde.

ASUNTO
Problemas con las reservaciones
del hotel para la convención

Día _miércoles 24_

---

[1]**de parte de** = *person who is calling*

C. With a partner, take turns asking each other what time the programs in the listing are on and what programs are on at different times.

◆ **MODELO:** —¿A qué hora es "Telediario"?
—Es a las seis.

—¿Qué hay a las seis?
—"Telediario."

Programación del Canal 36

Viernes _____

6:00	Telediario	**9:00**	Noticiero Televisa
6:50	Noticias Internacionales	**9:30**	Música
7:00	Religión	**10:00**	Fútbol
7:30	Música Latina	**11:00**	Noticias de última hora
8:00	"María" (Telenovela)		

Para conversar

Activity suggestion Write a list of popular courses on the chalkboard. In order to encourage real communication, you may want to introduce the following questions and statements.

S1 ¿Qué estudias?
S2 Estudio...
S1 ¿Cuándo es la clase?
S2 Los martes y jueves.
S1 ¿A qué hora es la clase de...?
S2 Es a la(s) ...
S1 ¿Cómo se llama el (la) profesor(-a)?
S2 Se llama...

After completing the schedule, students should check their partner's notes to see if each has the correct information.

A. **Horario de clases** This is María Elena's schedule. With a classmate, try to figure out when her classes are.

◆ **MODELO:** —¿Cuándo es la clase de tenis?
—La clase de tenis es los sábados.
—¿A qué hora?
—A las nueve.

HORA	LUNES	MARTES	MIÉRCOLES	JUEVES	VIERNES	SÁBADO
8:00–9:00	Psicología		Psicología		Psicología	
9:00–10:00	Biología		Biología		Biología	Tenis
10:00–11:30		Historia		Historia		
12:15–1:00			ALMUERZO[2]			
1:00–2:00	Literatura		Literatura		Literatura	Laboratorio de Biología
5:00–6:30		Educación Física		Educación Física		
7:00–8:30	Arte		Arte			

B. **Mi horario** With the help of a dictionary and/or your instructor, work with a classmate to make up each other's schedules.

---

[2]**almuerzo** = *lunch*

5. Present indicative of regular -ar verbs (*Presente de indicativo de los verbos regulares terminados en -ar*)

◆ Spanish verbs are classified in three main patterns of conjugation, according to the infinitive ending. The three infinitive endings are **-ar, -er,** and **-ir.**

hablar *to speak*			
Singular			
yo	hab**lo**	Yo **hablo** español.	*I speak Spanish.*
tú	hab**las**	Tú **hablas** francés.	*You* (inf.) *speak French.*
Ud.	hab**la**	Ud. **habla** alemán.	*You* (form.) *speak German.*
él	hab**la**	Él **habla** italiano.	*He speaks Italian.*
ella	hab**la**	Ella **habla** portugués.	*She speaks Portuguese.*
Plural			
nosotros(-as)	hab**lamos**	Nosotros **hablamos** español.	*We speak Spanish.*
vosotros(-as)	hab**láis**	Vosotros **habláis** francés.	*You* (inf.) *speak French.*
Uds.	hab**lan**	Uds. **hablan** alemán.	*You* (form.) *speak German.*
ellos	hab**lan**	Ellos **hablan** italiano.	*They* (masc.) *speak Italian.*
ellas	hab**lan**	Ellas **hablan** portugués.	*They* (fem.) *speak Portuguese.*

—¿Qué idiomas **hablas?** "*What languages do you speak?*"
—Yo **hablo** inglés y español. "*I speak English and Spanish.*"
—¿Y Pierre? "*And Pierre?*"
—Él **habla** francés. "*He speaks French.*"

◆ Regular verbs ending in **-ar** are all conjugated as **hablar** in the chart. Some other common **-ar** verbs are:

desear *to want, wish*
estudiar *to study*
tomar *to take*
necesitar *to need*
regresar *to return*
trabajar *to work*

—¿Uds. **estudian** por la noche? "*Do you study in the evening?*"
—No, nosotros **estudiamos** por la tarde. "*No, we study in the afternoon.*"

—¿Qué **necesitas** tú? "*What do you need?*"
—Yo **necesito** un libro. "*I need a book.*"

¡Atención! Notice that the verb forms for **Ud., él,** and **ella** are the same. In addition, **Uds., ellos,** and **ellas** share common verb forms. This is true for all verbs in all tenses.

◆ The infinitive of Spanish verbs consists of a stem (such as **habl-**) and an ending (such as **-ar**).

◆ The stem **habl-** does not change. The endings change with the subject.

LEARNING TIP

In Lesson 1 you were introduced to the verb **ser.** Realize now that the **-ar** verbs *conjugate* those same persons (**yo, tú/Ud.,** and **él/ella**) and number (the singular or plural forms of each person). In fact, all verbal tenses in Spanish (present, past, future) conjugate according to the very same categories: person and number.

◆ The Spanish present tense is equivalent to three English forms.

Yo **hablo** inglés.

> *I speak English.*
> *I do speak English.*
> *I am speaking English.*

◆ Because the verb endings indicate who is performing the action, the subject pronouns are frequently omitted.

Necesito un lápiz.	*I need a pencil.*
Estudiamos inglés.	*We study English.*
Hoy **trabajo.**	*I work today.*

◆ Subject pronouns can, however, be used for emphasis or clarification.

—¿**Ellos** hablan inglés?	*"Do they speak English?"*
—**Ella** habla inglés y **él** habla alemán.	*"She speaks English, and he speaks German."*

◆ In Spanish, as in English, when two verbs are used together, the second verb remains in the infinitive.

—¿Con quién necesita **hablar** Ud.?	*"With whom do you need to speak?"*
—Necesito **hablar** con el Sr. Vega.	*"I need to speak with Mr. Vega."*

¿Lo sabía Ud.?

El español es el idioma vernáculo (*native*) de más de 430.000.000[1] de personas.

◆ ¿Cuántas personas cree Ud. que hablan inglés en el mundo (*world*)?

ACE the Test

Práctica

A. Complete the following dialogues, using the present indicative of the verbs given. Then act them out with a partner.

1. estudiar
   —¿Qué ___estudian___ Uds.?
   —___Estudiamos___ chino.

2. trabajar
   —¿Tú ___trabajas___ en el hospital por la noche?
   —No, ___trabajo___ por la tarde.

3. regresar
   —¿Cuándo ___regresan___ Uds.?
   —Yo ___regreso___ el lunes y Jorge ___regresa___ el miércoles.

Un dicho

El trabajo dignifica.

Work dignifies.

---

[1] *430 millions.* Note that, in Spanish numbers, a period is used instead of a comma to indicate thousands.

4. practicar

—¿Uds. _practican_ el español todos los días?

—No.

5. hablar

—¿Qué idioma _hablan_ ellos?

—Carlos _habla_ español y Michele _habla_ francés.

—¿Cuántos idiomas _hablas_ tú?

Hablo tres: español, italiano y portugués.

6. necesitar

—¿Qué _necesitan_ Uds.?

— _Necesitamos_ unos marcadores.

7. tomar

—¿Cuántas clases _toma_ Ud.?

—Yo _tomo_ cinco clases.

8. llegar

—¿A qué hora _llegas_ a tu casa (*home*)?

—Yo _llego_ a las ocho de la noche.

9. anotar

—¿Qué _anotas_ tú?

— _Anoto_ la dirección de Eva.

Práctica A, Expansion A

1. Have students work in groups of three or four and take turns asking each other how to say verb phrases: **¿Cómo se dice *"we speak"*?** The other members of the group should correct any errors.

2. Ask students to give the corresponding subject pronoun as you or another student gives a list of verb forms.

I estudias
S tú estudias
I deseamos
S nosotros deseamos

3. Write a short sentence builder on the board and ask students to combine the elements to form five original sentences.

Yo / Ud. / Tú / Ellas / Paco (*etc.*)
trabajar / necesitar / estudiar (*etc.*)
a las seis / en la clase / cuadernos (*etc.*)

B. What language do these people speak?

1. Jean-Pierre, que (*who*) es de París. Habla francés.

2. Mao, que enseña (*teaches*) en la Universidad de Beijing. Habla chino.

3. María Mercedes, que trabaja en la Pequeña Habana. Habla español.

4. Vittorino y Gina, que estudian en Florencia. Hablan italiano.

5. Carolyn, que es de Toronto, Canadá. Habla inglés.

6. João, que trabaja en Río de Janeiro, Brasil. Habla portugués.

C. With a partner, talk about what is going on in these drawings, using the subject pronouns given and the verbs **trabajar, hablar, necesitar, regresar, tomar,** and **estudiar.**

1.

Nosotros hablamos inglés.

2.

Yo estudio por la noche.

3.

Ud. toma cuatro clases.

4.

La Dra. Santos trabaja en el hospital.

5.
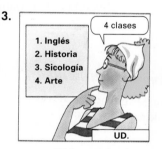

Ellas necesitan dinero.

6.

Tú regresas a la clase.

Para conversar

A. Dos estudiantes conversan. With a partner, take turns asking and answering the following questions.

1. ¿Dónde trabajas? ¿Qué días trabajas?
2. ¿Qué idiomas hablas tú?
3. ¿Qué idioma estudias? ¿Te gusta? ¿Es fácil o difícil?
4. ¿Estudias por la mañana, por la tarde o por la noche? ¿Cuántas horas (*hours*) estudias?
5. ¿Qué necesitas? ¿Cuánto dinero necesitas?
6. ¿A qué hora llegas (*do you arrive*) a la universidad?

B. Now each student will share some information about his/her partner with the rest of the class.

6. Negative and interrogative sentences (*Oraciones negativas e interrogativas*)

Activity suggestion Write a short sentence builder similar to Expansion A (page 51). Ask students to make as many negative statements as possible in one to two minutes.

A. Negative sentences

◆ To make a sentence negative, simply place the word **no** in front of the verb.

Yo trabajo en el hospital.	*I work at the hospital.*
Yo **no** trabajo en el hospital.	*I don't work at the hospital.*
Ella habla inglés.	*She speaks English.*
Ella **no** habla inglés.	*She doesn't speak English.*

◆ If the answer to a question is negative, the word **no** will appear twice: at the beginning of the sentence, as in English, and in front of the verb.

—¿Habla Ud. español?	*"Do you speak Spanish?"*
—**No,** yo **no** hablo español.	*"No, I don't speak Spanish."*

The subject pronoun may be omitted.

—No, no hablo español.	*"No, I don't speak Spanish."*

 **Un dicho**

El saber no ocupa lugar.

Equivalent: One can never know too much.

B. Interrogative sentences

◆ In Spanish, there are several ways of asking a question to elicit a *yes* or *no* answer.

¿**Ud.** habla español?	
¿Habla **Ud.** español?	**Sí**, yo hablo español.
¿Habla español **Ud.**?	

◆ These three questions ask for the same information and have the same meaning. The subject may be placed at the beginning of the sentence, after the verb, or at the end of the sentence.

¡Atención! When speaking, the difference between a statement and a question is intonation. When asking yes or no questions, the voice goes up at the end of the last word.

¿Ud. habla español?

◆ Note that written questions in Spanish begin with an inverted question mark.

◆ Another common way to ask a question in Spanish is to add tag questions such as **¿no?** and **¿verdad?** at the end of a statement.

Ud. habla español, **¿verdad?**   *You speak Spanish, don't you?*

◆ Questions that ask for information begin with an interrogative word, and the verb, not the subject, is placed after the interrogative word.

¿Dónde **trabajas** tú?	*Where do you work?*
¿Cuándo **regresan** ellos?	*When do they return?*
¿Qué **necesita** Ud.?	*What do you need?*
¿Quién **es** el profesor?	*Who is the professor?*

¡Atención! Spanish does not use an auxiliary verb, such as *do* or *does*, in negative or interrogative sentences.

Note: Point out that Spanish uses an inverted exclamation mark at the beginning of exclamations.

Práctica

HM
ACE the Test

A. Write the questions that will elicit each of the following answers.

Práctica A, Expansion Have students work in pairs and take turns asking and answering their questions.

1. — ¿Estudian inglés Uds.? (¿Estudian Uds. inglés?)
   —Sí, nosotros estudiamos inglés.
2. — ¿Tú trabajas en el hospital hoy?
   —No, yo no trabajo en el hospital hoy.
3. — ¿De dónde son Uds.?
   —Somos de Colombia.
4. — ¿Uds. hablan francés?
   —No, nosotros no hablamos francés.
5. — ¿Qué necesitan ellos?
   —Ellos necesitan los bolígrafos.
6. — ¿Dónde trabaja ella?
   —Ella trabaja en la universidad.
7. — ¿A qué hora regresa Carlos?
   —Carlos regresa a las ocho de la noche.
8. — ¿Ud. es (Tú eres) profesora?
   —No, no soy profesora.

B. With a partner, take turns answering the following questions in the negative.

1. ¿Tú hablas francés? No, yo no hablo francés.
2. ¿Tú trabajas en un hospital? ¿Trabajas en la universidad? No, yo no trabajo en un hospital. No, yo no trabajo en la universidad.
3. ¿Tú necesitas el libro de español? No, yo no necesito el libro de español.
4. ¿Tú regresas a la clase a las cinco? No, yo no regreso a la clase a las cinco.
5. ¿Tú estudias por la noche? ¿Estudias mucho? No, yo no estudio por la noche. No, no estudio mucho.
6. ¿Tú eres de Madrid? No, yo no soy de Madrid.

👥 **Un nuevo amigo** With a partner, work together to formulate ten questions about the following information on David.

▲ David Rojas

Yo soy cubanoamericano y estudio en la Universidad Internacional de la Florida. Tomo cuatro clases por la mañana, trabajo por la tarde y estudio por la noche; los sábados y los domingos no trabajo.

Hablo tres idiomas: español, inglés y un poco de francés, y ahora deseo estudiar portugués. Trabajo mucho porque necesito dinero.

HINT: Be aware of these interrogative words.

¿Dónde? (*Where?*)
¿Qué? (*What?*)
¿Cuándo? (*When?*)
¿Cuántos(-as)? (*How many?*)
¿Quién(-es)? (*Who?*)
¿Por qué? (*Why?*) (porque = *because*)

Some of the questions may require a "yes" or "no" answer. After completing the questions, join another group to ask your questions and answer theirs.

7. Possession with *de* (*El caso posesivo*)

Activity suggestion You may want to point out that **de** can also be used with a noun or verb as an adjective: **la profesora de español, el papel de escribir.**

Activity suggestion Emphasize that in Spanish the apostrophe is not used to show possession. Point out the parallelism between the English construction *noun phrase + of + noun phrase* and the Spanish construction *noun phrase + de + noun phrase: the son of John vs.* **el hijo de John.**

Note The contraction **de + el = del** is fully discussed in **Lección 4.** You may want to include a brief explanation at this point to give students more practice with the structures.

Activity suggestion Walk around the room, holding up objects belonging to students (a pen, a book, etc.) while asking, "**¿Es la pluma de Samantha?**" Then collect the objects, place them on your desk, and hold up each one individually while asking the class, "**¿De quién es...?**"

◆ The **de** + *noun* construction is used to express possession or relationship. Spanish does *not* use the apostrophe.

Rosa —— 's —— address
la dirección ←— de —→ Rosa
(*the address   of   Rosa*)

la clase **de la Dra. Peña**   *Dr. Peña's class*
el libro **de Dora**   *Dora's book*

¡Atención! Note the use of the definite article before the words **dirección, clase,** and **libro.**

—¿Quién es Francisco Acosta?   *"Who is Francisco Acosta?"*
—Es **el profesor de Carmen.**   *"He is Carmen's professor."*

—¿Cuál es **la dirección de Irene?**   *"What is Irene's address?"*
—Calle Magdalena, número seis.   *"Six Magdalena Street."*

◀ Una fotografía de Nora, **la hermana** (*sister*) **de Gloria.**

Práctica

With a partner, look carefully at the illustrations and then take turns answering the questions that follow.

1.

2.

3.

4.

5.

6.

1. **¿Quiénes son las amigas de Sergio?** Las amigas de Sergio son Eva y Ana.
2. **¿Qué necesita Olga?** Olga necesita el libro de Dora.
3. **¿Qué necesita Luis?** Luis necesita el teléfono de Raúl.
4. **¿Quién es el Sr. Soto?** El Sr. Soto es el papá de Anita.
5. **¿Quién es de Cuba?** La mamá de Laura es de Cuba.
6. **¿Quiénes son Pedro y José?** Pedro y José son los estudiantes de la Dra. Vega.

Para conversar

¿Lo necesita o no? (*Do you need it or not?*) Take turns asking other members of the class if they need certain things.

◆ **MODELO:** —*Marta, ¿tú necesitas el libro de Raúl?*
　　　　　—*Sí, yo necesito el libro de Raúl. (No, yo no necesito el libro de Raúl.)*

Activity suggestion Follow up: Students ask the instructor if he/she needs certain things: **Profesor(a), ¿necesita Ud. el marcador?**

Un dicho

***En casa del herrero,
cuchillo de palo.***

**Equivalent: The shoemaker's
son always goes barefoot.**

Así somos

Al escuchar...

Estrategia **Listening for specifics and guessing intelligently** Often when listening, you have specific information in mind that you want to know or that you expect to hear. Concentrating on these specifics helps your understanding and allows you to "discard" unrelated information. For example, if your Spanish-speaking housemate wants you to buy some things on your way home, you automatically listen for the items you need to buy. If he or she asks you to pick up **café, pan, leche y huevos,** by guessing intelligently you know you're expected to buy **leche** and **huevos** even if you aren't sure what they are.

Necesitamos muchas cosas Julio and Carmen need to make some classroom-related purchases. Listen to their conversation and mark only the items they need to buy. Read the list before listening. If you hear an unknown word, make an intelligent guess about it.

____ tablilla de anuncios	____ tiza
✓ cesto de papeles	✓ calculadora
✓ mochila	✓ carpetas
✓ reloj	✓ sacapuntas
✓ mapas	✓ bolígrafos
✓ archivo	✓ pizarras

Al conversar...

Estrategia **Asking for repetition** Conversing is a negotiating process. Be ready to ask the person you are speaking with, for instance, to repeat whenever there's something important you didn't understand or didn't hear well. Here are some phrases you can use in these situations.

- **¿Cómo?** (*What?*) or **¿Perdón?** (*I beg your pardon?*)
- **Repite, por favor** (*informal*) or **Repita, por favor** (*formal*). (*Please repeat.*)
- **Más despacio, por favor.** (*Slower, please.*)
- **Otra vez, por favor.** (*Once more, please.*)

¿Cómo? With a partner, take turns asking about each other's classes. Find out which classes he or she has, on what days, and who the professor is. Use the phrases you've just learned to ask for repetitions when necessary.

¿Qué dice Ud.? What would you say in the following situations? What might the other person say? Act out scenes with a partner. Take turns playing each role.

1. You ask a friend if he/she wishes to study with you in the library tonight. Ask at what time.
2. Tell a friend when you study and when you work and also the days you don't work. Ask him/her about his/her schedule.
3. Ask your professor how to say in Spanish a word that you don't know.

4. Ask a classmate what his/her address is and give him/her your phone number.
5. Ask your professor if he/she speaks other languages.
6. Your friend thinks he speaks Chinese because he can order Chinese food. Tell him that, in that case, you speak Italian.

4. ¿Cuál es tu dirección? Mi número de teléfono es... 5. ¿Habla Ud. otros idiomas? 6. ¡En ese caso yo hablo italiano!

Para conocernos mejor
To do this activity, work with a classmate whom you would like to get to know. Take turns asking each other these questions.

1. ¿Qué idiomas hablas tú? ¿Deseas estudiar otro idioma? ¿Cuál?
2. ¿Cuántas clases tomas? ¿A qué hora es tu primera clase? ¿Es una clase fácil o difícil?
3. ¿Tú estudias en la biblioteca o en tu casa? ¿Cuántas horas estudias?
4. ¿Dónde trabajas? ¿Trabajas los sábados y los domingos?
5. ¿Necesitas dinero? ¿Cuánto?
6. ¿Cuál es tu dirección? ¿Cuál es tu número de teléfono?
7. ¿Tú practicas el español todos los días? ¿Con quién? ¿Necesitas practicar más tiempo?
8. ¿Necesitas más tiempo para estudiar o para trabajar?
9. ¿Qué hora es?
10. ¿A qué hora regresas a tu casa hoy? ¿Y mañana?

HM

Handouts Para decirlo en español / Para conocernos mejor / Crucigrama / ¿Qué dijiste?

Una encuesta
Interview your classmates to identify who fits the following descriptions. Include your instructor, but remember to use the **Ud.** form when addressing him/her. After finishing the survey, get together with two or three classmates and discuss the results.

Nombre

1. Trabaja en la universidad.
2. Trabaja los sábados.
3. Necesita dinero.
4. Estudia por la noche.
5. Necesita estudiar más.
6. Desea estudiar otro idioma.
7. Habla con sus amigos en la cafetería.
8. Regresa a su casa por la noche.

Para crear
In groups of three, look at this photo and use your imagination to create a story about the person in the picture. Who is he? Give him a name. Is he a student? Where is he from? Does he work? What might he be saying to the other person on the phone? In general, what's the story behind the photo?

¡Vamos a leer!

Antes de leer

Estrategia **Guessing the meaning of unknown words** When you read you can often guess the meaning of some of the words you don't know by paying attention to the context. Look at the words surrounding the unknown word. Are there cognates, familiar words, or explanation or information that give clues to the meaning of the word? If a word seems important to the general meaning of a passage, try to make logical guesses about its meaning based on context before you consult a dictionary.

¿Qué significa? Read the following sentences and choose the definition that best fits the context.

1. El profesor Griego **enseña** ciencias políticas en la universidad.
   - a. learns
   - **b.** teaches
   - c. supervises

2. La señora Jiménez es profesora de literatura española en el departamento de **lenguas.**
   - **a.** languages
   - b. humanities
   - c. arts

3. El estudiante **ayuda** a sus amigos a estudiar para el examen de cálculo porque las matemáticas son fáciles para él.
   - **a.** helps
   - b. tests
   - c. demands

A leer

ORGANIZACIÓN DE ESTUDIANTES HISPANOS

La profesora del año

La Dra. Isabel Junco, de La Habana, Cuba, que es profesora de Literatura Latinoamericana en el Departamento de Lenguas, acaba de publicar° un libro sobre la poesía° de José Martí.

    La Dra. Junco es una profesora excelente, admirada y respetada por todos sus estudiantes. Además° de enseñar, Isabel Junco trabaja como voluntaria en una organización dedicada a ayudar° a los refugiados° cubanos.

acaba... has just published / poetry

Besides
to helping / refugees

Comprensión Now, as you read the article about Dra. Isabel Junco, find the answers to the following questions.

1. ¿De dónde es la Dra. Junco? Es de La Habana, Cuba.
2. ¿Qué enseña? ¿En qué departamento? Enseña literatura latinoamericana. Enseña en el Departamento de Lenguas.
3. ¿Qué acaba de publicar? Acaba de publicar un libro sobre la poesía de José Martí.
4. ¿Es una buena profesora? Sí, es una profesora excelente, admirada y respetada por todos sus estudiantes.
5. ¿A quiénes ayuda como voluntaria? Ayuda a los refugiados cubanos.

¡Vamos a escribir!

Antes de escribir

Estrategia **Conducting and reporting an interview** To prepare an effective interview, use your knowledge of the person you plan to interview and what readers might want to know about the person or the subject the interviewee will talk about as a guide to the types of questions you ask.

- Include questions that ask for information, not just questions than can be answered yes or no.
- Prepare more questions than you think you need.
- Organize your questions in a logical sequence.
- When you write the interview, you can eliminate the least interesting responses.

Una entrevista (*An interview*) You write a column about new students for the school paper and must interview a Spanish-speaking student for your next article. Brainstorm eight to ten questions you might ask and organize them in a logical sequence. Then, interview a Spanish-speaking student or a classmate playing the role of a Spanish speaker.

Activity suggestion If possible, help arrange for students to interview Spanish speakers. If there is time, you may want to form small groups and have students give oral presentations about their interviewee before writing.

Al escribir el informe

Now write a draft **(borrador)** of your interview article. Sequence the information you obtained so that it flows smoothly and weed out any uninteresting responses. Do not include the questions.

Después de escribir

Before writing the final version of your interview, exchange your first draft with a classmate and peer edit each other's work. Use the following guidelines.

- noun-adjective and noun-article agreement (in gender and number)
- subject-verb agreement (in person and number)
- logical sequence of information

Activity suggestion If there is time, you may want to follow up with individual oral presentations before small groups in which the group asks further questions of the presenter about his or her interviewee.

Después de leer... desde su mundo

In small groups, talk about your favorite professor, whom you want to select as professor of the year.

Panorama hispánico

HM
Improve Your Grade
Web Search

Los cubanoamericanos

◆ Los cubanos son el 5% de los hispanos de este país, y como buena parte de ellos vinieron (*came*) por razones políticas, no económicas, son los inmigrantes hispanos más conservadores, con mayor nivel de escolaridad y mayor ingreso (*income*) per capita. Entre los más conocidos se destacan: en la política, Ileana Ros-Lehtinen, Representante al Congreso de los Estados Unidos y Mel Martínez, Senador por la Florida; en el cine, Andy García y Eva Mendes; y en la música, Jon Secada, Gloria Estefan y Celia Cruz (1925–2003), la reina (*queen*) de la salsa.

◆ En la Pequeña Habana, un barrio (*neighborhood*) cubano de la ciudad de Miami, muchos de los bancos, cafés, restaurantes, mercados y tiendas son de propiedad cubana, y el español es el idioma más hablado (*spoken*).

La política

◀ Ileana Ros-Lehtinen (1952–), primera mujer hispana elegida (*elected*) al Congreso de Estados Unidos (1989–presente)

◀ Mel Martínez, Senador por la Florida, primer senador cubanoamericano de los Estados Unidos

El entretenimiento

▲ Andy García, famoso actor cubano

▲ La bella actriz cubanoamericana, Eva Mendes, en una entrega de premios en Berlín, Alemania

▲ Jon Secada, famoso cantante

Los negocios¹

◄ Jeff Bezos, presidente fundador (*founder*) de la empresa (*company*) Amazon

▲ Los pequeños comerciantes (*Small business sector*): Café de la Pequeña Habana

Nuestro panorama cultural

In groups of three, answer the following questions about your home state, region, or country.

1. ¿Quién es el representante de su estado (*state*) al Congreso?
2. ¿Quiénes son los senadores de su estado?
3. ¿Cuál es su actor favorito?
4. ¿Cuál es su cantante favorito(-a)?
5. ¿Conoce Ud. (*Do you know*) otros cantantes de origen cubano?
6. ¿Es popular la salsa en los Estados Unidos?
7. ¿Cuál es el grupo minoritario más numeroso en su ciudad?
8. ¿Hay algún (*any*) restaurante cubano en su ciudad?
9. ¿Cómo se llama el barrio de Ud.?
10. ¿Celebran algún festival especial en su ciudad? ¿Cuándo?

 Handout Un poco de cultura

---

¹**negocios** = *business*

▲ Una chica usa su teléfono celular.

Objetivos

Comunicación

You will learn vocabulary used to describe people and activities and to make and receive phone calls.

Pronunciación

Linking

Estructuras

◆ Possessive adjectives
◆ Cardinal numbers 101–1,000
◆ Descriptive adjectives: Forms, position, and agreement with articles and nouns
◆ Present indicative of regular **-er** and **-ir** verbs
◆ Present indicative of the irregular verbs **tener** and **venir**
◆ The personal **a**

Cultura

◆ Hispanics in the U.S.
◆ Answering the phone in different Spanish-speaking countries

Panorama hispánico

◆ Los puertorriqueños en los Estados Unidos

Estrategias

Listening: Taking a phone call
Speaking: Using stock phrases
Reading: Activating background knowledge
Writing: Analyzing writing models

Por teléfono

Los puertorriqueños

Los puertorriqueños son el segundo grupo más grande (*largest*) de hispanos en los Estados Unidos. Como Puerto Rico es un Estado Libre Asociado a este país, los puertorriqueños son ciudadanos estadounidenses y no necesitan pasaporte ni visa para entrar en el país.

Activity suggestion Use the photo on page 62 to introduce the lesson theme. Ask your students:

1. ¿Hablas mucho por teléfono con tus amigos? ¿Y por Internet?
2. ¿Con quién(es) hablas todos los días?
3. ¿Con quién crees tú que habla la chica de la foto? ¿Con su novio?

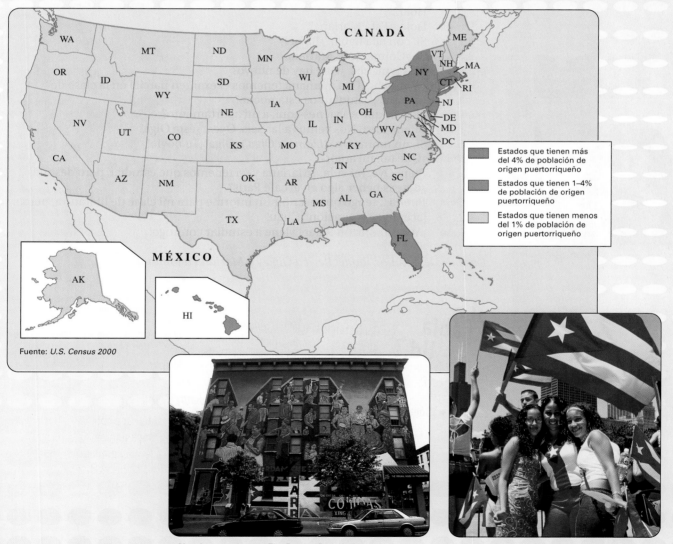

Estados que tienen más del 4% de población de origen puertorriqueño

Estados que tienen 1–4% de población de origen puertorriqueño

Estados que tienen menos del 1% de población de origen puertorriqueño

Fuente: *U.S. Census 2000*

▲ Mural *neoyorriqueño,* The Barrio (East Harlem)

▲ Un grupo de chicas puertorriqueñas desfilan con la bandera de su país, en Chicago, Illinois.

Olga Carrera y su compañera de cuarto, Mariana Zayas, conversan en la sala de su apartamento mientras comen sándwiches y beben café. Las chicas viven en Nueva York, donde trabajan y asisten a la universidad de CUNY.[1] Olga es morena, alta, bonita y muy inteligente. Mariana es baja, rubia y muy simpática.

Mariana	Tengo que llenar la solicitud de empleo de la compañía Sandoval. Necesito ganar más dinero.
Olga	Pero tú no tienes conocimiento de computadoras... y no tienes la experiencia necesaria...
Mariana	¡Pero tengo problemas económicos! A ver... (*Lee el anuncio en el periódico.*) Debe hablar, leer y escribir portugués...
Olga	Tú no hablas portugués.
Mariana	Pero recibo mensajes electrónicos de mi amiga de Brasil... y no son en castellano.
Olga	Oye, el teléfono...

Al teléfono.

HM
Handout En contexto

Mariana	Hola.
Rafael	Hola. ¿Está Mariana?
Mariana	Sí, con ella habla. ¿Rafael?
Rafael	Sí. ¿Cómo estás, Mariana?
Mariana	Más o menos. ¿Qué hay de nuevo?
Rafael	No mucho. Oye, mañana tenemos el examen parcial en la clase de historia. ¿Estudiamos esta noche?
Mariana	Sí. ¿Por qué no vienes aquí, a mi apartamento?
Rafael	Buena idea. Nos vemos a las seis. Oye... ¿está Olga?
Mariana	Sí, un momento. (*Llama a Olga.*) ¡Olga! ¡Tu novio!
Olga	¿Qué tal, mi amor?
Rafael	Bien. Oye, mi vida... Mariana y yo tenemos que estudiar, pero después... ¿deseas beber algo en el café París?
Olga	Bueno... tengo que escribir un informe para mi clase de literatura, pero... ¡acepto tu invitación! ¡Chau!
Mariana	¡Ajá! ¡Con razón Rafael viene a estudiar conmigo!

Después de estudiar, Rafael lleva a Olga y a Mariana a tomar algo.

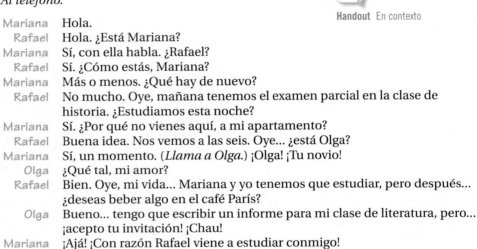

¿Lo sabía Ud.?

Contestando el teléfono (*Answering the phone*):
En España (*Spain*): "Diga", "Dígame", "¿Sí?"
En Cuba y en otras regiones del Caribe: "Oigo"
En México: "Bueno"
En Argentina: "¿Sí?", "Hable", "Hola", "Aló"

◆ **¿Cómo se contesta el teléfono en este país (*this country*)?**

Activity suggestion While role-playing this dialogue, students should review vocabulary from **Lección 3** by asking each other the meanings of words and phrases.

---

[1]**CUNY** = *City University of New York*

¿Quién lo dice? Identify the person who said the following in the dialogues.

1. Oye, mañana tenemos el examen parcial en la clase de historia	Rafael
2. Pero recibo mensajes electrónicos de mi amiga de Brasil.	Mariana
3. ¡Acepto tu invitación!	Olga
4. Pero tú no tienes conocimiento de computadoras.	Olga
5. Tengo que llenar la solicitud de empleo de la compañía Sandoval.	Mariana
6. Buena idea. Nos vemos a las seis. Oye... ¿está Olga?	Rafael
7. ¿Deseas beber algo en el café París?	Rafael
8. Tú no hablas portugués.	Olga
9. ¡Ajá! ¡Con razón Rafael viene a estudiar conmigo!	Mariana

¿Lo sabía Ud.?

"Español" y "castellano" son equivalentes.

◆ ¿Hay mucha diferencia entre el inglés que hablan en Inglaterra (*England*) y el que se habla en este país?

En el diálogo, Answers 1. Mariana es la compañera de cuarto de Olga. 2. Conversan en la sala. 3. Olga es morena, alta, bonita y muy inteligente. Mariana es baja, rubia y muy simpática. 4. Tiene problemas económicos. 5. No, no tiene conocimiento de computadoras. 6. Recibe mensajes electrónicos. 7. Tienen un examen parcial. 8. Tiene que escribir un informe. 9. Sí, acepta la invitación. 10. Sí, viene a estudiar con ella.

Hablemos. With a partner, take turns asking and answering the following questions. Base your answers on the dialogue and on your own circumstances.

En el diálogo	¿Y tú?
1. ¿Quién es la compañera de cuarto de Olga?	¿Tú tienes compañero(-a) de cuarto o vives con tu familia? (Yo tengo...)
2. ¿Dónde conversan las chicas?	¿Dónde conversas tú con tus amigos?
3. ¿Cómo es Olga?[1] ¿Cómo es Mariana?	¿Cómo eres tú?
4. ¿Mariana tiene dinero o problemas económicos?	¿Ganas mucho dinero?
5. ¿Mariana tiene conocimiento de computadoras?	¿Tú tienes conocimiento de computadoras?
6. ¿Qué recibe Mariana de Brasil?	¿Recibes muchos mensajes electrónicos?
7. ¿Qué tienen Rafael y Mariana mañana?	¿Cuándo tienes examen?
8. ¿Qué tiene que escribir Olga?	¿Qué tienes que escribir tú?
9. ¿Acepta Olga la invitación de Rafael?	¿Tú recibes muchas invitaciones?
10. ¿Rafael viene o no a estudiar con Mariana?	¿Tú estudias con un(-a) amigo(-a) o estudias solo(-a)?

---

[1]*What is Olga like?*

Cognados

el **apartamento** apartment
el **café** cafe
la **compañía** company
la **computadora**[1] computer
el **examen** exam
la **experiencia** experience
la **historia** history

inteligente intelligent
la **invitación** invitation
la **literatura** literature
el **momento** moment
necesario(-a) necessary
puertorriqueño(-a) Puerto Rican
el **sándwich** sandwich

Nombres

el **anuncio**, el **aviso** ad
el **café** coffee
el (la) **compañero(-a) de cuarto** roommate
el **conocimiento** knowledge
el **empleo**, el **trabajo** job
el **examen parcial** midterm examination
el **informe** report

el **mensaje electrónico** e-mail
la **novia** girlfriend
el **novio** boyfriend
el **periódico**, el **diario** newspaper
la **sala** living room
la **solicitud** application, application form
— **de empleo** job application

Verbos

aceptar to accept
asistir (a) to attend
beber, tomar to drink
comer to eat
deber must, should
escribir to write
ganar to earn
leer to read

llamar to call
llenar to fill out
llevar to take (*someone or something someplace*)
recibir to receive
tener to have
venir to come
vivir to live

Adjetivos

alto(-a) tall
bajo(-a) short
bonito(-a), lindo(-a) pretty
económico(-a) financial
moreno(-a) dark, brunette
rubio(-a) blond(e)
simpático(-a) nice, charming

---

[1]**ordenador** (*Spain*)

Otras palabras y expresiones

A ver... Let's see . . .
al teléfono on the phone
aquí here
beber, tomar (comer) algo to have something to drink (eat)
Con él (ella) habla. This is he (she) speaking.
con razón no wonder
después later, afterwards
¿Está... (nombre)? Is . . . (name) there?
mañana tomorrow

más o menos more or less
mi amor my love, darling
mi vida darling (my life)
mientras while
para for
por qué[1] why
por teléfono on the phone
tener que + *infinitivo* to have to + *infinitive*

Vocabulario adicional

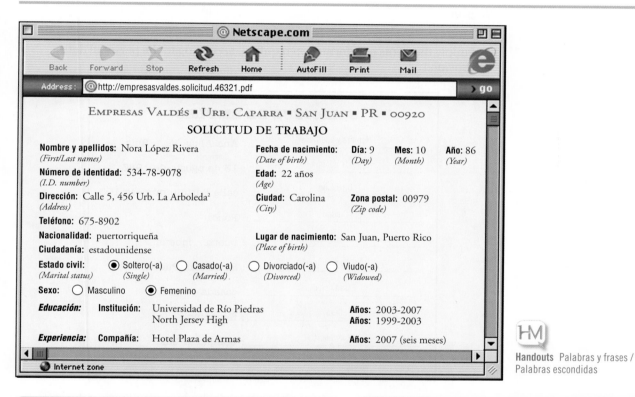

Handouts Palabras y frases / Palabras escondidas

Características

amable, cortés polite, courteous
antipático(-a) unpleasant
delgado(-a) thin, slender
encantador(-a) charming
feo(-a) ugly
gordo(-a) fat

guapo(-a) handsome, good-looking
optimista[3] optimist
pelirrojo(-a) red-headed
pesimista[3] pessimist
realista[3] realist
terco(-a) stubborn

Datos personales (*Personal data*)

lugar donde trabaja place of employment
número de la licencia de conducir driver's license number
número de seguro social social security number
ocupación occupation
profesión profession

---

[1]**porque** = *because*
[2]Given that the postal system in Puerto Rico is that of the United States, there have been trends toward reversing the street name and number so as to conform to American conventions. Remember, though: this is just in the case of Puerto Rico.
[3]The ending of this kind of adjective (**-ista**) does not change, regardless of gender: **un chico optimista; una chica optimista.**

Práctica

A. Match the questions in column A with the responses in column B.

A		B
1. ¿Qué tienes que llenar? <u>h</u>		**a.** En un apartamento.
2. ¿Qué beben las chicas? <u>j</u>		**b.** Es viudo.
3. ¿Está Mariana? <u>f</u>		**c.** No, es alto y delgado.
4. ¿Dónde viven los chicos? <u>a</u>		**d.** Más o menos.
5. ¿Javier es bajo y gordo? <u>c</u>		**e.** Un anuncio en el diario.
6. ¿Es simpática? <u>i</u>		**f.** Con ella habla.
7. ¿Luis es soltero o casado? <u>b</u>		**g.** Un informe para la clase de historia.
8. ¿Qué lees? <u>e</u>		**h.** La solicitud de empleo.
9. ¿Qué tienen que escribir? <u>g</u>		**i.** No, es antipática. ¡Y terca!
10. ¿Cómo estás? <u>d</u>		**j.** Café.

B. Supply the items of information required, according to the personal data provided.

SOLICITUD DE EMPLEO

Nombre y apellidos	: Ana Alicia Vega Ruiz
Fecha de nacimiento	: 13 de agosto de 1983
Dirección	: calle Bértoli, número 103
Ciudad	: Ponce
Nacionalidad	: puertorriqueña
Lugar de nacimiento	: San Juan, Puerto Rico
Estado civil	: casada
Sexo	: femenino
Experiencia	: Compañía Lux

C. Complete the following exchanges, using vocabulary from this lesson.

1. ¿Daniel es rubio o ___<u>moreno</u>___?
   Es pelirrojo.
   ¿Es guapo?
   No... es ___<u>feo</u>___, pero es muy amable y simpático.

2. ¿Cuál es su ___<u>profesión</u>___?
   Soy profesor de literatura.

3. ¿Las muchachas son de San Juan?
   Sí, son ___<u>puertorriqueñas</u>___.

4. ¿Tiene ___<u>conocimiento</u>___ de computadoras?
   Un poco... pero no tiene la ___<u>experiencia</u>___ necesaria.

D. Write the word or phrase that corresponds to the following.

1. clase en la que estudiamos a Shakespeare _____ literatura _____
2. empleo _____ trabajo _____
3. beber _____ tomar _____
4. persona de Puerto Rico _____ puertorriqueño(-a) _____
5. bonita _____ linda _____
6. opuesto de **moreno** _____ rubio _____
7. cortés _____ amable _____
8. anuncio _____ aviso _____
9. opuesto de **pesimista** _____ optimista _____
10. *Folgers,* por ejemplo _____ café _____
11. tipo de mensaje que recibimos en la computadora _____ electrónico _____
12. opuesto de **hoy** _____ mañana _____
13. lo que llenamos para solicitar algo (*something*) _____ solicitud _____
14. diario _____ periódico _____
15. clase en la que estudiamos a Lincoln _____ historia _____
16. verbo: invitar nombre: _____ invitación _____

Para conversar

¿Sí o no? With a partner, take turns asking each other at least six questions starting with **¿Deseas...?** or **¿Necesitas...?,** and using the vocabulary presented in this lesson as much as possible.

◆ **MODELOS:** *¿Deseas tomar café?*
¿Necesitas el periódico?

Pronunciación

Linking

◆ In Spanish, a final consonant is always linked with the next initial vowel sound.

E**s el a**migo de Rafael.

◆ When two identical consonants are together, they are pronounced as one.

Ello**s son n**ativos.

◆ When two identical vowels are together, they are pronounced as one long vowel.

¿Est**á Ana A**costa?

◆ The final vowel of one word is linked with the initial vowel of the following word to form one syllable.

L**a a**miga d**e Olga e**s rubia.

Aspectos culturales

En imágenes (*Las telecomunicaciones*)

▲ Teléfonos públicos en una ciudad hispana

▲ Una estudiante del Maine Community College habla por teléfono al terminar sus clases.

Ubíquese... y búsquelo

HM Improve Your Grade
Web Search

As part of an assignment for her Latin American history class, Olga has to go to the Museo del Barrio, and she has asked Mariana to accompany her. Go to **www.college .hmco.com** to find out more about the Museo del Barrio. What kind of information or exhibits will Olga and Mariana find there? In the next class, team up with two classmates to discuss your findings.

▲ Un joven usa un teléfono de Internet (Skype) y una microcomputadora.

▲ Unos estudiantes usan sus microcomputadoras en un café de Nueva York.

▲ Una estudiante universitaria usa una computadora portátil en un café de Internet.

Estructuras

1. Possessive adjectives (*Los adjetivos posesivos*)

Forms of the Possessive Adjectives		
Singular	*Plural*	
mi	mis	*my*
tu	tus	*your* (fam.)
su	sus	*your* (form.) *his* *her* *its* *their*
nuestro(-a)	nuestros(-as)	*our*
vuestro(-a)	vuestros(-as)	*your* (fam.)

◆ Possessive adjectives always precede the nouns they introduce. They agree in number with the nouns they modify.

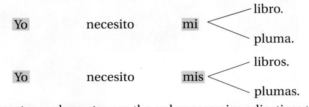

Yo necesito mi — libro. / pluma.

Yo necesito mis — libros. / plumas.

◆ **Nuestro** and **vuestro** are the only possessive adjectives that have the feminine endings **-a** and **-as.** The others take the same endings for both genders.

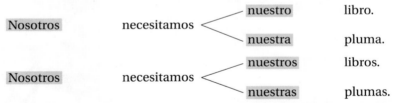

Nosotros necesitamos — nuestro libro. / nuestra pluma.

Nosotros necesitamos — nuestros libros. / nuestras plumas.

◆ Possessive adjectives agree in gender with the thing possessed and *not* with the possessor. For example, two male students referring to their female professor will say *nuestra profesora.*

◆ Because **su** and **sus** each have several possible meanings, the form **de él** (or **de ella, de ellos, de ellas, de Ud.,** or **de Uds.**) can be substituted to avoid confusion. The "formula" is: *article* + *noun* + **de** + *pronoun.*

sus plumas ⟶ las plumas **de él** (**ella, Ud.,** *etc.*)
su libro ⟶ el libro **de él** (**ella, Ud.,** *etc.*)

—¿De dónde son **tus** amigos? *"Where are your friends from?"*
—**Mis** amigos son de Puerto Rico. *"My friends are from Puerto Rico."*

—¿Quién es la profesora **de Uds.**? *"Who is your professor?"*
—**Nuestra** profesora es la doctora Paz *"Our professor is Dr. Paz."*

Activity suggestion Before you begin class, ask five or six students to place an object they own on a table in front of the room. Students should then try to find out what belongs to whom. They may direct questions to you or to other members of the class in order to try to identify the owner of each article. Encourage them to take notes (similar to the tally sheet in the board game *Clue*) to facilitate the search for the owner.

S1 (*to instructor*) ¿Es el libro de Silvia?
I   No, no es su libro.
S2 (*to student*) ¿Es tu libro?
S3 No, no es mi libro.

Un dicho   *Mi casa es su casa.*

Práctica

A. Complete the following exchanges, using the corresponding possessive adjectives. Then act them out with a partner.

1. Raquel, ¿de dónde es _____tu_____ novio?

   _____Mi_____ novio es de Caracas.

   ¿Y el novio de Marta?

   El novio _____de ella_____ es de San Salvador.

2. ¿De dónde es el profesor de Uds.?

   _____Nuestro_____ profesor es de la República Dominicana.

   ¿Y de dónde es la profesora de Uds.?

   _____Nuestra_____ profesora es de Santiago, Chile.

3. Sr. Álvarez, ¿_____sus_____ hijos (*children*) hablan francés?

   Sí, _____mis_____ hijos hablan francés y alemán.

4. ¿Los estudiantes de Uds. estudian por la noche?

   No, _____nuestros_____ estudiantes estudian por la mañana.

5. ¿De dónde es _____su_____ amiga, Srta. Burgos?

   _____Mi_____ amiga es de Tegucigalpa. ¿Y de dónde son _____tus_____ amigas, Rosita?

   _____Mis_____ amigas son de Cádiz.

6. ¿Las hijas (*daughters*) de Uds. trabajan?

   No, _____nuestras_____ hijas no trabajan.

B. Answer the following questions *in the negative*, using the appropriate possessive adjectives.

1. ¿Lorena es la novia de Alberto? No, no es su novia.
2. ¿Necesitas tu libro de español? No, no necesito mi libro de español.
3. ¿La profesora de Uds. es de México? No, nuestra profesora no es de México.
4. ¿Carlos y Daniel son tus amigos? No, no son mis amigos.
5. ¿El Dr. Paz y la Dra. Ruiz son profesores de Uds.? No, no son nuestros profesores.
6. ¿Tú necesitas mis cuadernos? No, no necesito tus cuadernos.
7. ¿Tú necesitas la dirección de los chicos? No, no necesito su dirección.
8. ¿Marisa y Olga son las amigas de Claudia? No, no son sus amigas.

Para conversar

Deseamos saber... (*We want to know . . .*) With a classmate, prepare six questions you want to ask Olga and Mariana about their apartment, their friends, their classes, etc. Some of the questions should be addressed to both of them, and some to one of them. Make sure you use the appropriate possessive adjectives.

2. Cardinal numbers 101–1,000 (*Los números cardinales 101–1.000*)

101	**ciento uno** (*and so on*)	600	**seiscientos**
200	**doscientos**	700	**setecientos**
300	**trescientos**	800	**ochocientos**
400	**cuatrocientos**	900	**novecientos**
500	**quinientos**	1.000	**mil**

◆ When counting beyond 100 (101 to 199), **ciento** is used.

◆ **Y** appears only in numbers between 16 and 99. It is not used to separate thousands, hundreds, and tens from each other: **mil quinientos ochenta y seis.**

◆ In Spanish, one does not count in hundreds beyond 1,000; thus, 1,100 is expressed as **mil cien.** After 1,000, thousands are counted **dos mil, tres mil,** and so on. Note that Spanish uses a period rather than a comma to indicate thousands.

—¿Cuál es su fecha de nacimiento?   *"What is the date of your birthday?"*
—El tres de abril de mil novecientos   *"April third, nineteen (hundred and)*
  ochenta y dos.   *eighty-two."*

◆ When modifying a feminine noun, the feminine form is used: **doscientas sillas.**

◆ To ask how much a single item costs, say, **"¿Cuánto cuesta?"** For multiple items, use **"¿Cuánto cuestan?"**

—¿Cuánto cuesta el escritorio?   *"How much does the desk cost?"*
—Cuesta **ciento cincuenta** dólares.   *"It costs a hundred and fifty dollars."*
—¿Cuánto cuestan las ventanas?   *"How much do the windows cost?"*
—Cuestan **mil cien** dólares.   *"They cost eleven hundred dollars."*

HM ACE the Test

Práctica

A. Complete the following series of numbers.

1. cien, doscientos, trescientos, ... mil
2. diez mil, veinte mil, treinta mil, ... cien mil
3. ciento diez, doscientos veinte, trescientos treinta, ... mil cien

B. With a partner, look at the illustrations and ask how much each item costs.

◆ **MODELO:** —*¿Cuánto cuesta la silla?*
    —*La silla cuesta trescientos trece dólares.*

Para conversar

A. En el año... (*In the year . . .*) In groups of three, determine in which year each of the events mentioned took place.

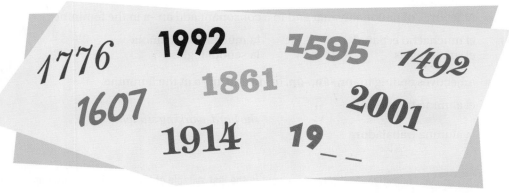

1. Los Juegos Olímpicos de Barcelona 1992
2. La Primera Guerra Mundial (*World War I*) 1914
3. El descubrimiento de América 1492
4. La independencia de los Estados Unidos 1776
5. La Guerra Civil 1861
6. Shakespeare publica *Romeo y Julieta*. 1607
7. El nuevo milenio 2001
8. La fundación de Jamestown 1595
9. Las fechas de nacimiento de Uds. tres *Answers will vary.*

B. Buscamos apartamento. (*We're looking for an apartment.*) In groups of three or four, try to figure out how much a one-room, two-room, and a three-room apartment costs. Discuss different locations.

HINT: un apartamento
- de una habitación
- de dos habitaciones
- de tres habitaciones

3. Descriptive adjectives: Forms, position, and agreement with articles and nouns (*Adjetivos calificativos: formas, posición y concordancia con artículos y nombres*)

A. Forms of adjectives

- Descriptive adjectives identify characteristics or qualities such as color, size, and personality. In Spanish, these adjectives agree in gender and number with the nouns they modify. Adjectives ending in **-o** are made feminine by changing the **-o** to **-a.**

el muchach**o** cuban**o**	la muchach**a** cuban**a**
el chic**o** rubi**o**	la chic**a** rubi**a**
el lápiz roj**o**	la plum**a** roj**a**

Un dicho

A palabras necias, oídos sordos.

Equivalent: Take no notice of the stupid things people say.

◆ Adjectives ending in **-e** or in a consonant have the same form for the masculine and the feminine.

el chico inteligent**e**	la chica inteligent**e**
el esposo feli**z**	la esposa feli**z**
el libro fáci**l**	la clase fáci**l**

◆ Adjectives of nationality that end in a consonant add an **-a** in the feminine.

el muchacho español	la muchacha español**a**
el señor inglé**s**	la señora ingles**a**

◆ Adjectives ending in **-or, -án, -ón,** or **-ín** add an **-a** in the feminine.

el alumno trabajad**or**

la alumna trabajad**ora**   *the hard-working student*

> **¡Atención!** Adjectives that have an accent in the last syllable of the masculine form drop it in the feminine: **inglés → inglesa.**[1]

Activity suggestion Write the following list of descriptive adjectives on the board to complement the list in the basic vocabulary. Then have students describe their ideal friend, parent, boy/girlfriend, etc., as completely as possible.

paciente — impaciente
responsable — irresponsable
rico — pobre
independiente — popular
tolerante — intolerante
pesimista — optimista
interesante   importante

◆ To form the plural, adjectives follow the same rules as nouns. Adjectives ending in a vowel add **-s**; adjectives ending in a consonant add **-es**; adjectives ending in **-z** change the **-z** to **c** and add **-es**.

norteamerican**a**	norteamerican**as**
español	español**es**
feli**z**	felic**es**

B. Position of adjectives

◆ Descriptive adjectives generally follow the noun.

Miguel es un chico **inteligente.**	*Miguel is an intelligent boy.*
Necesito dos plumas **rojas.**	*I need two red pens.*

◆ Adjectives denoting nationality always follow the noun.
El profesor **mexicano** trabaja en la universidad.

C. Agreement of articles, nouns, and adjectives

◆ In Spanish, the article, noun, and adjective agree in gender and number.

un muchach**o alto**	**una** muchach**a alta**
los muchach**os altos**	**las** muchach**as altas**

◆ When an adjective modifies two or more nouns, the plural form is used.

la sill**a** y la mes**a rojas**

◆ If two nouns described together are of different genders, the masculine plural form of the adjective is used.

la chic**a** mexican**a**

el chic**o** mexican**o**   la chic**a** y el chic**o** mexican**os**

---

[1]For rules on accent marks, see Appendix A.

Dos cantantes famosos

▲ El famoso cantante puertorriqueño Chayanne es un hombre muy guapo.

▲ La famosa cantante y actriz de ascendencia puertorriqueña Jennifer Lopez es una mujer muy guapa.

Práctica

ACE the Test

A. You are acquainted with these famous people. With a partner, take turns matching them with their nationalities. Be sure to make any necessary changes to the adjectives.

mexicano	norteamericano	dominicano	colombiano
español	cubano	inglés	francés

1. Margaret Thatcher y Tony Blair Son ingleses.
2. Shakira Es colombiana.
3. el presidente Felipe Calderón Es mexicano.
4. Gloria Estefan y Celia Cruz Son cubanas.
5. Julio y Enrique Iglesias Son españoles.
6. Hillary Swank Es norteamericana.
7. Jean Paul Sartre y Albert Camus Son franceses.
8. Sammy Sosa Es dominicano.

B. With a partner, take turns asking and answering the following questions. In your answers, contradict what is stated.

◆ **MODELO:** —¿Rosaura es alta?
—*No, es baja.*

1. ¿El novio de Adriana es rubio?
2. ¿Las mujeres son gordas?
3. ¿Los muchachos son bajos?
4. ¿La novia de Roberto es pesimista?
5. ¿La novia de Daniel es fea?
6. ¿Tú eres optimista?
7. ¿El hermano de Olga es antipático?
8. ¿Las chicas son morenas?

Práctica B, Answers 1. No, es moreno. 2. No, son delgadas. 3. No, son altos. 4. No, es optimista. 5. No, es bonita. 6. No, soy pesimista. 7. No, es simpático. 8. No, son rubias.

C. With a partner, take turns describing the following people, places or things, using as many descriptive adjectives as possible.

1. Julia Roberts
2. Antonio Banderas
3. Roseanne
4. Brad Pitt
5. tu mejor amigo(-a)
6. las chicas de la clase
7. los chicos de la clase
8. Sandra Bullock

Para conversar

A. Características Get together in groups of three or four and, with the characteristics listed for all the signs of the zodiac, decide whether or not they correspond to your personalities. Then each person in the group will think of someone he or she knows and check out that person's sign. Do the characteristics fit that person?

Activity suggestion Students ask the instructor if he/she is (*one of the adjectives from the zodiac list*): **Profesor(-a), ¿Ud. es afectuoso(-a)?**

Aries: valientes, dinámicos, interesantes y un poco impacientes

Tauro: prácticos, pacientes, leales (*loyal*) y un poco tercos

Géminis: inteligentes, enigmáticos, no muy religiosos y un poco superficiales

Cáncer: amistosos, afectuosos, hogareños (*family oriented*) y muy sensibles

Leo: optimistas, románticos, divertidos y un poco egoístas

Virgo: inteligentes, eficientes, generosos y un poco inseguros

Libra: amables, diplomáticos, idealistas y un poco indecisos

Escorpión: valientes, leales, trabajadores y un poco sarcásticos

Sagitario: lógicos, optimistas, encantadores y un poco egoístas

Capricornio: maduros, disciplinados, trabajadores y muy reservados

Acuario: compasivos, independientes, un poco excéntricos y un poco tercos

Piscis: creativos, espirituales, compasivos y un poco indecisos

---

B. El hombre ideal... la mujer ideal With a classmate, list ten characteristics that make a man or a woman the ideal partner. When you have finished, join another group and compare your lists. How are they the same? How do they differ? Then each person reads one characteristic they find most important in a man or a woman (**El hombre ideal es...; La mujer ideal es...**).

4. Present indicative of regular *-er* and *-ir* verbs (*Presente de indicativo de los verbos regulares que terminan en -er y en -ir*)

comer *to eat*		vivir *to live*	
yo	com**o**	yo	viv**o**
tú	com**es**	tú	viv**es**
Ud.		Ud.	
él	com**e**	él	viv**e**
ella		ella	
nosotros(-as)	com**emos**	nosotros(-as)	viv**imos**
vosotros(-as)	com**éis**	vosotros(-as)	viv**ís**
Uds.		Uds.	
ellos	com**en**	ellos	viv**en**
ellas		ellas	

- Other verbs conjugated like **comer:**

aprender *to learn*   **beber** *to drink*
creer *to believe, to think*   **vender** *to sell*
leer *to read*   **deber** *must, should*
correr *to run*

—¿Dónde **comen** ustedes?   *"Where do you eat?"*
—Eva y yo **comemos** en la cafetería   *"Eva and I eat in the cafeteria and Anabel*
  y Anabel **come** en su apartamento.   *eats in her apartment."*

—¿Tú **crees** que Marcos es simpático?
—Sí, yo **creo** que es muy simpático.

"Do you think Marcos is nice?"
"Yes, I think that he's very nice."

—¿Qué periódico **lee** Ud., señorita?
—Yo **leo** el *New York Times.*

"What newspaper do you read, miss?"
"I read The New York Times."

◆ Other verbs conjugated like **vivir:**

asistir *to attend*
abrir *to open*
recibir *to receive*

escribir *to write*
decidir *to decide*

—¿Dónde **viven** Uds.?
—Nosotros **vivimos** en la calle Seis.

"Where do you live?"
"We live on Six Street."

—¿Tú **escribes** con lápiz o con pluma?
—**Escribo** con bolígrafo.

"Do you write with a pencil or with a pen?"
"I write with a ballpoint pen."

Un proverbio

No sólo de pan vive el hombre.

Man does not live by bread alone.

Práctica

ACE the Test

A. In the school cafeteria, you overhear the following exchanges. You and your partner play the roles of the people talking.

1. comer
   —¿Dónde ____comen____ ustedes los sábados?
   —Nosotros ____comemos____ en nuestra casa. ¿Dónde ____comes____ tú?
   —Yo ____como____ en mi apartamento.

2. vivir
   —¿Dónde ____vives____ tú?
   —Yo ____vivo____ en la calle Quinta.
   —¿Y Ana y Lupe?
   —Ellas ____viven____ en la calle Magnolia.

3. recibir
   —¿Cuánto dinero ____reciben____ ustedes?
   —Yo ____recibo____ quinientos dólares y Tomás ____recibe____ setecientos.

4. leer
   —¿Qué periódico ____leen____ ellos?
   —El *New York Times.* ¿Qué periódico ____lees____ tú?
   —Yo ____leo____ el *Wall Street Journal.*

5. vender
   creer / abrir
   —¿Dónde ____venden____ (ellos) sándwiches?
   —En el café "El Yunque", pero yo ____creo____ que (ellos) no ____abren____ hasta (*until*) las siete.

6. beber
   —¿Qué ____beben____ ustedes?
   —Nosotros ____bebemos____ Coca-Cola y Celia ____bebe____ Pepsi.

7. deber
   —¿Qué idioma ____debo____ estudiar yo?
   —Usted ____debe____ estudiar portugués.

8. escribir
   —¿Ustedes ____escriben____ en inglés?
   —No, nosotros ____escribimos____ en español.

9. correr
   —¿Alberto ____corre____ en el parque?
   —Sí, y yo ____corro____ con él.

B. ¿Qué hacemos? (*What do we do?*) With a partner, complete the following sentences by describing what one or both of you do or don't do. Use regular **-er** and **-ir** verbs in your answers.

◆ MODELOS: _____ el diario por la mañana.
        Yo (no) leo el diario por la mañana.
        or *Nosotros (no) leemos el diario por la mañana.*

1. _____ mucho (*a lot of*) café.
2. _____ en la cafetería de la universidad.
3. _____ mucho dinero.
4. _____ a la universidad.
5. _____ en Arizona.
6. _____ estudiar más (*more*).
7. _____ español.
8. _____ en Santa Claus.
9. _____ por la mañana.
10. _____ en el cuaderno.
11. _____ la puerta de la clase.
12. _____ en un apartamento.

Un dicho

Debes comer para vivir, no vivir para comer.

You should eat to live, not live to eat.

Para conversar

A. Dime... (*Tell me . . .*) With a partner, take turns asking and answering the following questions.

1. ¿Dónde vives? ¿Vives en una casa o en un apartamento?
2. ¿Dónde comes? ¿A qué hora comes? ¿Comes con un(-a) amigo(-a) o comes solo(-a)?
3. ¿Tú y tus amigos comen sándwiches? ¿Comen comida (*food*) mexicana?
4. ¿Tú bebes Sprite o Pepsi? ¿Bebes café?
5. ¿Aprendes mucho en la clase de español? ¿Debes estudiar más?
6. ¿Tú lees periódicos en español?
7. ¿Lees bien el español?[1] ¿Escribes en español o en inglés?
8. ¿Vendes tus libros? ¿Los estudiantes reciben mucho dinero por (*for*) sus libros?
9. ¿Debes trabajar mañana o debes estudiar?
10. ¿Reciben tus amigos muchos mensajes electrónicos? ¿Y tú?

B. ¿Estás de acuerdo? (*Do you agree?*) In groups of three, express your opinion about each of the following (**Yo creo que...**). The others agree (**Estoy de acuerdo**) or disagree (**No estoy de acuerdo**).

HINT: caro = *expensive*   bueno = *good*
          barato = *inexpensive*   malo = *bad*

1. la clase de español
2. el presidente
3. Bill O'Reilly
4. París
5. Britney Spears
6. Leonardo Di Caprio
7. los profesores de la universidad
8. la universidad

---

[1]The definite article is used with names of languages except after the prepositions **en** and **de,** or after the verbs **hablar** and usually **estudiar.**

5. Present indicative of the irregular verbs *tener* and *venir*
(*Presente de indicativo de los verbos irregulares **tener** y **venir***)

tener *to have*		venir *to come*	
yo	**tengo**	yo	**vengo**
tú	**tienes**	tú	**vienes**
Ud.		Ud.	
él	**tiene**	él	**viene**
ella		ella	
nosotros(-as)	**tenemos**	nosotros(-as)	**venimos**
vosotros(-as)	**tenéis**	vosotros(-as)	**venís**
Uds.		Uds.	
ellos	**tienen**	ellos	**vienen**
ellas		ellas	

¿Tú crees que **tengo que estudiar** más...?

—¿Cuántas clases **tienen** Uds.?   *"How many classes do you have?"*
—**Tenemos** dos. ¿Cuántas **tienes** tú?   *"We have two. How many do you have?"*
—Yo **tengo** cuatro.   *"I have four."*

> **¡Atención!**   **Tener que** means *to have to,* and it is followed by an infinitive: Olga **tiene que trabajar** hoy. / *Olga has to work today.*

—¿A qué hora **vienen** Uds. a la universidad?   *"What time do you come to the university?"*
—Yo **vengo** a las ocho y Teresa **viene** a las diez.   *"I come at eight and Teresa comes at ten."*
—¿Las chicas **vienen** los sábados?   *"Do the girls come on Saturdays?"*
—Sí, y nosotras **venimos** con ellas.   *"Yes, and we come with them."*

Activity suggestion Half of the members of the class use their imagination to say with whom they come to the university (an actor, athlete, historical figure, cartoon character, etc.). The rest of the class tries to remember who comes with whom.

Práctica

ACE the Test

A. Using the present indicative of **tener** and **venir,** as appropriate, write statements about each person by combining elements from columns A and B. Several alternatives are possible. Join one or two of your classmates and compare statements.

A	B
1. Mi papá	a. por la mañana
2. Yo	b. problemas económicos
3. Los profesores	c. a clase los lunes
4. Mis amigos y yo	d. muchas clases
5. Tú	e. a la universidad solo(-a)
6. Ustedes	f. la solicitud
	g. mucho dinero
	h. un empleo muy bueno
	i. un examen parcial
	j. a la universidad los sábados

B. Work with a partner. Using **tener que** + *infinitive*, say what the following people have to do, according to each circumstance.

1. Silvia tiene un examen parcial mañana.
2. John tiene una amiga de Madrid que no habla inglés.
3. Nosotros necesitamos dinero.
4. Yo necesito escribir y no tengo pluma.
5. Necesito hablar con Marta y ella no está en su casa por la mañana.

Para conversar

Entrevista With a partner, take turns asking and answering these questions.

1. ¿Tú tienes mi número de teléfono? ¿Tienes mi dirección?
2. ¿El (La) profesor(-a) tiene tu número de teléfono? ¿Tiene tu número de seguro social?
3. ¿Tú y tus amigos vienen a la universidad los sábados? ¿Vienen los domingos?
4. ¿Tú tienes problemas económicos? ¿Tienes que trabajar más?
5. ¿A qué hora vienes tú a tu primera clase?
6. ¿Qué días vienes a la universidad?
7. ¿Tienes compañero(-a) de cuarto o vives solo(-a)?
8. ¿Tu mejor amigo(-a) tiene conocimiento de computadoras? ¿Y tú?

6. The personal *a* (*La a personal*)

♦ The preposition **a** is used in Spanish before a direct object[1] referring to a specific person or persons. It is called "the personal **a**" and has no equivalent in English.

Yo llamo **a** mi amiga.	Nosotros llamamos **a** los estudiantes.
D.O.	D.O.
I call my friend.	*We call the students.*
D.O.	D.O.

♦ The personal **a** is *not* used when the direct object is not a person.

| Yo llamo un taxi. | *I call a taxi.* |
| Nosotros llevamos los libros a la biblioteca. | *We take the books to the library.* |

♦ The verb **tener** generally does not take the personal **a,** even if the direct object is a person.

Yo tengo muchos amigos.	*I have many friends.*
—¿Tú llevas **a** tu novia a la universidad?	*"Do you take your girlfriend to the university?"*
—Yo no tengo novia. Llevo **a** Jorge y **a** Luis.	*"I don't have a girlfriend. I take Jorge and Luis."*

¡Atención! When there is a series of direct object nouns referring to people, the personal **a** is repeated: **Llevo *a* Jorge y *a* Luis.**

---

[1]See **Lección 6** for further explanation of the direct object.

Práctica

ACE the Test

A. Match the items in column A with the ones in column B.

A		B
1. Nosotros tenemos	_h_	**a.** el informe para mi clase de historia.
2. Miguel llama j	_j_	**b.** a su mamá.
3. Yo escribo	_a_	**c.** a su mamá a la biblioteca.
4. Mi novio lleva	_c_	**d.** muchos mensajes electrónicos.
5. Yo debo llamar	_e_	**e.** un taxi.
6. Los niños (*kids*) necesitan	_b_	**f.** a sus pacientes (*patients*).
7. El profesor Paz tiene	_g_	**g.** cien estudiantes en su clase.
8. Yo recibo	_d_	**h.** muchos amigos puertorriqueños.
9. El doctor Peña debe llamar	_f_	**i.** a nuestros amigos a la fiesta.
10. Nosotros invitamos	_i_	**j.** a su novia por la tarde.

B. Use the personal **a** when needed to complete the following exchanges. Then act them out with a partner.

1. —¿Tu amigo lleva ____a____ Rosa a la biblioteca?

—No, lleva ____a____ su novia.

2. —¿Cuántos compañeros de cuarto tienes?

—Tengo ____—____ dos compañeros de cuarto.

3. —¿Usted llama ____a____ Amelia o ____a____ Rogelio?

—Llamo ____a____ Rogelio.

4. —¿Rafael lleva ____a____ su novia a tomar algo?

—Sí, lleva ____a____ su novia y ____a____ Mariana.

5. —¿Adónde lleva usted ____—____ los libros?

—A la biblioteca.

6. —¿Qué lees?

—Leo ____—____ mi libro de español.

Para conversar

¡Una fiesta! (*A party!*) With a partner, decide which members of the class you want to take or invite (**invitar**) to a party next Saturday. Give reasons for your choices.

Así somos

Estrategia **Taking a phone call** In a very broad sense, most listening has a purpose, whether to get specific information such as movie times or store hours, follow a lecture for the important points, or simply to provide an ear for a friend. When you get a phone call, you generally expect the caller to let you know the reason for the call, which then tells you how to respond and what specific information to listen for or ask about as the conversation continues.

Hola Javier calls his friend Marta. Listen to their conversation and answer the first question to identify the reason for his call. Then listen a second time for the specifics and answer the remaining questions.

Hola, Answers 1. Porque desea estudiar con Marta. 2. El examen de inglés. 3. Estudian en la casa de Javier a las cinco. 4. La clase de historia.

1. ¿Por qué llama a Marta?
2. ¿Qué hay mañana?
3. ¿Dónde estudian Javier y Marta? ¿A qué hora?
4. ¿Para qué clase tiene que escribir un informe Marta?

Al conversar...

Al escuchar... (script)

(*The phone rings. Steps are heard.*)

Marta	¿Hola?
Javier	Hola, ¿está Marta?
Marta	Sí, con ella habla.
Javier	¿Qué tal, Marta? ¿Cómo estás?
Marta	Bien, gracias. ¿Qué hay de nuevo?
Javier	No mucho. Oye, el examen de inglés es mañana. ¿Estudiamos esta tarde?
Marta	Sí, ¿dónde?
Javier	En mi casa.
Marta	¿A qué hora?
Javier	A las cinco de la tarde, y después, ¿deseas comer algo en la cafetería?
Marta	No, tengo que escribir un informe.
Javier	¿Tienes que escribir un informe? ¿Para qué clase?
Marta	Para la clase de historia.
Javier	Bueno, nos vemos a las cinco.
Marta	Hasta luego.

¿Qué dice Ud.?, Answers
1. *Answers will vary.* 2. Voy a la clase a la(s)... a. ¿Dónde vives? b. ¿A qué hora regresas a casa? 3. *Answers will vary.* 4. *Answers will vary.* 5. ¿Deseas beber algo después de estudiar?

Estrategia **Using stock phrases** Having a repertoire of phrases that you can use in particular situations can help take the pressure off speaking, especially when you are beginning to learn a language. It also lets you concentrate on listening and understanding. Here are some phrases you can use.

To show agreement:	**Buena idea.** (*Good idea.*) **Es verdad.** (*It's true.*) **Por supuesto.** (*Of course.*) **Está bien.** (*That's fine/good.*)
To apologize:	**Lo siento.** (*I'm sorry.*)
To decline or make an excuse:	**No puedo.** (*I can't.*) **Tengo que...**

¿Estudiamos el lunes? With a partner, agree on a day, time, and place to study Spanish together. Use some of the preceding phrases in your conversation as you try to find a day and time that's convenient for both of you.

¿Qué dice Ud.? What would you say in the following situations? What might the other person say? Act out the scenes with a partner. Take turns playing each role.

1. Describe your best (**mejor**) friend as completely as possible. Add any pertinent information about him/her you deem important.
2. You have agreed to pick up a classmate on your way to school. Inform him/her at what time you come to class in the morning and get the following information:
   a. where he/she lives
   b. at what time he/she returns home in the evening.
3. Your phone rings and you answer it. The call is for you. You and the caller, a friend, make plans for him/her to come to your house to study.
4. You tell a friend three things you have to do tomorrow afternoon.
5. Ask your friend if he/she wants to have something to drink after studying.

Para conocernos mejor
To do this activity, work with a classmate whom you would like to get to know. Take turns asking each other these questions.

1. ¿Vives con tus padres? ¿Dónde vive tu mejor (*best*) amigo(-a)?
2. ¿Tú vienes a la universidad los sábados? ¿Qué días vienes? ¿Vienes por la mañana o por la tarde?
3. ¿Tienes conocimiento de computadoras? ¿Recibes muchos mensajes electrónicos? ¿De quiénes?
4. ¿Tienes que estudiar mañana? ¿A qué hora?
5. ¿Tienes exámenes parciales en tus clases? ¿Son difíciles?
6. ¿Deseas comer o beber algo después de la clase?

Una encuesta
Interview your classmates to identify who fits the following descriptions. Include your instructor, but remember to use the **Ud.** form when addressing him/her. After finishing the survey, get together with two or three classmates and discuss the results.

Handout Para decirlo en español

	Nombre
1. Vive en un apartamento.	_____
2. Tiene un compañero (una compañera) de cuarto.	_____
3. Tiene un novio muy guapo (una novia muy bonita).	_____
4. Es un poco terco(-a).	_____
5. Es un poco impaciente.	_____
6. Lee el periódico los domingos.	_____
7. Bebe café por la mañana.	_____
8. Corre todos los días.	_____

Para crear
Get together in groups of three and "create" the scenario for this photo. Who are the people? Give them names. What is the relationship they have with each other? Where are they from? What might they say to each other? What plans might they make?

Handout ¿Qué dijiste?

¡Vamos a leer!

Antes de leer

Estrategia **Activating background knowledge** Bringing your own experiences to a new reading helps prepare you for the kinds of information you may encounter. By thinking about what you know of a topic before reading, you will be better able to anticipate the content of a text and understand more of what you read.

Un mensaje electrónico Aurora Paz and Sergio Guzmán have recently met in a chat room. Before reading an e-mail from Aurora to Sergio, discuss with a partner what information you would give about yourself to a new cyberfriend and what questions you would ask to get to know someone.

A leer

Comprensión As you read the e-mail, find the answers to the following questions.

1. ¿Qué desea Sergio? Sergio desea una descripción de Aurora.
2. ¿Aurora es rubia? No, es morena.
3. ¿Qué características positivas tiene? Es alta, delgada y bonita; es inteligente, trabajadora y muy disciplinada.
4. ¿Qué dice la mamá de Aurora? Dice que Aurora es muy terca.
5. ¿Qué actividades tiene Aurora todos los días? Asiste a la universidad, trabaja y estudia.
6. Los sábados, ¿trabaja o sale con sus amigos? Los sábados sale con sus amigos.
7. ¿Qué ciudades puertorriqueñas menciona Aurora? Menciona San Juan y Santurce.

El mensaje de Aurora

```
┌─────────────────────────────────────────────────────────┐
│              Send Mail: Message Composition              │
├─────────────────────────────────────────────────────────┤
│  A:   Sergio                                             │
│  De:  Aurora                                            │
│  Asunto: Cómo soy                                       │
├─────────────────────────────────────────────────────────┤
│                                                          │
│  Sergio:                                                 │
│      Tú deseas una descripción de mi persona.° ¡Aquí va!°│
│  Soy morena, alta y delgada. Muchos dicen° que soy       │
│  bonita. Creo que soy inteligente, trabajadora y muy     │
│  disciplinada. Y ahora… lo negativo: soy impaciente y    │
│  un poco egoísta y mi mamá dice que soy muy terca.       │
│      Asisto a la universidad por la mañana, trabajo      │
│  por la tarde y estudio por la noche. Los sábados salgo° │
│  con mis amigos.                                         │
│      ¿Y tú? ¿Cómo eres? ¿Estudias? ¿Trabajas? ¿Vives en  │
│  San Juan o en Santurce? ¿Vives con tu familia?          │
│      Mándame° un mensaje mañana.                         │
│                                                          │
└─────────────────────────────────────────────────────────┘
```

de... *of myself / Here it goes!*
say

I go out

Send me

¡Vamos a escribir!

Antes de escribir

Estrategia **Analyzing writing models** A model or written sample is often an excellent aid for your development as a writer in Spanish. By examining how a letter, an article, or other piece of writing is organized and what words are used, you can gain helpful ideas about how to construct your own writing.

Un mensaje electrónico Look at the e-mail in **¡Vamos a leer!** and ask yourself the following questions.

1. What is the main idea that groups together the sentences in each paragraph?
2. How does Aurora describe herself? How would you describe yourself?
3. What activities does she talk about in the second paragraph?
4. What questions does she ask Sergio in the third paragraph? What questions would you ask?

A escribir un mensaje electrónico

You have a new cyberacquaintance. Write the first draft **(primer borrador)** of an e-mail to send to this person, following the organization of Aurora's e-mail to Jorge. You may want to use some of the questions that you brainstormed for the pre-reading activity in **¡Vamos a leer!**

Después de escribir

Before writing the final version of your e-mail, exchange your first draft with a class-mate and peer edit each other's work using the following guidelines:

- noun-adjective-article agreement (in gender and and number)
- subject-verb agreement (in person and number)
- clear organization and use of the model

If students do not have Spanish-speaking pen pals, have them ex-change e-mails with a classmate and respond to their partner's e-mail.

Después de leer... desde su mundo

In groups of three or four, talk about your chat-room habits.

Improve Your Grade
Web Search

Los puertorriqueños en los Estados Unidos

▲ El desfile puertorriqueño de Nueva York, segundo domingo de junio

◆ En total, más de 2.700.000 puertorriqueños viven en los Estados Unidos, el 70% de ellos en Nueva York y Nueva Jersey. Más puertorriqueños viven en Nueva York que en San Juan, la capital de Puerto Rico.

Nueva York: epicentro de la vida puertorriqueña en los Estados Unidos

▲ El Nuyorican Poets Café, una de varias (*several*) instituciones neoyorriqueñas

◆ La mayoría de los puertorriqueños llegaron (*arrived*) a este país después de la Segunda Guerra Mundial (*Second World War*) y, para muchos, fue (*it was*) muy difícil adaptarse a la vida de la gran ciudad. En las últimas décadas, han llegado de Puerto Rico miles de profesionales, artistas y gente de negocios (*businesspeople*). Hoy hay puertorriqueños famosos en todos los campos. Son buenos ejemplos de estos éxitos Nydia Velázquez y José Serrano, congresistas; la familia Unanue, dueños de los famosos productos Goya; Ricky Martin y Chayanne, cantantes; Rosalyn Sanchez, Benicio del Toro y muchos más, artistas de Hollywood; Félix (Tito) Trinidad, ex triple campeón de boxeo, etc.

La política

◄ Nydia Velázquez (1953–), primera mujer puertorriqueña elegida al Congreso de EEUU (1992–presente)

◄ José Serrano, representante de origen puertorriqueño

Personalidades

El mundo del espectáculo

▲ Benicio del Toro, famoso actor puertorriqueño

▲ Daddy Yankee, ganador (*winner*) del premio (*award*) "Artista del Año" del MTV latino, 2006

▲ Zuleyka Rivera, Miss Puerto Rico, fue elegida Miss Universo en el año 2006

Nuestro panorama cultural

In groups of three, answer the following questions about your home state, region, or country.

1. ¿Hay diversidad cultural y étnica en la ciudad donde Ud. vive? ¿Qué grupos hay? ¿Qué nacionalidades están representadas?
2. Un norteamericano, ¿necesita visa para viajar a Canadá?
3. ¿Hay muchos puertorriqueños en la ciudad donde Ud. vive?
4. En su ciudad, ¿celebran el cuatro de julio con desfiles?
5. ¿Cuál es la música típica de su país?
6. Además (*Besides*) de las personalidades mencionadas, ¿puede Ud. (*can you*) nombrar otros artistas puertorriqueños?
7. ¿Qué familias norteamericanas son importantes en el mundo de los negocios?

For the next class: Go to the World Wide Web and find photos from your hometown, state, region, or country. Use the questions from **Nuestro panorama cultural** above as guidelines for choosing them. Be ready to present the photos to your classmates.

Handout Un poco de cultura

Self-Test

Take this test. When you have finished, check your answers in the answer key provided in Appendix D. Then use a red pen to correct any mistakes you may have made. Are you ready?

Lección 1

A. The alphabet Spell the following last names in Spanish.

1. Vargas ve-a-ere-ge-a-ese
2. Mena eme-e-ene-a
3. Botero be-o-te-e-ere-o
4. Peña pe-e-eñe-a
5. Juárez jota-u-a-ere-e-zeta
6. Chávez ce-hache-a-ve-e-zeta
7. Dávila de-a-ve-i-ele-a
8. Félix efe-e-ele-i-equis
9. Quiroz cu-u-i-ere-o-zeta

B. Cardinal numbers (0–30) Write the following numbers in Spanish.

1. 11 once
2. 17 diecisiete
3. 30 treinta
4. 20 veinte
5. 15 quince
6. 13 trece
7. 28 veintiocho
8. 19 diecinueve
9. 12 doce
10. 14 catorce
11. 16 dieciséis
12. 22 veintidós

C. Colors What colors come to mind when you think of the following?

1. grass verde
2. a pumpkin anaranjado
3. a banana amarillo
4. rosy cheeks rosado
5. coal negro
6. a plum morado
7. a tree trunk marrón (café)
8. the American flag rojo, blanco y azul

D. Days of the week Give the days of the week that come *before* the ones mentioned here.

1. lunes domingo
2. jueves miércoles
3. sábado viernes
4. miércoles martes
5. domingo sábado
6. viernes jueves
7. martes lunes

E. Months and seasons
Give the months and seasons that come *before* the ones mentioned here.

1. diciembre noviembre
2. abril marzo
3. agosto julio
4. febrero enero
5. junio mayo
6. octubre septiembre
7. invierno otoño
8. verano primavera
9. enero diciembre

F. Subject pronouns and the present indicative of the verb *ser*
Complete the following dialogue, using the present indicative of the verb **ser.**

—¿De dónde ___son___ ustedes?

—Nosotros ___somos___ de California. ¿De dónde ___eres___ tú?

—Yo ___soy___ de Tejas.

—¿Y Carlos y Amelia?

—Carlos ___es___ de Arizona y Amelia ___es___ de Nuevo México.

—¿De dónde ___son___ los profesores?

—De Nueva Jersey.

G. Just words . . .
Match each question in column A with the best response in column B.

A		B
1. ¿Cómo están Uds.?	e	a. No, martes.
2. ¿Cómo te llamas?	h	b. Sí, es mi cumpleaños.
3. ¿Qué hay de nuevo?	j	c. Cuatro-dos-seis-cinco-ocho-nueve-cero.
4. ¿Hay una fiesta hoy?	b	
5. ¿Uds. son norteamericanos?	g	d. De Tejas.
6. ¿De dónde eres tú?	d	e. Bien, gracias.
7. ¿Qué día es hoy?	i	f. No, estudiantes.
8. ¿Hoy es lunes?	a	g. No, somos mexicanos.
9. ¿Cuál es tu número de teléfono?	c	h. Ana María Belgrano.
10. ¿Uds. son profesores?	f	i. Miércoles.
		j. Nada.

H. Culture
Answer the following questions, based on information from this lesson.

1. ¿Cuál es un nombre muy popular en España y en Latinoamérica? María
2. ¿Cuál es el sobrenombre de Dolores? ¿Y de Enrique? Lola / Quique
3. ¿Cuántos millones de hispanos hay en los Estados Unidos? unos cuarenta millones
4. ¿Quién es Sandra Cisneros? una escritora mexicoamericana

Lección 2

A. Gender and number and definite articles
Write **el, la, los,** or **las** before each noun.

1. _____la_____ pizarra
2. _____la_____ luz
3. _____los_____ lápices
4. _____el_____ día
5. _____la_____ lección
6. _____los_____ relojes
7. _____el_____ mapa
8. _____las_____ universidades
9. _____la_____ pared
10. _____los_____ bolígrafos
11. _____la_____ amistad (*friendship*)
12. _____los_____ problemas

B. Gender and number and indefinite articles
Write **un, una, unos,** or **unas** before each noun.

1. _____unos_____ programas
2. _____unos_____ borradores
3. _____una_____ mano
4. _____unos_____ hombres
5. _____una_____ mujer
6. _____un_____ secretario
7. _____unos_____ profesores
8. _____un_____ papel
9. _____una_____ decisión
10. _____una_____ ciudad

C. Cardinal numbers (31–100)
Write the following numbers in Spanish.

1. 38 treinta y ocho
2. 100 cien
3. 91 noventa y uno
4. 85 ochenta y cinco
5. 72 setenta y dos
6. 57 cincuenta y siete
7. 46 cuarenta y seis
8. 63 sesenta y tres
9. 77 setenta y siete

D. Telling time
Use the cues given to say at what time the following classes are.

1. la clase de español / 9:10 A.M. La clase de español es a las nueve y diez de la mañana.
2. la clase de inglés / 1:15 P.M. La clase de inglés es a la una y cuarto de la tarde.
3. la clase de literatura / 8:25 P.M. La clase de literatura es a las ocho y veinticinco de la noche.

E. Present indicative of -ar verbs and negative and interrogative sentences Complete the following dialogues, using the verbs given.

1. —¿Dónde _trabajas_ (trabajar) tú?
   —Yo _trabajo_ (trabajar) en la universidad.
   —¿A qué hora _regresas_ (regresar) a tu casa?
   —A las cuatro.

2. —¿Uds. _estudian_ (estudiar) por la mañana?
   —No, nosotros _estudiamos_ (estudiar) por la tarde.
   —¿Cuántas clases _toman_ (tomar) ustedes?
   —Yo _tomo_ (tomar) cuatro y Estrella _toma_ (tomar) cinco.

3. —¿Qué _necesitan_ (necesitar) Carlos y Aurora?
   —Carlos _necesita_ (necesitar) lápices y Aurora _necesita_ (necesitar) libros.

4. —¿Tú _deseas_ (desear) llamar más tarde, Anita?
   —Sí, yo _deseo_ (desear) llamar a las cinco.

5. —¿Uds. _hablan_ (hablar) inglés en clase?
   —No, nosotros _hablamos_ (hablar) español.

F. Possession with *de* Form sentences with the items given.

1. la señorita / estudiantes / norteamericanos Los estudiantes de la señorita son norteamericanos.
2. Amanda / profesor / mexicano El profesor de Amanda es mexicano.
3. Paco / amigos / de California Los amigos de Paco son de California.

G. Just words . . . Complete the following sentences using vocabulary from **Lección 2.**

1. Estudiamos en la _biblioteca_ .
2. Mi _dirección (domicilio)_ es: Calle Olmos, número 96.
3. ¿Cómo se _dice_ *"door"* en español?
4. ¿Qué _quiere_ decir "borrador"?
5. ¿_Cuándo_ estudias? ¿Los sábados?
6. En Roma hablan _italiano_ y en París hablan _francés_ .
7. El español es un _idioma_ difícil.
8. Necesitas practicar _todos_ los días.
9. ¡En ese _caso_ , yo hablo chino!
10. Pedro habla un _poco_ de portugués.

H. Culture Answer the following questions, based on information from this lesson.

1. Si usamos el sistema de 24 horas, ¿qué hora es cuando decimos (*when we say*) "las diecinueve horas"? las siete de la noche
2. ¿Cuántos cubanos viven en Miami? más de medio millón
3. ¿Qué es "la Pequeña Habana"? un barrio cubano de Miami

Lección 3

A. Possessive adjectives
Complete these sentences with the appropriate possessive adjectives. Make sure they agree with the subjects.

1. Yo necesito ___mi___ libro y ___mis___ bolígrafos.
2. Nosotros hablamos con ___nuestra___ profesora y ellos hablan con ___su___ profesor.
3. ¿Tú vives con ___tus___ padres (*parents*)?
4. Jorge come con ___sus___ amigos.
5. Nosotros vivimos en ___nuestra___ casa con ___nuestros___ padres.
6. ¿Usted necesita ___su___ computadora, Srta. Mejías?

B. Cardinal numbers (101–1,000)
Write the following numbers in Spanish.

1. 195 ciento noventa y cinco
2. 286 doscientos ochenta y seis
3. 371 trescientos setenta y uno
4. 460 cuatrocientos sesenta
5. 553 quinientos cincuenta y tres
6. 644 seiscientos cuarenta y cuatro
7. 732 setecientos treinta y dos
8. 827 ochocientos veintisiete
9. 918 novecientos dieciocho
10. 1.513 mil quinientos trece

C. Descriptive adjectives
Change the articles and the adjectives according to the nouns in parentheses.

1. El chico es alto. (*chica*) La chica es alta.
2. La pizarra es pequeña. (*escritorios*) Los escritorios son pequeños.
3. Los chicos son norteamericanos. (*chicas*) Las chicas son norteamericanas.
4. Es un hombre muy simpático. (*mujer*) Es una mujer muy simpática.
5. Necesito los lápices rojos. (*plumas*) Necesito las plumas rojas.

D. Present indicative of regular -*er* and -*ir* verbs
Complete the following sentences, using the verbs in the list.

deber	aprender	vender	comer	escribir
abrir	creer	leer	recibir	beber

1. Nosotros _aprendemos_ mucho en la clase de español.
2. ¿Tú _comes_ en la cafetería?
3. Yo _creo_ que Elena habla portugués.
4. ¿Ustedes _leen_ muchos libros?
5. Carlos _bebe_ café.
6. Usted _debe_ estudiar más.
7. Ellos _venden_ sus libros por (*for*) treinta dólares.
8. Yo _abro_ las ventanas.
9. Ellos _reciben_ mensajes electrónicos.
10. Nosotros _escribimos_ con lápiz.

E. The verbs *tener* and *venir*   Complete the following sentences using the present indicative of **tener** or **venir**.

1. Yo no __vengo__ a la universidad los viernes porque no __tengo__ clases.
2. ¿Tú __tienes__ la dirección de Julio? Él no __viene__ a clase los lunes.
3. Nosotros __venimos__ a la biblioteca con Amanda porque no __tenemos__ auto (*car*).
4. Rogelio __viene__ a las ocho y ellos __vienen__ a las diez.
5. ¿Ellos __tienen__ tu número de teléfono?

F. The personal *a*   Form sentences, using the elements provided. Include the personal **a** when necessary.

1. yo / llamar / Rosa / a las tres Yo llamo a Rosa a las tres.
2. nosotros / llevar / los libros / a la universidad Nosotros llevamos los libros a la universidad.
3. ellos / llevar / Julio / y su novia / a la biblioteca Ellos llevan a Julio y a su novia a la biblioteca.
4. nosotros / tener / muchos amigos Nosotros tenemos muchos amigos.

G. Just words . . .   Match the questions in column A with the answers in column B.

A		B
1. ¿Ana es tu novia?	m	a. No, soy realista.
2. ¿Tienes problemas económicos?	f	b. Sí, ¡y muy simpática!
3. ¿Estudian hoy?	i	c. Menéndez.
4. ¿Cómo estás?	k	d. No, es muy guapo.
5. ¿Es bonita?	b	e. Secretaria.
6. ¿Está Jorge?	o	f. Sí, necesito dinero.
7. ¿Eres pesimista?	a	g. No, es rubia.
8. ¿Es feo?	d	h. No, es muy antipática.
9. ¿Es simpática?	h	i. No, mañana.
10. ¿Cuál es su apellido?	c	j. El anuncio.
11. ¿Estado civil?	n	k. Más o menos.
12. ¿Ocupación?	e	l. No, es bajo.
13. ¿Es morena?	l	m. No, es una amiga.
14. ¿Es alto?	l	n. Soltero.
15. ¿Qué leen?	j	o. Con él habla.

H. Culture   Answer the following questions, based on information from this lesson.

1. ¿Cómo contestan el teléfono en México? Bueno.
2. ¿Cuál es un sinónimo de "español"? castellano
3. ¿Qué no necesitan los puertorriqueños para entrar en los Estados Unidos? Ni pasaporte ni visa.
4. ¿Quién es Chayanne? Un famoso cantante puertorriqueño.

▲ Preparativos para una cena de cumpleaños

Objetivos

Comunicación

You will learn vocabulary related to planning weekend activities, needs and preferences, and states of mind.

Pronunciación

The Spanish **b, v, d,** and **g** (before **a, o,** or **u**)

Estructuras

◆ Pronouns as objects of prepositions
◆ Contractions
◆ Present indicative of the irregular verbs **ir, dar,** and **estar**
◆ **Ir a** + *infinitive*
◆ Present indicative of **e:ie** stem-changing verbs
◆ Expressions with **tener**

Cultura

◆ Relationships
◆ Customs
◆ Certain Hispanic celebrations

Panorama hispánico

◆ México

Estrategias

Listening: Listening to voice mail
Speaking: Asking for additional information
Reading: Identifying text formats
Writing: Writing an e-mail

Activity suggestion Use this photo to introduce the lesson theme. Ask your students:

1. ¿Qué ocasiones celebran tú y tu familia?
2. Mira la foto, ¿qué preparan estas personas? ¿Qué más crees tú que van a comer?

Costumbres y tradiciones

México

México, con más de cien millones de habitantes, ocupa por su población el primer lugar entre los países del mundo hispano, y tiene casi tres veces el área de Tejas. Su capital, la Ciudad de México, D.F. (Distrito Federal), con unos 24 millones de habitantes, es el centro urbano más grande del mundo.

▲ La Plaza de las Tres Culturas, en Tlatelolco (hoy parte de la Ciudad de México), ciudad azteca fundada en el siglo XIV (*14th century*)

▲ Una chica baila con su papá en su fiesta de quinceañera. Las chicas hispanas celebran sus 15 años en vez de (*instead of*) los 16, como en los Estados Unidos.

▲ Vista del Monumento a la Independencia en la Ciudad de México

Julia visita la Ciudad de México

Julia Lara, una chica mexicoamericana que vive en Colorado con su familia, visita México por primera vez. Acaba de llegar del aeropuerto con sus primos y ahora está en la casa de sus tíos, que están muy contentos con la llegada de la muchacha. Julia va a pasar la Navidad y el Año Nuevo con ellos.

Doña Luz	¡Bienvenida, hijita! ¡Ay! ¡Dame un abrazo! ¿Cómo estás? ¿Y cómo está mi hermano... tu papá...? ¿Tienes hambre?
Lupita	¡Mamá! ¡Una pregunta a la vez! ¡La pobre Julia está aturdida!
Julia	(*Abraza a su tía.*) Estoy bien, gracias, tía. Y su hermano... está bien, también. Y no tengo hambre, pero tengo mucha sed...
Doña Luz	(*A su hijo Mario*) Mario, una soda para tu prima.
Julia	Prefiero un vaso de agua, tía.
Don Rodolfo	¿Cómo estás, sobrina? ¿Qué tal el viaje?
Julia	Muy bien, tío. Estoy un poco cansada, pero estoy muy contenta de estar aquí, con ustedes.

Por la noche, Julia está en el cuarto de Lupita. Las dos primas conversan.

Lupita	Mañana vamos a ir al parque de Chapultepec y por la noche vamos a ir al cine con unos amigos.
Julia	¡Perfecto! También quiero ir a una tienda por la tarde. Oye, ¿qué vamos a hacer pasado mañana?
Lupita	Pasado mañana damos una fiesta aquí en casa. Es el santo de mi abuelo.
Julia	Ah sí, don Gustavo.
Lupita	Sí, él vive con nosotros. Mamá va a preparar mucha comida y vamos a tener mariachis...
Julia	¡Entonces quiero sacar muchas fotos! ¿Vamos a bailar?
Lupita	Sí... Muchos de nuestros amigos van a venir a la fiesta y van a querer bailar contigo.
Julia	¿Cuántas personas están invitadas?
Lupita	Unas cincuenta... o más, porque muchos vecinos van a venir también...
Julia	¿Y cuándo empiezan las posadas?
Lupita	La semana que viene. Este fin de semana pensamos ir a una discoteca de la Zona Rosa... Oye... es tarde.
Julia	Tienes razón. ¡Son las once! ¡Pero no tengo sueño! Quiero platicar un rato más...

¿**Lo sabía Ud.?** En España y en Latinoamérica, no existe tanta (*as much*) separación entre (*among*) generaciones como en los Estados Unidos. Los niños, los padres y los abuelos frecuentemente van juntos a fiestas y celebraciones.

◆ ¿**Qué celebraciones tienen las familias de este país?**

Handout En contexto

Activity suggestion While role-playing this dialogue, students should review vocabulary from **Lección 4** by asking each other the meanings of words and phrases.

Doña Luz

Julia

Lupita

Don Rodolfo

¿Quién lo dice? Identify the person who said the following in the dialogues.

1. Pasado mañana damos una fiesta aquí en casa.   Lupita
2. Entonces quiero sacar muchas fotos.   Julia
3. Mario, una soda para tu prima.   Doña Luz
4. ¡Pero no tengo sueño! Quiero platicar un rato más.   Julia
5. ¡Bienvenida, hijita! ¡Ay! ¡Dame un abrazo!   Doña Luz
6. ¡La pobre Julia está aturdida!   Lupita
7. ¡Mamá! ¡Una pregunta a la vez!   Lupita
8. ¿Cómo estás, sobrina? ¿Qué tal el viaje?   Don Rodolfo
9. Y su hermano está bien, también.   Julia

HM
ACE the Test

 ¿Lo sabía Ud.? En México, durante la época de Navidad, celebran las posadas, que representan el viaje de María y José desde Nazaret a Belén y su búsqueda (*search*) de alojamiento (*lodging*). Empiezan el 16 de diciembre y terminan el 24 de diciembre.

◆ **¿Celebran las posadas en algún barrio mexicano en la ciudad donde Ud. vive?**

Hablemos. With a partner, take turns asking and answering the following questions. Base your answers on the dialogue and on your own circumstances.

En el diálogo	¿Y tú?
1. ¿Dónde va a pasar Julia la Navidad?	¿Dónde vas a pasar tú la Navidad?
2. ¿Julia tiene hambre o tiene sed?	¿Tú tienes hambre?
3. ¿Qué quiere beber Julia?	¿Qué quieres beber tú?
4. ¿Adónde van a ir Julia y Lupita mañana?	¿Adónde vas a ir tú?
5. ¿Es el santo o el cumpleaños del abuelo de Lupita?	¿Cuándo es tu cumpleaños?
6. ¿Quiénes van a venir a la fiesta?	¿Tú vas a dar una fiesta?
7. ¿Cuándo empiezan las posadas?	¿Adónde vas a ir tú la semana que viene?
8. ¿Julia tiene sueño?	¿Tienes sueño o estás cansado(-a)?

¿Lo sabía Ud.? Los hispanos generalmente celebran el cumpleaños y también el día de su "santo", que corresponde al santo de su nombre en el calendario católico. Por ejemplo, si un niño nace (*is born*) en junio, y sus padres lo llaman Miguel, celebra su cumpleaños en junio y celebra el día de su "santo" el 29 de septiembre, que es el día de San Miguel.

◆ **En este país, ¿las personas celebran el día de su santo?**

En el diálogo, Answers 1. Julia va a pasar la Navidad con sus tíos en México.   2. Tiene mucha sed.
3. Quiere beber un vaso de agua.
4. Van a ir al parque de Chapultepec.
5. Es el santo.   6. Muchos de sus amigos van a venir a la fiesta.
7. Empiezan la semana que viene.
8. No, Julia no tiene sueño.

🎧 Vocabulario

Improve Your Grade
Audio Flashcards

Cognados

el aeropuerto airport	**el parque** park
la discoteca discotheque	**la persona** person
la familia family	**la soda** soda[1]
la foto, fotografía photo, photograph	**la tradición** tradition

Nombres

el abrazo hug	**la Navidad** Christmas
la abuela grandmother	**la pregunta** question
el abuelo grandfather	**el (la) primo(-a)** cousin
el agua water	**el santo** saint's day
el Año Nuevo New Year	**la semana** week
el cine movies, movie theatre	**la sobrina** niece
la comida food	**el sobrino** nephew
la costumbre custom	**la tía** aunt
el cuarto, la habitación room	**la tienda** store
la hermana sister	**el tío** uncle
el hermano brother	**el vaso** glass
la hija daughter	**el (la) vecino(-a)** neighbor
el hijo son	**la vez** time (*in a series*)
la llegada arrival	**el viaje** trip

Verbos

abrazar to hug	**pasar** to spend (*time*)
bailar to dance	**pensar (e:ie)** to think
dar to give	**pensar + *infinitive*** to plan (*to do something*)
empezar, comenzar (e:ie) to begin, to start	**preferir (e:ie)** to prefer
hacer (yo hago) to do	**preparar** to prepare
ir to go	**querer (e:ie)** to want, to wish
llegar to arrive	**visitar** to visit

Adjetivos

aturdido(-a) dazed, confused
bienvenido(-a) welcome
cansado(-a) tired
contento(-a) happy
invitado(-a) invited
pobre poor

[1]also **la gaseosa** (*Colombia*), **el refresco** (*Caribbean and other regions*)

Otras palabras y expresiones

a la vez at a time	**pasado mañana** the day after tomorrow
acabar de + *infinitive* to have just (*done something*)	**por primera vez** for the first time
ahora now	**que** that, who
contigo with you (*familiar*)	**sacar (tomar) una foto** to take a picture
dame give me	**la semana que viene, la semana próxima** next week
don a title of respect, used with a man's first name	**tener hambre** to be hungry
doña a title of respect, used with a lady's first name	**tener razón** to be right
en casa at home	**tener sed** to be thirsty
entonces then (in that case)	**tener sueño** to be sleepy
este fin de semana this weekend	**un poco** a little
hijita (darling) daughter (*a term of endearment*)	**un rato** a while

Vocabulario adicional

Actividades para un fin de semana

ir a un concierto to go to a concert	**ir a un partido (o juego) de...** game
ir a la montaña mountain	**ir a la playa** beach
ir al museo museum	**ir al teatro** theatre
ir al parque de diversiones amusement park	**ir al zoológico** zoo

Para describir cómo estamos

aburrido(-a) bored
alegre joyful
animado(-a) animated
enfermo(-a) sick
enojado(-a), enfadado(-a) angry
entusiasmado(-a) enthused
frustrado(-a) frustrated
nervioso(-a) nervous
ocupado(-a) busy
preocupado(-a) worried
triste sad

La fiesta de Navidad (*Christmas*)

el árbol de Navidad
¡Salud!
el brindis
Ellos cantan.
el equipo estereofónico
el reproductor de discos
el disco compacto
el ponche
el vino
la mesa

ACE the Test

Práctica

A. Match the questions in column A with the responses in column B.

A		B
1. ¿La Sra. Pérez es tu abuela?	_i_	**a.** A las nueve.
2. ¿Qué quieres beber?	_l_	**b.** En su cuarto.
3. ¿Adónde vamos a ir?	_g_	**c.** No, no estamos invitados.
4. ¿Dónde está tu prima?	_b_	**d.** La semana que viene.
5. ¿Elena es tu sobrina?	_j_	**e.** No, pasado mañana.
6. ¿Cuándo llega tu tío?	_d_	**f.** No, preferimos conversar.
7. ¿La fiesta es mañana?	_e_	**g.** Al cine.
8. ¿A qué hora comienza la fiesta?	_a_	**h.** En México.
9. ¿Quieren bailar?	_f_	**i.** Sí, es la mamá de mi papá.
10. ¿Van Uds. a la fiesta?	_c_	**j.** Sí, es la hija de mi hermana.
11. ¿Dónde vas a pasar la Navidad?	_h_	**k.** No, estoy un poco cansado.
12. ¿No vas a trabajar?	_k_	**l.** Un vaso de agua.

B. Write the words or phrases that correspond to the following.

1. opuesto de **alegre** _____triste_____
2. enojado _____enfadado_____
3. Mount Everest, por ejemplo _____montaña_____
4. lugar (*place*) donde vamos a bailar _____discoteca_____
5. Disneylandia, por ejemplo _____parque de diversiones_____
6. que tiene mucho entusiasmo _____entusiasmado_____
7. partido _____juego_____
8. lugar donde hay muchos animales _____zoológico_____
9. el Louvre, por ejemplo _____museo_____
10. cuarto _____habitación_____

C. Complete the following sentences, using vocabulary from this lesson.

1. Voy a _sacar (tomar)_ muchas fotografías.
2. ¡Bienvenida! ¡ _Dame_ un abrazo!
3. Hoy vamos al _parque_ de Chapultepec.
4. Vamos a ir a una _fiesta_ a bailar.
5. ¡Feliz Año _Nuevo_ !
6. La Sra. Fuentes es mi _tía_ ; es la hermana de mi mamá.
7. Nosotros _pensamos_ ir a la universidad el sábado.
8. _Don_ Oscar y _doña_ María van a ir a México la semana que viene.
9. Mamá va a _preparar_ mucha comida para la fiesta.
10. ¡ _Pobre_ Julia! Está cansada...

Para conversar

A. Planes With a partner, tell each other about what you plan to do and what you don't plan to do at different times in the near future.

◆ MODELO: *(No) pienso ir a...*

B. Una fiesta You and a partner play the roles of two friends who are planning a party and cannot agree on anything: the day, the time, the place, whom to invite, what to serve, etc.

◆ MODELO: —*¿Damos una fiesta el sábado?*
—*No... yo tengo planes para el sábado.*

Pronunciación

A. The Spanish *b* and *v*

The Spanish **b** and **v** are pronounced exactly alike. Both sound like a weak English *b*, as in the word *Abe*. In Spanish, they are even weaker when pronounced between vowels. The lips don't quite touch. Never pronounce these consonants like the English *v*. Listen to your instructor and repeat the following words.

Beto **v**ive en **B**ogotá.

Bienvenida a **B**olivia.

Don Gusta**v**o es mi a**b**uelo.

B. The Spanish *d*

The Spanish **d** is slightly softer than the *d* in the English word *day*. When pronounced between two vowels or at the end of a word, it is similar to the *th* in the English word *they*. Listen to your instructor and repeat the following words.

Doña **D**elia es **d**e Colora**d**o.

¿Uste**d**es están cansa**d**os?

Davi**d** está invita**d**o.

C. The Spanish *g* (before *a*, *o*, or *u*)

◆ When followed by **a, o,** or **u,** the Spanish **g** is similar to the *g* in the English word *guy*. Listen to your instructor and repeat the following words.

Gustavo es **g**ordo.

◆ When pronounced between vowels, the Spanish **g** is much softer. Repeat after your instructor.

Mi ami**g**o es uru**g**uayo.

◆ In the combinations **gue** and **gui,** the **u** is silent. Repeat after your instructor.

Guillermo **G**uevara toca la **g**uitarra.

Activity suggestion Model each word and have the class repeat the sounds and words together and individually. The following sentences provide additional pronunciation practice using words in context.

b/v: Basilio y Víctor venden bebidas baratas.
Benito y Bárbara van a viajar a Bolivia.
d: Deme dos docenas de dátiles.
Doña Dolores desea bailar con don Diego.
g: Los enemigos de mis enemigos son mis amigos.
Un lago es más grande que una laguna.

Aspectos culturales

En imágenes (*Fiestas y celebraciones en México y en Centroamérica*)

▲ México: El Día de los Muertos

▲ La Quema del Diablo (*burning of the Devil*) es una celebración muy popular en Guatemala.

BAJA CALIFORNIA

OCÉANO PACÍFICO

Guad

0   250   500Km.

0   250   500Mi.

Ubíquese... y búsquelo

HM Improve Your Grade
Web Search

As part of her visit to Mexico City, Julia's family is taking her to the **Parque de Cha-pultepec.** Go to **www.college.hmco.com** to research the **Parque.** What attractions will Julia find there? What are some other parks in Mexico City that she could visit? In the next class, team up with two classmates to discuss your findings.

▲ En los países hispanos los niños reciben juguetes (*toys*) de los Tres Reyes Magos, Melchor, Gaspar y Baltasar, el 6 de enero.

▲ Celebración religiosa en Honduras el día de Año Nuevo

▲ Nicaragua: Festival de Santo Domingo

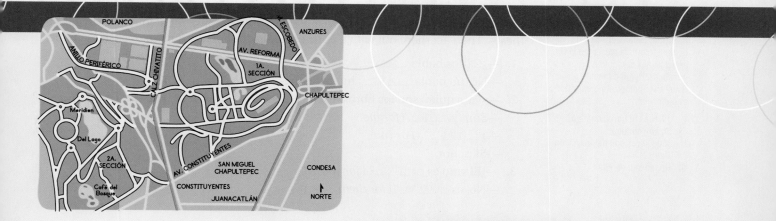

Estructuras

1. Pronouns as objects of prepositions (*Pronombres usados como objetos de preposición*)

◆ The object of a preposition is the noun or pronoun that immediately follows it:
La fiesta es para María (ella). Ellos van con nosotros.

Singular		Plural	
mí	*me*	**nosotros(-as)**	*us*
ti	*you* (fam.)	**vosotros(-as)**	*you* (fam.)
Ud.	*you* (form.)	**Uds.**	*you* (form.)
él	*him*	**ellos**	*them* (masc.)
ella	*her*	**ellas**	*them* (fem.)

 **Hoy por ti, mañana por mí.**

Equivalent: One hand washes the other.

◆ Only the first- and second-person singular, **mí** and **ti,** are different from regular subject pronouns.

◆ **Mí** and **ti** combine with **con** to become **conmigo** (*with me*) and **contigo** (*with you*), respectively.

—¿Hablan de **mí**?
—No, no hablamos de **ti**; hablamos de **ella.**

"Are you talking about me?"
"No, we are not talking about you; we're talking about her."

—¿Estudias **conmigo** o con Carlos?
—No estudio **contigo**; estudio **con él.**

"Are you studying with me or with Carlos?"
"I'm not studying with you; I'm studying with him."

ACE the Test

Práctica

Complete the following dialogues, using the Spanish equivalent of the words in parentheses. Then act them out with a partner, adding a sentence or two to each dialogue.

1. —¿Carlos habla __conmigo__? (*with me*)
   —No, no habla __contigo__; habla __con ella__. (*with you / with her*)
2. —¿Para quién son los libros, Paco? ¿ __Para él__ o __para ella__? (*For him / for her*)
   —Son __para mí__. (*for me*)
   —¿ __Para ti__? (*For you*)
   —Sí, señor.
3. —¿El vino es __para Uds.__? (*for you, pl.*)
   —No, es __para ellas__. (*for them, fem.*)

Para conversar

¡Habla con tu compañero! Interview a classmate, using the following questions and two questions of your own. When you have finished, switch roles. Use the appropriate prepositions and pronouns in your responses.

1. ¿Hablas con tus amigos en la clase?
2. ¿Deseas estudiar español conmigo?
3. ¿Trabajas para tus padres?
4. ¿Vives cerca de (*near*) tus abuelos?
5. ¿Hablas mucho con tus amigos por teléfono?
6. ¿Tus amigos vienen a la universidad contigo?

2. Contractions (*Contracciones*)

◆ There are only two contractions in Spanish: **al** and **del**. Both the preposition **a** (*to, toward*) and the personal **a** followed by the article **el** contract to **al.**

| Llamo | **a** | + | **el** | profesor. |
| Llamo | | **al** | | profesor. |

◆ The preposition **de** (*of, from*) followed by the article **el** contracts to **del.**

| Tiene los libros | **de** | + | **el** | profesor. |
| Tiene los libros | | **del** | | profesor. |

—¿Llevas **al** amigo de Ana?   *"Are you taking Ana's friend?"*
—No, llevo **a las** primas de Eva.   *"No, I'm taking Eva's cousins."*

—¿La casa es **de la** Sra. Vega?   *"Is it Mrs. Vega's house?"*
—No, es **del** Sr. Parra.   *"No, it's Mr. Parra's."*

¡Atención! **A + el** and **de + el** must always be contracted to **al** and **del**. None of the other combinations (**de la, de las, de los, a la, a las, a los**) is contracted: **Llaman a los hijos de los profesores.**

Activity suggestion Review *"Possession with de"* in **Lección 2**. See the Suggestions on page 54. Include questions such as ¿**Es el libro de la señorita Smith o del señor Jones? ¿Es el bolígrafo del estudiante o de la profesora? ¿De quién es el cuaderno?** Remind students that when referring to someone with a title [**señor(-a)**, **señorita, doctor(-a)**, etc.], the definite article is used.

LEARNING TIP

Practice "seeing" yourself coming from and going to certain places: **Vengo del hotel; voy al cine.**

Práctica

ACE the Test

Activity suggestion Emphasize to students that the **a** in **al** may be a personal **a** with no equivalent in English and the **de** in **del** may be equivalent to the *'s* form in English.

A. Complete the following dialogues, using **de la, de las, del, de los, a la, a las, al,** or **a los.** Then act them out with a partner.

1. —¿De dónde vienes? ¿___Del___ aeropuerto?
   —No, vengo ___de la___ discoteca.
2. —¿A qué hora llamas ___a las___ chicas?
   —___A las___ dos.
3. —¿Los mapas son ___del___ Sr. Vega?
   —No, son ___de la___ Srta. Ruiz.
4. —¿Tienes que ir ___al___ apartamento de Julia?
   —No, tengo que ir ___a la___ biblioteca.
5. —¿Adónde llevas ___a los___ chicos?
   —___A la___ clase ___del___ Sr. Peña.

Un dicho

Al pan, pan y al vino, vino.

Equivalent: To call a spade a spade.

B. With a partner, take turns asking and answering the following questions, using the cues provided.

1. ¿De quién son los libros? (profesor) Los libros son del profesor.
2. ¿De quién es el escritorio? (Srta. Paz) El escritorio es de la Srta. Paz.
3. ¿A quiénes llevas a la universidad? (chicos) Llevo a los chicos.
4. ¿A quién invitan ustedes? (Sr. Vega) Invitamos al Sr. Vega.
5. ¿A quiénes llaman los chicos? (muchachas) Llaman a las muchachas.
6. ¿Adónde llevan a las muchachas? (parque) Llevan a las muchachas al parque.
7. ¿De dónde vienen ustedes? (aeropuerto) Venimos del aeropuerto.
8. ¿Los libros son de los muchachos? (no, muchachas) No, los libros son de las muchachas.

Para conversar

¿Qué pasa aquí? In a hotel lobby, you and your partner observe what is going on. Take turns asking each other who is calling whom, where people are coming from, how they relate to each other, etc.

3. Present indicative of the irregular verbs *ir, dar,* and *estar*
(*Presente de indicativo de los verbos irregulares* **ir, dar** *y* **estar**)

	ir to go	**dar** to give	**estar** to be
yo	**voy**	**doy**	**estoy**
tú	**vas**	**das**	**estás**
Ud.			
él	**va**	**da**	**está**
ella			
nosotros(-as)	**vamos**	**damos**	**estamos**
vosotros(-as)	**vais**	**dais**	**estáis**
Uds.			
ellos	**van**	**dan**	**están**
ellas			

Activity suggestion After introducing the verb **ir**, write the following list of places on the board: **cafetería / biblioteca / banco / club / clase de... / oficina del (de la) profesor(-a) / residencia / fiesta / trabajo / librería.** Referring to the list, students should work in groups of four and ask each other where they plan to go after class in the afternoon, in the evening, and at midnight.

S1 ¿Adónde vas después de la clase (esta tarde/noche, a medianoche)?
S2 Voy a la cafetería.

—Susana **da** una fiesta hoy.
  ¿Tú **vas**?
—No, no **voy** porque **estoy**
  muy cansada.
—Entonces **voy** con Ana y Beto.
  ¿Dónde **están** ellos?
—**Están** en la universidad.
  Vienen a las tres.

*"Susana is giving a party today.
  Are you going?"*
*"No, I'm not going because I am very
  tired."*
*"Then I'm going with Ana and Beto.
  Where are they?"*
*"They're at the college.
  They're coming at three."*

◆ The verb **estar,** *to be,* is used here to indicate current condition (**Estoy muy cansada.**) and location (**Está en la universidad.**). **Ser,** another equivalent of the English verb *to be,* has been used up to now to refer to origin (**Él es de México.**), nationality (**Ellas son mexicanas.**), characteristics (**Jorge es rubio.**), profession (**Elsa es profesora.**), and time (**Son las doce.**).

◆ Other frequent uses of **dar** are **dar un examen, dar una conferencia** (*lecture*), and **dar una orden** (*order*).

⌐Práctica

ACE the Test

👥 **A.** Complete the following conversation, using the appropriate forms of the verbs **ir, dar,** and **estar.** Then act out the dialogue with a partner.

José   Rosa, ¿tú __vas__ a la fiesta que __da__ Estrella el sábado?

Rosa   Sí, __voy__ con Inés. ¿Tú __vas__ también?

José   Sí. Oye, ¿estudiamos esta noche? El Dr. Vargas y la Dra. Soto __dan__ exámenes mañana.

Rosa   Ay, José, yo __estoy__ muy cansada.

José   Pero, Rosa, ¡tú siempre __estás__ cansada!

Rosa   No siempre. ¿Por qué no estudias con Jorge y Raúl? Ellos no __van__ al cine esta noche.

José   Buena idea. ¿Dónde __están__ ellos ahora?

Rosa   __Están__ en la tienda.

Práctica A, Activity suggestion Write the following adjectives on the board with one model sentence. Then have students take turns describing how they feel and why: **cansado(-a) / deprimido(-a) / aburrido(-a) / furioso(-a) / nervioso(-a) / desilusionado(-a) / preocupado(-a) / sorprendido(-a) / triste / contento(-a) / enojado(-a) / enfermo(-a) / tranquilo(-a) / ocupado(-a)**

I   ¿Cuándo estás nervioso?
S1   Estoy nervioso cuando tengo examen.
I   ¿Cuándo estás contenta?
S2   Estoy contenta cuando recibo una buena nota.

¿Lo sabía Ud.?

En los países hispanos, las chicas y los muchachos generalmente van en grupos a fiestas, al teatro y a conciertos.

◆ En este país, ¿los chicos prefieren salir en grupos o en parejas (*couples*)?

B. Complete the following statements in a logical manner.

1. Roberto está en el parque y nosotros... estamos
2. Yo doy una fiesta esta noche y tú... das
3. Tú vas al museo y yo... voy
4. Yo estoy muy enojado(-a) y ellos... están
5. Nosotros damos una fiesta de Navidad y él... da
6. Ellos van hoy y nosotros... vamos
7. Ella está nerviosa y su novio... está
8. Julia está aburrida y yo... estoy

Para conversar

A. **¡Habla con tu compañero!** Interview a classmate, using the following questions. When you have finished, switch roles.

1. ¿Cómo estás?
2. ¿Quién no está en clase hoy?
3. ¿Está muy ocupado(-a) el profesor (la profesora)?
4. ¿El profesor (La profesora) da exámenes fáciles o difíciles?
5. ¿Adónde vas los sábados por la noche con tus amigos?
6. ¿Van Uds. a un club? (¿A cuál?)
7. ¿Das muchas fiestas en tu casa?
8. ¿Das una fiesta de fin de año? ¿De Navidad?

B. **¿Adónde vamos?** Imagining that you or you and one classmate are walking around town, walk around the class. You will bump into several of your classmates. Ask them where they are going now. Here is a list of places that people go to.

la playa	el cine	el parque
el parque de diversiones	el concierto	el zoológico
el teatro	el museo	la tienda

◆ **MODELO:** —¡Hola! ¿Adónde vas?
—*Voy al cine. ¿Y tú?*
—*Yo voy a la tienda.*

After everyone sits down, the instructor will ask where everyone is going.

4. *Ir a* + infinitive (*Ir a* + *infinitivo*)

◆ **Ir a** + *infinitive* is used to express future action. It is equivalent to the English expression *to be going* (*to*) + *infinitive*. The "formula" is as follows.

ir (*conjugated*)	+ a +	*infinitive*
Voy	**a**	**trabajar.**
I am going		*to work.*

—¿Con quién **vas a bailar** en la fiesta?   "With whom are you going to dance at the party?"
—**Voy a bailar** contigo.   "I'm going to dance with you."

—¿Uds. **van a cantar**?   "Are you going to sing?"
—No, **vamos a bailar.**   "No, we're going to dance."

Práctica

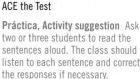

What do you think these people are going to do? Consider where they are and what time of day it is.

◆ **MODELO:** José / en la tienda / por la tarde
José va a trabajar en la tienda por la tarde.

1. Yo / en mi casa / por la noche
2. Los estudiantes / en la clase / por la mañana
3. Nosotros / en la discoteca / por la noche
4. Tú / en la cafetería / a las doce
5. Susana / en su casa / por la mañana
6. Uds. / en la fiesta / por la noche

Para conversar

A. ¡Habla con tu compañero! Interview a classmate, using the following questions. When you have finished, switch roles.

1. ¿Dónde vas a comer hoy? ¿Con quién vas a comer?
2. ¿A qué hora van a comer Uds.?
3. ¿Qué van a comer? ¿Qué van a tomar?
4. ¿Qué vas a hacer (*to do*) mañana por la tarde?
5. ¿Qué van a estudiar tú y tus amigos?
6. ¿Qué van a hacer Uds. por la noche?
7. ¿Dónde vas a trabajar mañana?
8. ¿Tu amigo(-a) va a trabajar también?

B. ¿Qué van a hacer? What are these people going to do? With a partner, take turns asking and answering questions, using the information in the illustrations.

◆ **MODELO:** —¿Con quién va a bailar Marisol?
—*Va a bailar con Tito.*

▲ Marisol

▲ 1. Roberto

▲ 2. Elisa

▲ 3. Julio y Estrella

▲ 4. Daniel

▲ 5. Eduardo

▲ 6. Graciela

¿Qué van a hacer?, Answers 1. ¿Qué va a hacer Roberto? / Va a beber Coca-Cola. 2. ¿A quién va a llamar Elisa? / Va a llamar a Gustavo. 3. ¿Qué van a beber Julio y Estrella? / Van a beber ponche. 4. ¿Qué va a hacer Daniel? / Va a tomar (sacar) fotos. 5. ¿Qué va a hacer Eduardo? / Va a cantar. 6. ¿Qué va a comer Graciela? / Va a comer un sándwich.

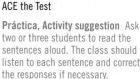

ACE the Test

Práctica, Activity suggestion Ask two or three students to read the sentences aloud. The class should listen to each sentence and correct the responses if necessary.

Answers will vary. Possibilities:
1. Voy a leer en mi casa por la noche. 2. Los estudiantes van a estar en la clase por la mañana. 3. Nosotros vamos a bailar en la discoteca por la noche. 4. Tú vas a comer en la cafetería a las doce. 5. Susana va a estudiar en su casa por la mañana. 6. Uds. van a pasarlo muy bien en la fiesta por la noche.

¡Habla con tu compañero!, Follow-up Ask students additional personalized questions; then have them ask one another about their future plans in groups of three or four.

¿Qué vas a hacer hoy? ¿mañana? ¿este verano?
¿Dónde vas a pasar tus vacaciones?
¿Cuándo vas a terminar tus estudios?
¿A qué hora vas a regresar a casa?

For homework, have students write responses to the questions in a short paragraph describing what they and their partners are going to do tomorrow.

5. Present indicative of *e:ie* stem-changing verbs
(*Presente de indicativo de los verbos que cambian en la raíz **e:ie***)

Activity suggestion Ask students personalized questions based on the verbs and phrases used in the suggested sentence builder on page 113.

1. ¿Cuándo empieza tu clase de...?
2. ¿Quieres ir a un concierto?
3. ¿Prefieres la clase de... o la clase de...?
4. ¿Dónde prefieres vivir?
5. ¿Qué/Dónde prefieres comer?
6. ¿Adónde quieres ir mañana (el sábado, etc.)?
7. ¿Dónde quieres tomar un refresco?
8. ¿Qué idiomas entiendes?

◆ Some Spanish verbs undergo a stem change in the present indicative. For these verbs, when **e** is the last stem vowel and it is stressed, it changes to **ie** as follows.

preferir *to prefer*			
yo	pref**ie**ro	nosotros(-as)	preferimos
tú	pref**ie**res	vosotros(-as)	preferís
Ud.		Uds.	
él	pref**ie**re	ellos	pref**ie**ren
ella		ellas	

—¿A qué hora **piensas** ir a la fiesta? — *"What time are you planning to go to the party?"*

—**Prefiero** ir a las diez. ¿Y tú? — *"I prefer to go at ten. And you?"*
—Yo **no quiero** ir. Estoy cansado. — *"I don't want to go. I'm tired."*

—¿A qué hora **empiezan** a[1] estudiar Uds.? — *"What time do you start to study?"*
—**Empezamos** a las tres. — *"We start at three."*

◆ Note that the stem vowel is not stressed in the verb forms used with **nosotros (-as)** and **vosotros(-as);** therefore, the **e** does not change to **ie.**

◆ Stem-changing verbs have the same endings as regular **-ar, -er,** and **-ir** verbs.

◆ Some verbs that undergo this change:

cerrar *to close*
comenzar *to begin, to start*
empezar *to begin, to start*
entender *to understand*
pensar *to think*
pensar (+ ***infinitive***) *to plan (to do something)*
perder *to lose*
querer *to want, to wish, to love*

Un dicho

Ojos que no ven, corazón que no siente.

Equivalent: Out of sight, out of mind.

ACE the Test

Práctica

A. Complete the following dialogues, using the verbs given. Then act them out with a partner, expanding each dialogue by adding one or two sentences.

1. preferir —¿Dónde ___prefieren___ comer Uds.? ¿En la cafetería o en su casa?
   —(Nosotros) ___Preferimos___ comer en nuestra casa.

2. querer —¿Qué ___quieren___ comer Uds.?
   —Rosa ___quiere___ comer pollo y Oscar y yo ___queremos___ comer langosta (*lobster*).

---

[1] The preposition **a** is used after **empezar** and **comenzar** when they are followed by an infinitive.

3. pensar —¿Adónde ___piensan___ ir Uds. el domingo?

— ___Pensamos___ ir al partido de fútbol.

4. cerrar —¿No ___cierran___ (ellos) la cafetería los sábados?

—No, creo que no ___cierran___ la cafetería los sábados.

5. perder —Cuando Uds. van a Las Vegas, ¿___pierden___ mucho dinero?

—Sí, ___perdemos___ mucho.

6. empezar —¿A qué hora ___empiezan___ Uds. a trabajar?

—Nosotros ___empezamos___ a las ocho y Luis ___empieza___ a las nueve.

B. You have just enrolled at a new university, and some current students are helping to orient you. Compare their routines and preferences with your own.

1. Comenzamos las clases a las nueve.
2. No entendemos inglés.
3. Pensamos trabajar mañana.
4. Queremos ir al zoológico.
5. Preferimos beber ponche.
6. No cerramos las ventanas por la noche.

Para conversar

¡Habla con tu compañero! Interview a classmate, using the following questions. When you have finished, switch roles.

1. ¿Entiendes una conversación en español? ¿Entiendes la lección?
2. ¿Quieres beber algo? ¿Prefieres Coca-Cola o Sprite?
3. ¿Quieres comer en tu casa o en la cafetería? ¿Qué quieres comer?
4. ¿Piensas ir a un baile el sábado? ¿Adónde piensas ir el domingo?
5. ¿Prefieres ir al cine o al teatro? ¿Te gusta ir a la playa? ¿Al parque?
6. ¿Qué piensas hacer hoy? ¿Y mañana?

Now get together with another classmate and tell each other about your respective partners.

¿Lo sabía Ud.?

Muchos productos norteamericanos como la Coca-Cola, por ejemplo, son muy populares en los países hispanos.

◆ ¿Qué productos extranjeros (*foreign*) son populares en este país?

6. Expressions with *tener* (*Expresiones con **tener***)

◆ Many useful idiomatic expressions that use *to be* + *adjective* in English are formed with **tener** + *noun* in Spanish.

tener (mucho) frío	to be (*very*) *cold*
tener (mucha) sed	to be (*very*) *thirsty*
tener (mucha) hambre	to be (*very*) *hungry*
tener (mucho) calor	to be (*very*) *hot*
tener (mucho) sueño	to be (*very*) *sleepy*
tener (mucha) prisa	to be in a (*great*) *hurry*
tener (mucho) miedo	to be (*quite*) *afraid, scared*
tener cuidado	to be *careful*
tener razón	to be *right*
no tener razón[1]	to be *wrong*
tener... años de edad	to be . . . *years old*

Práctica A, Activity suggestion Drill students on the following verb forms and encourage them to use the forms in sentences.

1. *Yo* quiero ir con ellas. (Tu hermana y yo, Tú, Ellos, Él, Nosotras)
2. *Yo* empiezo las clases. (Tú, Ella y yo, Ellos, Nosotros, Mi amigo)
3. ¿*Tú* cierras la puerta? (Ud., Yo, Ella, Nosotros, Uds.)

Práctica B, Activity suggestion Write a short sentence builder on the board and ask students to combine the elements to form ten original sentences.

Yo / Tú / Él / Ella / Nosotros(-as) / Usted(es) / La clase / El banco / Las tiendas

cerrar / entender / perder / querer / empezar / comenzar / pensar / preferir

traer a su amigo / un refresco / ir a la fiesta / el inglés / las puertas y las ventanas / a estudiar en febrero / tomar unas vacaciones a... / la Lección trece / celebrar el año nuevo / todo su dinero en Las Vegas / ir juntos al concierto / vivir en... / a las nueve

Modelo: Yo cierro las puertas y las ventanas.

Activity suggestion Review the verb **tener** before presenting these expressions. Emphasize that the idioms should not be translated literally, but should be learned as a whole. Point out that not every English construction of this kind has a Spanish counterpart with **tener**: e.g., *I am tired* translates as **Estoy cansado(-a).**

Additional expressions
tener suerte (*to be lucky*)
tener éxito (*to be successful*)

[1]Incorrectness is also conveyed by the expression **estar equivocado(-a).**

—¿**Tienes calor?**
—Sí, y también **tengo** mucha **sed.**

—¿Deseas comer pollo?
—No, gracias, no **tengo hambre.**

—¿Cuántos **años tienes?**
—**Tengo** diecinueve **años.**

—Tenemos que trabajar más.
—**Tienes razón...**

"Are you hot?"
"Yes, and I'm also very thirsty."

"Do you want to eat chicken?"
"No, thank you, I'm not hungry."

"How old are you?"
"I'm nineteen years old."

"We have to work harder (more)."
"You're right . . ."

> **¡Atención!** Note that Spanish uses **mucho(-a)** (*adjective*) + *noun* (as in **mucha hambre**) the way English uses *very* + *adjective* (as in *very hungry*).

 Un dicho

Donde hay hambre no hay pan duro.

Equivalent: Beggars can't be choosers.

Práctica

ACE the Test

A. ¿Qué tienen?

1. **Jorge** tiene miedo.

2. **Yo** tengo hambre.

3. **Tú** tienes sueño.

4. **La profesora** tiene prisa.

5. **Ud.** tiene frío.

6. **Felipe** tiene calor y sed.

7. Marisa y Elena tienen calor.

8. Ella tiene cuatro años.

B. Which expression with **tener** would you use in each of the following situations?

1. You are in the Sahara desert in the middle of summer. Tengo mucho calor.
2. A big dog is chasing you. Tengo miedo.
3. You have only a minute to get to your next class. Tengo prisa.
4. You are in Alaska in the middle of winter. Tengo mucho frío.
5. You haven't eaten for an entire day. Tengo mucha hambre.
6. You got up at four A.M. and it is now midnight. Tengo mucho sueño.
7. You just ran for two hours in the sun. Tengo mucho calor y tengo sed.
8. You are blowing out thirty candles on your birthday cake. Tengo treinta años.

Para conversar

A. **¡Habla con tu compañero!** Interview a classmate, using the following questions. When you have finished, switch roles.

1. ¿Qué bebes cuando tienes sed? ¿Y cuando tienes frío?
2. ¿Qué comes cuando tienes hambre?
3. ¿Cuántos años tienes?
4. ¿Cuántos años tiene tu mamá? ¿Y tu papá?
5. En tu familia, ¿quién tiene razón siempre? ¿Y en la clase?
6. ¿Tienes miedo a veces (*sometimes*)?

B. **Tenemos huéspedes.** (*We have guests.*) Imagine that Mr. and Mrs. Vega and their two children, Anita and Luisito, are staying with you and your partner. Take turns asking them individually and/or collectively whether they are hungry, thirsty, etc. When possible, ask them also if they want a drink, etc.

¿Lo sabía Ud.?

En español se dice "¡Salud!" (*Cheers*) para brindar. En España también dicen "Salud, amor, y pesetas[1]" (*Health, love, and pesetas*).

---

[1]Pesetas were the monetary unit in Spain before the use of the Euro.

Así somos

Al escuchar...

Al escuchar... (script)

(Message tone) ¡Hola! ¿Qué tal? Habla Susana. Roberto y yo vamos a estar allí el veinte de agosto. Creo que es un jueves... Sí, es un jueves. Vamos a estar en el hotel Asturias. Queremos invitarte a comer con nosotros el viernes a las once y media en el restaurante del hotel y por la noche vamos a una discoteca a bailar. ¿Qué planes tienes tú para el sábado? Roberto quiere visitar el Museo de Arte y por la noche yo quiero ir al teatro. El domingo pensamos ir a la catedral a escuchar misa. Estamos muy entusiasmados con nuestra visita. ¡Nos vemos pronto! ¡Llámame!

Estrategia **Listening to voice mail** When you listen to recorded announcements, such as a voice mail message or an announcement about an upcoming event or a sale at a store, it's important to grasp the basic information: the *who, what, when,* and *where.* As you listen, try to focus on the main facts rather than trying to understand everything you hear.

Un mensaje telefónico A relative of your Spanish-speaking housemate has left a voice mail on your phone system. Listen to the message and make a note of the specifics of the call for your housemate. Listen to the message as many times as necessary.

1. ¿Quién llama? Susana
2. ¿Quiénes vienen? Susana y Roberto
3. ¿Cuándo vienen? el jueves 20 de agosto
4. ¿Dónde van a estar? en el hotel Asturias
5. ¿Qué quieren hacer el sábado? visitar el Museo de Arte y por la noche ir al teatro

Al conversar...

Estrategia **Asking for additional information** When conversing, you often ask questions to learn more about a topic or statement. Asking questions also lets the person you are talking with know that you are interested in what he or she is saying. Here are some question words you can use when you want more information.

¿qué?	¿con quién?	¿para qué? (*what for?*)	¿cuál?
¿cuándo?	¿dónde?	¿por qué?	¿cuánto?

¿Y qué más? For each of the following statements write two or three questions you might ask to get more information.

1. Ana viene.
2. Necesito dinero.
3. Quiero libros.

Handouts Palabras escondidas / Crucigrama / ¡Adivinen!

¿Qué dice Ud.? What would you say in the following situations? What might the other person say? Act out the scenes with a partner. Take turns playing each role.

1. Someone offers you something to eat. Decline, saying that you are not hungry because you have just been eating.
2. You are planning a weekend with a friend. Ask where he/she wants to go; offer as many choices as possible.
3. A friend of yours is obviously upset. Try to find out what's wrong by asking him/her whether he/she is angry, nervous, etc.
4. You have three days off. Tell a friend what you are going to do for fun and ask him/her what he/she is going to do.
5. You are talking to an acquaintance from Mexico. Tell him/her what you and your friends do when you give a party.

Para conocernos mejor
To do this activity, work with a classmate whom you would like to get to know. Take turns asking and answering these questions.

1. ¿Cuántos años tienes? ¿Cuándo es tu cumpleaños?
2. ¿Estás invitado(-a) a una fiesta? ¿Asistes a muchas fiestas?
3. En una fiesta, ¿prefieres bailar o platicar con un amigo? ¿Bailas bien?
4. ¿Dónde vas a pasar el Año Nuevo? ¿Vas a dar una fiesta?
5. ¿Qué piensas hacer este fin de semana? ¿Adónde piensas ir?
6. ¿Prefieres ir a un museo o a un parque de diversiones? ¿A la playa o a la montaña?
7. ¿Tienes hambre o acabas de comer? ¿Quieres beber algo?
8. ¿Tienes hermanos? ¿Tienes muchos primos? ¿Tienes sobrinos?
9. ¿Estás contento(-a) o triste hoy? ¿Estás cansado(-a)?
10. ¿Dónde vas a estar mañana por la mañana? ¿Y por la tarde?

Una encuesta
Interview your classmates to identify who fits the following descriptions. Include your instructor, but remember to use the **Ud.** form when addressing him/her. After finishing the survey, get together with two or three classmates and discuss the results.

Nombre

1. Da fiestas frecuentemente.
2. Va a ir a una fiesta la semana que viene.
3. Celebra su cumpleaños con sus amigos.
4. Tiene muchos discos compactos.
5. Piensa ir a un concierto este fin de semana.
6. Tiene un equipo estereofónico muy bueno.
7. Va al parque a veces (sometimes).
8. Va al cine frecuentemente.

Para crear
Get together in groups of three or four and "create" the scenario for this photo. Who are the people in it? Give them names and describe them. What is their relationship to each other? What kind of party is it? Add any other pertinent details.

¡Vamos a leer!

Estrategia **Identifying text formats** Before reading a text, it is useful to look at the title, subtitles, photos or illustrations, and format to get a general idea of the nature of the text. For example, is it an informative article, a calendar of events, an advertisement, or an interview? Recognizing formats can help orient you to the type of information to expect.

¿De qué habla? Look at the reading that follows. Have you come across similar types of texts? Where did this reading possibly appear? What is the title? Who is featured? Why? What might be said about them? Use this information to help you decipher the specifics of this reading.

A leer

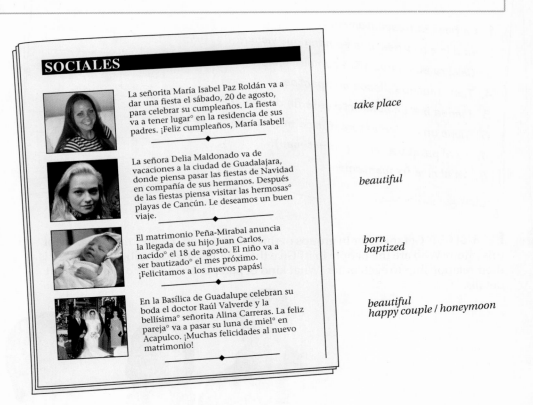

SOCIALES

La señorita María Isabel Paz Roldán va a dar una fiesta el sábado, 20 de agosto, para celebrar su cumpleaños. La fiesta va a tener lugar° en la residencia de sus padres. ¡Feliz cumpleaños, María Isabel!

take place

La señora Delia Maldonado va de vacaciones a la ciudad de Guadalajara, donde piensa pasar las fiestas de Navidad en compañía de sus hermanos. Después de las fiestas piensa visitar las hermosas° playas de Cancún. Le deseamos un buen viaje.

beautiful

El matrimonio Peña-Mirabal anuncia la llegada de su hijo Juan Carlos, nacido° el 18 de agosto. El niño va a ser bautizado° el mes próximo. ¡Felicitamos a los nuevos papás!

born
baptized

En la Basílica de Guadalupe celebran su boda el doctor Raúl Valverde y la bellísima° señorita Alina Carreras. La feliz pareja° va a pasar su luna de miel° en Acapulco. ¡Muchas felicidades al nuevo matrimonio!

beautiful
happy couple / honeymoon

Comprensión, Answers 1. el 20 de agosto; su cumpleaños 2. en la residencia de sus padres 3. a Guadalajara 4. las fiestas de Navidad; con sus hermanos 5. a Cancún 6. la llegada de su hijo Juan Carlos; el mes próximo 7. Alina Carreras 8. a Acapulco

Comprensión As you read the **Sociales** section of the newspaper, find the answers to the following questions.

1. ¿Qué día va a dar una fiesta María Isabel? ¿Qué va a celebrar?
2. ¿Dónde va a tener lugar la fiesta?
3. ¿A qué ciudad va de vacaciones la Sra. Maldonado?
4. ¿Qué fiestas va a pasar allí (*there*)? ¿Con quiénes?
5. ¿Adónde va a ir después?
6. ¿Qué anuncia el matrimonio Peña-Mirabal? ¿Cuándo va a ser bautizado el niño?
7. ¿Quién es la esposa del doctor Valverde?
8. ¿Adónde va a ir de luna de miel la pareja?

¡Vamos a escribir!

Antes de escribir

Estrategia **Writing an e-mail** Although e-mails are more informal than letters, they follow a similar pattern.

- Greeting: **Querido(-a)…: Hola…:** (Use a colon after the name.)
- Body: one or more paragraphs that include the purpose of the message, the information you want to convey, and questions you want to ask
- Closing: **Bueno, nos vemos el día…, Besos, Tu amigo(-a)…**

Have pairs of students exchange invitations and respond to their partner's e-mail.

Una invitación You will write an e-mail in which you invite a friend to spend a weekend with you. Before writing, jot down the information you want to include.

- When will it be? When should your friend arrive?
- What are the general plans and schedule of activities for the weekend? What are you going to do each day?
- Ask your friend if he or she prefers or wants to do one activity or another.

A escribir la invitación

Write your **primer borrador** of the message. Remember to use an appropriate greeting and closing.

Después de escribir

Before writing the final version, exchange your first draft with a classmate and peer edit each other's work using the following guidelines.

- use of **ir a** + *infinitive*
- formation of **e:ie** stem-changing verbs
- form of the e-mail: greeting, body, and closing

Después de leer… desde su mundo

In groups of three or four, talk about your plans for several holidays in the year.

México

- La economía tradicional de México está basada en el petróleo y la agricultura, pero en las últimas décadas la industria, el turismo y el dinero que los emigrantes en los Estados Unidos envían a su casa, son la principal fuente de ingreso (*source of income*).

- La importancia del turismo se debe a (*is due to*) la abundancia de bellezas naturales y de reliquias históricas y al servicio eficiente de sus centros turísticos. Playas famosas como Acapulco, Cancún y Puerto Vallarta; ruinas arquitectónicas como Teotihuacán, Chichén Itzá y Tulúm, y la arquitectura de muchas ciudades atraen a turistas de todo el mundo. En México, D.F. coexisten restos arquitectónicos de la ciudad prehistórica Tenochtitlán, fundada en 1325 por los aztecas, edificios coloniales y modernas estructuras.

▲ La pirámide del Mago, parte de la ciudad maya de Uxmal (Yucatán), de los siglos VII a XIII

▲ El mariachi nació (*was born*) en Guadalajara, pero hoy es la música mexicana más popular en todo el mundo (*world*).

- Otras ciudades de gran interés turístico son Guadalajara, la segunda ciudad más grande del país, origen del mariachi y del tequila; Guanajuato, famosa por sus momias, y San Miguel de Allende, residencia de artistas de todo el mundo.

- En el mundo del arte, se destacan (*stand out*) pintores como Diego Rivera, José Clemente Orozco, David Alfaro Siqueiros y Frida Kahlo. Su música es popular en todo el mundo y las obras (*works*) de muchos de sus escritores están traducidas a muchas lenguas. Las telenovelas mexicanas son populares en muchos países, incluyendo aquéllos (*those*) donde no se habla español. Otro producto mexicano que ahora es internacional es su comida. En los Estados Unidos la salsa mexicana se vende hoy más que el "ketchup", y los tacos, las enchiladas, los burritos y el guacamole son parte de los menús de muchas escuelas.

Las artes plásticas, la literatura y el cine

◄ Mural de Diego Rivera (1886–1957)

▲ Los famosos pintores mexicanos Diego Rivera y Frida Kahlo

▲ La bellísima actriz mexicana, Salma Hayek, en la entrega de los premios Grammy Latinos, en Los Ángeles, California

▲ Octavio Paz (1914–1998), pensador e intérprete de la cultura mexicana, Premio Nobel de Literatura, 1990

Nuestro panorama cultural

In groups of three, answer the following questions about your home state, region, or country.

1. ¿Qué culturas indígenas existen en su país?
2. ¿Qué centros turísticos hay en el estado donde Ud. vive?
3. ¿Qué pintores famosos hay en su país?
4. ¿Cuál es la capital del estado donde Ud. vive?
5. ¿Qué tradiciones celebran Ud. y su familia en diciembre?
6. ¿Qué tipos de música tienen su origen en las ciudades de Nueva Orleáns y Nashville?

For the next class: Go to the World Wide Web and find photos from your hometown, state, region, or country. Use the questions from **Nuestro panorama cultural** above as guidelines for choosing them. Be ready to present the photos to your classmates.

Handout Un poco de cultura

Lección

5

▲ Vista de un restaurante en la Zona Viva en la Ciudad de Guatemala

Objetivos

Comunicación

You will learn vocabulary related to restaurants, menus, ordering meals, and paying the bill. You will also learn to talk about the weather.

Pronunciación

The Spanish **p**, **t**, **c** (in the combinations **ca**, **co**, **cu**), and **q**

Estructuras

◆ Comparative forms
◆ Irregular comparative forms
◆ Present indicative of **o:ue** stem-changing verbs
◆ Present progressive
◆ Uses of **ser** and **estar**
◆ Weather expressions

Cultura

◆ Customs related to mealtimes and restaurants
◆ Currency of Hispanic countries
◆ Some regional foods and dishes

Panorama hispánico

◆ Guatemala
◆ El Salvador
◆ Aportaciones hispanas a la cocina norteamericana

Estrategias

Listening: Listening for details I
Speaking: Providing supporting details
Reading: Expanding your vocabulary through reading
Writing: Solidifying and repurposing what you learn

Las comidas

Guatemala y El Salvador

Guatemala

Guatemala es uno de los países centroamericanos que fue (*was*) parte del imperio maya. Aunque el español es el idioma oficial, sólo lo habla el 60% de la población; el resto habla alguna lengua maya.

Guatemala es un país de volcanes, montañas y bellos paisajes. Su clima es muy agradable y por eso se conoce como "el país de la eterna primavera".

El Salvador

El Salvador es el país más pequeño de Centroamérica, pero es el más densamente poblado. Tiene más de seis millones de habitantes en un área aproximadamente del tamaño (*size*) del estado de Massachusetts.

En El Salvador hay más de 200 volcanes, y por eso lo llaman "la tierra (*land*) de los volcanes".

Activity suggestion Use the photo on page 122 to introduce the lesson theme. Ask your students:

1. ¿Prefieres comer en tu casa, en la cafetería o en un restaurante?
2. ¿Cuál es tu restaurante favorito?
3. Tú y tus amigos van a cenar (*to dine*) en este restaurante. ¿Para qué hora quieren la reservación?

▲ Palacio de Gobierno en la Ciudad de Guatemala

▲ El volcán Izalco

◄ Tikal, ciudad maya que llegó a tener (*reached*) 100.000 habitantes.

Fernando Madera es de El Salvador, pero vive en la Ciudad de Guatemala. Es contador y trabaja en una fábrica. Fernando es casado y su esposa Cristina es guatemalteca, de la ciudad de Antigua. Él es delgado y de estatura mediana. No es muy guapo, pero es inteligente y simpático. Cristina es un poco más baja que él, y es muy hermosa.

En este momento están en un restaurante. Cristina está leyendo el menú.

Cristina   Arroz con pollo… biftec con papas al horno o puré de papas, ensalada… pescado frito…

Fernando   Yo a veces almuerzo aquí. Preparan una ensalada de camarones muy rica. También tienen langosta…

Cristina   La langosta cuesta 80 quetzales.[1] Es un poco cara…

El camarero viene a la mesa.

Camarero   ¿Qué desean comer?

Cristina   Pollo a la parrilla con ensalada y una papa al horno. Para beber, agua mineral. (*A Fernando*) Tengo que contar calorías.

Camarero   (*Anota el pedido.*) Muy bien, señora. ¿Y usted, señor?

Fernando   Tráigame biftec con papas fritas y sopa de verduras. Para beber, vino tinto. (*A Cristina*) Las papas fritas tienen más sabor que las papas asadas…

El mozo va hacia la cocina.

Cristina   Voy a llamar a mamá para ver qué están haciendo los niños. Estoy un poco preocupada…

Fernando   ¡Cristina! ¡Están en su casa, con su abuela! ¡Están bien! ¡Eres imposible!

Cristina habla por teléfono y después vuelve a la mesa.

Cristina   Amanda está estudiando, Fernandito está durmiendo y mamá está mirando su telenovela. Hay un mensaje electrónico de tu hermano. Lo están pasando muy bien en Cancún. Hace sol, pero no hace calor…

Fernando   ¡Perfecto! Oye, voy a pedir flan con crema de postre.

Cristina   Y yo voy a pedir helado de chocolate…

Fernando   ¿No estás contando calorías?

Cristina   Sí, pero el helado no tiene muchas calorías. Además… hoy es un día especial.

Fernando   ¿Un día especial…?

Cristina   ¡Sí! Estamos solos… podemos conversar… Creo que voy a pedir un pedazo de torta y después, café. Mañana vuelvo a mi dieta…

Fernando paga la cuenta y deja una buena propina.

Handout   En contexto

Activity suggestion   Have students act out the dialogue in groups of three.

---

[1]Guatemalan currency. Rate of exchange can vary.

¿Quién lo dice? Identify the person who said the following in the dialogues.

1. Tráigame biftec con papas fritas y sopa de verduras.   Fernando
2. Mañana vuelvo a mi dieta.   Cristina
3. Voy a llamar a mamá para ver qué están haciendo los niños.   Cristina
4. Las papas fritas tienen más sabor que las papas asadas.   Fernando
5. Yo a veces almuerzo aquí. Preparan una ensalada de camarones muy rica.   Fernando
6. ¡Están bien! ¡Eres imposible!   Fernando
7. ¿Que desean comer?   Camarero
8. Pollo a la parrilla con ensalada y una papa al horno.   Cristina
9. Tengo que contar calorías.   Cristina

Hablemos. With a partner, take turns asking and answering the following questions. Base your answers on the dialogue and on your own circumstances.

En el diálogo	¿Y tú?
1. ¿Fernando es contador o profesor?	¿Tú deseas ser contador(-a)?
2. ¿Dónde trabaja Fernando?	¿Tú trabajas? ¿Dónde?
3. ¿Cómo es Fernando?	¿Tú eres bajo(-a), alto(-a) o de estatura mediana?
4. ¿Qué está leyendo Cristina?	¿Tú lees mucho?
5. ¿Cuánto cuesta la langosta?	¿Tú comes langosta o prefieres los camarones?
6. ¿Qué va a comer Cristina y qué va a beber?	¿Qué bebes tú en las comidas?
7. ¿Por qué prefiere Fernando comer papas fritas?	¿Tú prefieres papas fritas o papas al horno?
8. ¿A quién va a llamar Cristina? ¿Para qué?	¿A quién vas a llamar tú mañana?
9. ¿Qué están haciendo los niños? ¿Qué está haciendo la mamá de Cristina?	¿Tú miras telenovelas?
10. ¿Qué va a pedir Cristina de postre? ¿Cuándo vuelve a su dieta?	¿Qué comes tú de postre generalmente?

En el diálogo, Answers 1. Es contador.
2. Trabaja en una fábrica.   3. Es delgado y de estatura mediana. No es muy guapo, pero es inteligente y simpático.   4. Está leyendo el menú.   5. La langosta cuesta 80 quetzales. 6. Va a comer pollo a la parrilla con ensalada y una papa al horno. Va a beber agua mineral. 7. Porque tienen más sabor que las papas asadas.   8. Va a llamar a su mamá para ver qué están haciendo los niños.   9. Amanda está estudiando y Fernandito está durmiendo. La mamá de Cristina está mirando su telenovela.   10. Va a pedir helado de chocolate y un pedazo de torta. Mañana vuelve a su dieta.

⌒ Vocabulario

Cognados

las **calorías** calories
el **chocolate** chocolate
la **crema** cream
la **dieta** diet
la **ensalada** salad

especial special
guatemalteco(-a) Guatemalan
imposible impossible
el **menú** menu
la **sopa** soup

Improve Your Grade
Audio Flashcards

Activity suggestion Have students work in groups of three to familiarize themselves with the vocabulary by role-playing a waiter and customers in a restaurant. Have them practice ordering a complete meal. You may write specific phrases on the board to aid in communication. **¿Qué desean comer?** or **¿En qué puedo servirles? Para comer (para beber, de postre) deseamos…**

Related vocabulary la carta (*menu*); **las gambas** (*shrimp/Spain*); **el mantecado** (*ice cream/Puerto Rico*)

Nombres

el **agua mineral** mineral water
el **arroz** rice
el **biftec**, el **bistec** steak
el (la) **camarero(-a)**, el **mozo** waiter, waitress
los **camarones** shrimp
la **cocina** kitchen
la **comida** meal
el (la) **contador(-a)** accountant
la **cuenta** bill, check
la **esposa**, la **mujer** wife
el **esposo**, el **marido** husband
la **fábrica**, la **factoría** factory
el **flan** caramel custard

el **helado** ice cream
la **langosta** lobster
el (la) **niño(-a)** child
la **papa** potato
el **pedazo**, el **trozo** piece
el **pedido** order
el **pescado** fish
el **pollo** chicken
la **propina** tip
el **puré de papas** mashed potatoes
el **sabor** flavor
la **telenovela** soap opera
la **torta** cake
la **verdura**, la **legumbre** vegetable

Verbos

almorzar (o:ue) to have lunch
contar (o:ue) to count
costar (o:ue) to cost
dejar to leave (behind)
dormir (o:ue) to sleep

mirar to look (at), to watch (*e.g., TV*)
pagar to pay
pedir (e:i) to order
poder (o:ue) can, to be able to
volver (o:ue), **regresar** to return

Adjetivos

asado (-a) baked, roasted
caro(-a) expensive
frito(-a) fried
hermoso(-a) beautiful
rico(-a), **sabroso(-a)** tasty
solo(-a) alone
tinto red (*when referring to wine*)

LEARNING TIP

To organize your Spanish study sessions, create standard checklists that will provide a habitual structure. What categories should you include? These will depend on your style of learning. Pay attention to how you approach specific aspects of language learning and build your own studying strategies on those.

Otras palabras y expresiones

a la parrilla grilled
además besides
al horno baked, cooked in the oven
de estatura mediana of medium height
de postre for dessert
en este momento at this moment
Hace calor. It's hot.

Hace sol. It's sunny.
hacia towards
para beber to drink
para ver to see
pasarlo bien to have a good time
tráigame bring me

En los países hispanos el café se sirve después del postre. Generalmente es café tipo expreso, y se sirve en tazas muy pequeñas.

◆ **¿Se bebe mucho café en este país? ¿Qué tipo de café es muy popular aquí ahora?**

Vocabulario adicional

Para comer

el arroz con leche rice pudding
el cordero lamb
los frijoles beans
la hamburguesa hamburger
el jamón ham

el lechón pork
el pastel pastry
el pavo turkey
el perro caliente hot dog
el queso cheese
la sopa de fideos noodle soup

Bebidas (*Drinks*)

la cerveza beer
el champán champagne
el chocolate caliente hot chocolate
el jugo de frutas fruit juice
la leche milk
el refresco soft drink, soda pop
el té frío (helado) iced tea

Para poner la mesa (*To set the table*)

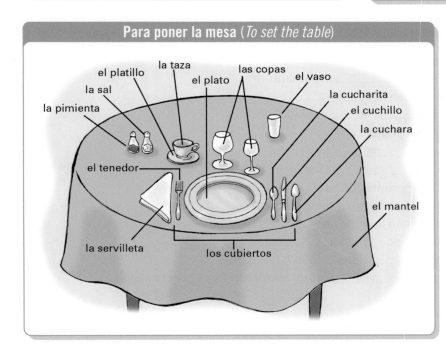

Handouts Vamos a poner la mesa / Preferencias

Activity suggestion Bring in a place setting and have students tell you or another student how to set the table. Write a list of useful prepositions on the board as a review before beginning this activity. Hold up each item and ask the class where it should be placed.

I ¿Dónde debo poner el tenedor?
S1 Debe poner el tenedor al lado del plato.
I ¿Qué hago con la servilleta?
S2 La servilleta va al lado del tenedor.

Activity suggestion Bring sample menus from other Hispanic countries to class and compare the types of dishes offered. Another good source for menus might be restaurants serving Hispanic food in your local area.

ACE the Test

Práctica

A. Choose the word or phrase that best completes each sentence.

1. Para beber quiero (cordero, cerveza, queso). cerveza
2. De postre queremos (pavo, lechón, arroz con leche). arroz con leche
3. Necesito (un cuchillo, una cuchara, un tenedor) para la sopa. una cuchara
4. ¿Dónde está (el mantel, la cocina, el camarero)? Voy a poner la mesa. el mantel
5. Quiero (té, jugo, refresco) de frutas. jugo
6. Voy a tomar (un plato, una copa, una taza) de café. una taza
7. ¿Vienes con tus amigos o vienes (solo, caro, bajo)? solo
8. ¿Prefieres vino blanco o vino (rojo, delgado, tinto)? tinto
9. Quiero un sándwich de (jamón, pastel, frijoles) y queso. jamón
10. Necesito la sal y la (servilleta, pimienta, cucharita) para el biftec. pimienta

Handout Palabras escondidas

B. Write the words or phrases that correspond to the following.

1. lo que cuenta una persona que está a dieta _____calorías_____
2. persona de Guatemala ___guatemalteco(-a)___
3. opuesto de **posible** _____imposible_____
4. Perrier, por ejemplo ___agua mineral___
5. factoría _____fábrica_____
6. marido _____esposo_____
7. trozo _____pedazo_____
8. salmón, por ejemplo _____pescado_____
9. regresar _____volver_____
10. rico _____sabroso_____

¿Lo sabía Ud.?

Después de comer, los hispanos se quedan sentados (*remain seated*) alrededor de la mesa y conversan. A esto se le llama "hacer la sobremesa".

◆ **¿Se hace la sobremesa en este país?**

C. Complete the following exchanges, using vocabulary from this lesson.

1. —¿Quieres _____chocolate_____ caliente?
   —No, prefiero _____té_____ helado.
2. —¿Qué quieren de _____postre_____?
   —Flan con _____crema_____ y helado.
3. —¿Qué vas a pedir?
   —Pescado _____frito_____ y _____puré_____ de papas, ¿y tú?
   —Pollo a la _____parrilla_____, una papa al _____horno_____ y verduras.
4. —¿Qué desea comer, señora?
   —Sopa de ___fideos (verduras)___, langosta y biftec.
5. —¿Dónde están los niños en _____este_____ momento?
   —En el zoológico. Ellos lo _____pasan_____ muy bien allí.
6. —¿Tú miras la _____telenovela_____ *Todos tus hijos*?
   —No, yo no _____puedo_____ mirar televisión. Estoy muy ocupada.

Para conversar

👥 **Tráigame…** With a partner, take turns playing a customer and a waiter (waitress). The waiter (waitress) recommends things to eat, things for dessert, and things to drink (**Yo le recomiendo…**). The customer has other ideas and orders something else (**No, tráigame…**).

En los países hispanos, la propina generalmente es del 10%. Con frecuencia la propina está incluida en la cuenta. Si Ud. no está seguro de esto, debe preguntar (*ask*), ¿Está incluido el servicio?

◆ Generalmente, ¿cuánto se deja de propina en un restaurante en este país?

Pronunciación

A. The Spanish *p*

The Spanish **p** is pronounced like the English *p* in the word *sparks*, but with no expulsion of air. Listen to your instructor and repeat the following phrases.

Paco **p**refiere **p**apas fritas.

Mi es**p**osa está un **p**oco **p**reocu**p**ada.

Piden **p**ollo y **p**astel.

B. The Spanish *t*

The Spanish **t** is pronounced by placing the tongue against the upper teeth, as in the English word *stop*. Listen to your instructor and repeat the following phrases.

Cris**t**ina es**t**á en Gua**t**emala.

También **t**ienen **t**or**t**a.

Ti**t**o es**t**á a die**t**a.

C. The Spanish *c*

The Spanish sound for the letter **c** in the combinations **ca, co**, and **cu** is /k/, pronounced as in the English word *scar*, but with no expulsion of air. Listen to your instructor and repeat the following phrases.

Carlos **c**ome **c**amarones.

¿**C**uánto **c**uesta el **c**afé?

Carmen A**c**osta está en **C**an**c**ún.

D. The Spanish *q*

The Spanish **q** is always followed by a **u**; it is pronounced like the *c* in the English word *come*, but without any expulsion of air. Listen to your instructor and repeat the following phrases.

¿**Q**ué **q**uiere **Q**ui**q**ue?

Ro**q**ue **Q**uintana come **q**ueso.

¿**Q**uién **q**uiere **q**uesadillas?

Aspectos culturales

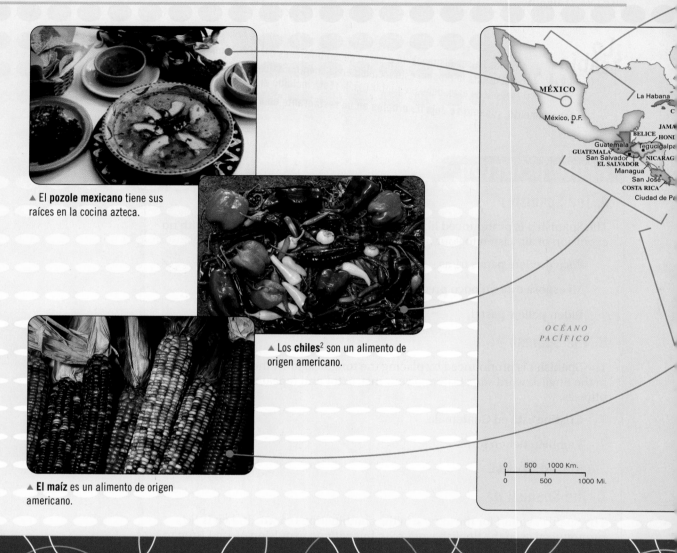

▲ El **pozole mexicano** tiene sus raíces en la cocina azteca.

▲ Los **chiles**² son un alimento de origen americano.

▲ **El maíz** es un alimento de origen americano.

(Map labels: MÉXICO, México, D.F., La Habana, JAMA, BELICE, HONI, Guatemala, GUATEMALA, Tegucigalpa, San Salvador, NICARAG, EL SALVADOR, Managua, San José, COSTA RICA, Ciudad de Pa, OCÉANO PACÍFICO)

| 0 | 500 | 1000 Km. |
| 0 | 500 | 1000 Mi. |

Ubíquese... y búsquelo

Improve Your Grade
Web Search

You are helping Fernando show his mother, who is visiting from El Salvador, around Guatemala City, and you are looking for a good restaurant. Go to **www.college .hmco.com** and research some of Guatemala City's restaurants online and find one where you would like to eat. Which restaurant did you choose? What kinds of foods or dishes do they serve there? In the next class, team up with two classmates to discuss your findings.

¹**alimentos** = *food*
²**ají (ajíes)** (*América del Sur, Puerto Rico*), **guindillas** (*España*)

▲ La **comida Tex-Mex**, de raíces (*roots*) mexicanas, populariza hoy la cocina mexicana en Europa y en América.

▲ Los **frijoles**[1], usados por los aztecas desde el siglo X (*10th century*), fueron introducidos (*were introduced*) en Suramérica por los incas.

▲ La **tortilla**[2] es un entrante (*first course*) por excelencia.

▲ En Colombia y en Venezuela, las **arepas** son para muchos un sustituto del pan (*bread*).

[1]**habichuelas** (*Puerto Rico*), **porotos** (*Argentina*), **judías** (*España*), **caraotas** (*Venezuela*) [2]**tortilla española** (*América*)

Estructuras

1. Comparative forms (*Formas comparativas*)

A. Comparisons of inequality

♦ In Spanish, the comparative of inequality of most adjectives, adverbs, and nouns is formed by placing **más** (*more*) or **menos** (*less*) before the adjective, the adverb, or the noun and **que** (*than*) after it.

más (*more*)		*adjective* or		
	+	*adverb* or	+	**que** (*than*)
menos (*less*)		*noun*		

—¿Tú eres **más alta que** Ana?   *"Are you taller than Ana?"*
—Sí, ella es mucho **más baja que** yo.   *"Yes, she is much shorter than I."*

> **¡Atención!**   **De** is used instead of **que** before a numerical expression of quantity or amount.

Luis tiene **más de** treinta años.   *Luis is over thirty years old.*

Hay **menos de** veinte estudiantes aquí.   *There are fewer than twenty students here.*

🎧 **Un dicho**

Es agradable ser importante, pero es más importante ser agradable.

It is nice to be important, but it's more important to be nice.

B. Comparisons of equality

♦ To form comparisons of equality with adjectives and adverbs in Spanish, use the adverb **tan... como.**

When comparing adjectives or adverbs:

tan (*as*)   <   bonita / tarde   **+ como**

—Luis es **tan** inteligente **como** Sergio.   *"Luis is as intelligent as Sergio."*
—Sí, pero él no es **tan** guapo **como** Sergio.   *"Yes, but he is not as handsome as Sergio."*
—Carol habla muy bien el español.   *"Carol speaks Spanish very well."*
—Tú hablas **tan** bien **como** ella.   *"You speak as well as she (does)."*

🎧 **Un dicho**

No es tan fiero el león como lo pintan.

Equivalent: His bark is worse than his bite.

C. The superlative

◆ The superlative construction is similar to the comparative. It is formed by placing the definite article before the person or thing being compared.

$$\text{definite article} \quad + \quad (noun) \quad + \quad \begin{array}{c}\textbf{más} \\ \text{or} \\ \textbf{menos}\end{array} \quad + \quad adjective \quad + \quad \textbf{de}$$

—¿Quieres ir a Antigua?
—Sí, es **la ciudad más hermosa de** Guatemala.

"Do you want to go to Antigua?"
"Yes, it's the most beautiful city in Guatemala."

—Juan no es muy inteligente.
—No, es **el**[1] **menos inteligente de** la familia.

"Juan is not very intelligent."
"No, he is the least intelligent (one) in the family."

¡Atención! Note that the Spanish **de** translates to the English *in* after a superlative.

Es la ciudad más hermosa **de** Guatemala.
Es la chica más bonita **de** la clase.

It's the most beautiful city in Guatemala.
She is the prettiest girl in the class.

Un dicho

Amigo y vino, el más antiguo.

Equivalent: Old friends and old wine are best.

Activity suggestion Review basic interrogative expressions. After presenting the superlative construction, ask students factual questions that begin with **¿Quién?, ¿Qué?, ¿Cuál?, ¿Dónde?,** and **¿Quiénes?**

¿Quién es el actor más rico de los EEUU?
¿Quién es la actriz más bonita?
¿Dónde está la montaña más alta del mundo?
¿Cuál es la ciudad más grande de España?
¿Qué coche es el más caro/barato?

Práctica

HM
ACE the Test

A. With a partner, compare the people in the picture to each other.

Carlos   Rosa   María   Juan

1. María es ___más baja (más gorda) que___ Rosa.
2. Rosa es ___más alta (más delgada) que___ María.
3. Carlos es ___más alto que___ Rosa y que María.
4. Carlos es ___más alto que___ Juan.
5. Juan es ___más bajo (más delgado) que___ Carlos.
6. Juan es ___más delgado (más bajo) que___ María.
7. Juan es el ___más bajo___ de todos.
8. Carlos es el ___más alto___ de todos.

B. Establish comparisons between the following people and things, using the adjectives provided and adding any necessary words.

1. Michael Jordan / Danny De Vito (alto) Michael Jordan es más alto que Danny De Vito.
2. El Salvador / Canadá (pequeño) (*small*) El Salvador es más pequeño que Canadá.
3. La clase de español / inglés (difícil) La clase de español es más (menos) difícil que la clase de inglés.
4. Julia Roberts / Penélope Cruz (bonita) Julia Roberts es tan bonita como (más bonita que) Penélope Cruz.
5. Guatemala / Argentina (grande) (*big*) Argentina es más grande que Guatemala.
6. Jim Carrey / Antonio Banderas (guapo) Antonio Banderas es más guapo que (tan guapo como) Jim Carrey.

Now find a partner and take turns comparing more people and things.

Expansion B Play a game of "telephone" by dividing the class into groups of five or six. Player A describes the player on his or her right to the player on his or her left. That player then describes A to the player on his or her left and repeats what A said about the player to A's right. The "phone call" should be done in a whisper. The person to A's right is the last player and reiterates aloud all he or she has heard. Each person is responsible for correcting any errors in his or her contribution to the chain.

---

[1]As in English, the noun may be omitted.

Para conversar, Expansion Have students work in pairs to write five to ten "controversial" statements: **Los hombres son menos pacientes que las mujeres. El español es más difícil de aprender que el chino. El fútbol norteamericano es más violento que el boxeo.** (etc.) Collect the papers and write the most interesting statements on the board, overhead projector, or a ditto to be distributed in class the next day. In groups of three or four, students must agree or disagree with the statements. Encourage students to state why they disagree or to change the original statement to one that is more acceptable.

Para conversar

A. ¡A conocernos mejor! With a partner, take turns asking each other the following questions.

1. ¿Tú eres tan inteligente como tus padres? ¿Quién es el (la) más inteligente de la familia? ¿Tú eres más inteligente que tu mejor (*best*) amigo(-a)?
2. ¿Tú eres más alto(-a) que yo? ¿Tú eres más alto(-a) que tu mamá? ¿Quién es el más alto de la familia?
3. ¿Tú bailas tan bien como Ricky Martin? ¿Cantas tan bien como él?
4. ¿Tú eres tan guapo como Brad Pitt? (¿Tan bonita como Jennifer López?) ¿Quién es el más guapo de tus amigos? ¿La más bonita de tus amigas?

B. ¡Vamos a comparar! (*Let's compare!*) In groups of three or four, make comparisons between each one of you and other members of the class. You might want to include the instructor. Decide who is the tallest, the most intelligent, the most charming, etc.

2. Irregular comparative forms (*Formas comparativas irregulares*)

◆ The following adjectives and adverbs have irregular comparative and superlative forms in Spanish.

Adjective	Adverb	Comparative	Superlative
bueno	bien	**mejor**	**el (la) mejor**
malo	mal	**peor**	**el (la) peor**
grande		**mayor**	**el (la) mayor**
pequeño		**menor**	**el (la) menor**

LEARNING TIP

Think of hotels and restaurants in your city. Which ones are the best? The worst? Compare some of your friends and relatives to you. Who are older? Who are younger?

—El restaurante El Dorado es muy **malo.**

—Sí, pero la cafetería de la universidad es **peor.**

—Eva es una **buena** estudiante.

—Sí, es **la mejor** de la clase.

"*The El Dorado Restaurant is very bad.*"

"*Yes, but the university's cafeteria is worse.*"

"*Eva is a good student.*"

"*Yes, she's the best in the class.*"

◆ When the adjectives **grande** and **pequeño** refer to size, the regular forms are generally used.

Tu casa es **más grande** que la de Carolina.

Your house is bigger than Carolina's.

◆ When these adjectives refer to age, the irregular forms are used.

Ella es **mucho mayor** que yo. *She is much older than I.*
Teresa es **menor** que Carlos. *Teresa is younger than Carlos.*
Ella es **la menor** de todos. *She is the youngest of all.*

Yo soy un poco **mayor** que mi novio.

Práctica

ACE the Test

Answer the following questions with complete sentences.

1. Mi sobrina tiene siete años y mi sobrino tiene cinco. ¿Quién es mayor? ¿Quién es menor?
2. Mi tío tiene cuarenta años y mi tía tiene treinta y ocho. ¿Quién es menor? ¿Quién es mayor?
3. ¿Quién habla mejor el español, tú o el profesor (la profesora)?
4. Pedro tiene una "B" en inglés; Antonio tiene una "C"; y José tiene una "F". ¿Quién es el peor estudiante? ¿Quién es el mejor estudiante?

Now write three original comparative situations, using the ones you have just completed as models. When you have finished, take turns giving and responding to situations with a partner.

Práctica, Answers 1. Su sobrina es mayor. Su sobrino es menor. 2. Su tía es menor. Su tío es mayor. 3. El profesor (La profesora) habla mejor el español. 4. José es el peor estudiante. Pedro es el mejor estudiante.

Para conversar

Handout Vamos a comparar

¡Habla con tu compañero! Interview a classmate, using the following questions. When you have finished, switch roles.

1. ¿Tú eres mayor o menor que tu mejor amigo(-a)?
2. ¿Tu mamá es menor que tu papá?
3. ¿Quién cocina (cooks) mejor, tú o tu mamá?
4. ¿Quién crees tú que es el (la) mejor estudiante de la clase?
5. ¿Cuál crees tú que es la mejor película (film) del año? ¿Y la peor?
6. De los restaurantes de la ciudad donde vives, ¿cuál es el mejor? ¿Y el peor?
7. ¿Cuál crees tú que es la mejor universidad de tu país?
8. ¿Quiénes crees tú que manejan (drive) mejor: los hombres o las mujeres?

¡Habla con tu compañero!, Follow-up Copy several pages from a *Consumer Reports* magazine and distribute the copies to students. Working in pairs, they should select products to compare and give a brief report to the class. Encourage students to tell why the products are good, better, and best, or bad, worse, and worst: **La computadora** *Mac* **es buena porque tiene muchos programas. La** *Gateway* **es mejor porque...**

3. Present indicative of *o:ue* stem-changing verbs (*Presente de indicativo de los verbos que cambian en la raíz* **o:ue**)

◆ Some verbs undergo a stem change in the present indicative. For these verbs, when **o** is the last stem vowel and it is stressed, it changes to **ue.**

—¿**Puedes** ir conmigo al restaurante?   *"Can you go with me to the restaurant?"*
—No, no **puedo.** No tengo dinero.   *"No, I can't. I don't have (any) money."*

poder *to be able*	
puedo	**pode**mos
puedes	**podé**is
puede	**pue**den

◆ Other verbs that undergo this change:[1]

almorzar *to have lunch*	**llover** (impersonal) *to rain*
contar *to tell, to count*	**morir** *to die*
costar *to cost*	**recordar** *to remember*
dormir *to sleep*	**volar** *to fly*
encontrar *to find*	**volver** *to return*

—¿A qué hora **vuelven** Uds.?   *"At what time are you returning?"*
—**Volvemos** a las doce.   *"We'll return at twelve o'clock."*
—Entonces **almorzamos** a las doce y media.   *"Then we'll have lunch at twelve-thirty."*

Note that the stem vowel is not stressed in the verb forms used with **nosotros(-as)** and **vosotros(-as);** therefore, the **o** does not change to **ue.**

Aquí **llueve** mucho.

---

[1]For a complete list of stem-changing verbs, see Appendix B.

Práctica

A. Marité is talking to her roommate, who is sound asleep. Complete the story, supplying the missing (**o:ue**) verbs. Then read it aloud.

Marité ¡Teresa, me voy! No __encuentro__ mis libros. ¿Dónde están? No __puedo__ ir a mi clase sin (*without*) mis libros. ¡Oye! Hoy __almuerzo__ con Pedro en la cafetería; no tengo dinero y los sándwiches en la cafetería __cuestan__ tres dólares. ¡Ay, Teresa!, hoy tengo que llamar a Marta y no __encuentro__ su número de teléfono. ¡Teresa!, ¿tú __recuerdas__ el número de Marta? ¡Oye! ¿Roberto __vuela__ a San Salvador hoy? ¿Vas al aeropuerto con él? (*Mira por la ventana.*) ¡Ay, cómo __llueve__! Necesito tu impermeable (*raincoat*). ¡Ah!, hoy __vuelvo__ a casa a las cinco. (*Abre la puerta de Teresa.*) ¡Teresa! ¡Teresa! ¿Por qué no contestas (*answer*)?

Teresa (*Mmm…*) Nunca __puedo__ dormir cuando tú estás en casa.

Marité Tú __duermes__ mucho. No necesitas dormir más. Me voy. Nos vemos.

B. Arnaldo is very nosy and is always asking questions. Here are the answers. What are his questions?

1. ¿ _____ ? Mi equipo estereofónico cuesta $1.000.
2. ¿ _____ ? Nosotros almorzamos en el restaurante.
3. ¿ _____ ? Volvemos a casa a las cinco.
4. ¿ _____ ? No, yo no duermo mucho.
5. ¿ _____ ? No, no recuerdo el número de teléfono de Ana.
6. ¿ _____ ? Vuelo a Guatemala los domingos.
7. ¿ _____ ? No, no puedo ir a tu casa esta noche.

C. With a classmate, prepare four or five questions to ask your instructor, using stem-changing (**o:ue**) verbs.

Para conversar

A. **¡Habla con tu compañero!** Interview a classmate, using the following questions. When you have finished, switch roles.

1. ¿Almuerzas en la cafetería, en tu casa o en un restaurante? ¿Con quién almuerzas? ¿A qué hora?
2. ¿Cuánto cuesta un sándwich de jamón y queso en la cafetería? ¿Y uno de ensalada de pollo? ¿Son caros? ¿Son buenos?
3. ¿Duermes bien? ¿Cuántas horas duermes? ¿Cuentas ovejas (*sheep*) para dormir?
4. ¿Hasta (*Up to*) qué número puedes contar en español?
5. ¿Encuentras fácil o difícil la clase de español? ¿Recuerdas todo el vocabulario? ¿Te gusta el español?
6. ¿A qué hora vuelves a tu casa hoy? ¿A qué hora vuelves mañana? Generalmente, ¿vuelves temprano (*early*)?
7. ¿Llueve mucho en tu ciudad? ¿En qué mes llueve más? ¿Tú vienes a la universidad cuando llueve mucho?
8. ¿Recuerdas el número de teléfono de tus amigos? ¿Y el de tus padres?

B. **Compañeros de cuarto** You are interviewing a prospective roommate. Tell him/her how much the apartment costs and ask pertinent questions about his/her schedule and routine. Give details about yours.

4. Present progressive (*Estar* + *gerundio*)

◆ The present progressive describes an action that is in progress. It is formed with the present tense of **estar** and the **gerundio**, which is equivalent to the English present participle (the *-ing* form of the verb).

Gerundio		
hablar	*comer*	*escribir*
habl **-ando**	com **-iendo**	escrib **-iendo**
speaking	*eating*	*writing*

Activity suggestion Use colored chalk to write the endings for the following present participles on the board.

hablar: habl –ando *speaking*
comer: com –iendo *eating*
abrir: abr –iendo *opening*

Emphasize that only **estar** is used in the present progressive. Act out a situation and ask students: ¿**Qué estoy haciendo?**

—¿Qué **estás tomando**?
—**Estoy tomando** chocolate caliente.
   Y tú, ¿qué **estás comiendo**?
—**Estoy comiendo** un pedazo de pastel.

"What are you drinking?"
"I am drinking hot chocolate.
   And you, what are you eating?"
"I'm eating a piece of pie."

—¿Qué **están haciendo** los niños?
—**Están escribiendo**.

"What are the children doing?"
"They are writing."

◆ The following forms are irregular.

pedir: **pidiendo**
decir: **diciendo**
servir: **sirviendo**

dormir: **durmiendo**
traer: **trayendo**
leer: **leyendo**

—¿Daniel **está leyendo**?
—No, **está durmiendo**.

"Is Daniel reading?"
"No, he's sleeping."

—¿Qué **está sirviendo** el camarero?
—**Está sirviendo** las bebidas.

"What is the waiter serving?"
"He's serving the drinks."

—¿Daniel **está pidiendo** champán?
—No, porque el champán
   cuesta 70 quetzales.

"Is Daniel ordering champagne?"
"No, because champagne
   costs 70 quetzales."

◆ Note that as shown with **traer** and **leer**, the **i** of **-iendo** becomes **y** between vowels.

¡Atención! In Spanish, the present progressive is never used to indicate a future action. The present tense is used in future expressions that would require the present progressive in English.

Trabajo mañana.

I'm working tomorrow.

Some verbs, such as **ser, estar, ir,** and **venir,** are rarely used in the progressive construction.

¿Lo sabía Ud.?

El **quetzal** es la unidad monetaria de Guatemala. Argentina, Chile, Colombia, Cuba, México, República Dominicana y Uruguay usan el **peso**. Otras unidades monetarias de los países de habla hispana son: el **boliviano** en Bolivia, el **colón** en Costa Rica y El Salvador[1], el **dólar** en Ecuador, Panamá y Puerto Rico, el **lempira** en Honduras, el **córdoba** en Nicaragua, el **nuevo sol** en Perú, el **guaraní** en Paraguay, el **bolívar** en Venezuela y el **euro** en España. El valor de estas monedas no es estable y su equivalencia con el dólar varía frecuentemente.

◆ **¿Cuál es la unidad monetaria de este país?**

[1]The dollar is legal tender in this country.

Práctica

Activity suggestion Drill students on the following verb forms and encourage them to use the forms in sentences.

1. *Él* está estudiando. (Tú, Julia y Pedro, Yo, Nosotras)
2. *Yo* estoy leyendo un libro. (Tú y yo, Ella, Tú, Uds.)
3. *Tú* no estás pidiendo la llave. (Ud., Nosotros, Ellas, Yo)

A. With a partner, take turns asking each other what the following people are doing (**haciendo**).

1. Tú… estás comiendo.

2. Yo… estoy escribiendo.

3. Raúl y Sara… están bailando.

4. Eva… está sirviendo café.

5. La profesora… está leyendo un libro.

6. Nosotros… y el chico… Nosotros estamos hablando y el chico está durmiendo.

Práctica B, Expansion Remind students to expand upon the dialogues whenever possible.

Práctica B, Follow-up Remind students that since the present progressive is used to describe an action in progress, it is frequently used when making excuses. In pairs, students should practice inviting their partners to an event. The partner should refuse by offering an excuse that he or she is busy at that moment. Tell students to be as specific as possible in the invitation, as well as in the excuse.

S1 ¿Quieres ir al cine conmigo? Hay una buena película de misterio.
S2 No, lo siento. Estoy estudiando en este momento.

B. Complete the following dialogues, using the present progressive of the verbs given. Then act them out with a partner, adding a sentence or two to each dialogue.

1. comer —¿Qué ___estás comiendo___ tú?
   —Yo ___estoy comiendo___ ensalada.

2. leer —¿Qué libro ___están leyendo___ Uds.?
   — ___Estamos leyendo___ *Don Quijote*.

3. servir —¿Qué ___están sirviendo___ Uds.?
   —Yo ___estoy sirviendo___ refrescos y Luisa ___está sirviendo___ vino.

4. decir —¿Qué ___está diciendo___ Juan Carlos?
   — ___Está diciendo___ que está muy preocupado.

5. estudiar —¿José ___está estudiando___?
   dormir —No, ___está durmiendo___.

C. With a partner, discuss what you think these people are doing. Give two or three possibilities for each situation.

1. la secretaria / en la oficina
2. los estudiantes / en la clase
3. los chicos / en la cafetería
4. el profesor / en la universidad
5. los muchachos y las muchachas / en la fiesta
6. el Sr. Vega / en su cuarto
7. el camarero / en el restaurante
8. la Srta. Barrios / en su apartamento

Para conversar

¿Qué están haciendo? The instructor will play the role of house-parent in a dorm. He/She will leave the classroom for one minute, then return and ask each student what he/she is doing. Each person will claim to be doing something worthwhile and accuse another student of doing something naughty. The student will deny it and say he/she is doing something else.

HINT: fumar *to smoke*

5. Uses of *ser* and *estar* (*Usos de **ser** y **estar***)

The English verb *to be* has two Spanish equivalents, **ser** and **estar**. As a general rule, **ser** expresses *who* or *what* the subject is *essentially*, and **estar** indicates *state* or *condition*. **Ser** and **estar** are *not* interchangeable.

A. Uses of *ser*

Ser expresses a fundamental quality and identifies the essence of a person or thing.

◆ It describes the basic nature or character of a person or thing. It is also used with expressions of age that do not refer to a specific number of years.

Amanda **es** hermosa y muy inteligente. **Es** joven (*young*), pero **es** muy madura.

◆ It is used to denote nationality, origin, and profession or trade.

Amanda **es** guatemalteca. **Es** de la ciudad de Guatemala. **Es** estudiante.

◆ It is used to indicate relationship or possession.

Amanda **es** la sobrina del Sr. Álvarez. Los discos compactos **son** de Amanda.

◆ It is used with expression of time and with dates.

Son las cuatro y cuarto de la tarde. Hoy **es** miércoles, cuatro de abril.

◆ It is used with events as the equivalent of *taking place*.

La fiesta **es** en la casa de Amanda.

◆ It describes the material that things are made of.

La mesa **es** de metal.

 Un dicho

No todo lo que brilla es oro.

All that glitters is not gold.

Práctica

Interview a classmate, using the following questions and two of your own. When you have finished, switch roles.

1. ¿Eres norteamericano(-a)? ¿De dónde eres?
2. ¿De qué ciudad eres?
3. ¿Cómo es tu mamá? ¿Cómo es tu papá?
4. ¿Quién es tu mejor amigo(-a)?
5. ¿Es alto(-a) o bajo(-a)?
6. ¿Eres optimista?
7. ¿Dónde son tus clases?
8. ¿Qué día es hoy?
9. ¿Qué fecha es hoy?
10. ¿Qué hora es?

B. Uses of *estar*

Estar is used to express more transitory qualities and often implies the possibility of change.

◆ It indicates place or location.

Mi prima no **está** aquí. ¿**Está** en el restaurante?

◆ It is used to indicate condition.

Mis amigos **están** muy cansados.
El contador **está** enfermo.

◆ With personal reactions, it describes what is perceived through the senses—that is, how a person or thing seems, looks, tastes, or feels.

El ponche **está** muy sabroso.

◆ It is used in the present progressive tense.

Yo **estoy** estudiando y Ana **está** leyendo.

Activity suggestion Review the uses of **ser** presented in the previous lessons: origin, occupation, nationality (page 22); description (page 76); possession (page 54); dates (page 18); and time (page 46). Then review these uses by asking personalized questions.

1. ¿De dónde eres?
2. ¿Qué eres, profesor(-a) o estudiante?
3. ¿Cuál es tu nacionalidad?
4. ¿Cómo eres, alto(-a) o bajo(-a)?
5. ¿De quién es ese libro?
6. ¿Qué día es hoy? ¿Qué hora es?

HM

ACE the Test

Práctica, Expansion Have students write two or more personalized questions that illustrate each use of **ser**. They should then interview each other, using their questions. As a homework assignment, have each student write a brief description of his or her partner, based on the information received from both sets of questions. Have several pairs share their descriptions at the next class meeting as a review.

LEARNING TIP

Remember to "stay" with **each use**, creating as many examples as possible and always personalizing them. (*Yes it's all about you!*) For example: **Yo estoy** en la universidad, mi mamá **está** en casa, mis amigos **están** en la cafetería, etc.

Práctica

A. Imagine that you and a friend are at a party at a club, and answer the following questions. Work with a partner.

1. ¿En qué calle está el club?
2. ¿Los amigos de Uds. están en el club?
3. ¿Sus amigos están contentos o tristes?
4. ¿Cómo está la comida? ¿Rica?

5. ¿Quiénes están bailando?
6. ¿Tu mamá está en la fiesta?
7. ¿Tú estás conversando?
8. ¿Lo estás pasando bien?

B. Complete the following dialogues, using the appropriate forms of **ser** or **estar.** Then act them out with a partner.

1. —¿De dónde ___es___ tu mamá? ¿___Es___ guatemalteca?
   —Sí, pero ahora ___está___ en San Salvador.
   —¿Tu mamá ___es___ profesora?
   —No, ___es___ contadora.

2. —¿Olga ___es___ tu prima?
   —No, ___es___ mi hermana.
   —¿Cómo ___es___ ella?
   —___Es___ alta, morena y delgada. ___Es___ muy bonita.
   —¿Dónde ___está___ ella ahora?
   —___Está___ en su casa.

3. —¿Qué hora ___es___?
   —___Son___ las siete.
   —¿Dónde ___es___ la fiesta de Navidad?
   —___Es___ en el club. ¿Tú vas a ir?
   —No, ___estoy___ muy cansada.

4. —¿Qué ___estás___ comiendo tú?
   —___Estoy___ comiendo arroz con pollo.
   —¿___Está___ rico?
   —Sí, ___está___ muy sabroso.

5. —¿Ése (*That*) ___es___ tu escritorio?
   —Sí, ___es___ mi escritorio.
   —¿___Es___ de metal?
   —No, ___es___ de madera (*wood*).

Práctica C, Answers 1. Hoy es lunes. / Hoy es el 25 de abril. / Son las doce y cuarto.   2. Es casado. 3. Creo que es la esposa.   4. Es bonita. / Es guapo.   5. Están en el restaurante El sombrero.   6. Está comiendo langosta. / Sí, está muy sabrosa.   7. Es el camarero. 8. Está sirviendo café.   9. Está pensando en la fiesta. / La fiesta es en el club Miramar.   10. Está contenta.

C. Answer the following questions according to what you see in the illustration. Take turns responding with a partner.

1. ¿Qué día es hoy? ¿Qué fecha es hoy? ¿Qué hora es?
2. ¿Luis es casado o soltero?
3. ¿Ud. cree que Eva es la esposa o la mamá de Luis?
4. ¿Eva es bonita o fea? ¿Cómo es Luis?
5. ¿Dónde están Eva y Luis?
6. ¿Qué está comiendo Luis? ¿Está sabrosa la langosta?
7. ¿Quién es José?
8. ¿Qué está sirviendo José?
9. ¿En qué está pensando José? ¿Dónde es la fiesta?
10. ¿Isabel está contenta o triste?

¿Quién es? With two or three other students, prepare a description of a famous person. Include as much information as possible (nationality, profession, physical characteristics, etc.). Read your description to the rest of the class and see who can identify your subject.

¿Lo sabía Ud.?

En la mayoría de los países hispanos, los restaurantes no sirven la cena hasta las nueve de la noche. A las cuatro de la tarde, la gente merienda (*has an afternoon snack*).

◆ **¿A qué hora empiezan a servir la cena los restaurantes en este país?**

6. Weather expressions (*Expresiones para describir el tiempo*)

◆ In the following expressions, Spanish uses the verb **hacer,** *to make*, followed by a noun.

▲ Es el 13 de agosto. Eva está en Phoenix, Arizona. **Hace sol** y **hace** mucho **calor.**

▲ Es el 20 de enero. Luis está en Alaska. **Hace** mucho **frío.**

▲ Ana y Raúl están en Chicago en octubre. Hoy **hace** mucho **viento.**

◆ To ask about the weather, say, **"¿Qué tiempo hace?"** (*What's the weather like?*).

—**¿Qué tiempo hace** hoy?   *"What's the weather like today?"*
—**Hace** buen (mal) tiempo.   *"The weather is good (bad)."*

◆ The following words used to describe the weather do not combine with **hacer;** they are impersonal verbs used only in the infinitive, present participle, past participle, and third person singular forms of all tenses.

llover (o:ue) *to rain*   **Llueve**. *It rains.*
nevar (e:ie) *to snow*   **Nieva**. *It snows.*

▲ Está lloviendo.   ▲ Está nevando.

◆ Other weather-related words are **lluvia** (*rain*) and **niebla** (*fog*).

—**¿Hace frío** en Guatemala?   *"Is it cold in Guatemala?"*
—No, Guatemala es el país de   *"No, Guatemala is the country*
   la eterna primavera.   *of eternal spring."*

—¿Vas a volar hoy a San Salvador?   *"Are you going to fly to San Salvador today?"*
—No, porque **hay niebla.**   *"No, because it's foggy."*

ACE the Test

Práctica

A. Study the words in the following list, then complete the dialogues.

el paraguas *umbrella*
el impermeable *raincoat*
el sombrero *hat*
el abrigo *coat*
el suéter *sweater*

1. —¿Necesitas un paraguas?
   —Sí, porque en Oregón _____llueve_____ mucho.
2. —¿No necesitas un abrigo?
   —No, porque ____no hace frío____.
3. —¿Por qué no quieres llevar el suéter?
   —¡Porque ___no hace frío (hace calor)___!
4. —¿Vas a llevar el sombrero?
   —Sí, porque _____hace sol_____.
5. —¿Necesitas un suéter y un abrigo?
   —Sí, porque ___hace mucho frío__.
6. —¿Un impermeable? ¿Por qué? ¿Está lloviendo?
   —No, pero ___está nevando___.
7. —¡Qué lluvia! Necesito un ____paraguas____ y un ___impermeable___.
   —¡Yo también!

B. Say what the weather will be like in different locations at different times of the year.

1. Portland, Oregón—el 2 de enero Hace frío. Llueve.
2. Anchorage, Alaska—el 25 de diciembre Hace mucho frío. Nieva.
3. Phoenix, Arizona—el 13 de agosto Hace mucho calor. Hace sol.
4. Londres (*London*)—el 5 de febrero Hace frío. Hay niebla.
5. Chicago—el 6 de marzo Hace mucho viento.

Un dicho

A mal tiempo, buena cara.

Equivalent: Keep a stiff upper lip.

HM

Handout ¿Qué tiempo hace?

Para conversar

A. De visita (*Visiting*) A visiting professor from Guatemala is planning a weekend visit to your hometown. What questions is he or she likely to ask about the weather there and what clothes to bring? How will you respond? Act out the scene with a partner. Say at least five lines each.

B. El pronóstico del tiempo (*The weather forecast*) You and a classmate are in charge of preparing the weather report for a local TV station. Discuss the weather in your area today.

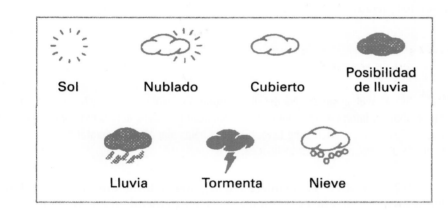

Sol   Nublado   Cubierto   Posibilidad de lluvia

Lluvia   Tormenta   Nieve

LEARNING TIP

Note that when talking about weather conditions, the normal Spanish sentence structure is modified. Instead of the general *subject + verb + object* structure, one uses **Hace** or **Hay** (impersonal forms of **hacer** and **haber**—that is, in this construction the verb is not conjugated) + the particular weather expression, or just the impersonal weather-related verb such as **Llueve** or **Nieva**. The repertory of sentence structures in Spanish, just as in English, goes beyond the basic one you know. Start recognizing any variant structure (syntactic) patterns.

Así somos

Al escuchar...

Estrategia **Listening for details I** In the preceding lessons, you have practiced listening for the main idea and for specific information in different types of oral texts. When listening for details, draw on the strategies you've already learned and concentrate on the specific information you want to obtain, such as the what, where, and when. Also use your knowledge of the topic and format (voice mail, ad, public service announcement, etc.) to anticipate the kind of information you will hear. This will help you understand more of the details.

Un anuncio de radio You hear a commercial about a new restaurant that has just opened near where you live. You want to know what it's like, its menu, the hours, specific location, prices of dishes, etc. Listen attentively and jot down the following information. Listen a second time for any details you missed.

nombre del restaurante _____ El Quetzal _____

dirección _____ calle Presidente, 24 _____

tipo de comida ____ comida típica guatemalteca (y platos internacionales) ____

horas del almuerzo _____ 12 a 3 _____

horas de la cena _____ 8 a 11 _____

cómo son los precios _____ precios razonables _____

Al conversar...

Estrategia **Providing supporting details** To express a point of view effectively, give an explanation, or inform others about a topic, you need to include details or information that makes the topic interesting to your listener, helps him or her understand it, and that supports and expands on your basic idea.

Un restaurante nuevo You're interested in going to the new restaurant you have just heard about (or your favorite restaurant). Tell two friends about it, giving as much information as you can about the restaurant to explain why it's a good choice. Answer their questions about the food, the specialties (**especialidades**), the prices, etc., and find out if they want to try it.

¿Qué dice Ud.? What would you say in the following situations? What might the other person say? Act out the scenes with a partner. Take turns playing each role.

1. You describe your mother and a friend describes his/hers. Make comparisons between them.
2. You and a friend are at a restaurant. Order a complete meal, including drinks and dessert.
3. You tell your dining companion that you can pay the bill and ask if he/she can leave the tip.
4. You are cooking a gourmet dinner. Ask your roommate to set the table. Name the utensils and other items you want. Your roommate doesn't know where things are.
5. You are hosting a party at your home. Some of your guests have brought children. Offer a selection of beverages.

Para conocernos mejor To do this activity, work with a classmate whom you would like to get to know. Take turns asking and answering these questions.

1. ¿Prefieres comer una hamburguesa o un perro caliente? ¿Prefieres beber leche, té helado o chocolate caliente?
2. ¿Tú almuerzas en un restaurante a veces? ¿Cuál es el mejor restaurante de tu ciudad? ¿Es muy caro?
3. Generalmente, ¿almuerzas con tu familia? ¿Vives con tus padres o vives solo(-a)?
4. ¿Eres el más alto (la más alta) de tu familia? ¿Quién es el más bajo?
5. ¿Tu mamá es mayor o menor que tu papá? ¿Cuál de los dos tiene razón siempre (*always*)?
6. ¿Quién es tu mejor amigo(-a)? ¿Cómo es? ¿Dónde está ahora?
7. ¿Qué tiempo hace hoy? Cuando llueve, ¿prefieres usar (*to wear*) impermeable o paraguas? Cuando hace frío, ¿usas abrigo o suéter?
8. ¿Te gusta vivir en un lugar donde hace frío o donde hace calor? En la ciudad donde viven tus padres, ¿generalmente hace buen tiempo o mal tiempo?

Una encuesta Interview your classmates to identify who fits the following descriptions. Include your instructor, but remember to use the **Ud.** form when addressing him/her. After finishing the survey, get together with two or three classmates and discuss the results.

Nombre

1. Come pollo a la parrilla.
2. Come pescado frito, a veces.
3. Come arroz con frijoles.
4. Come puré de papas.
5. Cuenta calorías.
6. Bebe leche con las comidas.
7. Bebe chocolate caliente cuando hace frío.
8. Generalmente almuerza solo(-a).

Para crear Get together in groups of three and "create" the scenario for this photo. Who are the people in it? Are they celebrating? What? What are they ordering for dessert? What are they going to drink after dessert? What are they going to do later?

¡Vamos a leer!

Antes de leer

Estrategia **Expanding your vocabulary through reading** Just as in English, a purpose of reading in any language is to increase your vocabulary. Some ways of doing this are by looking for cognates, for word families (**comer-comida-comedor**), and for words that pertain to topics of interest to you.

Una dieta balanceada The following reading about healthful eating habits contains numerous words that are unfamiliar to you. As you answer these questions, make it a goal to learn at least five new words.

1. Look at the highlighted words. Which are easily understood cognates? Consider the context of the paragraph. Can you make an intelligent guess about the meaning of the remaining highlighted words?
2. Scan the text for unfamiliar words that you think refer to foods. Select three whose meaning you can't guess but want to learn and look them up in a dictionary.

A leer

Comprensión, Answers 1. El 55-60% de la energía debe venir de los hidratos de carbono.   2. El 10-15% debe venir de las proteínas y el 30-35% debe venir de las grasas.   3. La dieta debe proporcionar la fibra, las vitaminas y los minerales que el organismo necesita.   4. Diariamente debemos consumir 2–4 raciones de alimentos lácteos.   5. Equivale a una taza de cerezas o fresas.   6. Los alimentos proteicos son carne, pollo, huevos y pescado blanco o azul. Los farináceos son pasta, arroz, legumbres y pan.

Comprensión As you read the article, find the answers to the following questions.

1. ¿Qué porcentaje de la energía de la dieta debe venir de los hidratos de carbono?
2. ¿Qué porcentaje debe venir de las proteínas y de las grasas?
3. ¿Qué otros elementos debe proporcionar (*furnish*) la dieta?
4. ¿Cuántas raciones de alimentos lácteos debemos consumir diariamente (*daily*)?
5. ¿A cuántas tazas de cerezas (*cherries*) o fresas (*strawberries*) equivale una rodaja de piña (*slice of pineapple*)?
6. ¿Cuáles son los alimentos proteicos? ¿Qué farináceos podemos comer?

¿Qué hemos de comer cada día?

Según los expertos el 55–60% de la energía de la dieta debe proceder de los **hidratos de carbono**, el 10–15% de las **proteínas** y el 30–35% de las **grasas**. Además, la dieta ha de proporcionar la cantidad de **fibra, vitaminas y minerales** que nuestro organismo necesite. Pero, ¿con qué alimentos se cubren estas cantidades?

- 2–4 raciones de lácteos diarios: Una ración = un vaso de leche, o 2 yogures, o 40 g de queso duro, o 80–100 g de queso fresco.

- 2 raciones de frutas: Una ración = una pieza de fruta, o una taza de cerezas o fresas, o una rodaja de piña o de melón.

- 2 raciones de alimentos proteicos: Una ración = 100–125 g de carne, o 1/4 de pollo, o dos huevos, o 130–150 g de pescado blanco, o 100–120 g de pescado azul.

- 3-5 raciones de farináceos: Una ración = 60–100 g de pasta, o arroz, o 80–100 g de legumbres, o 60–80 g de pan.

- 2 raciones de verduras: Una ración = 2 tomates, o 2 zanahorias, o un plato de ensalada.

- 3-5 cucharadas de aceite de oliva.

¡Vamos a escribir!

Antes de escribir

Estrategia **Solidifying and repurposing what you learn** You were asked to use the reading activity for the goal of increasing your vocabulary on the basic subjects of food and health. To add new words to those you already use, you need to practice and reuse them whenever you can.

A. ¿Qué comes? In preparation for inviting your classmates to dinner, interview two classmates about their food preferences and general eating habits. Ask for their preferred sources of carbohydrates, protein, fiber, etc., to find out about the kinds of food and drinks they like. Be sure to use some of the words you learned from the reading and don't forget to ask about dessert! Take notes.

B. Un menú sabroso You are planning to invite two classmates to an evening of fine and healthy dining at your place! Before writing an e-mail invitation, use your notes from the preceding activity to plan the menu. Also, organize the paragraphs of your e-mail according to what you will communicate in each, including the occasion, comments about the menu, day, time, and place.

A escribir un mensaje electrónico

Write your **primer borrador** of the e-mail invitation. Remember the greetings and closings presented in **Lección 4.** You may want to begin by saying: **Quiero invitarlos** (*invite you*) **a cenar en mi casa...**

Después de escribir

Before writing the final version, exchange your first draft with a classmate and peer edit each other's work, using the following guidelines.

- spelling of foods
- formation and subject-verb agreement of verbs, especially stem-changing and irregular verbs
- completeness of information (when, what time, where)

For additional writing practice, you may want to have pairs exchange invitations and respond to their partner's invitation, accepting or declining it.

Después de leer... desde su mundo

In groups of three or four, discuss your preferences for specific dishes and foods.

Guatemala

- En Guatemala encontramos selvas tropicales (*jungles*), hermosas playas e innumerables centros arqueológicos. Uno de los más famosos es la ciudad maya de Tikal, que por su valor arqueológico fue declarada Patrimonio de la Humanidad por la UNESCO.

- La economía del país se basa en la agricultura. Los principales productos de exportación son café, bananas, algodón (*cotton*) y madera. En sus bosques hay numerosos pájaros (*birds*), entre ellos el quetzal, que le da nombre a la moneda del país, y que es el símbolo nacional de Guatemala.

- Una ciudad muy interesante de este país es Antigua, que fue la capital hasta 1776. Ciudad de Guatemala, la capital actual es, en su mayor parte, una ciudad moderna, aunque todavía hay algunas construcciones antiguas.

- Entre las personas famosas de este país podemos citar al escritor Miguel Ángel Asturias, que recibó el Premio Nobel de Literatura en 1967, y a la activista Rigoberta Menchú, ganadora del Premio Nobel de la Paz en 1992.

⌐ Monumentos de la civilización maya

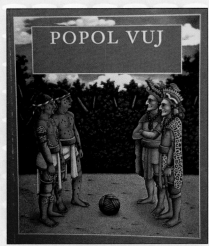

◄ El *Popol-Vuh*, uno de los pocos (*few*) libros de los mayas que aun se conservan

⌐ Letras y derechos[1] humanos

▲ Rigoberta Menchú (1959—), famosa activista guatemalteca que ganó el Premio Nobel de la Paz en 1992

---

[1]**derechos** = *rights*

El Salvador

- El Salvador tiene unos 300 kilómetros de costa, y sus playas están entre las más hermosas de América. El "surfing" es el deporte que más se practica en las playas.

- El clima del país es tropical, con dos estaciones: la estación de las lluvias (de mayo a octubre) y la estación de la seca (*dry season*) (de noviembre a abril).

- La capital de El Salvador es San Salvador, la ciudad más industrializada de América Central. Los principales productos industriales que se producen en el país son textiles y artículos de cuero, madera y metal. La agricultura también es importante en El Salvador; entre los productos agrícolas que exporta el país están el café y las bananas.

Del conflicto a la democracia

◄ El arzobispo (*archbishop*) Oscar Romero, baja (*casualty*) de la guerra civil de los años ochenta (*1980s*)

Aportaciones[1] hispanas a la cocina[2] norteamericana

Nuestro panorama cultural

In groups of three, answer the following questions about your home state, region, or country.

1. ¿Cuáles son los edificios más antiguos de su ciudad?
2. ¿Cuáles son algunas de las ciudades más antiguas de su país?
3. ¿Qué frutas se cultivan en la región donde Ud. vive?

For the next class: Go to the World Wide Web and find photos from your hometown, state, region, or country. Use the questions from **Nuestro panorama cultural** above as guidelines for choosing them. Be ready to present the photos to your classmates.

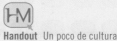

Handout Un poco de cultura

---

[1]**Aportaciones** = *Contributions*
[2]**cocina** = *cuisine*

Lección 6

▲ Actualmente (*Nowadays*), los hombres latinos ayudan más con los quehaceres de la casa.

Objetivos

Comunicación
You will learn vocabulary related to household chores, family relationships, and various parts of a house.

Pronunciación
The Spanish **j, g** (before **e** or **i**), and **h**

Estructuras
◆ Demonstrative adjectives and pronouns
◆ Present indicative of **e:i** stem-changing verbs
◆ Affirmative and negative expressions
◆ Verbs with irregular first-person forms
◆ **Saber** vs. **conocer**
◆ Direct object pronouns

Cultura
◆ Use of last names and maiden names
◆ Alphabetization of names
◆ Concept of family
◆ Housekeeping and gender roles

Panorama hispánico
◆ Honduras
◆ Nicaragua
◆ El concepto de la "república bananera"

Estrategias
Listening: Listening for details II
Speaking: Reporting
Reading: Scanning and purpose in reading
Writing: Summarizing

Los quehaceres de la casa

Honduras y Nicaragua

Honduras

Cuando Colón llegó a la costa de esta región de Centroamérica, quedó sorprendido por la profundidad (*depth*) de las aguas junto a la tierra, así que llamó al lugar Honduras. Aquí floreció el gran imperio maya unos 500 años antes de la llegada de los conquistadores.

Nicaragua

Nicaragua, con un área un poco mayor que la del estado de Nueva York, es el país más extenso de la América Central, pero menos de una décima parte de su territorio es cultivable.

Activity suggestion Use the photo on page 150 to introduce the lesson theme. Ask your students:

1. ¿Ayudas a hacer los trabajos de la casa? ¿Quiénes hacen los trabajos de la casa?
2. ¿Qué quehaceres de la casa haces los fines de semana?
3. Tú estás en la cocina, ayudando a esta pareja. ¿Qué vas a hacer?

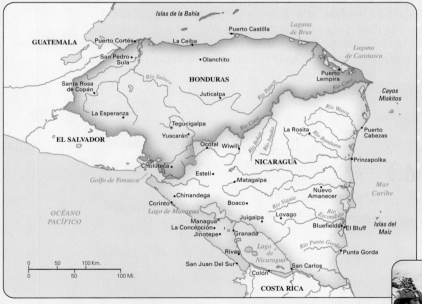

▲ Ruinas mayas en Copán, Honduras

▲ Vista panorámica de Tegucigalpa

▲ Un grupo folclórico nicaragüense baila para los turistas de un crucero.

La familia Núñez Arzuaga, de Tegucigalpa, Honduras, está esperando la llegada de doña Nora, la hermana mayor del señor Núñez. Ella vive en Managua y siempre viene a visitarlos en el verano. Hoy Ester y sus hijos están haciendo los trabajos de la casa.

Ester ¡Amalia! Yo estoy cocinando. Tú tienes que lavar los platos y barrer la cocina. ¿Dónde está la escoba?

Amalia ¿Y qué va a hacer Celia mientras yo hago todo el trabajo? ¡Ella nunca hace nada!

Celia ¡Ja! ¡Eso no es verdad! Yo estoy planchando las camisas de papá...

Ester Sí, y después va a hacer las camas y va a cambiar las sábanas.

Amalia ¿Y Daniel? ¿Está haciendo algo? Él nunca nos ayuda.

Ester Él está arreglando su cuarto...

Celia ¡Ay, mamá! ¿Desde cuándo? Para él, arreglar su cuarto es esconderlo todo debajo de la cama.

Ester Pues esta vez tiene que poner las cosas en su lugar, porque tu tía Nora va a usar ese cuarto y Daniel va a dormir en el sofá de la sala.

Amalia ¿Quién va a hacer las compras en el mercado?

Ester Tu papá. (*Llama a su esposo.*) ¡Pedro! Tienes que ir al Mercado Municipal. Y a ver si esta vez consigues carne buena... Aquí tengo la lista...

Pedro ¡No la necesito! Yo sé lo que tengo que comprar. En seguida vuelvo. (*Sale del cuarto.*)

Ester ¡Quién sabe lo que va a traer! (*Suspira.*) ¡Qué trabajo tenemos cuando mi cuñada viene a visitarnos...!

Amalia El año próximo, nosotros podemos visitarla a ella. Yo quiero conocer Managua.

Celia ¡Estoy de acuerdo! Yo también quiero ir a Managua.

Amalia ¿Papá va a ir a buscar a tía Nora a la parada de autobuses?

Ester No, ella dice que es mejor tomar un taxi...

Celia ¡Tocan a la puerta! (*Mira por la ventana.*) ¡Es tía Nora! (*Recoge un montón de revistas.*) ¡Daniel! ¡Rápido! ¡Todo esto va debajo de la cama!

Handout En contexto

¿Lo sabía Ud.?

En una guía telefónica en español, alfabetizan los nombres según los dos apellidos; por ejemplo:

Núñez Arzuaga, Pedro
Núñez Lara, Inés

◆ ¿Cómo alfabetizan los nombres en una guía telefónica en este país?

Ester Amalia Celia Pedro

¿Quién lo dice? Identify the person who said the following in the dialogues.

1. Yo sé lo que tengo que comprar. — Pedro
2. Y a ver si esta vez consigues carne buena. — Ester
3. ¿Y qué va a hacer Celia mientras yo hago todo el trabajo? — Amalia
4. ¡Pedro! Tienes que ir al Mercado Municipal. — Ester
5. ¿Papá va a ir a buscar a tía Nora a la parada de autobuses? — Amalia
6. Yo estoy planchando las camisas de papá. — Celia
7. No, ella dice que es mejor tomar un taxi. — Ester
8. ¿Quién va a hacer las compras en el mercado? — Amalia
9. ¡Qué trabajo tenemos cuando mi cuñada viene a visitarnos! — Ester

¿Lo sabía Ud.?

En los países de habla hispana, el concepto de familia es más amplio e incluye a todos los parientes: tíos, primos, sobrinos, etc. Generalmente, la relación entre ellos es muy estrecha (*close*).

◆ Generalmente, ¿con qué miembros de la familia tienen los americanos una relación estrecha?

Hablemos. With a partner, take turns asking and answering the following questions. Base your answers on the dialogue and on your own circumstances.

En el diálogo	¿Y tú?
1. ¿De dónde es la familia Núñez Arzuaga?	¿De dónde es tu familia?
2. ¿Qué están haciendo Ester y sus hijos?	¿Qué trabajos de la casa no te gusta hacer?
3. ¿Qué tiene que hacer Amalia?	¿Qué tienes que hacer tú hoy?
4. ¿Qué está haciendo Celia?	¿Tú planchas la ropa?
5. ¿Qué va a hacer Celia después?	¿Qué días cambias las sábanas de tu casa?
6. ¿Dónde va a dormir Nora? ¿Y Daniel?	¿Dónde duermes tú?
7. ¿Quién va a hacer las compras en el mercado?	En tu familia, ¿quién hace las compras?
8. ¿Qué ciudad quiere conocer Amalia?	¿Qué ciudad quieres conocer tú?
9. ¿Va a ir Pedro a la parada de autobuses a buscar a Nora?	¿Tú vienes a la universidad en autobús?
10. ¿Dónde va a poner Daniel las revistas?	¿Qué revistas te gusta leer?

En el diálogo, Answers 1. Es de Tegucigalpa, Honduras. 2. Están haciendo los trabajos de la casa. 3. Tiene que lavar los platos y barrer la cocina. 4. Está planchando las camisas de su papá. 5. Va a hacer las camas y va a cambiar las sábanas. 6. Nora va a dormir en el cuarto de Daniel. Daniel va a dormir en el sofá de la sala. 7. Pedro va a hacer las compras en el mercado. 8. Quiere conocer Managua. 9. No, Nora va a tomar un taxi. 10. Las va a poner debajo de la cama.

∩ Vocabulario

Cognados

el autobús, el bus, el ómnibus bus   **el sofá** sofa
la lista list   **el taxi** taxi

Nombres

la cama bed
la camisa shirt
la carne meat
la cosa thing
la cuñada sister-in-law
el cuñado brother-in-law
la escoba broom
el lugar place

el mercado market
la parada de autobuses bus stop
los quehaceres (trabajos) de la casa housework
la revista magazine
la sábana sheet
la verdad truth

Verbos

arreglar to tidy up, to fix
ayudar to help
barrer to sweep
buscar to get, to pick up, to look for
cambiar to change
cocinar to cook
comprar to buy
conocer (yo conozco) to know, to be acquainted with
conseguir (e:i) to get, to obtain
decir (e:i) (yo digo) to say, to tell
esconder to hide

esperar to wait for, to expect
lavar los platos, fregar (e:ie) to wash dishes
planchar to iron
poner (yo pongo) to put
recoger to pick up
saber (yo sé) to know (*a fact; how to*)
salir (yo salgo) to leave, to go out
suspirar to sigh
tomar to take (*e.g., a taxi or a bus*)
traer (yo traigo) to bring
usar to use

Adjetivos

próximo(-a) next
todo(-a) all

Otras palabras y expresiones

algo something, anything
debajo (de) under
desde since
en seguida right away
En seguida vuelvo. I'll be right back.
ese, esa that
eso that (*neutral*)
esta vez this time
estar de acuerdo to agree, to be in agreement
esto this (*neutral*)
hacer las compras to do the shopping

lo que what, that which
mirar por la ventana to look out the window
nunca never
pues... well . . .
¡Rápido! Quick!
siempre always
tocar a la puerta to knock on the door
un montón de a bunch of

Vocabulario adicional

Otros quehaceres de la casa

cortar el césped to cut (mow) the grass
doblar la ropa to fold clothes
lavar la ropa to wash the clothes (do laundry)
limpiar (el cuarto de baño) to clean (the bathroom)
pasar la aspiradora to vacuum

sacar la basura to take out the trash
sacudir los muebles to dust the furniture
secar (los platos) to dry (the dishes)
trapear el piso to mop the floor

Los parientes

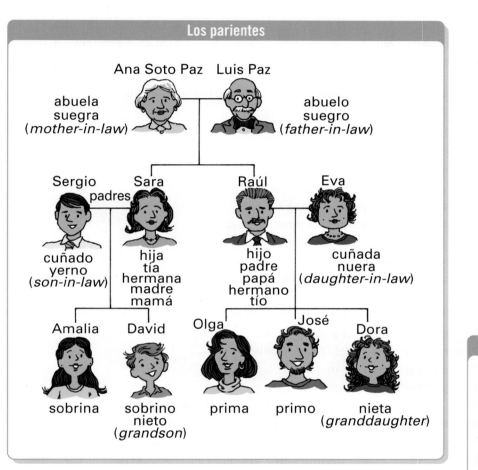

Ana Soto Paz   Luis Paz

abuela
suegra
(*mother-in-law*)

abuelo
suegro
(*father-in-law*)

Sergio   Sara
padres

Raúl   Eva

cuñado
yerno
(*son-in-law*)

hija
tía
hermana
madre
mamá

hijo
padre
papá
hermano
tío

cuñada
nuera
(*daughter-in-law*)

Amalia   David

Olga   José   Dora

sobrina

sobrino
nieto
(*grandson*)

prima   primo

nieta
(*granddaughter*)

HM
Handouts Árbol genealógico /
Palabras escondidas

LEARNING TIP

Especially when learning concrete actions (verbs) such as **arreglar, barrer, recoger, cocinar, lavar, planchar,** etc., you might want to reinforce their meaning in your mind by stating which ones you do and what is done by other people. For example: **Yo arreglo mi cuarto. Mi mamá plancha la ropa.**

La casa

el comedor dining room
el dormitorio, la recámara (*Méx.*) bedroom
el garaje garage
el (cuarto de) baño bathroom
la sala de estar family room
el sótano basement

HM
Handout Palabras y más palabras

Related vocabulary la bisabuela (*great-grandmother*); el bisabuelo (*great-grandfather*); la hermanastra (*stepsister*); el hermanastro (*stepbrother*); la hijastra (*stepdaughter*); el hijastro (*stepson*); la madrastra (*stepmother*); la media hermana (*half sister*); el medio hermano (*half brother*); el padrastro (*stepfather*)

¿Lo sabía Ud.?

Actualmente muchos hombres hispanos, especialmente los más jovenes, ayudan a sus esposas con los trabajos de la casa. Esto es debido a que a menudo los dos trabajan fuera de la casa.

◆ Generalmente, ¿ayudan los hombres norteamericanos a sus esposas con los quehaceres de la casa?

ACE the Test

Práctica

A. Match the questions in column A with the responses in column B.

A		B
1. ¿Qué está haciendo Rosa?	_g_	a. Debajo del sofá.
2. ¿Qué vas a comprar?	_j_	b. En la sala de estar.
3. ¿Qué no te gusta hacer?	_e_	c. De lo que tiene que hacer.
4. ¿Beto está en la parada de autobuses?	_i_	d. Sí, desde las seis.
5. ¿Dónde escondes las revistas?	_a_	e. Los quehaceres de la casa.
6. ¿Cuándo viene tu cuñado?	_h_	f. Sí, aquí tengo la lista.
7. ¿De qué está hablando Ana?	_c_	g. Está arreglando su cuarto.
8. ¿Dónde vas a poner el sofá?	_b_	h. La semana próxima.
9. ¿Felipe está aquí?	_d_	i. Sí, está esperando a Nora.
10. ¿Vas a ir al mercado?	_f_	j. Carne.

B. Write the words or phrases that correspond to the following.

1. ómnibus ___autobús (bus)___
2. la hermana de mi esposo ___cuñada___
3. *Newsweek,* por ejemplo ___revista___
4. comprar ___hacer las compras___
5. opuesto de **llevar** ___traer___
6. opuesto de **siempre** ___nunca___
7. parte de la casa donde comemos ___comedor___
8. recámara ___dormitorio___
9. lavar los platos ___fregar___
10. la usamos para barrer ___escoba___

C. Complete the following sentences, using vocabulary from the lesson.

1. Necesito las ___sábanas___ para mi cama.
2. Tengo que lavar y ___planchar___ las camisas.
3. Tocan a la ___puerta___. Voy a abrir.
4. Voy al mercado. En ___seguida___ vuelvo.
5. Elsa cree que Julio es inteligente, pero yo no estoy de ___acuerdo___.
6. Estoy muy ocupado. Tengo que hacer un ___montón___ de cosas.
7. Voy a ___cortar___ el césped. ¿Tú puedes pasar la ___aspiradora___?
8. Teresa va a ___sacudir___ los muebles y Susana va a ___trapear___ el piso. ___Esta___ vez vamos a hacer ___todo___ el trabajo.

Para conversar

A. Relaciones familiares With a partner, look at the family tree on page 155 and ask each other questions about the relationship of the people in the illustration.

HINT: ¿Cuál es la relación que existe entre _____ y _____?

B. ¿Quién puede ayudarme? With a partner, take turns asking for help and saying that you can't help. Say what you have to do.

◆ MODELO: —¿Puedes ayudarme a...?
—No puedo; tengo que...

C. Prefiero hacer otra cosa. "I prefer to do something else." With a partner, take turns indicating what you frankly *hate* to do, and stating what you *would rather* do.

◆ **MODELO:** *Francamente, yo odio pasar la aspiradora; prefiero sacudir los muebles.*

Pronunciación

A. The Spanish *j*

The Spanish **j** sounds somewhat like the *h* in the English word *hit*. It is never pronounced like the English *j* in *John* or *James*. Listen to your instructor and repeat the following phrases.

Julia y **J**avier traba**j**an hoy.

Juan **J**osé viene el **j**ueves.

Juana de**j**a a su hi**j**o aquí.

B. The Spanish *g* (before *e* or *i*)

When followed by **e** or **i**, the Spanish **g** sounds like the Spanish **j** mentioned above. Listen to your instructor and repeat the following phrases.

Gerardo reco**g**e a **G**enaro.

Eva **G**il es inteli**g**ente.

El **g**eneral **G**inés está en Ar**g**entina.

C. The Spanish *h*

The Spanish **h** is always silent. Listen to your instructor and repeat the following phrases.

Humberto **H**ernández **H**errera es de **H**onduras.

Tu **h**ermano está en el **h**otel.

Hilda es la **h**ija de **H**ugo.

¿Lo sabía Ud.?

En la mayoría de los países de habla hispana, cuando una mujer se casa (*gets married*) retiene su apellido de soltera (*maiden name*). Puede también añadir (*add*) el apellido de su esposo. Por ejemplo, Ana Soto está casada con Luis Paz y su nombre completo es Ana Soto (de) Paz. La mayoría de los hispanos usan dos apellidos: el del padre y el de la madre, en ese orden. Por ejemplo, el nombre completo de Raúl (el hijo de Ana y Luis) es Raúl Paz Soto.

◆ **Cuando las mujeres americanas se casan, ¿usan el apellido del esposo? ¿Usan su apellido de soltera?**

Aspectos culturales

En imágenes (*Quehaceres y tiendas*)

▲ Colmado (*Small grocery store*), Puerto Rico

▲ En un hotel de Managua, una empleada hace la cama.

▲ Mercado al aire libre en Tegucigalpa, Honduras

Ubíquese... y búsquelo

Improve Your Grade
Web Search

Pedro has been sent to the market to prepare for Nora's visit. Go to **www.college .hmco.com** and research markets in Tegucigalpa. What kind of market would Pedro be likely to visit to do his shopping? Are there other types of markets in Tegucigalpa? What kinds of things do they sell there? In the next class, team up with two classmates to discuss your findings.

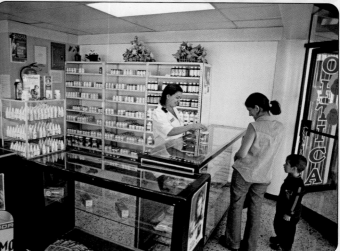

▲ Comprando medicinas en una farmacia en San José, Costa Rica

▲ Supermercado en Mérida, Yucatán, México

▲ Un empleado atiende a un cliente (*customer*) que quiere comprar un equipo estereofónico en Yucatán, México.

Estructuras

1. Demonstrative adjectives and pronouns (*Los adjetivos y los pronombres demostrativos*)

aquel hombre

aquella chica

esa chica

esta chica

Activity suggestion Draw figures on the board to demonstrate the uses of **este, ese,** and **aquel.** Point out the differences between the demonstrative adjectives by using arrows or dotted lines.

A. Demonstrative adjectives

◆ Demonstrative adjectives point out persons or things. Like all other adjectives, they agree in gender and number with the nouns they modify. The forms of the demonstrative adjectives are as follows.

Masculine		Feminine		
Singular	*Plural*	*Singular*	*Plural*	
este	**estos**	**esta**	**estas**	*this, these*
ese	**esos**	**esa**	**esas**	*that, those*
aquel	**aquellos**	**aquella**	**aquellas**	*that, those* (at a distance in space or time)

—¿Qué vas a fregar?
—**Este** plato, **esas** tazas y **aquellos** vasos.

"What are you going to wash?"
"This dish, those cups, and those glasses (over there)."

B. Demonstrative pronouns

◆ The forms of the demonstrative pronouns are as follows.

Masculine		Feminine		Neuter	
Singular	*Plural*	*Singular*	*Plural*		
éste	éstos	ésta	éstas	esto	*this* (one), *these*
ése	ésos	ésa	ésas	eso	*that* (one), *those*
aquél	aquéllos	aquélla	aquéllas	aquello	*that* (one), *those* (at a distance)

Note Emphasize that the plural of **este** is **estos**, and that **estos** is not the plural of **esto**.

◆ The masculine and feminine demonstrative pronouns are the same as the demonstrative adjectives, except that they have a written accent.

◆ Each demonstrative pronoun has a neuter form. They are **esto, eso,** and **aquello.** The neuter forms, which do not change in number or gender, are used to refer to situations, ideas, and nonspecific objects or things, equivalent to the English *this, that matter; this, that business;* and *this, that stuff.*

—¿Entiendes **eso**?　　　　　*"Do you understand that?"*
—No, es muy difícil.　　　　*"No, it's very difficult."*

—¿Qué es **esto**?　　　　　*"What's this?"*
—¿Quién sabe?　　　　　　*"Who knows?"*

¿Qué es **esto**?

Práctica

ACE the Test

Práctica A, Follow-up Have students work in pairs and discuss classroom objects using the appropriate demonstrative adjectives and pronouns. Encourage them to review the use of comparatives and superlatives in **Lección 5: Este libro es más interesante que ése pero aquél es el más interesante.**

A. Amalia and Celia are still trying to do housework. With a partner, complete this conversation using demonstrative adjectives. Then play the roles of the two girls.

Amalia Celia, ¿tú necesitas ___estas___ (*these*) sábanas que están aquí?

Celia Sí, y también ___esas___ (*those*) camisas.

Amalia Tienes que fregar ___estos___ (*these*) vasos y ___esos___ (*those*) platos.

Celia Y tú tienes que sacudir ___esta___ (*this*) mesa y ___este___ (*this*) escritorio.

Amalia ¿Dónde vamos a poner ___aquel___ (*that over there*) sofá?

Celia En la sala de estar. Y ___esta___ (*this*) vez, Daniel tiene que ayudar.

Amalia Es verdad. ¡Ah! ¿Dónde quieres poner ___aquellas___ (*those over there*) revistas?

Celia En ___aquella___ (*that over there*) mesa. Oye... ¿qué es ___eso___ (*that*) que está debajo del sofá?

Amalia ¿Quién sabe?

B. With a partner, play the roles of two friends. Take turns asking and answering the questions. The one who answers always rejects the objects indicated and wants the ones far from both.

1. ¿Quieres estas revistas? No, quiero aquéllas.
2. ¿Vas a usar esta aspiradora? No, voy a usar aquélla.
3. ¿Vas a lavar este mantel? No, voy a lavar aquél.
4. ¿Vas a fregar estos vasos? No, voy a fregar aquéllos.

¡Habla con tu compañero!, Follow-up
Have students request items from their
classmates seated on the other side of the
room. The classmates should be
encouraged to ask questions in order
to be sure that the item requested is
the item they have received.

S1 Quiero ese libro.
S2 ¿Quieres este libro azul o el rojo?
S1 Quiero el rojo.

Para conversar

¡Habla con tu compañero! With a partner, take turns asking each other who the other students in the class are. Respond, using the appropriate demonstrative adjectives, and a description.

◆ **MODELO:** —¿Quién es Sandra?
—Es aquella chica rubia.

2. Present indicative of *e:i* stem-changing verbs (*Presente de indicativo de los verbos que cambian en la raíz e:i*)

Activity suggestion When explaining this structure, follow the same procedure as with other stem-changing verbs. Use the boot-shaped illustration and emphasize the vowel changes by writing them in colored chalk.

Point out the chart summarizing the stem-changing verbs they have studied thus far and encourage students to add to this list each time they learn a new stem-changing verb.

servir *to serve*	
sirvo	servimos
sirves	servís
sirve	sirven

◆ Some **-ir** verbs undergo a special stem change in the present indicative. For these verbs, when **e** is the last stem vowel and it is stressed, it changes to **i.**

—¿Qué **sirven** Uds. en sus fiestas?   *"What do you serve at your parties?"*
—**Servimos** champán.   *"We serve champagne."*

◆ Note that the stem vowel is not stressed in the **nosotros(-as)** and **vosotros(-as)** verb forms; therefore, the **e** does not change to **i.**

◆ Other verbs that undergo this change:[1]

conseguir *to get, to obtain*
decir *to say, to tell*
pedir *to ask for, to request, to order*
seguir *to follow, to continue*

◆ The verb **decir** undergoes the same change, but in addition it has an irregular first-person singular form: **yo digo.**

◆ Note that in the present tense **seguir** and **conseguir** drop the **u** before **a** or **o: yo sigo, yo consigo.**

Summary of the present indicative of stem-changing verbs			
e:ie	*o:ue*		*e:i*
cerrar	almorzar	morir	conseguir
comenzar	contar	mostrar	decir
empezar	costar	poder	pedir
entender	dormir	recordar	seguir
pensar	encontrar	volar	servir
perder	llover	volver	
preferir			
querer			

Add to this list as you learn other stem-changing verbs.

---

[1]For a complete list of stem-changing verbs, see Appendix B.

Práctica

A. Form complete sentences by combining the words in the three columns in sequence, starting with A. Use each subject and each verb at least once.

A	B	C
yo	decir	la comida
nosotros	servir	un cuarto
Amalia y Celia	pedir	que necesitamos un sofá nuevo
mis padres	conseguir	revistas
tú	seguir	información sobre Honduras
mi cuñado		a mis amigos
		estudiando español

B. Complete the following dialogues, using the verbs given. Then act them out with a partner, adding a sentence or two to each dialogue.

1. decir   ¿Tú ___dices___ que ese sofá es caro?

   Sí, yo ___digo___ que es caro, pero Carmen ___dice___ que es barato (*inexpensive*).

2. servir   ¿Qué ___sirven___ Uds. en sus fiestas?

   ___Servimos___ pollo y refrescos. ¿Qué ___sirves___ tú?

   Yo ___sirvo___ sándwiches y cerveza.

3. pedir   ¿Qué ___piden___ Uds. cuando van a un restaurante mexicano?

   Yo ___pido___ tacos y Ernesto ___pide___ enchiladas.

4. conseguir   Yo no ___consigo___ trabajo.

   Tú no ___consigues___ trabajo porque no hablas dos idiomas.

Para conversar

A. ¡Habla con tu compañero! Interview a classmate, using the following questions. When you have finished, switch roles.

1. ¿En qué restaurante de tu ciudad sirven buena comida mexicana? ¿Italiana? En un restaurante, ¿qué pides para beber?
2. ¿A qué hora sirven la cena (*dinner*) en tu casa? ¿Quién cocina?
3. ¿Tú consigues revistas en español? ¿Dónde consiguen los estudiantes libros en español?
4. En general, ¿sigues la moda (*fashion*)? ¿Y tus amigos?
5. ¿Tú dices que el español es fácil o difícil? ¿Tú siempre dices la verdad?

B. Para comer y beber With a partner, take turns asking each other two things: what you order when you go to ethnic restaurants and what you serve to eat and drink at your parties.

Un dicho

El que la sigue, la consigue.

Equivalent: If at first you don't succeed, try, try again.

Práctica A, Expansion After students have completed the original sentence builder, have them expand each sentence by adding one more bit of information that explains why, where, when, etc.: **Mis padres dicen que necesitamos un sofá nuevo en la sala.**

3. Affirmative and negative expressions (*Expresiones afirmativas y negativas*)

Affirmative	Negative
algo *something, anything*	**nada** *nothing, not anything*
alguien *someone, somebody, anyone*	**nadie** *nobody, no one, not anyone*
alguno(-a), algún *any, some*	**ninguno(-a), ningún** *no, none, not any*
a veces *sometimes*	**nunca, jamás** *never*
siempre *always*	
también *also, too*	**tampoco** *neither, not either*
o *or*	**ni... ni** *neither . . . nor*
o... o *either . . . or*	

—¿Necesita Ud. **algo** más?   *"Do you need anything else?"*
—No, no necesito **nada** más.   *"No, I don't need anything else."*

—¿Tienes **algunos** amigos de Nicaragua?   *"Do you have any friends from Nicaragua?"*
—No, no tengo **ningún** amigo nicaragüense.[1]   *"No, I don't have any Nicaraguan friends."*

—¿Hay **alguien** en tu cuarto?   *"Is there anybody in your room?"*
—No, no hay **nadie.**   *"No, there's no one."*

—¿Quieres café **o** té?   *"Do you want coffee or tea?"*
—Yo no bebo **ni** café **ni** té.   *"I don't drink either coffee or tea."*

> **¡Atención!**   Note that **alguno(-a)** may be used in the plural forms, but **ninguno(-a)** is not pluralized.

> **¡Atención!**   **No** is never used as an adjective, as it sometimes is in English (*No person could do all that.*).

◆ **Alguno** and **ninguno** drop the **-o** before a masculine singular noun: *algún* niño, *ningún* niño; but *alguna* niña, *ninguna* niña.

◆ Spanish sentences frequently use a double negative form to express a degree of negation: the adverb **no** is placed before the verb and the second negative word either follows the verb or appears at the end of the sentence. If, however, the negative word precedes the verb, **no** is never used.

       No hablo español **nunca.**
or: **Nunca** hablo español.   *I never speak Spanish.*

       No compro **nada nunca.**
or: **Nunca** compro **nada.**   *I never buy anything.*

◆ Note that Spanish often uses several negatives in one sentence.

       Yo **no** quiero **nada tampoco.**   *I don't want anything either.*

---

[1]In some cases before an **e** or **i,** the **u** is not silent. To indicate this, a **diéresis** (two dots) is added over the **u** (**pingüino, Mayagüez**).

Práctica

ACE the Test

Your friend Oscar always gets the facts wrong when he talks about other people. Set him straight!

◆ **MODELO:** Ana necesita algo.
Ana no necesita nada.

1. Delia siempre va a Managua.
2. En esa ciudad hay muchos lugares bonitos.
3. Silvia a veces sale con Eduardo y Eva sale con él también.
4. Doña Teresa nunca dobla la ropa.
5. No hay nadie en el baño.
6. Marta tiene algunas amigas hondureñas.
7. Raquel limpia el baño o la cocina.
8. Pedro necesita algo más.
9. La suegra de Luis nunca habla con nadie.
10. Siempre hay alguien en la casa de Ernesto.

Un dicho

Nadie es profeta en su tierra.

Equivalent: A prophet is not recognized in his own land.

Práctica, Answers 1. Delia nunca va a Managua. 2. En esa ciudad no hay ningún lugar bonito. 3. Silvia nunca sale con Eduardo y Eva tampoco sale con él. 4. Doña Teresa siempre dobla la ropa. 5. Hay alguien en el baño. 6. Marta no tiene ninguna amiga hondureña. 7. Raquel no limpia ni el baño ni la cocina. 8. Pedro no necesita nada más. 9. La suegra de Luis siempre habla con alguien. 10. Nunca hay nadie en la casa de Ernesto.

Para conversar

A. ¡Habla con tu compañero! Interview a classmate, answering the following questions in the negative. Use the expressions you have just learned. When you have finished, switch roles.

1. ¿Quieres ir a Nicaragua o a Honduras?
2. ¿Tienes algunos amigos en Managua?
3. Yo no hablo portugués. ¿Y tú?
4. ¿Siempre vas a restaurantes chinos?
5. ¿Siempre vienes con alguien aquí?
6. ¿Compras algo cuando vas de vacaciones?

B. Siempre... a veces... nunca With a partner, tell each other four things that you always do, four things that you sometimes do, and four things that you never do. Compare notes.

C. Quejas (*Complaints*) With a partner, write a list of complaints frequently heard on campus. Use the expressions you have just learned.

◆ **MODELO:** *Nunca podemos comer nada en la cafetería.*

4. Verbs with irregular first-person forms (*Verbos irregulares en la primera persona*)

◆ The following verbs are irregular in the first-person singular of the present tense.

Verb	yo form	Regular forms
salir (*to go out*)	salgo	sales, sale, salimos, salís, salen
hacer (*to do, make*)	hago	haces, hace, hacemos, hacéis, hacen
poner (*to put, place*)	pongo	pones, pone, ponemos, ponéis, ponen
traer (*to bring*)	traigo	traes, trae, traemos, traéis, traen
conducir (*to drive*)	conduzco	conduces, conduce, conducimos, conducís, conducen
traducir (*to translate*)	traduzco	traduces, traduce, traducimos, traducís, traducen
conocer (*to know*)	conozco	conoces, conoce, conocemos, conocéis, conocen
caber (*to fit*)	quepo	cabes, cabe, cabemos, cabéis, caben
ver (*to see*)	veo	ves, ve, vemos, veis, ven
saber (*to know*)	sé	sabes, sabe, sabemos, sabéis, saben

Activity suggestion To help students learn these forms, give infinitives at random, point to different students, and ask each to give you the first-person form. Do this at a very fast pace. You might also review the regular forms of these verbs by giving pronouns and nouns in order and having the class give you the corresponding verb form.

—¿Qué haces los domingos?
—No **hago** nada.

"What do you do on Sundays?"
"I don't do anything."

—¿Estás mirando por la ventana?
—Sí, pero no **veo** nada.

"Are you looking out the window?"
"Yes, but I don't see anything."

ACE the Test

Práctica

A. Compare this information about Celia to you, by completing the following sentences.

1. Celia sale de su casa a las siete y yo...
2. Celia conduce un Ford y yo...
3. Celia ve a sus amigos los sábados y yo...
4. Celia conoce a muchos estudiantes y yo...
5. Celia trae a su hermana a la universidad y yo...
6. Celia cabe en un coche (*car*) muy pequeño y yo...
7. Celia sabe hablar portugués y yo...
8. Celia no hace nada los domingos y yo...

Práctica B, Answers Yo salgo... Voy con mi... Conduzco..., regreso a mi..., pongo..., en mi..., hago..., sé..., salgo de mi..., llego..., veo...

Práctica B, Follow-up As a homework assignment, have students write two original questions for each irregular verb on the chart. As a quick review, have students work in pairs the next day to answer their partners' questions.

B. Read this paragraph about Amalia's preparations for her trip to Nicaragua and then rewrite it as if you were Amalia, starting with **Yo...**

Amalia sale para Nicaragua esta noche. Va con su amiga Susan. Conduce al banco para comprar cheques de viajero (*traveler's checks*), regresa a su casa, pone todos los documentos en su bolso de mano (*handbag*) y después hace las maletas (*packs*). Como sabe que hay mucho tráfico, sale de su casa a las cinco para ir al aeropuerto. Cuando llega al aeropuerto, ve que Susan está esperando.

Handout El presente de indicativo

Para conversar

¡Habla con tu compañero! Your classmate is traveling to Tegucigalpa. Here is a list of questions you want to ask in order to help him/her prepare for the trip.

1. ¿Conoces Tegucigalpa? ¿Sabes a qué distancia está de los Estados Unidos?
2. ¿Sabes cuál es la moneda (*currency*) de Honduras? ¿Sabes a cómo está el cambio de moneda (*rate of exchange*)?
3. ¿Haces la reservación del hotel antes de salir de viaje? ¿Dónde pones el pasaporte?
4. El día del viaje, ¿sales de casa con tiempo? ¿Conduces tu coche para ir al aeropuerto?
5. ¿Conoces a alguien en Tegucigalpa?
6. ¿Traes muchas cosas para tu familia? ¿Compras algo para ti?

5. *Saber* vs. *conocer*

Activity suggestion Teach the difference between **llevar** and **tomar** at this point.

Activity suggestion Point out that **como** is not required to say that someone knows how to do something.

Spanish has two verbs that mean *to know*, **saber** and **conocer.**

A. *Saber* means:

♦ to know something by heart.
  Yo **sé** un poema de Rubén Darío.

♦ to know a fact.
  Yo **sé** que Rubén Darío es un poeta nicaragüense.

♦ to know how to do something.
  Yo **sé** bailar salsa.

B. *Conocer* means:

◆ to be familiar or acquainted with a person.
  Nosotros **conocemos** a Ester Núñez.

◆ to be acquainted with a place.
  Ellos **conocen** Honduras.

◆ to be acquainted with an artist or writer's work.
  ¿Tú **conoces** la poesía de Rubén Darío?

Yo no **sé** bailar muy bien.

Práctica

Complete the following dialogues, using **saber** or **conocer** as appropriate. Then act them out with a partner.

1. Yo ___conozco___ al abuelo de Olga.
   ¿Tú ___sabes___ dónde vive?
   No, pero ___sé___ su número de teléfono.
2. Tú ___conoces___ Brasil, ¿no?
   Sí, pero no ___sé___ hablar portugués.
3. ¿Tú ___conoces___ los poemas de Bécquer?
   Sí, ___sé___ muchos de memoria (*by heart*).
4. ¿Tú ___sabes___ qué hora es?
   Sí, son las ocho.
5. Jorge conduce muy mal.
   Sí, no ___sabe___ conducir bien.

ACE the Test

Práctica, Follow-up Write the following phrase on the board: **Conozco a... Sé que...** Have students describe each other, their friends, or their family members by completing the phrase: **Conozco a la profesora de español. Sé que conduce un Ford.**

Para conversar

A. ¡Habla con tu compañero! Interview a classmate, using the following questions. When you have finished, switch roles.

1. ¿Cuántos idiomas sabes hablar? ¿Cuáles son?
2. ¿Conoces a los padres de tu mejor amigo(-a)?
3. ¿Sabes dónde viven?
4. ¿Qué sabes hacer?
5. ¿Sabes tocar (*play*) el piano? ¿la guitarra? ¿el violín?
6. ¿Sabes preparar una sangría?
7. ¿Conoces un buen restaurante? ¿Dónde está?
8. ¿Conoces a un actor famoso? ¿Quién es? ¿Cómo es?
9. ¿Conoces las novelas de Hemingway? ¿Cuáles?
10. ¿Sabes bailar salsa? ¿Qué sabes bailar?

B. ¿Qué sabes? o ¿Qué conoces? With a partner, talk about the places you are familiar with and the ones you want to know, some people you know, facts you know about your college, city or state, and things you know how to do. Compare notes!

6. Direct object pronouns (*Pronombres usados como complemento directo*)

Activity suggestion Write the subject pronouns on the board and ask students to provide the corresponding direct object pronouns.

Write English sentences on the board and give their Spanish equivalents, showing the difference in position.

They   call   us.

Ellos   nos   llaman.

Remind students of the use of the personal **a**.

A. The direct object

◆ In addition to a subject, most sentences have an object that directly receives the action of the verb.

Ellos   compran   el libro.
  S.   V.   D.O.

In the preceding sentence, the subject (**Ellos**) performs the action, while **el libro,** the direct object, directly receives the action of the verb. The direct object of a sentence may be either a person or a thing.

◆ The direct object can be easily identified as the answer to the questions *whom?* and *what?* about what the subject is doing.

Ellos compran **el libro.**	*What are they buying?*
Pepe visita a **su primo.**	*Whom is Pepe visiting?*

◆ Direct object pronouns may be used in place of the direct object.

B. Forms of the direct object pronouns

Singular		Plural	
me	*me*	**nos**	*us*
te	*you* (fam.)	**os**	*you* (fam.)
lo	*you* (form., masc.) *him, it* (masc.)	**los**	*you* (form., masc.) *them* (masc.)
la	*you* (form., fem.) *her, it* (fem.)	**las**	*you* (form., fem.) *them* (fem.)

—¿Tienes **la lista?**	*"Do you have the list?"*
—Sí, **la** tengo.	*"Yes, I have it."*
—¿Seca Ud. **los platos?**	*"Do you dry the dishes?"*
—Sí, **los** seco.	*"Yes, I dry them."*

C. Position of direct object pronouns

◆ In Spanish, object pronouns are normally placed before a conjugated verb.

	D.O.			D.O.
Ellos sirven	**la comida.**		*They serve*	*the meal.*
Ellos	**la**	sirven.	*They serve it.*	

◆ In negative sentences, the **no** must precede the object pronoun.

		D.O.			D.O.
Ellos sirven		**la comida.**		*They serve*	*the meal.*
Ellos		**la**	sirven.	*They serve it.*	
Ellos	**no**	**la**	sirven.	*They don't serve it.*	

- When an infinitive is used with a conjugated verb, the direct object pronoun may either be attached to the infinitive or be placed before the conjugated verb. The same principle applies with the present participle in progressive constructions.

Puedo leer**lo**.

Lo puedo leer.

⎤ *I can read it.*

Estoy leyéndo**lo**.

Lo estoy leyendo.

⎤ *I am reading it.*

Activity suggestion Ana can give everybody a ride home. The instructor will say who doesn't have a car and students respond saying that Ana can take that person home, using the appropriate direct object pronoun.

I John no tiene coche.
S Ana puede llevarlo a casa.

¡Atención! When a direct object pronoun is attached to a present participle (**leyéndolo**), an accent mark is added to maintain the correct stress.

Práctica

ACE the Test

A. Complete the following dialogue, using the appropriate direct object pronouns. Then act it out with a partner.

Julio ¿Tú me puedes llevar a casa hoy?

Delia Sí, puedo llevar te a las tres.

Julio ¡Ah! Necesito la maleta (*suitcase*) de mamá. ¿Tú la tienes?

Delia Sí, yo la tengo. ¿Tú quieres llevar la a Tegucigalpa?

Julio Sí. También necesito comprar cheques de viajero...

Delia Podemos comprar los esta tarde.

Julio Rosa y yo tenemos que estar en el aeropuerto a las ocho de la noche. ¿Tú nos puedes llevar?

Delia Sí, yo los puedo llevar...

Julio ¡Ah! Las sobrinas de Rosa quieren ir al aeropuerto con nosotros. ¿Tú las puedes traer a mi casa a las siete?

Delia ¡No! ¡Yo no tengo un servicio de taxi!

LEARNING TIP

Save a small part of your study sessions to learn things through repetition. This will help embed the material in your long-term memory.

B. You and your roommates are doing chores. Volunteer to do the following tasks yourself.

- **MODELO:** —¿Quién lava las sábanas?
  —*Yo las lavo.*

1. ¿Quién barre el garaje? Yo lo barro.
2. ¿Quién friega los platos? Yo los friego.
3. ¿Quién limpia el cuarto de baño? Yo lo limpio.
4. ¿Quién corta el césped? Yo lo corto.
5. ¿Quién pasa la aspiradora? Yo la paso.
6. ¿Quién sacude los muebles? Yo los sacudo.
7. ¿Quién va a lavar la ropa? Yo voy a lavarla. (Yo la voy a lavar.)
8. ¿Quién prepara la comida? Yo la preparo.

¿Dónde está tu camisa?

La estoy planchando.

C. With a partner, take turns answering the following questions. Use direct object pronouns and the cues provided to indicate what people do differently.

◆ MODELO: —Yo pongo las revistas en la mesa (Teresa / en su escritorio)
—*Teresa las pone en su escritorio.*

1. Don Manuel consigue la carne en el supermercado. Nosotros la conseguimos en la carnicería.
   (nosotros / en la carnicería)
2. Yo voy a llevar a Tito a su casa. Elena va a llevarlo (lo va a llevar) a la parada de autobuses.
   (Elena / a la parada de autobuses)
3. Yo plancho las camisas en la cocina. Julio las plancha en su dormitorio.
   (Julio / en su dormitorio)
4. Nosotros hacemos las compras los viernes. Mis padres las hacen los sábados.
   (Mis padres / los sábados)
5. Elisa trapea el piso dos veces por semana. Tú lo trapeas todos los días.
   (tú / todos los días)
6. Nosotros sabemos el número de teléfono de Irene. Yo no lo sé.
   (yo / no)

D. With a partner, take turns answering the questions on page 171, basing your answers on the illustrations. Use direct object pronouns in your responses.

Juan

Eva

1. ¿A qué hora llama Sara a Luis? Lo llama a las ocho y media.
2. ¿Cuándo tiene que llamar Luis a Sara? Tiene que llamarla (La tiene que llamar) mañana.
3. ¿Pepe puede llevar a los chicos a casa? No, no los puede llevar (no puede llevarlos).
4. ¿Dónde tiene Pepe los libros? Los tiene en la mesa.
5. ¿Quién abre la puerta? Paco la abre.
6. ¿Quién sirve el café? Esteban lo sirve.
7. ¿Quién bebe el refresco? Juan lo bebe.
8. ¿Quién tiene las cartas? Eva las tiene.

Para conversar

A. **¡Habla con tu compañero!** You and your partner play the roles of two roommates that are planning their weekend activities. Take turns answering the following questions, using appropriate direct object pronouns.

1. ¿Quieres dar la fiesta el viernes o el sábado?
2. ¿Vamos a invitar a los chicos de la clase?
3. ¿Tú puedes comprar las bebidas?
4. Mi auto no funciona. ¿Puedes llevarme al mercado?
5. Vamos a tener que limpiar la casa. ¿Quién puede ayudarnos?
6. ¿Quién va a preparar el postre?
7. Yo no puedo ir contigo a la iglesia (*church*) el domingo. ¿Alguien puede llevarte?
8. Mis amigos y yo queremos ver el partido de fútbol por la tarde. ¿Y tú?

B. **¿Quién lo hace?** With a partner, ask each other who does what around the house with other members of the family, etc.

◆ **MODELO:** —¿Quién friega los platos?
—Mi mamá los friega.

Un dicho

*A quien madruga,
Dios lo ayuda.*

Equivalent: The early bird catches the worm.

Así somos

Al escuchar...

Estrategia **Listening for details II** Remember what you have learned in preceding lessons about focusing your listening. Anticipate the kinds of information you will hear, concentrate on listening for the details you want to know, and ignore extraneous information.

Un anuncio de radio, Answers
1. Las Manos Mágicas   2. planchar la ropa, limpiar la casa (barrer, sacudir los muebles, trapear el piso, pasar la aspiradora), cortar el césped, otros trabajos en el patio   3. 84-27-35

Un anuncio de radio Everybody in your household has been discussing the need for extra cleaning help as you are all very busy. You hear a radio commercial on cleaning services. Listen once and make notes of the following details so that you can report to your housemates in the **Al conversar...** activity.

1. nombre del servicio
2. dos servicios que ofrece
3. el número de teléfono

Al conversar...

Al escuchar... (script)

Si usted no tiene tiempo para hacer los trabajos de la casa, o si no le gusta hacerlos, nosotros tenemos la solución: Llame a Las Manos Mágicas.

Usted puede lavar la ropa y doblarla, pero... ¡aquí hay manos mágicas que pueden *plancharla!*

Si usted no quiere limpiar su casa, ¡no hay problema! Nosotros tenemos todo lo necesario para barrer, sacudir los muebles, trapear el piso y pasar la aspiradora mientras usted está en la oficina o va a hacer las compras de la semana.

¿Usted odia cortar el césped? Aquí siempre hay alguien que puede cortarlo y también hacer otros trabajos en el patio.

Llame al número 84-27-35. En seguida va a tener la ayuda que necesita, con los servicios de... ¡Las Manos Mágicas! ¡Llame hoy mismo!

Estrategia **Reporting** When you tell something you hear to another person, you can use **decir (Ramón dice que va a limpiar)** or you can simply report the information without specifying the source. When restating what you hear, use the language you know.

Un servicio fenomenal Get together with two classmates. Today they happen to be your housemates also! You all heard the radio ad for a cleaning service and now take turns telling the others what you recall about the services offered and what cleaning help you think you need. Decide what help you most need and who's going to call for prices.

¿Qué dice Ud.? What would you say in the following situations? What might the other person say? Act out the scenes with a partner. Take turns playing each role.

1. You and your roommate are trying to divide household chores. Volunteer for those chores that you want to do.
2. Tell a friend about two or three members of your family and make comparisons between them and yourself. Talk about age, physical characteristics, etc.
3. You complain about chores that certain people in your family don't do.
4. You are trying to sell or rent your house or apartment. Describe it to a prospective buyer, by giving as many details as possible.

Handout Quiero saber

Para conocernos mejor To do this activity, work with a classmate whom you would like to get to know. Take turns asking and answering these questions.

1. ¿Te gusta hacer los quehaceres de la casa? ¿Cuáles no te gusta hacer?
2. En tu casa, ¿quién friega los platos? ¿Quién barre la cocina? ¿Quién saca la basura?
3. ¿Te ayuda alguien a arreglar tu cuarto? ¿Quién? ¿Siempre pones las cosas en su lugar?
4. ¿Te gusta hacer las compras en el mercado? ¿Qué días las haces?
5. ¿Prefieres pasar la aspiradora o trapear el piso?
6. ¿Prefieres cortar el césped o limpiar el baño?

7. ¿Algunos de tus parientes viven en otras ciudades? ¿Vas a visitarlos? ¿Ellos te visitan?

8. ¿Tienes primos? ¿Tienes sobrinos? ¿Tienes cuñados?

9. ¿Tú sabes tocar algún instrumento musical? ¿Te gusta el piano o prefieres la guitarra?

10. ¿Qué ciudades norteamericanas conoces? ¿Cuáles quieres conocer?

Una encuesta Interview your classmates to identify who fits the following descriptions. Include your instructor, but remember to use the **Ud.** form when addressing him/her. After finishing the survey, get together with two or three classmates and discuss the results.

HM Handout Para decirlo en español

Nombre

1. Hace su cama todos los días. _____

2. Cambia las sábanas de su cama una vez por semana. _____

3. Arregla su cuarto los fines de semana. _____

4. Sacude los muebles de su cuarto. _____

5. Tiene un montón de revistas en su cuarto. _____

6. Plancha su ropa. _____

7. Hace las compras en el mercado los sábados. _____

8. Cocina muy bien.

Para crear In groups of three or four, look at the photo and use your imagination to create a story about the people in the picture. Give them names and ages. What is their relationship to each other? What are they doing?

HM Handout ¿Qué dijiste?

¡Vamos a leer!

Antes de leer

Estrategia **Scanning and purpose in reading** When you set out to read a magazine or newspaper you can scan its contents, for example, by previewing the table of contents or by leafing through the pages to zero in on the articles that you'd like to read. Then, when you read an article, you might read it lightly for the main ideas or in depth for a thorough understanding of the information. Having a purpose when reading enables you to read more efficiently because your mind is focused.

Una entrevista, Answers Habla de Miami en el primer párrafo y de sus padres en el tercer párrafo. La entrevista es sobre la familia y Miami.

Una entrevista Before reading the complete interview with Andy García, scan the interviewer's questions to find out in which paragraph the actor will talk about Miami and in which he mentions his parents. Then skim the reading with the purpose of learning what it is about.

A leer

Comprensión, Answers 1. Dice que es el centro y núcleo familiar para él y sus hijos. 2. Sus hijos tienen 21 primos. 3. Su madre vive allí. 4. Sus hijos le dan el placer de verlos florecer, crecer y tener una buena relación con ellos. 5. Usa el ejemplo de su propia vida. 6. El legado más importante que aspira a dejarles es el de haber sido un buen padre. 7. El principal deber de un padre es estar cuando sus hijos lo necesitan y ser parte de su vida.

Comprensión As you read the article, find the answers to the following questions.

1. ¿Qué dice Andy García de Miami?
2. ¿Cuántos primos tienen sus hijos en Miami?
3. ¿Qué otra persona de su familia vive allí (*there*)?
4. ¿Qué placer le dan sus hijos?
5. ¿Qué usa como ejemplo para sus hijos?
6. ¿Cuál es el legado más importante que aspira a dejarles?
7. ¿Cuál es el principal deber de un padre?

Con el son en las venas

Fragmento de una entrevista con Andy García en la revista Selecciones.

often   ***Selecciones:*** Viene a Miami a menudo,° ¿qué significa esta ciudad para usted?

García: Es mi centro, el núcleo familiar para mí y mis hijos. Si no estoy trabajando en el verano, siempre vengo porque las muchachas están de vacaciones. Aquí mis hijos tienen 21 primos, en

city blocks   un radio de diez manzanas.° Para mí es muy importante mantener esa conexión porque

far   vivimos lejos.° Mi madre aún vive aquí, y además hay una alta concentración de cultura

I enjoy   cubana e hispana, que disfruto° mucho. Además, tengo amigos y me gusta compartir con ellos.

joy   ***Selecciones:*** ¿Qué es lo que más gusto° le ha dado en la vida?

García: Mi familia y mis hijos son los que me dan el placer más grande. Verlos florecer, verlos

grow   crecer° y tener una buena relación con ellos. Como padre, ésa es la relación más fuerte y

life   verdadera que tengo en mi vida.°

Selecciones: ¿Qué lección de sus padres trata de transmitirles a sus hijos?

García: Obviamente, les inculco los valores que me dieron mis padres. Quizá° lo más importante es que trato de darles un ejemplo con mi propia° vida.   *Perhaps* / *own*

Selecciones: ¿Cuál es el legado más importante que aspira a dejarles?

García: Haber sido° un buen padre. Estar cuando me necesitan y ser parte de su vida. Ése es el principal deber° de un padre.   *Having been* / *duty*

¡Vamos a escribir!

Antes de escribir

Estrategia **Summarizing** A summary includes the main ideas of a reading or of something you hear, without all the details. When preparing a summary, you can start by making notes of the main ideas. Often the first sentence of a paragraph contains the main idea; however, you'll also need some of the supporting information. When summarizing, use your own words to restate ideas more concisely. This will also aid your understanding. To support your statements, an important device you can use is to quote someone's speech:

> **El artículo (periódico, periodista) dice que...**
> **El señor X dice: "..."**
> **En la entrevista se dice que...** (*it is said that . . .*)

Un resumen (*A summary*) You are going to summarize the interview with Andy García in your own words. Reread the interview and make notes of the main themes and ideas. Find one quote to include.

A escribir el resumen

Write your **primer borrador** of the summary. Use one or two sentences for each paragraph.

Después de escribir

Before writing the final version, exchange your first draft with a classmate and peer edit each other's work using the following guidelines.

- ◆ use of the personal **a**
- ◆ direct object pronouns
- ◆ use of **ser** and **estar**
- ◆ presence of main points from the interview in writer's words

Después de leer... desde su mundo

Interview a classmate about his or her family. You may want to adapt some of the questions asked of Andy García to your classmate's circumstances.

Panorama hispánico

Honduras

- Hoy Honduras, con un área un poco mayor que la del estado de Tennessee, tiene más de 5 millones y medio de habitantes.

- Honduras es el único país centroamericano que no tiene volcanes, pero esto no es favorable para el país, pues las tierras volcánicas son, por lo general, fértiles y buenas para la agricultura. Como la economía del país se basa en la agricultura,

Honduras es hoy uno de los países más pobres de América. Sin embargo, Honduras tiene el mayor bosque de pinos.

- La capital de Honduras es Tegucigalpa. La mayor atracción turística del país es Copán, una ciudad maya que existió hace unos dos mil años y de la que sólo quedan ruinas.

La imaginación artística

De la escuela pictórica paisajista (*landscape painting*) a la cinematografía hondureña.

▲ Pintura (*Painting*) de José Antonio Velázquez, *San Antonio de Oriente*, ciudad clave (*key*) para comprender (*understand*) la obra del autor

▲ Max Hernández, fotógrafo de fama internacional

Nicaragua

- Nicaragua es la tierra de los lagos (*lakes*) y de los volcanes. El lago Nicaragua es uno de los mayores largos de agua dulce (*fresh*) de todo el mundo, y en él hay tiburones (*sharks*) y otros peces que sólo viven en agua salada en otras regiones.

- La mayor parte de su población vive en el oeste del país, junto a los lagos Nicaragua y Managua, y al océano Pacífico. Allí están las tres ciudades más

importantes del país: Managua, la capital, León y Granada.

- La economía de Nicaragua se basa en la agricultura, y sus principales productos de exportación son café, algodón (*cotton*), carne de res (*beef*) y madera (*wood*). El país tiene una selva virgen mucho más extensa que la de Costa Rica, pero no está debidamente (*duly*) protegida contra su explotación excesiva.

▲ Rubén Darío (1867–1916), iniciador del Modernismo, movimiento literario iberoamericano

▲ La conocida (*well known*) poeta nicaragüense Claribel Alegría

El concepto de la "república bananera"[1]

◄ Lavando y pesando (*weighing*) bananas

Nuestro panorama cultural

In groups of three, answer the following questions about your home state, region, or country.

1. ¿Vive Ud. cerca del mar o de algún río o lago?
2. ¿Cuál es la región más poblada de su estado?
3. ¿Cuáles son los productos típicos de su región?
4. ¿Los turistas visitan mucho su región? ¿Cuáles son las atracciones principales?
5. ¿Tiene un artista favorito? ¿Quién es?
6. ¿Qué personas de su ciudad son famosas?

For the next class: Go to the World Wide Web and find photos from your hometown, state, or country. Use the questions from **Nuestro panorama cultural** above as guidelines for choosing them. Be ready to present the photos to your classmates.

Handout Un poco de cultura

---

[1]**"república bananera"** = "banana republic"

Self-Test

Take this test. When you have finished, check your answers in the answer key provided in Appendix D. Then use a red pen to correct any mistakes you may have made. Are you ready?

Lección 4

A. Pronouns as objects of prepositions Complete the following sentences, using the Spanish equivalent of the words in parentheses.

1. La comida es para ____mí____. (*me*)
2. Eduardo habla mucho de ____ti____. (*you, fam.*)
3. Hay dos libros para ____ellos____. (*them*)
4. Los vasos son para ____nosotros____. (*us*)
5. ¿Quieres comer ____conmigo____? (*with me*)
6. Voy a dejar (*leave*) los discos compactos ____contigo____. (*with you, fam.*)

B. Contractions Complete the following sentences, using the Spanish equivalent of the words in parentheses.

1. Necesito llamar ____al Sr. Estrada____. (*Mr. Estrada*)
2. Yo vengo ____del hospital____. (*from the hospital*)
3. ¿Tú vienes ____de la playa____? (*from the beach*)
4. Eduardo lleva ____a las chicas____ a la fiesta. (*the girls*)
5. El vaso es ____del Sr. Soto____. (*Mr. Soto's*)

C. Present indicative of the irregular verbs *ir, dar,* and *estar* Complete the following sentences, using the present indicative of **ir, dar,** or **estar,** as appropriate.

1. Yo no ____voy____ al concierto con mis amigos.
2. Nosotros ____damos____ una fiesta aquí hoy.
3. Mi hermana ____está____ en su casa.
4. ¿Dónde ____está____ el ponche?
5. Las chicas ____van____ a la fiesta con sus amigos.
6. Tus primos no ____dan____ mucho dinero para los pobres (*poor*).
7. Yo ____estoy____ cansado.
8. ¿Adónde ____van____ tus padres hoy?
9. ¿Dónde ____estás____ tú ahora?
10. Yo no ____doy____ mi número de teléfono.

D. *Ir a* + infinitive Form sentences that tell what is and is not going to happen. Use the given elements.

1. yo / no hablar / con mi mamá / hoy Yo no voy a hablar con mi mamá hoy.
2. mis hijos / estudiar / en Guadalajara Mis hijos van a estudiar en Guadalajara.
3. mi amiga / leer / libro Mi amiga va a leer un libro.
4. Uds. / traer / los discos compactos Uds. van a traer los discos compactos.
5. tú / bailar / en la fiesta Tú vas a bailar en la fiesta.
6. nosotros / no brindar / con vino Nosotros no vamos a brindar con vino.

E. Present indicative of *e:ie* stem-changing verbs Complete the following sentences, using the present indicative of the verbs in the list, as necessary.

entender	cerrar	empezar	preferir
pensar	querer	perder	comenzar

1. Mi primo no ___quiere___ beber café.
2. Nosotros no ___entendemos___ la Lección 2.
3. Ella siempre ___pierde___ mucho dinero en Las Vegas.
4. ¿Tú ___cierras___ la ventana?
5. Las clases ___empiezan (comienzan)___ hoy.
6. Nosotros ___empezamos (comenzamos)___ a bailar ahora.
7. Yo no ___pienso (quiero)___ trabajar el domingo.
8. Luis y yo ___preferimos (queremos)___ beber café.

F. Expressions with *tener* Write the Spanish equivalent of the words in parentheses.

1. Mis primos ___tienen prisa___. (*are in a hurry*)
2. Yo ___no tengo hambre___, pero ___tengo mucha sed___. (*am not hungry / am very thirsty*)
3. Nosotros vamos a abrir la ventana porque ___tenemos calor___. (*we are hot*)
4. Las chicas ___tienen mucho sueño___. (*are very sleepy*)
5. ¿Tú ___tienes miedo___, Anita? (*are afraid*)
6. Ud. ___tiene razón___, Srta. Peña, María ___tiene diez años___. (*are right / is ten years old*)

G. Just words . . . Choose the word or phrase that best completes each sentence.

1. Yo voy a (dar, pasar, abrazar) cinco días en Puerto Rico. pasar
2. Las dos chicas hablan (entonces, a la vez, bienvenidas). a la vez
3. La fiesta (prepara, piensa, empieza) a las nueve de la noche. empieza
4. Tengo sed. Quiero (comida, abrazo, agua). agua
5. Mi (abuela, hija, tía) Marta es la hermana de mi mamá. tía
6. Voy a hablar con mi (sobrino, cuarto, habitación). sobrino
7. Quiero ir a un (teatro, concierto, partido) de fútbol. partido
8. Estamos (cansados, aturdidos, invitados) a la fiesta de Navidad. invitados
9. Trabaja mucho; siempre está (triste, ocupado, aburrido). ocupado
10. Voy a (bailar, pensar, sacar) una foto. sacar

H. Culture Circle the correct answer, based on information from this lesson.

1. En Latinoamérica y en España (existe, no existe) mucha separación entre las generaciones. no existe
2. Además del cumpleaños, muchos hispanos celebran su (baile, santo). santo
3. La segunda ciudad más grande de México es (Guanajuato, Guadalajara). Guadalajara
4. Diego Rivera es un famoso (pintor, músico) mexicano. pintor

Lección 5

A. Comparative forms
Form sentences, using the elements provided. Use the comparative or the superlative, as appropriate.

1. mi hermano / estudiante / más / inteligente / clase Mi hermano es el estudiante más inteligente de la clase.
2. la Lección 2 / menos / interesante / la Lección 7 La Lección 2 es menos interesante que la Lección 7.
3. mi novia / más / bonita / tu novia Mi novia es más bonita que tu novia.
4. mi primo / más / guapo / familia Mi primo es el más guapo de la familia.
5. el profesor Paz / tener / menos / veinte estudiantes El profesor Paz tiene menos de veinte estudiantes.
6. mi sobrino / tan / alto / yo Mi sobrino es tan alto como yo.

B. Irregular comparative forms
Complete the following sentences, using regular or irregular comparative forms, as appropriate.

1. Un hotel es __más grande__ que una casa.
2. El profesor Alvarado habla español __mejor__ que sus estudiantes.
3. Eva tiene "A" en literatura; Beto tiene "C" y Cora tiene "F". Eva es la __mejor__ estudiante y Cora es la __peor__ estudiante.
4. Yo tengo treinta años y Raquel tiene doce años. Yo soy __mayor__ que Raquel; ella es __menor__ que yo.
5. Un libro es __más pequeño__ que un escritorio.

C. Present indicative of *o:ue* stem-changing verbs
Complete the following sentences, using the present indicative of the verbs in the list, as appropriate.

recordar	almorzar	costar	dormir
contar	volver	poder	llover

1. ¿Cuánto __cuesta__ el libro?
2. Ellos no __pueden__ ir hoy.
3. ¿__Recuerda__ Ud. cuál es el número de teléfono de Claudia?
4. Yo __cuento__ de uno a veinte en francés.
5. Tengo hambre. ¿A qué hora __almorzamos__ (nosotros)?
6. ¿Cuándo __vuelves__ tú a Guatemala?
7. En Oregón __llueve__ mucho.
8. ¿__Duerme__ usted bien, señora?

D. Present progressive
Write sentences saying what *is happening*, using the verbs in the list.

pedir	comer	hablar	leer	decir	dormir

1. ella / que nosotros necesitamos más dinero Ella está diciendo que nosotros necesitamos más dinero.
2. yo / con mi abuela en español Yo estoy hablando con mi abuela en español.
3. nosotros / un libro muy bueno Nosotros estamos leyendo un libro muy bueno.
4. ¿qué / tú? / ¿Biftec? ¿Qué estás comiendo tú? ¿Biftec?
5. Luis / en su cuarto Luis está durmiendo en su cuarto.
6. los chicos / dinero Los chicos están pidiendo dinero.

E. Uses of *ser* and *estar* Form sentences, using the elements provided and the appropriate forms of **ser** or **estar**. Add the necessary connectors.

1. Elsa / mamá / Marcela Elsa es la mamá de Marcela.
2. restaurante Miramar / calle Siete El restaurante Miramar está en la calle Siete.
3. ¡Mmmm! / el pollo / delicioso ¡Mmmm! El pollo está delicioso.
4. Roberto / de México / pero ahora / en Guatemala Roberto es de México, pero ahora está en Guatemala.
5. café / frío El café está frío.
6. escritorio / metal El escritorio es de metal.
7. hoy / lunes Hoy es lunes.
8. Elvira / profesora de español Elvira es profesora de español.
9. fiesta / casa / Armando La fiesta es en la casa de Armando.
10. Mariana / muy inteligente Mariana es muy inteligente.
11. ellos / cansados Ellos están cansados.
12. mi suegra / guatemalteca Mi suegra es guatemalteca.

F. Weather expressions Complete the following sentences appropriately.

1. Necesito un paraguas. __Está lloviendo__ mucho en este momento.
2. ¿No te vas a poner el abrigo? ¡Brrr! __Hace frío__.
3. No necesito el suéter. ¡ __Hace calor__ !
4. En Alaska __nieva__ mucho en el invierno.
5. Necesitas el sombrero. Hoy __hace sol__.
6. No quiero vivir en Oregón porque allí llueve mucho y no me gusta la __lluvia__.

G. Just words . . . Choose the word or phrase that does not belong in each group.

1. frito / al horno / de postre de postre
2. lechón / trozo / pedazo lechón
3. torta / pescado / helado pescado
4. esposo / primo / marido primo
5. verdura / pollo / legumbre pollo
6. camarones / langosta / arroz arroz
7. cuchara / tenedor / cuenta cuenta
8. mantel / vaso / copa mantel
9. rico / hermoso / sabroso hermoso
10. pavo / cordero / leche leche
11. platillo / sal / pimienta platillo
12. fábrica / camarero / factoría camarero

H. Culture Complete the following sentences, based on the information from this lesson.

1. En los países hispanos, el café se sirve después del __postre__.
2. Con frecuencia, la __propina__ está incluida en la cuenta.
3. Guatemala es el país de la eterna __primavera__.
4. El Salvador es el país más __pequeño__ de Centroamérica.

Lección 6

A. Demonstrative adjectives and pronouns
Complete the following sentences, using the appropriate demonstrative adjectives and pronouns.

1. Yo necesito ___este___ escritorio, ___esta___ silla y ___esos___ mapas. (*this / this / those*)
2. ___Aquel___ señor es el profesor de inglés y ___aquellas___ chicas son sus estudiantes. Ellas estudian tres horas por día. ___Eso___ es muy importante. (*That over there / those over there / That*)

B. Present indicative of *e:i* stem-changing verbs
Complete the following sentences, using the present indicative of the verbs in the list, as needed.

decir (2)   servir   seguir   pedir (2)   conseguir

1. ¿A qué hora ___sirven___ ustedes la cena?
2. Nosotros siempre ___pedimos___ biftec cuando vamos a ese restaurante. ¿Qué ___pides___ tú?
3. Yo ___consigo___ libros en español en la universidad.
4. ¿Los chicos ___siguen___ en la clase de español?
5. Yo siempre ___digo___ que Alejandro es guapo, pero Elba ___dice___ que es feo.

C. Affirmative and negative expressions
Change the following sentences to the affirmative.

1. Ellos no van a querer nada. Ellos van a querer algo.
2. No hay nadie en la clase. Hay alguien en la clase.
3. No tengo ningún amigo español. Tengo algunos amigos españoles.
4. Ellos nunca dicen nada. Ellos siempre dicen algo.
5. Yo tampoco ceno a las nueve. Yo también ceno a las nueve.
6. Jamás tiene los libros que necesita. Siempre tiene los libros que necesita.
7. No puedes ir ni al cine ni al teatro. Puedes ir o al cine o al teatro.
8. Ellos nunca quieren nada tampoco. Ellos siempre quieren algo también.

D. Verbs with irregular first-person forms
Complete the following sentences, using the present indicative of the verbs in the list, as needed.

traducir   hacer   conocer   saber   salir
poner   caber   ver   traer   conducir

1. Yo ___conduzco___ un Ford, modelo 2000.
2. Yo no ___sé___ dónde está el hotel.
3. Yo no ___quepo___ en este taxi. ¡Hay ocho personas!
4. Yo siempre ___salgo___ de mi casa a las siete de la mañana.
5. Yo ___traduzco___ las lecciones del inglés al portugués.
6. Yo no ___veo___ los pasaportes. ¿Dónde están?
7. Yo no ___hago___ nada los domingos.
8. Yo nunca ___pongo___ las sillas aquí.
9. Yo no ___conozco___ California.
10. Yo ___traigo___ a mi amigo Carlos a la universidad.

E. *Saber* vs. *conocer* Form sentences, using **saber** or **conocer.**

1. nosotros / que ella es su novia Nosotros sabemos que ella es su novia.
2. yo / a Teresa / pero / no / dónde vive Yo conozco a Teresa, pero no sé dónde vive.
3. Peter / Madrid / pero / no / hablar español Peter conoce Madrid, pero no sabe hablar español.
4. los chicos / no / los poemas / de memoria Los chicos no saben los poemas de memoria.

F. Direct object pronouns Answer the following questions in the negative. Substitute direct object pronouns for the direct objects.

1. ¿Tú quieres comprar el libro?
2. ¿Tú llamas a tus amigos todos los días?
3. ¿Uds. sirven la cena a las siete?
4. ¿Tú tienes los pasaportes de Héctor?
5. ¿Sergio te va a llevar a la fiesta?
6. ¿Ustedes pueden llevar me a la casa de mis padres? (*Use* **tú** *form.*)
7. ¿Tú conoces a las primas de Isabel?
8. ¿Tú necesitas las sábanas blancas?
9. ¿El profesor los lleva a Uds. a la biblioteca?
10. ¿Tú puedes llevarnos a mí y a Jorge a la casa del profesor?

G. Just words . . . Match the questions in column A with the answers in column B.

A		B
1. ¿Para qué quieres la escoba?	_j_	a. Sí, es la esposa de mi hermano.
2. ¿Qué estás planchando?	_m_	b. Sí, y tú puedes doblarla.
3. ¿Tocan a la puerta?	_g_	c. Sí, pero yo no estoy de acuerdo.
4. ¿Qué vas a comprar en el mercado?	_o_	d. La revista de Eva.
5. ¿Elisa es tu cuñada?	_a_	e. Porque estoy triste...
6. ¿Qué estás leyendo?	_d_	f. ¡Nunca!
7. ¿Cuándo viene Julián?	_k_	g. Sí, voy a abrir.
8. ¿Ana dice que él es guapo?	_c_	h. Sí, es la hija de mi hermana Nora.
9. ¿Vas a lavar la ropa?	_b_	i. Los muebles de mi dormitorio.
10. ¿Cuándo te ayuda Luis?	_f_	j. Para barrer la cocina.
11. ¿Por qué suspiras?	_e_	k. La semana próxima.
12. ¿Qué vas a sacudir?	_i_	l. Para la sala de estar.
13. ¿Es tu sobrina?	_h_	m. Las camisas de papá.
14. ¿Para dónde es el sofá?	_l_	n. Sí, ¡y yo soy su nieta favorita!
15. ¿La Sra. Paz es tu abuela?	_n_	o. Carne.

H. Culture Answer the following questions, based on the information from this lesson.

1. En los países de habla hispana, ¿qué retiene una mujer cuando se casa?
2. ¿Qué gran imperio floreció en Honduras 500 años antes de la llegada de los españoles?
3. Honduras no tiene volcanes. ¿Por qué no es esto favorable para el país?
4. ¿Cuál es la capital de Honduras?
5. ¿Cuál es la mayor atracción turística de Honduras?

Lección 7

▲ El Hotel Born, en Palma de Mallorca, Islas Canarias, España

Objetivos

Comunicación
You will learn vocabulary related to checking in at a hotel, asking about accommodations, and about tourism.

Pronunciación
The Spanish **ll** and **ñ**

Estructuras
- Indirect object pronouns
- Constructions with **gustar**
- Time expressions with **hacer**
- Preterit of regular verbs
- Ordinal numbers

Cultura
- Travel and currency
- Types of accommodations
- Customs related to travel
- Floor-numbering conventions

Panorama hispánico
- Costa Rica
- Panamá

Estrategias
Listening: Listening to authentic language
Speaking: Simplifying ideas through paraphrasing
Reading: Guessing meaning from context
Writing: Selecting topics and organizing the information

Activity suggestion Use this photo to introduce the lesson theme. Ask your students:

1. ¿Te gusta viajar?
2. ¿Qué hoteles te gustan?
3. Si estás en este hotel, ¿en qué piso quieres estar? ¿Cuántos días quieres estar aquí?

184

En un hotel

Costa Rica y Panamá

Costa Rica

Costa Rica, llamada "la Suiza de América" por su estabilidad política, es una nación progresista y democrática. El país no tiene ejército (*army*), y la educación es obligatoria y gratuita (*free*). El 95% de su población sabe leer y escribir. La mayoría de los ticos (como se les llama a los costarricenses) es de origen español.

Panamá

Panamá está situado en el istmo que une la América del Norte con la América del Sur. Panamá fue (*was*) una provincia de Colombia hasta 1903 y, por lo tanto (*so*), es la república hispanoamericana de más reciente creación.

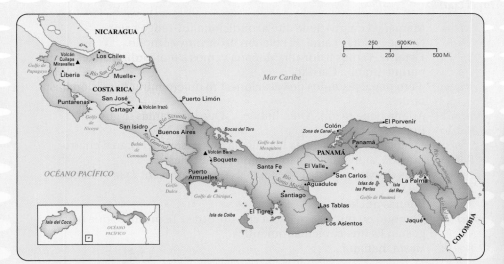

▲ Jungla en Costa Rica

▲ El Canal de Panamá

▲ Niños en una carreta típica, en Costa Rica

Rubén Saldaña, su esposa Beatriz y sus hijas Paola y Ariana están en un hotel en San José, la capital de Costa Rica. El Sr. Saldaña es un hombre de negocios y su esposa es maestra. Paola y Ariana son adolescentes.

Empleado	¿En qué puedo servirle, señor?
Rubén	Me llamo Rubén Saldaña. Mi familia y yo necesitamos una habitación para cuatro personas, con dos camas dobles. Tenemos reservación. Yo llamé anteayer para confirmarla.
Empleado	A ver... Rubén Saldaña... Sí, señor. Su habitación está en el tercer piso.
Ariana	¿Los cuartos tienen televisor? Yo quiero ver mi programa favorito.
Paola	¿Tienen servicio de Internet? Yo necesito mandarle un mensaje instantáneo a Carolina. Hace mucho tiempo que no hablamos.
Beatriz	Hablaste con ella ayer. ¡Y anoche le mandaste una tarjeta postal! Ahora tenemos que llevar el equipaje al cuarto.
Empleado	Tiene que dejarnos el número de su tarjeta,[1] señor. El botones puede llevar las maletas a su cuarto. (*Le da la llave.*) Aquí tiene la llave. Debe dejarla con nosotros en la recepción si sale del hotel.
Rubén	¿El hotel tiene servicio de habitación?
Empleado	Sí, señor. Sirven la cena hasta las once de la noche.
Beatriz	Rubén... ya cenamos... ¡Y tú comiste muchísimo!
Rubén	Sí, pero me gusta comer algo antes de dormir...
Beatriz	Vamos a nuestro cuarto. ¿Dónde está el ascensor? Estoy cansada.
Ariana	Yo voy a usar la escalera. Necesito hacer ejercicio.
Paola	¿El hotel tiene piscina? Yo quiero nadar un rato.

En el cuarto

Ariana	Mamá, ¿el cuarto tiene aire acondicionado? Tengo calor.
Paola	No me gusta la cama. El colchón no es muy cómodo...
Rubén	Es tarde. Vamos a dormir. Mañana vamos a ir al jardín Lankester y al parque Braulio Carrillo.
Ariana	¡Pero papá! ¡Estamos de vacaciones! Yo quiero mirar televisión hasta tarde...
Beatriz	Ariana tiene razón. A ver, Rubén... ¿Qué programas te gustan?
Rubén	Bueno...
Ariana	A Paola y a mí nos gusta la película que pasan en el canal cuatro.
Rubén	Bueno... a mí me gusta más mirar las noticias...
Beatriz	A las chicas les gusta la película... ¡Y a mí también! Yo la vi el mes pasado.
Rubén	Buenas noches...
Beatriz	¿Por qué no miras la película con nosotras? Te prometo que te va a gustar. Es una comedia romántica...
Rubén	Hasta mañana...

HM
Handout En contexto

¿Lo sabía Ud.?

En muchos países hispanos, especialmente en los pueblos pequeños, hay hoteles donde las habitaciones no tienen baño privado. Generalmente tienen uno o dos baños por piso.

◆ ¿Cuál es la situación en los *bed and breakfasts* de este país?

---

[1]**Tarjeta** here means **tarjeta de crédito** = *credit card.* To be introduced in **Lección 8.**

LEARNING TIP

Take advantage of any opportunity you may have to interact in conversation with a native Spanish speaker.

¿Quién lo dice? Identify the person who said the following in the dialogues.

1. El botones puede llevar las maletas a su cuarto.	el empleado
2. A mí me gusta más mirar las noticias.	Rubén
3. Yo quiero mirar televisión hasta tarde.	Ariana
4. Rubén... ya cenamos... ¡Y tú comiste muchísimo!	Beatriz
5. No me gusta la cama. El colchón no es muy cómodo.	Paola
6. ¿En qué puedo servirle, señor?	el empleado
7. ¿El hotel tiene servicio de habitación?	Rubén
8. Yo necesito mandarle un mensaje instantáneo a Carolina.	Paola
9. ¿Por qué no miras la película con nosotras?	Beatriz
10. Yo voy a usar la escalera. Necesito hacer ejercicio.	Ariana

Hablemos. With a partner, take turns asking and answering the following questions. Base your answers on the dialogue and on your own circumstances.

En el diálogo	¿Y tú?
1. ¿Dónde están Rubén Saldaña y su familia?	¿Tú conoces Costa Rica? ¿Adónde vas de vacaciones generalmente?
2. ¿Qué pide la familia Saldaña en el hotel?	En tu cuarto, ¿tienes una cama doble o una cama sencilla?
3. ¿En qué piso está la habitación de la familia Saldaña?	En un hotel, ¿prefieres una habitación en el primer piso o en el décimo (*tenth*) piso?
4. ¿A quién quiere mandarle un mensaje instantáneo Paola?	Cuando tú estás viajando, ¿les mandas mensajes electrónicos a tus amigos? ¿Les mandas tarjetas postales?
5. ¿Quién lleva las maletas al cuarto?	En un hotel, ¿quién lleva tus maletas al cuarto: tú o el botones?
6. En el hotel, ¿hasta qué hora sirven la cena?	¿A qué hora cenas tú?
7. ¿Ariana va a usar la escalera o el ascensor? ¿Por qué?	¿Tú prefieres usar el elevador o la escalera mecánica (*escalator*)?
8. ¿Qué quiere hacer Paola en la piscina?	¿Tu casa tiene piscina? ¿Sabes nadar?
9. ¿Qué dice Paola del colchón?	¿Tu colchón es cómodo?
10. ¿Qué quieren mirar Beatriz y las chicas? ¿Qué quiere mirar Rubén?	¿Tú prefieres mirar una película o mirar las noticias?

En el diálogo, Answers 1. Están en un hotel en San José. 2. Pide una habitación para cuatro personas con dos camas dobles. 3. Está en el tercer piso. 4. Quiere mandarle un mensaje a Carolina. 5. El botones las lleva. 6. Sirven la cena hasta las once de la noche. 7. Va a usar la escalera porque necesita hacer ejercicio. 8. Quiere nadar un rato. 9. Dice que no es muy cómodo. 10. Quieren mirar una película. Quiere mirar las noticias.

Vocabulario

Cognados

la **comedia** comedy
doble double
favorito(-a) favorite
el hotel hotel

instantáneo(-a) instant
la reservación, la reserva reservation
el servicio service
las vacaciones[1] vacation

Improve Your Grade
Audio Flashcards

Nombres

el (la) adolescente teenager
el aire acondicionado air conditioner
el almuerzo lunch
el ascensor, el elevador elevator
el botones bellhop
el canal channel
la cena dinner, supper
el colchón mattress
el desayuno breakfast
el equipaje luggage
la escalera stairs
el hombre de negocios[2] businessman

el Internet, la Red World Wide Web
el jardín garden
la llave key
el (la) maestro(-a) teacher
la maleta, la valija suitcase
la noticia piece of news
la película movie, film
la piscina, la alberca (*Méx.*) swimming pool
el piso floor
el servicio de habitación (cuarto) room service
la tarjeta postal postcard
el televisor TV set

Verbos

cenar to have dinner, to dine
confirmar to confirm
gustar to like, to be pleasing to

mandar, enviar to send
nadar to swim
prometer to promise

Adjetivos

cómodo(-a) comfortable
pasado(-a) last
tercero(-a) third

Otras palabras y expresiones

anoche last night
anteayer the day before yesterday
antes (de) before
ayer yesterday
¿En qué puedo servirle? How may I help (serve) you?
estar de vacaciones to be on vacation
Hace mucho tiempo que no hablamos. We haven't talked for a long time.

hacer ejercicio to exercise
hasta until
muchísimo a lot
mucho tiempo a long time
pasar (dar) una película to show a movie
ya already

---

[1]**Vacaciones** is always used in the plural in Spanish.
[2]**la mujer de negocios** = *businesswoman*

188 ciento ochenta y ocho ◆ **Lección 7**

Vocabulario adicional

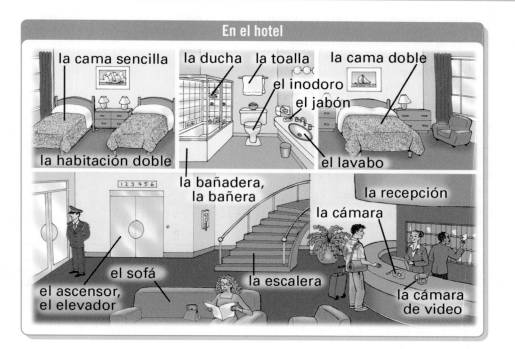

En el hotel

- la cama sencilla
- la ducha
- la toalla
- la cama doble
- el inodoro
- el jabón
- la habitación doble
- el lavabo
- la bañadera, la bañera
- la recepción
- la cámara
- el ascensor, el elevador
- el sofá
- la escalera
- la cámara de video

HM Handout Palabras y más palabras

Las comidas

el desayuno breakfast	**la merienda** snack, luncheon
el almuerzo lunch	**la cena** dinner, supper

Para hablar de turismo

¿A cómo está el cambio de moneda?
  What is the rate of exchange?
la aduana customs
cancelar to cancel
con vista a overlooking
el consulado consulate
desocupar el cuarto to vacate the room
la embajada embassy
la escalera mecánica escalator

libre vacant
la lista de espera waiting list
el mar sea
el pasaporte passport
pasar por la aduana to go through customs
la habitación sencilla single room
la tarjeta de turista tourist card
viajar to travel

¿Lo sabía Ud.?

Lo que en los Estados Unidos es el primer piso es la planta baja en los países hispanos. Entonces, el primer piso en España, por ejemplo, corresponde al segundo piso en los Estados Unidos.

◆ **En los hoteles, ¿cómo llaman en este país a la planta baja?**

Práctica

A. Circle the word or phrase that doesn't belong in each group.

1. almuerzo / cena / escalera _escalera_
2. jardín / conserje / botones _jardín_
3. ducha / llave / bañadera _llave_
4. equipaje / jabón / toalla _equipaje_
5. almorzar / cenar / nadar _nadar_
6. recepción / inodoro / reservación _inodoro_
7. cama / canal / colchón _canal_
8. televisor / película / maestro _maestro_
9. pasado / doble / sencillo _pasado_
10. hacer ejercicio / prometer / correr _prometer_

B. Match the questions in column A with the answers in column B.

A		B
1. ¿Tienen reservación?	_g_	**a.** No, le mandé un mensaje instantáneo.
2. ¿Vas a mirar tu programa?	_d_	**b.** No, la dejé en la recepción.
3. ¿Llamaste a tu novia?	_a_	**c.** Sí, la vi el mes pasado.
4. ¿Le dejaste la tarjeta de crédito?	_h_	**d.** No, mi cuarto no tiene televisor.
5. ¿Llevaste la llave?	_b_	**e.** Sí, necesito hacer ejercicio.
6. ¿Vas a usar la escalera?	_e_	**f.** Sí, tienen catorce años.
7. ¿Viste esa película?	_c_	**g.** Sí, yo la confirmé ayer.
8. ¿Son adolescentes?	_f_	**h.** No, solamente el número.

C. Write the words or phrases that correspond to the following.

1. persona de 15 años, por ejemplo _adolescente_
2. elevador _ascensor_
3. valija _maleta_
4. alberca _piscina_
5. opuesto de **cancelar** _confirmar_
6. opuesto de **mañana** _ayer_
7. documento que usamos para viajar _pasaporte_
8. bañera _bañadera_
9. opuesto de **drama** _comedia_
10. la primera comida del día _desayuno_

D. Complete the following sentences, using vocabulary from this lesson.

1. El hotel tiene aire _acondicionado_ .
2. Hace mucho _tiempo_ que no hablamos.
3. ¿En qué _puedo_ servirle, señora?
4. Vamos a _estar_ de vacaciones en agosto.
5. ¿A cómo está el _cambio_ de _moneda_ ?
6. Tenemos que pasar por la _aduana_ con el equipaje.
7. Quiero una habitación con _vista_ al mar.
8. Mi cuarto está en el tercer _piso_ .
9. ¿Vas a llevar la cámara _fotográfica_ o la cámara de _video_ ?
10. Él es un hombre de _negocios_ y su esposa es maestra.

Para conversar

Handout ¿Quién lo tiene?

A. **¿En qué puedo servirle?** With a partner, take turns playing the part of a hotel employee and a customer who wants to find out about specific accommodations that the hotel has to offer. The employee's answers will determine what kind of hotel it is.

B. **Quejas** (*Complaints*) With a partner, play the roles of two guests who complain about everything when staying at a hotel. Discuss everything that you find wrong with the place and the service.

◆ **MODELO:** *No hay suficientes toallas en el baño.*

Pronunciación

A. The Spanish *ll*

In most countries, the Spanish **ll** has a sound similar to the *y* in the English word *yes*. Listen to your instructor and repeat the following sentences.

Me **ll**amo Raúl A**ll**ende.

E**ll**os **ll**evan las **ll**aves.

El Dr. **Ll**anes vive en la ca**ll**e Porti**ll**o.

Las **ll**amas **ll**egaron del Ca**ll**ao.

B. The Spanish *ñ*

The Spanish **ñ** is similar to the *ny* in the English word *canyon*. Listen to your instructor and repeat the following sentences.

El se**ñ**or Salda**ñ**a está en Espa**ñ**a.

La se**ñ**orita Nú**ñ**ez viene ma**ñ**ana.

La se**ñ**ora Pe**ñ**a tiene treinta a**ñ**os.

La ni**ñ**a sue**ñ**a con ir a la monta**ñ**a.

¿Lo sabía Ud.?

Al seleccionar un hotel en Latinoamérica hay que tener en cuenta (*keep in mind*) que los precios que dan no incluyen los impuestos (*taxes*) que, en la mayoría de los países, son muy altos.

◆ **En este país, los precios que dan los hoteles, ¿incluyen los impuestos?**

Aspectos culturales

En imágenes (*Hoteles para viajes de negocios y de gran turismo*)

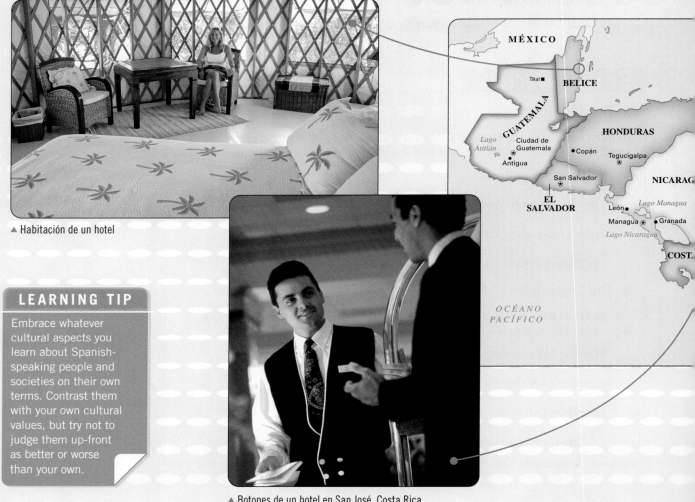

▲ Habitación de un hotel

LEARNING TIP

Embrace whatever cultural aspects you learn about Spanish-speaking people and societies on their own terms. Contrast them with your own cultural values, but try not to judge them up-front as better or worse than your own.

▲ Botones de un hotel en San José, Costa Rica

Ubíquese... y búsquelo

Improve Your Grade
Web Search

The Saldaña family is staying in a hotel in San José while they visit Costa Rica. Go to **www.college.hmco.com** to find some information about hotels in San José. Find some hotels that you could recommend to the Saldañas, taking location, price, and amenities into account. In the next class, team up with two classmates to discuss your findings.

OCÉANO
ATLÁNTICO

Mar Caribe

Canal de Panamá
Colón
Panamá

PANAMÁ

COLOMBIA

▲ Vista de una playa, Costa Rica

▲ Salón de conferencias de un hotel

Estructuras

1. Indirect object pronouns (*Pronombres usados como complemento indirecto*)

Activity suggestion Review the forms of the direct object pronouns. Make sure students know the difference between a direct object and an indirect object by using the following example.

Él la llama "Anita". [direct]
He calls her "Anita."
Él le escribe una carta a Anita. [indirect]
He writes a letter to Anita.

Note Avoid using constructions that present direct and indirect object pronouns in the same sentence. This concept will be presented in **Lección 8.**

◆ In addition to a subject and a direct object, a sentence may have an indirect object.

Él **te** da **el libro.**	*He gives you the book.*
I.O. D.O.	I.O. D.O.

◆ An indirect object describes *to whom* or *for whom* an action is done. An indirect object pronoun can be used in place of an indirect object. In Spanish, the indirect object pronoun includes the meaning *to* or *for*: **Yo *les* mando los libros (a los estudiantes).**

◆ The forms of the indirect object pronouns are as follows. Notice that the indirect object pronouns are the same as the direct object pronouns, except in the third person.

Singular		Plural	
me	(*to, for*) *me*	**nos**	(*to, for*) *us*
te	(*to, for*) *you* (fam.)	**os**	(*to, for*) *you* (fam.)
le	(*to, for*) *you* (form.)	**les**	(*to, for*) *you* (form.)
	(*to, for*) *him*		(*to, for*) *them* (masc., fem.)
	(*to, for*) *her*		

◆ Indirect object pronouns are usually placed in front of the conjugated verb.

—¿Qué **te** está diciendo el empleado?	*"What is the employee saying to you?"*
—Que puedo pagar con dólares.	*"That I can pay with dollars."*
—¿En qué idioma **les** hablan sus padres a ustedes?	*"In what language do your parents speak to you?"*
—Ellos **nos** hablan en español.	*"They speak to us in Spanish."*

¡Guau, guau!

Siempre **les** habla en español.

¿Lo sabía Ud.?
La moneda (*currency*) que utilizan con más frecuencia los latinoamericanos cuando viajan fuera de su país es el dólar norteamericano, porque es fácil cambiar dólares en la mayoría de los bancos principales.

◆ ¿Se puede cambiar dinero de otros países en los bancos de los Estados Unidos?

◆ In sentences with a conjugated verb followed by an infinitive, the indirect object pronoun may either be placed in front of the conjugated verb or be attached to the infinitive.

Le quiero dar dinero.
Quiero dar**le** dinero. } *I want to give him money.*

◆ When used in sentences with the present progressive, an indirect object pronoun may either be placed in front of the conjugated verb or be attached to the present participle.

Nos está diciendo que viene hoy.
Está diciéndo**nos**[1] que viene hoy. } *He is telling us that he is coming today.*

> **¡Atención!** The indirect object pronouns **le** and **les** sometimes require clarification when the person to whom they refer is not specified. Spanish provides clarification (or emphasis) by using the preposition **a** + *personal pronoun or noun.*

	Le doy el pasaje.	*I am giving the ticket* . . . (to him? to her? to you?)
but:	**Le** doy el pasaje **a ella.**	*I am giving the ticket to her.*

Note, however, that the prepositional phrase is optional, while the indirect object pronoun must always be used.

Le traigo un libro a **Roberto.** *I am bringing a book to Roberto.*
¿**Les** vas a dar el dinero **a ellas?** *Are you going to give the money to them?*

Práctica

A. You are at a hotel waiting for a friend to arrive and you overhear some people making the following comments. Complete their sentences with the appropriate indirect object pronouns.

1. <u>Nos</u> dan las llaves. (a nosotros)
2. <u>Les</u> doy el equipaje. (a ellos)
3. <u>Le</u> doy la maleta. (a él)
4. <u>Le</u> doy las tarjetas postales. (a ella)
5. <u>Les</u> traigo la cámara fotográfica. (a Uds.)
6. <u>Le</u> piden el pasaporte. (a ella)
7. <u>Te</u> traigo la cámara de video. (a ti)
8. <u>Le</u> traen el periódico. (a él)
9. <u>Les</u> decimos "gracias". (a ellos)
10. <u>Me</u> dan las bebidas. (a mí)

B. Add the appropriate indirect object pronouns to the following exchanges, and then act them out with a partner.

1. —¿Quién <u>les</u> va a traer las tarjetas de turista a Uds.?
   —Rogelio, y yo voy a dar<u>le</u> el pasaporte a él.
2. —¿ <u>Les</u> vas a escribir a tus padres, Rosita?
   —Sí, <u>les</u> voy a mandar una tarjeta postal.
3. —¿En qué idioma <u>te</u> hablan tus padres a ti?
   — <u>Me</u> hablan en portugués.
4. —¿Qué <u>nos</u> vas a traer a Sergio y a mí, tía Isabel?
   — <u>Les</u> voy a traer dos cámaras fotográficas.
   —¿Y a Elsa?
   —A ella voy a traer<u>le</u> una cámara de video.

---

[1]When an indirect object pronoun is attached to a present participle, an accent mark is added to maintain the correct stress.

C. With a partner, take turns asking each other what the people depicted here do or are going to do. Remember to use the appropriate indirect object pronouns in your questions and answers.

Eva y Sara

Juan

1. dar

Olga

Andrés

2. dar

Paco   **Ana**

3. dar

Paco   **sus padres**

4. dar

el camarero

Pedro

5. traer

el camarero

Nora   **Luis**

6. traer

D. The following people are going on a trip and need certain items. Say who is going to give, bring, or buy the things they need.

◆ **MODELO:** Oscar necesita un mapa.
El papá de Oscar le va a traer (comprar, dar) el mapa.

tu mamá	el amigo de...	mi hermano	el novio de...
nuestros amigos	el papá de...	la abuela de...	su esposo(-a)
los chicos			

1. Yo necesito las maletas.
2. Teresa necesita el pasaporte.
3. Tú necesitas una valija.
4. Ana y yo necesitamos ropa.
5. Carlos necesita una cámara de video.
6. Los chicos necesitan una cámara fotográfica.
7. Olga y Pedro necesitan dinero.
8. Ud. necesita una tarjeta postal.

Un dicho

Les das la mano y te agarran el pie.

Equivalent: You give them an inch and they take a mile.

Para conversar

 A. ¡Habla con tu compañero! You are going on a trip to Panamá to visit your aunt and uncle. Discuss with a classmate what you are doing now and what you are going to do once you get there.

1. ¿Les estás escribiendo a tus tíos de Panamá?
2. ¿Qué les estás diciendo?
3. ¿Qué les vas a llevar a tus tíos?
4. ¿Tu papá te va a dar su cámara fotográfica?
5. ¿Nos vas a escribir desde (*from*) Panamá?
6. ¿Me vas a dejar la llave de tu casa?
7. ¿Qué les vas a traer a tus padres?
8. ¿Qué me vas a traer a mí?

B. De Costa Rica You and your partner are going on a trip to Costa Rica. Ask each other what you are going to bring people as gifts.

1. a tu mamá
2. a tus hermanos
3. a tu mejor amigo(-a)
4. a tus compañeros de clase
5. a tus tíos favoritos

2. Constructions with *gustar* (*Construcciones con **gustar***)

- The verb **gustar** means *to like* (literally, *to be pleasing to*). **Gustar** is always used with an indirect object pronoun (**me** in the following example).

  Me gusta tu casa.   *I like your house.*
  I.O. V.   S.   S. V.   D.O.

                  Your house is pleasing to me.
                      S.   V.   I.O.

- The two most commonly used forms of **gustar** are the third-person singular form, **gusta,** used if the subject is singular or if **gustar** is followed by one or more infinitives; and the third-person plural form, **gustan,** used if the subject is plural.

Indirect object pronouns

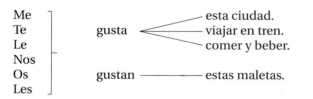

Me
Te
Le   gusta ⟨ esta ciudad.
Nos   viajar en tren.
Os   comer y beber.
Les   gustan ——— estas maletas.

- Note that the verb **gustar** agrees with the *subject* of the sentence—that is, with the person or thing being liked.

  Me gust**a Lima.**   *I like Lima.*
  No me gust**an esas maletas.**   *I don't like those suitcases.*

> **¡Atención!** When what is liked is an activity, **gustar** is followed by the infinitive.

  Me gust**a ir** al cine.   *I like to go to the movies.*

Activity suggestion Write a short sentence builder on the board and have students make up sentences that describe what they, their friends, and their families like and don't like. Remind them to include things that are not on the list.

A mí / A ti / A mi madre, padre / A mis amigos(-as) / A (Tomás) / A los estudiantes / A nosotros
me / te / le(s) / nos
gusta(n)
estudiar / los discos de… / viajar a… / las vacaciones / hablar por teléfono con… / el champán / los exámenes

LEARNING TIP

The construction with **gustar** is one of the cases in which Spanish expresses something in a way quite different from English. This structure will require some understanding on its own terms.
Spanish: **Me gusta…** (*. . . appeals to me*)
English: *I like . . .*

Activity suggestion Introduce **encantar, interesar, molestar, quedar,** and **faltar** at this point. Explain that these verbs follow the same sentence pattern as **gustar,** and write several sample sentences on the board.

Me interesa mucho la política.
Te molesta tomar exámenes largos.
Le falta un año para terminar.
Nos encanta el pollo.
Les quedan dos meses de vacaciones.

Then ask students the following personalized questions or write them on the board and have students interview each other.

1. ¿Te interesa mucho la política?
2. ¿Te molesta tomar exámenes largos?
3. ¿Qué te encanta de la universidad?
4. ¿Qué te molesta?
5. ¿Cuántos años te faltan para terminar tus estudios?
6. ¿Te interesa tomar más cursos de español? ¿Cuántos?
7. ¿Cuántos minutos de clase nos quedan?

ACE the Test

◆ The person who does the liking is the indirect object.

Me gustan los hoteles de esta ciudad.
I.O.

—¿**Te** gusta Panamá?   "Do you like Panamá?"
—Sí, **me** gusta **mucho** Panamá,   "Yes, I like Panamá very much, but I like
pero **me** gusta **más** Guatemala.   Guatemala better."
—A Eva **le** gusta México y   "Eva likes México and we like Costa Rica."
a nosotros nos gusta Costa Rica.

¡Atención! Note that the words **mucho** and **más** (*better*) immediately follow **gustar.**

◆ The preposition **a** + *noun* or *pronoun* may be used to emphasize or specify the name of the person referred to by the indirect object pronoun.

A Eva (A ella) le gusta nadar y **a mí**   *Eva (She) likes to swim and I like
me gusta bailar.*   to dance.*

Práctica

A. You have used certain constructions with **gustar (me gusta, te gusta).** To review, get together with a partner and ask each other whether or not you like the following things.

1. la comida mexicana (italiana / china)
2. la cerveza (el vino)
3. el rojo (el azul)
4. la playa (la montaña)
5. nadar (correr)
6. ir al cine (ir al teatro)
7. cantar (bailar)
8. el béisbol (el tenis)

If you address someone as **usted, le** is used instead of **te.** Now choose questions from the list above to ask your instructor.

B. Rewrite the following sentences, using constructions with **gustar.**

◆ MODELO: Yo prefiero Punta Arenas.
           *A mí **me gusta más** Punta Arenas.*

1. Yo prefiero las ciudades grandes. A mí me gustan más las ciudades grandes.
2. Marcelo prefiere los hoteles pequeños. A Marcelo le gustan más los hoteles pequeños.
3. Ellos prefieren pasar las vacaciones en México. A ellos les gusta más pasar las vacaciones en México.
4. ¿Ud. prefiere viajar en autobús o en avión (*plane*)? ¿A Ud. le gusta más viajar en autobús o en avión?
5. Adela prefiere ir al zoológico. A Adela le gusta más ir al zoológico.
6. Nosotras preferimos ir al teatro. A nosotras nos gusta más ir al teatro.
7. ¿Uds. prefieren la comida italiana? ¿A Uds. les gusta más la comida italiana?
8. Nosotros preferimos comer comida mexicana. A nosotros nos gusta más comer comida mexicana.

Activity suggestion Students take turns asking either a classmate or the instructor whether he/she likes something or likes to do something: **John, ¿te gusta la comida italiana? Profesor(a), ¿le gusta ir al cine?**

C. Interview a classmate to find out what the following members of his or her family like and don't like to do on weekends. When you have finished, switch roles.

◆ MODELO: —*A tus hermanas, ¿qué les gusta hacer? ¿Qué no les gusta hacer?*
           —*A mi hermana le gusta muchísimo ir a bailar. No le gusta trabajar.*

1. a ti
2. a tus hermanos
3. a tu padre
4. a Uds.
5. a tus primos
6. a tu mamá

D. Look at the illustrations below and say what these people like (or don't like) and what they like (or don't like) to do.

◆ **MODELO:**

Juan

A Juan le gusta leer.

Inés

1. _____ A Inés le gusta bailar. _____

Jorge
Mario

2. _A jorge y a Mario no les gusta el café._

Yo

3. _____ A mí me gustan las frutas. _____

Nosotras

4. _A nosotras nos gusta jugar al tenis._

Tú

5. _A ti te gusta la blusa, pero no te gusta la falda._

Carmen

6. _A Carmen le gusta nadar y patinar._

Ud.

7. _A Ud. le gustan el cine y el teatro._

A. ¡Habla con tu compañero! Interview a classmate, using the following questions. When you have finished, switch roles.

1. ¿Dónde te gusta pasar tus vacaciones?
2. ¿Te gustan más las ciudades grandes o las ciudades pequeñas?
3. ¿Te gusta más ir a un museo o a un parque de diversiones?
4. ¿Qué les gusta hacer a tus amigos los fines de semana?
5. ¿A Uds. les gusta bailar? ¿cantar?
6. ¿A tu mejor amiga le gustan las canciones de Enrique Iglesias?
7. ¿Qué estación del año te gusta más?
8. ¿Qué te gusta hacer cuando llueve?

B. ¿Y a usted? With a partner, prepare four questions to ask your instructor about his or her likes and dislikes.

C. Para comparar Compare your likes and dislikes with those of two classmates. Consider your tastes in food, music, weekend activities, classes, and travel.

3. Time expressions with *hacer* (*Expresiones de tiempo con el verbo hacer*)

LEARNING TIP

Note that just as with some weather expressions (**hace calor**, **hace frío**, etc.), **hace** is used with time expressions in Spanish (**hace mucho tiempo**, **hace tres meses**, and so on).

Activity suggestion Write the following sentences on the board and instruct students to complete them orally or in writing.

1. Hace un año que yo...
2. Hace dos días que yo...
3. Hace cinco años que yo...
4. Hace siete meses que yo...

◆ English uses the present perfect progressive or the present perfect tense to express how long something has been going on.

*I **have been living** here **for** twenty years.*

◆ Spanish uses the following construction.

Hace	+	*length of time*	+	**que**	+	*verb* (in the present tense)
Hace		veinte años		que		vivo aquí.

—**¿Cuánto tiempo hace que** Ud. estudia español?
—**Hace** tres meses **que** estudio español.

"How long have you been studying Spanish?"
"I have been studying Spanish for three months."

—¿Tienes mucha hambre?
—¡Sí! **Hace** ocho horas **que** no como.

"Are you very hungry?"
"Yes! I haven't eaten for eight hours."

¡Atención! To ask how long something has been going on, use the expression **¿Cuánto tiempo hace que...?**

Práctica

Tell how long each action depicted below has been going on. Use **hace... que** and the length of time specified.

ACE the Test

1. veinte minutos

2. tres años

3. una hora

4. dos horas

5. siete horas

6. quince días

Para conversar

A. ¡Habla con tu compañero! Interview a classmate, using the following questions and two questions of your own. When you have finished, switch roles.

1. ¿Cuánto tiempo hace que vives en la misma (*same*) casa?
2. ¿Cuánto tiempo hace que estudias aquí?
3. ¿Cuánto tiempo hace que trabajas en esta ciudad?
4. ¿Cuánto tiempo hace que hablas español?
5. ¿Cuánto tiempo hace que no comes?
6. ¿Cuánto tiempo hace que no ves a tus padres?
7. ¿Cuánto tiempo hace que conoces a tu mejor amigo(-a)?
8. ¿Cuánto tiempo hace que no tienes vacaciones?

B. Queremos saber... In groups of three, prepare six questions to ask your instructor, using time expressions with **hacer.** You may want to use the verb **enseñar** (*to teach*) in your questions.

4. Preterit of regular verbs (*Pretérito de verbos regulares*)

Activity suggestion Write the following sentence builder on the board and ask students to form at least ten original sentences.

Ayer / La semana pasada / El año pasado / Anoche / Esta mañana / El viernes pasado
yo / tú / él / ella / nosotros / Ud. / el profesor / mi amigo(-a)
escribirle una tarjeta postal a... / beber... / viajar a... / llegar a clase a la(s)... / leer... / empezar a estudiar a la(s)... / charlar con... / trabajar en... / estudiar en... / salir con... / vender...

You should also give students practice in interrogative and negative sentences to stress the absence of any structural equivalent to the English auxiliary *did*. Ask them the following personalized questions or have students interview each other in pairs.

1. ¿Quién te escribió la semana pasada?
2. ¿Dónde pasaste tus vacaciones el año pasado?
3. ¿Cuánto te costó el libro de español?
4. ¿A quién le pediste dinero?
5. ¿Qué celebraste el mes pasado?
6. ¿Comiste en un restaurante la semana pasada?
7. ¿A quién llamaste por teléfono?
8. ¿Con quién saliste el sábado pasado?
9. ¿A qué hora cerraron la biblioteca anoche?

◆ Spanish has two simple past tenses: the preterit and the imperfect. (The imperfect tense will be studied in **Lección 10.**) The preterit tense is used to refer to actions or states that the speaker views as completed in the past.

◆ The preterit of regular verbs is formed as follows. Note that the endings for the **-er** and **-ir** verbs are the same.

-ar verbs **tomar** *to take*	-er verbs **comer** *to eat*	-ir verbs **escribir** *to write*
tom**é**	com**í**	escrib**í**
tom**aste**	com**iste**	escrib**iste**
tom**ó**	com**ió**	escrib**ió**
tom**amos**	com**imos**	escrib**imos**
tom**asteis**	com**isteis**	escrib**isteis**
tom**aron**	com**ieron**	escrib**ieron**

—¿**Hablaste** con Silvia ayer? — *"Did you speak with Silvia yesterday?"*
—Sí, **comí** con ella en la cafetería. — *"Yes, I ate with her in the cafeteria."*

—¿Le **escribió** Roberto? — *"Did Roberto write to her?"*
—Sí, **recibió** una tarjeta de él ayer. — *"Yes, she received a card from him yesterday."*

◆ The first-person plural of **-ar** and **-ir** verbs is identical to the present tense forms.

—¿A qué hora salieron Uds.? — *"What time did you leave?"*
—**Salimos** de casa a las seis y no **llegamos** hasta las siete. — *"We left home at six, and we didn't arrive until seven."*

◆ Verbs ending in **-gar**, **-car**, and **-zar** change **g** to **gu**, **c** to **qu**, and **z** to **c** before **-é** in the first-person singular of the preterit: **pagar → pagué; buscar** (*to look for*) **→ busqué; empezar → empecé.**

—¿A qué hora **llegaste** a la pensión? — *"What time did you arrive at the boarding house?"*

—**Llegué** a las ocho y **empecé** a trabajar enseguida. — *"I arrived at eight and I started to work right away."*

◆ Certain **-er** and **-ir** verbs with the stem ending in a vowel change **i** to **y** in the third-person singular and plural endings: **leer → leyó, leyeron; creer → creyó, creyeron.**

Él lo **leyó** en el periódico, pero no lo **creyó.**

◆ Verbs of the **-ar** and **-er** groups that are stem-changing in the present indicative are regular in the preterit.

Rosa **volvió** a las seis y **cerró** las puertas. — *Rosa returned at six o'clock and closed the doors.*

¿Lo sabía Ud.?

Las pensiones son muy populares en los países de habla hispana. Son más económicas que los hoteles y generalmente el precio incluye el cuarto y las comidas.

◆ Los *bed and breakfast* que hay en este país, ¿son equivalentes a las pensiones?

◆ Spanish has no equivalent for the English word *did* used as an auxiliary verb in questions and negative sentences.

—¿Encontraste el dinero? *"Did you find the money?"*
—No lo busqué. *"I didn't look for it."*

—¿Dejaste una buena propina? *"Did you leave a good tip?"*
—Sí, dejé el 20 por ciento. *"Yes, I left 20 percent."*

Práctica

ACE the Test

A. Complete the following dialogues, using the verbs given. Then act them out with a partner.

1. hablar / hablar / —¿Tú ___hablaste___ por teléfono con tus suegros ayer?
   llamar / charlar —Sí, ___hablé___ con ellos. Los ___llamé___ por la mañana y ___charlamos___ hasta las once.

2. volver / volver / —¿A qué hora ___volvieron___ Uds.?
   volver / volver —Yo ___volví___ a las cuatro y Mario ___volvió___ a las seis. ¿A qué hora ___volviste___ tú?
   —A las siete.

3. recibir / mandar / —¿___Recibiste___ (tú) las tarjetas que yo te ___mandé___?
   recibir —No, no las ___recibí___.

4. llegar / llegar / —¿A qué hora ___llegó___ Ud., señorita?
   comenzar —___Llegué___ a las nueve y ___comencé___ a trabajar a las nueve y media.

5. cerrar / cerrar / —¿___Cerraron___ Uds. las puertas?
   abrir —Sí, ___cerramos___ las puertas y ___abrimos___ las ventanas.

B. With a partner, ask each other questions about what the following people purchased and how much each item cost.

◆ **MODELO:** Tú

—¿Qué compraste tú?
—*Compré una blusa* (blouse).
—¿Cuánto te costó?
—*Me costó cuarenta dólares.*

1. Tú

2. Uds.

3. Rafael

4. Ana y Eva

5. Alicia

Práctica B, Answers

1. —¿Qué compraste tú?
   —Compré dos maletas.
   —¿Cuánto te costaron?
   —Me costaron 120 dólares.

2. —¿Qué compraron Uds.?
   —Compramos una computadora.
   —¿Cuánto les costó?
   —Nos costó 1.500 dólares.

3. —¿Qué compró Rafael?
   —Compró tres libros.
   —¿Cuánto le costaron?
   —Le costaron 83 dólares.

4. —¿Qué compraron Ana y Eva?
   —Compraron tres tarjetas postales.
   —¿Cuánto les costaron?
   —Les costaron un dólar, veinte centavos.

5. —¿Qué compró Alicia?
   —Compró una cámera digital.
   —¿Cuánto le costó?
   —Le costó 358 dólares.

Un dicho

Salió de Guatemala y entró en Guatepeor.

Equivalent: He went from bad to worse.

Para conversar

A. ¡Habla con tu compañero! With a partner, take turns asking and answering the following questions.

1. ¿Qué comiste ayer?
2. ¿Qué bebiste?
3. ¿Estudiaste español anoche?
4. ¿A qué hora saliste de tu casa?
5. ¿A qué hora llegaste a tu primera clase?
6. ¿Trabajaron tus amigos ayer?
7. ¿Dónde almorzó tu mejor amigo(-a)?
8. ¿A qué hora volviste a tu casa?
9. ¿Leíste el periódico ayer?
10. ¿A qué hora cenaste ayer?

B. ¿Qué hiciste tú...? With a partner, use the verbs listed to ask each other what you did yesterday and last night **(anoche).**

◆ **MODELO:** —¿Dónde almorzaste ayer?
—Almorcé en la cafetería.

almorzar	escribir	mirar	trabajar	volver
cenar	leer	pagar	ver	mandar
cerrar	llegar	practicar	buscar	salir
conversar				

5. Ordinal numbers (*Números ordinales*)

Handout De viaje

primero(-a)[1]	*first*	**sexto(-a)**	*sixth*
segundo(-a)[1]	*second*	**séptimo(-a)**	*seventh*
tercero(-a)[1]	*third*	**octavo(-a)**	*eighth*
cuarto(-a)	*fourth*	**noveno(-a)**	*ninth*
quinto(-a)	*fifth*	**décimo(-a)**	*tenth*

◆ Ordinal numbers agree in gender and number with the nouns they modify.

el segundo **chico**   la segunda **chica**
los primeros **días**   las primeras **semanas**

◆ Ordinal numbers are seldom used after **décimo** (*tenth*).

¡Atención! The ordinal numbers **primero** and **tercero** drop the final **-o** before masculine singular nouns.

el **primer**[2] día   el **tercer**[3] año

—Nosotros estamos en el   *"We are on the second floor. And you?"*
  segundo piso. ¿Y Uds.?
—Estamos en el **tercer** piso.   *"We are on the third floor."*

---

[1]abbreviated 1°, 2°, 3°, and so on
[2]abbreviated 1er
[3]abbreviated 3er

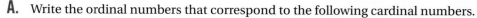
Práctica

A. Write the ordinal numbers that correspond to the following cardinal numbers.

◆ **MODELO:** ocho *octavo*

1. nueve _____noveno_____
2. cinco _____quinto_____
3. uno _____primero_____
4. siete _____séptimo_____
5. dos _____segundo_____
6. tres _____tercero_____
7. seis _____sexto_____
8. cuatro _____cuarto_____
9. diez _____décimo_____

B. Complete the following sentences with the appropriate ordinal numbers.

1. Según la Biblia, Adán fue (*was*) el __primer__ hombre y Eva fue la __primera__ mujer.
2. Febrero es el __segundo__ mes del año y mayo es el __quinto__ mes.
3. En el calendario hispano el miércoles es el __tercer__ día de la semana y el domingo es el __séptimo__ día.
4. El Día de Acción de Gracias es el __cuarto__ jueves de noviembre.
5. El __sexto__ mes del año es junio y el __décimo__ mes es octubre.

C. Concurso de belleza (*Beauty contest*) In a beauty contest, these are the ten finalists. With a partner, put their names in order, according to the points that they have accumulated.

◆ **MODELO:** *Maribel Fuentes es la primera; Isabel Reyes...*

1. Lucía Ayala: 450 pts.
2. Teresa Peñarol: 560 pts.
3. Ana Luisa Peña: 380 pts.
4. Maribel Fuentes: 850 pts.
5. Silvia Torres: 600 pts.
6. Mireya Vargas: 760 pts.
7. María Inés Valles: 490 pts.
8. Isabel Reyes: 800 pts.
9. Marcela Vigo: 700 pts.
10. Gloria Calderón: 500 pts.

C. Answers la primera: Maribel Fuentes   la segunda: Isabel Reyes   la tercera: Mireya Vargas   la cuarta: Marcela Vigo   la quinta: Silvia Torres   la sexta: Teresa Peñarol   la séptima: Gloria Calderón   la octava: María Inés Valles   la novena: Lucía Ayala   la décima: Ana Luisa Peña

Para conversar

¿En qué piso están? Imagine that the whole class is staying at a hotel in Costa Rica. Your classmates were assigned rooms on different floors. With a partner, take turns saying who is on what floor.

Un dicho

Los últimos serán los primeros.

The last shall be first.

Así somos

Al escuchar...

Turismo local, Answers 1. Trata del Hotel Casa Camarona y de los restaurantes de la zona.   2. a. Tiene diecisiete habitaciones. b. Está en la zona del Refugio Gandoca Manzanillo. Trabajan ocho personas. c. Hay restaurantes de comida tradicional caribeña, de comida internacional rápida.
3. Dan a un (gran) patio (que colinda con la playa).

Turismo local You will listen three times to a fragment from a Costa Rican TV program on local tourism.

1. Escuche por primera vez y conteste: ¿De qué trata (*deals with*) este fragmento?
2. Escuche por segunda vez y conteste:
   a. ¿Cuántas habitaciones tiene el hotel?
   b. ¿Dónde está el hotel? ¿Cuántas personas trabajan en el hotel?
   c. ¿Qué tipos de restaurantes hay en la zona?
3. Escuche por tercera vez y conteste: ¿Hacia qué lugar dan (*overlook*) las habitaciones del hotel?

Al conversar...

Al escuchar... (script)

Aquí hay varios hoteles, pensiones y los famosos *bed and breakfasts*. Nosotros estuvimos en el Hotel Casa Camarona, que abrió sus puertas en agosto de 1997. Su ambiente es muy familiar y los precios en temporada baja, época en la que estuvimos, están al alcance del turista nacional. Tiene diecisiete habitaciones, muy acogedoras, que dan a un gran patio que colinda con la playa. Este hotel se encuentra en la zona del Refugio Gandoca Manzanillo, lo que le obliga a respetar muchas obligaciones con respecto a la conservación y mantenimiento del medio ambiente. Además es fuente de trabajo para ocho personas que cumplen varias funciones dentro del hotel.

Si le gusta la comida tradicional caribeña, hay varios restaurantes que la ofrecen. Sin embargo, también hay los que le ofrecen comida internacional o rápida.

¿Cómo? You will hear a series of sentences on familiar topics. Listen and express an approximation of the message of each one. Then compare your responses with those of a classmate to determine whether you've understood the essence of the message.

◆ **MODELO:** *You hear:* Para quienes les gusta la comida internacional hay una gran cantidad de restaurantes en la zona entre los cuales escoger.
Sample paraphrase: Si te gusta la comida internacional, hay muchos restaurantes aquí que la sirven.

¿Qué dice Ud.? What would you say in the following situations? What might the other person say? Act out the scenes with a partner. Take turns playing each role.

1. You have just checked into a hotel. You want to know what time they serve breakfast, and whether they have room service.
2. You are a hotel clerk. Someone calls to reserve a single room with a private bathroom, but it is July, and you don't have any. Tell the person you can put his or her name on a waiting list but don't have any vacant rooms.
3. You tell a traveling companion that you want to go to your room for a while because they are showing a good movie on channel four.
4. You are checking in at a hotel in Costa Rica. Ask about prices and accommodations. Make sure you get a room with an ocean view.
5. You ask the concierge two questions: what time you have to vacate the room and where the American embassy or consulate is.
6. You are a hotel employee and ask a guest what you can do for him/her.

Para conocernos mejor To do this activity, work with a classmate whom you would like to get to know. Take turns asking each other these questions.

1. Cuando viajas, ¿haces reservaciones para el hotel antes de salir de viaje? ¿Prefieres una habitación interior o con vista a la calle (al mar)? ¿Cuál es tu hotel favorito?
2. ¿Prefieres un cuarto en el segundo piso o en el décimo piso? Si el cuarto no tiene baño privado, ¿lo aceptas?
3. Cuando viajas, ¿les mandas tarjetas postales a tus amigos? ¿Sacas muchas fotografías cuando viajas? ¿Prefieres llevar una cámara fotográfica o una cámara de video?
4. ¿Prefieres cenar en tu cuarto si el hotel tiene servicio de habitación o te gusta más ir a un restaurante? ¿Cuál es tu restaurante favorito? ¿Es muy caro?
5. Cuando estás de viaje, ¿miras televisión? ¿Qué tipos de programas te gustan más? ¿Tienes un canal favorito? ¿Cuál? ¿Viste alguna película anoche? ¿Te gustó?
6. ¿Qué lugares te gusta visitar cuando estás de vacaciones? ¿Te gusta más viajar solo(-a), con tus amigos o con tu familia? ¿Cuándo son tus próximas vacaciones? ¿Adónde piensas ir? ¿Cuánto tiempo hace que no viajas?

Una encuesta Interview your classmates to identify who fits the following descriptions. Include your instructor, but remember to use the **Ud.** form when addressing him/her. After finishing the survey, get together with two or three classmates and discuss the results.

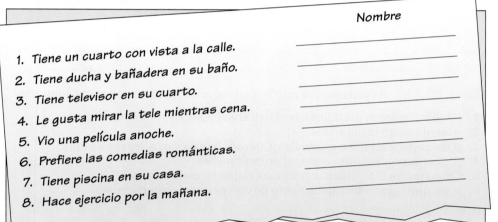

	Nombre
1. Tiene un cuarto con vista a la calle.	_____
2. Tiene ducha y bañadera en su baño.	_____
3. Tiene televisor en su cuarto.	_____
4. Le gusta mirar la tele mientras cena.	_____
5. Vio una película anoche.	_____
6. Prefiere las comedias románticas.	_____
7. Tiene piscina en su casa.	_____
8. Hace ejercicio por la mañana.	_____

De viaje (*Traveling*) Get together with a couple of your classmates and plan a trip to a Spanish-speaking country. Visit a Web site to obtain information about the country you are going to visit. Find out about hotels, rate of exchange, places of interest, and so on. Discuss how and when you will be leaving, how much spending money you'll bring, what cities and special sites you intend to visit, and what you will need to take with you.

Para crear Get together in groups of three and "create" the scenario for this photo. Who are the people in it? Give them names and say where they are coming from and where they are going. Where are they going to stay? What places of interest are they going to visit? What kind of accommodations do they want?

¿Cómo?, Answers *Answers will vary. Some possibilities:* 1. Hoy doy una fiesta en nuestra casa en honor a mamá, que cumple años. **(Lección 1) Hoy hay una fiesta en casa porque es el cumpleaños de mamá.** 2. Carlos viene a mi apartamento para estudiar conmigo cada vez que tenemos examen. **(Lección 3) Carlos y yo estudiamos juntos cuando tenemos examen.** 3. No sé qué estarán haciendo los niños en este momento. Eso me desconcierta un poco. **(Lección 5) No sé qué hacen los niños. Estoy un poco preocupado(-a).** 4. Hoy llegan nuestros primos para visitarnos. ¡Qué jaleo tenemos! ¡Qué de trajines tenemos! **(Lección 6) Hoy nos visitan nuestros primos. Tenemos mucho trabajo.** 5. Voy a aprovechar la espléndida piscina que tiene el hotel nadando un rato. **(Lección 7) Voy a nadar en la piscina del hotel.**

Handout Para decirlo en español

¿Qué dice Ud.?, Answers 1. ¿A qué hora sirven el desayuno? ¿Uds. tienen servicio de habitación? 2. Puedo poner su nombre en la lista de espera pero no tengo ninguna habitación libre en este momento. 3. Quiero ir a mi cuarto por un rato porque en el canal cuatro ponen una película muy buena. 4. *Answers will vary.* 5. ¿A qué hora debo desocupar la habitación? ¿Dónde está la embajada norteamericana (el consulado norteamericano)? 6. ¿En qué puedo servirle, señor (señora)?

Handout ¿Qué dijiste?

¡Vamos a leer!

Antes de leer

El turismo, Answers 1. cruise ships 2. take care of (service) 3. to come in 4. average

El turismo Before reading a brief article on Costa Rican tourism, in pairs, guess the meaning of the highlighted words in these sentences. Can you explain what helped you guess?

1. El presidente inauguró un terminal de **cruceros** en la costa del Caribe.
2. Ampliamos la operación del muelle (*dock*): en lugar de un crucero, ahora el muelle va a poder **atender** dos cruceros.
3. El ministerio de Turismo dice que 500.000 visitantes van a **ingresar** al país por mar.
4. En cada crucero viaja un **promedio** de 2.000 pasajeros.

A leer

Comprensión, Answers 1. Inauguró un nuevo terminal de cruceros en la costa del Caribe. Busca incrementar la llegada de turistas a esa zona. 2. La obra costó un poco más de tres millones. 3. Tiene capacidad para dos cruceros. Van a llegar unos 255 barcos. 4. Van a usar el nuevo muelle 122 cruceros. 5. Como promedio viajan unas dos mil personas en cada crucero. 6. Tratan de competir con Colón, Cartagena, Cancún y con todas las islas caribeñas.

Comprensión As you read the article, find the answers to the following questions.

1. ¿Qué inauguró el presidente costarricense? ¿Qué busca incrementar?
2. ¿Cuánto costó la obra?
3. ¿Qué capacidad tiene el muelle? ¿Cuántos barcos van a llegar este año?
4. ¿Cuántos cruceros van a usar el nuevo muelle?
5. Como promedio, ¿cuántas personas viajan en cada crucero?
6. ¿Con qué lugares turísticos tratan de competir los costarricenses?

Costa Rica busca aumentar la entrada de cruceros

San José (AP).— El presidente costarricense inauguró el lunes un nuevo terminal de cruceros en la costa del Caribe del país, que busca incrementar la llegada de turistas a esa zona.

La obra costó un poco más de 3 millones y va a permitir recibir dos cruceros de forma simultánea en Puerto Limón, a 160 kilómetros de San José.

"Inauguramos la operación del muelle de cruceros ampliado y con capacidad para atender dos cruceros... Con ello reducimos el tiempo de espera y mejoramos la condición de Limón como destino turístico," destacó° el presidente.

emphasized

Aumentan las visitas de cruceros

Las visitas de cruceros a Costa Rica se aumentaron en los últimos años; este año van a llegar unos 255 barcos, 45 más que en el 2001.

Para la temporada siguiente sólo para Puerto Limón ya está confirmada la llegada de 122 cruceros que van a utilizar el nuevo muelle.°

dock

El ministerio de Turismo (ICT) dice que este año van a ingresar al país unos 500.000 visitantes por los puertos tanto del Caribe como del Pacífico. En cada crucero viajan como promedio 2.000 personas.

Con la remodelación del muelle caribeño, las autoridades costarricenses intentan competir en mejores condiciones con Colón, en Panamá, Cartagena, en Colombia, Cancún, en México y todas las islas caribeñas, principales destinos de las rutas de cruceros.

Del periódico El Nuevo Día (Puerto Rico)

¡Vamos a escribir!

Antes de escribir

Estrategia **Selecting topics and organizing the information** When writing multiple paragraphs, it's important to organize your thoughts so that the reader can clearly follow them from beginning to end. This generally means that each paragraph revolves around one distinct idea, which is often the topic sentence or **tema,** and that the ideas transition well from one to the next. When selecting or deciding on the central idea of each paragraph, it is helpful to brainstorm a number of topics and then choose those you think will be most interesting to your reader.

Una carta (*A letter*) You will be writing an e-mail to a friend from Costa Rica that you met in a chat room. He or she will be visiting you and wants to know something about your area.

1. Decide on the area (your region, state, or hometown) you will write about and select two to four topics about which you wish to write. If needed, research information online.
2. Brainstorm the specifics you want to present for each topic. Try to include varied aspects about the area and remember to use language that you know.
3. Decide how you will organize the topics.

A escribir un mensaje electrónico

Write your **primer borrador** of the letter. Use an appropriate greeting and farewell formula.

Saludos: Querido(-a)...: Estimado(-a)...: (*especially a man to another man*)
Despedidas: Saludos de, Afectuosamente,

Después de escribir

Before writing the final version of your letter, exchange your first draft with a classmate and peer edit each other's work, using the following guidelines.

- formation of all verbs and subject-verb agreement
- noun-adjective agreement
- clear topic in each paragraph

For additional writing practice, have students research information on Costa Rica and write an e-mail to a student in the U.S. who is going to visit there.

Después de leer... desde su mundo

In groups of three or four, discuss your preferred vacation (**vacaciones preferidas).**
Find out more details about your classmates' travel and accommodation preferences.

Panorama hispánico

HM
Improve Your Grade
Web Search

Costa Rica

- Costa Rica tiene una de las mejores economías de Centroamérica, aunque el 60% de sus ingresos proviene de la agricultura. El país produce principalmente café, bananas, caña de azúcar (*sugar cane*) y flores. Su segunda fuente de ingresos es el ecoturismo. Costa Rica tiene 24 parques nacionales y reservas ecológicas y en sus selvas tropicales viven más de 100.000 especies de flora y de fauna.

- San José, la capital, no es una gran ciudad, pero tiene lugares muy interesantes como el Teatro Nacional, el Museo de Jade, el Museo del Oro, el Parque Nacional de Diversiones, el Jardín Botánico de Lankester, etc.

- En la música popular de Costa Rica se notan sus raíces (*roots*) españolas, y sus instrumentos musicales más populares (la guitarra, la mandolina y el acordeón) también llegaron de España.

▲ Riquezas[1] naturales: El Jardín de Lankester

▲ Niñez[2] y educación costarricenses: Estudiantes en un laboratorio

Panamá

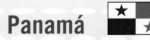

- La principal fuente de ingreso de Panamá proviene del famoso Canal de Panamá, que divide su territorio y une los océanos Atlántico y Pacífico. El Canal fue propiedad de los Estados Unidos hasta 1999. Ahora pertenece (*it belongs*) a Panamá. Junto al Canal están las dos ciudades más grandes del país: Ciudad de Panamá, su capital, y Colón, la segunda ciudad más importante del país.

- Los turistas están comenzando a descubrir las bellezas ecológicas de Panamá, especialmente sus selvas tropicales, la gran cantidad de arrecifes (*reefs*) de coral de sus costas y la extraordinaria variedad de peces (*fish*) que viven en ellos.

- La cultura panameña es una mezcla (*mixture*) de las tradiciones españolas, africanas, indias y norteamericanas, como muestra su variada música que incluye la cumbia, el jazz, la salsa y el reggae.

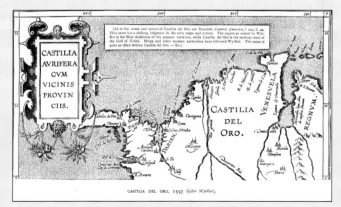

▲ Los territorios del actual (*present-day*) Panamá fueron llamados (*were named*) **Castilla del Oro** por el Rey Fernando de España (1508).

[1]**Riquezas** = *Riches; Resources*
[2]**Niñez** = *Childhood*

▲ Mujer cuna, grupo indígena conocido por su autosuficiencia (*self-sufficiency*) y perspectiva democrática.

▲ Laura Chinchilla, vicepresidenta de Costa Rica, durante una conferencia en Zambrano, Honduras

▲ El presidente de Panamá, Martín Torrijos, dando una conferencia en La Habana, Cuba

Nuestro panorama cultural

In groups of three, answer the following questions about your home state, region, or country.

1. ¿Es obligatoria la educación en su país? ¿Hasta qué nivel o grado? ¿Es gratuita?
2. ¿Cuáles son algunos animales y plantas típicos de su región?
3. ¿La capital de su estado tiene edificios altos? ¿Cuáles los lugares de interés?
4. ¿Su país tiene canales? ¿Dónde están?
5. ¿Qué deportes son populares donde Ud. vive? ¿Qué deportes le gustan a Ud.?
6. ¿Cómo se llama el presidente de su país?
7. ¿Qué tipos de vegetación y de climas hay en su país?

For the next class: Go to the World Wide Web and find photos from your hometown, state, region, or country. Use the questions from **Nuestro panorama cultural** above as guidelines for choosing them. Be ready to present the photos to your classmates.

Handout Un poco de cultura

8

▲ Cliente saliendo de un banco de Renata, Chile

Objetivos

Comunicación

You will learn vocabulary related to banking and running errands. You will also be able to talk about flowers and pets.

Pronunciación

The Spanish **l**, **r**, **rr**, and **z**

Estructuras

◆ Direct and indirect object pronouns used together
◆ Preterit of **ser**, **ir**, and **dar**
◆ Preterit of **e:i** and **o:u** stem-changing verbs
◆ Uses of **por** and **para**
◆ Formation of adverbs

Cultura

◆ Banks and banking
◆ Bad-luck day
◆ Living with parents until marriage

Panorama hispánico

◆ Puerto Rico

Estrategias

Listening: Guessing meaning from context
Speaking: Paraphrasing practice I
Reading: Rereading critically
Writing: Writing journal entries

Activity suggestion Use this photo to introduce the lesson theme. Ask your students:

1. ¿Vas al banco frecuentemente?
2. ¿Tienes mucho dinero en el banco?
3. Tú estás en este banco. ¿Cuánto dinero vas a depositar?

Haciendo diligencias

Puerto Rico

Puerto Rico, "la isla del encanto", es la menor de las islas que forman el archipiélago de las Antillas Mayores. Los indios la llamaban *Boriquén,* y aún hoy muchos la llaman así, y llaman *boricuas* a sus habitantes.

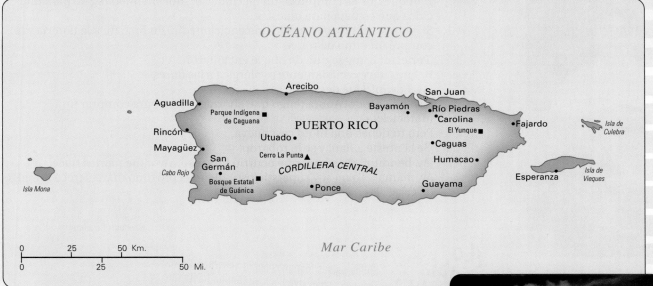

OCÉANO ATLÁNTICO

Aguadilla
Arecibo
San Juan
Bayamón
Río Piedras
Carolina
Fajardo
Isla de Culebra
Parque Indígena de Caguana
PUERTO RICO
El Yunque
Rincón
Utuado
Mayagüez
Caguas
Cerro La Punta
San Germán
Humacao
Cabo Rojo
CORDILLERA CENTRAL
Esperanza
Isla de Vieques
Isla Mona
Bosque Estatal de Guánica
Ponce
Guayama

0   25   50 Km.
0   25   50 Mi.

Mar Caribe

▲ La playa Flamenco en Culebra, Puerto Rico

▲ El Castillo del Morro, situado en la Bahía de San Juan, Puerto Rico

▲ Una calle en el Viejo San Juan, en Puerto Rico

▢ Un martes 13

En una casa de la Avenida Ponce de León, en San Juan, Puerto Rico, vive la familia Burgos Trinidad: Sara y Luis Burgos y su hijo Edwin. Edwin tiene mucho sueño hoy porque anoche no durmió muy bien. Ahora está desayunando y hablando con su mamá. Le está contando todo lo que le pasó ayer.

Mamá	¿Fuiste a la tintorería a recoger tus pantalones?
Edwin	Sí... Ése fue mi primer problema... Estacioné la motocicleta frente a una boca de incendios y un policía me dio una multa.
Mamá	¡Pobrecito! Y después... ¿fuiste al banco?
Edwin	Sí, deposité dinero en mi cuenta de ahorros y en mi cuenta corriente. Después pedí un préstamo, pero no me lo dieron.
Mamá	Tu papá tampoco consiguió el préstamo que pidió... ¡Qué mala suerte!
Edwin	Después compré dos peces de colores para Martita pero... murieron... Creo que les di demasiada comida...
Mamá	Probablemente. ¿Compraste el regalo para tu novia?
Edwin	Sí, pero no se lo di.
Mamá	¿Por qué no? Le compraste un diccionario, ¿no? Un buen regalo para una chica que estudia para maestra...
Edwin	Sí, pero su ex novio le regaló una enciclopedia. En fin... fui a la florería y le compré un ramo de rosas.
Mamá	¡Perfecto! Estoy segura de que le encantaron.
Edwin	Bueno... desgraciadamente es alérgica a las flores...
Mamá	¡Ay, Edwin! ¡Qué desastre!
Edwin	¡Eso no es todo! Ahora tengo que ahorrar dinero para comprar una motocicleta.
Mamá	Pero tú tienes una moto casi nueva...
Edwin	¡Se la presté a Raúl y se la robaron!
Mamá	¡Ay, bendito![1] ¡Ya sé por qué ocurrió todo eso! ¡Ayer fue martes trece!
Edwin	Ay, mamá... Yo no soy supersticioso... ¡Pero el próximo martes trece no salgo de casa!

HM
Handout En contexto

¿Lo sabía Ud.?

En los países hispanos por lo general los jóvenes (*young people*) viven con su familia hasta que se casan (*get married*), pero esto está cambiando un poco, especialmente en las ciudades grandes.

◆ Generalmente, ¿hasta qué edad viven con sus padres los jóvenes de este país?

---

[1]**¡Ay, bendito!** = *Oh, my goodness!* (A common phrase in Puerto Rico)

Mamá

Edwin

¿Quién lo dice? Identify the person who said the following in the dialogue.

1. ¿Fuiste a la tintorería a recoger tus pantalones? _____Mamá_____
2. Después pedí un préstamo, pero no me lo dieron. _____Edwin_____
3. Tu papá tampoco consiguió el préstamo que pidió. _____Mamá_____
4. Después compré dos peces de colores para Martita. _____Edwin_____
5. ¿Compraste el regalo para tu novia? _____Mamá_____
6. Sí, pero su ex novio le regaló una enciclopedia. _____Edwin_____
7. En fin... fui a la florería y le compré un ramo de rosas. _____Edwin_____
8. Pero tú tienes una moto casi nueva. _____Mamá_____
9. ¡Ya sé por qué ocurrió todo eso! ¡Ayer fue martes trece! _____Mamá_____
10. ¡Pero el próximo martes trece no salgo de casa! _____Edwin_____

> **LEARNING TIP**
>
> You are learning standard Spanish for the most part. As is the case in English, different regions of the Spanish-speaking world use different words for common things. In "**Un martes trece**," Edwin and his mother would normally use the following Puerto Rican terms: **motocicleta = motora, florería = floristería**, and **policía = guardia**.

Hablemos. With a partner, take turns asking and answering the following questions. Base your answers on the dialogue and on your own circumstances.

En el diálogo	¿Y tú?
1. ¿Edwin durmió bien anoche?	¿Cómo dormiste tú?
2. ¿Qué le está contando Edwin a su mamá?	¿A quién le cuentas tú tus problemas?
3. ¿Para qué fue Edwin a la tintorería?	¿Tú mandas tu ropa a la tintorería?
4. ¿Por qué le dio el policía una multa a Edwin?	¿Te dieron una multa alguna vez (*ever*)?
5. ¿En qué cuentas depositó Edwin dinero?	¿Qué cuentas tienes tú en el banco?
6. ¿Consiguió el papá de Edwin el préstamo que pidió?	¿Tú piensas pedir un préstamo?
7. ¿Qué compró Edwin para Martita? ¿Qué les pasó a los peces?	¿Tú tienes animales? ¿Cuáles?
8. ¿Qué compró Edwin en la florería?	¿Te gustan las rosas?
9. ¿Para qué tiene que ahorrar dinero Edwin?	¿Tú puedes ahorrar? ¿Para qué?
10. ¿Qué no piensa hacer Edwin el próximo martes trece?	¿Tú eres supersticioso(-a)?

¿Lo sabía Ud.?

En los países hispanos el día de "mala suerte" es el martes trece y no el viernes trece. Dice un dicho, "Martes trece ni te cases ni te embarques" (*Don't get married or get on a boat [travel] on Tuesday the 13th*).

◆ ¿En este país toman muy en serio la idea de que el viernes trece es un día de mala suerte?

En el diálogo, Answers 1. No, no durmió muy bien. 2. Le está contando todo lo que le pasó ayer. 3. Fue a recoger sus pantalones. 4. Porque estacionó su motocicleta frente a una boca de incendios. 5. Depositó el dinero en su cuenta corriente y en su cuenta de ahorros. 6. No, no lo consiguió. 7. Compró dos peces de colores. Los peces murieron. 8. Compró un ramo de rosas. 9. Tiene que ahorrar dinero para comprar una motocicleta. 10. No piensa salir de su casa.

⌒ Vocabulario

Cognados

alérgico(-a) allergic	**la motocicleta, la moto** motorcycle
el banco bank	**el policía**[1] policeman
el desastre disaster	**probablemente** probably
el diccionario dictionary	**la rosa** rose
la enciclopedia encyclopedia	**supersticioso(-a)** superstitious

Nombres

la boca de incendios, el hidrante fire hydrant	**los pantalones** pants, trousers
la cuenta account	**el pez de color** goldfish
— **corriente** checking account	**el (la) pobrecito(-a)** poor thing
— **de ahorros** savings account	**el préstamo** loan
la flor flower	**el ramo** bouquet
la florería flower shop	**el regalo** present
el incendio, el fuego fire	**la suerte** luck
la multa fine, ticket	**la tintorería** dry cleaner's

Verbos

ahorrar to save (*e.g., money*)	**pasar, ocurrir** to happen
contar (o:ue) to tell (*e.g., a story*)	**prestar** to lend
depositar to deposit	**regalar** to give (as a gift)
estacionar, aparcar, parquear to park	**robar** to steal

Adjetivos

demasiado(-a) too
seguro(-a) sure

Otras palabras y expresiones

casi almost	**frente a** in front of
dar (poner) una multa to fine	**hacer diligencias** to run errands
desgraciadamente, por desgracia, desafortunadamente unfortunately	**pedir (solicitar) un préstamo** to apply for a loan
en fin... anyway . . .	**¡Qué mala suerte!** Such bad luck!
encantarle a uno to love	**salir de casa** to leave the house
	todo all, everything

¿Lo sabía Ud.? Cada nación latinoamericana tiene un banco central encargado de (*in charge of*) emitir el dinero y de controlar la actividad de los bancos comerciales. En algunos países hay también sucursales (*branches*) de bancos extranjeros.

◆ **En este país, ¿qué institución está encargada de emitir el dinero?**

---
[1]**policewoman** = *la agente de policía*

Vocabulario adicional

En el banco

a plazos on installments
al contado in cash
el cheque de viajero traveler's check
abrir una cuenta to open an account
el cajero automático automatic teller (ATM)
cobrar un cheque to cash a check
la cuenta conjunta joint account
en efectivo in cash

fechar to date (*a check, a letter, etc.*)
la firma signature
firmar to sign
gratis free of charge
la libreta de ahorros savings passbook
el talonario de cheques,
  la chequera checkbook
la tarjeta de crédito credit card

el loro
el mono
el canario
el conejo   la tortuga
el gato
el perro
el conejillo de Indias

Related vocabulary Other vocabulary words you may want to introduce at this point are: **talones** (*checks/Spain*); **hacer un depósito** (*to make a deposit*); **poner la fecha** (*to date*).

Otras flores

la camelia camellia
el clavel carnation
el geranio geranium
la lila lilac
la margarita daisy

la orquídea orchid
el pensamiento pansy
el tulipán tulip
la violeta violet

¿Lo sabía Ud.? El uso de cheques no es tan común en América Latina como en los Estados Unidos y en Canadá, pero muchos bancos tienen sus propias (*own*) tarjetas de crédito.

◆ Generalmente ¿cómo paga la gente de este país cuando va de compras?

ACE the Test

Práctica

A. Match the questions in column A with the responses in column B.

A		B
1. ¿Cuál es tu flor favorita?	_h_	**a.** Del cajero automático.
2. ¿Vas a ir al banco?	_j_	**b.** Sí, me puso una multa.
3. ¿Dónde estacionaste la moto?	_f_	**c.** No, a plazos.
4. ¿Hablaste con el policía?	_b_	**d.** Sí, se lo di anoche.
5. ¿Compraste el regalo para Olga?	_d_	**e.** No, de ahorros.
6. ¿Adónde llevaste los pantalones?	_i_	**f.** Frente a una boca de incendios.
7. ¿De dónde sacaste el dinero?	_a_	**g.** No, un canario.
8. ¿Tienes cuenta corriente?	_e_	**h.** La margarita.
9. ¿Lo compraste al contado?	_c_	**i.** A la tintorería.
10. ¿Tienes un loro?	_g_	**j.** Sí, voy a solicitar un préstamo.

B. Write the words or phrases that correspond to the following.

1. que tiene alergia ____alérgico(-a)____
2. lugar donde venden flores ____florería____
3. fuego ____incendio____
4. aparcar ____estacionar (parquear)____
5. pasar ____ocurrir____
6. por desgracia ____desgraciadamente____
7. gustarle mucho a uno ____encantarle____
8. poner la fecha ____fechar____
9. chequera ____talonario de cheques____
10. Morris, por ejemplo ____gato____

C. Complete the following sentences, using vocabulary from this lesson.

1. Por ___desgracia___ me robaron la motocicleta. ¡Qué mala ___suerte___!
2. Hoy tengo que hacer muchas ___diligencias___. Voy a salir de ___casa___ a las ocho.
3. Mi esposa y yo vamos a ___abrir___ una cuenta ___conjunta___.
4. Le regalé un ___ramo___ de rosas y unos ___peces___ de colores.
5. Van a comprar la _Enciclopedia_ *Británica* y un diccionario.
6. No va a hacer nada el martes ___trece___ porque es muy ___supersticioso___.
7. Carlitos no puede ir a la fiesta porque está enfermo. ¡___Pobrecito___!
8. Me gusta muchísimo Puerto Rico. Me ___encanta___.
9. Creo que puedes ahorrar dinero allí, pero no estoy ___seguro(-a)___.
10. Voy a ___cobrar___ el cheque y voy a ___depositar___ el dinero en el banco.

Para conversar

A. Problemas y más problemas With a partner, take turns indicating what these people can do about all the problems they had last week.

◆ **MODELO:** Anita compró dos peces de colores y los dos murieron.
   Anita puede comprar otros peces de colores y preguntarle al empleado
   cómo cuidarlos (take care of them).

1. Paloma pidió un préstamo en el banco y no se lo dieron.
2. Roberto tiene que comparle un regalo de cumpleaños a su novia y no tiene mucho dinero.
3. Beto quiere comprar un ramo de flores para una chica, pero no sabe qué flores le gustan a ella.
4. Julio quiere ahorrar dinero para comprar una motocicleta pero él gana (*earns*) muy poco.
5. A Marisa le robaron el coche el sábado pasado y ella no sabe cómo va a ir a la universidad.

B. **¡Cuántas diligencias!** With a partner, play the roles of two roommates who were supposed to run several errands yesterday. You ask each other whether or not you did certain things, including follow-up questions as much as possible (**¿Fuiste a...?, ¿Compraste...?,** etc.).

Pronunciación

A. The Spanish *l*

The Spanish **l** is pronounced like the *l* in the English word *lean*. The tip of the tongue must touch the palate. Listen to your instructor and repeat the following sentences.

> **L**aura y Si**l**via **l**e dan e**l** rega**l**o.
>
> **L**uis vue**l**a a **l**a capita**l** e**l l**unes.
>
> E**l** po**l**icía **l**e dio una mu**l**ta a **L**o**l**a.

B. The Spanish *r*

The Spanish **r** sounds something like the *dd* in the English word *ladder*. Listen to your instructor and repeat the following sentences.

> Sa**r**a Bu**r**gos fue a la tintore**r**ía.
>
> El teat**r**o ab**r**e a las t**r**es y cua**r**to.
>
> Te**r**esa Ve**r**a comp**r**ó flo**r**es en la flore**r**ía.

C. The Spanish *rr*

The Spanish **rr** is spelled **r** at the beginning of the words and **rr** between vowels. It is a strong trill. Listen to your instructor and repeat the following sentences.

> **R**osa **R**omero está abu**rr**ida.
>
> El a**rr**oz está **r**ico.
>
> **R**oberto **R**eyes come con **R**ita.

D. The Spanish *z*

In Latin America the Spanish **z** is pronounced like the *ss* in the English word *pressing*. In Spain it is pronounced like the *th* in the English word *think*. Avoid using the buzzing sound of the English *z* in the words *zoo* and *zebra*. Listen to your instructor and repeat the following sentences.

> La ta**z**a a**z**ul es de **Z**oila.
>
> El lápi**z** es del mo**z**o.
>
> **Z**ulema Pére**z** fue al **z**oológico.

Aspectos culturales

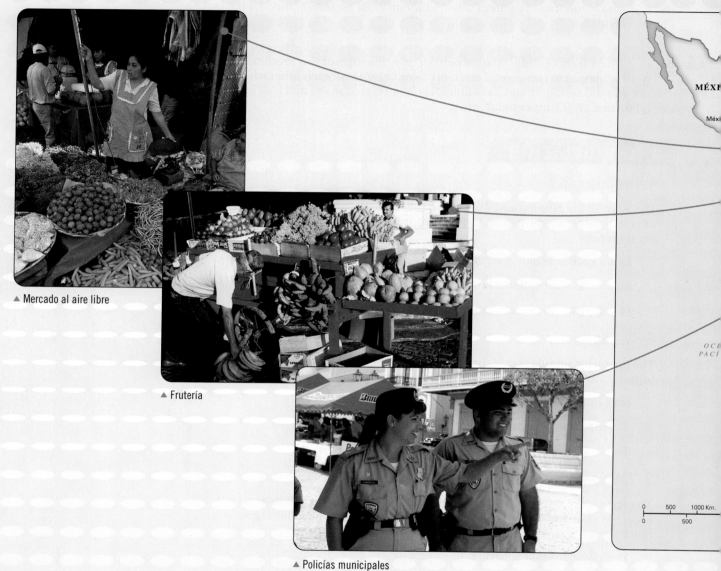

▲ Mercado al aire libre

▲ Frutería

▲ Policías municipales

Ubíquese... y búsquelo

HM Improve Your Grade
Web Search

You are in Metropolitan San Juan using the **Tren Urbano,** a new rail transit system, as your means of transportation. Go to **www.college.hmco.com** to find out about some of the places for sightseeing and for running different errands at several **Tren Urbano** stations. In the next class, team up with two classmates to discuss your findings.

▲ Correo Central, Puerto Rico

OCÉANO
ATLÁNTICO

La Habana

CUBA

JAMAICA

ELICE

HONDURAS

Tegucigalpa

NICARAGUA

agua

San José

STA RICA

Ciudad de Panamá

PANAMÁ

HAITÍ

REPÚBLICA
DOMINICANA

PUERTO RICO

San Juan

Santo
Domingo

Mar Caribe

Caracas

VENEZUELA

Bogotá

COLOMBIA

Quito

ECUADOR

PERÚ

Lima

BRASIL

BOLIVIA

La Paz

Sucre

Brasília

PARAGUAY

Asunción

CHILE

ARGENTINA

URUGUAY

Santiago

Buenos Aires

Montevideo

OCÉANO
ATLÁNTICO

▲ Cajero automático (*ATM*)

Estructuras

1. Direct and indirect object pronouns used together (*Pronombres de complemento directo e indirecto usados juntos*)

Activity suggestion Review the direct and indirect objects presented in **Lecciones 6** and **7**. Write the following on the board.

He gives it to me. (**el libro**) **Él me lo da.**

Emphasize the possible combinations:

me
te
nos } + lo, la los, las
se

Activity suggestion Ask several students to exchange personal articles. Then ask each student, "¿**Quién te prestó el libro (la mochila, el lápiz,** etc.)?" The student should reply using the correct direct and indirect object pronouns. Then ask another student who lent what to whom.

I (*to María*) ¿**Quién te prestó el libro?**
S1 **José me lo prestó.**
I ¿**Quién le prestó el libro a María?**
S2 **José se lo prestó.**

◆ When an indirect object pronoun and a direct object pronoun are used together, the indirect object pronoun always comes first.

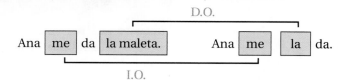

◆ With an infinitive, the pronouns can either be placed before the conjugated verb or be attached to the infinitive.

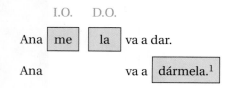

◆ With the present progressive, the pronouns can either be placed before the conjugated verb or be attached to the gerund.

◆ If both pronouns begin with **l**, the indirect object pronoun (**le** or **les**) is changed to **se**.

For clarification, it is sometimes necessary to add **a él, a ella, a Ud., a Uds., a ellos,** or **a ellas.**

—¿A quién le da la cuenta Ana?
—**Se la** da **a él.**

---

[1]Note the use of the written accent, which follows the rules for accentuation. See Appendix A.

Práctica

A. Complete the following exchanges, using direct and indirect object pronouns. Then act them out with a partner, adding a sentence or two to each dialogue.

1. —¿Le dejaste la chequera a Raúl?
   —Sí, ____se la____ dejé en su escritorio.
2. —¿Uds. nos van a traer los cheques?
   —Sí, ____se los____ vamos a traer ahora.
3. —¿El banco les va a dar el préstamo a Uds.?
   —Sí, va a ____dárnoslo____ hoy.
4. —¿El empleado te trae el talonario de cheques?
   —Sí, ____me lo____ trae.
5. —¿Me vas a dar las tarjetas de crédito?
   —No, no ____te las (se las)____ puedo dar. Lo siento.
6. —¿Le vas a prestar el dinero a Mario?
   —Sí, ____se lo____ voy a prestar.

B. You have a friend who is always willing to help others. Explain how, using the information provided.

◆ **MODELO:** Yo necesito un diccionario. (comprar)
        *Mi amigo **me lo** compra.*

1. Tú necesitas los cheques. (traer) Mi amigo te los trae.
2. Yo necesito dos tarjetas. (comprar) Mi amigo me las compra.
3. Nosotros necesitamos un préstamo. (dar) Mi amigo nos lo da.
4. Elsa necesita cheques de viajero. (comprar) Mi amigo se los compra.
5. Mis hermanos necesitan dinero. (prestar) Mi amigo se lo presta.
6. Ud. necesita la chequera. (traer) Mi amigo se la trae.
7. Yo quiero el talonario de cheques. (buscar) Mi amigo me lo busca.
8. Mi prima quiere unas flores. (comprar) Mi amigo se las compra.

C. With a partner, take turns asking and answering questions about what the following people want and whether you can help them. Use the verbs **mandar, dar, prestar, comprar,** and **traer.**

◆ **MODELO:**
   —*¿Qué quiere Elisa?*
   —*Quiere dinero. ¿Tú se lo puedes mandar?*
   —*No, lo siento. Yo no puedo mandárselo.*

Elisa

1. Carlos

2. Ana y Paco

3. Javier

4. Lidia

5. Lucía

Práctica B, Expansion Ask students to make a list of ten things they need or want. Using the verbs in this exercise, the other members of the class will tell them who will buy, lend, give, bring, or send them the items requested. You may want to review the **ir + a +** *infinitive* structure before you begin this activity.

S1 **Yo necesito una maleta.**
S2 **Tu padre te la va a traer.**
S3 **Yo quiero un lápiz.**
S4 **Yo te lo voy a prestar.**

Práctica C, Answers
1. —¿Qué quiere Carlos?
   —Quiere una tarjeta de crédito. ¿Tú se la puedes dar (traer, mandar)?
   —Sí. (No, lo siento.) Yo (no) puedo dársela (traérsela, mandársela).
2. —¿Qué quieren Ana y Paco?
   —Quieren un diccionario. ¿Tú se lo puedes comprar (traer)?
   —Sí. (No, lo siento.) Yo (no) puedo comprárselo (traérselo).
3. —¿Qué quiere Javier?
   —Quiere una camisa. ¿Tú se la puedes comprar?
   —Sí. (No, lo siento.) Yo (no) puedo comprársela.
4. —¿Qué quiere Lidia?
   —Quiere una maleta. ¿Tú se la puedes prestar?
   —Sí. (No, lo siento.) Yo (no) puedo prestársela.
5. —¿Qué quiere Lucía?
   —Quiere una tortuga. ¿Tú se la puedes comprar?
   —Sí. (No, lo siento.) Yo (no) puedo comprársela.

Práctica D, Expansion 1 Have students do this activity in groups of three. Each student should answer two questions as a cranky person.

S1 ¿Vas a mandarme el dinero?
S2 No, no voy a mandártelo.

Práctica D, Expansion 2 As an expansion activity for more advanced students, have students respond to the initial question and then have them say how to obtain the item requested.

S1 ¿Vas a mandarme el dinero?
S2 No, no voy a mandártelo. Puedes pedírselo a tu padre.
S3 ¿Puedes darle los discos a (Student 1)?
S4 No, no puedo dárselos. Puede pedírselos a su amigo.

Práctica E, Answers 1. No, no se lo puedo comprar. 2. No, no te (se) la puedo buscar. 3. No, no se las puedo llevar. 4. No, no se los puedo dar. 5. No, no se los puedo traer. 6. No, no se lo puedo comprar.

Práctica E, Activity suggestion Have students do this activity in pairs. Encourage them to make three other requests not mentioned in the exercise.

D. You are in a bad mood, and people keep asking you to do things you don't want to do. Tell them you can't do the favors they are requesting.

◆ **MODELO:** —¿Puedes traerme las violetas?
—*No, no puedo traér**telas.***

1. ¿Puedes comprarle el regalo a mamá? No, no puedo comprárselo.
2. ¿Puedes buscarme la chequera? No, no puedo buscártela (buscársela).
3. ¿Puedes llevarle las flores a Luisa? No, no puedo llevárselas.
4. ¿Puedes darle los cheques de viajero a Raúl? No, no puedo dárselos.
5. ¿Puedes traernos los pantalones de la tintorería? No, no puedo traérselos.
6. ¿Puedes comprarnos un perro? No, no puedo comprárselo.

E. Now repeat Exercise D, following the model below.

◆ **MODELO:** —¿Puedes traerme las violetas?
—*No, no **te las** puedo traer.*

Para conversar

A. **¡Habla con tu compañero!** Interview a classmate, using the following questions and two questions of your own. When you have finished, switch roles.

1. Cuando tú necesitas dinero, ¿a quién se lo pides?
2. Cuando tú les pides dinero a tus padres, ¿te lo dan?
3. Si yo necesito tu libro de español, ¿me lo prestas?
4. Si Uds. no entienden algo, ¿se lo preguntan (*ask*) a su profesor(-a)?
5. Si tú y yo somos amigos(-as) y yo necesito tu coche, ¿tú me lo prestas?
6. Necesito tu pluma. ¿Puedes prestármela?
7. Necesito cheques de viajero. ¿Tú me los puedes conseguir?
8. Yo no tengo el número de teléfono del profesor (de la profesora). ¿Tú se lo puedes pedir?

B. **¿Qué necesitamos?** In groups of three, talk about what each of you needs. Then ask a member of the group whether he/she can lend you, give you, or send you the needed item.

Un dicho

Camarón que se duerme,
se lo lleva la corriente.

Equivalent: Don't rest on your laurels.

2. Preterit of *ser, ir,* and *dar* (*Pretérito de los verbos* **ser, ir** *y* **dar**)

Activity suggestion Write a short sentence builder on the board, and have students write as many sentences as possible in three minutes.

Yo / Tú / El profesor (La profesora) / Mi(s) amigo(-a)(s) / Usted(-es) / Nosotros(-as)

ser / ir / dar

a la tienda / a la casa de... / un regalo a... / una buena nota a... / el último en llegar a la fiesta / a España / el primero en llegar a clase

◆ The preterit forms of **ser, ir,** and **dar** are irregular.

ser *to be*	ir *to go*	dar *to give*
fui	fui	di
fuiste	fuiste	diste
fue	fue	dio
fuimos	fuimos	dimos
fuisteis	fuisteis	disteis
fueron	fueron	dieron

◆ Note that **ser** and **ir** have identical forms in the preterit.

—Ayer **fue** el cumpleaños
de Lucía, ¿no?
—Sí, Ana y yo **fuimos** a su casa y
le **dimos** los regalos.
—¿**Fuiste** a la fiesta que **dio** Sara?
—Sí, **fui. Fue** la mejor fiesta
del año.

"Yesterday was Lucía's birthday,
right?"
"Yes, Ana and I went to her house and gave
her the presents."
"Did you go to the party that Sara gave?"
"Yes, I went. It was the best party of
the year."

Práctica

ACE the Test

Complete the following exchanges, using the preterit of **ser, ir,** or **dar** as appropriate.
Then act them out with a partner, adding a sentence or two to each dialogue.

1. —¿Adónde ___fuiste___ tú ayer?
   ___Fui___ a la tienda. Compré un pantalón y se lo ___di___ a mi esposo.
2. —¿___Fueron___ Uds. a casa de tía Eva ayer?
   —Sí, ___fuimos___ y le ___dimos___ el libro que tú mandaste para ella.
3. —¿Uds. ___fueron___ estudiantes del Dr. Paz?
   —Carlos ___fue___ su estudiante, pero Raquel y yo ___fuimos___ estudiantes de la
   Dra. Guerra.
4. —¿A quién le ___diste___ (tú) la orquídea?
   —Se la ___di___ a Susana.
5. —¿Adónde ___fueron___ Uds. anoche?
   —___Fuimos___ al teatro. Los padres de Dora nos ___dieron___ el dinero para ir.

Para conversar

¡Habla con tu compañero! Interview a classmate, using the following ques-
tions. When you have finished, switch roles.

1. ¿Quién fue tu profesor(-a) favorito(-a) el año pasado? ¿La clase fue fácil o
   difícil?
2. ¿Fuiste a la cafetería ayer? ¿A qué hora? ¿Alguien fue contigo o fuiste solo(-a)?
3. ¿Adónde fuiste el sábado? ¿Con quién fuiste?
4. ¿Tus amigos fueron a visitarte o tú fuiste a visitarlos a ellos?
5. ¿Dieron tus amigos una fiesta para celebrar tu cumpleaños? ¿Cuándo la dieron?
   ¿Dónde?
6. ¿Diste una fiesta el viernes pasado? ¿Alguien dio una fiesta el sábado?
7. ¿A quién le diste un abrazo ayer? ¿Alguien te dio un beso (*kiss*)?
8. ¿Quién fue tu primer amor?

Un dicho

Todo tiempo pasado fue mejor.

Equivalent: Those were the good old days.

3. Preterit of *e:i* and *o:u* stem-changing verbs (*Pretérito de los verbos que cambian en la raíz: **e:i** y **o:u***)

Activity suggestion Group verbs on the board in the following manner.

e:ie	e:i	o:ue
mentir	servir	dormir
preferir	pedir	morir

Practice the use of the third person of these verbs by telling one student something you did and having him or her repeat the information to the rest of the class.

I   Yo pedí café en la cafetería esta mañana.

S1 El/La profesor(-a) pidió café.

Activity suggestion Ask the class the following personalized questions or write them on the board and have students use them to interview each other.

1. ¿Quién te mintió recientemente?
2. ¿Dónde durmió tu compañero (-a) de cuarto anoche?
3. ¿Quién te sirvió la cena anoche?
4. ¿Qué te pidió tu amigo(-a) (hermano[-a]) para su cumpleaños?
5. ¿Dónde consiguió tu padre (madre) / hermano(-a) / amigo(-a) libros en español?

◆ Verbs of the **-ir** conjugation that have a stem change in the present tense change **e** to **i** and **o** to **u** in the third-person singular and plural of the preterit.[1]

preferir *to prefer*		**dormir** *to sleep*	
preferí	preferimos	dormí	dormimos
preferiste	preferisteis	dormiste	dormisteis
pref**i**rió	pref**i**rieron	d**u**rmió	d**u**rmieron

◆ Other verbs that follow the same pattern:

p**e**dir	s**e**guir
m**e**ntir (*to lie*)	cons**e**guir
s**e**rvir	m**o**rir
rep**e**tir (*to repeat*)	

—¿Cómo **durmieron** Uds. anoche?   *"How did you sleep last night?"*
—Nosotros **dormimos** bien, pero Paco no **durmió** muy bien.   *"We slept well, but Paco didn't sleep very well."*

—¿Qué **pidieron** ellos?   *"What did they order?"*
—Raúl **pidió** camarones y Rosa **pidió** langosta.   *"Raúl ordered shrimp and Rosa ordered lobster."*

—Beba dice que Ada salió con tu novio.   *"Beba says that Ada went out with your boyfriend."*
—Te **mintió.**   *"She lied to you."*

¿**Durmió** bien anoche, señorita...?

---

[1]Remember that the **-ar** and **-er** stem-changing verbs are regular in the preterit: **él cerró, ellos volvieron.** Exceptions are **poder** and **querer,** which are explained in **Lección 9.**

Práctica

ACE the Test

A. With a partner, take turns describing what the following people did last night. Use the verbs given (or similar).

Z-Z-Z-Z

Arturo

1. Arturo (preferir)

Arturo prefirió dormir en el sofá.

¿Puedes...$?

Daniel   Ernesto

2. Ernesto (pedir)

Ernesto le pidió dinero a Daniel.

Paco   Mamá

3. Paco (seguir)

Paco siguió a su mamá.

Rosa

4. Rosa (dormir)

Rosa durmió mal.

mozo

5. el mozo (servir)

El mozo sirvió el café.

Tengo mucho trabajo.   Julio

Pilar

6. Pilar (conseguir)

Pilar consiguió trabajo.

B. Find out what Andrés did yesterday by adding the correct form of the missing verbs.

1. Yo ___fui___ (ir) a visitar a mi padre y le ___pedí___ (pedir) dinero.
2. ___Conseguí___ (Conseguir) revistas en español.
3. ___Salí___ (Salir) con otra chica y le ___mentí___ (mentir) a mi novia.
4. Nosotros ___fuimos___ (ir) a un restaurante y yo ___pedí___ (pedir) pollo frito; ella ___pidió___ (pedir) langosta.
5. Yo ___volví___ (volver) a mi casa y ___dormí___ (dormir) dos horas.
6. Mis padres me ___invitaron___ (invitar) a una fiesta, pero yo ___preferí___ (preferir) no ir.
7. Por la noche, yo ___di___ (dar) una fiesta y ___serví___ (servir) ponche.

Para conversar

A. Queremos saber... Now, using the information above, prepare questions to ask your classmates about what Andrés did.

B. ¡Qué mala suerte! With two classmates, imagine that you have a friend who had really bad luck last Friday the 13th. Brainstorm to come up with all the bad things that happened to him. Use the verbs studied in this section.

4. Uses of *por* and *para* (*Usos de **por** y **para***)

Uses of *por* and *para*, Activity suggestion Write a summary of the uses of **por** on the board and have students give examples of each use. Write one or two of their sentences under each category.

Activity suggestion Write the following phrases on the board, on an overhead transparency, or on a ditto sheet and have students complete each sentence. Students may also work in groups of three or four and compare their responses.

1. **Camino a** (*On the way to*) **clase paso por...**
2. **A veces llego tarde por...**
3. **Me gusta viajar por...**
4. **Mi ciudad es famosa por...**
5. **Pagué cincuenta / cien dólares por...**

A. Uses of *por*

The preposition **por** is used to express the following concepts.

◆ motion or approximate location (*through, around, along, by*)

Luis salió **por** la ventana.	*Luis went out through the window.*
Enrique va **por** la calle Juárez.	*Enrique is going down Juárez Street.*
Gustavo pasó **por** el hotel.	*Gustavo went by the hotel.*

◆ cause or motive of an action (*because of, on account of, on behalf of*)

Llegamos tarde **por** la lluvia.	*We were late because of the rain.*
Lo hago **por** ellos.	*I do it on their behalf.*

◆ means, manner, unit of measure (*by, for, per*)

Siempre viajamos **por** tren.	*We always travel by train.*
Van a 100 kilómetros **por** hora.	*They're going 100 kilometers per hour.*

◆ *in exchange for*

Te doy 50 dólares **por** esa cámara.	*I'll give you 50 dollars for that camera.*

◆ period of time during which an action takes place (*during, in, for*)

Ella trabaja **por** la mañana.	*She works in the morning.*
Va a estar aquí **por** dos meses.	*He's going to be here for two months.*

◆ *in search of, for*

Voy a venir **por** ti a las siete.	*I'll come by for you at seven.*

HM ACE the Test

Práctica, Expansion Ask students personalized questions that reinforce the structures presented in this activity.

1. ¿Cuánto pagaste por el libro de...?
2. ¿Pasaste por la biblioteca / cafetería / librería (*bookstore*) esta mañana?
3. Cuando fuiste de vacaciones, ¿cómo viajaste?

Práctica

Interview a classmate, using the following questions. When you have finished, switch roles.

1. ¿Tienes una clase por la mañana? ¿Y por la noche?
2. Antes de ir a clase, ¿vas por tus amigos? ¿Alguien viene por ti?
3. ¿Cuánto pagaste por tu libro de español?
4. ¿Pasaste por mi casa anoche?
5. Si tú pierdes la llave de tu casa, ¿entras por la ventana?
6. ¿Tus padres hacen mucho por ti?
7. ¿Tú les escribes a tus padres o prefieres llamarlos por teléfono?
8. ¿Prefieres viajar por tren o por avión (*plane*)? ¿Por qué?

Podemos estar con Uds. **por** un mes.

Un dicho

El pez muere por la boca.

Equivalent: Engage brain before putting mouth in gear.

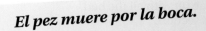

B. Uses of *para*

The preposition **para** is used to express the following concepts.

◆ destination

Mañana salgo **para** San Juan.   *Tomorrow I am leaving for San Juan.*
¿A qué hora hay autobuses   *What time are there buses for*
   para Río Piedras?   *Río Piedras?*

◆ goal for a point in the future (*by* or *for* a certain time)

Quiero el dinero **para** el sábado.   *I want the money for Saturday.*
Debo estar allí **para** el mes de   *I must be there by the month*
   noviembre.   *of November.*

◆ whom or what something is for

Compré una mesa **para** mi cuarto.   *I bought a table for my room.*
Compramos los libros **para**   *We bought the books for Fernando.*
   Fernando.

◆ *in order to*

Necesito mil dólares **para**   *I need a thousand dollars in order*
   pagar el viaje.   *to pay for the trip.*
Vamos al teatro **para** celebrar   *We are going to the theater (in order)*
   mi cumpleaños.   *to celebrate my birthday.*

◆ objective or goal

Mi novio estudia **para** médico.   *My boyfriend is studying to be a doctor.*

Activity suggestion Write the following phrases on the board, on an overhead transparency, or on a ditto sheet and have students complete each sentence by supplying correct information. Students may also work in groups of three or four and compare their responses.

1. Voy a salir para... en junio / diciembre.
2. Necesito mil dólares para...
3. Yo quiero estudiar para...
4. Tengo que comprar regalos para...
5. Trabajo para...

Práctica

ACE the Test

A. Look at the illustrations and describe what is happening, using **por** or **para.**

1. Fuimos ___por autobús (ómnibus)___ a la capital.

2. Daniel salió _____por la ventana_____ .

3. La torta es _____para Ana_____ .

4. Luisa va a estar en San Juan _____por un mes_____ .

5. Jorge pagó _____35 dólares por_____ el vino.

6. Eva sale mañana _____por la mañana_____ .

B. Imagine that you and your partner are planning a trip to Puerto Rico. Take turns asking and answering the following questions.

1. ¿Cuánto dinero necesitan Uds. para pagar el viaje?
2. ¿Van a pedirles dinero a sus padres para el viaje?
3. ¿Para qué día quieren los pasajes (*tickets*)?
4. ¿A qué hora sale el avión para San Juan?
5. ¿Por cuánto tiempo piensan estar en Puerto Rico?
6. ¿Van a traer regalos para su familia?
7. ¿Van Uds. a Puerto Rico para practicar el español?
8. John estudia para profesor de español y quiere visitar San Juan. ¿Puede ir con Uds.?

C. Complete the following description of a trip to Mexico, using **por** or **para.**

Roberto y yo salimos ___para___ Cancún la semana próxima. Vamos a viajar ___por___ avión. Tenemos pasajes ___para___ el sábado ___por___ la mañana. Pagamos tres mil dólares ___por___ el pasaje, pero como pensamos pasar ___por___ Guatemala, donde vamos a estar ___por___ unos días, no es muy caro. Mañana ___por___ la tarde vamos a la tienda ___para___ comprar algunos regalos ___para___ nuestros amigos mexicanos. Desde Guatemala vamos a llamar ___por___ teléfono a nuestros amigos en Cancún y ellos van a ir al aeropuerto ___por___ nosotros.

Para conversar

🏃🏃 **De viaje** Plan a trip to Puerto Rico with a classmate. Using the paragraph in Exercise C (above) as a model, describe your travel plans.

5. Formation of adverbs (*La formación de los adverbios*)

◆ Most Spanish adverbs are formed by adding **-mente** (the equivalent of the English *-ly*) to the adjective.

especial	*special*	especial**mente**	*especially*
reciente	*recent*	reciente**mente**	*recently*
general	*general*	general**mente**	*generally*
probable	*probable*	probable**mente**	*probably*

◆ Adjectives ending in **-o** change the **-o** to **-a** before adding **-mente.**

lento	*slow*	lent**amente**	*slowly*
rápido	*rapid*	rápid**amente**	*rapidly*
desafortunado	*unfortunate*	desafortunad**amente**	*unfortunately*

◆ If two or more adverbs are used together, both change the **-o** to **-a,** but only the last adverb takes the **-mente** ending.

Habló clara y **lentamente.**   *He spoke clearly and slowly.*

◆ If the adjective has an accent, the adverb retains it.

fácil   **fácilmente**

Camina **lentamente.**

Práctica

ACE the Test

A. Change the following adjectives to adverbs.

1. fácil *fácilmente*
2. feliz *felizmente*
3. claro (*clear*) *claramente*
4. raro (*rare*) *raramente*
5. necesario *necesariamente*
6. frecuente (*frequent*) *frecuentemente*
7. triste *tristemente*
8. trágico (*tragic*) *trágicamente*
9. alegre (*merry*) *alegremente*
10. desgraciado *desgraciadamente*

B. Complete the following sentences with appropriate adverbs. *Answers will vary. Possible answers:*

1. Ellos hablaron ___clara___ y ___lentamente___.
2. Mis padres vienen a verme ___frecuentemente___.
3. Jaime llegó ___rápidamente___.
4. El muchacho me habló ___tristemente___.
5. ___Generalmente___ me levanto a las siete.
6. Los muchachos cantan ___alegremente___.
7. ___Desgraciadamente___ no tengo dinero.
8. Compré estas flores ___especialmente___ para ti.
9. ___Probablemente___ no voy a poder ir a San Juan con ellos.
10. ___Raramente___ están en casa por la noche.

C. Interview a classmate, using the following questions and two of your own. Include adverbs in your responses. When you have finished, switch roles.

1. ¿A qué hora te levantas tú?
2. ¿Tú y tu familia van de compras juntos?
3. ¿Tú ves a tus abuelos a menudo (*often*)?
4. ¿Vas al teatro a menudo?
5. ¿Tú tienes mucho dinero?

Para conversar

Lo que hacemos. With a partner, discuss what you frequently do, rarely do, and what, unfortunately, you can't do.

◆ **MODELO:** *Yo raramente visito a mis abuelos.*

Lo que fácilmente se consigue, a menudo se pierde fácilmente.

That which is easily obtained is often easily lost.

Práctica A, Activity suggestion In groups of three, have students write a list of things they commonly do (10–15 phrases). They should then take turns asking each other how well, poorly, and frequently they do the listed activities.

S1 ¿Hablas bien el español?
S2 Sí, lo hablo perfectamente.

For additional practice, you may want to list on the board other adjectives that can be changed to adverbs. For example:

tranquilo(-a)
silencioso(-a)
incoherente
preciso(-a)
cuidadoso(-a)
elocuente
paciente
conciso(-a)
brillante
nervioso(-a)
puntual

Así somos

Al escuchar...

> **Estrategia**   **Guessing meaning from context** When you listen to speech, you can use informed guesswork to figure out the approximate meaning of an unknown word or phrase, just as you have been learning to do when reading. Use your knowledge of the topic and the words you do know to help you decipher unfamiliar words.

¿Qué significa? You will listen to three commercials on different products and services. Guess the meaning of the following words and phrases.

Commercial 1:
  a. mándale
  b. va a quedar encantada
Commercial 2:
  a. perrito
  b. gatito
  c. venga
  d. cuidarlos
Commercial 3:
  a. bancarios
  b. estamos a su disposición

Al conversar...

> **Estrategia**   **Paraphrasing practice I** In **Al conversar...** of **Lección 7,** you were introduced to the technique of simplifying statements in your own words. This helps you manage a conversation by confirming that you understand. The following is the first of four activities in which you will practice paraphrasing what you hear.

¿Qué dice? Listen to the following sentences and restate them in a simpler way in your own words. Then compare your responses with those of a classmate.

  ◆ **MODELO:** *You hear:* Me resulta imposible sacar dinero del cajero automático. Parece que está roto o fuera de servicio.
   Sample paraphrase: No puedo sacar dinero del cajero automático porque no funciona.

¿Qué dice Ud.? What would you say in the following situations? What might the other person say? Act out the scenes with a partner. Take turns playing each role.

1. Mention four transactions that people can make at a bank.
2. You ask Mrs. López if she got the loan that she asked for at the bank.
3. You work at a pet store. Tell a customer what pets you have for sale.
4. A young man wants to send flowers to his girlfriend. Make suggestions about what kind of flowers to send.
5. You are talking to a friend about your activities last week. Mention several things you did and places you went to.

Para conocernos mejor
To do this activity, work with a classmate whom you would like to get to know. Take turns asking each other these questions.

Handout Para decirlo en español

1. ¿A qué hora desayunaste esta mañana? ¿Qué comiste? ¿Qué tomaste? ¿Desayunaste solo(-a)?
2. ¿Fuiste a la tintorería la semana pasada? Generalmente, ¿llevas tu ropa a la tintorería o la lavas en tu casa?
3. ¿Fuiste al banco la semana pasada? ¿Depositaste dinero? ¿Sacaste dinero del cajero automático? ¿Abriste una cuenta?
4. ¿Compraste algún regalo el mes pasado? ¿Para quién? ¿Le gustó a esa persona el regalo?
5. ¿Compras flores frecuentemente? ¿Cuáles son tus flores favoritas?
6. ¿Tú eres alérgico(-a) a los animales? ¿A las flores? ¿A algún tipo de comida?
7. ¿Te gustan los animales? ¿Tienes alguna mascota (*pet*)? ¿Qué animales prefieres?
8. ¿Te gustan las motocicletas? ¿Tienes una? Muchas personas dicen que las motocicletas son peligrosas (*dangerous*); ¿tú piensas lo mismo?

Una encuesta
Interview your classmates to identify who fits the following descriptions. Include your instructor, but remember to use the **Ud.** form when addressing him/her. After finishing the survey, get together with two or three classmates and discuss the results.

Handout ¿Qué dijiste?

	Nombre
1. Fue al banco la semana pasada.	_____
2. Pidió un préstamo en el banco.	_____
3. Tiene una cuenta conjunta.	_____
4. Siempre paga con tarjeta de crédito.	_____
5. Siempre tiene su chequera con él (ella).	_____
6. Prefiere pagar en efectivo.	_____
7. Cobró un cheque la semana pasada.	_____
8. Le prestó dinero a alguien.	_____

Para crear
Get together in groups of three and "create" the scenario for this photo. Who are the people? Give them names. Talk about what the employee and the customer do and want to do. Include as many banking transactions as possible.

¡Vamos a leer!

Antes de leer

Comprensión, Answers 1. Porque mucho de lo que sucede en la vida depende del día de su nacimiento. 2. Necesita aprender a confiar. / Debe aprender a no dejarlo todo para último momento. 3. Debe recordar que su mejor defensa está en el cariño que da y que recibe. / Debe aprender a comprender y a compartir para vivir en armonía.

Estrategia **Reading critically** Interacting with a reading engages you personally with the text. A reading might generate questions, as well as positive and negative reactions. When you read critically, try to think about your impressions of what you read and why a reading evokes particular thoughts. Does what you read ring true or make sense? Do you agree with the writer's point of view, ideas, or the information conveyed? Why?

La suerte Find out what day of the week you were born and read what the following text says about that day. In pairs, tell your partner your impression of what you read. Answer this question: **¿Es cierto lo que se dice de tu día?**

A leer

Comprensión, Answers (cont.) 4. Debe resolver las tensiones diarias. / Debe evitar las situaciones que ponen en peligro su felicidad. 5. Debe combatir la depresión. / Debe aceptar las cosas como vienen. 6. Tiene un gran poder de recuperación. / Debe aceptar la realidad como es. 7. Deben saber aprovechar todas las oportunidades. / Deben usar sus habilidades para destacarse. 8. El triunfo profesional le va a ser difícil. / Porque los conflictos familiares no están vinculados con él.

Comprensión As you read the article, find the answers to the following questions.

1. ¿Por qué es importante en su vida el día de la semana en que Ud. nació?
2. ¿Qué debe aprender a hacer una mujer que nació el lunes? ¿Y un hombre?
3. ¿Qué debe recordar una mujer que nació un martes? ¿Qué debe aprender a hacer un hombre que nació ese día?
4. ¿Qué debe hacer una mujer que nació un miércoles? ¿Y un hombre?
5. Si una mujer nació un jueves, ¿qué debe combatir? ¿Qué debe aceptar un hombre que nació ese día?
6. ¿Qué gran poder tiene una mujer que nació un viernes? ¿Qué debe aprender a aceptar un hombre que nació ese día?
7. ¿Qué deben hacer las mujeres y los hombres que nacieron un sábado?
8. ¿Qué le va a ser difícil a una mujer que nació un domingo? ¿Por qué no debe preocuparse un hombre que nació ese día?

El día de la semana en que nació marcó su suerte

Según el profesor Waffman, mucho de lo que sucede en su vida depende del día de su nacimiento.

Si nació un lunes...
Ella: Sus problemas se deben a hechos° anteriores, pero luego se estabilizan. Si aprende a confiar,° será feliz.
Él: Tiene excelentes posibilidades de éxito en su vida si sabe aprovecharlas° y no lo deja todo para último momento.

Si nació un martes...
Ella: Recuerde que su mejor defensa está en el cariño° que da y que recibe.
Él: Aprenda a comprender y a compartir° para vivir en armonía.

Si nació un miércoles...
Ella: Tendrá problemas en su vida conyugal, pero no van a durar si usted resuelve las tensiones diarias.
Él: Tiene posibilidades de éxito personal y profesional. Evite las situaciones que ponen en peligro su felicidad.

Si nació un jueves...
Ella: Trate de combatir la depresión y escuche los consejos° de personas realistas.
Él: Para lograr los objetivos deseados, trabaje y acepte las cosas como vienen. No se desespere, pues todo llega.

Si nació un viernes...
Ella: Usted tiene un gran poder de recuperación.
Él: Planee el futuro junto a la mujer que ama. En el plano profesional tendrá éxito si acepta la realidad como es.

Si nació un sábado...
Ella: Usted puede encontrar la felicidad si sabe aprovechar todas las oportunidades.
Él: Si quiere conseguir la felicidad, use sus habilidades para destacarse.°

Si nació un domingo...
Ella: El triunfo profesional le va a ser difícil.
Él: No se preocupe por los conflictos familiares que no están vinculados con usted.

events
trust

to take
advantage of them

love

share

advice

to stand out

¡Vamos a escribir!

Antes de escribir

Estrategia **Writing journal entries** Diary or journal writing allows you to freely express yourself however you want, for however long you want. You can use a journal to record events, whether large or small, or to think about something you read or heard or a problem you're working to resolve. Whatever your purpose, just let the ideas flow. Writing frequently will help you become a better writer, and journal writing is particularly useful because you can write freely without being overly concerned about form.

Querido diario Before writing journal entries for two days, jot down some ideas or events you want to write about. Will you report mainly things that happened or will you also write about your ideas or difficulties you might be facing?

A escribir el diario

Write journal entries for two days. You can include whatever you like: people you saw, interesting things you did, a troublesome encounter, a special achievement, etc. Remember to let the thoughts flow.

Después de escribir

Review what you wrote and add any additional thoughts you might have. Because a journal is a personal rather than a formal piece of writing, you won't be asked to peer edit it for grammar. Exchange your journal entries with a classmate and comment only on general content, reacting to what your classmate wrote. Some useful phrases: **¡Qué interesante! ¡Qué bien! ¡Qué divertido** (*fun*)**! Lo siento. ¡Qué mala suerte!** (*What bad luck!*)

Encourage students to continue their journals throughout the course. You may want to assign one or two entries a week. Occasionally ask students to write about specific topics or questions. When reviewing student journals, comment on overall content and avoid grammar correction except for serious or recurring problems.

Después de leer... desde su mundo

Reread the descriptions for every day for your gender. In groups of three, discuss your impressions of the nature and validity of the descriptions. Answer these questions: **¿Son apropiadas para cualquier** (*any*) **persona? ¿Por qué?**

Puerto Rico

◆ Puerto Rico es una de las áreas más densamente pobladas del mundo. En la pequeña isla, con menos de 3.500 millas cuadradas de superficie, viven cerca de (*around*) 4 millones de habitantes. El país tiene solamente unas 100 millas de largo. Desde 1952 Puerto Rico es un Estado Libre Asociado de los Estados Unidos.

◆ San Juan, la capital de la isla, es la ciudad más grande y más poblada de Puerto Rico. Su parte antigua, el Viejo San Juan, es un centro de atracción turística por sus hermosas plazas, sus interesantes museos, sus edificios coloniales y las fortalezas (*fortresses*) de El Morro y San Cristóbal. El Morro fue construido por los españoles durante la época colonial para defender el puerto de los ataques de los corsarios (*privateers*) y piratas. Hoy también muchos turistas visitan San Juan por su intensa vida nocturna. Ponce es la segunda ciudad más importante del país. Fuera de la capital, son puntos de interés turístico las hermosas playas y el Yunque, un bosque (*forest*) tropical situado al este de San Juan. En el bosque hay más de 225 especies de árboles y muchas especies de animales.

▲ Parque en el Viejo San Juan, en Puerto Rico

◆ Igual que en Cuba, se nota la influencia de España, de África y de los Estados Unidos en el arte y en la música. De los deportes, el más popular es el béisbol. Muchos puertorriqueños se han distinguido en el mundo del espectáculo y en la literatura. Tito Puente, Raúl Juliá, Ricky Martin, Rosalyn Sanchez y Benicio del Toro son artistas muy conocidos. Julia de Burgos ha alcanzado (*has achieved*) fama internacional como poeta.

⌐ Imágenes de la historia y de la economía puertorriqueñas ⌐

▲ Carrera de bicicletas en una calle de San Juan, Puerto Rico

▲ Jugada (*Play*) sensacional durante el Campeonato Mundial de Béisbol entre Cuba y Puerto Rico, 2006

La política

▲ Luis Muñoz Marín (1898–1980), gobernador de 1948 a 1964, hizo realidad (*made possible*) el actual estado (*status*) constitucional del Puerto Rico de hoy: el Estado Libre Asociado de los Estados Unidos (1952).

Otras personalidades

▲ Tito Trinidad (1973–), cinco veces (*times*) campeón mundial (*world champion*) de boxeo

Nuestro panorama cultural

In groups of three, answer the following questions about your home state, region, or country.

1. ¿Cuáles son algunas de las actividades típicas de la vida nocturna en su ciudad?
2. ¿Cuáles son las industrias de la región donde Ud. vive?
3. ¿Conoce Ud. a algunos latinos famosos?
4. ¿Ha estado (*Have you been*) alguna vez en Puerto Rico?
5. ¿Qué tipos de música y de bailes le gustan a Ud.?

For the next class: Go to the World Wide Web and find photos from your hometown, state, region, or country. Use the questions from **Nuestro panorama cultural** above as guidelines for choosing them. Be ready to present the photos to your classmates.

Handout Un poco de cultura

Lección

9

▲ Una familia cubana, residente en Santo Domingo, celebra el cumpleaños del abuelo.

Objetivos

Comunicación

You will learn vocabulary related to shopping for groceries, meal preparation, and daily routines.

Pronunciación

La entonación

Estructuras

◆ Reflexive constructions
◆ Some uses of the definite article
◆ Possessive pronouns
◆ Irregular preterits
◆ **Hace...** meaning *ago*

Cultura

◆ Roles of senior family members
◆ Specialty stores and open-air markets
◆ Intergenerational attitudes among family members

Panorama hispánico

◆ Cuba
◆ La República Dominicana

Estrategias

Listening: Dealing with fast speech
Speaking: Using pauses to manage conversation
Reading: Skimming
Writing: Sequencing steps for a recipe

Activity suggestion Use this photo to introduce the lesson theme. Ask your students:

1. ¿Cuándo es tu cumpleaños?
2. ¿Cómo celebraste tu cumpleaños el año pasado?
3. Tú estás en esta fiesta. ¿Crees que te vas a divertir o no? ¿Por qué?

238

Una cena de cumpleaños

Cuba y la República Dominicana

Cuba

Cuba es la mayor de las islas del archipiélago de las Antillas. Su figura es similar a la de un cocodrilo y, como es larga y estrecha (*narrow*), tiene extensas costas en las cuales hay playas de gran belleza (*beauty*). Muchos llaman a Cuba "la Perla de las Antillas".

La República Dominicana

La República Dominicana ocupa las dos terceras partes de la isla que Colón descubrió en su primer viaje y a la que llamó La Española. La parte occidental de la isla está ocupada por la República de Haití.

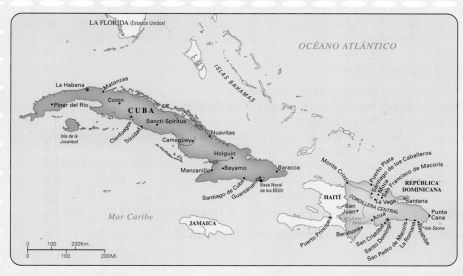

▲ La Catedral (construida entre 1748 y 1767), La Habana Vieja

▲ El río Ozama en Santo Domingo, capital de la República Dominicana

▲ Vista de la hermosa playa de Punta Cana, en la República Dominicana

En el Mar Caribe hay una isla que comparten dos países: Haití y la República Dominicana. La capital de la República Dominicana es Santo Domingo. A esta ciudad llegaron muchos cubanos hace muchos años, después de la revolución castrista.[1] Entre ellos vinieron Rogelio Peña, su esposa Isabel y sus hijos, César y Graciela. La esposa de don Rogelio falleció hace tres años, de modo que él vive con su hija, su yerno y sus nietos, Mario y Magali. Hoy don Rogelio cumple setenta años y su familia está preparando una cena para festejar su cumpleaños.

Graciela   Magali, ¿trajiste el arroz y los frijoles para preparar el congrí?[2] Tu tío César va a hacer el lechón asado.

Magali   Sí, y traje lechuga, tomates, cebollas, pepinos y zanahorias para la ensalada. Lo puse todo en el refrigerador.

Graciela   ¿Y tú, Mario? ¿Qué hiciste?

Mario   Yo tuve que levantarme muy temprano para ir a la pescadería para comprar un pargo, el pescado que le gusta a abuelo.

Magali   ¡Ay, pobrecito! Yo me levanté a las cinco, a pesar de que anoche no me acosté hasta las once.

Mario   Porque estuviste hablando con Ramón hasta muy tarde... ¡Ah! ¿Te acordaste de comprar las frutas para la ensalada? Necesito naranjas, mangos, plátanos, manzanas y uvas. Es mi receta especial.

Magali   Es la receta de la señora Torales...

Mario   ¡Pero yo la mejoré! Yo le pongo azúcar, y la sirvo con crema.

Magali   ¡Ay, caramba! Me olvidé de comprar café, dulce de leche, pan y mantequilla, y leche para el flan.

Graciela   Y dos latas de salsa de tomate... Aquí tengo mi lista.

Magali   Yo dejé la mía en el supermercado. Mamá, ¿a qué hora es la cena?

Graciela   A las ocho. ¡Ay! Todavía tengo que bañarme, lavarme la cabeza y vestirme.

Magali   Yo también. Oye, ¿dónde está abuelo? Voy a ver si está en su cuarto.

En el cuarto de don Rogelio

Magali   ¿Qué estás haciendo, abuelo?

Don Rogelio   Estoy leyendo unos poemas de José Martí.

Magali   Extrañas Cuba, ¿verdad?

Don Rogelio   Mucho. Extraño los lugares donde pasé mi infancia y mi juventud: La Habana, Camagüey... Pinar del Río...

Magali   Abuelo, ¿por qué no tocas la guitarra y cantamos nuestra canción favorita?

Don Rogelio toma su guitarra y los dos cantan "La Guantanamera".

"Yo soy un hombre sincero, de donde crece la palma..."

HM

Handout En contexto

¿Lo sabía Ud.?

En los países hispanos frecuentemente hay dos o más generaciones que viven en la misma (*same*) casa. Los abuelos, por ejemplo, muchas veces viven con sus hijos y contribuyen al cuidado (*care*) de los niños. Muy raramente las personas mayores viven en una casa de ancianos (*nursing home*).

◆ **En este país, ¿las personas mayores generalmente viven con sus hijos o en una casa de ancianos?**

---

[1] de Fidel Castro, líder de la revolución
[2] comida típica cubana

Graciela

Magali

Mario

Don Rogelio

¿Quién lo dice? Identify the person who said the following in the dialogues.

1. Yo tuve que levantarme muy temprano para ir a la pescadería.   *Mario*
2. Extraño los lugares donde pasé mi infancia y mi juventud.   *Don Rogelio*
3. Tu tío César va a hacer el lechón asado.   *Graciela*
4. Yo le pongo azúcar y la sirvo con crema.   *Mario*
5. ¿Qué estás haciendo, abuelo?   *Magali*
6. ¡Ay, pobrecito! Yo me levanté a las cinco.   *Magali*
7. Estoy leyendo unos poemas de José Martí.   *Don Rogelio*
8. Todavía tengo que bañarme, lavarme la cabeza y vestirme.   *Graciela*

En el diálogo, Answers 1. Cumple setenta años. 2. Trajo arroz y frijoles. 3. Trajo lechuga, tomates, cebollas, pepinos y zanahorias. 4. Mario se levantó muy temprano y fue a la pescadería para comprar pescado (un pargo). 5. Magali se levantó a las cinco y se acostó a las once. Estuvo hablando con Ramón. 6. Mario necesita naranjas, mangos, plátanos, manzanas y uvas. 7. Se olvidó de comprar café, dulce de leche, pan y mantequilla, y leche para el flan. 8. Don Rogelio está en su cuarto, leyendo unos poemas de José Martí. 9. Extraña los lugares donde pasó su infancia y su juventud. Recuerda La Habana, Camagüey y Pinar del Río. 10. Don Rogelio toca la guitarra.

Hablemos. With a partner, take turns asking and answering the following questions. Base your answers on the dialogue and on your own circumstances.

En el diálogo	¿Y tú?
1. ¿Cuántos años cumple don Rogelio?	¿Cuántos años vas a cumplir tú? ¿Siempre festejas tu cumpleaños?
2. ¿Qué trajo Magali para preparar el congrí?	¿Tú preparas alguna comida típica? ¿Te gusta cocinar?
3. ¿Qué trajo Magali para la ensalada?	¿Tú comes mucha ensalada? ¿Qué ingredientes usas para la ensalada?
4. ¿A qué hora tuvo que levantarse Mario? ¿Adónde fue? ¿Qué compró?	¿Tú compras pescado a veces? ¿Dónde lo compras?
5. ¿A qué hora se levantó Magali? ¿A qué hora se acostó? ¿Con quién estuvo hablando?	¿Con quién hablaste tú anoche?
6. ¿Qué frutas necesita Mario?	¿Qué frutas te gustan a ti?
7. ¿Qué se olvidó de comprar Magali?	¿Tú prefieres mantequilla o margarina? ¿Tú tomas café con leche?
8. ¿Dónde está don Rogelio? ¿Qué está haciendo?	¿Te gusta leer poemas? ¿Quién es tu poeta favorito?
9. ¿Qué extraña don Rogelio? ¿Qué ciudades recuerda?	¿Dónde pasaste tú tu niñez?
10. ¿Qué instrumento toca don Rogelio?	¿Tú tocas algún instrumento? ¿Cuál es tu favorito?

Vocabulario

Cognados

la **fruta** fruit
la **guitarra** guitar
la **isla** island
el **mango** mango
la **palma** palm, palm tree

la **revolución** revolution
sincero(-a) sincere
el **supermercado** supermarket
el **tomate** tomato

Improve Your Grade
Audio Flashcards

Nombres

el **azúcar** sugar
la **canción** song
la **cebolla** onion
la **infancia** childhood
la **juventud** youth
la **lata**, el **bote** (*Méx.*) can
la **lechuga** lettuce
la **mantequilla** butter
la **manzana** apple
la **naranja** orange

el **país** country
el **pan** bread
el **pepino** cucumber
la **pescadería** fish store
el **plátano**, la **banana** banana
la **receta** recipe
la **salsa** sauce
las **uvas** grapes
la **zanahoria** carrot

Verbos

acordarse (o:ue) (de) to remember
acostarse (o:ue) to go to bed
bañarse to bathe
compartir to share
crecer (yo crezco) to grow
cumplir to turn (. . . years old)
extrañar to miss

fallecer (yo fallezco) to pass away
festejar, celebrar to celebrate
levantarse to get up
mejorar to improve
olvidarse (de) to forget
tocar to play (*e.g., a musical instrument*)
vestirse (e:i) to get dressed

Adjetivo

asado(-a) barbecued, roasted

Otras palabras y expresiones

a pesar de que in spite of the fact that
de modo que, de manera que so
entre among, between
lavarse la cabeza to wash one's hair
temprano early

Una adivinanza°

A un naranjo° me subí;°

naranjas encontré;

naranjas no comí;

naranjas no dejé.

¿Cuántas naranjas había° en el árbol?[1]

riddle

orange tree / I climbed

were there

Vocabulario adicional

Para hacer compras	
la carnicería meat market	**la joyería** jewelry store
la farmacia pharmacy	**la panadería** bakery
la ferretería hardware store	**la zapatería** shoe store

Instrumentos musicales	
la batería drums	**el piano** piano
el clarinete clarinet	**la trompeta** trumpet
el contrabajo bass	**el violín** violin
la flauta flute	

Cosas del supermercado

el apio

el aceite

el durazno, el melocotón

el vinagre

la sandía

la margarina

la piña

el repollo

las fresas

el papel higiénico

HM

Handouts Palabras y más palabras / Tenemos huéspedes / Palabras escondidas

¿Lo sabía Ud.?

Aunque en la actualidad los supermercados son muy populares en los países de habla hispana, todavía es costumbre comprar en pequeñas tiendas especializadas en uno o dos productos: panadería, pescadería, etc. La mayoría de los pueblos tienen un mercado central, con pequeñas tiendas. Mucha gente todavía prefiere comprar en estos mercados donde los precios son más bajos y los clientes pueden regatear (*bargain*) con los vendedores (*merchants*).

◆ **¿Hay en su ciudad pequeñas tiendas que se especializan en dos o más productos? ¿Hay mercados al aire libre?**

---

[1]*Answer:* dos naranjas

Práctica

A. Write the words or phrases that correspond to the following.

1. fruta cítrica ____naranja____
2. banana ____plátano____
3. celebrar ____festejar____
4. de modo que ____de manera que____
5. durazno ____melocotón____
6. lugar donde compramos pescado ____pescadería____
7. lugar donde compramos carne ____carnicería____
8. similar a la mantequilla ____margarina____
9. lugar donde compramos pan ____panadería____
10. lugar donde compramos medicinas ____farmacia____

B. Select the word or phrase that does not belong in each group.

1. niñez / juventud / contrabajo *contrabajo*
2. uvas / lata / sandía *lata*
3. mar / piña / isla *piña*
4. morir / fallecer / extrañar *extrañar*
5. lechuga / fresas / apio *fresas*
6. país / pepino / cebolla *país*
7. lavarse la cabeza / bañarse / acordarse *acordarse*
8. compartir / levantarse / acostarse *compartir*

C. Complete the following sentences, using vocabulary from this lesson.

1. Tengo que ir al ____supermercado____ para comprar frutas.
2. Él ____toca____ el piano y el violín.
3. Vamos a ____festejar (celebrar)____ el cumpleaños de mi hermano.
4. Necesito un ____bote____ de salsa de ____tomate____.
5. Voy a pedir lechón ____asado____, a ____pesar____ de que no me gusta mucho.
6. Necesito ____aceite____ y ____vinagre____ para la ensalada.
7. Tengo que comprar papel ____higiénico____ para el baño.
8. Yo no le pongo ____azúcar____ al café.
9. Yo puedo bañarme y ____vestirme____ en cinco minutos.
10. Jorge tocó el clarinete y Amelia cantó una ____canción____ cubana.

Para conversar

¿Qué te olvidaste de traer? With a partner, play the roles of two roommates who ask each other whether or not they brought certain items from the supermarket. Each one will answer saying that he/she did not bring the particular item, but another, and indicate where he/she put those items: in the refrigerator, on the table, or in the pantry (**la alacena**).

◆ **MODELO:** —¿Trajiste... ?
   —No, pero traje... Lo/La/Los/Las puse en...

Pronunciación

La entonación

Intonation refers to the variations in the pitch of your voice when you are talking. Intonation patterns in Spanish are different from those in English. Note the following regarding Spanish intonation.

1. For normal statements, the pitch generally rises on the first stressed syllable.

Yo compré el regalo para Elena.

2. For questions eliciting information, the pitch is highest on the stressed syllable of the interrogative pronoun.

¿Cómo está tu mamá?

3. For questions that can be answered with **sí** or **no,** the pitch is generally highest on the last stressed syllable.

¿Fuiste al mercado ayer?

4. In exclamations, the pitch is highest on the first stressed syllable.

¡Qué bonita es esa alfombra!

Activity suggestion Read the following sentences in random order and have students indicate which intonation pattern is used. You may also copy the sentences onto the board or an overhead transparency for additional practice in pronunciation.

1. ¿Dónde vive tu hermano? ¿Cuál es la puerta de salida para el vuelo a Caracas? ¿Qué hicieron tus amigos anoche?
2. ¿Tus padres hacen mucho por ti? ¿Van Uds. a casa de tía Eva?
3. ¡Por suerte gané la lotería! ¡Ah, sí! ¡Caramba! ¡Ya es tarde!

Aspectos culturales

En imágenes (*Vínculos[1] familiares entre generaciones*)

▲ Una familia puertorriqueña celebra el bautizo de dos bebés

LA FLORIDA (Estados Unidos)

Islas Baham...

La Habana ✪ Matanzas
Pinar del Río
Morón
Cienfuegos
Camagüey **CUBA**
Isla de la Juventud Guantána...
Santiag...
de Cu...

JAMAICA

▲ Tres generaciones de cubanos

Ubíquese... y búsquelo

Improve Your Grade
Web Search

Besides La Habana, don Rogelio mentions two other places that he misses from his youth in Cuba: Camagüey and Pinar del Río. Go to **www.college.hmco.com** to figure out what they are and where they are in relation to La Habana. Which one would you rather visit? Why? In the next class, team up with two classmates to discuss your findings.

---

[1]**Vínculos** = *Ties, Bonds*

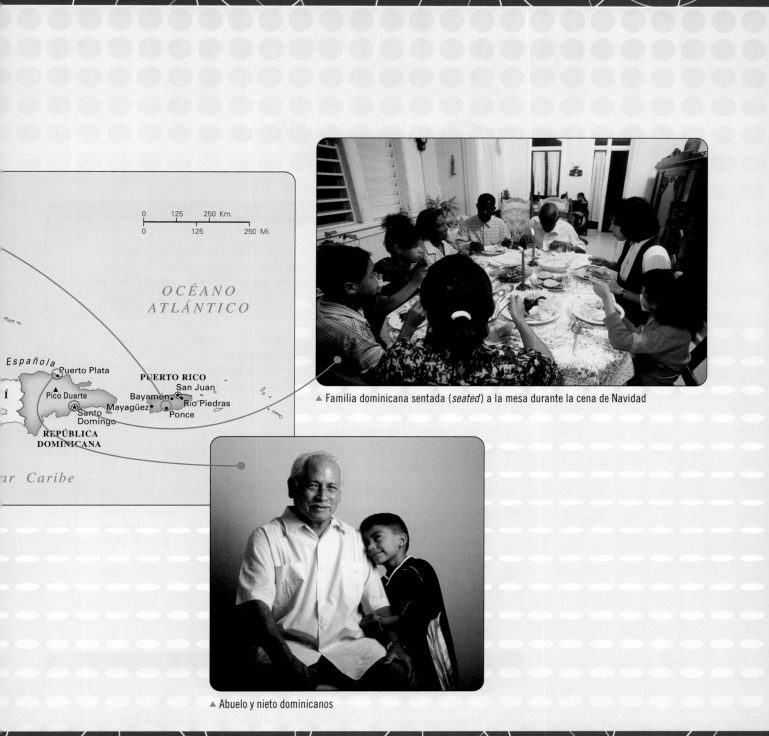

▲ Familia dominicana sentada (*seated*) a la mesa durante la cena de Navidad

▲ Abuelo y nieto dominicanos

Estructuras

1. Reflexive constructions (*Construcciones reflexivas*)

A. Reflexive pronouns

Subjects		Reflexive pronouns
yo	**me**	*myself, to (for) myself*
tú	**te**	*yourself, to (for) yourself* (**tú** form)
nosotros(-as)	**nos**	*ourselves, to (for) ourselves*
vosotros(-as)	**os**	*yourselves, to (for) yourselves* (**vosotros** form)
Ud.		*yourself, to (for) yourself* (**Ud.** form)
Uds.		*yourselves, to (for) yourselves* (**Uds.** form)
él	**se**	*himself, to (for) himself*
ella		*herself, to (for) herself*
		itself, to (for) itself
ellos, ellas		*themselves, to (for) themselves*

- ◆ Reflexive pronouns are used whenever the direct or indirect object is the same as the subject of the sentence.

- ◆ Note that except for **se,** the reflexive pronouns have the same forms as the direct and indirect object pronouns.

- ◆ The third-person singular and plural **se** is invariable.

- ◆ Reflexive pronouns are positioned in the sentence in the same manner as object pronouns. They are placed in front of a conjugated verb: **Yo *me* levanto;** or they may be attached to an infinitive or to a present participle: **Yo voy a levantar*me*. Yo estoy levantándo*me*.**

B. Reflexive verbs

- ◆ Many verbs can be made reflexive in Spanish, that is, they can be made to act upon the subject, by the use of a reflexive pronoun.

Activity suggestion Conjugate a reflexive verb on the board, using colored chalk for the reflexive pronouns. Point out that in reflexive constructions, all persons agree.

(1st p. sing.)	Yo
(1st p. sing.)	me
(1st p. sing.)	lavo.

lavarse *to wash oneself*	
Yo **me lavo**	*I wash (myself)*
Tú **te lavas**	*You wash (yourself)* (**tú** form)
Ud. **se lava**	*You wash (yourself)* (**Ud.** form)
Él **se lava**	*He washes (himself)*
Ella **se lava**	*She washes (herself)*
Nosotros(-as) **nos lavamos**	*We wash (ourselves)*
Vosotros(-as) **os laváis**	*You wash (yourselves)* (**vosotros** form)
Uds. **se lavan**	*You wash (yourselves)* (**Uds.** form)
Ellos **se lavan**	*They (masc.) wash (themselves)*
Ellas **se lavan**	*They (fem.) wash (themselves)*

Un dicho

Lo que no se ve, pronto se olvida.

Equivalent: Out of sight, out of mind.

▲ Julia baña al perro.

▲ Julia se baña.

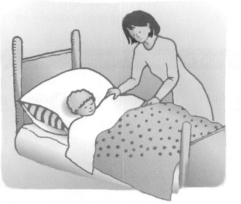

▲ Elsa acuesta a su hijo a las siete.

▲ Elsa se acuesta a las diez.

◆ In addition to the verbs included in the vocabulary list, the following verbs are commonly used in reflexive constructions.

afeitarse *to shave*
despertarse (e:ie) *to wake up*
desvestirse (e:i) *to get undressed*
peinarse *to comb one's hair*
preocuparse (por) *to worry (about)*
quejarse *to complain*
sentarse (e:ie) *to sit (down)*
sentirse (e:ie) *to feel* (mood or physical condition)

—¿A qué hora **se acuestan** Uds.?
—Yo **me acuesto** a las diez y Ana **se acuesta** a las doce.

"What time do you go to bed?"
"I go to bed at ten and Ana goes to bed at twelve."

—¿Cómo **te sientes?**
—**Me siento** bien, gracias.

"How do you feel?"
"I feel fine, thank you."

¡Atención! The Spanish reflexives are seldom translated using the reflexive pronouns in English: **Yo me acuesto** = *I go to bed.*

Activity suggestion Ask students personalized questions that use reflexive and non-reflexive verbs.

1. ¿Cuántas horas duermes generalmente?
2. ¿Qué haces cuando no puedes dormirte?
3. ¿Cómo se llama tu novio(-a)?
4. ¿Lo (La) llamas frecuentemente por teléfono?
5. ¿Te gusta levantar pesas (*weights*)?
6. ¿Te gusta levantarte temprano por la mañana?
7. Cuando estás en casa con tu familia, ¿quién te despierta?
8. ¿Tu compañero(-a) de cuarto se despierta temprano?
9. ¿A qué hora te despiertas los fines de semana?
10. ¿Generalmente te bañas por la mañana o por la noche?
11. ¿Te gusta bañar a tu perro/gato?
12. ¿Qué te pones cuando hace frío?
13. ¿Quién pone la mesa en tu casa?

◆ The following verbs have different meanings when they are used with reflexive pronouns.

acostar (o:ue) *to put to bed*	**acostarse** *to go to bed*
dormir (o:ue) *to sleep*	**dormirse** *to fall asleep*
ir *to go*	**irse** *to go away, leave*
levantar *to raise, lift*	**levantarse** *to get up*
llamar *to call*	**llamarse** *to be called*
poner *to put, place*	**ponerse** *to put on*
probar (o:ue) *to try; to taste*	**probarse** *to try on*
quitar *to take away*	**quitarse** *to take off*

—¿**Te** vas a **acostar**?
—Sí, pero primero voy a **acostar** a los niños.

"Are you going to go to bed?"
"Yes, but first, I'm going to put the children to bed."

—¿A qué hora **se levantaron** Uds.?
—**Nos levantamos** muy temprano.

"What time did you get up?"
"We got up very early."

—¿Ya **te vas**?
—Sí, tengo que ir al mercado.

"Are you leaving already?"
"Yes, I have to go to the market."

Summary of Personal Pronouns

Subject	Direct object	Indirect object	Reflexive	Object of prepositions
yo	me	me	me	mí
tú	te	te	te	ti
usted (*fem.*)	la			usted
usted (*masc.*)	lo	le	se	usted
él	lo			él
ella	la			ella
nosotros(-as)	nos	nos	nos	nosotros(-as)
vosotros(-as)	os	os	os	vosotros(-as)
ustedes (*fem.*)	las			ustedes
ustedes (*masc.*)	los	les	se	ustedes
ellos	los			ellos
ellas	las			ellas

Práctica

A. Say what you and your relatives normally do by adding the correct form of the missing verbs.

1. Mi tía siempre __se despierta__ (despertarse) tarde.
2. Yo __me levanto__ (levantarse) muy temprano.
3. Mi padre __se afeita__ (afeitarse) en el baño.
4. Nosotros __nos bañamos__ (bañarse) por la mañana.
5. Mi hermana __se lava__ (lavarse) la cabeza todos los días.
6. Mis primos __se visten__ (vestirse) en diez minutos.
7. Yo __me desvisto__ (desvestirse) y __me acuesto__ (acostarse).
8. Mi mamá __se preocupa__ (preocuparse) mucho cuando yo llego tarde.
9. En la cafetería, yo __me siento__ (sentarse) con mis amigos.
10. Ellos __se prueban__ (probarse) los pantalones.

B. Say what these people are doing.

1. María __duerme__ bien.

2. Los estudiantes __se duermen__ en la clase.

3. Juan le __quita__ el dinero al niño.

4. Pepito __se quita__ el suéter.

5. Yo __levanto__ la __mano__ en la clase.

6. Yo __me levanto__ a las seis.

7. Rosa __pone__ el __plato__ en la __mesa__.

8. Rosa __se pone__ el __vestido__.

9. Sergio __llama__ a Eva.

10. El muchacho __se__ __llama__ Sergio Paz.

C. With a partner, take turns saying what these people do according to the time and the circumstances.

1. A las seis de la mañana, yo __me levanto__ .
2. En el baño, Carlos __se lava la cabeza__ con champú.
3. Antes de salir, tú te bañas y te __vistes__ .
4. En la tienda, antes de comprar un vestido (*dress*), Rocío __se lo prueba__ .
5. Cuando hace mucho frío, yo __me pongo__ un suéter.
6. Frente al espejo (*mirror*), mi hermana __se peina__ .
7. Mi papá __se afeita__ con una máquina de afeitar (*razor*).
8. Cuando yo vuelvo a mi casa muy tarde, mis padres __se preocupan__ .
9. En la clase, cuando están aburridos, los estudiantes __se duermen__ .
10. A las once de la noche, Uds. __se acuestan__ .

Handout ¡Charadas!

Activity suggestion B After students describe the illustrations, have them say or write questions that would elicit the responses they have given: **María duerme bien. ¿Cómo duerme María?**

A. **¡Habla con tu compañero!**   Interview a classmate, using the following questions and two questions of your own. When you have finished, switch roles.

1. ¿A qué hora te levantas tú generalmente? ¿Y los sábados? ¿A qué hora te levantaste hoy?
2. ¿A qué hora te acuestas? ¿A qué hora te acostaste anoche? ¿Dormiste bien?
3. ¿Puedes bañarte y vestirte en diez minutos? ¿Te lavas la cabeza cuando te bañas? ¿Te bañas por la mañana o por la tarde?
4. ¿Te miras en el espejo para peinarte?
5. ¿Te acordaste de traer el libro de español hoy? ¿A veces te olvidas de traerlo?
6. ¿Cómo se llama tu mejor amigo(-a)? ¿Cómo se llama tu abuelo? ¿Y tu abuela?
7. ¿Se preocupan tus padres por ti? ¿Tú te preocupas por alguien? ¿Por quién?
8. ¿Qué te pones cuando hace frío, un suéter o un abrigo? Cuando llueve, ¿te pones un impermeable o usas un paraguas?

B. **Nuestra rutina diaria**   With a partner, ask each other about your daily routines, beginning in the morning until the time you go to bed. Compare notes.

2. Some uses of the definite article (*Algunos usos del artículo definido*)

Activity suggestion As a homework assignment, have students write two sentences that describe an action for each different use of the definite article. The next day, divide the class into groups of three or four and have students take turns reading sentences for each rule. The other students should make corrections. Remind students that they may use the present and the past tenses.

1. *Parts of the body* Me lavé las manos antes de comer.
2. *Articles of clothing* Me quité el abrigo en la clase.

The definite article has the following uses in Spanish.

◆ The possessive adjective is often replaced by the definite article. An indirect object pronoun or a reflexive pronoun (if the subject performs the action upon himself or herself) usually indicates who the possessor is. Note the use of the definite article in Spanish in the following specific situations indicating possession.

◆ With parts of the body

Voy a cortar**le el pelo.**	*I'm going to cut his hair.*
Me lavé **las manos.**	*I washed my hands.*

◆ With articles of clothing and personal belongings

¿Te quitaste **el abrigo?**	*Did you take off your coat?*
Ellos **se** quitaron **el suéter.**	*They took off their sweaters.*

> **¡Atención!**   The number of the subject and verb generally does not affect the number of the thing possessed. Spanish uses the singular to indicate that each person has only one of any particular object.

Ellas se quitaron **el abrigo.**	*They took off their coats.*
(Each one has one coat.)	
but: Ellas se quitaron **los zapatos.**	*They took off their shoes.*
(Each one has two shoes.)	

Un dicho

Yo me lavo las manos.

I wash my hands.

◆ The definite article is used with abstract and generic nouns.

Me gusta **el té,** pero prefiero **el café.**	*I like tea, but I prefer coffee.*
Las madres siempre se preocupan por sus hijos.	*Mothers always worry about their children.*
La educación es muy importante.	*Education is very important.*

◆ The definite article is used with certain nouns, including **cárcel** (*jail*), **iglesia** (*church*), and **escuela** when they are preceded by a preposition.

—¿Vas a **la iglesia** los domingos?	*"Do you go to church on Sundays?"*
—No, voy a **la iglesia** los sábados.	*"No, I go to church on Saturdays."*
—¿Dónde están los chicos?	*"Where are the children?"*
—Están en **la escuela.**	*"They're at school."*
—¿Jorge está en **la cárcel?**	*"Is Jorge in jail?"*
—Sí, lo visito todas las semanas.	*"Yes, I visit him every week."*

◆ Remember that the definite article is also used with days of the week, when indicating titles in indirect address, and when telling time.

El Sr. Vega viene **el sábado** a **las tres** de la tarde.	*Mr. Vega is coming on Saturday at three o'clock in the afternoon.*

Activity suggestion Students make statements about men and women in which they generalize: **Las mujeres son más trabajadoras que los hombres.** (Male students can state the opposite.)

Práctica

HM
ACE the Test

Supply the Spanish equivalents of the words in parentheses. Then act out the dialogues with a partner.

1. —¿Qué están haciendo ___la señorita___ Paz y ___la señora___ Díaz? (*Miss / Mrs.*)
   —Se están poniendo ___el abrigo___. (*their coats*)

2. —¿Qué estás haciendo, Paquito?
   —Me estoy lavando ___las manos___. (*my hands*)

3. —___Las mujeres___ son más inteligentes que ___los hombres___. (*Women / men*)
   —___Las mujeres___ siempre dicen eso. (*Women*)

4. —¿Él está en ___la escuela___? (*school*)
   —Sí, pero su hermano está en ___la iglesia___. (*church*)

5. —¿Qué dice ___la doctora___ Peña? (*Dr.*)
   —Ella dice que ___la educación___ es muy importante. (*education*)

6. —¿Cuándo llega ___el señor___ Roca? (*Mister*)
   —___El jueves___, ___a las___ cinco. (*On Thursday / at*)

Un dicho

El amor todo lo puede.
Equivalent: **Love conquers all.**

Para conversar

¡Habla con tu compañero!   With a partner, take turns asking and answering the following questions.

1. ¿Qué te gusta más, el pescado o la carne? ¿Te gustan más las manzanas o las uvas?
2. ¿Qué te gusta más, el café o el té? ¿El agua mineral o los refrescos?
3. ¿Te lavas la cabeza todos los días? ¿Qué champú usas?
4. ¿Te quitas los zapatos cuando llegas a tu casa? ¿Te cambias de ropa?
5. ¿Te gustan los idiomas extranjeros (*foreign*)? ¿Te gusta más el francés o el español?
6. ¿Vas a la iglesia los domingos? ¿A qué hora vas? ¿Con quién vas?
7. ¿Qué es más importante para ti, el amor o el dinero?
8. ¿Quiénes conducen mejor, los hombres o las mujeres? ¿Quiénes son más eficientes?

3. Possessive pronouns (*Pronombres posesivos*)

Singular		Plural		
Masculine	*Feminine*	*Masculine*	*Feminine*	
el mío	la mía	los míos	las mías	*mine*
el tuyo	la tuya	los tuyos	las tuyas	*yours* (fam.)
el suyo	la suya	los suyos	las suyas	*yours* (form.) / *his* / *hers*
el nuestro	la nuestra	los nuestros	las nuestras	*ours*
el vuestro	la vuestra	los vuestros	las vuestras	*yours* (fam.)
el suyo	la suya	los suyos	las suyas	*yours* (form.) / *theirs*

◆ In Spanish, possessive pronouns agree in gender and number with the thing possessed. They are generally used with the definite article.

—Aquí están **mis maletas.** ¿Dónde están **las tuyas?**	*"Here are my suitcases. Where are yours?"*
—**Las mías** están en mi cuarto.	*"Mine are in my room."*
—**Nuestro profesor** es de Colombia.	*"Our professor is from Colombia."*
—**El nuestro** es de Venezuela.	*"Ours is from Venezuela."*
—**Mi apartamento** está en la calle Palma.	*"My apartment is on Palma Street."*
—**El mío** está en la calle Estrella.	*"Mine is on Estrella Street."*

¡Atención! After the verb **ser**, the definite article is frequently omitted.

—¿Estos billetes son **suyos,** señor?	*"Are these tickets yours, sir?"*
—No, no son **míos.**	*"No, they're not mine."*

◆ Because the third-person forms of the possessive pronouns (**el suyo, la suya, los suyos, las suyas**) can be ambiguous, they can be replaced by the pronouns below for clarification.

el de	⎡ Ud.	el [libro]	de él
la de	él	el	**de él**
los de	ella		
las de	Uds.	Es **suyo.** (*unclarified*)	
	ellos	Es **el de él.** (*clarified*)	
	⎣ ellas		

—Estas maletas son de Eva y de Jorge, ¿no?	*"These suitcases are Eva's and Jorge's, aren't they?"*
—Bueno, la maleta azul es **de ella** y la maleta marrón es **de él.**	*"Well, the blue suitcase is hers, and the brown suitcase is his."*
—¿El piano es **de Uds.?**	*"Is the piano yours?"*
—No, es **de ellos.**	*"No, it's theirs."*

Un dicho

Lo que es tuyo es mío y lo que es mío es tuyo.

What's yours is mine and what's mine is yours.

Práctica

A. Provide the correct possessive pronoun for each subject.

   ◆ **MODELO:** Yo tengo una tarjeta postal. Es...
      Es mía.

   1. Mario tiene una revista. Es... suya
   2. Nosotros tenemos dos guitarras. Son... nuestras
   3. Tú tienes un violín. Es... tuyo
   4. Inés tiene dos diccionarios. Son... suyos
   5. Yo tengo dos casas. Son... mías
   6. Ud. tiene un perro. Es... suyo
   7. Ellas tienen los abrigos. Son... suyos
   8. Paco tiene una trompeta. Es... suya

B. Complete the following dialogue using the correct possessive pronoun.

   1. —Mis revistas están aquí. ¿Dónde están ___las tuyas___, Anita? (*yours*)

      —___Las mías___ están en mi cuarto, pero Pedro no tiene ___las suyas___.
      (*Mine / his*)

   2. —Yo no tengo maletas, pero Ana me va a prestar una de _las de ella (las suyas)_ . (*hers*)

      —O yo puedo prestarte una de ___las mías___. (*mine*)

      —¡Pero tú vas a necesitar todas ___las tuyas___! (*yours*)

      —Yo tengo tres maletas...

   3. —Mis hijos están en Santo Domingo. ¿Dónde están ___los suyos___, señor
      Fuentes? (*yours*)

      —___Los míos___ están en La Habana. (*Mine*)

C. With a partner, make comparisons between the objects and people described
   and those in your own experience. Use appropriate possessive pronouns when
   asking each other questions.

   ◆ **MODELO:** —El hermano de Teresa tiene quince años. ¿Y el tuyo?
      —*El mío tiene dieciocho.*

   1. Los mejores amigos de Rosa son de Cuba.
   2. El apartamento de Ana tiene cuatro cuartos.
   3. Los padres de Ramiro viven en Pinar del Río.
   4. El cumpleaños de Jorge es en septiembre.
   5. Las maletas de Alina son verdes.
   6. La hermana de Rafael es muy bonita.
   7. El idioma de Hans es alemán.
   8. Las primas de Enrique son dominicanas.

Para conversar

Handout Razones

Así es la vida. (*Such is life.*) In groups of three, compare some aspects of your
lives, such as your room or apartment, relatives, classes, jobs, and so on.

4. Irregular preterits (*Pretéritos irregulares*)

Activity suggestion To help students learn the irregularities of these verbs, write the following groupings on the board.

uv tener/estar
u poder/poner/saber
i hacer/venir/querer
j decir/traer/conducir/traducir

Activity suggestion Write the following phrases on the board or on an overhead transparency. In pairs, have students take turns asking each other ¿**Cuándo fue la última vez que...?**

tener un examen
estar enfermo(-a)
poder ir a la peluquería (barbería)
ponerse ropa elegante
saber (*found out*) algo interesante
venir tarde a clase
querer comprar algo caro
decir una mentira (*lie*)
conducir más de 500 millas en
 un día
traducir unas frases al español
haber una fiesta en tu casa/
 apartamento/residencia

◆ The following Spanish verbs are irregular in the preterit.

tener:	tuve, tuviste, tuvo, tuvimos, tuvisteis, tuvieron
estar:	estuve, estuviste, estuvo, estuvimos, estuvisteis, estuvieron
poder:	pude, pudiste, pudo, pudimos, pudisteis, pudieron
poner:	puse, pusiste, puso, pusimos, pusisteis, pusieron
saber:	supe, supiste, supo, supimos, supisteis, supieron
hacer:	hice, hiciste, hizo,[1] hicimos, hicisteis, hicieron
venir:	vine, viniste, vino, vinimos, vinisteis, vinieron
querer:	quise, quisiste, quiso, quisimos, quisisteis, quisieron
decir:	dije, dijiste, dijo, dijimos, dijisteis, dijeron[2]
traer:	traje, trajiste, trajo, trajimos, trajisteis, trajeron[2]
conducir:	conduje, condujiste, condujo, condujimos, condujisteis, condujeron[2]
traducir:	traduje, tradujiste, tradujo, tradujimos, tradujisteis, tradujeron[2]

—¿Por qué no **viniste** anoche?   "*Why didn't you come last night?*"
—No **pude; tuve** que trabajar. Y tú,   "*I wasn't able to; I had to work. And you,*"
 ¿qué **hiciste**?   "*what did you do?*"
—Yo **estuve** en casa toda la noche.   "*I was home all night.*"

—¿Qué me **trajeron** Uds.?   "*What did you bring me?*"
—Te **trajimos** una cámara.   "*We brought you a camera.*"
—¿Dónde la **pusieron**?   "*Where did you put it?*"
—La **pusimos** en tu cuarto.   "*We put it in your room.*"

> **¡Atención!**   The preterit of **hay** (impersonal form of **haber**) is **hubo** (*there was, there were*).

Anoche **hubo** un concierto.   *Last night there was a concert.*

Papá, hoy **conduje** tu auto...

---
[1]Note that in the third-person singular form, **c** changes to **z** in order to maintain the soft sound.
[2]Note that in the third-person plural ending of these verbs, the **i** is omitted.

Práctica

A. Elsa and David are arguing. Complete their dialogue, using the preterit of the verbs given. Then act it out with a partner.

Elsa ¿Dónde ___estuviste___ (estar) (tú) anoche? ¡ ___Viniste___ (Venir) muy tarde!

David ¡Te lo ___dije___ (decir)! ___Estuve___ (Estar) en casa de mamá. ___Tuve___ (Tener) que hablar con papá. No te llamé porque no ___pude___ (poder).

Elsa ¿No ___pudiste___ (poder) o no ___quisiste___ (querer)?

David Bueno. ¿Dónde ___pusiste___ (poner) tú los documentos que yo ___traduje___ (traducir) ayer en la oficina?

Elsa ¡Tú no ___trajiste___ (traer) ningún documento!

David No... los empleados los ___trajeron___ (traer) cuando ___vinieron___ (venir) ayer.

Elsa Ellos no me ___dijeron___ (decir) nada. ¡Son unos idiotas!

B. Read what the following people typically do. Then, using your imagination, say what everyone did differently yesterday.

1. Yo estoy en mi casa por la mañana.
2. Tú vienes a la universidad a las diez de la mañana.
3. Paquito hace ejercicio por la tarde.
4. Julio tiene que trabajar en el mercado.
5. Nosotros traemos a nuestros hijos a la escuela.
6. Ellos traducen las lecciones al inglés.
7. María se pone el suéter azul.
8. Yo conduzco mi coche.

Para conversar

A. **¡Habla con tu compañero!** With a partner, take turns asking each other the following questions.

1. ¿Qué tuviste que hacer ayer? ¿Tuviste mucho trabajo? ¿Estuviste muy ocupado(-a)?
2. ¿Qué hicieron tú y tus amigos ayer? ¿Qué hicieron el sábado?
3. ¿Dónde estuvieron tú y tu familia anoche? ¿Qué hicieron tus padres?
4. ¿Hubo una fiesta en tu casa el mes pasado? ¿Quiénes vinieron?
5. ¿Tuviste que limpiar la casa ayer? ¿Alguien te ayudó? ¿Quién?
6. ¿Viniste a clase la semana pasada? ¿Viniste solo(-a)? ¿Qué días viniste?
7. ¿Pudiste venir temprano a la universidad ayer? ¿A qué hora viniste? ¿Alguien vino contigo?
8. ¿Condujiste tu auto ayer o viniste en autobús?

B. **¿Qué hiciste?** In groups of three, ask each other about what you did yesterday, last night, or last week. Use irregular preterit forms in your questions. Ask for as many details as possible.

Práctica B, Activity suggestion
Have students make up sentences contrasting what they always do with what they didn't do on one occasion. Write the following words and phrases on the board and encourage students to use as many as possible.

normalmente
usualmente
siempre
frecuentemente
generalmente
ayer
esta mañana
anoche
el año pasado
la semana pasada
el mes pasado

Handout El pretérito

5. *Hace...* meaning *ago* (*Hace... como equivalente de* ago)

Hace... meaning *ago*, **Activity suggestion** Review time expressions with **hacer** in **Lección 7** (page 200).

♦ In sentences using the preterit and in some cases the imperfect, **hace** + *period of time* is the equivalent of the English *ago*. When **hace** is placed at the beginning of the sentence, the construction is as follows.

Hace + *period of time*	+ **que**
Hace + dos años	+ **que** la conocí.

—¿Cuánto tiempo hace que conociste a tu novia? — *"How long ago did you meet your girlfriend?"*
—**Hace tres años que** la conocí. — *"I met her three years ago."*

—**Hace diez años que** ellos vinieron a los Estados Unidos. ¿Y tú? — *"They came to the United States ten years ago. And you?"*
—Yo llegué **hace cuatro años.** — *"I arrived four years ago."*

> **¡Atención!** Note that it is also possible to say: **Yo llegué hace cuatro años.**

ACE the Test

Práctica

Say how long ago everything happened, according to the information provided.

1. Preparamos la ensalada de frutas a las dos. Son las dos y media.
2. Ellos fueron a Santo Domingo en agosto. Estamos en diciembre.
3. Tú viste a tu abuelo el lunes. Hoy es viernes.
4. Empecé a trabajar a las diez. Son las diez y cuarto.
5. Yo vine de Cuba el 15 de junio. Hoy es el 30 de junio.
6. Carlos compró la casa en el año 2000. Estamos en el año 2009.

Práctica Answers 1. Hace media hora que preparamos la ensalada. 2. Hace cuatro meses que ellos fueron a Santo Domingo. 3. Hace cuatro días que viste a tu abuelo. 4. Hace quince minutos que empecé a trabajar. 5. Hace quince días que vine de Cuba. 6. Hace nueve años que Carlos compró la casa.

Para conversar

A. Dime... With a partner, take turns asking and answering these questions.

1. ¿Cuánto tiempo hace que empezaste a estudiar en esta universidad?
2. ¿Cuánto tiempo hace que conociste a tu primer(-a) novio(-a)?
3. ¿Cuánto tiempo hace que hablaste con tu mejor amigo(-a)?
4. ¿Cuánto tiempo hace que te compraste ropa?
5. ¿Cuánto tiempo hace que le mandaste un mensaje electrónico a alguien?
6. ¿Cuánto tiempo hace que comiste?

B. ¡Hace mucho tiempo! With a partner, take turns asking each other how long ago you did each of the following things.

1. ir a la playa
2. ir al dentista
3. dar una fiesta
4. ir de compras
5. ir al cine
6. empezar a estudiar español
7. ver a sus padres
8. ir de vacaciones
9. llamar a su mejor amigo(-a)
10. levantarse

C. Acontecimientos importantes With a partner, prepare two questions about how long ago an important event took place. Then join another pair and ask them your questions and answer theirs.

La palabra *salsa* (sauce, spice) se usa también para referirse a la música caribeña. Actualmente este ritmo, basado en la música afrocubana, es muy popular en muchos países.

◆ **¿Cuáles son los ritmos típicos de este país?**

Así somos

Al escuchar...

> **Estrategia** **Dealing with fast speech** Listening to speech when you can't ask the speaker to slow down or repeat is especially challenging in a foreign language, particularly if the language is spoken at what seems to be a fast pace. In such instances, try to listen for familiar words to understand what the topic is, or to get the gist of what is said. When dealing with fast speech in a classroom setting—with video or lab activities, for instance— you can often listen more than once and thus train yourself to become a better listener.

¿Qué dijeron? Listen to a conversation between Ester and Raúl and answer the following questions when you feel you can provide the answer or make a guess.

1. ¿Qué festejan hoy Ester y Raúl? Festejan el cumpleaños de su mamá.
2. ¿Qué necesita Ester para la ensalada? Necesita lechuga, tomates y pepino.
3. ¿Qué va a comprar Raúl en la pescadería? Va a comprar pescado (un pargo).
4. ¿Quién va a traer el postre? Elena.
5. ¿Para qué debe ir Raúl a la joyería? Para recoger el regalo para su mamá.

Al conversar...

Al escuchar... (script)

Ester Raúl, tenemos que hacer muchas cosas para preparar la fiesta.

Raúl Sí, ¡la fiesta de cumpleaños de mamá tiene que ser perfecta!

Ester Necesitamos frijoles para preparar el congrí, y lechuga, tomates y pepino para la ensalada.

Raúl ¿También tengo que ir a la pescadería?

Ester Sí, tienes que comprar un pargo. A mamá le gusta mucho el pescado asado.

Raúl ¿Qué vas a preparar de postre?

Ester El postre lo va a traer Elena. Ah, acuérdate de pasar por la joyería para recoger el regalo para mamá.

Raúl Está bien.

¿Qué dice Ud.?, Answers
1–3. *Answers will vary.* 4. ¿Dónde estuviste anoche? ¿Qué tuviste que hacer? ¿Pudiste hablar con tus padres? ¿Qué dijeron de la fiesta?

> **Estrategia** **Using pauses to manage conversation** In addition to asking for repetition or clarification (**Lección 2**), and restating something you hear in your own words (**Lecciones 7 and 8**), you can create pauses during a conversation in order to gain time to organize your thoughts and reply. The following words and expressions, most of which you have seen in previous lessons, are commonly used as pausing devices.
> ◆ Gaining time: **Bueno..., A ver...**
> ◆ Asking for your listener's attention: **Oye... (Óyeme...), Mira...**
> ◆ Reacting to what you hear: **¡Caramba!**
> ◆ Fillers: **Este..., Eh...** (*Uh . . ., Ummm . . .*)
> ◆ Correcting or clarifying what you are saying: **Es decir...** (*That is to say . . .*)

Este... Take turns telling a classmate about the last birthday you celebrated. Your goal is to describe the celebration as fully as you can. Tell whose birthday you celebrated, where, how many people attended, and talk about the food, gifts, etc. Use some of the phrases above when you need to pause or gain time to think.

¿Qué dice Ud.? What would you say in the following situations? What might the other person say? Act out the scenes with a partner. Take turns playing each role.

1. You and your roommate are going to decide what you need from the grocery store. Don't forget to include fruits and vegetables.
2. You are talking to a prospective roommate and want to know about his/her daily routine. Ask him/her pertinent questions.
3. You are in Santo Domingo. Your Dominican friend is going to accompany you downtown to do some shopping. Tell him/her which stores you have to go to. You want to buy nails, shoes, a bracelet, medicine, etc. Say what time you want to leave.
4. Last night you called your friend Fernando and he wasn't home. Ask him where he was, what he had to do, whether or not he was able to speak with his parents, and what they said about the party.

Para conocernos mejor

To do this activity, work with a classmate whom you would like to get to know. Take turns asking and answering these questions.

Handouts Familias de palabras / Bingo

1. ¿Cuánto tiempo hace que empezaste a estudiar en esta universidad? ¿Te gusta la universidad? ¿Tienes muchos amigos aquí?
2. ¿Tu español está mejorando? ¿El profesor (La profesora) comparte tu opinión? ¿Sabes algún poema en español? ¿Alguna canción?
3. ¿Hiciste algo de interés anteayer? ¿Adónde fuiste? ¿Con quién estuviste? ¿Tuviste que trabajar?
4. ¿Qué hiciste anoche para cenar? ¿Tienes alguna receta especial? ¿Dónde la conseguiste?
5. ¿A qué hora te despertaste hoy? ¿A qué hora te levantas generalmente? ¿Te gusta acostarte temprano o tarde?
6. Generalmente, ¿te bañas por la mañana o por la tarde? ¿Qué jabón usas? ¿Necesitas mucho tiempo para vestirte?
7. ¿Tomas café? ¿Le pones azúcar y crema? ¿Lo tomas después de las comidas o con las comidas?
8. ¿Dónde creciste? ¿Extrañas el lugar donde pasaste tu niñez? ¿Extrañas a tus amigos de la escuela?

Una encuesta

Interview your classmates to identify who fits the following descriptions. Include your instructor, but remember to use the **Ud.** form when addressing him/her. After finishing the survey, get together with two or three classmates and discuss the results.

Handouts Para decirlo en español / ¿Qué dijiste?

	Nombre
1. Usa recetas para cocinar.	
2. Compró una lata de salsa de tomate ayer.	
3. Comió una ensalada de lechuga y tomate ayer.	
4. Le pone aceite y vinagre a la ensalada.	
5. Hizo una ensalada de frutas la semana pasada.	
6. Compró manzanas cuando fue al supermercado.	
7. Comió mucha sandía el verano pasado.	
8. Come pan con mantequilla con la comida.	

Para crear

Get together in groups of three or four and "create" the scenario for this photo. Who is this person? What is he buying? What does he like to eat? Is he going to have a party?

¡Vamos a leer!

Antes de leer

Estrategia **Skimming** When skimming, you look over a text quickly to get the gist or a general idea of its content. Skimming is especially useful if you want to decide whether you're interested in a text before reading it more thoroughly. Scanning is a similar technique often used along with skimming; however, when scanning, you look for very specific information. For example, you might scan a TV listing to locate a basketball game you know is on.

La receta You will be reading a recipe for **flan,** one of the most widespread dessert dishes in the Spanish-speaking world. Imagine that you have promised to make a dessert for dinner at a friend's. You don't have a lot of time so you first skim the recipe to decide whether it's relatively easy and quick to make.

1. ¿Hay muchos o pocos ingredientes? ¿Son fáciles o difíciles de encontrar?
2. ¿Cuánto tiempo tiene que cocinar en el horno?
3. ¿Vas a preparar un flan? ¿Por qué sí o por qué no?

A leer

Comprensión, Answers 1. Los ingredientes son dos tazas de leche evaporada, cuatro huevos, ocho cucharadas de azúcar y una cucharadita de vainilla. 2. Para hacer el caramelo, ponemos el azúcar a derretir. Va a tener un color dorado. 3. Lo cubrimos con el caramelo. 4. Agregamos el azúcar y la vainilla. 5. Debemos cocinar el flan a Baño María en el horno a trescientos cincuenta grados. 6. Debemos introducir un cuchillo en el flan y si sale limpio ya está listo. 7. Dejarlo enfriar y ponerlo en el refrigerador. 8. Antes de servirlo debemos voltear el molde en un plato.

Comprensión As you read the recipe, find the answers to the following questions.

1. ¿Cuáles son los ingredientes del flan?
2. ¿Qué hacemos con el azúcar para hacer el caramelo? ¿Qué color va a tener el azúcar?
3. ¿Con qué cubrimos el molde?
4. Después de batir los huevos, ¿qué agregamos (*add*)?
5. ¿Cómo debemos cocinar el flan? ¿A qué temperatura?
6. ¿Qué tenemos que hacer para saber si ya está cocinado?
7. ¿Qué hacemos después de sacarlo del horno?
8. ¿Qué debemos hacer antes de servirlo?

Sección de cocina

Si Ud. quiere servir un postre sabroso y elegante en su próxima fiesta, le ofrecemos una magnífica idea: sirva un flan, que es sin lugar a dudas el postre más popular entre los hispanos. Siga las instrucciones de doña Laura, que le dice cómo prepararlo.

FLAN
Ingredientes:
Para el flan
2 tazas de leche evaporada
4 huevos
8 cucharadas de azúcar
1 cucharadita de vainilla

Para el caramelo
3 cucharadas de azúcar

melt
golden
let it cool / Beat
Add / stir it
double boiler / oven
clean

turn over

Preparación: En el molde donde va a hacer el flan, poner[1] a derretir° al fuego tres cucharadas de azúcar. Después de unos minutos el azúcar va a tener un color dorado.° Mover el molde para cubrirlo todo con el caramelo y dejarlo enfriar.° Batir° los huevos. Agregar° el azúcar y la vainilla y revolverlo° bien. Ponerlo todo en el molde y cocinarlo a Baño María° en el horno° a 350 grados por una hora. (Para saber si ya está cocinado, introducir un cuchillo en el flan, y si sale limpio,° ya está listo.) Sacarlo del horno y dejarlo enfriar. Ponerlo en el refrigerador. Antes de servirlo, voltear° el molde en un plato.

---

[1]In Spanish the infinitive is often used as commands to give instructions or directions.

¡Vamos a escribir!

Antes de escribir

Estrategia **Sequencing steps for a recipe** When following a recipe, the preparation process generally requires a precise order of steps. The sequence of a well written recipe can save preparation time as well as ensure a tasty final result. Here are some sequencing words you can use: **primero, luego, después, finalmente.**

Una receta You will be sharing with the class how you make one of your favorite dishes. First, make a list of the steps to follow in the order in which they should be completed. With the help of a bilingual dictionary, look up only the words you absolutely need. Here are some verbs commonly used in recipes.

agregar to add	**revolver (o:ue)** to mix	**freír (e:i)** to fry
batir to beat	**cocinar** to cook	**hervir (e:ie)** to boil

A escribir la receta

Write your **primer borrador** of the recipe, using the **flan** recipe as a model and being sure to sequence the steps carefully.

Después de escribir

A. Mi receta Before writing the final version, exchange your first draft with a classmate and peer edit each other's work using the following guidelines.

- use of infinitives in cooking instructions
- subject-verb agreement
- clear and logical sequence of steps

B. Del libro de cocina de... ¡la clase de español! Prepare a cookbook with the recipes from the entire class.

C. ¡Una fiesta para comer y charlar! Confer as a class to set aside a day or an evening to gather socially and cook recipes from your class cookbook! Take the opportunity to mingle and chat in Spanish with your classmates.

Después de leer... desde su mundo

¿Te gusta...? In groups of three or four, find out who likes to cook and what types of dishes your classmates like to make. Do they have a favorite dish? Also find out who's an adventurous eater and likes to try new and sometimes unusual foods.

Panorama hispánico

HM
Improve Your Grade
Web Search

Cuba

- Hoy Cuba exporta azúcar, níquel, tabaco y frutas. El tabaco cubano tiene fama mundial. Sin embargo, las principales fuentes de ingreso del país son el turismo y el dinero que les envían a sus familiares más de un millón de cubanos que viven en el extranjero.

- La Habana es la capital y la ciudad más grande del Caribe. La Habana vieja (*old*), su sección antigua, se caracteriza por sus iglesias, plazas, fortalezas y edificios coloniales, como la Catedral y su plaza, y las fortalezas de El Morro y la Cabaña. En la Habana nació José Martí, escritor, poeta y el más famoso de los patriotas cubanos. De su libro *Versos sencillos* proviene la letra de la canción "La Guantanamera".

- La música cubana o afrocubana es muy popular en todo el mundo. De Cuba salieron el son, el danzón, la rumba, la conga, el cha cha cha, el mambo y, en buena parte, la salsa. Muchos músicos y cantantes cubanos triunfan hoy en el extranjero (*abroad*); entre ellos, Gloria Estefan y Jon Secada. El deporte más popular en el país es el béisbol, que los cubanos llaman "la pelota". En la actualidad varios "peloteros" cubanos juegan en las Grandes Ligas de los Estados Unidos. Los más famosos son Rafael Palmeiro y los hermanos Liván y Orlando (el Duque) Hernández. Por otra parte, son exponentes de la cultura cubana contemporánea escritores de fama internacional como Guillermo Cabrera Infante, Zoé Valdés y Daína Chaviano.

La Habana

▲ Vista de La Habana hacia finales (*toward the end*) del siglo XX

La República Dominicana

- La extensión de la República Dominicana es más o menos igual a la mitad (*half*) de la superficie de Kentucky. Su economía se basa en la agricultura, pero el turismo comienza a ser una buena fuente de ingresos para el país. Sus principales atracciones son sus construcciones coloniales y sus hermosas playas, como las de los centros turísticos de La Romana y Puerto Plata, donde se puede disfrutar de muchas actividades al aire libre.

- La música típica del país es el merengue, pero además son populares otros ritmos del Caribe como la rumba y la salsa. Como en Cuba y en Puerto Rico, el béisbol es el deporte más popular de la isla. La República Dominicana es el país extranjero mejor representado en las Grandes Ligas. El más conocido de todos los jugadores dominicanos es Sammy Sosa.

- Casi la mitad de la población del país vive en la capital, Santo Domingo, la primera ciudad europea fundada en el Nuevo Mundo. Aquí se encuentran algunas de las construcciones coloniales más antiguas de América, como las ruinas del Monasterio de San Francisco y la Catedral de Santa María la Menor, la más antigua del continente americano, donde muchos creen que están enterrados (*buried*) los restos de Cristóbal Colón.

▲ Pórtico (*Entrance*) de la Catedral Santa María de la Encarnación, primera de América, construida (*built*) de 1520 a 1540

▲ Oscar de la Renta (1936–), dominicano, diseñador de modas (*fashion designer*) de fama mundial

▲ Juan Luis Guerra (1956–), dominicano, es un famoso compositor y cantante (*singer*) de merengue

▲ José Martí (1853–1895), cubano, es uno de los grandes escritores de Latinoamérica

▲ Celia Cruz (1925–2003), cubana y legendaria Reina (*Queen*) de la Salsa

Nuestro panorama cultural

In groups of three, answer the following questions about your home state, region, or country.

1. ¿Qué productos exporta su país?
2. ¿Hay centros religiosos históricos en su país? ¿Dónde están?
3. ¿Hay fortalezas históricas en su país?
4. ¿Vive algún miembro de su familia en el extranjero? ¿Dónde vive?
5. ¿Cuáles son algunos diseñadores de moda famosos de su país?
6. ¿Qué ritmos son autóctonos de (*originate in*) su país o región? ¿Cuál prefiere Ud.?

For the next class: Go to the World Wide Web and find photos from your hometown, state, region, or country. Use the questions from **Nuestro panorama cultural** above as guidelines for choosing them. Be ready to present the photos to your classmates.

Handout Un poco de cultura

Self-Test

Take this test. When you have finished, check your answers in the answer key provided in Appendix D. Then use a red pen to correct any mistakes you may have made. Are you ready?

Lección 7

A. Indirect object pronouns
Rewrite the following sentences, using indirect object pronouns to replace the words in italics.

1. Ella trae las llaves *para ellos.* Ella les trae las llaves.
2. Yo voy a preparar la cena *para ti.* Yo te voy a preparar (voy a prepararte) la cena.
3. El botones trae el equipaje *para Ud.* El botones le trae el equipaje.
4. Ana va a comprar las tarjetas *para mí.* Ana me va a comprar (va a comprarme) las tarjetas.
5. Él trae el desayuno *para nosotros.* Él nos trae el desayuno.
6. Traen las maletas *para ellas.* Les traen las maletas.

B. Constructions with *gustar*
Tell who likes what.

1. Nosotros / más / esta película (A nosotros) nos gusta más esta película.
2. Ellos / mucho / ese hotel (A ellos) les gusta mucho ese hotel.
3. Tú / nadar (A ti) te gusta nadar.
4. Yo / hacer ejercicio (A mí) me gusta hacer ejercicio.
5. Ella / no / usar la escalera mecánica (A ella) no le gusta usar la escalera mecánica.

C. Time expressions with *hacer*
Form sentences with the elements provided, using the expression **hace... que.** Follow the model.

◆ MODELO: una hora / él / trabajar
Hace una hora que él trabaja.

1. dos días / yo / no dormir Hace dos días que yo no duermo.
2. un mes / tú / no llamarme Hace un mes que tú no me llamas.
3. media hora / nosotras / estar / aquí Hace media hora que nosotras estamos aquí.
4. un año / ellos / vivir / Panamá Hace un año que ellos viven en Panamá.
5. doce horas / Eva / no comer Hace doce horas que Eva no come.

D. Preterit of regular verbs
Rewrite the following sentences to describe things that already happened.

1. Mañana Leo y yo vamos a comprar las valijas. (ayer) Leo y yo compramos las valijas ayer.
2. La semana próxima yo voy a viajar. (la semana pasada) La semana pasada yo viajé.
3. Hoy ella va a cancelar la reservación. (ayer) Ayer ella canceló la reservación.
4. ¿Van a confirmar Uds. el viaje hoy? (ayer) ¿Confirmaron Uds. el viaje ayer?
5. Esta tarde ellos van a hablar con el empleado. (al mediodía) Ellos hablaron con el empleado al mediodía.
6. Voy a darle las maletas ahora. (anoche) Anoche le di las maletas.

E. Ordinal numbers Complete the following sentences.

1. Marzo es el ___tercer___ mes del año.
2. Mayo es el ___quinto___ mes del año.
3. Abril es el ___cuarto___ mes del año.
4. El ___décimo___ mes del año es octubre.
5. Agosto es el ___octavo___ mes del año.
6. Enero es el ___primer___ mes del año.

F. Just words . . . Complete the following sentences, using vocabulary from **Lección 7.**

1. El cuarto tiene ___aire___ acondicionado.
2. El ___botones___ lleva el equipaje al cuarto.
3. No voy a usar la escalera. Voy a usar el ___elevador (ascensor)___ .
4. Sirven el ___desayuno___ a las siete de la mañana y el ___almuerzo___ al mediodía.
5. El baño tiene ducha y ___bañadera___ .
6. No tiene una habitación sencilla; tiene una habitación ___doble___ .
7. Ayer compré una ___cámara___ de video.
8. En este hotel no hay servicio de ___habitación (cuarto)___ .
9. Voy a ___nadar___ en la piscina.
10. ¿En qué puedo ___servirle___ , señor?
11. ¿A cómo está el ___cambio___ de moneda?
12. Ud. tiene que ___dejar___ el número de su tarjeta.

G. Culture Complete the following sentences, based on the **Panorama hispánico** section.

1. La segunda fuente de ingresos de Costa Rica es el ___ecoturismo___ .
2. En Costa Rica la educación es ___obligatoria___ y gratuita.
3. El Canal de Panamá une los océanos ___Atlántico___ y ___Pacífico___ .
4. El Canal de Panamá fue propiedad de ___los Estados Unidos___ hasta 1999.

Lección 8

A. Direct and indirect object pronouns used together
Answer the following questions, using the cues provided, substituting direct object pronouns for the underlined words, and making any necessary changes.

1. ¿Cuándo le van a mandar <u>las flores</u> a Elena? (mañana) Se las van a mandar (Van a mandárselas) mañana.
2. ¿Quién te va a comprar <u>el perro</u>? (mi mamá) Mi mamá me lo va a comprar (va a comprármelo).
3. ¿Quién les va a prestar <u>el dinero</u> a Uds.? (Luis) Luis nos lo va a prestar (va a prestárnoslo).
4. ¿Cuándo me vas a traer <u>la chequera</u>? (esta tarde) Te la voy a traer (voy a traértela) esta tarde.
5. ¿Quién les va a dar <u>el diccionario</u> a Uds.? (la profesora) La profesora nos lo va a dar (va a dárnoslo).

B. Preterit of *ir, ser,* and *dar*
Complete the following sentences, using the preterit of **ir, ser,** or **dar.**

1. Nosotros ___fuimos___ al banco y le ___dimos___ el dinero al empleado.
2. Ellos ___fueron___ mis estudiantes el año pasado.
3. ¿A quién le ___diste___ tú la cuenta?
4. Ayer, yo ___fui___ a la florería y compré rosas.
5. Ellos no nos ___dieron___ el préstamo.
6. Ellas ___fueron___ de vacaciones a México.
7. La doctora Vega ___fue___ mi profesora.
8. Yo ___fui___ al hotel y le ___di___ las maletas al botones.

C. Preterit of *e:i* and *o:u* stem-changing verbs
Complete the following sentences, using the preterit tense of the verbs listed below, as needed.

mentir	dormir	seguir	conseguir
pedir	repetir	morir	servir

1. ¿ ___Durmieron___ ellos en el hotel el jueves?
2. Los chicos ___siguieron___ a sus amigos a la tienda.
3. Nosotros ___servimos___ sándwiches de jamón y queso.
4. Ella me ___mintió___. No tiene veinte años.
5. ¿No ___consiguió___ Ud. el dinero para ir de vacaciones?
6. ¿Qué le ___pidieron___ los niños a Santa Claus?
7. El hombre ___murió___ en un accidente.
8. Ella me ___repitió___ la pregunta.

D. Uses of *por* and *para* Complete the following sentences with **por** or **para,** as needed.

1. Voy a llamar a Ana __por__ teléfono __para__ decirle que necesito el dinero __para__ el sábado __por__ la mañana.

2. Mañana salimos __para__ San Juan. Vamos __por__ tren y pensamos estar allí __por__ dos semanas. Vamos a visitar a Pedro, que estudia __para__ médico.

E. Formation of adverbs Give the Spanish equivalent of the adverbs in parentheses.

1. Me gustan las flores, __especialmente__ las rosas. (*especially*)

2. Yo __frecuentemente__ voy a conciertos. (*frequently*)

3. El profesor habló __lenta__ y __claramente__. (*slowly and clearly*)

4. Vino a verme __recientemente__. (*recently*)

5. __Generalmente__ voy al banco los sábados. (*Generally*)

6. __Desafortunadamente__ no tengo dinero. (*Unfortunately*)

F. Just words . . . Choose the word that best completes each sentence.

1. Voy a llevar los pantalones a la (tintorería, florería). tintorería
2. Fui al banco para pedir un (fuego, préstamo). préstamo
3. Me (pasaron, robaron) la motocicleta ayer. robaron
4. El policía me puso (una multa, un ramo) anoche. una multa
5. No tengo que pagar por los cheques porque son (seguros, gratis). gratis
6. Estas (margaritas, violetas) son moradas. violetas
7. Tienes que (contar, fechar) el cheque. fechar
8. Voy a comprarle un (incendio, regalo) para su cumpleaños. regalo
9. Me gusta mucho ese loro. Me (encanta, solicita). encanta
10. Le voy a (prestar, aparcar) 100 dólares. prestar

G. Culture Complete the following sentences, based on the **Panorama hispánico** section.

1. La capital de Puerto Rico es __San Juan__.
2. __Ponce__ es la segunda ciudad más importante del país.
3. Puerto Rico forma parte del archipiélago de las __Antillas__.
4. El deporte más popular de Puerto Rico es el __béisbol__.

Lección 9

A. Reflexive constructions
Form sentences with the elements provided, using reflexive constructions.

1. Tú / vestirse / muy bien Tú te vistes muy bien.
2. Ellos / afeitarse / todos los días Ellos se afeitan todos los días.
3. Nosotros / acostarse / a las once Nosotros nos acostamos a las once.
4. ¿Uds. / preocuparse / por sus hijos? ¿Uds. se preocupan por sus hijos?
5. Yo / ponerse / la camisa Yo me pongo la camisa.
6. Juan / sentarse / aquí Juan se sienta aquí.
7. Ella / lavarse / la cabeza todos los días Ella se lava la cabeza todos los días.
8. Él / quitarse / el suéter Él se quita el suéter.
9. Yo no / acordarse / de eso Yo no me acuerdo de eso.
10. Uds. / irse Uds. se van.
11. ¿Cómo / llamarse / tú? ¿Cómo te llamas?
12. Daniel no / despertarse / hasta las diez Daniel no se despierta hasta las diez.

B. Some uses of the definite article
Form sentences with the elements given, adding the necessary connectors. Use verbs in the present tense. Follow the model.

◆ **MODELO:** yo / ponerse / los pantalones
Yo me pongo los pantalones.

1. ¿Tú / quitarse / abrigo? ¿Tú te quitas el abrigo?
2. ellos / estar / escuela Ellos están en la escuela.
3. mi mamá / lavarme / cabeza Mi mamá me lava la cabeza.
4. Uds. / no lavarse / manos Uds. no se lavan las manos.
5. padres / preocuparse / por / sus hijos Los padres se preocupan por sus hijos.
6. nosotros / preferir / café Nosotros preferimos el café.
7. educación / ser / lo más importante La educación es lo más importante.

C. Possessive pronouns
Give the Spanish equivalent of the pronouns in parentheses.

1. El vestido de Nora está aquí. ___El mío___ está en mi cuarto. (*Mine*)
2. Mis revistas están aquí. ¿Dónde están ___las suyas___, Sr. Vega? (*yours*)
3. Ellos van a enviar sus cartas (*letters*) hoy. ¿Cuándo vamos a enviar ___las nuestras___? (*ours*)
4. No tengo maletas. ¿Puedes prestarme ___las tuyas___, Anita? (*yours*)
5. Aquí están los regalos de Jorge. ¿Dónde están ___los nuestros___? (*ours*)
6. Juan necesita tu cuaderno, Eva. ___El suyo (El de él)___ está en la universidad. (*His*)

D. Irregular preterits
Complete the following sentences, using the preterit of the verbs given.

1. Yo ___tuve___ (tener) una fiesta anoche y todos mis amigos ___estuvieron___ (estar) allí.
2. Ellos ___trajeron___ (traer) las fresas y las ___pusieron___ (poner) en la mesa.
3. María ___vino___ (venir) anoche y ___tradujo___ (traducir) los documentos.
4. Él no ___pudo___ (poder) ir porque ___tuvo___ (tener) que trabajar.
5. Nosotros no les ___dijimos___ (decir) nada.
6. ¿Cuándo lo ___supiste___ (tú) (saber)? ¿Anoche?
7. Ellos no ___vinieron___ (venir) porque no ___quisieron___ (querer).
8. ¿Ellas ___condujeron___ (conducir) tu coche?
9. Andrés ___hizo___ (hacer) todo el trabajo.

E. *Hace...* meaning *ago*
Answer the following questions, using the cues provided.

1. ¿Cuánto tiempo hace que conociste a tu mejor amigo(-a)? (cuatro años)
2. ¿Cuánto tiempo hace que tú y tus amigos fueron de vacaciones? (seis meses)
3. ¿Cuánto tiempo hace que Uds. fueron a la playa? (tres días)
4. ¿Cuánto tiempo hace que tus padres volvieron de Cuba? (una semana)
5. ¿Cuánto tiempo hace que llegaste a tu casa? (quince minutos)

Answers 1. Hace cuatro años que conocí a mi mejor amigo(-a). 2. Hace seis meses que mis amigos y yo fuimos de vacaciones. 3. Hace tres días que mi familia y yo fuimos a la playa. 4. Hace una semana que mis padres volvieron de Cuba. 5. Hace quince minutos que llegué a mi casa.

F. Just words . . .
Match the questions in column A with the answers in column B.

A		B
1. ¿Qué le pones al café?	__h__	a. La guitarra.
2. ¿Cuántos años cumples?	__j__	b. En el supermercado.
3. ¿Qué instrumento tocas?	__a__	c. Mi país.
4. ¿Quieres mantequilla?	__e__	d. No, tarde.
5. ¿Qué extrañas?	__c__	e. No, margarina.
6. ¿Qué le pones a la ensalada?	__i__	f. No, me olvidé de traerla.
7. ¿Dónde compraste los mangos?	__b__	g. No, el piano.
8. ¿Él sabe tocar el violín?	__g__	h. Azúcar.
9. ¿Te acostaste temprano?	__d__	i. Aceite y vinagre.
10. ¿Trajiste la receta?	__f__	j. Veinte.

G. Culture
Complete the following sentences, based on the **Panorama hispánico** section.

1. Cuba es la ___mayor___ de las islas de las Antillas.
2. El ___tabaco___ cubano tiene fama mundial.
3. La música típica de la República Dominicana es el ___merengue___.
4. Santo Domingo fue la ___primera___ ciudad europea fundada en el Nuevo Mundo.

Lección

10

▲ Edificio de apartamentos llamado "las Torres Gemelas" en Caracas, Venezuela

Objetivos

Comunicación

You will learn vocabulary related to renting an apartment, the various parts of a house, home furniture, and appliances.

Pronunciación

Pronunciation in context

Estructuras

◆ The imperfect
◆ The preterit contrasted with the imperfect
◆ Verbs that change meaning in the preterit
◆ The relative pronouns **que** and **quien**

Cultura

◆ Housing
◆ Word **barrio**
◆ Housekeeping assistance

Panorama hispánico

◆ Venezuela

Estrategias

Listening: Training yourself to listen for units of meaning
Speaking: Paraphrasing practice II
Reading: Activating background knowledge
Writing: Using models to write classified ads

Activity suggestion Use this photo to introduce the lesson theme. Ask your students:

1. ¿Prefieres vivir en una casa o en un apartamento?
2. ¿Vives cerca o lejos (far) de la universidad? ¿Te gusta el lugar donde vives?
3. ¿Te gusta este edificio de apartamentos?

Buscando apartamento

Venezuela

Cuando los conquistadores españoles llegaron al lago Maracaibo, las construcciones de los indígenas a orillas del lago les recordaron las de Venecia, y por eso llamaron al país Venezuela, nombre que significa "pequeña Venecia".

▲ Avenida céntrica en Caracas

▲ Parque en la ciudad de Caracas

▲ Parque Nacional Mochima

273

Marisol se queja de todo

Silvia, Marisol y Cristina son tres chicas de Mérida, Venezuela, que vinieron a Caracas el mes pasado para asistir a la universidad. Silvia y Marisol son primas, pero ellas conocieron a Cristina cuando estaban en la escuela. Ahora están en una pensión, pero quieren mudarse a un apartamento.

Silvia	¿Llamó Cristina?
Marisol	Sí, y me dijo que podía encontrarse con nosotras a las tres para ver el apartamento.
Silvia	¿Te dio la dirección?
Marisol	Sí, aquí la tengo. Nosotras podemos ir en el metro y Hugo dijo que él iba a llevar a Cristina en su coche.
Silvia	El apartamento tiene que estar amueblado porque no tenemos muebles.
Marisol	Bueno... tenemos bolsas de dormir.
Silvia	Vamos, que es tarde. ¿Dónde pusiste la llave?
Marisol	Te la di esta mañana... ¡Ah no! Está en mi bolso.

En el apartamento

Encargado	Ésta es la sala comedor. Como ven, es muy amplia. Tiene un sofá, una mesa y cuatro sillas.
Marisol	(*A Cristina*) Podemos tener solamente un invitado a la vez.
Cristina	¡Shh! Vamos a ver el resto del apartamento.
Silvia	(*Al encargado*) ¿El alquiler incluye la electricidad, el agua y el teléfono?
Encargado	No, el teléfono, no. ¿Quiere ver el cuarto de baño?
Silvia	Sí. (*Desde el baño*) Es muy chico...
Marisol	¿Te acuerdas de la criada que tenían mis padres cuando nosotras éramos chicas? Su cuarto era más grande que este apartamento.
Cristina	Yo sé que a ti te gustó el apartamento que vimos anteayer.
Marisol	Sí, yo no quería ver éste porque tampoco me gusta el barrio donde está y el otro estaba más cerca de la universidad. Éste está muy lejos.

Silvia viene adonde están las chicas.

Silvia	¡No hay una cómoda en el dormitorio! Y hay solamente una mesita de noche.
Marisol	Cuando veníamos para acá vi un edificio de apartamentos mucho mejor que éste. Y había algunos desocupados...
Cristina	¡Ay, Marisol! Siempre la misma. Cuando eras chica también te quejabas de todo.
Silvia	¡Yo estoy de acuerdo con Marisol! Ahora mismo voy a escribirle a papá para tratar de convencerlo de que necesitamos más dinero.
Marisol	¡Chévere![1]
Encargado	Entonces, ¿no piensan alquilar el apartamento?
Marisol	¡Le vamos a avisar!

Handout   En contexto

---

[1]**¡Chévere!** = *Great!* (used in Venezuela and the Caribbean)

Silvia

Marisol

el encargado

Cristina

¿Quién lo dice? Identify the person who said the following in the dialogue.

1. Cuando eras chica también te quejabas de todo.   Cristina
2. Cuando veníamos para acá vi un edificio de apartamentos mucho mejor que éste.   Marisol
3. Vamos, que es tarde. ¿Dónde pusiste la llave?   Silvia
4. Yo sé que a ti te gustó el apartamento que vimos anteayer.   Cristina
5. Entonces, ¿no piensan alquilar el apartamento?   el encargado
6. El apartamento tiene que estar amueblado porque no tenemos muebles.   Silvia
7. Bueno... tenemos bolsas de dormir.   Marisol
8. Ésta es la sala comedor. Como ven, es muy amplia.   el encargado

Hablemos. With a partner, take turns asking and answering the following questions. Base your answers on the dialogue and on your own circumstances.

En el diálogo	¿Y tú?
1. ¿De qué ciudad vinieron Silvia, Marisol y Cristina?	¿De qué ciudad eres tú?
2. ¿Dónde conocieron Silvia y Marisol a Cristina?	¿Dónde conociste tú a tu mejor amigo(-a)?
3. ¿A qué hora dijo Cristina que podía encontrarse con sus amigas?	¿Tú te vas a encontrar con alguien mañana?
4. ¿Cómo van a ir las chicas al apartamento?	¿Cómo vienes tú a la universidad?
5. ¿Dónde puso Marisol la llave?	¿Tú pierdes tus llaves a veces?
6. ¿Qué incluye el alquiler?	¿Tú tienes casa o alquilas un apartamento?
7. ¿Cómo es el baño del apartamento?	¿Cuántos baños hay en tu casa o apartamento?
8. ¿Marisol conocía a Cristina cuando las dos eran chicas?	¿Tú conocías a tu mejor amigo(-a) cuando eras chico(-a)?
9. ¿Qué dice Marisol del barrio donde está el apartamento?	¿A ti te gusta tu barrio?
10. ¿Qué va a hacer Silvia enseguida?	Cuando tú necesitas dinero, ¿a quién se lo pides?

En el diálogo, Answers 1. Vinieron de Mérida. 2. Conocieron a Cristina cuando estaban en la escuela. 3. A las tres. 4. Van a ir en el metro. 5. La puso en su bolso. 6. Incluye la electricidad y el agua. 7. Es muy chico. 8. Sí, la conocía. 9. Dice que no le gusta el barrio donde está. 10. Va a escribirle a su papá para convencerlo de que necesitan más dinero.

⌒ Vocabulario

Cognados

la electricidad electricity
el resto rest

Nombres

el alquiler rent
el barrio, la vecindad neighborhood
la bolsa (el saco) de dormir sleeping bag
el bolso, la cartera handbag
el coche, el carro, el auto, el automóvil car
la cómoda chest of drawers
la criada maid
el edificio building

el (la) encargado(-a) super
la escuela[1] school
el (la) invitado(-a) guest
la mesita de noche night table
el metro, el subterráneo subway
los muebles furniture
la pensión boarding house

Verbos

alquilar to rent
avisar to let know, to advise
conocer to meet (*for the first time*)
convencer to convince

encontrarse (o:ue) to meet (*someone somewhere*)
incluir[2] to include
mudarse to move (*from one house to another*)
quejarse to complain

Adjetivos

amplio(-a) large, ample
amueblado(-a) furnished
chico(-a) small

desocupado(-a) vacant
mismo(-a) same

Otras palabras y expresiones

acá here
cerca close, near
desde from

lejos far
solamente, sólo only

¿Lo sabía Ud.?

La palabra "barrio" equivale simplemente al inglés *neighborhood,* pero en muchos lugares de los Estados Unidos y en algunos países latinoamericanos tiene una connotación negativa.

◆ ¿Le gusta a Ud. el barrio donde vive?

---

[1]**escuela primaria** = *elementary school;* **escuela secundaria** = *secondary school*
[2]present indicative: **incluyo, incluyes, incluye, incluimos, incluís, incluyen**

Vocabulario adicional

El dormitorio y el salón de estar

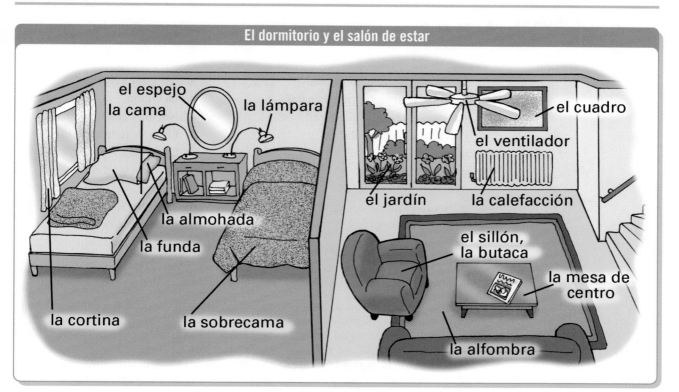

el espejo
la cama
la lámpara
el cuadro
el ventilador
el jardín
la calefacción
la almohada
la funda
el sillón, la butaca
la mesa de centro
la cortina
la sobrecama
la alfombra

Aparatos electrodomésticos y batería de cocina
(*Home appliances and cookware*)

la cacerola pot
la cafetera coffee pot, coffee-maker
el horno oven
la lavadora washing machine
la licuadora blender

el microondas microwave (oven)
la plancha iron
la sartén frying pan
la secadora clothes dryer
la tostadora toaster

Handouts Muebles y aparatos electrodomésticos / Palabras escondidas

¿Lo sabía Ud.?

En los países hispanos, muchas familias de la clase alta y de la clase media tienen criadas. Frecuentemente la criada vive en la casa donde trabaja. Cuando lleva muchos años trabajando en la misma casa, es considerada prácticamente como un miembro de la familia.

◆ **En general, ¿las familias de este país tienen criadas?**

ACE the Test

Práctica

A. Match the questions in column A with the responses in column B.

A		**B**
1. ¿Qué compraste para tu casa? _f_		a. No, en la secadora.
2. ¿Qué vas a comprar para la sala? _j_		b. La criada.
3. ¿La ropa está en la lavadora? _a_		c. No, muy cerca.
4. ¿Vas a usar la cacerola? _h_		d. En la escuela secundaria.
5. ¿Está lejos? _c_		e. Con el encargado.
6. ¿Están en un hotel? _i_		f. Sábanas y fundas.
7. ¿Quién limpió el baño? _b_		g. No, me voy a mudar.
8. ¿Con quién hablaste? _e_		h. No, la sartén.
9. ¿Dónde lo conociste? _d_		i. No, en una pensión.
10. ¿No te gusta tu casa? _g_		j. Una mesa de centro.

B. Select the word or phrase that best completes each sentence.

1. Compré (una licuadora, cortinas, un espejo) para la ventana de la sala. cortinas
2. Puse el pollo en (la cómoda, el horno, el ventilador). el horno
3. La almohada está en mi (cama, microondas, tostadora). cama
4. Tengo muchas rosas en mi (lámpara, calefacción, jardín). jardín
5. Voy a pasarle la aspiradora (al cuadro, a la sobrecama, a la alfombra). a la alfombra
6. El alquiler (incluye, se queja, convence) la electricidad y el agua. incluye
7. Me voy a sentar en esa (cómoda, silla, tabla de planchar). silla
8. Ese edificio tiene muchos apartamentos (desocupados, mismos, asados). desocupados
9. ¿Vas a comprar la casa o la vas a (avisar, alquilar, convencer)? alquilar
10. Voy a tratar de llamarte (desde, hacia, entre) mi casa. desde

C. Write the words or phrases that correspond to the following.

1. barrio __vecindad__
2. metro __subterráneo__
3. coche __carro, auto__
4. bolso __cartera__
5. sólo __solamente__
6. que no está ocupado __desocupado__
7. la usamos para planchar __plancha__
8. sillón __butaca__
9. la usamos para hacer café __cafetera__
10. que tiene muebles __amueblado(-a)__

D. Complete the following, using appropriate vocabulary.

1. Necesitamos tres __bolsas__ de dormir, pero tenemos __solamente__ una.
2. Mi __coche (auto)__ es un Ford del año 1994, pero no me __quejo__ porque hay muchos estudiantes que tienen que tomar el autobús…
3. Compré una mesa de __centro__ y dos mesitas de __noche__ .
4. David quiere __conocer__ a la hermana de Julio, pero a Julio no le gusta la idea porque todos dicen que David es un Casanova. ¿Tú crees que David va a __convencer__ a Julio? Yo no sé…

5. ¿Hay algún apartamento __desocupado__ en ese edificio? Nosotros necesitamos un apartamento __amueblado__ porque no tenemos muebles.

6. Ellos consiguieron un apartamento que está muy __cerca (lejos)__ de la universidad. Viven allí __desde__ mayo.

Para conversar

A. Mañana nos mudamos. With a partner, play the roles of two people who are moving into a new house or apartment. Ask each other whether or not you have certain pieces of furniture, appliances, or kitchen utensils. You each answer that you do, and mention what you have to buy.

◆ **MODELO:** —¿*Tenemos...?*
　　　　　　—*Sí, tenemos..., pero tenemos que comprar...*

B. No estamos de acuerdo. You and a partner play the roles of two roommates looking for a new apartment. One likes everything and the other finds fault with everything.

◆ **MODELO:** —*Las cortinas son muy bonitas.*
　　　　　　—*No me gusta el color...*

Pronunciación

Pronunciation in context

In this lesson, there are some new words or phrases that may be challenging to pronounce. For further pronunciation practice of Spanish sounds, listen to your instructor and repeat the following sentences.

1. Ahora están en una **pensión.**

2. Hugo dijo que él iba a **llevar** a Cristina.

3. Podemos tener un solo **invitado** a la vez.

4. El **alquiler** incluye la **electricidad.**

5. A ti te gustó el apartamento que vimos **anteayer.**

6. Cuando **veníamos** para acá, vi un **edificio** de apartamentos.

7. Voy a tratar de **convencerlo.**

8. ¿No piensan **alquilar** el apartamento?

Note To reinforce pronunciation practice, this section appears in **Lecciones 10–18.** The sentences featured as pronunciation models are taken from the lesson dialogues.

Aspectos culturales

En imágenes (*Algunos tipos de vivienda[1] en el mundo hispano*)

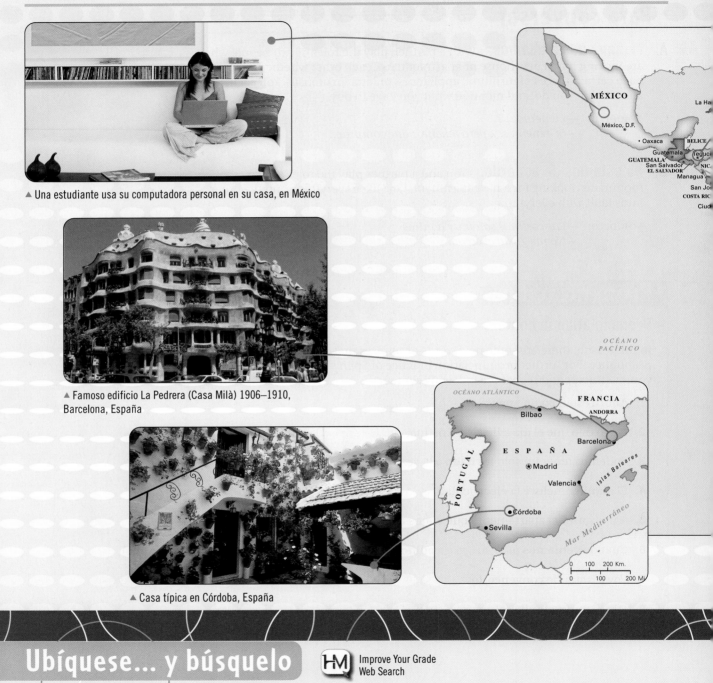

▲ Una estudiante usa su computadora personal en su casa, en México

▲ Famoso edificio La Pedrera (Casa Milà) 1906–1910, Barcelona, España

▲ Casa típica en Córdoba, España

Ubíquese... y búsquelo

Improve Your Grade
Web Search

Silvia, Marisol, and Cristina will be attending school in the **Ciudad Universitaria** neighborhood. They want to live close to school or be able to reach it by the **Metro de Caracas.** Using the metro map, go to **www.college.hmco.com** to search for likely neighborhoods where the three roommates could live. In the next class, team up with two classmates to discuss your findings.

[1]**vivienda** = *housing*

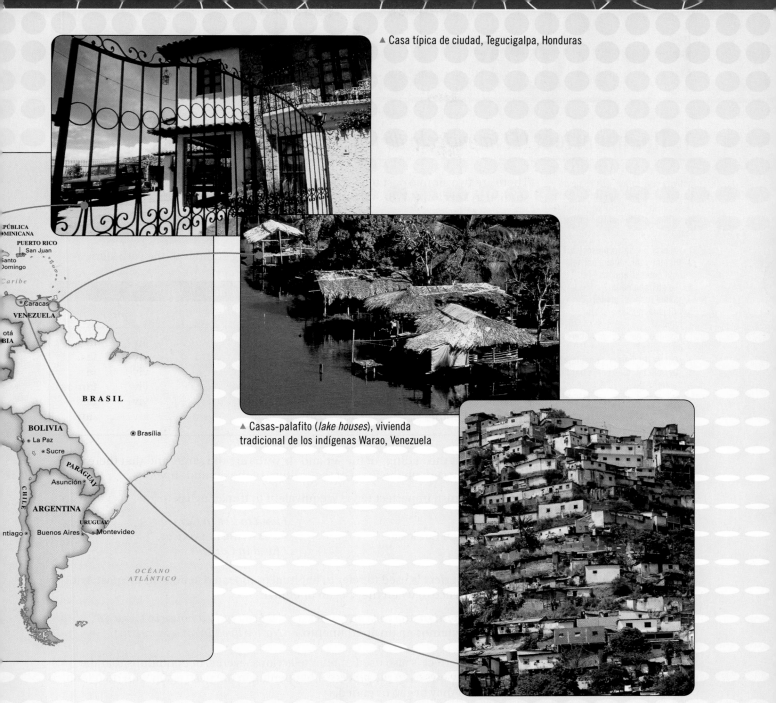

▲ Casa típica de ciudad, Tegucigalpa, Honduras

▲ Casas-palafito (*lake houses*), vivienda tradicional de los indígenas Warao, Venezuela

▲ Arrabal (*slums*), Caracas, Venezuela

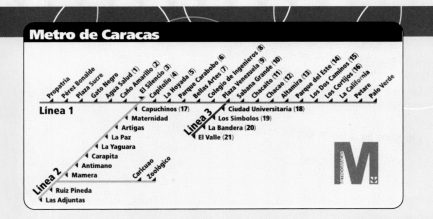

Metro de Caracas

Propatria
Pérez Bonalde
Plaza Sucre
Gato Negro
Agua Salud (1)
Caño Amarillo (2)
El Silencio (3)
Capitolio (4)
La Hoyada (5)
Parque Carabobo (6)
Bellas Artes (7)
Colegio de Ingenieros (8)
Plaza Venezuela (9)
Sabana Grande (10)
Chacaíto (11)
Chacao (12)
Altamira (13)
Parque del Este (14)
Los Dos Caminos (15)
Los Cortijos (16)
La California
Petare
Palo Verde

Línea 1

◀ Capuchinos (17)   ◀ Ciudad Universitaria (18)
◀ Maternidad   ◀ Los Símbolos (19)
◀ Artigas   **Línea 3** ◀ La Bandera (20)
◀ La Paz   ◀ El Valle (21)
◀ La Yaguara
◀ Carapita
◀ Antímano   Caricuao Zoológico
◀ Mamera
Línea 2
◀ Ruiz Pineda
◀ Las Adjuntas

M

Estructuras

1. The imperfect (*El imperfecto de indicativo*)

Activity suggestion Ask students the following personalized questions about their childhoods that require simple affirmative or negative responses in the imperfect.

1. ¿Quería Ud. ser profesor(-a)?
2. ¿Hablaba Ud. mucho por teléfono con sus amigos?
3. ¿Le gustaba nadar?
4. ¿Sabía tocar el piano?
5. ¿Viajaba mucho con su familia?
6. ¿Ayudaba con los quehaceres de la casa?
7. ¿Comía Ud. mucho chocolate?
8. ¿Dormía Ud. diez horas por la noche?

Activity suggestion Point out that the imperfect is equivalent to the *was + -ing* construction in English.

Activity suggestion Write the following sentence builder on the board, on an overhead transparency, or on a ditto sheet. Have students write as many sentences as they can in three minutes describing childhood memories of their families and friends.

De niño(-a),
mi padre / mi madre / mi hermano(-a) / mi mejor amigo(-a) / mi tío(-a) / mi primo(-a) / mi novio(-a)
vivir en... / pasar las vacaciones en... / mirar... en la televisión / levantarse a las... / querer ser profesor(-a) (etc.) / salir con... / jugar con... / trabajar en...

There are two simple past tenses in the Spanish indicative: the preterit, which you studied in **Lecciones 7, 8,** and **9,** and the imperfect.

A. Regular forms

◆ To form the regular imperfect, add the following endings to the verb stem.

-ar verbs		*-er* and *-ir* verbs			
hablar		*comer*		*vivir*	
habl-	**aba**	com-	**ía**	viv-	**ía**
habl-	**abas**	com-	**ías**	viv-	**ías**
habl-	**aba**	com-	**ía**	viv-	**ía**
habl-	**ábamos**	com-	**íamos**	viv-	**íamos**
habl-	**abais**	com-	**íais**	viv-	**íais**
habl-	**aban**	com-	**ían**	viv-	**ían**

◆ Note that the endings of the **-er** and **-ir** verbs are the same, and that there is a written accent on the first **í** of the endings of the **-er** and **-ir** verbs.

◆ The Spanish imperfect tense is equivalent to three English forms.

Yo **vivía** en Caracas.

> *I used to live in Caracas.*
> *I was living in Caracas.*
> *I lived in Caracas.*

◆ The imperfect is used to refer to habitual or repeated actions in the past, with no reference to when they began or ended.

—¿Uds. **tenían** una casa en Caracas? *"Did you have a house in Caracas?"*
—No, **vivíamos** en un apartamento. *"No, we lived in an apartment."*

◆ The imperfect is also used to refer to actions, events, or conditions that the speaker views as *in the process* of happening in the past, again with no reference to when they began or ended.

—**Veníamos** para casa cuando vimos a Raúl. *We were coming home when we saw Raúl.*

¿Lo sabía Ud.?

En las grandes ciudades españolas y latinoamericanas, la mayoría de la gente vive en apartamentos, que en España se llaman "pisos". Los apartamentos se alquilan o se compran. Muchos edificios tienen oficinas o tiendas en la planta baja y apartamentos en los otros pisos.

◆ En la ciudad donde Ud. vive, ¿la mayoría de la gente vive en casas o en apartamentos?

B. Irregular forms

◆ Only three verbs are irregular in the imperfect tense: **ser, ver,** and **ir.**

ser	ver	ir
era	veía	iba
eras	veías	ibas
era	veía	iba
éramos	veíamos	íbamos
erais	veíais	ibais
eran	veían	iban

—¿**Ibas** mucho a casa de tus abuelos cuando **eras** niño?

—Sí, los **veía** todos los sábados.

—¿Adónde **iban** Uds. de vacaciones cuando eran niños?

—**Íbamos** a la playa o a las montañas.

"Did you often go to your grandparents' house when you were a child?"

"Yes, I used to see them every Saturday."

"Where did you go on vacation when you were children?"

"We used to go to the beach or to the mountains."

Práctica

A. Ten years ago, María wrote this composition about herself and her family. Rewrite her composition, using the imperfect tense.

> Mi familia y yo vivimos en Caracas. Mi padre trabaja para la compañía Sandoval y mi madre enseña en la universidad. Es una profesora excelente. Mis hermanos y yo asistimos a la escuela. Generalmente pasamos las vacaciones en isla Margarita. Allí vamos a la playa y nadamos. Mis abuelos viven en Maracaibo y no los vemos mucho, pero siempre les escribimos.

B. Now write a paragraph about your own childhood, using Exercise A as a model.

C. Compare your teenage years with those of a classmate by taking turns completing the following sentences.

1. Cuando yo era adolescente...
2. Mi familia y yo siempre...
3. Mis abuelos...
4. Mi mejor amigo(-a)...
5. Frecuentemente nosotros...
6. Cuando yo tenía dieciséis años...
7. En la escuela, yo...
8. Todos los fines de semana, mis amigos y yo...
9. En el verano...
10. Cuando yo quería salir con mis amigos, mis padres...

Para conversar

A. ¡Habla con tu compañero! Interview a classmate, using the following questions and two of your own. When you have finished, switch roles.

1. ¿Dónde vivías tú cuando eras niño(-a)?
2. ¿Vivías en una casa o en un apartamento?
3. ¿Te gustaba estudiar? ¿Eras buen estudiante?
4. ¿Adónde iban tú y tu familia de vacaciones? ¿Qué les gustaba hacer?
5. ¿Preferías pasar las vacaciones en el campo (*country*) o en la ciudad?
6. ¿Qué hacías cuando ibas de vacaciones?
7. ¿Veías mucho a tus abuelos?
8. ¿Vivías cerca de tus abuelos?

B. Recuerdos Get together with a partner and compare your high school years. Ask pertinent questions.

2. The preterit contrasted with the imperfect (*El pretérito contrastado con el imperfecto*)

LEARNING TIP

Using the preterit and the imperfect correctly takes time. To personalize some of the uses, say what you *used to do* when you were a child. Then say what you did last week. Think of as many examples as possible.

Activity suggestion To help students acquire a feel for the difference between the tenses, narrate several paragraphs from a well-known story in English. Pause after each sentence and ask students which tense they would use and why. *Ricitos de oro y los tres ositos* (Goldilocks and the Three Bears) is a good choice.

Once upon a time, there *was* a beautiful little town. (*imperfect*) In that town *lived* a lovely little girl. (*imperfect*) She *had* long, blond hair and everyone *called* her Goldilocks. (*imperfect*) One morning, she *got up* early, *washed* her face, *dressed* herself, and *went* for a walk in the forest. (*preterit*)

◆ The difference between the preterit and the imperfect can be visualized in the following way.

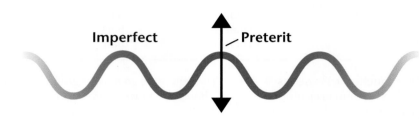

The wavy line representing the imperfect shows an action or event taking place over a period of time in the past. There is no reference to when the action began or ended. The vertical line representing the preterit shows an action or event as completed in the past.

In many instances, the choice between the preterit and the imperfect depends on how the speaker views the action or event. The following table summarizes some of the most important uses of both tenses.

Preterit	Imperfect
1. Reports past actions that the speaker views as finished and completed. Yo **estuve** allí el año pasado. Ayer **compré** una bolsa de dormir.	1. Describes past actions in the process of happening, with no reference to their beginning or end. **Iba** a la biblioteca cuando lo vi.
2. Sums up a condition or state viewed as a whole (and no longer in effect). Me **sentí** mal todo el día.	2. Refers to repeated or habitual actions or events: *used to ...* Cuando **era** niña **iba**[1] de vacaciones a Montevideo.
	3. Describes a physical, mental, or emotional state or condition in the past. Me **sentía** muy mal.
	4. Expresses time in the past. **Eran** las ocho de la noche cuando llegaron a su casa.
	5. Is generally used in indirect discourse. Me dijo que **podía** encontrarse con nosotras.
	6. Describes age in the past. Cuando **tenía** veinte años, vivía en Chile.
	7. Describes or sets the stage in the past. **Hacía** frío y **llovía.**

---

[1]Note that this use of the imperfect also corresponds to the English *would* used to describe a repeated action in the past: *When I was a child, I used to go to Montevideo on vacation. = When I was a child, **I would** go to Montevideo on vacation.*

Preterit or Imperfect ... ?

Activity suggestion Working in pairs, students take turns changing all the cartoon captions, replacing the subject **Beto** with **yo**.

1. Eran las siete de la mañana cuando Beto salió de su casa.

2. Llovía y hacía frío. ¡Brrr!

3. Cuando Beto iba por la calle Lima, vio un accidente. CALLE LIMA

4. Beto llegó a la biblioteca. Subió al 2º piso. 2º PISO

5. En el 2º piso, Beto vio a Eva.

6. Beto le preguntó si quería ir a la cafetería, pero ella le dijo que no podía ir. ¿Quieres ir a la cafetería? No puedo ir.

7. Beto fue a la cafetería solo. Se sentía muy triste... CAFETERÍA

8. Beto comió solo. Cuando Beto era pequeño, siempre comía solo.

9. Beto volvió a su casa.

10. Beto cenó con su familia.

11. Eran las nueve cuando Beto se acostó.

12. Beto no pudo dormir porque le dolió la cabeza toda la noche.

Práctica

ACE the Test

A. Complete the following dialogues. Then act them out with a partner.

1. —¿Cuántos años __tenías__ (tener) tú cuando __viniste__ (venir) a vivir a Caracas?
   — __Tenía__ (Tener) doce años.

2. —¿Qué te __dijo__ (decir) el encargado ayer?
   —Me __dijo__ (decir) que yo __debía__ (deber) volver mañana.

3. —¿Qué tiempo __hacía__ (hacer) cuando Uds. __salieron__ (salir) de casa esta mañana?
   — __Hacía__ (Hacer) frío y __nevaba__ (nevar).

4. —¿Adónde __iban__ (ir) Uds. de vacaciones cuando __eran__ (ser) niños?
   —Siempre __íbamos__ (ir) a la playa, pero un verano mis padres __decidieron__ (decidir) alquilar una casa en las montañas y ésas __fueron__ (ser) nuestras mejores vacaciones.

5. —¿Qué hora __era__ (ser) cuando tú __llegaste__ (llegar) a casa ayer?
   — __Eran__ (Ser) las ocho.
   —¿ __Fuiste__ (Ir) a la tienda?
   —Sí, __fui__ (ir) con Nora. Cuando nosotras __íbamos__ (ir) para la tienda, __vimos__ (ver) un accidente en la calle.
   —¿ __Murió__ (Morir) alguien?
   —No, por suerte no __murió__ (morir) nadie.

B. This interview takes place in Caracas. Play the role of a reporter interviewing a famous star from Spain.

— ¿Dónde naciste?

—Yo nací (*I was born*)[1] en Sevilla, y no te digo cuándo.

— ¿Cuántos años tenías cuando se fueron a vivir a Madrid?

—Yo tenía diez años cuando nos fuimos a vivir a Madrid.

— ¿Cómo eras tú cuando eras niña?

—Cuando era niña era fea y un poco gorda.

— ¿Tenías un perro?

—Sí, tenía un perro que se llamaba Chispita.

— ¿Qué te gustaba hacer cuando eras niña?

—Cuando era niña me gustaba ir a la playa y nadar.

— ¿Dónde estudiaste?

—Estudié en la Escuela de Arte Dramático.

— ¿En qué año empezaste a trabajar en televisión?

—Empecé a trabajar en televisión en 1995.

— ¿En qué año viniste a Caracas?

—Vine a Caracas en el año 2000.

— ¿Estuviste en París el año pasado?

—Sí, el año pasado estuve en París y trabajé en un club nocturno.

— ¿Cuánto tiempo estuviste en París?

—Estuve allí por tres meses.

C. With a partner, go to the illustration on page 285 and prepare questions about what Beto's day was like. Take turns asking and answering the questions.

D. Preterit versus imperfect As you know, the preterit *advances* the story, while the imperfect adds information about what was happening at that moment. With a partner, create clauses using the imperfect tense to provide descriptions, to talk about what was going on when something else took place, to tell what someone was saying, etc. Be creative! Then get together with another group to compare stories.

◆ **MODELO:** —Me levanté a las seis y miré por la ventana.
—*Estaba nevando y no había nadie en la calle.*

1. Desayuné con mi familia. Comimos cereal con leche y panqueques.
2. Me bañé y me vestí. Salí de mi casa a las siete.
3. Decidí ir a la universidad a pie. Fui por el parque. En el parque vi a Marisol. Hablamos por unos diez minutos.
4. Llegué a la universidad a las ocho.
5. El profesor de historia nos dio un examen muy difícil.
6. A las once y media, almorcé en la cafetería. La comida no me gustó.
7. A la una, comencé a sentirme enfermo.
8. Volví a mi casa y hablé con mi mamá.
9. No cené. Me acosté a las nueve, pero no pude dormir en toda la noche.

---

[1]**Nacer** is a regular verb in the preterit.

Para conversar

A. ¡Habla con tu compañero!   Interview a classmate, using the following questions and two of your own. When you have finished, switch roles.

1. ¿Cuántos años tenías cuando aprendiste a nadar?
2. ¿Adónde ibas de vacaciones?
3. ¿Te divertías durante el verano?
4. ¿Qué te gustaba hacer cuando eras niño(-a)?
5. ¿Cómo era tu primer(-a) novio(-a)?
6. ¿Qué hiciste ayer?
7. ¿A qué hora te levantaste esta mañana?
8. ¿Qué tiempo hacía cuando saliste de tu casa?
9. ¿Qué hora era cuando llegaste a la universidad?
10. ¿Tomaste una clase de inglés el año pasado?

B. Cuando era adolescente...   In groups of four or five, prepare five to six questions to ask your instructor about his or her life as a teenager.

3. Verbs that change meaning in the preterit (*Verbos que cambian de significado en el pretérito*)

◆ Some Spanish verbs change meaning when they are used in the preterit. Note the usage of the verbs in the following examples.

conocer:	conocí (preterit)	*I met*
	conocía (imperfect)	*I knew (was acquainted or familiar with)*
	Anoche **conocí** a una chica muy simpática.	*(I met her for the first time.)*
	Yo no **conocía** la ciudad.	*(I wasn't familiar with the city.)*
saber:	supe (preterit)	*I found out, I learned*
	sabía (imperfect)	*I knew*
	Lo **supe** cuando él me lo dijo.	*(I found it out.)*
	Yo no **sabía** que te gustaba.	*(I wasn't aware of it.)*
no querer:	no quise (preterit)	*I refused*
	no quería (imperfect)	*I didn't want*
	Raúl **no quiso** ir.	*(didn't want to and refused)*
	Rita **no quería** ir, pero después decidió ir.	*(didn't want to at the time)*

—¿Tú **conocías** al cuñado de Carmen?   *"Did you know Carmen's brother-in-law?"*
—No, lo **conocí** anoche.   *"No, I met him last night."*

—¿Y Roberto? ¿No vino?   *"And Roberto? Didn't he come?"*
—No, **no quiso** venir.   *"No, he refused to come."*
—Yo tampoco **quería** venir,   *"I didn't want to come either,*
   pero vine para traer a Anita.   *but I came to bring Anita."*

Activity suggestion Write the following incomplete sentences on the board and have students complete them in a logical manner.

1. El año pasado conocí a...
2. Cuando era niño(-a), no quería comer...
3. Ayer supe que...
4. Yo no quería estudiar porque...
5. Yo conocía a (*name*) antes de empezar las clases.
6. Yo no sabía que...

Práctica

Act out the following scene from a soap opera with a partner, providing the missing verbs.

Adrián ¿Tú __sabías__ que Rosaura estaba embarazada (*pregnant*)?

Sara No, lo __supe__ anoche.

Adrián ¡Qué horrible! Dicen que su esposo es un idiota. Los padres de ella no __quisieron__ ir a la boda (*wedding*). Ese día se fueron a Europa.

Sara Pero, ¿dónde __conoció__ Rosaura a Lorenzo?

Adrián En una fiesta. Rosaura no __quería__ ir, pero Olga la llevó.

Sara ¿Olga __conocía__ a Lorenzo?

Adrián Sí, Olga es la ex esposa de Lorenzo...

Para conversar

A. ¡Habla con tu compañero! Interview a classmate, using the following questions and at least two of your own. When you have finished, switch roles.

1. ¿Conocías tú al profesor (a la profesora) antes de empezar esta clase?
2. ¿Cuándo lo (la) conociste?
3. ¿Sabías tú la nacionalidad del profesor (de la profesora)?
4. ¿Cuándo la supiste?
5. Yo no quería venir a clase hoy. ¿Y tú?
6. La última vez (*last time*) que no viniste a clase, ¿fue porque no pudiste o porque no quisiste?
7. ¿Cuándo conociste a tu mejor amigo(-a) o novio(-a)?
8. De niño(-a), ¿conocías a alguien interesante? ¿A quién?
9. ¿Cuándo supiste que Santa Claus no traía los regalos?
10. De niño(-a), ¿qué cosas no querías comer?

B. La próxima escena With a partner, write and act out the scene that follows the one you read in the **Práctica**. Some words you might use: **divorciarse, el (la) amante** (*lover*), **irse de casa, los problemas económicos,** etc.

4. The relative pronouns *que* and *quien* (*Los pronombres relativos que y quien*)

Activity suggestion Emphasize the difference between these relative pronouns and interrogatives **qué** and **quién.** Point out the need for a written accent in indirect questions: **Quiero saber qué debo hacer.**

Relative pronouns are used to combine two sentences that have a common element, usually a noun or a pronoun.

A. The relative pronoun *que*

¿Dónde está **el dinero**?   Trajiste **el dinero.**

common element

¿Dónde está el dinero **que** trajiste?

R.P.

La chica se llama Rosa.   **La chica** vino esta mañana.

common element

La chica **que** vino esta mañana se llama Rosa.

R.P.

- The relative pronoun **que** not only helps to combine the two sentences in the examples, but also replaces the nouns **el dinero** and **la chica** in the combined sentences.

- The relative pronoun **que** is invariable and is used for both persons and things. It is the Spanish equivalent of *that, which,* and *who.* Unlike its English equivalent, the Spanish **que** is never omitted.

—¿Para quién es el sofá **que** compraste?	*"For whom is the sofa that you bought?"*
—Es para la señora **que** alquiló el apartamento.	*"It is for the lady who rented the apartment."*

B. The relative pronoun *quien*

—¿La muchacha **con quien** hablabas es americana?	*"Is the girl with whom you were talking an American?"*
—No, es venezolana.	*"No, she's a Venezuelan."*
—¿Quiénes son esos señores?	*"Who are those gentlemen?"*
—Son los señores **de quienes** te habló José.	*"They are the gentlemen about whom José spoke to you."*

- The relative pronoun **quien** is used only with persons.

- The plural of **quien** is **quienes. Quien** does not change for gender.

- **Quien** is generally used after prepositions, e.g., **con quien, de quienes.**

- **Quien** is the Spanish equivalent of *whom* and *that.*

Práctica

(HM) ACE the Test

Complete the following dialogues, using **que, quien,** or **quienes.** Then act them out with a partner.

1. —¿Quién es el señor _____que_____ alquiló el apartamento?
   —Es el papá de Marisa, la chica con _____quien_____ trabajo.
2. —¿Dónde están las sillas _____que_____ compré ayer?
   —En la cocina.
3. —Las chicas con _____quienes_____ salimos anoche llamaron esta mañana.
   —¿Qué dijeron?
   —Que nos van a traer los libros _____que_____ necesitamos.
4. —¿Con quién vas al museo?
   —Con María Luisa, la chica de _____quien_____ te hablé.
5. —¿Ella es la muchacha _____que_____ trabaja contigo?
   —No, es la chica con _____quien_____ estudio.

Un dicho

El que ríe último, ríe mejor.

He who laughs last, laughs best.

Para conversar

¡Habla con tu compañero! Interview a classmate, using the following questions. When you have finished, switch roles.

1. ¿Cómo se llama la persona a quien más admiras?
2. ¿Cómo se llama el profesor o la profesora que enseña tu clase favorita?
3. ¿Quiénes son las personas que viven contigo?
4. ¿Cómo se llaman las personas con quienes vas a salir el sábado?
5. ¿Quién es la persona que más te quiere?
6. ¿Cuál es la comida que más te gusta?
7. ¿Cuál es el color que más te gusta?
8. ¿Dónde está el banco en el que tienes tu cuenta corriente?

Así somos

─ Al escuchar... ─

Estrategia **Training yourself to listen for units of meaning** One of the most challenging aspects of listening to native speech as a beginning Spanish learner is telling where a word or a part of a sentence ends and the next one begins. Linking, which you read about in **Lección 3,** can contribute to the challenge of hearing words or phrases distinctly. Remember that if two adjacent letters are the same (for example, **las sopas** or **va a tomar**), they sound almost like one in speech. Be aware of this and listen for logical phrases or groups of words.

**En busca de un apartamento,
Answers** 1. El apartamento que vimos en este edificio no tiene calefacción.   2. No piensan alquilar ese apartamento porque no está amueblado.   3. Me gusta más el otro apartamento porque está cerca del metro.   4. Le van a avisar mañana si puede mudarse esta semana.   5. Ellos quedaron en encontrarse en la universidad a la una.

En busca de un apartamento You will listen to several sentences that are transcribed below without spacing between words. Listen as many times as needed and mark the divisions between the words.

1. elapartamentoquevimosenesteedificionotienecalefacción
2. nopiensanalquilareseapartamentoporquenoestáamueblado
3. megustamáselotroapartamentoporqueestácercadelmetro
4. levanaavisarmañanasipuedemudarseestasemana
5. ellosquedaronenencontrarseenlauniversidadalauna

─ Al conversar... ─

Al conversar... (script)
1. A nosotros no nos gusta el apartamento donde vivimos actualmente de modo que, después de mucho pensarlo, decidimos mudarnos.
2. Desgraciadamente no pude ir a la casa de Marcela para visitarla porque mi tía no me dio su dirección.
3. Recuerdo que cuando era chica, mi familia y yo teníamos dos criadas que se encargaban de limpiar la casa y cocinar, de modo que yo no tenía que hacer nada.
4. Decidimos alquilar el apartamento que estaba en el Barrio Norte porque tenía muebles.
5. Cuando yo hablé con el encargado, él me dijo que el alquiler incluía el agua y el teléfono, pero no la electricidad.

¿Qué dijo? *Answers will vary. Possibilities:* 1. Nos vamos a mudar porque no nos gusta nuestro apartamento.   2. No pude ir a la casa de Marcela porque no tenía su dirección.   3. Cuando yo era chica, no hacía nada porque teníamos criadas. 4. Alquilamos el apartamento amueblado. 5. El alquiler no incluía la electricidad.

¿Qué dice Ud.?, Answers 1. Necesito una casa en un buen barrio, con cinco habitaciones, aire acondicionado y un garaje para tres coches.   2. *Answers will vary.* 3. *Answers will vary.*   4. ¿El alquiler incluye la electricidad, el agua y el teléfono?

Estrategia **Paraphrasing practice II** When paraphrasing, remember that your goal is to simplify what you hear using words that you know. Developing this skill can be useful in conversation as well as in writing to summarize and report or explain something that you have heard or read.

¿Qué dijo? You will hear five sentences. Listen and restate them in your own words. Then compare your responses with those of a classmate.

¿Qué dice Ud.? What would you say in the following situations? What might the other person say? Act out the scenes with a partner. Take turns playing each role.

1. You are talking to a real estate agent. You are looking for a house in a good neighborhood, with five bedrooms, air conditioning, and a three-car garage.
2. You and your friend are going to share an apartment. Describe one that you have just seen, and tell him/her why you should take the apartment. Your friend doesn't think it is a good idea.
3. You are going to give a bridal shower for a friend who has nothing. Decide what appliances and other necessities you think that your guests can buy.
4. You ask the super of an apartment building if the rent includes electricity, water, and phone.

Para conocernos mejor To do this activity, work with a classmate whom you would like to get to know. Take turns asking and answering these questions.

1. La escuela secundaria a la que tú asistías, ¿estaba cerca o lejos de tu casa? ¿Cómo ibas a la escuela? ¿A qué hora empezaban las clases? ¿Almorzabas en la cafetería con tus amigos?
2. ¿Dónde te encontrabas con tus amigos los fines de semana? ¿Qué hacían? ¿Iban al cine a veces?
3. ¿Tú vives en una casa o en un apartamento? ¿Cuántos dormitorios tiene? ¿Te gusta tu barrio? ¿Vives cerca o lejos de la universidad?
4. ¿Qué muebles tienes en tu dormitorio? ¿Qué muebles hay en la sala? ¿Qué aparatos electrodomésticos hay en la cocina?
5. ¿Qué tuviste que hacer ayer? ¿Qué hora era cuando saliste de tu casa esta mañana? ¿Qué tiempo hacía? ¿A qué hora piensas volver a tu casa hoy?

Una encuesta Interview your classmates to identify who fits the following descriptions. Include your instructor, but remember to use the **Ud.** form when addressing him/her. After finishing the survey, get together with two or three classmates and discuss the results.

HM **Handouts** Para decirlo en español / ¿Qué dijiste?

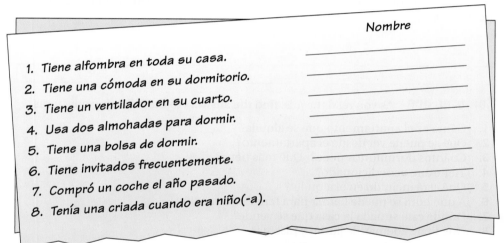

Nombre

1. Tiene alfombra en toda su casa. _____
2. Tiene una cómoda en su dormitorio. _____
3. Tiene un ventilador en su cuarto. _____
4. Usa dos almohadas para dormir. _____
5. Tiene una bolsa de dormir. _____
6. Tiene invitados frecuentemente. _____
7. Compró un coche el año pasado. _____
8. Tenía una criada cuando era niño(-a). _____

Para crear Get together in groups of three or four and "create" the scenario for this photo. Imagine that the couple is talking to a real estate agent about renting an apartment. What do they want? What is everybody saying? Add any other pertinent details.

¡Vamos a leer!

Estrategia **Activating background knowledge** Thinking about what you know of a topic before reading in order to anticipate or predict content can be applied to almost any type of text. For instance, you can draw on your knowledge of a subject such as national parks or the Caribbean, and you also can use your knowledge of a text type to predict the kinds of words and information it will contain. Remember that bringing your own experiences to a reading improves your understanding of the text.

Avisos clasificados You will be reading classified ads for places for rent and for sale. Think of and jot down eight to ten words in Spanish that you would expect to find in this kind of classified ad. Then scan the ads to see how many of these words are in the ads.

A leer

Comprensión, Answers 1. Es amplio y cómodo. 2. Se puede ver una vista panorámica de la ciudad. 3. Tiene tres dormitorios, una sala-comedor, cocina y dos baños. 4. Sí, tiene aire acondicionado. 5. Están incluidas la electricidad y el agua. 6. Se puede llamar de ocho a cinco. 7. Está situada en un barrio residencial. 8. Tiene un patio con árboles frutales. 9. Tiene cuatro habitaciones, sala y comedor, dos baños y cocina con horno y microondas. 10. El garaje es para dos coches.

Comprensión As you read the ads, find the answers to the following questions.

1. ¿Cómo es el apartamento que se alquila?
2. ¿Qué se puede ver desde el apartamento?
3. ¿Cuántos dormitorios tiene? ¿Qué más tiene?
4. ¿Tiene aire acondicionado?
5. ¿Qué está incluido en el alquiler?
6. ¿A qué hora se puede llamar para tener información?
7. ¿Dónde está situada la casa que se vende?
8. ¿Qué tiene además de jardín y piscina?
9. ¿Qué comodidades tiene la casa?
10. ¿Para cuántos coches es el garaje?

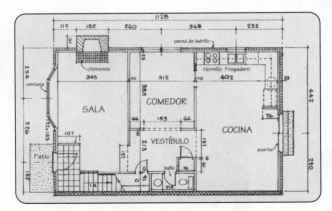

SE ALQUILA

■ Apartamento amplio y cómodo, con vista panorámica de la ciudad.
■ Tres dormitorios, sala-comedor, cocina y dos baños.
■ Calefacción y aire acondicionado. Electricidad y agua incluidas en el alquiler.
■ Situado a cinco minutos del metro. Lugar de estacionamiento.

Información: Edificio Rivera
Teléfono 342-2704
Llamar de 8 a 5

Se vende

• Casa en barrio residencial, con jardín, piscina y patio con árboles frutales.
• Cuatro habitaciones, sala y comedor, dos baños completos y cocina grande con horno y microondas.
• Instalaciones para lavadora y secadora. Garaje para dos coches.

Precio razonable. **Para verla**, llame al tel. 483-7590 de 2 a 5.

¡Vamos a escribir!

Antes de escribir

Estrategia | **Using models to write classified ads** Models are especially useful when writing ads because they provide a reference for format, the type of information to include, and the kinds of words to use.

Avisos clasificados Imagine that you own a real estate agency (**agencia de bienes raíces** or **agencia inmobiliaria**, in Spain). You will be writing two classified ads for the following properties. First, look at the models in **¡Vamos a leer!** and make a list of words you can use. Add additional words, including adjectives or phrases designed to interest prospective renters or buyers. Try to use words you already know, but consult a dictionary if needed.

◆ For rent: an inexpensive but very functional apartment

◆ For sale: the most beautiful but impractical house you can create

A escribir los avisos clasificados

Write your **primer borrador** of the ads, using the models provided in **¡Vamos a leer!** and your list of words.

Después de escribir

Before writing your final version, exchange your first draft ads with a classmate and peer edit each other's work using the following guidelines.

◆ noun-adjective agreement

◆ use of adjectives and descriptive phrases to create appealing ads

Después de escribir, Expansion
Have students give an oral presentation on one of their properties. You may also want to organize a contest for the most efficient apartment and for the most original house.

Después de leer... desde su mundo

In pairs, take turns describing the apartment or house where you live. If you live in a dorm, talk about your family's house. Tell what rooms it has and mention two or three characteristics or special features. Refer to the ads for ideas.

Panorama hispánico

Venezuela

- Venezuela tiene dos veces el área de California, más de 350.000 millas cuadradas, y más de 23 millones de habitantes.

- El país es uno de los diez mayores exportadores de petróleo del mundo. Más de la octava parte del petróleo importado por los Estados Unidos viene de Venezuela. La mayor parte de su gran reserva de petróleo se encuentra debajo del lago Maracaibo. Este lago es el mayor de Venezuela y de toda la América del Sur.

- La principal atracción turística del país es el Salto Ángel, diecisiete veces más alto que las cataratas del Niágara.

- Caracas, la capital de Venezuela, es el centro gubernamental, financiero, cultural y artístico del país. Es una ciudad en que se mezclan lo ultramoderno con lo antiguo, y el lujo (*luxury*) con la pobreza (*poverty*). En Caracas nació Simón Bolívar, llamado el Libertador de América porque luchó (*fought*) por la independencia de cinco países de América del Sur: Colombia, Venezuela, Ecuador, Perú y Bolivia. Otras ciudades importantes del país son Maracaibo, el centro petrolero de Venezuela, Valencia y Barquisimeto.

- Venezuela es la patria del gran novelista Rómulo Gallegos. La música típica venezolana es el joropo, pero son populares todos los ritmos caribeños.

La industria petrolera

▲ Pozos (*Wells*) petroleros en el lago Maracaibo

Personalidades del *glamour*

▲ Carolina Herrera, diseñadora de modas (*fashion designer*)

▲ Miss Venezuela, Srta. Universo 1996

Riquezas naturales venezolanas

▲ Salto Ángel, las cataratas (*waterfalls*) más altas del mundo

▲ Isla Margarita

Nuestro panorama cultural

In groups of three, answer the following questions about your home state, region, or country.

1. ¿Cuáles son los lagos más grandes de su país?
2. ¿Cuáles son algunos de los parques nacionales de su país? ¿En qué estado están?
3. ¿Hay transportación pública en su ciudad? Donde Ud. vive, ¿cuál es la forma más eficiente de viajar?
4. ¿Hay muchas universidades en su región? ¿Cuál es la más grande?
5. ¿Le gustan los concursos de belleza? ¿Qué tipo de concursos hay donde Ud. vive?

For the next class: Go to the World Wide Web and find photos from your hometown, state, region, or country. Use the questions from **Nuestro panorama cultural** above as guidelines for choosing them. Be ready to present the photos to your classmates.

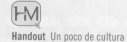

Handout Un poco de cultura

▲ Aeropuerto en Bogotá, Colombia

Objetivos

Comunicación

You will learn vocabulary related to travel.

Pronunciación

Pronunciation in context

Estructuras

◆ The subjunctive mood
◆ The subjunctive with verbs of volition
◆ The subjunctive with verbs of emotion

Cultura

◆ Engagements
◆ Family
◆ Role of godparents

Panorama hispánico

◆ Colombia

Estrategias

Listening: Recognizing linking or transition words
Speaking: Using courtesy expressions and common phrases
Reading: Predicting
Writing: Describing a trip

Activity suggestion Use this photo to introduce the lesson theme. Ask your students:

1. Cuando viajas: ¿compras el pasaje en una agencia de viajes o por Internet? ¿Qué haces para planear el viaje?
2. ¿Qué lugares quieres visitar?
3. Tú estás en este aeropuerto. Las personas de la foto van a viajar por Avianca (línea aérea colombiana). ¿En qué aerolínea vas a viajar tú?

En una agencia de viajes

Colombia

Colombia es la única nación nombrada en honor de Cristóbal Colón. Su extensión es algo mayor que las de los estados de California y Tejas juntos. Es el cuarto país suramericano en tamaño (*size*), y es el único con costas en el Pacífico y en el mar Caribe.

▲ Fundada en 1533, Cartagena de Indias es hoy Patrimonio de la Humanidad (*World Heritage*), así declarada (*thus declared*) por la UNESCO.

▲ Vista panorámica de Bogotá

▲ Un avión de la línea aérea colombiana Avianca, la más antigua de Hispanoamérica

¿Dónde pasamos la luna de miel?

Gustavo Cisneros y Victoria Villareal son de Chía, un pueblo que está cerca de Bogotá. Hoy están en una agencia de viajes de la ciudad capital. Planean casarse el mes que viene y quieren decidir dónde van a pasar la luna de miel. La mamá de Gustavo, que es argentina, espera que vayan a Buenos Aires. Los padrinos de Victoria les sugieren que viajen a Costa Rica porque a ellos les encanta ese país.

Victoria	Mi amor, si tú quieres ir a Buenos Aires, no hay problema. A mí me encantan las ciudades grandes.
Gustavo	Bueno, la verdad es que yo quiero conocer los bosques de Costa Rica. Estos folletos describen unos paquetes buenísimos, que incluyen los pasajes, el hospedaje y algunas excursiones.
Victoria	Sí, pero éstos que yo tengo también describen viajes muy interesantes que incluyen Río de Janeiro... ¡Ah! El agente nos está llamando. Ojalá que podamos reservar los pasajes hoy.

Con el agente de viajes

Gustavo	Vamos a necesitar que usted nos aconseje sobre cuál es el lugar ideal para pasar la luna de miel. Espero que nos dé buenas ideas.
Agente	Yo les recomiendo que hagan un crucero por el Mediterráneo. ¡Viajar en barco es muy romántico! Y después, una semana en Italia.
Gustavo	Bueno... temo que eso sea un poco caro. Mi prometida y yo preferimos quedarnos en este continente.
Agente	¡Tengo una idea brillante! Les sugiero que visiten Canadá. Pueden ir en avión hasta Toronto y después viajar en tren hasta Vancouver...
Victoria	Sí, todo eso es muy bonito, ¡pero no tenemos tanto dinero! Queremos dos pasajes de ida y vuelta a San José, en clase turista. ¿Tienen vuelos directos? Preferimos no hacer escala en ninguna parte...
Agente	Sí, señorita. ¡Excelente idea!
Gustavo	¿Estás segura, mi amor?
Victoria	Sí, estoy segura, pero el año próximo... ¡me llevas a Buenos Aires!

Handout En contexto

¿Lo sabía Ud.?

En los países hispanos las parejas (*couples*) generalmente están comprometidas durante años, porque no se casan hasta terminar los estudios o tener un buen puesto (*job*). Muchos esperan hasta tener un apartamento amueblado o una casa.

◆ Por lo general, ¿las parejas de este país están comprometidas por mucho tiempo antes de casarse?

el agente

Victoria

Gustavo

¿Quién lo dice?   Identify the person who said the following in the dialogue.

1. Bueno... temo que eso sea un poco caro.   Gustavo
2. Les sugiero que visiten Canadá.   el agente
3. Mi prometida y yo preferimos quedarnos en este continente.   Gustavo
4. A mí me encantan las ciudades grandes.   Victoria
5. Pueden ir en avión hasta Toronto.   el agente
6. Estos folletos describen unos paquetes buenísimos.   Gustavo
7. Queremos dos pasajes de ida y vuelta a San José, en clase turista.   Victoria
8. Yo les recomiendo que hagan un crucero por el Mediterráneo.   el agente
9. Mi amor, si tú quieres ir a Buenos Aires, no hay problema.   Victoria

Hablemos.   With a partner, take turns asking and answering the following questions. Base your answers on the dialogue and on your own circumstances.

En el diálogo	¿Y tú?
1. ¿Cuándo planean casarse Victoria y Gustavo?	¿Algún amigo tuyo planea casarse pronto? ¿Quién? ¿Cuándo?
2. ¿Qué están tratando de decidir Gustavo y Victoria?	¿Cuál crees tú que es un buen lugar para pasar la luna de miel?
3. ¿Qué les sugieren los padrinos de Victoria?	¿Qué país (lugar) te encanta a ti?
4. ¿Qué incluyen los paquetes que describen los folletos?	Antes de viajar, ¿tú tratas de conseguir información sobre los lugares adonde piensas viajar? ¿Dónde consigues esa información?
5. ¿Qué espera Victoria que puedan hacer hoy?	¿Con cuánta anticipación (*How far in advance*) reservas tú los pasajes?
6. ¿Qué les recomienda el agente que hagan?	¿Tú prefieres hacer un crucero por el Mediterráneo o un viaje en tren por Canadá?
7. ¿Qué decide hacer Victoria?	¿Tú viajas en clase turista o en primera clase? ¿Por qué?
8. ¿Por qué prefieren Victoria y Gustavo un vuelo directo?	¿Tú prefieres un vuelo directo o un vuelo con escala? ¿Por qué?

En el diálogo, Answers 1. Planean casarse el mes que viene.
2. Están tratando de decidir dónde van a pasar la luna de miel.
3. Les sugieren que viajen a Costa Rica.   4. Incluyen los pasajes, el hospedaje y algunas excursiones.
5. Espera que puedan reservar los pasajes hoy.   6. Les recomienda que hagan un crucero por el Mediterráneo.   7. Decide viajar a San José en clase turista.
8. Porque no quieren hacer escala en ninguna parte.

⌒ Vocabulario

Improve Your Grade
Audio Flashcards

Cognados

la agencia agency
argentino(-a) Argentinian
el continente continent
directo(-a) direct
excelente excellent

la excursión excursion
ideal ideal
interesante interesting
romántico(-a) romantic

Nombres

la agencia de viajes travel agency
el agente de viajes travel agent
el avión plane
el barco ship
el bosque, la selva forest, jungle
la clase turista tourist class
el folleto brochure
el hospedaje lodging
la luna moon
— de miel honeymoon

el padrino[1] godfather
el paquete package
el pasaje, el billete ticket
— de ida one-way ticket
— de ida y vuelta round-trip ticket
el (la) prometido(-a) fiancé(e)
el pueblo town
el tren train
el vuelo flight

Verbos

aconsejar to advise
casarse to get married
describir to describe
esperar to hope

planear to plan
quedarse to stay
sugerir (e:ie) to suggest
temer to fear, to be afraid

Adjetivos

brillante brilliant
buenísimo(-a) extremely good
tanto(-a) so much

¿Lo sabía Ud.?

Cuando se bautiza a un hijo o a una hija, los padres invitan a dos amigos o parientes para ser los padrinos de sus hijos. Los padrinos se convierten en **compadre** y **comadre** de los padres del niño (de la niña); el niño o niña que se bautiza es ahora el **ahijado** o **ahijada** de sus padrinos. La relación entre los compadres, los ahijados y los padrinos es generalmente muy estrecha. Los padrinos son considerados como parte de la familia.

◆ **Cuando se bautiza a un niño en este país, ¿siempre tiene padrinos?**

————
[1]**la madrina** = *godmother*

en ninguna parte, en ningún lado nowhere
hacer escala to make a stopover
hacer un crucero to take a cruise
el mes que viene the coming month, next month

ojalá I hope (God grant)
sobre about

Vocabulario adicional

En el aeropuerto / En el avión

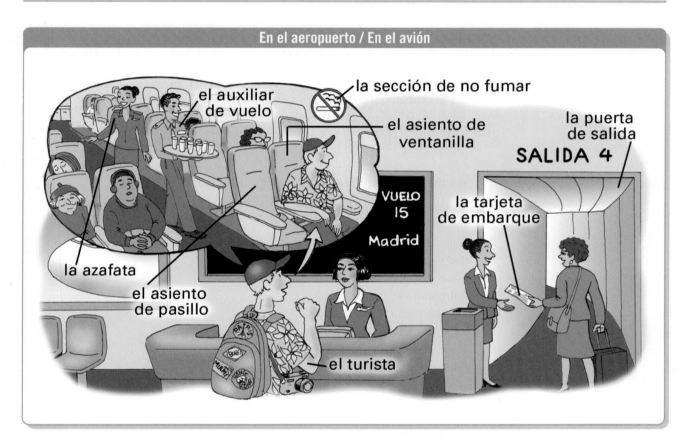

el auxiliar de vuelo

la sección de no fumar

el asiento de ventanilla

la puerta de salida

SALIDA 4

VUELO 15 Madrid

la tarjeta de embarque

la azafata

el asiento de pasillo

el turista

De viaje

la aerolínea airline
¡Buen viaje! Have a nice trip!
la entrada entrance
facturar el equipaje to check luggage
la fila row
hospedarse to stay, to lodge (*e.g., at a hotel*)

pagar exceso de equipaje to pay excess baggage
la primera clase first class
la salida exit, departure
tener... de retraso (atraso) to be . . . behind schedule
viajero (-a) traveler

HM

Handouts Palabras y más palabras / Palabras escondidas

Note: **La azafata** is only feminine.

Práctica

A. Select the word or phrase that does not belong in each group.

1. aconsejar / sugerir / temer temer
2. ventanilla / tarjeta / pasillo tarjeta
3. avión / barco / folleto folleto
4. amiga / novia / prometida amiga
5. hospedaje / hotel / tren tren
6. viajar / quedarse / hacer un crucero quedarse
7. bosque / casarse / luna de miel bosque
8. brillante / hacer escala / vuelo directo brillante

B. Match the questions in column A with the answers in column B.

A	B
1. ¿Sabes que hoy salgo para Caracas? __f__	**a.** No, van a hacer un crucero.
2. ¿Te sientas en la sección de fumar? __h__	**b.** No, tiene una hora de retraso.
3. ¿Llegó el avión? __b__	**c.** No, es un pueblo pequeño.
4. ¿Cuándo llega Marité? __g__	**d.** Sí, se casan en junio.
5. ¿Luis es el prometido de Eva? __d__	**e.** Sí. ¡Es buenísimo!
6. ¿Viajan en avión? __a__	**f.** Sí. ¡Buen viaje!
7. ¿Te gusta ese hotel? __e__	**g.** El mes que viene.
8. ¿Es una ciudad grande? __c__	**h.** No. Yo no fumo.

C. Write the words or phrases that correspond to the following.

1. Asia, por ejemplo continente
2. muy bueno buenísimo
3. pasaje billete
4. hacer una descripción describir
5. no irse quedarse
6. en ninguna parte en ningún lado
7. el mes próximo el mes que viene
8. lo que le decimos a una persona que va a viajar ¡Buen viaje!
9. auxiliar de vuelo azafata
10. persona que viaja viajero(-a) (turista)

D. Complete the following sentences, using vocabulary from this lesson.

1. Trabaja en una agencia de viajes .
2. Sandra es argentina ; es de Buenos Aires.
3. ¿Uds. viajan en primera clase o en clase turista ?
4. Quiero un billete de ida y vuelta en la sección de no fumar , en la fila "F".
5. Tiene que darle la tarjeta de embarque a la auxiliar de vuelo .
6. ¿En qué hotel van a hospedarse (quedarse) Uds.?
7. ¿Cuál es la puerta de salida?
8. ¿Vas a México? ¡Buen viaje !
9. El avión tiene quince minutos de retraso (atraso) . Va a llegar tarde.
10. Ésta no es la salida; es la entrada .

A. ¡Buen viaje! With a partner, play the roles of two travelers planning every step of a trip, from going to the travel agency and deciding where they will travel, to buying the tickets and then getting to the airport and boarding the plane. Give details.

B. En el avión With a partner, play the roles of a difficult traveler and a very patient flight attendant.

Pronunciación

Pronunciation in context

In this lesson, there are some new words or phrases that may be challenging to pronounce. For further pronunciation practice of Spanish sounds, listen to your instructor and repeat the following sentences.

1. Gustavo **Cisneros** y Victoria **Villarreal** están en una **agencia** de viajes.

2. Quieren **decidir** dónde van a pasar la luna de miel.

3. Los padrinos les **sugieren** que viajen a Costa Rica.

4. Los **paquetes incluyen** los pasajes y el **hospedaje**.

5. **Ojalá** que podamos **reservar** los pasajes hoy.

6. Les **recomiendo** que hagan un **crucero** por el **Mediterráneo**.

7. ¡Tengo una **idea** brillante!

8. **Preferimos** no hacer escala en **ninguna** parte.

Note To reinforce pronunciation practice, this section appears in **Lecciones 10–18.** The sentences featured as pronunciation models are taken from the lesson dialogues.

Un dicho

Antes de casarte, abre bien los dos ojos. Después de casarte... *¡cierra uno!*

Before getting married, keep both eyes open wide. After marrying...close one!

Aspectos culturales

En imágenes (*De viaje: destinos, transportes, agentes de aeropuertos*)

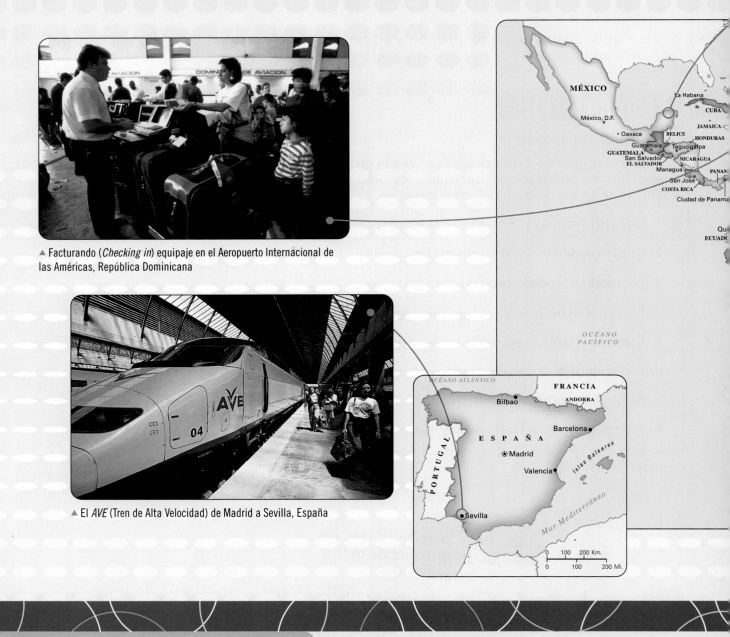

▲ Facturando (*Checking in*) equipaje en el Aeropuerto Internacional de las Américas, República Dominicana

▲ El *AVE* (Tren de Alta Velocidad) de Madrid a Sevilla, España

Ubíquese... y búsquelo

HM Improve Your Grade
Web Search

After speaking with the travel agent, Gustavo and Victoria wish to do some local tourism in Bogotá. They go to La Candelaria, the old part of the city. There are historic landmarks, government buildings, and quaint streets to discover, and places to eat and to shop. Go to **www.college.hmco.com** to find out the places in La Candelaria that you would like to explore. In the next class, team up with two classmates to discuss your findings.

▲ Xcaret, parque ecológico situado al sur de Playa del Carmen, en Quintana Roo, México

▲ Tren para ir de Cuzco (capital del imperio Inca a la llegada de los españoles) a Machu Picchu, Perú

▲ Una hermosa playa en el centro turístico de Mar del Plata, Argentina

Estructuras

1. The subjunctive mood (*El modo subjuntivo*)

Activity suggestion Before presenting the subjunctive forms, review the present indicative. Then write a chart on the board to contrast the forms of the **-ar, -er,** and **-ir** verbs in the present indicative and present subjunctive. You may indicate the change in the endings by writing them in different colored chalk.

Present indicative

habl   -o
habl   -as
habl   -a

Present subjunctive

habl   -e
habl   -es
habl   -e, etc.

A. Introduction to the subjunctive

Until now, you have been using verbs in the indicative mood. The indicative is used to express factual, definite events. By contrast, the subjunctive is used to reflect the speaker's feelings or attitudes toward events, or when the speaker views events as uncertain, unreal, or hypothetical.

◆ The Spanish subjunctive is most often used in subordinate or dependent clauses.

◆ The subjunctive is also used in English, although not as often as in Spanish. Consider the following sentence:

*I suggest that he **arrive** tomorrow.*

The expression that requires the use of the subjunctive is in the main clause, *I suggest*. The subjunctive appears in the subordinate clause, *that he **arrive** tomorrow*. The subjunctive is used because the action of arriving is not real; it is only what is *suggested* that he do.

B. Present subjunctive forms of regular verbs

◆ To form the present subjunctive, add the following endings to the stem of the first-person singular of the present indicative after dropping the **o.**

-*ar* verbs		-*er* verbs		-*ir* verbs	
habl	**-e**	com	**-a**	viv	**-a**
habl	**-es**	com	**-as**	viv	**-as**
habl	**-e**	com	**-a**	viv	**-a**
habl	**-emos**	com	**-amos**	viv	**-amos**
habl	**-éis**	com	**-áis**	viv	**-áis**
habl	**-en**	com	**-an**	viv	**-an**

◆ Note that the endings for **-er** and **-ir** verbs are identical.

◆ The following table shows how to form the first-person singular of the present subjunctive. The stem is the same for all persons.

Verb	First-person singular present indicative	Subjunctive stem	First-person singular present subjunctive
camin**ar**	camin**o**	camin-	**camine**
aprend**er**	aprend**o**	aprend-	**aprenda**
escrib**ir**	escrib**o**	escrib-	**escriba**
dec**ir**	dig**o**	dig-	**diga**
hac**er**	hag**o**	hag-	**haga**
tra**er**	traig**o**	traig-	**traiga**
sac**ar**	sac**o**	sac-	**saque**[1]
lleg**ar**	lleg**o**	lleg-	**llegue**[1]
empez**ar**	empiez**o**	empiez-	**empiece**[1]

---

[1]Remember that in verbs ending in **-gar, -car,** and **-zar, g** changes to **gu, c** changes to **qu,** and **z** changes to **c** before **e.**

Práctica

ACE the Test

Give the present subjunctive of the following verbs.

1. *yo:* solicitar, recibir, traer, decir, caminar, comer, ver
2. *tú:* escribir, cobrar, decidir, regresar, venir, barrer, aparcar
3. *él:* aconsejar, hacer, mandar, salir, anotar, esperar
4. *nosotros:* cocinar, depositar, leer, poner, pagar
5. *ellos:* caminar, deber, robar, conocer, vender, salir, empezar

C. Subjunctive forms of stem-changing verbs

♦ Verbs that end in **-ar** and **-er** undergo the same stem changes in the present subjunctive as in the present indicative.

recomendar (e:ie) *to recommend*		recordar (o:ue) *to remember*	
recom**ie**nde	recomend**emos**	rec**ue**rde	record**emos**
recom**ie**ndes	recomend**éis**	rec**ue**rdes	record**éis**
recom**ie**nde	recom**ie**nden	rec**ue**rde	rec**ue**rden

entender (e:ie) *to understand*		devolver (o:ue) *to return (something)*	
ent**ie**nda	entend**amos**	dev**ue**lva	devolv**amos**
ent**ie**ndas	entend**áis**	dev**ue**lvas	devolv**áis**
ent**ie**nda	ent**ie**ndan	dev**ue**lva	dev**ue**lvan

♦ In stem-changing verbs that end in **-ir,** the unstressed **e** changes to **i** and the unstressed **o** changes to **u** in the first- and second-person plural (**nosotros** and **vosotros**) forms. The other persons follow the same pattern as the indicative.

mentir (e:ie) *to lie*		dormir (o:ue) *to sleep*	
m**ie**nta	m**i**ntamos	d**ue**rma	d**u**rmamos
m**ie**ntas	m**i**ntáis	d**ue**rmas	d**u**rmáis
m**ie**nta	m**ie**ntan	d**ue**rma	d**ue**rman

D. Verbs that are irregular in the subjunctive

♦ The following verbs are irregular in the subjunctive.

dar	estar	saber	ser	ir
dé	esté	sepa	sea	vaya
des	estés	sepas	seas	vayas
dé	esté	sepa	sea	vaya
demos	estemos	sepamos	seamos	vayamos
deis	estéis	sepáis	seáis	vayáis
den	estén	sepan	sean	vayan

¡Atención! The subjunctive of **hay** (impersonal form of **haber**) is **haya.**

Práctica, Answers 1. solicite / reciba / traiga / diga / camine / coma / vea   2. escribas / cobres / decidas / regreses / vengas / barras / aparques   3. aconseje / haga / mande / salga / anote / espere   4. cocinemos / depositemos / leamos / pongamos / paguemos   5. caminen / deban / roben / conozcan / vendan / salgan / empiecen

Práctica, Expansion Have students practice switching from the indicative to the subjunctive by repeating the exercise quickly in groups of three. Students should give the indicative form first and then the subjunctive form.

S1 Yo solicito, yo solicite
S2 Yo recibo, yo reciba
S3 Yo traigo, yo traiga, etc.

Práctica

Give the present subjunctive of the following verbs.

1. *yo:* dormir, mentir, recomendar, dar, pensar, ir
2. *tú:* volver, estar, ser, preferir, recordar, morir, ver, pedir
3. *él:* cerrar, saber, perder, probar, dar, servir, seguir
4. *nosotros:* sentir, ir, dar, dormir, perder, cerrar, saber, ser
5. *ellos:* estar, ser, recordar, saber, encontrar, repetir

E. Uses of the subjunctive

There are four main concepts that call for the use of the subjunctive in Spanish.

◆ **Volition:** demands, wishes, advice, persuasion, and other attempts to impose will

Ella **quiere** que yo **viaje** hoy.	*She wants me to travel today.*
Te **aconsejo** que no **vayas** a esa agencia.	*I advise you not to go to that agency.*
Les **ruego** que no se **vayan.**	*I beg you not to leave.*

◆ **Emotion:** pity, joy, fear, surprise, hope, and so on

Espero que **lleguen** temprano.	*I hope they arrive early.*
Siento que no **puedas** ir a Costa Rica.	*I'm sorry you can't go to Costa Rica.*
Me **sorprende** que no **vayas** a Río de Janeiro.	*It surprises me that you're not going to Río de Janeiro.*

◆ **Doubt:** disbelief, denial, uncertainty, and negated facts

Dudo que se **casen** hoy.	*I doubt they'll get married today.*
No creo que ella sea **argentina.**	*I don't think she is Argentinian.*
No es verdad que Ana **esté** en Bogotá.	*It isn't true that Ana is in Bogotá.*

◆ **Unreality:** indefiniteness and nonexistence

¿**Hay alguien** que **tenga** los pasajes?	*Is there anyone who has the tickets?*
No hay nadie que **quiera** ir.	*There's nobody that wants to go.*

2. The subjunctive with verbs of volition (*El subjuntivo con verbos que indican voluntad o deseo*)

◆ All impositions of will, as well as indirect or implied commands, require the subjunctive in subordinate clauses. The subject in the main clause must be different from the subject in the subordinate clause.

◆ Note the sentence structure for this use of the subjunctive in Spanish.

Él **quiere**	que yo **estudie**
He wants	*me to study.*
main clause	subordinate clause

—¿Quiere que le **dé** el número de mi cuenta?	*"Do you want me to give you my account number?"*
—Sí, y también necesito que **firme** la tarjeta.	*"Yes, and I also need you to sign the card."*
—Roberto quiere que tú **vayas** a la fiesta.	*"Robert wants you to go to the party."*
—Sí, pero yo no quiero **ir.**	*"Yes, but I don't want to go."*

¡Atención!   Notice that the infinitive is used after a verb of volition if there is no change of subject: **Yo no quiero** *ir.*

◆ Some verbs of volition are:

aconsejar *to advise*
desear *to want*
mandar *to order*
necesitar *to need*
pedir (e:i) *to ask for, request*

querer (e:ie) *to want*
recomendar (e:ie) *to recommend*
rogar (o:ue) *to beg, plead*
sugerir (e:ie) *to suggest*

¿**Quieres** que te **mande** una tarjeta postal?

Práctica

A. Tell the following people that you want them to do something other than what they'd like to do.

◆ **MODELO:** Yo quiero viajar el martes. (el sábado)
Yo te sugiero que viajes el sábado.

1. Nosotros queremos ir en avión. (en tren)
2. Ellos quieren hablar con su padrino. (madrina)
3. Ana quiere casarse en mayo. (junio)
4. Uds. quieren quedarse una semana. (5 días)
5. Yo quiero hacer un crucero por el Mediterráneo. (Caribe)
6. Nosotros queremos empezar a las ocho. (a las diez)
7. Yo quiero volver en tren. (en coche)
8. Ellos quieren almorzar en la cafetería. (en un restaurante)

Práctica A, Answers 1. Yo les sugiero que vayan en tren.   2. Yo les sugiero que hablen con su madrina.   3. Yo le sugiero que se case en junio.   4. Yo les sugiero que se queden cinco días.   5. Yo te sugiero que hagas un crucero por el Caribe.   6. Yo les sugiero que empiecen a las diez.   7. Yo te sugiero que vuelvas en coche.   8. Yo les sugiero que almuercen en un restaurante.

HM
ACE the Test

LEARNING TIP

Try to personalize the uses of the subjunctive. Think of people you know. What do they want you to do (or not to do)? What do you want them to do (or not to do)? Think of as many examples as possible. Remember: Practice makes perfect!

B. Describe what the following people want each person to do, using the present subjunctive.

Práctica A, Activity suggestion Have students do this exercise in pairs.

Práctica A, Follow-up Have students write a brief paragraph that explains what they or their boyfriends/girlfriends hope, wish, want, or don't want.

◆ **MODELO:**

¡Tienes que estudiar! Sí, mamá.

Anita
La mamá de Anita quiere que ella estudie.

Tienes que llevarlos a la tintorería. Sí, abuelita.

1. Tito
La abuelita de Tito quiere que él lleve los pantalones a la tintorería.

Tienes que depositar $300. Sí, papá.

2. Julia
El papá de Julia quiere que ella deposite $300.

Tienes que ir al banco. Sí, tía.

3. Beto
La tía de Beto quiere que él vaya al banco.

Tienen que estar en la clase a la una. Sí, profesor.

4. Los estudiantes
El profesor quiere que los estudiantes estén en la clase a la una.

Tienes que acostarte temprano. Sí, mamá.

5. Hugo
La mamá de Hugo quiere que él se acueste temprano.

Handout Favores

Práctica C, Activity suggestion
Point out the need to include the indirect object pronoun in making recommendations with **aconsejar**, **recomendar**, and **sugerir**.

C. Your friends are always coming to you with their problems. Tell them what you suggest, recommend, or advise for each situation.

◆ **MODELO:** Mañana tengo un examen. ¿Qué me aconsejas que haga?
Te aconsejo que estudies mucho.

1. Yo no puedo lavar mis pantalones en casa. ¿Adónde me sugieres que los lleve?
2. Un Porsche es muy caro para mí. ¿Qué coche me recomiendas que compre?
3. A mi hermano le regalaron mil dólares. ¿Qué le sugieres que haga con el dinero?
4. Mi prima no tiene suficiente dinero para ir al teatro. ¿Le aconsejas que se lo pida prestado a su papá o a su novio?
5. Alguien nos robó las maletas. ¿Adónde nos aconsejas que vayamos?
6. Tengo hambre. ¿Qué me recomiendas que coma?
7. Mi tía está enferma. ¿Qué le aconsejas que haga?
8. Los chicos tienen sed. ¿Qué les sugieres que tomen?
9. A mi hermana no le gusta cocinar. ¿Qué le sugieres que haga?
10. Mañana es el cumpleaños de mi padre. ¿Qué me sugieres que le regale?

Práctica D, Answers *Answers will vary. The sentences expressing volition:* 1. Yo quiero que tú lleves los pantalones a la tintorería. 2. Yo quiero que tú pagues los pasajes. 3. Yo quiero que tú deposites el cheque en el banco. 4. Yo quiero que tú lleves la motocicleta al taller. 5. Yo quiero que tú compres las bebidas para la fiesta. 6. Yo quiero que tú lleves los discos compactos a casa de Ana. 7. Yo quiero que tú alquiles un video. 8. Yo quiero que tú compres los billetes para la excursión. 9. Yo quiero que tú vayas a la oficina de turismo para pedir la lista de hoteles. 10. Yo quiero que tú compres el regalo para Eva.

D. With a classmate, look at the list of errands that must be done tomorrow. Then take turns saying what you want each other to do, and give different reasons why you can't do it.

◆ **MODELO:** Comprar la medicina para Ernesto.
—*Yo quiero que tú compres la medicina para Ernesto.*
—*Yo no puedo comprarla porque tengo que estudiar.*

---

1. Llevar los pantalones a la tintorería.
2. Pagar los pasajes.
3. Depositar el cheque en el banco.
4. Llevar la motocicleta al taller (*shop*).
5. Comprar las bebidas para la fiesta.
6. Llevar los discos compactos a casa de Ana.
7. Alquilar un video.
8. Comprar los billetes para la excursión.
9. Ir a la oficina de turismo para pedir la lista de hoteles.
10. Comprar el regalo para Eva.

┌Para conversar

A. Todos me dan órdenes. Discuss with a classmate things that important people in your life (parents, relatives, friends, professors, etc.) want you to do. List at least five things, and then compare your results with another group.

B. Problemas y soluciones Write two or three problems on a slip of paper. Then, form a small group with two or three classmates. Switch slips within the group and take turns offering solutions to each other's problems.

Si quieres que los demás te respeten...
¡empieza por respetar a los demás!

If you want others to respect you,
start by respecting others.

3. The subjunctive with verbs of emotion (*El subjuntivo con verbos de emoción*)

◆ In Spanish, the subjunctive is always used in subordinate clauses when the verb in the main clause expresses any kind of emotion, such as fear, joy, pity, hope, pleasure, surprise, anger, regret, sorrow, likes and dislikes, and so forth.

—**Siento** que Julia no **venga** hoy.   *"I'm sorry that Julia is not coming today."*
—**Espero** que pueda **venir** mañana.   *"I hope she can come tomorrow."*

—Ramón no tiene dinero para   *"Ramón doesn't have money to buy a car."*
comprar un coche.
—**Ojalá** que **consiga** un préstamo.   *"I hope that he obtains a loan."*

> **¡Atención!**   **Ojalá** is always followed by the subjunctive.

◆ If there is no change of subject, the infinitive is used instead of the subjunctive.

Me alegro de estar aquí.
(**Yo** me alegro—**yo** estoy aquí.)   ⎤ *I'm glad to be here.*

◆ Some verbs and expressions that express emotion are:

alegrarse (de) *to be glad*   **temer** *to fear*
esperar *to hope*   **es una lástima** *it's a pity*
sentir (e:ie) *to be sorry, to regret*   **ojalá** *I hope*
sorprender *to surprise*

Ojalá que no **traiga** a su perro.

Activity suggestion Ask students the following personalized questions about their hopes and fears.

1. ¿Cuándo esperas que tengamos un día libre (*off*)?
2. ¿Cuándo te sientes triste / feliz?
3. ¿Temes que el profesor dé un examen final muy difícil?
4. ¿Sientes que tus amigos no hablen español?
5. ¿Te alegras de que tus amigos te llamen por teléfono?
6. ¿Te gusta que haya exámenes finales?

Práctica

HM
ACE the Test

A. You are talking to a classmate. Say whether you are glad (**Me alegro de que...**) or sorry (**Siento que...**) about what is happening to your classmate and his or her family.

◆ MODELO: Estoy enferma.
          Siento que estés enferma.

1. Yo quiero salir, pero tengo que quedarme en casa. Siento que tengas que quedarte en casa.
2. Mi hermano y yo no nos sentimos bien. Siento que tu hermano y tú no se sientan bien.
3. Mi mamá estaba enferma, pero ahora está mejor. Me alegro de que tu mamá esté mejor.
4. Mi hijo es muy inteligente. Me alegro de que tu hijo sea muy inteligente.
5. Mi hermana sabe cocinar muy bien. Me alegro de que tu hermana sepa cocinar muy bien.
6. No hay suficiente dinero en mi cuenta corriente. Siento que no haya suficiente dinero en tu cuenta corriente.
7. Mis padres van a Barranquilla. Me alegro de que tus padres vayan a Barranquilla.
8. Mis profesores me dan muchos problemas. Siento que tus profesores te den muchos problemas.

Práctica A, Activity suggestion
Have students complete this activity in pairs, taking turns playing each role.

B. Complete the following sentences to express how you feel, using the infinitive or the subjunctive as appropriate.

1. Yo me alegro mucho de...
2. Yo me alegro mucho de que mis amigos...
3. Yo temo no...
4. Yo temo que mi papá [mamá, hijo(-a)] no...
5. Yo siento...
6. Yo siento que el profesor (la profesora, los profesores)...
7. Yo espero...
8. Yo espero que mis padres (Ud.)...
9. Ojalá que...
10. Es una lástima que tú...

Para conversar

▪▪▪ **¿Qué tal nos va?**   In groups of three, tell each other about things that are going on in your life, some positive and some negative. Everyone should react appropriately.

Así somos

Al escuchar...

Unas vacaciones, Answers como, y, además, pero, de modo que, entonces, primero, también, por eso

Estrategia **Recognizing linking or transition words** Different classes of words contribute to convey different aspects of meaning orally or in writing. For example, nouns, adjectives, and verbs provide the bulk of the "picture" that is being communicated in words. There are other classes of words, such as linking or transition words that hold the ideas together, indicate sequence, and establish transitions or relationships among the elements in the picture.

- Linking ideas: **y, también, además (de)**
- Comparing or contrasting: **pero, como** (*like*)
- Establishing sequence: **primero, luego, antes, después, finalmente**
- Expressing a result: **entonces** (*so then*), **por eso, como resultado, de modo que**

Unas vacaciones Raúl and Rita are talking about where to go on vacation. Listen to their conversation and try to list at least six words you hear that serve to link ideas and/or create a transition.

Al conversar...

Al escuchar... (script)

Raúl Oye, Rita, ¿adónde quieres ir de vacaciones este año?

Rita Uy, creo que esta vez quiero hacer un crucero, **como** el viaje que hicieron mis padres a Alaska, por ejemplo. Es algo diferente **y, además,** puede ser muy romántico, ¿no?

Raúl Sí, es cierto, **pero** creo que debemos ir a Bogotá a visitar a mis padres.

Rita Ellos dijeron que pensaban venir en diciembre, **de modo que** no es necesario ir a verlos ahora, ¿no crees?

Raúl Está bien, **entonces** mañana puedo ir a la agencia de viajes Apolo para pedir folletos de cruceros.

Rita ¡Perfecto! Voy contigo. **Primero** podemos ir a la agencia **y** ¿qué tal si **también** vamos a tomar algo en el nuevo café que abrieron en el centro comercial?

Raúl Ah, ya veo. Te interesa ir al café y **por eso** quieres acompañarme.

Rita ¿Y qué hay de malo en eso?

Raúl Nada, cariño. Mañana vamos.

Situaciones, Answers 1. ¡Que te diviertas! 2. ¡Cuánto lo siento! (¡Qué lástima!) 3. Temo que no. 4. ¡Cuánto me alegro!

Estrategia **Using courtesy expressions and common phrases** Interacting with others requires being able to express your reactions and emotions in a sensitive way. Learning courtesy phrases and other common expressions allows you to show your empathy and interest in what others have to say. Here are some common phrases for a variety of situations.

To wish a friend well	To react with certain emotions
¡Que te mejores! *Get better!*	**¡Cuánto me alegro!** *I'm so glad!*
¡Que te vaya bien! *May it all go well (for you)!*	**Temo que no.** *I'm afraid not.*
	Espero que sí (no). *I hope so (not).*
¡Que te diviertas! *Have fun!*	**¡Cuánto lo siento!** *I'm so sorry!*
¡Que pases un buen fin de semana! *Have a good weekend!*	**¡Qué lástima!** *What a pity (shame)!*
	¡Qué sorpresa! *What a surprise!*

Situaciones With a partner, react to the following situations. Then, take turns telling your partner something about your own life and react to each other's news.

1. Una amiga te dice que sale de viaje a México mañana.
2. Un amigo perdió su vuelo para Cancún.
3. Un compañero quiere que le hagas un favor. No sabes si quieres hacerlo.
4. A tu hermana le ofrecieron el trabajo que quería para el verano.

¿Qué dice Ud.? What would you say in the following situations? What might the other person say? Act out the scenes with a partner. Take turns playing each role.

1. Two of your friends are getting married and ask your advice about the wedding date, the reception, and where to spend their honeymoon. Give suggestions and recommendations. *Answers will vary.*

2. At a travel agency you ask whether the package they offer includes the tickets, lodging, and excursions. ¿Los paquetes que Uds. ofrecen incluyen los pasajes, el hospedaje y las excursiones?

3. You tell your traveling companion that you have to check your luggage. Tengo que facturar mi equipaje.

4. You tell a friend what you hope will happen in your life this year. *Answers will vary.*

Para conocernos mejor   To do this activity, work with a partner whom you would like to get to know. Take turns asking and answering these questions.

1. Cuando tú viajas, ¿dónde compras los pasajes? ¿Prefieres pasar tus vacaciones en una selva, en una playa o en una ciudad grande?

2. Generalmente, ¿cuánto tiempo tienes de vacaciones? ¿Prefieres tener vacaciones en el verano o en el invierno? ¿Qué te gusta hacer? ¿Adónde planeas ir en tus próximas vacaciones?

3. ¿Tú prefieres hacer un crucero o pasar una semana en un balneario (*resort*)? ¿Qué es más romántico para una luna de miel?

4. Si alguien no sabe adónde ir de vacaciones, ¿adónde le sugieres que vaya? ¿Le aconsejas que compre los pasajes en una agencia de viajes o por el Internet? ¿Por qué?

5. Cuando tú viajas, ¿llevas mucho equipaje? ¿Llevas cámara fotográfica o cámara de video cuando viajas? ¿Les mandas tarjetas postales a tus amigos?

Una encuesta   Interview your classmates to identify who fits the following descriptions. Include your instructor, but remember to use the **Ud.** form when addressing him/her. After finishing the survey, get together with two or three classmates and discuss the results.

Handout Para decirlo en español

Nombre

1. Planea viajar el mes que viene.

2. Teme no poder ir a ningún lado en sus vacaciones.

3. Nunca viaja en primera clase.

4. Prefiere un asiento de ventanilla.

5. Prefiere viajar en la sección de no fumar.

6. A veces tiene que pagar exceso de equipaje.

7. Viaja en clase turista.

8. No fue a ningún lado el verano pasado.

Handout ¿Qué dijiste?

Para crear   Get together in groups of three and "create" the scenario for this photo. Who are the people? Give them names. Where does the woman on the left want to travel? Why is she traveling? What kind of ticket is she buying? What places of interest is she going to visit?

¡Vamos a leer!

Antes de leer

Estrategia **Predicting** Like activating background knowledge, predicting allows you to anticipate the content of a text and helps prepare you for reading. You can first look over a text—its format, headings, and any visuals—to get an idea of the topic and then predict what ideas or information you might encounter.

Viajar en avión Before reading the following suggestions about air travel, with a partner, read the title and the two lines that appear beside it. Then make four or five predictions about what tips you might encounter.

A leer

Comprensión, Answers 1. Se cancelan los últimos vuelos si no tienen suficientes pasajeros.　2. Porque las escalas en ruta causan retrasos.　3. Comprar maletas de buena calidad; no escribir la dirección en la etiqueta de equipaje; poner una tarjeta de identificación dentro de la maleta.
4. Llegar al aeropuerto dos horas antes del vuelo; pedir un asiento en la primera fila y no escoger un asiento que esté cerca de los lavabos.　5. Debemos llevar lo que se necesita para un día o dos. *Answers will vary.*
6. Llevar algo para leer o para escuchar.
7. *Answers will vary.*　8. *Answers will vary.*

Comprensión As you read the article, find the answers to the following questions.

1. Según el artículo, ¿qué vuelos se cancelan con más frecuencia? ¿Por qué?
2. ¿Por qué es mejor tomar un vuelo directo?
3. ¿Qué recomienda el artículo en relación con el equipaje?
4. ¿Qué cosas debemos tener en cuenta (*keep in mind*) al elegir un asiento?
5. ¿Qué debemos llevar en un bolso de mano? ¿Por qué es importante esto?
6. ¿Qué nos va a ayudar a pasar el tiempo mientras esperamos?
7. La última vez que Ud. viajó, ¿hizo Ud. algo de lo que se recomienda en el artículo? ¿Qué hizo?
8. ¿Qué recomendaciones cree Ud. que son las más importantes?

Si viaja en avión...

Si usted quiere viajar en avión, es mejor que aprenda a volar en forma confortable. Para eso, le sugerimos que...

1. ...trate de viajar durante las primeras horas del día, pues muchas veces las líneas aéreas cancelan los últimos° vuelos si no tiene suficientes pasajeros.
2. ...evite° las escalas en ruta porque frecuentemente causan retrasos.
3. ...compre maletas de buena calidad.
4. ...no escriba su dirección en la etiqueta de identificación del equipaje.
5. ...ponga una tarjeta de identificación dentro° de la maleta.
6. ...consiga información sobre otros vuelos de regreso con distintas° compañías en caso de que cancelen su vuelo.

7. ...llegue al aeropuerto por lo menos dos horas antes de su vuelo para reservar asiento.
8. ...pida un asiento en la primera fila si quiere tener sitio° para estirar° las piernas.°
9. ...no escoja° un asiento cerca de los lavabos porque el ir y venir de la gente no le va a permitir descansar.°
10. ...lleve en su bolso de mano lo que necesita para poder pasar un día o dos sin usar lo que tiene en sus maletas.
11. ...lleve algo para leer o para escuchar° para no aburrirse mientras espera.
12. ...sea tolerante con los demás° y tenga paciencia para aceptar algunos inconvenientes.

Y ahora... ¡le deseamos que tenga un buen viaje y que lo pase muy bien!

Glosses (left): last; avoid; inside; different

Glosses (right): room / stretch / leg; choose; to rest; to listen to; others

¡Vamos a escribir!

Antes de escribir

Estrategia **Describing a trip** When telling about a trip—whether one you have taken or one you are planning to take—you need to use a variety of strategies.

- ◆ Brainstorm the basics: who, what, how, when, where.
- ◆ Select the activities that will be most interesting or unusual in order to make your experience memorable for your reader. These might even include a mishap or unexpected incident.
- ◆ Organize your ideas in a logical sequence. You can follow a chronological organization or one dictated by the types of activities or the sights you saw or plan to see.

Un viaje perfecto, Suggestion
Before students write their first draft, have pairs tell each other about their trip. This will help them organize their ideas and select the best ones to write about.

Un viaje perfecto To create your ideal trip, in Spanish, brainstorm where you want to go, with whom you will be traveling, what type of accommodations and transportation you want, and what you want to see or do, etc.

A escribir sobre un viaje perfecto

Write your **primer borrador,** describing your trip. Incorporate the ideas from your brainstorming.

Después de escribir

Before writing the final version of your description, exchange your draft with a classmate and peer edit each other's work, using the following guidelines.

- ◆ use and formation of the subjunctive or indicative
- ◆ noun-adjective agreement
- ◆ memorable experience(s) that would interest a reader

Después de leer... desde su mundo

In groups of three, talk about your favorite mode of traveling. Include the advantages (**ventajas**) and disadvantages (**desventajas**) of traveling by plane, car, ship, train, or bus. Do travelers have more problems nowadays? Why?

Panorama hispánico

Colombia

- Colombia produce y exporta café, bananas, flores y petróleo. El café colombiano tiene fama mundial por su alta calidad. Para el país, también es importante la ganadería (*livestock*), especialmente en la región de los llanos orientales. Colombia es también famosa por sus esmeraldas, consideradas las mejores del mundo. El 90% de todas las esmeraldas provienen de este país.

- La música típica de Colombia es muy variada. Incluye la cumbia y el vallenato, que han alcanzado fama internacional. Además, son populares todos los ritmos latinos y aún los norteamericanos. Shakira y Carlos Vives son cantantes populares en los Estados Unidos: ella cultiva el rock, y él, el vallenato.

- El deporte más popular en todo el país es el fútbol (*soccer*), y Colombia es uno de los cuatro países latinoamericanos donde se celebran corridas de toros (*bullfights*).

- La cultura colombiana se destaca por el esmerado cultivo de la lengua española de sus más famosos escritores: Jorge Isaacs y Gabriel García Márquez, Premio Nobel de Literatura, entre otros. También ha ganado fama internacional el pintor y escultor Fernando Botero.

- La capital de Colombia es Bogotá, una ciudad rodeada (*surrounded*) de montañas, por lo que el transporte entre ella y el resto del país es principalmente por vía aérea. Bogotá es la base de Avianca, la primera y más antigua línea aérea de América. En Bogotá encontramos modernos rascacielos (*skyscrapers*) junto a (*next to*) iglesias y otros edificios muy antiguos, algunos del siglo XVI. En la ciudad hay muchos museos, pero el más famoso de ellos es el Museo del Oro, que tiene una de las mejores colecciones de la artesanía precolombina, incluidos unos 30.000 objetos de oro.

- Cerca de Bogotá están las famosas minas de sal de Zipaquirá, donde se encuentra la famosa Catedral de Sal, que tiene sus columnas, paredes y estatuas hechas (*made*) de sal.

Personalidades

▲ Gabriel García Márquez, escritor colombiano, ganó el Premio Nobel de Literatura en 1982 por su novela *Cien años de soledad*.

▲ Shakira, famosa cantante colombiana, durante un concierto en la pirámide de Giza, en El Cairo, Egipto

Del arte prehispánico al arte colombiano del siglo XX

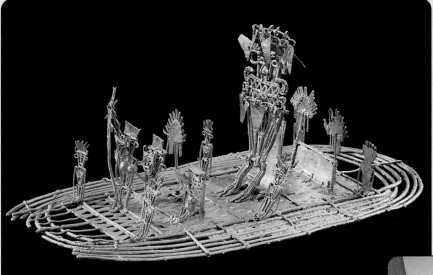

▲ Importante pieza de artesanía precolombina, Museo del Oro

▲ Fernando Botero (1932–) junto a una de sus esculturas

▲ Otra obra de Botero: *La familia presidencial*

Nuestro panorama cultural

In groups of three, answer the following questions about your home state, region, or country.

1. ¿Cuál es el museo más famoso de su ciudad? ¿Del país?
2. ¿Le gusta el café? ¿Qué bebidas toman en su país en el desayuno? ¿En el almuerzo y en la cena?
3. ¿Su región tiene montañas? ¿Lagos? ¿Ríos? ¿Cuáles son las características físicas del estado donde Ud. vive?
4. En el lugar donde Ud. vive, ¿hay edificios antiguos o modernos? ¿O una mezcla de ambos (*both*)? ¿Es grande el pueblo donde vive?

For the next class: Go to the World Wide Web and find photos from your hometown, state, region, or country. Use the questions from **Nuestro panorama cultural** above as guidelines for choosing them. Be ready to present the photos to your classmates.

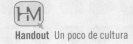

Handout Un poco de cultura

Lección

12

▲ Vista del tráfico en una avenida de Quito, Ecuador, a la hora de salida del trabajo

Objetivos

Comunicación
You will learn vocabulary related to automobiles, service stations, and road emergencies.

Pronunciación
Pronunciation in context

Estructuras
◆ The **Ud.** and **Uds.** commands
◆ The subjunctive to express doubt, disbelief, and denial
◆ Constructions with **se**

Cultura
◆ Use of vehicles in Latin America
◆ Use of the metric system

Panorama hispánico
◆ Perú
◆ Ecuador

Estrategias
Listening: Recognizing spatial markers
Speaking: Paraphrasing practice III
Reading: Anticipating content
Writing: Writing based on a visual

Activity suggestion Use this photo to introduce the lesson theme. Ask your students:

1. ¿Tú conduces o tomas un transporte público (metro, autobús, tren)?
2. Si conduces, ¿cuántas veces al mes compras gasolina?
3. Donde tú vives, ¿a qué hora hay más tráfico?
4. Tú vas a tomar el autobús que se ve en la foto. ¿A dónde vas?

318

El automóvil

Perú y Ecuador

Perú

Perú es el tercer país más grande de Suramérica. Su territorio es un poco menor que el de Alaska, y su población es de unos 28 millones de habitantes. La moneda del país es el nuevo sol.

Ecuador

Ecuador debe su nombre a su posición geográfica. El país está situado justamente sobre la línea del ecuador. Su territorio, incluidas las islas Galápagos, es un poco menor que el de Nevada, y su población es de unos 13,5 millones de habitantes.

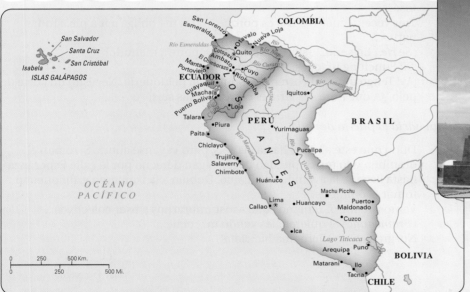

▲ Monumento La Mitad del Mundo, situado en la línea del ecuador

▲ Vista de Machu Picchu, ciudadela (*fortress-city*) y palacio de retiro (*retreat*) de los reyes incas

▲ Tortuga (*Turtle*) galápago, de las islas del mismo (*same*) nombre

319

Se venden coches usados

En el Distrito de Miraflores de Lima, Perú, vive la familia Ugarte, de Guayaquil, Ecuador. Liliana, una sobrina de la Sra. Ugarte, y su esposo Ramiro, están viviendo con ellos por un tiempo. Ramiro trabaja y va a asistir a la Universidad de San Marcos. Ahora están en el comedor, bebiendo café, leyendo el diario y hablando.

Ramiro Creo que voy a necesitar un carro si tengo que ir al trabajo después de mi última clase...

Liliana Bueno... aquí dice que se venden coches usados, pero dudo que podamos comprar uno con el dinero que tenemos.

Ramiro A ver... (*Mira el anuncio.*) Coche compacto de dos puertas, de cambios mecánicos... mmm... Me gustan más los carros automáticos.

Don José Ugarte entra en el comedor, se sirve una taza de café y se sienta a hablar con Liliana y Ramiro.

Don José Buenos días. ¿Están leyendo los avisos clasificados?

Ramiro Sí. Dígame, don José, ¿usted cree que necesitamos comprar un carro?

Don José Francamente, no creo que valga la pena. Escuchen lo que me pasó la semana pasada: El lunes por la mañana, mi auto no arrancó.

Liliana Porque necesitaba un acumulador nuevo, ¿no?

Don José No... Llamé una grúa, que llevó el coche al taller de mecánica. El arreglo me costó un ojo de la cara...

Liliana Pero tía Marta dice que usted sabe arreglar carros.

Don José No, no es verdad que yo sepa arreglar nada. Los coches modernos son muy complicados.

Ramiro ¿Cuántas veces al mes va a una gasolinera para comprar gasolina, don José?

Don José Tres veces... cuatro... Eso es porque Marta me obliga a ir a pie a todas partes...

Ramiro (*Se ríe.*) En serio... ¿su carro se descompone a menudo?

Don José ¡Sí! Funciona un día sí y otro no.

Liliana ¡Ay! Tengo que ir al correo y después a la peluquería. Necesito un corte de pelo. ¿A qué hora se cierra el correo? ¿A las seis?

Caminan hacia la puerta de calle.

Don José Dudo que esté abierto hasta las seis, pero váyanse ahora. Si toman el ómnibus, a lo mejor pueden llegar. Sigan derecho por la calle Esperanza hasta llegar a la avenida José Larco. Doblen a la izquierda y ahí pueden tomar el ómnibus.

Liliana Vamos, Ramiro. Tenemos que acostumbrarnos a usar colectivos...

Don José (*Bromeando*) Si quieren, les vendo mi coche...

Ramiro No, gracias. ¡Prefiero una bicicleta!

HM

Handout En contexto

¿Lo sabía Ud.?

La ciudad de Lima se divide en distritos. El distrito de Miraflores es uno de los más afluentes y elegantes.

Ramiro

Liliana

don José

¿Quién lo dice? Identify the person who said the following in the dialogue.

1. Me gustan más los carros automáticos. _Ramiro_
2. Eso es porque Marta me obliga a ir a pie a todas partes. _don José_
3. Pero tía Marta dice que usted sabe arreglar carros. _Liliana_
4. No, gracias. ¡Prefiero una bicicleta! _Ramiro_
5. ¿Usted cree que necesitamos comprar un carro? _Ramiro_
6. Tenemos que acostumbrarnos a usar colectivos. _Liliana_
7. No, no es verdad que yo sepa arreglar nada. _don José_
8. ¡Ay! Tengo que ir al correo y después a la peluquería. _Liliana_
9. Llamé una grúa, que llevó el coche al taller de mecánica. _don José_

En el diálogo, Answers 1. Tiene que ir al trabajo. 2. Planean comprar un coche usado. 3. Prefiere un carro automático. 4. No, no cree que valga la pena. 5. Porque su coche no arrancó. 6. Sí, le costó un ojo de la cara. 7. Compra gasolina tres o cuatro veces al mes. 8. Dice que lo obliga a ir a pie a todas partes. 9. Tiene que ir al correo y después a la peluquería. Necesita un corte de pelo. 10. Duda que el correo esté abierto hasta las seis. 11. Tienen que acostumbrarse a usar colectivos (autobuses). 12. Dice que puede venderles su coche.

Hablemos. With a partner, take turns asking and answering the following questions. Base your answers on the dialogue and on your own circumstances.

En el diálogo	¿Y tú?
1. ¿Adónde tiene que ir Ramiro después de su última clase?	¿Adónde vas tú después de esta clase?
2. ¿Liliana y Ramiro planean comprar un coche nuevo o usado?	¿Tú crees que es mejor comprar un coche nuevo o usado? ¿Por qué?
3. ¿Qué tipo de carro prefiere Ramiro?	¿Qué tipo de coche prefieres tú?
4. ¿Don José cree que vale la pena comprar un coche?	¿Tú crees que es mejor tener coche o usar colectivos?
5. ¿Por qué tuvo que llamar una grúa don José?	¿Alguna vez tuviste que llamar una grúa?
6. ¿Le costó a don José mucho dinero el arreglo del coche?	¿Tú sabes arreglar coches?
7. ¿Cuántas veces al mes compra gasolina don José?	¿Tú tienes que comprar gasolina? (¿Cuántas veces al mes?)
8. ¿Qué dice don José que su esposa lo obliga a hacer?	¿Cómo vienes tú a la universidad?
9. ¿Adónde tiene que ir Liliana? ¿Por qué?	¿Adónde tienes que ir tú hoy?
10. ¿Qué duda don José?	¿Hasta qué hora está abierto el correo en tu barrio?
11. ¿A qué tienen que acostumbrarse Liliana y Ramiro?	¿Tú usas el autobús a veces (sometimes)?
12. ¿Qué dice don José que puede venderles?	¿Tú tienes bicicleta? ¿Cuándo la usas?

Vocabulario

Cognados

automático(-a) automatic
la avenida avenue
clasificado(-a) classified
compacto(-a) compact
complicado(-a) complicated

francamente frankly
la gasolina gasoline
moderno(-a) modern
usado(-a) used

Nombres

el acumulador, la batería battery
el arreglo repair
la bicicleta bicycle
el colectivo bus
el comedor dining room
el correo, la oficina de correos post office
el corte de pelo haircut

la gasolinera, la estación de servicio gas (service) station
la grúa, el remolcador tow truck
la peluquería, el salón de belleza beauty salon
la puerta de calle front door
el taller de mecánica car repair shop

Verbos

acostumbrarse (a) to get used (to)
arrancar to start (e.g., a motor)
arreglar to repair
bromear to kid, to joke
caminar to walk
descomponerse to break down (e.g., a motor)

doblar to turn
dudar to doubt
entrar to enter, to come in
escuchar to listen (to)
funcionar to work, to function
obligar to force, to make
reírse[1] to laugh

Adjetivo

abierto(-a) open

¿Lo sabía Ud.?

En las grandes ciudades como Madrid, Bogotá, la Ciudad de México y Buenos Aires, hay muchísimos automóviles y autobuses, lo cual (which) está causando graves problemas de contaminación del aire. Sin embargo, en muchas zonas rurales de los países hispanos, particularmente en Hispanoamérica, hay muy pocos automóviles, ya que no hay carreteras, o las que existen están en muy malas condiciones.

◆ ¿En qué ciudades de este país hay mucha contaminación del aire?

---

[1]present indicative: **me río, te ríes, se ríe, nos reímos, os reís, se ríen**

Vocabulario adicional

En el taller de mecánica

Para hablar del coche

la bocina horn	**el neumático pinchado, la llanta pinchada** flat tire
la bolsa de aire air bag	
descompuesto(-a) out of order, not working	**la pieza de repuesto** spare part
el freno brake	**el tanque** tank
lleno(-a) full	**vacío(-a)** empty
la milla mile	**la velocidad máxima** speed limit

HM

Handouts Crucigrama / Palabras escondidas / Informe de accidente

---

[2]**a la derecha** = *to the right*

Práctica

A. Select the word or phrase that does not belong in each group.

1. corte de pelo / arreglo / taller de mecánica corte de pelo
2. ir a pie / ir en coche / ir caminando ir en coche
3. acostumbrarse / descomponerse / no funcionar acostumbrarse
4. neumático / bocina / llanta bocina
5. ventanilla / capó / parabrisas capó
6. bicicleta / carro / puerta de calle puerta de calle
7. maletero / cajuela / volante volante
8. costar muy caro / costar poco / costar un ojo de la cara costar poco

B. Match the items in column A with the ones in column B.

A		B
1. ¿Cuánto te costó el arreglo? __f__		a. No, vamos a pie.
2. ¿Tu coche no arranca? __h__		b. Piezas de repuesto.
3. ¿Van en coche? __a__		c. El mecánico.
4. ¿Quién va a arreglar el coche? __c__		d. No, tiene que seguir derecho.
5. ¿El coche funciona? __g__		e. No, está vacío.
6. ¿Qué necesitas? __b__		f. Un ojo de la cara.
7. ¿El tanque está lleno? __e__		g. No, está descompuesto.
8. ¿Tengo que doblar? __d__		h. No, necesito un remolcador.

C. Write the words or phrases that correspond to the following.

1. lugar donde se compra gasolina ___gasolinera (estación de servicio)___
2. batería ___acumulador___
3. lo necesitamos para cambiar una llanta ___gato___
4. correo ___oficina de correos___
5. grúa ___remolcador___
6. peluquería ___salón de belleza___
7. opuesto de "a la izquierda" ___a la derecha___
8. frecuentemente ___a menudo___
9. a todas partes ___a todos lados___
10. tener dudas ___dudar___

D. Complete the following sentences, using vocabulary from this lesson.

1. La ___velocidad___ máxima en la autopista es de 65 ___millas___ por hora.
2. Ellos tienen que ___acostumbrarse___ a levantarse temprano ahora que van a trabajar.
3. Yo siempre tengo mi teléfono ___celular___ conmigo.
4. Cuando mi coche se descompone, lo llevo al ___taller___ de mecánica.
5. ¿Tengo que doblar a la ___derecha___ o a la izquierda? ¿O tengo que seguir ___derecho___?
6. No vale la ___pena___ arreglar el coche. Es mejor comprar uno nuevo.
7. Vamos a vivir en esta casa por un ___tiempo___.
8. ¿Es una calle o una ___avenida___?
9. Estoy leyendo los avisos ___clasificados___.
10. Francamente, yo ___dudo___ que tú puedas ___obligar___ a tu hijo a trabajar.

Para conversar

A. ¿Vale la pena arreglarlo?   With a partner, play the roles of two family members who are trying to decide what has to be done with a car that is frequently broken and is very old. Decide also who can fix it, how much it's going to cost, etc.

B. Tenemos mucho que hacer.   Someone wants you and your partner to do some chores tomorrow morning. Take turns telling this person you can't help him or her and say what you have to do and where you have to go tomorrow. Think of several excuses.

Pronunciación

Pronunciation in context

In this lesson, there are some new words or phrases that may be challenging to pronounce. For further pronunciation practice of Spanish sounds, listen to your instructor and repeat the following sentences.

1. La familia **Ugarte** es de **Guayaquil**.

2. Es un coche **compacto** de cambios **mecánicos**.

3. **Necesitaba** un **acumulador** nuevo.

4. La grúa llevó el coche al **taller** de **mecánica**.

5. No es **verdad** que yo sepa **arreglar** nada.

6. ¿Su coche se **descompone** a **menudo**?

7. Tengo que ir al **correo** y después a la **peluquería**.

8. Doblen a **la izquierda** y **ahí** pueden tomar el autobús.

Note To reinforce pronunciation practice, this section appears in **Lecciones 10–18.** The sentences featured as pronunciation models are taken from the lesson dialogues.

Aspectos culturales

En imágenes (*El coche, las motocicletas... ¡y el tránsito!*[1])

▲ Congestión de tráfico, San José, Costa Rica

MÉXICO
México, D.F.
Oaxaca
La Habana
Guatemala
BELICE
GUATEMALA
San Salvador
EL SALVADOR
Tegucigalpa
NICARAG
Managua
San José
COSTA RICA
Ciudad de

OCÉANO
PACÍFICO

0   500   1000 Km.
0   500   1000 Mi.

▲ Mujer en moto, Lima, Perú. En la ciudad, la motocicleta es otro medio de transporte personal motorizado.

Ubíquese... y búsquelo

HM Improve Your Grade
Web Search

The Ugarte family lives in Miraflores, Lima. Go to **www.college.hmco.com** to find out something about that section of town. In addition to working, Ramiro attends the University of San Marcos. Try to locate it within metropolitan Lima. In the next class, team up with two classmates to discuss your findings.

---

[1]**tránsito** = *traffic*

▲ Carretera en las montañas al sur de Ciales, en Puerto Rico.

▲ Embotellamiento de tráfico (*Traffic jam*), Buenos Aires, Argentina

Estructuras

1. The *Ud.* and *Uds.* commands (*Formas del imperativo para **Ud.** y **Uds.***)

The command forms for **Ud.** and **Uds.**[1] are identical to the corresponding present subjunctive forms.

A. Regular forms

Endings of the Formal Commands			Ud.		Uds.	
-ar verbs	cantar		cant	**-e**	cant	**-en**
-er verbs	beber		beb	**-a**	beb	**-an**
-ir verbs	vivir		viv	**-a**	viv	**-an**

LEARNING TIP

Think of as many **-ar** verbs as you can and use them to give commands: *Estudie* más. *Cierre* la **puerta.** Repeat this activity using **-er** and **-ir** verbs.

—¿Cuándo volvemos?
—**Vuelvan** mañana y **traigan** los documentos.

"When do we return?"
"Come back tomorrow and bring the documents."

—¿Sigo derecho?
—No, no **siga** derecho. **Doble** a la izquierda.

"Do I keep going straight ahead?"
"No, don't keep going straight ahead. Turn left."

¡Atención! To give a negative **Ud./Uds.** command, place **no** in front of the verb: **No siga** derecho.

Activity suggestions Use TPR to introduce the command forms. Ask students to act out the following simple commands.

Abra el libro.
Vaya a la pizarra.
Hable en inglés.
Siéntese.
Tráigame su lápiz.
Lea en voz alta.
Mire hacia arriba.
Cierre el libro.
Cierre la puerta.
Levántese.
Dele el libro a (*another student*).
Escriba su nombre en la pizarra.
Camine.
Ponga su libro en el pupitre de...
Salga de la clase.

You may also write the infinitive phrases on the board and have students take turns giving each other commands.

B. Irregular forms

◆ The command forms of the following verbs are irregular.

	dar	estar	ser	ir
Ud.	dé	esté	sea	vaya
Uds.	den	estén	sean	vayan

—¿Adónde tengo que ir?
—**Vaya** a la gasolinera.

"Where do I have to go?"
"Go to the gas station."

—¿A qué hora tenemos que estar aquí?
—**Estén** aquí a las ocho. ¡**Sean** puntuales!

"At what time do we have to be here?"
"Be here at eight. Be punctual!"

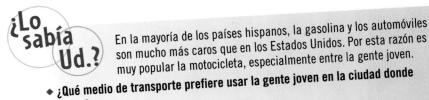

¿Lo sabía Ud.?

En la mayoría de los países hispanos, la gasolina y los automóviles son mucho más caros que en los Estados Unidos. Por esta razón es muy popular la motocicleta, especialmente entre la gente joven.

◆ **¿Qué medio de transporte prefiere usar la gente joven en la ciudad donde Ud. vive?**

[1]**Tú** commands will be studied in **Lección 13.**

Práctica

What commands would these people give?

1. Don José a sus sobrinos:
   a. leer los anuncios de coches
   b. ir al correo
   c. seguir derecho por la calle Lima
   d. doblar a la izquierda en la calle 8
   e. tomar el ómnibus allí
   f. no volver muy tarde
2. El cliente (*customer*) al mecánico:
   a. cambiar la llanta pinchada
   b. revisar el carburador
   c. pedir una pieza de repuesto
   d. poner un acumulador nuevo
   e. arreglar las luces
   f. instalar una bomba de agua nueva

ACE the Test

🎧 **Un dicho**

Si toma, no maneje. Si maneja, no tome.

If you drink, don't drive. If you drive, don't drink.

Para conversar

👥 **¿Cómo vamos?** Claudia and Silvia, two girls from Quito, have decided to visit a few places of interest in Lima, but don't know how to get to them. Using the map, you and your partner are going to give them directions. (Note: In Peru, **jirón = calle.**)

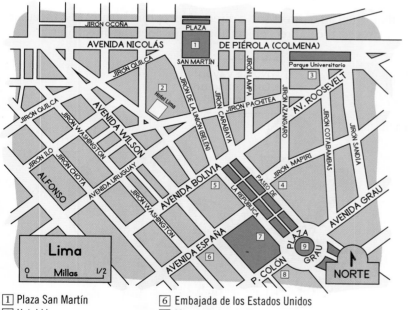

① Plaza San Martín
② Hotel Lima
③ Universidad de San Marcos
④ Palacio de Justicia
⑤ Centro Cívico
⑥ Embajada de los Estados Unidos
⑦ Museo de Arte Italiano
⑧ Museo Nacional de Arte
⑨ Plaza Grau

1. del Hotel Lima a la Plaza San Martín
2. de la Plaza San Martín a la Universidad de San Marcos
3. de la Universidad de San Marcos al Palacio de Justicia
4. del Palacio de Justicia al Centro Cívico
5. del Centro Cívico al Museo de Arte Italiano
6. del Museo de Arte Italiano a la Plaza Grau
7. de la Plaza Grau a la Embajada de los Estados Unidos
8. de la embajada al hotel

Activity suggestion It would be appropriate at this time to review the direct and indirect object pronouns used together, presented in **Lección 8** (page 222).

Activity suggestion Give affirmative commands and have students turn them into negative commands.

1. Levántese.
2. Siéntese aquí.
3. Tráigalo.
4. Déselo.
5. Llámeme.
6. Mándemelos.
7. Liévenlos.
8. Díganselo.

C. Position of object pronouns with direct commands

◆ In all direct *affirmative* commands, the object pronouns are placed *after* the verb and attached to it.

Ud. form		*Uds.* form	
Hága**lo**.	*Do it.*	Cómpren**lo**.	*Buy it.*
Díga**les**.	*Tell them.*	Díga**nle**.	*Tell him/her.*
Tráiga**nosla**.	*Bring it to us.*	Tráigan**selo**.	*Bring it to him/her.*
Quéde**se**.	*Stay.*	Quéden**se**.	*Stay.*

¡Atención! Note the use of the written accent, which follows the rules for accentuation. See Appendix A.

◆ In all *negative* commands, the pronouns are placed *in front of the verb*.

Ud. form		*Uds.* form	
No **lo** haga.	*Don't do it.*	No **lo** hagan.	*Don't do it.*
No **le** hable.	*Don't speak to him/her.*	No **le** hablen.	*Don't speak to him/her.*
No **se lo** dé.	*Don't give it to him/her.*	No **se lo** den.	*Don't give it to him/her.*

◆ Remember that when an indirect and a direct object pronoun are used together in the same sentence, the indirect object always precedes the direct object.

Un dicho

Vístanme despacio, porque tengo prisa.

Equivalent: When you rush, you make mistakes.

¡No **se** vayan!
¡Quéden**se** un mes más!

Grrr...

Práctica

ACE the Test

A. Using the direct commands, tell your younger brothers to do the following.

1. Levantarse a las siete, bañarse y vestirse.
2. Hacer unos sándwiches y ponerlos en el refrigerador.
3. Escribirle una carta a su madrina.
4. Mandarle un paquete a Teresa.
5. Llamar a la Dra. Peña, pero no llamarla antes de las tres.
6. Comprarle el regalo a mamá, pero no dárselo hoy.
7. Decirle a Marta que la fiesta es mañana, pero no decírselo a Raúl.
8. No acostarse muy tarde.

Práctica A, Answers 1. Levántense a las siete, báñense y vístanse.   2. Hagan unos sándwiches y pónganlos en el refrigerador.   3. Escríbanle una carta a su madrina.   4. Mándenle un paquete a Teresa.   5. Llamen a la Dra. Peña, pero no la llamen antes de las tres.   6. Cómprenle el regalo a mamá, pero no se lo den hoy.   7. Díganle a Marta que la fiesta es mañana, pero no se lo digan a Raúl.   8. No se acuesten muy tarde.

B. With a partner, take turns telling two people what to do about the items given.

◆ **MODELO:** los avisos clasificados
Léanlos.

1. el tanque
2. la bicicleta
3. la grúa
4. el gato
5. el coche descompuesto
6. la bomba de agua
7. las llantas
8. el teléfono celular

C. You are having dinner at a fancy restaurant. Tell the waiter what you want or don't want him to do.

◆ **MODELO:** ¿Le traigo el menú?
Sí, tráigamelo, por favor. (No, no me lo traiga.)

1. ¿Le traigo la lista de vinos? Sí, tráigamela, por favor. (No, no me la traiga.)
2. ¿Le sirvo la ensalada primero? Sí, sírvamela primero. (No, no me la sirva primero.)
3. ¿Le pongo pimienta a la ensalada? Sí, póngasela, por favor. (No, no se la ponga.)
4. ¿Abro la botella de vino ahora? Sí, ábrala ahora, por favor. (No, no la abra ahora.)
5. ¿Le traigo el postre? Sí, tráigamelo, por favor. (No, no me lo traiga.)
6. ¿Le sirvo el café? Sí, sírvamelo, por favor. (No, no me lo sirva.)
7. ¿Le traigo la cuenta ahora? Sí, tráigamela ahora. (No, no me la traiga.)

Práctica C, Activity suggestion
Have students role-play a waiter and a customer. If the command is negative, an affirmative command or another statement or question should follow.

S1 ¿Le traigo el café?
S2 No, no me lo traiga ahora. Tráigamelo después del postre.

Encourage students to switch roles in order to practice initiating as well as responding to commands.

Para conversar

Querida Zulema... You and your partner are going to be the "ghost" advice columnist behind Zulema. Decide what advice you are going to give each of the following people. Be sure to use commands.

ACE the Test

Handout Las órdenes del jefe

Querida Zulema

1. Tengo 29 años y vivo con mis padres. Quiero comprarme un coche, pero mi padre dice que no vale la pena y no quiere prestarme el dinero.
¿Qué hago?

Incomprendida

2. Mi esposa y yo le compramos a nuestro vecino un coche usado que funciona un día sí y otro no. ¡Siempre está en el taller! Queremos que nos devuelva *(return)* el dinero, pero él se niega.
¿Qué podemos hacer?

Dos víctimas

3. Pienso dar una fiesta solamente para adultos. Invité a mis vecinos y ellos insisten en traer a sus dos niños.
¿Cómo les pido que no los traigan?

Tímida

4. Yo quiero ir a pasar una semana en Lima, donde vive mi novia, pero tengo un amigo que siempre insiste en ir conmigo a todas partes. Esta vez yo prefiero ir solo.
¿Cómo se lo digo para no ofenderlo?

Preocupado

2. The subjunctive to express doubt, disbelief, and denial (*Uso del subjuntivo para expresar duda, incredulidad y negación*)

Activity suggestion To help students remember these rules, refer to this grammar point as "the 3 D's."

A. Doubt

◆ In Spanish, the subjunctive is always used in a subordinate clause when the verb of the main clause expresses doubt or uncertainty.

—Vamos al correo.	*"Let's go to the post office."*
—**Dudo** que **esté** abierto a esta hora.	*"I doubt that it's open at this time."*
—Estoy seguro de que abren a las ocho.	*"I'm sure that they open at eight."*

¡Atención! When *no doubt* is expressed and the speaker is certain of the reality (**Estoy seguro[-a], No dudo**), the indicative is used: **Estoy seguro** de que **abren** a las ocho.

B. Disbelief

◆ The verb **creer** is followed by the subjunctive in negative sentences, where it expresses disbelief.

—¿Uds. van a la peluquería hoy?	*"Are you going to the beauty parlor today?"*
—No, **no creo** que **tengamos** tiempo...	*"No, I don't think we'll have time ..."*
—Yo creo que pueden ir, si salen temprano.	*"I think you can go if you leave early."*

¡Atención! **Creer** is followed by the indicative when it expresses belief or conviction: **Yo creo** que **pueden** ir.

LEARNING TIP

Make a list of descriptive adjectives and think of them as being applied to you. Then indicate whether each statement is true or not. For example: *Es verdad* que yo soy muy alto. (*No es verdad* que yo sea muy alto.)

C. Denial

◆ When the main clause expresses denial of what is said in the subordinate clause, the subjunctive is used.

—¡Tú siempre llegas tarde!	*"You always arrive late!"*
—**No es verdad** que siempre **llegue** tarde. No niego que a veces llego un poco tarde, pero a veces soy puntual.	*"It's not true that I always arrive late. I don't deny that sometimes I arrive a little late, but sometimes I'm punctual."*

¡**No es verdad** que **estés** ocupado!

¡Atención! When the main clause does *not* deny, but rather confirms what is said in the subordinate clause, the indicative is used: **No niego** que a veces **llego** un poco tarde.

Activity suggestion Students work in pairs to write three statements about what they doubt, what they don't believe, and what is not true.

Práctica

A. Say whether the following statements are true or not. If a statement is false, correct it.

1. Texas es más grande que Maine.
2. Hace más calor en Alaska que en Arizona.
3. Quito es la capital de Perú.
4. El 25 de diciembre celebramos la independencia de nuestro país.
5. Necesitamos un documento de identidad para comprar un coche.
6. Arreglan coches en un taller de mecánica.
7. Una bicicleta es más cara que un auto.
8. Los coches modernos tienen bolsas de aire.

B. You and a friend are spending the weekend in a very small town. Your friend wants to know about things to do, places to go, and so on. Answer, expressing belief or disbelief, doubt, or certainty.

1. ¿Tú crees que hay habitaciones libres en el hotel?
2. ¿Tú crees que un cuarto cuesta menos de cien dólares la noche?
3. ¿Tú crees que aceptan cheques de viajero en el hotel?
4. ¿Tú crees que hay un aeropuerto aquí?
5. ¿Podemos alquilar un coche?
6. Son las siete; ¿tú crees que el correo está abierto?
7. Vamos al centro. Quiero ir a una tienda elegante.
8. Tengo el pelo muy largo. Dicen que aquí hay peluquerías excelentes.
9. Quiero ir a cenar a un restaurante francés.
10. ¿Tú crees que vamos a volver aquí algún día?

C. Complete the following sentences logically, using the subjunctive or the indicative as appropriate.

1. Yo dudo que en mi cuenta de ahorros...
2. Estoy seguro(-a) de que el banco...
3. No creo que la oficina de correos...
4. Estoy seguro(-a) de que la estación del metro...
5. No es verdad que yo...
6. Yo no niego que mis padres...
7. Creo que un Cadillac...
8. No dudo que un buen mecánico...
9. Es verdad que nosotros...
10. No es cierto que mi coche...

Práctica A, Answers 1. Es verdad que Texas es más grande que Maine.
2. No, no es verdad que en Alaska haga más calor que en Arizona. En Arizona hace más calor que en Alaska. (Hace más frío en Alaska que en Arizona.)
3. No, no es verdad que Quito sea la capital de Perú. Quito es la capital de Ecuador. (Lima es la capital de Perú.)
4. No, no es verdad que el 25 de diciembre celebremos la independencia de nuestro país. Celebramos nuestra independencia el 4 de julio. (Celebramos la Navidad el 25 de diciembre.)
5. No, no es verdad que necesitemos un documento de identidad para comprar un coche. Solamente necesitamos dinero. 6. Es verdad que arreglan coches en un taller de mecánica.
7. No, no es verdad que una bicicleta sea más cara que un auto. Un auto es más caro que una bicicleta.
8. Es verdad que los coches modernos tienen bolsas de aire.

Práctica B, Activity suggestion
Have students do this exercise in pairs.

¿Lo sabía Ud.?

En muchos países hispanos es necesario tener una cédula (*document*) de identidad como identificación y es necesario llevarla en todo momento.

◆ ¿Qué documento de identificación es el equivalente, en su país, a la cédula de identidad?

¡Habla con tu compañero! With a partner, take turns asking each other the following questions.

1. ¿Tú crees que un Honda cuesta mucho más que un Chevrolet?
2. ¿Es verdad que un Cadillac cuesta un ojo de la cara?
3. ¿Es verdad que los coches modernos son muy complicados?
4. ¿Tú crees que un coche automático gasta menos gasolina que un coche de cambios mecánicos?
5. ¿Crees que pronto los coches no van a necesitar gasolina o dudas que esto pueda pasar?
6. ¿Crees que las estaciones de servicio están abiertas a esta hora?
7. Si tu coche se descompone, ¿crees que puedes arreglarlo?
8. ¿Crees que tu mamá sabe cambiar una llanta?
9. ¿Es verdad que tú vienes a la universidad a pie?
10. ¿Es verdad que tú lees los anuncios clasificados todos los días?

3. Constructions with *se* (*Construcciones con se*)

Activity suggestion Review vocabulary from the previous lessons by asking students where the following objects are found.

I ¿Dónde se compra champú?
S Se compra en la farmacia.

1. ¿Dónde se compran frutas?
2. ¿Dónde se cambia un cheque?
3. ¿Dónde se alquila un coche?
4. ¿Dónde se venden pantalones?
5. ¿Dónde se estudia español?
6. ¿Dónde se comen mariscos?
7. ¿Dónde se compran billetes de avión?
8. ¿Dónde se toma el avión?
9. ¿Dónde se toma el autobús?
10. ¿Dónde se consigue un documento de identidad?

◆ In Spanish the pronoun **se** + *the third-person singular or plural form of the verb* is used as an impersonal construction. It is equivalent to the English passive voice, in which the person doing the action is not specified. It is also equivalent to English constructions that use the impersonal subjects *one, they, people,* and *you* (indefinite). The impersonal construction is widely used in Spanish.

Se habla español en Lima.	*Spanish is spoken in Lima.* *They speak Spanish in Lima.*
—¿A qué hora **se abren** las peluquerías?	*"What time do the beauty salons open?"*
—**Se abren** a las nueve de la mañana.	*"They open at nine A.M."*
—**Se dice** que la gasolina es barata aquí.	*"It's said that gasoline is inexpensive here."*
—Sí, pero los coches son muy caros.	*"Yes, but cars are very expensive."*

◆ The impersonal **se** is often used in ads, instructions, or directions.

FOR SALE   NO SMOKING   EXIT TO THE RIGHT

Práctica

A. In groups of three, draw signs with the following information on them.

1. No parking Se prohíbe estacionar.
2. Exit to the left Se sale por la izquierda.
3. Spanish spoken here Se habla español aquí.
4. No littering (*to litter:* **tirar basura**) Se prohíbe tirar basura.
5. Apartments for rent Se alquilan apartamentos.
6. No swimming Se prohíbe nadar.
7. Cars for sale Se venden autos (coches).

B. With a partner, take turns telling different people what is inappropriate, according to what they are doing.

◆ **MODELO:** A teenager is using a swear word.
   ¡Eso no se dice!

1. A child is eating spaghetti with his/her hands. ¡Eso no se hace!
2. A little boy is trying to eat dirt. ¡Eso no se come!
3. Someone wears white after Labor Day[1]. (*to wear:* **usar**) ¡Eso no se usa después del Día del Trabajo!
4. A child is touching the salad on your plate. (*to touch:* **tocar**) ¡Eso no se toca!
5. Someone is about to drink mouthwash. ¡Eso no se bebe!

Un dicho

Se sufre, pero se aprende.

One suffers, but one learns.

Para conversar

El turista necesita saber... With a partner, act out a scene between a tourist in Lima and a resident of the city who responds to the tourist's questions about the city. Use constructions with **se** in your conversation.

1. ... el horario (*schedule*) de los bancos, del correo y de las tiendas.
2. ... qué idiomas habla la gente.
3. ... qué y dónde comen.
4. ... si venden objetos de oro (*gold*) y de plata (*silver*).
5. ... dónde alquilan coches.

ACE the Test

Práctica, Expansion Have students write brief advertisements, instructions, or directions for four or five places on campus. Encourage them to use commands wherever appropriate in their ads.

Joyería XYZ
Aquí se compran y se venden objetos de oro y de plata.
Vengan a visitarnos pronto.

You may want to bring in ads from magazines or newspapers and have students read and discuss the ads. You may also refer to the ads used in the text.

---

[1]*Labor Day* = **Día del Trabajo**

Así somos

Al escuchar...

Un aviso comercial, Answers
frente a, en, debajo de, al dorso de*
(*unknown phrase)

Al escuchar... (script)

Si alguien deja estacionado el coche **frente a** su casa, obstruyéndole su derecho a acceso, llame a... "La grúa furtiva". Nosotros, los expertos en el remolque de automóviles mal estacionados, le devolvemos el acceso a su casa... y la paz mental. Le dejamos la factura **en** su propia casa —la dejamos siempre **debajo de** la puerta principal— y discretamente le dejamos anotada, **al dorso de** ésta, la matrícula del auto infractor. ¡Resuelva el problema! Llame a... "La grúa furtiva".

Estrategia **Recognizing spatial markers** In **Lección 11** you reviewed transition words that hold together and establish relationships between ideas in a sentence. Prepositions such as **en, entre,** and **hacia** and phrases indicating location are another category of words that serve to mark the spatial relationship of elements in a sentence. Some common phrases that indicate location are:

al lado de next to, beside	**debajo de** underneath, below	**detrás de** behind
cerca de near	**encima de** on top of	**frente a** in front of

Un aviso comercial You are going to hear a commercial from a car-towing business. Listen for and write the four words or phrases that indicate spatial relationships. There is one phrase that you have probably never heard. Can you identify it?

Al conversar...

Al conversar... (script and possible answers)

1. Mis amigos insisten en que ya yo debería comprarme un coche. **Mis amigos quieren que (yo) compre un coche. (Mis amigos creen que debo comprar un coche.)** 2. Ana se sirvió una taza de café y luego se sentó a hablar con Carlos y Marisol. **Ana bebió café y habló con Carlos y Marisol.** 3. Jorge piensa que no vale la pena comprar un coche porque es menos complicado y más barato viajar en ómnibus. **Jorge no quiere tener coche; prefiere viajar en ómnibus.** 4. Mi mamá está convencida de que papá sabe mucho de coches, lo que no es cierto, porque nuestro coche siempre está en el mecánico. **No es cierto que mi papá sepa de coches.** 5. Hazme el favor de ir a la peluquería porque tienes ese pelo tan largo que no te queda bien. **Necesitas un corte de pelo. (Debes cortarte el pelo.)**

¿Qué dice Ud.?, Answers *Answers will vary. Possibilities:* 1. Tengo un neumático pinchado y los frenos están descompuestos. ¿Puede revisarlos, por favor? 2. Puede comprar gasolina en la gasolinera (estación de servicio) que está en la próxima esquina. 3. Su coche no tiene chapa y las luces no funcionan. Por favor, ¿puedo ver su licencia para conducir? 4. ¿Puede Ud. llamar una grúa, por favor? 5. No valió (mereció) la pena arreglar tu coche.

Estrategia **Paraphrasing practice III** You have already read that paraphrasing, in speech or writing, can be a useful tool for showing that you understand what is said, as well as for reporting or summarizing what you hear.

¿Qué dijeron? You will hear a series of sentences related to everyday situations. Listen and restate each in your own words. Then compare your responses with those of a classmate.

¿Qué dice Ud.? What would you say in the following situations? What might the other person say? Act out the scenes with a partner. Take turns playing each role.

1. You have a flat tire, and you think the brakes on your car are out of order. You want your mechanic to check them.
2. Tell a tourist that he or she can buy gasoline at the service station located at the next corner (**esquina**).
3. You are a police officer, and you have stopped a motorist. The car doesn't have a license plate, and the lights aren't working. Ask to see the motorist's driver's license.
4. Your car won't start, and you're going to need a tow truck. Someone passes by as you fiddle with the ignition.
5. Your friend bought a car that was a lemon, and then spent three thousand dollars to have it fixed. You tell him it wasn't worth it.

Para conocernos mejor To do this activity, work with a classmate whom you would like to get to know. Take turns asking and answering these questions.

Handout El taller de mecánica

1. ¿Prefieres los coches automáticos o los coches de cambios mecánicos? ¿Los coches grandes o los compactos? ¿Los de dos puertas o los de cuatro puertas? ¿Prefieres comprar un coche nuevo o un coche usado?
2. ¿Qué haces tú cuando tu coche no arranca? Si tienes una llanta pinchada, ¿sabes cambiarla? ¿Tú crees que es fácil hacerlo? ¿Siempre llevas un gato en el maletero de tu coche? ¿Es verdad que tú sabes arreglar coches? Si un coche se descompone a menudo, ¿crees que vale la pena arreglarlo?
3. Cuando vienes a la universidad, ¿vienes en coche, en autobús o a pie? Si haces un viaje largo, ¿prefieres ir en avión o en coche?
4. ¿Cuántas veces al mes vas al correo? La oficina de correos, ¿está cerca o lejos de tu casa? ¿Tú sabes a qué hora se abre el correo? ¿A qué hora se cierra?
5. ¿A qué peluquería vas cuando necesitas un corte de pelo? ¿Vas a menudo? ¿Cuánto pagas? ¿Es verdad que un corte de pelo te cuesta a veces un ojo de la cara?

Una encuesta Interview your classmates to identify who fits the following descriptions. Include your instructor, but remember to use the **Ud.** form when addressing him/her. After finishing the survey, get together with two or three classmates and discuss the results.

Handout Para decirlo en español / ¿Qué dijiste?

Nombre

1. Conduce desde los dieciséis años. _____
2. Usa su teléfono celular cuando maneja. _____
3. No le gusta conducir en la autopista. _____
4. Vive a más de diez millas de la universidad. _____
5. Tiene un coche que costó un ojo de la cara. _____
6. Compra gasolina cuatro o cinco veces al mes. _____
7. Lleva su coche al taller de mecánica a menudo. _____
8. Va a todas partes en bicicleta. _____

Para crear Get together in groups of three and "create" the scenario for this photo. Who are the people? Give them names. What kind of car do they want? What kind of car is the salesman (**vendedor**) trying to sell them? Discuss prices, colors, and so on.

¡Vamos a leer!

Estrategia **Anticipating content** Activating background knowledge, or thinking about what you know of a topic, and predicting are two techniques you have practiced in order to anticipate the content of a reading. Asking questions is also a useful means of approaching a text to prepare for its content. For example, before reading an interview, you might think of the questions that are likely to be asked. Or, before reading an article on hybrid cars, you can write the questions you hope will be answered.

¿Compro un coche? Before reading a brochure about buying a car, with a partner, write six to eight questions you would ask when buying a car. Then, when you read the brochure, compare your questions with those in the reading.

A leer

Comprensión, Answers 1. Primero se debe determinar cuánto dinero puede invertir y qué tipo de automóvil necesita. 2. Debe consultar por lo menos con tres comerciantes antes de tomar una decisión. 3. Hacer estas preguntas le ahorrará dinero. 4. Hay que asegurarse de que el vendedor no lo engañe. 5. Debe hacerle saber que Ud. ya conoce los precios de otros competidores. 6. Si el precio no le parece justo, no debe cerrar el trato.

Comprensión As you read the text, find the answers to the following questions.

1. Antes de comprar un automóvil, ¿qué se debe determinar primero?
2. ¿Con cuántos comerciantes debe consultar antes de tomar una decisión?
3. ¿Qué ventajas (*advantages*) tiene hacer las preguntas que sugiere el artículo?
4. ¿De qué hay que asegurarse?
5. ¿Qué debe Ud. hacerle saber al vendedor?
6. ¿Qué debe hacer si el precio no le parece (*seem*) justo (*fair*)?

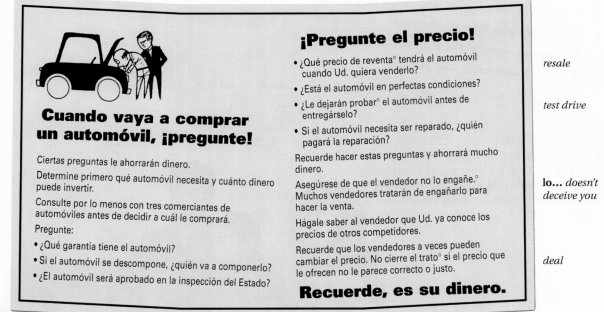

Cuando vaya a comprar un automóvil, ¡pregunte!

Ciertas preguntas le ahorrarán dinero.

Determine primero qué automóvil necesita y cuánto dinero puede invertir.

Consulte por lo menos con tres comerciantes de automóviles antes de decidir a cuál le comprará.

Pregunte:
• ¿Qué garantía tiene el automóvil?
• Si el automóvil se descompone, ¿quién va a componerlo?
• ¿El automóvil será aprobado en la inspección del Estado?

¡Pregunte el precio!

• ¿Qué precio de reventa° tendrá el automóvil cuando Ud. quiera venderlo?
• ¿Está el automóvil en perfectas condiciones?
• ¿Le dejarán probar° el automóvil antes de entregárselo?
• Si el automóvil necesita ser reparado, ¿quién pagará la reparación?

Recuerde hacer estas preguntas y ahorrará mucho dinero.

Asegúrese de que el vendedor no lo engañe.° Muchos vendedores tratarán de engañarlo para hacer la venta.

Hágale saber al vendedor que Ud. ya conoce los precios de otros competidores.

Recuerde que los vendedores a veces pueden cambiar el precio. No cierre el trato° si el precio que le ofrecen no le parece correcto o justo.

Recuerde, es su dinero.

resale

test drive

lo... *doesn't deceive you*

deal

Después de leer... desde su mundo

Prepare a skit in which a partner and you enact a situation between a car dealer and a prospective buyer.

¡Vamos a escribir!

Antes de escribir

Estrategia **Writing based on a visual** Using a drawing, a cartoon, or other visual as the basis for writing provides a ready-made source of inspiration from which to build a story. Whether you use dialogue or prose to tell the story of the visual, think of an interesting ending or punch line.

- Brainstorm possible scenarios. Who are the people? What are the circumstances? What is happening and what happened leading up to this moment? Let your imagination go.
- If you are writing dialogue, think of what type of language best suits the characters. Do you need formal address? Will the tone be light or serious?, etc.
- Plan your ending. Will your dialogue or story have an end or will you leave the conclusion hanging?

Un diálogo dramático You will be writing a dialogue to accompany a drawing. First, look at the scene and brainstorm the possible situations you can create and imagine how each one came about. What are the circumstances?

A escribir un diálogo dramático

Write the **primer borrador** of your dialogue. Try to provide an interesting ending.

Después de escribir

Before writing the final version, exchange your first draft with a classmate and peer edit each other's work using the following guidelines.

- question formation
- use and formation of the preterit, subjunctive, indicative
- formation of **Ud.** commands
- connection between the dialogue story and the drawing

Después de escribir, Expansion
You may want to have students act out their scenes with a partner. Ask a few pairs to dramatize one of the scenes in front of the class.

Panorama hispánico

Perú

◆ La principal fuente de riqueza de Perú continúa siendo la industria pesquera, a pesar de los grandes daños sufridos a consecuencia de El Niño. También son importantes para la economía de Perú las industrias minera y textil, y la agricultura. Perú exporta petróleo, oro (*gold*), cobre (*copper*), zinc, café y algodón (*cotton*).

◆ Entre los animales típicos de la fauna de Perú están las llamas, alpacas y vicuñas. De su lana dependen muchas de las artesanías del país. La llama, además, se usa como animal de carga y para el transporte.

◆ Las principales atracciones turísticas del país son Cuzco, la antigua capital de los incas, y las impresionantes ruinas de Machu Picchu, situadas en las montañas cerca de Cuzco a una altura de 2.350 metros. Machu Picchu fue una fortaleza incaica que después de la conquista quedó perdida hasta 1911, cuando fue descubierta por el arqueólogo norteamericano Hiram Bingham.

◆ La capital de Perú, Lima, fue fundada en 1535 por el explorador español Francisco Pizarro, y es hoy el centro comercial e industrial del país. En su arquitectura se mezclan lo antiguo y lo moderno. En la ciudad se encuentran la Universidad de San Marcos (la más antigua de Suramérica), la iglesia de San Francisco (notable por la influencia árabe en su arquitectura), el Museo del Oro (con una gran cantidad de objetos precolombinos de oro y de plata) y el Museo Nacional de Antropología y Arqueología.

◀ Plaza San Martín, Lima. José de San Martín (1778–1850) es considerado el libertador de Argentina, Chile y Perú.

Historia y literatura peruanas

◀ Dibujo (*Drawing*) del quipu, de un manuscrito colonial. El quipu se utilizaba para contar y quizás (*perhaps*) era también método de escritura de los incas.

◀ Mario Vargas Llosa (1936–), escritor perteneciente (*belonging*) al llamado (*so-called*) "boom" literario latinoamericano [décadas de los sesenta (*1960s*) y setenta (*1970s*)], que incluye a escritores muy distintos (*different*) como Gabriel García Márquez, de Colombia; Carlos Fuentes, de México; Jorge Luis Borges, de Argentina, y Pablo Neruda, de Chile.

Ecuador

- La lengua oficial de Ecuador es el español, pero también se hablan algunas lenguas indígenas. Ecuador fue el primer país latinoamericano que le concedió el voto a la mujer, en el año 1929.

- La economía de Ecuador depende principalmente de la producción de petróleo, madera y pescado. Los bosques cubren casi la mitad del país, a pesar de la gran deforestación de los últimos años.

- Debido a la inestabilidad del sucre, su antigua moneda, en septiembre de 2000 el país adoptó el dólar de Estados Unidos como su moneda oficial.

- Quito, la capital de Ecuador, está situada en las laderas (*hillsides*) del volcán Pichincha, a más de 9.000 pies de altura sobre el nivel del mar. Por eso, aunque la ciudad está muy cerca de la línea del ecuador, su clima es templado (*mild*) y agradable. Quito es la capital más antigua de la América del Sur, y todavía mantiene su aspecto colonial, con sus calles estrechas (*narrow*) y sus viejas iglesias.

- A 22 millas de Quito, cerca de la villa de San Antonio, está el monumento La Mitad del Mundo, que marca el sitio exacto por donde pasa la línea del ecuador.

- La artesanía de Ecuador se caracteriza por los colores vivos y los diseños de sus tejidos y confecciones, que se venden en los mercados de artesanías. El más conocido de éstos es el de Otavalo.

- Las islas Galápagos, situadas frente a las costas de Ecuador, son una de las zonas ecológicas mejor conservadas del mundo. En ellas encontramos numerosas especies de animales y plantas, muchas de las cuales son exclusivas de allí. Las islas deben su nombre a sus tortugas gigantes, llamadas galápagos.

▲ Iglesia de San Francisco, Quito (terminada [*finished*] en 1534)

Otros lugares de Ecuador

▲ Otavalo, pueblo conocido (*known*) por su mercado y artesanías

▲ El Chimborazo, de una altitud (*height*) de 20.700 pies (*feet*) (ó 6.310 metros) es la montaña más alta de Ecuador.

Nuestro panorama cultural

In groups of three, answer the following questions about your home state, region, or country.

1. ¿Hay algún tipo de arquitectura típica en su ciudad?
2. ¿Cómo es el clima en el lugar donde Ud. vive? ¿Le gusta?
3. ¿Va de compras muy a menudo? ¿Dónde prefiere hacer sus compras?
4. ¿Se hablan muchos idiomas en su ciudad? ¿Qué idiomas se hablan?
5. ¿Hay volcanes en su país? ¿Hay islas? ¿Dónde están?

For the next class: Go to the World Wide Web and find photos from your hometown, state, region, or country. Use the questions from **Nuestro panorama cultural** above as guidelines for choosing them. Be ready to present the photos to your classmates.

Handout Un poco de cultura

Self-Test

Take this test. When you have finished, check your answers in the answer key provided in Appendix D. Then use a red pen to correct any mistakes you may have made. Are you ready?

Lección 10

A. The imperfect Complete the following exchanges, using the imperfect of the verbs in the list.

quejarse (1)   gustar (1)   ir (1)
vivir (3)   ser (4)   ver (1)

1. —¿Qué hora ___era___ cuando tú llegaste a casa?
   — ___Eran___ las dos y media.
2. —¿Dónde ___vivías___ tú cuando ___eras___ chico?
   —Yo ___vivía___ en Lima, pero todos los años mi familia y yo ___íbamos___ de vacaciones a Venezuela.
   —¿Tú ___veías___ a tus abuelos frecuentemente?
   —No, porque ellos ___vivían___ en Chile.
3. —Cuando Rita ___era___ chica siempre se ___quejaba___ de todo.
   —¿Por qué?
   —Porque a ella no le ___gustaba___ nada.

B. The preterit contrasted with the imperfect Complete the following sentences, using the preterit or the imperfect of the verbs in parentheses.

1. Anoche Alberto me ___dijo___ (decir) que ___necesitaba___ (necesitar) alquilar un apartamento, pero que no ___podía___ (poder) ser muy caro porque él no ___tenía___ (tener) mucho dinero.
2. Ayer mi hermana y yo ___compramos___ (comprar) dos bolsas de dormir para las vacaciones. Cuando nosotras ___éramos___ (ser) niñas siempre ___llevábamos___ (llevar) bolsas de dormir cuando ___íbamos___ (ir) de vacaciones.
3. Cuando yo ___tenía___ (tener) diez años, mi familia y yo ___vinimos___ (venir) a los Estados Unidos a vivir. Nosotros ___hablábamos___ (hablar) inglés y español.
4. —¿Cómo te ___fue___ (ir) anoche en la fiesta de Silvia?
   —No muy bien. (Yo) ___Tuve___ (tener) que irme a las diez porque no me ___sentía___ (sentir) bien.
5. Cuando Amalia ___iba___ (ir) a la biblioteca, ___vio___ (ver) un accidente en la calle Quinta. Dos personas ___murieron___ (morir).

C. Verbs that change meaning in the preterit Answer the following questions, using the cues provided.

1. ¿Dónde conoció Beto a Marisa? (en la universidad) La conoció en la universidad.
2. ¿Marisa conocía a la hermana de Beto? (sí) Sí, la conocía.
3. ¿Tú querías venir a clase hoy? (no) No, no quería venir.
4. ¿Uds. sabían que hoy había examen? (no) No, no sabíamos que había examen hoy.
5. ¿Cuándo lo supieron? (anoche) Lo supimos anoche.
6. David se quedó en su casa hoy. ¿No quiso venir? (no) No, él no quiso venir.

D. The relative pronouns *que* and *quien* Rewrite the following, using **que, quien,** or **quienes.**

1. Ésta es la señora. La señora vino ayer.
2. Éstos son los niños. Yo te hablé de los niños.
3. Ésa es la profesora. Nosotros compramos los libros para la profesora.
4. Ésa es la chica. La chica trajo la licuadora.

D. The relative pronouns *que* and *quien*. Answers, 1. Ésta es la señora que vino ayer. 2. Éstos son los niños de quienes te hablé. 3. Ésa es la profesora para quien compramos los libros. 4. Ésa es la chica que trajo la licuadora.

E. Just words . . . Complete the following sentences, using vocabulary from **Lección 10.**

1. No me gusta esta casa; me voy a ____mudar____ a otra.
2. El alquiler ____incluye____ el agua y la ____electricidad____ .
3. Necesitamos alquilar un apartamento ____amueblado____ porque no tenemos muebles.
4. No vive cerca; vive muy ____lejos____ .
5. Su cuarto no es ____amplio____ . Es muy chico.
6. En este ____edificio____ no hay ningún apartamento ____desocupado____ . Todos están alquilados.
7. Necesito una mesa de ____centro____ para la sala y una ____mesita____ de noche para el dormitorio.
8. La casa tiene aire acondicionado y ____calefacción____ .
9. Compré unas ____cortinas____ para las ventanas y un espejo.
10. Saqué la ropa de la lavadora y la puse en la ____secadora____ .

F. Culture Answer the following questions, based on the **Panorama hispánico** section.

1. ¿Cuál es la capital de Venezuela? Caracas.
2. ¿Qué significa el nombre Venezuela? Significa "pequeña Venecia".
3. ¿Cuál es el principal producto de exportación del país? El petróleo.
4. ¿Cuál es la principal atracción turística de Venezuela? El Salto Ángel.

Lección 11

A. The subjunctive mood
Give the present subjunctive of the following verbs, according to each subject.

1. estar: nosotros *estemos*
2. caminar: tú *camines*
3. sacar: yo *saque*
4. sugerir: ella *sugiera*
5. dar: ellos *den*
6. saber: usted *sepa*
7. volver: tú *vuelvas*
8. quejarse: yo *me queje*
9. ser: ustedes *sean*
10. ir: usted *vaya*
11. recoger: él *recoja*
12. recibir: yo *reciba*

B. The subjunctive with verbs of volition
Complete the following exchanges, using the infinitive or the present subjunctive of the verbs in parentheses.

1. —¿Tú quieres ___ir___ (ir) a Colombia?
   —Sí, pero mi esposa quiere que (nosotros) __vayamos__ (ir) a Chile.
2. —¿A qué hora me aconsejas que __venga__ (venir)?
   —Yo te sugiero que __estés__ (estar) aquí a las dos.
3. —¿Tienes que ___ir___ (ir) a la agencia de viajes?
   —Sí, mi madre quiere que yo __compre__ (comprar) los pasajes hoy.
4. —Yo les recomiendo que __hagan__ (hacer) un crucero por el Caribe.
   —No, nosotros preferimos __visitar__ (visitar) Canadá.
5. —Yo te sugiero que __viajes__ (viajar) en avión.
   —No, yo quiero __viajar__ (viajar) en tren.

C. The subjunctive with verbs of emotion
Rewrite the following sentences, according to the new beginnings.

1. Ellos van a hacer una excursión.
   Me alegro de que ellos... *hagan una excursión.*
2. Julio va a venir este verano.
   Espero que Julio... *venga este verano.*
3. ¿Tú sabes cuánto cuesta el vuelo?
   Me sorprende que tú... *sepas cuánto cuesta el vuelo.*
4. Ada está enferma.
   Temo que Ada... *esté enferma.*
5. Nosotros no podemos ir en ese viaje.
   Es una lástima que nosotros... *no podamos ir en ese viaje.*
6. Ellos van a Colombia.
   Ojalá que ellos... *vayan a Colombia.*

D. Just words . . . Match the questions in column **A** with the answers in column **B**.

A		B
1. ¿Carmen es de Buenos Aires?	_g_	**a.** En Canadá.
2. ¿Vas a viajar en avión?	_j_	**b.** En un hotel.
3. ¿Van a hacer escala?	_h_	**c.** En Delta.
4. ¿Qué me sugieres?	_e_	**d.** Sí, tengo cinco maletas.
5. ¿En qué aerolínea viajan?	_c_	**e.** Que hagas un crucero.
6. ¿Quieres un asiento de pasillo?	_i_	**f.** No, en clase turista.
7. ¿Dónde te vas a hospedar?	_b_	**g.** Sí, es argentina.
8. ¿Viajas en primera clase?	_f_	**h.** No, el vuelo es directo.
9. ¿Tienes que pagar exceso de equipaje?	_d_	**i.** No, de ventanilla.
10. ¿Dónde vas a pasar la luna de miel?	_a_	**j.** No, en barco.

E. Culture Complete the following sentences, based on the **Panorama hispánico** section.

1. Colombia es el único país con __costas__ en el Pacífico y en el mar Caribe.
2. El __café__ colombiano tiene fama mundial.
3. Las __esmeraldas__ de Colombia son las mejores del mundo.
4. __Shakira__ es una famosa cantante colombiana.
5. __Avianca__ es la línea aérea más antigua de Hispanoamérica.

Lección 12

A. The *Ud.* and *Uds.* commands
Complete the following sentences, using the Spanish equivalent of the words in parentheses.

1. _____Estén_____ en la oficina de correos a las ocho, señoras. (*Be*)
2. Necesito el acumulador. _____Tráigamelo_____ esta tarde, señor. (*Bring it to me*)
3. _____Salgan_____ por aquí, señoritas. (*Go out*)
4. ¿La licencia para conducir? _____Désela_____ hoy, señora. (*Give it to him*)
5. _____Vayan_____ al taller de mecánica, señores. (*Go*)
6. _____Quédese_____ aquí, señor López. (*Stay*)
7. Necesitamos las piezas de repuesto. _____Mándenoslas_____ mañana, señor. (*Send them to us*)
8. ¿Los neumáticos? No _____los ponga_____ allí, señor. (*put them*)

B. The subjunctive to express doubt, disbelief, and denial
Complete the following sentences, using the present subjunctive or the present indicative of the verbs in parentheses.

1. Yo no creo que ella _____sea_____ (ser) peruana.
2. Dudo que la gasolinera _____esté_____ (estar) abierta ahora.
3. No es verdad que Uds. _____necesiten_____ (necesitar) ir por la autopista.
4. Creo que Cuzco _____está_____ (estar) a cien kilómetros de aquí.
5. Estoy seguro de que ellas _____se encuentran_____ (encontrarse) en la peluquería.
6. Es verdad que yo _____necesito_____ (necesitar) un corte de pelo.
7. No dudo que el arreglo _____cuesta_____ (costar) un ojo de la cara.
8. Yo no niego que no me _____gusta_____ (gustar) conducir.

C. Constructions with *se*
Form questions with the elements given, adding the necessary connectors. Follow the model.

◆ **MODELO:** a qué hora / abrir / las tiendas
¿A qué hora se abren las tiendas?

1. qué idiomas / hablar / Perú ¿Qué idiomas se hablan en Perú?
2. a qué hora / cerrar / las gasolineras ¿A qué hora se cierran las gasolineras?
3. a qué hora / abrir / la peluquería ¿A qué hora se abre la peluquería?
4. dónde / vender / gasolina ¿Dónde se vende gasolina?
5. por dónde / salir / de aquí ¿Por dónde se sale de aquí?

D. Just words . . . Choose the word or phrase in parentheses that best completes each sentence.

1. Voy a la (peluquería, estación de servicio) porque necesito un corte de pelo. peluquería
2. Voy a llamar una grúa porque mi coche no (bromea, arranca). arranca
3. Prefiero los coches (de cambios mecánicos, abiertos). de cambios mecánicos
4. Es muy caro. Me (costó, pagó) un ojo de la cara. costó
5. Tienes que (funcionar, doblar) a la izquierda. doblar
6. No pude parar porque (los frenos, las bocinas) no funcionaban. los frenos
7. El número de la (chapa, luz) de mi coche es SB-456. chapa
8. Ponga el gato en (la cajuela, el volante) del coche. la cajuela
9. El tanque del auto está (vacío, descompuesto). vacío
10. Yo le dije que no (valía, reía) la pena comprarlo. valía

E. Culture Complete the following sentences, based on the **Panorama hispánico** section.

1. La moneda de Perú es el ____nuevo sol____ .
2. Las principales atracciones turísticas de Perú son ____Cuzco____ y ____Machu Picchu____ .
3. Quito es la capital más ____antigua____ de la América del Sur.
4. Una de las zonas ecológicas mejor conservadas del mundo son las ____islas Galápagos____ .

▲ Elegante centro comercial en Santiago, Chile

Objetivos

Comunicación

You will learn vocabulary related to clothing and shopping.

Pronunciación

Pronunciation in context

Estructuras

◆ The familiar commands (**tú**)
◆ **¿Qué?** and **¿cuál?** used with **ser**
◆ The subjunctive to express indefiniteness and nonexistence

Cultura

◆ Department stores and specialty shops
◆ Manner of addressing people in stores
◆ Clothing sizes

Panorama hispánico

◆ Chile

Estrategias

Listening: Listening for the order of events
Speaking: Expressing ideas and opinions
Writing: Supporting opinions
Rincón literario: Reading poetry

Activity suggestion Use this photo to introduce the lesson theme. Ask your students:

1. ¿Te gusta ir de compras?
2. ¿Te gusta mirar los escaparates (*store windows*)?
3. Mira la foto. Tú conoces a estas personas. ¿Van a comprar muchas cosas?
4. ¿Compran lo que necesitan o lo que les gusta?
5. Tú estás en una tienda. ¿Qué necesitas comprar?

En un centro comercial

Chile

Chile es un país largo y estrecho. El país tiene dos veces el área de Montana y su población es de unos 16 millones de habitantes. De éstos, el 80% vive en las ciudades. En Santiago, la capital, vive casi la tercera parte de los habitantes del país.

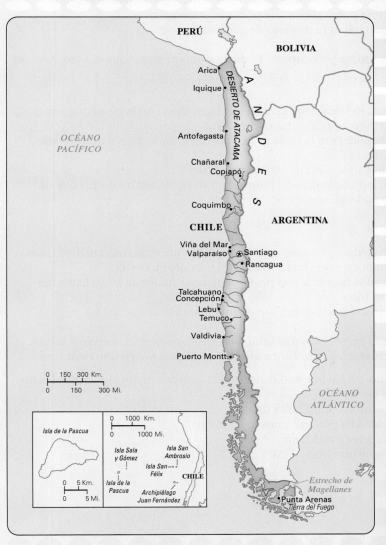

▲ Vista panorámica de Santiago, Chile

▲ La cordillera del Paine en los Andes, Chile

▲ Modernos edificios bancarios y de comercio en Santiago, Chile

349

Vamos de compras

Ángela y Rebeca Montoya son dos hermanas que viven con sus padres en Santiago, Chile. Asisten a la misma universidad, trabajan en la misma oficina y muchas veces salen juntas. Hoy, por ejemplo, van de compras con Fernando, el novio de Ángela, y Gonzalo, el novio de Rebeca. Primero, los cuatro van a almorzar.

En un restaurante de comida rápida

Ángela	Fernando, ¿qué te parece si Rebeca y yo vamos a los Almacenes París y Gonzalo y tú van a la zapatería?
Fernando	Buena idea. Yo quiero cambiar un par de botas que me quedan chicas y Gonzalo necesita zapatos.
Gonzalo	También quiero ir a la librería, y después voy a tratar de encontrar algún disco compacto que le guste a mi hermanita.
Rebeca	Oye, ¿no dijiste que necesitabas calcetines y zapatos de tenis? Cómpralos hoy, que tienes la oportunidad.
Fernando	Sí, y yo necesito una camiseta... Dime, Ángela, ¿cuánto tiempo crees tú que van a tardar en hacer sus compras?
Ángela	Por lo menos dos horas, quizás tres... Yo tengo mi teléfono celular. Llámame para saber a qué hora nos encontramos.
Fernando	A ver... ¿cuál es tu número de teléfono?
Ángela	¡¿Qué?!
Rebeca	(Se ríe.) No te preocupes. Él sabe tu número mejor que el suyo. ¡Vamos!

En la tienda

Ángela	Ven acá, Rebeca. Mira esta falda. Hace juego con la blusa que compré ayer. Y este vestido... ¿no es precioso?
Rebeca	¡Pruébatelo! Pero la falda te va a quedar grande. Busca una en talla mediana.
Ángela	Aquí hay una. ¿Dónde está el probador?
Rebeca	Allí, al lado de la caja. Yo tengo algunas cosas también... ¡Es que no tengo nada que ponerme!

En la zapatería

Fernando	(Al empleado) ¿Tienen botas como éstas que sean más anchas? Éstas son un poco estrechas... Yo calzo el número cuarenta.
Gonzalo	(Al empleado, que le está probando unos zapatos de tenis) Éstos me quedan bien.
Empleado	Y le van a durar, porque son de una marca muy buena.

A las cuatro, todos se encuentran a la salida del centro comercial. Ángela y Rebeca están cargadas de paquetes, pero Fernando y Gonzalo sólo tienen uno cada uno.

Fernando	(A su novia) No hay nadie que pueda comprar tanto como ustedes dos en un par de horas.
Ángela	Hazme un favor... ¡Llama un taxi!
Gonzalo	(Bromeando) ¡Necesitamos un camión!
Rebeca	No exageres y ayúdame...
Fernando	¡Ahí viene uno libre! ¡Taxi!

HM Handout En contexto

¿Quién lo dice? Identify the person who said the following in the dialogues.

1. También quiero ir a la librería. — Gonzalo
2. Llámame para saber a qué hora nos encontramos. — Ángela
3. ¡Pruébatelo! Pero la falda te va a quedar grande. — Rebeca
4. Yo quiero cambiar un par de botas que me quedan chicas. — Fernando
5. Mira esta falda. Hace juego con la blusa que compré ayer. — Ángela
6. No te preocupes. Él sabe tu número mejor que el suyo. — Rebeca
7. ¡Necesitamos un camión! — Gonzalo
8. A ver... ¿cuál es tu número de teléfono? — Fernando

En el diálogo, Answers 1. Van con Fernando y Gonzalo. 2. Quiere cambiar un par de botas. 3. Quiere comprar un disco compacto. 4. Van a tardar por lo menos dos horas. 5. Quiere que la llame por teléfono. 6. Hace juego con la blusa. 7. Ángela usa la talla mediana. 8. Rebeca dice que no tiene nada que ponerse. 9. Calza el número cuarenta. 10. Dice que le quedan bien. 11. Ángela y Rebeca compraron más. 12. Gonzalo dice que necesitan un camión.

Hablemos. With a partner, take turns asking and answering the following questions. Base your answers on the dialogue and on your own circumstances.

En el diálogo	¿Y tú?
1. ¿Con quiénes van de compras Ángela y Rebeca?	¿Con quién vas de compras tú?
2. ¿Qué quiere cambiar Fernando?	¿Tú prefieres usar botas o zapatos?
3. ¿Qué quiere comprar Fernando para su hermanita?	¿Tienes algún disco compacto en español?
4. ¿Cuánto tiempo van a tardar las chicas en hacer sus compras?	Cuando tú vas de compras, ¿cuánto tiempo tardas generalmente?
5. ¿Qué quiere Ángela que haga Fernando?	¿Tú tienes teléfono celular?
6. ¿Con qué hace juego la falda?	¿Con qué hacen juego tus zapatos?
7. ¿Qué talla usa Ángela?	¿Qué talla usas tú?
8. ¿Qué problema tiene Rebeca?	¿Qué haces tú cuando no tienes nada que ponerte?
9. ¿Qué número calza Fernando?	¿Qué número calzas tú?
10. ¿Qué le dice Gonzalo de los tenis al empleado?	¿De qué marca son tus zapatos de tenis?
11. ¿Quiénes compraron más?	Generalmente, ¿quiénes compran más, los hombres o las mujeres?
12. ¿Qué dice Gonzalo que necesitan para llevar todos los paquetes?	¿Tú exageras a veces?

🎧 Vocabulario

Cognados

la blusa blouse	**la oportunidad** opportunity
las botas boots	**el par** pair
la oficina office	

Nombres

el almacén, la tienda por departamentos
  department store
la caja cash register
los calcetines socks
el camión truck
la camiseta T-shirt
el centro comercial shopping mall
el (la) empleado(-a) clerk
la falda skirt
la hermanita[1] little sister

la librería bookstore
la marca brand
el número size (*of shoes*)
el probador fitting room
la ropa clothing
la talla, la medida size (*in clothing*)
el vestido dress
los zapatos shoes
  — de tenis tennis shoes

Verbos

calzar to wear (*a certain size shoe*)	**parecer (yo parezco)** to seem
cambiar to exchange	**preocuparse** to worry
durar to last	**tardar** to take (*time to do something*)
exagerar to exaggerate	

Adjetivos

ancho(-a) wide	**libre** available, free
estrecho(-a), angosto(-a) narrow	**mediano(-a)** medium
cargado(-a) (de) loaded (with)	**precioso(-a)** pretty, beautiful
juntos(-as) together	**rápido(-a)** quick, fast

🎧 **Un dicho**

*Aunque la mona se vista de
seda, mona se queda.*

**Equivalent: You can't make a silk
purse out of a sow's ear.**

---

[1]**el hermanito** = *little brother*

Otras palabras y expresiones

al lado de next to
cada each
es que... the fact is . . .
hacer juego (con), combinar (con) to match
no tener nada que ponerse to have nothing to wear
por ejemplo for example
por lo menos at least
¿Qué les parece si...? What do you think about . . .?

quedarle chico(-a) (grande) a uno
  to be too small (big) on one
quizás perhaps
vamos de compras let's go
  shopping

Activity suggestion Ask students how much each item costs.

I   ¿Cuánto cuesta el camisón?
S1 Cuesta 29 dólares.

Vocabulario adicional

Mirando vidrieras (*Window shopping*)

el vestido de noche
la blusa de lunares
las pantimedias
la corbata
el traje
estampado(-a)
el anillo
las joyas
la camisa de cuadros
la camisa de rayas
la ropa interior
el camisón
los aretes
los calcetines
la billetera
el collar
la pulsera
la ropa interior
el pañuelo
los guantes

Más sobre las tiendas

barato(-a) inexpensive
el cuero leather
el departamento de caballeros
  men's department
el departamento de damas
  women's department

devolver (o:ue) (algo) to return
  (*something*)
la ganga bargain
la rebaja, la liquidación sale
rebajar to mark down

Tipos de tela

el algodón cotton
el hilo, el lino linen
la lana wool
el poliéster polyester
el rayón rayon
la seda silk

Práctica

A. Select the word or phrase that does not belong in each group.

1. ancho / estrecho / libre *libre*
2. calcetines / marca / zapatos *marca*
3. número / vestido / falda *número*
4. barato / ganga / algodón *algodón*
5. camión / seda / rayón *camión*
6. collar / rebaja / aretes *rebaja*
7. tienda por departamentos / almacén / caja *caja*
8. liquidación / ropa / probador *liquidación*

B. Select the word or phrase that best completes each sentence.

1. Pedro trabaja en una (marca, librería, billetera). *librería*
2. Ana necesita comprar (ropa interior, la caja, la medida). *ropa interior*
3. ¿Conduce un coche o un (camisón, camión, pañuelo)? *camión*
4. ¿Puedes ayudarme a llevar estos (paquetes, probadores, departamentos)? *paquetes*
5. ¿Cuánto tiempo van a (parecer, tardar, durar) en hacer las compras? *tardar*
6. Necesitamos un taxi. ¡Ah! Ahí viene uno (cargado, mismo, libre). *libre*
7. Ana vive (al lado de, cada, es que) mi casa. *al lado de*
8. Estela se va a poner el (vestido de noche, calcetín, anillo) negro para ir a la fiesta. *vestido de noche*
9. ¿La blusa es estampada o (de cuadros, una ganga, de seda)? *de cuadros*
10. Yo calzo el número seis y estos zapatos son el número ocho. Me quedan (bien, chicos, grandes). *grandes*

C. Match the questions in column A with the answers in column B.

A		**B**
1. ¿Qué te vas a poner con la falda blanca?	_g_	a. El treinta y seis.
2. ¿Te vas a poner las botas?	_j_	b. Sí, porque no tengo nada que ponerme.
3. ¿Dónde trabaja Elena?	_e_	c. No, yo voy sola.
4. ¿Qué número calzas?	_a_	d. No, una pulsera.
5. ¿No te gusta el vestido?	_h_	e. En un centro comercial.
6. ¿Tú y Roberto van juntos?	_c_	f. No, de seda.
7. ¿Vas a comprar ropa?	_b_	g. La blusa roja.
8. ¿Cuánto dinero necesitas?	_i_	h. No, lo voy a cambiar.
9. ¿La camisa es de algodón?	_f_	i. Por lo menos cien dólares.
10. ¿Eva te compró aretes?	_d_	j. No, los zapatos negros.

D. Write the words or phrases that correspond to the following.

1. tienda donde venden libros *librería*
2. talla *medida*
3. opuesto de **ancho** *estrecho*
4. ni grande ni pequeño *mediano*
5. hermoso *precioso*
6. combinar *hacer juego*
7. a lo mejor *quizás*
8. hilo *lino*
9. rebaja *liquidación*
10. joya que se usa en el dedo *anillo*

Para conversar

A. Buenas ideas Get together with a partner. Play the roles of two friends who are telling each other what clothes and footwear to buy for some members of their families. Include details like the material things are made of, etc. (**A tu...**, **cómprale... / regálale...**).

B. De compras With your partner, play the roles of a customer and a store clerk. Discuss sizes, colors, prices, etc. The customer should buy clothes and shoes.

C. Mirando vidrieras You and a partner are standing in front of the store window shown on page 353. Take turns saying what you are going to buy for yourselves and for a relative or friend.

Pronunciación

Pronunciation in context

In this lesson, there are some new words or phrases that may be challenging to pronounce. For further pronunciation practice of Spanish sounds, listen to your instructor and repeat the following sentences.

1. ¿Qué te **parece** si Rebeca y yo vamos a los **Almacenes** París?

2. Quiero **cambiar** un par de botas que me **quedan** chicas.

3. ¿No **dijiste** que necesitabas **calcetines?**

4. Yo tengo mi **teléfono celular.**

5. **Hace juego** con la blusa que compré ayer.

6. Yo **calzo** el **número** cuarenta.

7. Le van a **durar** porque son de una marca muy buena.

8. Todos se **encuentran** a la salida del centro **comercial.**

> **Note** To reinforce pronunciation practice, this section appears in **Lecciones 10–18**. The sentences featured as pronunciation models are taken from the lesson dialogues.

¿Lo sabía Ud.?

Actualmente (*Nowadays*), los empleados de las tiendas a menudo tutean (*use the tú form of address*) a los clientes en España y en algunos países de Hispanoamérica.

Aspectos culturales

En imágenes (*De compras por el mundo hispano*)

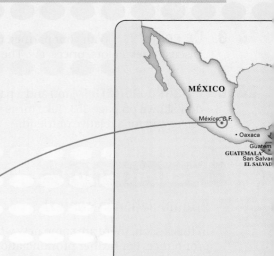

▲ Mercado prehispánico, de México-Tenochtitlán, capital del imperio azteca a la llegada (*upon arrival*) de los españoles

▲ El Rastro de Madrid, España, mercado al aire libre los domingos por la mañana

Ubíquese... y búsquelo

HM Improve Your Grade
Web Search

Ángela, Rebeca, and their boyfriends went to Almacenes París, a well-known department store in Santiago, Chile. There are several other malls and shopping centers that they (or you) could visit and shop at in metropolitan Santiago. Go to **www .college.hmco.com** to find out where these malls are. In the next class, team up with two classmates and report your findings. What stores can you find in the mall(s) that you searched? Are there special services that are convenient and activities other than shopping that you would like to do?

▲ Catedral de La Habana, Cuba, un edificio característico de la arquitectura colonial española

▲ Mercado al aire libre, Cuzco, Perú

▲ De compras en Buenos Aires, Argentina

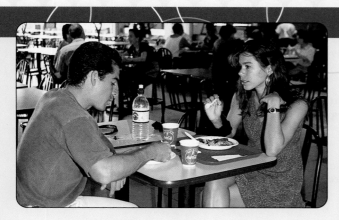

Estructuras

1. The familiar commands (*tú*) (*Las formas imperativas de* ***tú***)

Activity suggestion Review the formal commands studied in **Lección 12**.

Unlike other commands in Spanish, the familiar affirmative command does not use the subjunctive.

A. *Tú* commands[1]

◆ The affirmative command form for **tú** has exactly the same form as the third-person singular form of the present indicative.

Verb	Present Indicative	Familiar Command (*tú*)[1]
hablar	él habla	**habla** (tú)
comer	él come	**come** (tú)
abrir	él abre	**abre** (tú)
cerrar	él cierra	**cierra** (tú)
volver	él vuelve	**vuelve** (tú)

—Teresa, **trae** el vestido.	*"Teresa, bring the dress."*
—**Espera** un momento. Estoy ocupada.	*"Wait a moment. I'm busy."*
—Me voy.	*"I'm leaving."*
—**Vuelve** temprano y **cierra** la puerta de calle.	*"Return early and close the front door."*

LEARNING TIP

To remember the eight verbs that are irregular in the **tú** command, memorize the following: **Ana,** *sé* **buena y** *ve* **al mercado con Rosa.** *Ven* **a casa y** *ponlo* **todo en el refrigerador.** *Haz* **una ensalada y** *dile* **a Luis que coma con ustedes.** *Sal* **con los niños, pero** *ten* **paciencia con ellos.**

As you say aloud and/or write down this text, visualizing it as a movie you are starring in will aid you in memorizing it.

◆ Spanish has eight irregular **tú** command forms.

decir	**di**	salir	**sal**
hacer	**haz**	ser	**sé**
ir	**ve**	tener	**ten**
poner	**pon**	venir	**ven**

—Carlitos, **ven** aquí; **hazme** un favor. **Ve** a la casa de Rita y **dile** que la fiesta es hoy.	*"Carlitos, come here. Do me a favor. Go to Rita's house and tell her the party is today."*
—¿Dónde pongo el anillo?	*"Where shall I put the ring?"*
—**Ponlo** en el tocador.	*"Put it on the dresser."*

Activity suggestion Have students work in pairs and write five affirmative commands they think would be used while talking to a friend in each of the following places.

el correo
un hospital
una tintorería
un restaurante
un parque
la playa

Un dicho

Crea fama y acuéstate a dormir.

Equivalent: Once you build a reputation, it stays forever.

---

[1]The affirmative command form for **vosotros** is formed by changing the final **r** of the infinitive to **d**: hablar → **hablad**, comer → **comed**, vivir → **vivid**.

B. Negative forms

◆ The negative **tú**[1] commands use the corresponding forms of the present subjunctive.

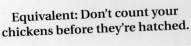

No cantes victoria antes de tiempo.

Equivalent: Don't count your chickens before they're hatched.

hablar	no **hables** tú
vender	no **vendas** tú
decir	no **digas** tú

—¿Voy con Julia?　　　　　　　*"Shall I go with Julia?"*
—No, no **vayas** con ella.　　　*"No, don't go with her."*

—¿Pongo las faldas aquí?　　　　*"Do I put the skirts here?"*
—No, no las **pongas** aquí.　　　*"No, don't put them here."*

¡Atención! Object and reflexive pronouns are positioned with familiar commands just as they are with the formal commands.

Pon**lo** aquí.	*Put it here.*
No **lo** pongas allí.	*Don't put it there.*
Vénde**nosla.**	*Sell it to us.*
No **nos la** vendas.	*Don't sell it to us.*

Práctica

A. Play the role of an older sibling giving instructions to a younger brother or sister, using the cues provided.

1. levantarse temprano
2. estudiar y no hablar por teléfono con sus amigos
3. hacer la tarea y no mirar televisión
4. escribirle una carta a la abuela
5. bañar al perro
6. ir al mercado y comprar frutas
7. recoger la ropa de la tintorería
8. llamar por teléfono a Carlos y decirle que traiga los discos compactos
9. lavar el mantel y las servilletas pero no lavar las sábanas
10. limpiar su cuarto
11. poner la mesa
12. barrer la cocina pero no pasarle la aspiradora a la alfombra

B. Juana always has a hard time deciding what to do. Give her some suggestions, using the cues provided.

◆ **MODELO:** No sé qué clase tomar. (francés)
　　　　　Toma una clase de francés.

1. No sé adónde ir esta noche. (cine) Ve al cine.
2. No sé con quién salir. (Mauricio) Sal con Mauricio.
3. No sé qué hacer mañana. (ir de compras) Ve de compras.
4. No sé qué comprar. (un traje de baño) Compra un traje de baño.
5. No sé qué regalarle a papá. (una corbata) Regálale una corbata.
6. No sé qué comprarle a mamá. (un vestido) Cómprale un vestido.
7. No sé qué hacer para comer. (sopa y pollo) Haz sopa y pollo.
8. No sé qué decirle a Jorge. (que te lleve al centro comercial) Dile que te lleve al centro comercial.
9. No sé en qué banco poner mi dinero. (en el Banco Nacional) Ponlo en el Banco Nacional.
10. No sé qué hacer con las botas. (cambiarlas) Cámbialas.

---

[1]The negative **vosotros** commands also use the present subjunctive: **no habléis.**

C. Say two commands, one affirmative and one negative, that the following people would be likely to give.

1. una madre a su hijo de quince años
2. un(-a) estudiante a su compañero(-a) de cuarto
3. una muchacha a su novio
4. un hombre a su esposa
5. un profesor a un estudiante

Handout ¡Charadas!

D. Lucía and David are moving into their new apartment and some friends are helping them. Based on the illustration, what does Lucía tell each person to do? Use familiar commands.

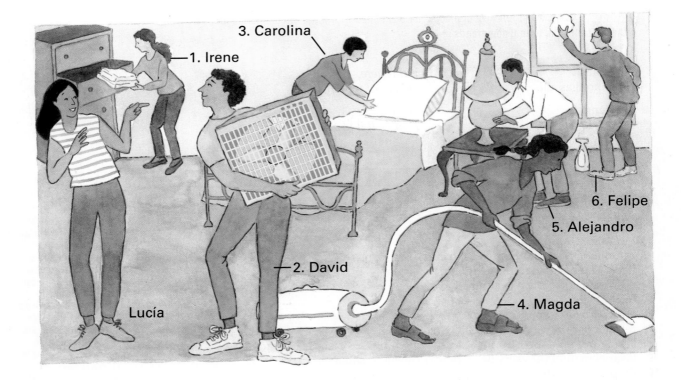

3. Carolina
1. Irene
6. Felipe
5. Alejandro
2. David
4. Magda
Lucía

─Para conversar───────────────────

De compras With a partner, play the role of two friends who are at a shopping mall helping a third friend shop for clothes, shoes, jewelry, etc., and telling him/her what to do and what not to do.

¿Lo sabía Ud.?

Aunque ahora hay muchos grandes almacenes, todavía existen en los países hispanos muchas tiendas pequeñas especializadas en un solo producto. Por ejemplo, se vende perfume en la **perfumería**, joyas en la **joyería** y relojes en la **relojería**.

◆ En este país, ¿la mayoría de las tiendas especializadas están en centros comerciales o en edificios independientes?

2. ¿Qué? and ¿cuál? used with *ser* (**Qué** y **cuál** usados con el verbo **ser**)

◆ *What* translates as **¿qué?** when it is used as the subject of the verb and it asks for a definition.

—¿**Qué** es el pisco?　　　　　*"What is pisco?"*
—Es una bebida chilena.　　　　*"It's a Chilean drink."*

◆ *What* translates as **¿cuál?** when it is used as the subject of a verb and it asks for a choice. **Cuál** conveys the idea of selection from among several or many available objects, ideas, and so on.

—¿**Cuál** es su número de teléfono?　*"What is your phone number?"*
—792–4856.　　　　　　　　　　*"792–4856."*

—¿**Cuál** es tu tienda favorita?　　*"Which is your favorite store?"*
—La tienda París, pero yo tengo una　*"The Paris Store, but I have a dressmaker."*
　modista.

¿Lo sabía Ud.?

En las ciudades hispanas hay excelentes tiendas donde se puede comprar ropa hecha (*ready-to-wear*), pero muchas personas prefieren utilizar los servicios de un sastre (*tailor*) o de una modista (*dressmaker*).

◆ En general, ¿dónde prefieren comprar la ropa los norteamericanos?

Práctica

Write the questions you would ask to get the following information. Use **qué** or **cuál**, as needed.

1. —_____¿Cuál es su (tu) apellido?_____
   —Mi apellido es Velázquez.
   —_____¿Cuál es su (tu) dirección?_____
   —Calle Rosales, número 420.
   —_¿Cuál es su (tu) número de teléfono?_
   —835–2192.

2. —¿Quiere un pisco?
   —_____¿Qué es un pisco?_____
   — Es una bebida chilena. ¿Quiere comer una cazuela de ave?
   —_____¿Qué es una cazuela de ave?_____
   —Es un plato chileno que se prepara con pollo.

Para conversar

¡Habla con tu compañero!　With a partner, take turns asking and answering the following questions.

1. ¿Cuál es la fecha de tu cumpleaños?
2. ¿Cuál es tu color favorito?
3. ¿Cuál es la estación del año que más te gusta?
4. ¿Cuál es tu programa de televisión favorito?
5. ¿Cuál es el título de tu libro favorito?
6. ¿Cuál es la ciudad más grande de tu estado?
7. ¿Cuál es la tienda que más te gusta?
8. ¿Cuál es tu día favorito?

ACE the Test

Práctica, Activity suggestion Have students work in pairs and ask each other to define the following terms using "¿Qué es...?"

una cómoda
una butaca
una cuenta corriente
una guitarra
una rosa
una tortuga
una lavadora
un salmón

Have students share their definitions with the class.

3. The subjunctive to express indefiniteness and nonexistence
(*El subjuntivo para expresar lo indefinido y lo inexistente*)

◆ The subjunctive is always used when the subordinate clause refers to someone or something that is indefinite, unspecified, or nonexistent.

Quiero una cartera que **haga** juego con estos zapatos.
I want a purse that matches these shoes.

Busco un disco compacto que le **guste** a Eva.
I'm looking for a CD that Eva will like.

No hay ninguna blusa que **sea** de mi talla.
There is no blouse that's my size.

◆ If the subordinate clause refers to existing, definite, or specific persons or things, the indicative is used instead of the subjunctive.

Tengo una cartera que **hace** juego con estos zapatos.
I have a purse that matches these shoes.

Busco el disco que le **gusta** a Eva.
I'm looking for the CD that Eva likes.

Hay una blusa que **es** de mi talla.
There is a blouse that's my size.

Práctica

ACE the Test

A. Indicate that there is nobody in your class to whom the circumstances below apply. Follow the model.

◆ MODELO: En mi clase...
   ... hay una chica que baila flamenco.
   En mi clase no hay nadie que baile flamenco.

En mi clase...

1. ... hay dos chicas que son de Paraguay.
2. ... hay un muchacho que conduce un Mercedes Benz.
3. ... hay un muchacho que habla francés.
4. ... hay tres estudiantes que tienen solamente quince años.
5. ... hay una chica que sabe tocar el violín.
6. ... hay dos muchachos que dan fiestas todos los sábados.
7. ... hay una chica que va a Europa todos los veranos.
8. ... hay dos muchachas que vienen a la universidad los domingos.
9. ... hay tres estudiantes que siempre están ocupados.
10. ... hay una chica que sale de su casa a las cinco de la mañana.

B. With a partner, play the roles of a newcomer to Santiago and a helpful long-time resident who is able to offer solutions to all of the newcomer's needs. Follow the model.

◆ **MODELO:** una casa – tener piscina
—*Quiero (Necesito, Busco) una casa que tenga piscina.*
—*En mi barrio hay una casa que tiene piscina.*

1. una casa – tener tres dormitorios
2. una casa – estar cerca de la universidad
3. una casa – no costar un ojo de la cara
4. un coche – tener aire acondicionado
5. muebles – ser baratos
6. un empleo – pagar bien
7. alguien – ayudarme a mudarme
8. un restaurante – servir hamburguesas

C. A friend of yours is planning to move to your city or town and wants some information about it. Answer his or her questions as completely as possible.

1. ¿Hay alguna casa en un buen barrio que sea barata?
2. ¿Hay alguna casa que tenga piscina?
3. ¿Hay algún apartamento que esté cerca del centro (*downtown*)?
4. Yo necesito una secretaria. ¿Conoces a alguien que sepa hablar alemán y japonés?
5. A mí me gusta la comida chilena. ¿Hay algún restaurante que sirva comida chilena?
6. A mis padres les gusta la comida mexicana. ¿Hay algún restaurante que sirva comida mexicana?

D. Complete the following sentences logically, using the subjunctive or indicative as appropriate.

1. Necesito unos zapatos que...
2. En esta tienda no hay ningún pantalón que...
3. Aquí venden unas botas que...
4. Rosa tiene una falda que...
5. Busco una tienda que...
6. En esta clase no hay nadie que...
7. Mi novio(-a) necesita un empleo que...
8. ¿Hay alguien aquí que...?

¿Lo sabía Ud.?

En la mayoría de los países hispanos, la talla de la ropa se basa en el sistema métrico.

◆ **¿Se usa el sistema métrico en este país?**

Para conversar

Díganme... You and your classmates want to know more about each other. Take turns asking whether there is anybody there who speaks German, vacations in a foreign country, needs new clothes, jewelry, etc.

Práctica B, Answers *Possibilities:*
1. Busco (Quiero, Necesito) una casa que tenga tres dormitorios. / En mi barrio hay una casa que tiene tres dormitorios.   2. Necesito (Busco, Quiero) una casa que esté cerca de la universidad. / En mi barrio hay una casa que está cerca de la universidad.   3. Quiero (Busco) una casa que no cueste un ojo de la cara. / En mi barrio hay una casa que no cuesta un ojo de la cara.   4. Quiero (Busco, Necesito) un coche que tenga aire acondicionado. / Todos los coches tienen aire acondicionado.   5. Busco (Quiero) muebles que sean baratos. / Hay muchos muebles que son baratos.   6. Necesito (Busco, Quiero) un empleo que pague bien. / Hay un empleo que paga bien.   7. Busco (Necesito) a alguien que me ayude a mudarme. / En mi barrio hay alguien que puede ayudarte a mudarte.   8. Busco (Quiero) un restaurante que sirva hamburguesas. / En mi barrio hay un restaurante que sirve hamburguesas.

Práctica B, Activity suggestion
Write the following incomplete statements on the board. Have students complete the sentences in pairs, expressing what they need, are looking for, or want in the following situations or people.

1. Busco un apartamento que...
2. Necesito un(-a) amigo(-a) que...
3. Algún día voy a tener un coche que...
4. Quiero encontrar un restaurante que...
5. Parece que no hay nadie en la universidad que...
6. Deseo conocer a alguien que...
7. Quiero leer un libro que...

Práctica C, Expansion In preparation, have students brainstorm and list on the board as many important factors as possible that should be considered before moving to another city or town. In pairs, students should ask each other questions based on the information on the board. At the end of the conversation, each student should tell his or her partner if he or she plans to move to another city and offer two or three reasons for the decision.

Así somos

Al escuchar...

Listening for the order of events You have already read about the words **primero, luego, después,** and **finalmente** to indicate sequence and have used them in writing a recipe. When listening to a narration of events, biographical information, or other text in which a series of events come into play, pay particular attention to sequencing words in order to understand the chronology of events.

Al escuchar... (script)
La semana pasada ofrecían una gran liquidación en el centro comercial, así que Alicia y yo decidimos aprovechar las ofertas y nos fuimos de compras. Nos levantamos a las siete para llegar temprano a las tiendas. Cuando llegamos al centro comercial, fuimos **primero** al departamento de señoras de la tienda La Francia, donde compramos varias cosas. **Después** fuimos a la zapatería. **Más tarde** fuimos a la joyería porque Alicia quería comprar unos aretes y una pulsera. Y **por último***, almorzamos en un restaurante de comida rápida y regresamos a casa en taxi.

La cronología You are going to hear a short narration about a shopping trip. Listen and number the activities according to the order in which they occurred. Then listen again and write the sequencing word or phrase used to indicate the order of each event. There may be a sequencing phrase that you have not heard before. Can you identify it?

__2__	Fueron a la zapatería.	después
__1__	Fueron a la tienda La Francia.	primero
__3__	Fueron a la joyería.	más tarde
__4__	Almorzaron.	por último (unknown)

Al conversar...

Expressing ideas and opinions Here is a series of phrases and expressions that are useful for discussing ideas and introducing your opinions or point of view on a topic.

Introducing an opinion or idea:

(No) Me parece que...
(No) Creo que... } + subjunctive for doubt / indicative for certainty
(No) Pienso que...

Adding ideas or changing the direction of a conversation:

Sin embargo,... *However,...*
Por el contrario... *On the contrary...*
Por otro lado... *On the other hand...*

Reacting to ideas:

De acuerdo. *I'm in agreement.*
¡Ya lo creo! *I'll say!*
No exactamente. *Not exactly.*
No creo eso por lo siguiente: ... *I don't think so for the following reason: ...*
No creo eso porque... *I don't think so because...*
No estoy de acuerdo contigo (en eso, en ese punto, con esa idea). *I disagree with you (on that, on that point, with that idea).*

A discutir, Expansion Hold a class debate. One team argues for and one against the idea that we live in an overly consumerist society.

A discutir In groups of three or four, discuss the following issue for five minutes. Use the phrases for expressing opinions and be ready to report at least two arguments in favor and two against to the class.

¿Vivimos en una sociedad demasiado consumista (*consumerist*)?

👥👥 ¿Qué dice Ud.?
What would you say in the following situations? What might the other person say? Act out the scenes with a partner. Take turns playing each role.

1. You are shopping in a large department store. You need a pair of gloves, panty-hose, a wallet, and an evening gown. You also see a brown suit that you like, and you want to know how much it costs.
2. You are a clerk. A customer is admiring a pink nightgown. Ask her what size she wears, and tell her the fitting room is on the left next to the cash register.
3. A clerk at a shoe store wants to sell you a pair of boots. The ones he is showing you are too expensive and too tight on you.
4. Your friend is going to the store. Ask her to buy you a pair of socks and a T-shirt for your little sister.

👥👥 Para conocernos mejor
To do this activity, work with a classmate whom you would like to get to know. Take turns asking and answering these questions.

1. ¿Prefieres comprar tu ropa en una boutique o en una tienda por departamentos? ¿Prefieres usar ropa de algodón, de seda o de rayón? ¿Gastas mucho dinero en ropa?
2. Para el cumpleaños de tu mejor amiga, ¿planeas regalarle aretes, un collar o una pulsera? ¿Recibiste muchos regalos en tu cumpleaños? ¿Cuál te gustó más? ¿Quién te lo regaló?
3. ¿Usas talla grande, pequeña o mediana? ¿Qué número calzas? ¿Tus zapatos son de cuero? Si te gustan mucho unos zapatos, pero te quedan anchos o estrechos, ¿los compras?
4. Si tienes la oportunidad de ir de compras o al cine, ¿adónde vas? ¿Prefieres ir de compras solo(-a) o con un(-a) amigo(-a)? ¿Vas de compras por lo menos una vez al mes? Generalmente, ¿la ropa te dura mucho tiempo?

👥👥👥 Una encuesta
Interview your classmates to identify who fits the following descriptions. Include your instructor, but remember to use the **Ud.** form when addressing him/her. After finishing the survey, get together with two or three classmates and discuss the results.

	Nombre
1. Va de compras cada semana.	_____
2. Solamente va de compras cuando hay rebajas.	_____
3. Siempre dice que no tiene nada que ponerse.	_____
4. Se encuentra con sus amigos en el centro comercial.	_____
5. Tiene mucho dinero en la cartera (en la billetera).	_____
6. Usa zapatos de tenis todos los días.	_____
7. A veces consigue buenas gangas.	_____
8. A menudo devuelve las cosas que le regalan.	_____

👥👥👥 Para crear
Get together in groups of three or four and "create" the scenario for this photo. Who are these children? What is their relationship to each other? What are they wearing? Whose clothes are they wearing? Are they having fun? etc.

Handout ¿Qué dijiste?

¡Vamos a escribir!

Antes de escribir

> **Estrategia** **Supporting opinions** When expressing a point of view or opinion, you need to defend your position, especially if you are aiming to convince others of your view. Information that supports your opinion can take numerous forms: examples, data or statistics, personal experiences, statements by experts. Using supporting information can aid in maintaining a neutral or objective tone, which often is more convincing than an emotional defense.

Un mensaje electrónico You are going to write an e-mail to a Spanish-speaking friend about the importance of fighting consumerism. Make a list of ideas that you can include in your message.

◆ Try to find some data online (such as effects of consumerism, ways of reducing consumption, and efforts or groups that address conservation) that you can cite to support your views.

◆ Include a personal experience in support of your ideas.

A escribir el mensaje electrónico

Write the **primer borrador** of your e-mail message. Select the most convincing facts and ideas to support your opinions. Refer to the preceding **Al conversar...** section for useful phrases you can include to express your ideas.

Después de escribir

Before writing the final version of your e-mail, exchange your first draft with a classmate and peer edit each other's work using the following guidelines.

◆ use of the subjunctive and the indicative

◆ subject-verb agreement in main and subordinate clauses

◆ at least two types of information to support the opinion

Rincón literario

Gabriela Mistral es una de las poetisas más famosas de Hispanoamérica. En su obra se refleja su amor por la humanidad, especialmente por los niños. Los temas principales de su poesía son la maternidad (*motherhood*), el dolor (*pain*) del amor y la justicia. En 1945 recibió el Premio Nobel de Literatura, siendo (*being*) la primera entre los escritores latinoamericanos en recibirlo.

Gabriela Mistral no sólo (*not only*) fue una gran escritora, sino que también (*but also*) ocupó cargos (*positions*) importantes como educadora y como diplomática en varios países de América y de Europa.

Antes de leer

Estrategia   **Reading poetry** When reading poetry you can use some of the same strategies you have used with other types of texts. Looking at the title and skimming the poem for the main idea or recurring phrases can provide clues to the subject of the poem. Remember that poetry often conveys strong feelings and frequently makes use of images and symbols. Here are a few elements to look for to aid your comprehension and appreciation of a poem.

- ◆ **la rima** (*rhyme*) or **el verso libre** (*blank verse*)
- ◆ **la repetición:** of sounds, words, or phrases
- ◆ **los símbolos** or **las imágenes** (*images*)
- ◆ **el ritmo** (*rhythm*)

Un poema   With a partner, do the following.

1. Read the title of the poem. What do you think it means?
2. Skim the poem. Three verbs plus their direct object pronouns are highlighted in this poem.
   a. Which of the poet's major themes might this poem represent?
   b. Whom do you think the direct object pronouns refer to in relation to the speaker in the poem (the poetic **yo**)?
3. This poem has the structure of a lullaby (**canción de cuna**). Certain words repeat throughout the stanzas (**estrofas**). What is the same in all the stanzas?

Un poema, Answers 1. (*Possible answer*) I am not alone.
2. a. Motherhood. b. The speaker's child.   3. The last line **¡Yo no tengo soledad!** repeats in all the stanzas.

A leer

Comprensión   Read each stanza and answer the following questions.

1. Primera estrofa: ¿Desde dónde hasta dónde es la noche desamparo?
2. Segunda estrofa: ¿Cuándo hay en el cielo desamparo?
3. Tercera estrofa: ¿Cómo van los seres humanos (*human beings*) por el mundo?

Comprensión, Answers 1. La noche es desamparo de las sierras hasta el mar.   2. Hay en el cielo desamparo si la luna cae al mar.   3. Van tristes.

Yo no tengo soledad

Es la noche desamparo°
de las sierras° hasta el mar.
Pero yo, la que **te mece,**°
¡yo no tengo soledad!°

Es el cielo desamparo
si la luna cae° al mar.
Pero yo, la que **te estrecha**°
¡yo no tengo soledad!

Es el mundo desamparo
y la carne° triste va.
Pero yo, la que **te oprime,**°
¡yo no tengo soledad!

abandonment
mountains
te... *rocks you*
loneliness

falls
te... *holds you*

flesh
te... *holds you tightly against*

Después de leer... reflexiones

Poetry should be recited aloud. Go to your in-text audio to listen to the poem. Try to learn it by heart.

Más sobre Gabriela Mistral

Gabriela Mistral es un *pseudónimo* o nombre de pluma (*pen name*). El verdadero nombre de la poetisa era Lucila Godoy. Nació en Vicuña, Chile. Dejó una amplia obra tanto en (*both in*) prosa como en (*and in*) verso, en la que se reflejan su bondad (*kindness*), su ternura (*tenderness*) y su amor por la humanidad. Además del libro *Ternura* (1924), donde muestra su inmenso amor por los niños y de donde es el siguiente poema, Gabriela Mistral escribió también otros libros de poemas famosos: *Desolación* (1922), *Tala* (1938) y *Lagar* (1954). Otros temas de su poesía son la soledad, la muerte y Dios.

Antes de leer

El lenguaje poético, Answers
Mece and **mezo a mi niño** repeat.
Possible impressions: Rocking sensation, peacefulness.

El lenguaje poético   In this poem a mother rocks a baby. With a partner, skim the poem on the next page and identify the words or phrases that repeat in each stanza. What impression or sensation do you think this might convey?

Comprensión   As you read the poem, find the answers to the following questions.

1. ¿A quién está dedicado este poema?
2. Mientras el **yo** del poema mece a su niño, ¿qué mecen el mar y el viento?
3. ¿Qué mece Dios Padre?
4. ¿Qué siente la madre que mece a su niño?

Meciendo

El mar sus millares° de olas°   *thousands / waves*
mece,° divino.   *rocks*
Oyendo a los mares amantes°   *loving*
mezo a mi niño.

El viento errabundo° en la noche   *wandering*
mece los trigos.°   *wheat*
Oyendo a los mares amantes
mezo a mi niño.

Dios° Padre sus miles de mundos   *God*
mece sin ruido.°   **sin...** *silently*
Sintiendo su mano en la sombra°   *shadow*
mezo a mi niño.

Después de leer... reflexiones

In groups of three, have a conversation using the following questions as guidelines.

1. ¿Por qué sentimos ternura al mecer a un niño?
2. ¿Qué sensación recordamos al pensar en el mar y en las olas?
3. ¿Experimentamos alguna vez una noche de tranquilidad y de silencio, lejos de los ruidos de la ciudad?
4. El **yo** del poema "siente" una "mano en la sombra". ¿Sentimos algunas veces una presencia que no podemos explicar?
5. ¿En qué ocasiones nos sentimos parte de la naturaleza?

Panorama hispánico

Chile

- En Chile encontramos algunas de las montañas más altas de Suramérica, y por eso son muy populares los deportes de invierno. La cordillera de los Andes atraviesa (*goes through*) el país de norte a sur. Por sus bellos paisajes de montaña, algunos llaman a Chile "la Suiza de América del Sur".

- La educación es muy importante para los chilenos, y el 95% de ellos saben leer y escribir. Hasta 1970, la economía de Chile dependía principalmente de la exportación de cobre, pero hoy en día el país exporta, además de minerales, productos agrícolas, pescados y mariscos, y productos industriales. Por su gran producción y exportación de frutas, algunos llaman a Chile "la frutería del mundo". Sus vinos tienen fama internacional, y sus exportaciones de pescado y mariscos están entre las primeras del mundo.

- Chile forma parte del tratado de libre comercio MERCOSUR, y tiene también tratados similares con Canadá, la Unión Europea y los Estados Unidos.

- Santiago, la capital, es el centro industrial y cultural del país. Aunque Santiago es una ciudad moderna, aún conserva algunos edificios de la época colonial. Entre sus centros de atracción turística están el Museo Precolombino, el Parque de Artesanías y los mercados de artesanía. En Viña del Mar, el más conocido de los balnearios (*resorts*) de Chile, todos los años se celebra el Festival Internacional OTI de la Voz y la Canción.

- Chile es la cuna de Pablo Neruda, Premio Nobel de Literatura en 1971, y de Gabriela Mistral, Premio Nobel de Literatura en 1945, dos de los poetas hispanos más famosos del siglo pasado. Otra escritora chilena de gran fama es Isabel Allende, autora de *La casa de los espíritus* y muchas otras novelas.

Tierra de grandes escritores, ...

▲ Isabel Allende, escritora chilena, autora de la novela *La casa de los espíritus*, entre otras

▲ Pablo Neruda (1904–1973), famoso poeta chileno, Premio Nobel de 1971

... de música, ...

◄ Este nativo toca la quena, un tipo de flauta. Durante la dictadura de Pinochet (1973–1990), se prohibió tocar este instrumento.

... y de voluntad[1] democrática ejemplar

◄ Chile, despúes del dictador
Augusto Pinochet: manifestación
(*demonstration*) de protesta

Paisaje campestres[2]

▲ Viñedos (*Vineyards*). Actualmente (*Presently*) el vino chileno
se exporta a unos 100 países de cinco continentes.

Nuestro panorama cultural

In groups of three, answer the following questions about your home state, region, or
country.

1. En la región donde Ud. vive, ¿hay oportunidades de hacer actividades al aire li-
   bre? ¿Hay más cosas que hacer en el verano o en el invierno?
2. ¿Hay viñedos en su país?
3. ¿Hay festivales anuales en su ciudad o en su país? ¿Cuándo son y cómo se celebran?
4. ¿Ha leído recientemente obras de algún autor popular? ¿De quién? ¿De qué
   tratan esas obras?
5. ¿Su país tiene mercados al aire libre? ¿Qué venden?

For the next class: Go to the World Wide Web and find photos from your
hometown, state, region, or country. Use the questions from **Nuestro panorama
cultural** above as guidelines for choosing them. Be ready to present the photos to
your classmates.

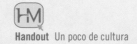

Handout Un poco de cultura

---

[1]**voluntad** = *will*
[2]**campestres** = *rural, country*

14

▲ La Universidad de Buenos Aires, Argentina

Objetivos

Comunicación

You will learn vocabulary related to college activities and careers.

Pronunciación

Pronunciation in context

Estructuras

◆ The subjunctive or indicative after certain conjunctions
◆ The past participle
◆ The present perfect and the past perfect (pluperfect)

Cultura

◆ Aspects of higher education
◆ Grading system

Panorama hispánico

◆ Argentina

Estrategias

Listening: Guessing meaning practice I
Speaking: Paraphrasing practice IV
Writing: Writing a presentation
Rincón literario: Reading literature

Activity suggestion Use this photo to introduce the lesson theme. Ask your students:

1. ¿Cuántas clases estás tomando este semestre? ¿Son fáciles o difíciles?
2. Cuando te gradúes, ¿piensas trabajar o seguir estudiando?
3. Tú eres uno de los estudiantes de la foto. ¿Qué estás haciendo? ¿Qué planes tienes?

Las carreras universitarias

Argentina

Argentina, por su extensión, es el país de habla española más grande del mundo, y ocupa el octavo lugar entre los países más extensos. Sin embargo, la población del país es de sólo unos 40 millones de habitantes, la mayor parte de origen europeo, principalmente italianos, alemanes, ingleses y españoles.

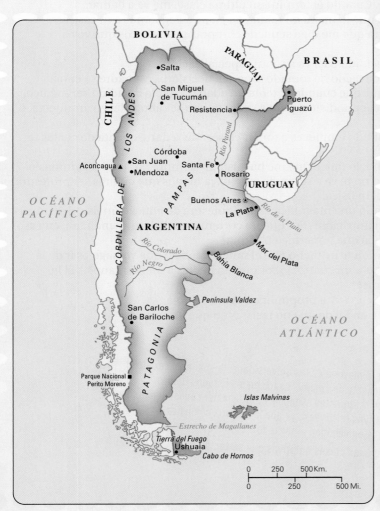

▲ Un gaucho con su ganado (*cattle herd*)

▲ Vista de la avenida 9 de julio y el Obelisco

▲ Vista de la Plaza de Mayo, donde se pueden ver la Casa Rosada y la Pirámide de Mayo

En un café al aire libre

Mónica Valenzuela, una chica norteamericana de ascendencia mexicana, se graduó de la escuela secundaria en mayo y decidió escapar del calor de Arizona y volar a Buenos Aires. Allí visita a su amiga porteña,[1] Norma Benedetti, que había pasado un año con ella y su familia. Mónica tuvo que llevar suéteres y un abrigo porque el 21 de junio empieza el invierno en Argentina. Hoy las dos muchachas están sentadas en un café de la avenida de Mayo, mirando pasar a la gente y hablando de sus planes para el futuro.

Mónica	Tú empezaste a asistir a la Facultad de Medicina en marzo, ¿no? ¿Qué tal te va?
Norma	Me va bastante bien. Las clases son interesantísimas y pronto vamos a comenzar a trabajar en el hospital.
Mónica	Yo empiezo las clases en septiembre. Ya estoy matriculada en inglés, matemáticas, química, sicología y sociología. ¡Cinco requisitos!
Norma	¿Qué otras materias son requisito?
Mónica	Física, biología, comunicación pública... Depende en parte de la especialización del estudiante. Oye, ¿no vamos a encontrarnos con tu hermano?
Norma	Más tarde. Cuando él termine su última clase, me va a llamar.
Mónica	¡Ay! Tengo que llamar a mi mamá en cuanto lleguemos a tu casa esta noche, para que me diga si puede comprarme los libros que voy a necesitar.
Norma	¿Ya has decidido cuál va a ser tu especialización?
Mónica	Bueno, todavía no he tomado ninguna decisión... Mi padre se enoja conmigo porque cuando él tenía mi edad, ya había decidido ser médico. Me gusta el periodismo, pero a veces quiero ser abogada... o arquitecta, o escritora...
Norma	Bueno, cuando empieces a tomar clases, vas a darte cuenta de cuáles te gustan.
Mónica	Hasta ahora, lo único que me ha gustado siempre ha sido ir al gimnasio.
Norma	Bueno, eso no te va a servir de mucho, ¡a menos que quieras ser profesora de educación física!
Mónica	¡Me has dado una magnífica idea! ¡Profesora de educación física! ¡Y quizás experta en nutrición! ¿Por qué no corremos en Palermo[2] mañana, en caso de que tenga que ponerme en forma?
Norma	¡No, no, no! Ya te he dicho que el único ejercicio que yo hago es ir de la sala de estar a mi cuarto... ¿Por qué no invitas a mi hermano? A él le encanta correr.
Mónica	¡Perfecto! Se lo voy a proponer en cuanto lo vea.
Norma	¡Bárbaro![3] Con tal de que no insistas en que yo corra...

¿Lo sabía Ud.?

En la mayoría de las universidades hispanas no existe el concepto de *"major"* usado en los Estados Unidos. Los estudiantes españoles y latinoamericanos toman muy pocas clases optativas (*electives*), ya que la mayoría comienza a especializarse en la universidad a partir de su primer año.

◆ **¿Cuáles son algunas clases optativas que se toman en la universidad?**

HM Handout En contexto

---

[1]**porteña** = *from Buenos Aires; literally, from the port (of Buenos Aires)*
[2]*a big park*
[3]**¡Bárbaro!** (Argentina) = *Great!*

Mónica

Norma

¿Quién lo dice?   Identify the person who said the following in the dialogue.

1. Oye, ¿no vamos a encontrarnos con tu hermano?   Mónica
2. Me gusta el periodismo, pero a veces quiero ser abogada.   Mónica
3. Pronto vamos a comenzar a trabajar en el hospital.   Norma
4. Lo único que me ha gustado siempre ha sido ir al gimnasio.   Mónica
5. ¿Por qué no invitas a mi hermano? A él le encanta correr.   Norma
6. Con tal de que no insistas en que yo corra...   Norma
7. ¡Me has dado una magnífica idea! ¡Profesora de educación física!   Mónica
8. El único ejercicio que yo hago es ir de la sala de estar a mi cuarto.   Norma

Hablemos.   With a partner, take turns asking and answering the following questions. Base your answers on the dialogue and on your own circumstances.

En el diálogo	¿Y tú?
1. ¿En qué mes se graduó Mónica de la escuela secundaria?	¿Cuándo te graduaste tú?
2. ¿Dónde están sentadas las chicas y de qué están hablando?	¿Con quién hablas tú de tus planes para el futuro?
3. ¿Qué empezó a hacer Norma en marzo?	¿Cuándo empezaste tú a asistir a la universidad?
4. ¿Cómo le va a Norma en las clases?	¿Cómo te va a ti en tus clases?
5. ¿Cuántos requisitos está tomando Mónica?	¿Cuántos requisitos estás tomando tú?
6. ¿Cuándo va a llamar Mónica a su mamá?	¿Qué vas a hacer tú en cuanto llegues a tu casa?
7. ¿Ha decidido Mónica cuál va a ser su especialización?	¿Cuál va a ser tu especialización?
8. ¿Por qué se enoja el padre de Mónica con ella a veces?	¿Quién se enoja a veces contigo?
9. ¿Qué es lo único que siempre le ha gustado a Mónica?	¿Qué es lo que siempre te ha gustado a ti?
10. ¿Qué quiere hacer Mónica mañana?	¿Tú corres para ponerte en forma?
11. ¿Cuál es el único ejercicio que hace Norma?	¿Tú crees que es mejor caminar o correr?
12. ¿A quién va a invitar Mónica?	¿Tú prefieres hacer ejercicio solo(-a) o con un(-a) amigo(-a)?

¿Lo sabía Ud.?

En España y en Latinoamérica, las universidades se dividen en "facultades", donde los estudiantes toman clases directamente relacionadas con su especialización (por ejemplo, la Facultad de Medicina, la Facultad de Ingeniería, la Facultad de Arquitectura, etc.). No existen requisitos generales, pues éstos se toman en la escuela secundaria.

◆ ¿Cuáles son algunos de los requisitos generales que se toman en las universidades de su país?

⌒ Vocabulario

Cognados

el (la) arquitecto(-a) architect
la biología biology
el (la) experto(-a) expert
la física physics
el futuro future

el gimnasio gym
las matemáticas math, mathematics
la nutrición nutrition
la sicología psychology
la sociología sociology

Nombres

el (la) abogado(-a) lawyer
la ascendencia ancestry
la carrera career
el calor heat
la edad age
la educación física physical education
el (la) escritor(-a) writer

la especialización major
la facultad college, school
la materia, la asignatura subject (*in school*)
el (la) médico(-a) doctor, M.D.
el periodismo journalism
la química chemistry
el requisito requirement

Verbos

comparar to compare
depender to depend
enojarse to get angry
escapar to escape
graduarse to graduate

insistir (en) to insist (on)
matricularse to register
proponer (yo propongo) to propose
terminar to finish, to end

Adjetivos

magnífico(-a) excellent, great
matriculado(-a) registered
sentado(-a) seated, sitting
universitario(-a) (having to do with) college

Otras palabras y expresiones

a menos que unless
bastante quite
con tal (de) que provided that, as long as
darse cuenta (de) to realize
en caso de que in case
en parte in part
hasta ahora up to now

lo único the only thing
no servir de mucho not to be much good
ponerse en forma to get in shape
pronto soon
¿Qué tal te va? How's it going for you?
si if
tomar una decisión to make a decision

Vocabulario adicional

Para hablar de los estudios

la administración de empresas business administration
aprobar (o:ue) to pass (*an exam or course*)
la beca scholarship
el (la) bibliotecario(-a) librarian
la ciencia science
el (la) consejero(-a) advisor
la contabilidad accounting
entregar to turn in, to deliver
el horario schedule

la investigación research
el laboratorio laboratory
mantener to maintain (*conj. like* **tener**)
la matrícula registration, tuition
la nota grade
el promedio grade point average
quedar suspendido(-a) to fail (*an exam or course*)
sacar to get, to receive (*a grade*)
el título title

Profesiones y oficios (*Trades*)

▲ **el (la) vendedor(-a)** salesperson

▲ **el (la) carpintero(-a)** carpenter

▲ **el (la) cocinero(-a)** cook, chef

▲ **el (la) electricista(-a)** electrician

▲ **el (la) ejecutivo(-a)** executive

▲ **el (la) ingeniero(-a)** engineer

▲ **el (la) plomero(-a)** plumber

▲ **el (la) programador(-a)** programmer

Práctica

A. Select the word or phrase that does not belong in each group.

1. tan pronto como / con tal que / en cuanto con tal que
2. hacer ejercicio / ponerse en forma / proponer proponer
3. sentado / muy bueno / magnífico sentado
4. plomero / bañadera / edad edad
5. enojarse / darse cuenta / entender enojarse
6. física / sicología / química sicología
7. dar / entregar / escapar escapar
8. comparar / tomar una decisión / decidir comparar

B. Match the questions in column A with the answers in column B.

A		**B**
1. ¿Aprobaste el examen? ___i___		**a.** Sí, de ascendencia mexicana.
2. ¿Cuál es tu especialización? ___f___		**b.** No muy bien.
3. ¿Tú eres norteamericano? ___a___		**c.** No, es médico.
4. ¿Tú eres mayor que Nora? ___j___		**d.** Una A-.
5. ¿Tu papá es abogado? ___c___		**e.** ¡No! ¡Acabo de empezar!
6. ¿Qué propones tú? ___h___		**f.** Biología.
7. ¿Qué tal te va en la clase? ___b___		**g.** Pronto.
8. ¿Terminaste? ___e___		**h.** Que estudiemos juntos.
9. ¿Qué nota sacaste? ___d___		**i.** No, quedé suspendido.
10. ¿Cuándo se casan? ___g___		**j.** No, somos de la misma edad.

C. Write the words or phrases that correspond to the following.

1. materia ___asignatura___
2. clases que todos los estudiantes deben tomar ___requisito___
3. opuesto de **empezar** ___terminar___
4. opuesto de **quedar suspendido** ___aprobar___
5. persona que trabaja en una biblioteca ___bibliotecario(-a)___
6. persona que cocina en un restaurante ___cocinero(-a)___
7. persona que vende ___vendedor___
8. la especialización de un futuro contador ___contabilidad___

D. Complete the following sentences, using the vocabulary from this lesson.

1. Es profesor de ___educación___ física.
2. Elsa sabe mucho de vitaminas y proteínas porque es experta en ___nutrición___ .
3. Hemingway fue un gran ___escritor___ norteamericano.
4. Esteban estudia en la ___Facultad___ de Medicina.
5. ¿Cuál es tu ___especialización___ ? ¿Sicología?
6. Hasta ___ahora___ , no hay nadie que pueda enseñar la clase.
7. Lo ___único___ que sé es que no voy a ___sacar___ una "A" en esta clase.
8. Tiene una "A" y una "C". Su ___promedio___ es "B".
9. Vamos a ir a la biblioteca para hacer ___investigaciones___ .
10. Ese título no ___sirve___ de mucho.
11. Tengo que ___mantener___ un buen promedio, porque tengo una ___beca___ .
12. Marisol estudia ___administración___ de empresas.

Para conversar

A. Aquí, en los Estados Unidos... With a partner, play the roles of two counselors talking to two students from Argentina who are attending your college. Tell them what classes to take (**Pueden tomar...**) and suggest some extracurricular activities. Also, ask them what professions or trades they like.

B. Nuestras clases... You and your partner discuss your class schedule, and talk about your favorite classes and the classes you don't like. Give reasons. Talk also about the classes you plan to take next semester.

C. Profesiones Taking into account the professions and trades presented on page 377, discuss, with a partner, the ones you like and don't like, and say why. Give details.

Un pensamiento

La educación empieza en la cuna y termina en la tumba.

Equivalent: Education begins in the womb and ends in the tomb.

Pronunciación

Pronunciation in context

In this lesson, there are some new words or phrases that may be challenging to pronounce. For further pronunciation practice of Spanish sounds, listen to your instructor and repeat the following sentences.

1. Mónica **Valenzuela** es una chica norteamericana de **ascendencia** mexicana.

2. Ya estoy **matriculada** en **química** y **sicología.**

3. Depende de la **especialización** del estudiante.

4. Todavía no he tomado **ninguna decisión.**

5. Cuando él tenía mi **edad,** ya había **decidido** ser médico.

6. A veces quiero ser **abogada** o **arquitecta.**

7. Lo **único** que me ha gustado siempre ha sido ir al **gimnasio.**

8. Me has dado una **magnífica idea.**

Note To reinforce pronunciation practice, this section appears in **Lecciones 10–18.** The sentences featured as pronunciation models are taken from the lesson dialogues.

Aspectos culturales

En imágenes (*Profesionales del mundo hispánico*)

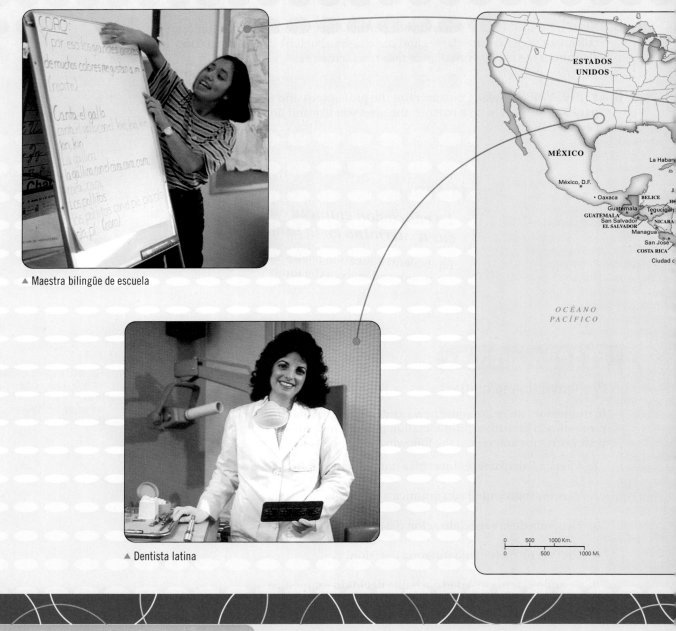

▲ Maestra bilingüe de escuela

▲ Dentista latina

Ubíquese... y búsquelo

Improve Your Grade
Web Search

You plan to study abroad in Buenos Aires next summer or during the next academic year. Go to **www.college.hmco.com** and find information about programs available at colleges and universities in Buenos Aires. In the next class, team up with two classmates and discuss your findings. What institutions and what programs of study will best suit your career goals?

▲ La vida de Jaime Escalante, profesor de física boliviano-estadounidense, es el tema (*subject*) de la película *Stand and Deliver* (1988).

▲ La mujer hispana se destaca cada vez más en el mundo de los negocios. Aquí vemos a una ejecutiva firmando documentos.

Estructuras

1. The subjunctive or indicative after certain conjunctions
(*El subjuntivo o el indicativo después de ciertas conjunciones*)

A. Conjunctions that are always followed by the subjunctive

◆ Some conjunctions, by their meaning, imply uncertainty or condition. They are, therefore, always followed by the subjunctive. Here are some of them.

en caso de que *in case*
sin que *without*
con tal (de) que *provided that*
a menos que *unless*
para que *in order that*
antes de que *before*

—Voy a ir al gimnasio **con tal que** los chicos **vayan** conmigo.	*"I'm going to go to the gym provided the boys go with me."*
—Llámelos **antes de que salgan.**	*"Call them before they leave."*
—No me van a dar la beca **a menos que** ella me **dé** una carta.	*"They're not going to give me the scholarship unless she gives me a letter."*
—Yo puedo dársela **en caso de que** ella no **quiera** hacerlo.	*"I can give it to you in case she doesn't want to do it."*
—Te voy a dar dinero **para que puedas** matricularte.	*"I'm going to give you money so that you can register."*
—No puedo matricularme **sin que** el consejero **firme** la tarjeta.	*"I can't register without the advisor signing the card."*

B. Conjunctions that are followed by the subjunctive or indicative

◆ The subjunctive follows certain conjunctions when the main clause refers to the future or is a command. Some of these conjunctions are:

cuando *when*
hasta que *until*
tan pronto como, en cuanto *as soon as*

—¿Lo van a esperar?	*"Are you going to wait for him?"*
—Sí, **hasta que llegue.**	*"Yes, until he arrives."*
—**En cuanto llegue,** díganle que me llame.	*"As soon as he arrives, tell him to call me."*

◆ If there is no indication of a future action, the conjunction of time is followed by the indicative.

—¿Siempre lo esperan?	*"Do you always wait for him?"*
—Sí, **hasta que llega.**	*"Yes, until he arrives."*

Lo voy a comprar **en cuanto tenga** $40.000...

Práctica

ACE the Test

A. Complete the following dialogue between two roommates who are expecting a houseguest, using **con tal que, sin que, en caso de que, a menos que, para que,** and **antes de que** and the verbs given. Then act it out with a partner, adding two original lines.

—Tenemos que limpiar el apartamento <u>antes de que llegue</u> (llegar) él.

—Yo voy a preparar unos sándwiches <u>en caso de que tenga</u> (tener) hambre.

—Sí, ¿y por qué no compras unos refrescos <u>para que pueda</u> (poder) tomar algo en cuanto llegue?

—Bueno, pero yo no puedo ir al supermercado <u>a menos que</u> tú me <u>des</u> (dar) el dinero.

—Está bien. Yo te voy a dar el dinero <u>con tal de que</u> tú me lo <u>devuelvas</u> (devolver) mañana.

—Voy ahora mismo. Voy a salir <u>sin que</u> me <u>vea</u> (ver) Paco porque va a querer ir conmigo.

— _____

— _____

B. Change the following, according to the new beginning.

1. Todos los días yo llamo a mi amiga en cuanto llego a casa. Mañana,...
2. Generalmente esperamos al profesor hasta que llega. El próximo viernes,...
3. Todos los días, tan pronto como termina la clase, vamos a la cafetería. Esta tarde...
4. Ud. se lo dice a los estudiantes cuando los ve. Dígaselo a los estudiantes...
5. Cuando él va al laboratorio siempre se queda dos horas. La semana próxima...

Para conversar

Handout Usos del subjuntivo

¡Habla con tu compañero! With a partner, ask each other the following questions.

1. Generalmente, ¿qué haces en cuanto llegas a tu casa? ¿Qué vas a hacer hoy en cuanto llegues?
2. ¿Tú puedes pagar la matrícula sin que tus padres te presten el dinero?
3. ¿Qué promedio tienes que mantener para que te den una beca? ¿Una "A" o una "B"?
4. ¿Tú puedes estudiar conmigo antes de que el profesor nos dé el próximo examen?
5. Por lo general, ¿adónde vas cuando termina la clase? ¿Adónde vas a ir hoy cuando termine la clase?
6. ¿Con quién puedo dejar un mensaje en caso de que tú no estés cuando yo te llame?

> **LEARNING TIP**
>
> Personalize each of these statements by talking about what *you* usually do and what *you* are going to do. For example: *Todos los días yo como algo en cuanto llego a casa.*

¿Lo sabía Ud.? En lugar de letras, el sistema de calificaciones (*grading system*) en las universidades hispanas usa números. Por lo general, se califica asignando notas de 1 a 5 en Hispanoamérica y de 1 a 10 en España. Una nota de 3 ó de 6 es normalmente la nota mínima para aprobar una clase o un examen.

◆ En su país, ¿cuál es la nota mínima para aprobar una clase o un examen?

2. The past participle (*El participio pasado*)

A. Forms of the past participle

Past Participle Endings		
-ar *verbs*	**-er** *verbs*	**-ir** *verbs*
habl-**ado** (*spoken*)	com-**ido** (*eaten*)	decid-**ido** (*decided*)

◆ The following verbs have irregular past participles.

abrir	**abierto**	*opened*
cubrir	**cubierto**	*covered*
decir	**dicho**	*said*
hacer	**hecho**	*done, made*
escribir	**escrito**	*written*
morir	**muerto**	*died*
poner	**puesto**	*put*
romper	**roto**	*broken*
ver	**visto**	*seen*
volver	**vuelto**	*returned (somewhere)*
devolver	**devuelto**	*returned (something)*
envolver	**envuelto**	*wrapped*

¡Atención! Verbs ending in **-er** and **-ir** whose stem ends in a strong vowel require an accent mark on the **i** of the **-ido** ending.

creer	**creído**	*believed*
leer	**leído**	*read*
oír[1]	**oído**	*heard*
traer	**traído**	*brought*

Práctica

ACE the Test

Supply the past participle of each of the following verbs.

1. tener tenido
2. traer traído
3. cerrar cerrado
4. decir dicho
5. aprovechar aprovechado
6. apretar apretado
7. cortar cortado
8. volver vuelto
9. romper roto
10. cubrir cubierto
11. cambiar cambiado
12. sentir sentido
13. entrar entrado
14. salir salido
15. hacer hecho
16. poner puesto
17. abrir abierto
18. escribir escrito
19. ver visto
20. aceptar aceptado
21. devolver devuelto
22. leer leído
23. dar dado
24. sacar sacado

B. Past participles used as adjectives

◆ In Spanish, most past participles may be used as adjectives. As such, they agree in number and gender with the nouns they modify.

La biblioteca está **abierta** hoy.	*The library is open today.*
El gimnasio está **abierto** hoy.	*The gym is open today.*
Las bibliotecas están **abiertas** hoy.	*The libraries are open today.*
No dejen los libros **abiertos.**	*Don't leave the books open.*
Le mandé dos tarjetas **escritas** en inglés.	*I sent him two cards written in English.*

_____

[1]Present tense: **oigo, oyes, oye, oímos, oís, oyen.**

Práctica

HM

ACE the Test

Complete the description of each illustration, using the verb **estar** and the appropriate past participle.

Práctica, Activity suggestion
Change the subjects and have students change the sentences accordingly.

1. Los coches...
2. La niña...
3. Las puertas...
4. Las ventanas...
5. Los restaurantes...
6. Las cartas...
7. Las blusas...
8. Los cuadernos...
9. El señor...

1. El coche está parado en la esquina.

2. Los niños están dormidos.

3. La puerta está abierta.

querido José:
¿Cómo estás?
Yo estoy muy
bien y
contenta.

4. La ventana está rota.

5. El restaurante está cerrado.

6. La carta está escrita en español.

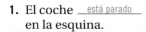

7. Los vestidos están hechos en México.

8. El cuaderno está abierto.

9. La señora está sentada cerca de la ventana.

Para conversar

¿Cómo están...? In groups of three, talk about the state of the following things. After you finish, you may brainstorm and propose other possibilities.

1. En mi casa: la puerta, las ventanas, los muebles...
2. En la clase: el profesor, los estudiantes, los libros...
3. En la ciudad: el correo, los bancos, las tiendas...

3. The present perfect and the past perfect (pluperfect)
(*El pretérito perfecto y el pluscuamperfecto*)

Activity suggestion After presenting the present perfect tense, carry out several actions. Write your name on the board, open and close a window, and speak to a student, each time asking, "**¿Qué he hecho?**" Then have one or two students do things and ask them or the rest of the class what they have done.

I ¿Qué has hecho?
S1 He cerrado el libro.

A. The present perfect

◆ The present perfect tense is formed by using the present indicative of the auxiliary verb **haber** with the past participle of the verb that expresses the action or state. This tense is equivalent to the English present perfect (*have + past participle*, as in *I have spoken.*).

Present indicative of *haber*	
he	hemos
has	habéis
ha	han

Formation of the Present Perfect Tense			
	hablar	*tener*	*venir*
yo	**he** hablado	**he** tenido	**he** venido
tú	**has** hablado	**has** tenido	**has** venido
Ud. él ella	**ha** hablado	**ha** tenido	**ha** venido
nosotros(-as)	**hemos** hablado	**hemos** tenido	**hemos** venido
vosotros(-as)	**habéis** hablado	**habéis** tenido	**habéis** venido
Uds. ellos ellas	**han** hablado	**han** tenido	**han** venido

—¿**Has pagado** más de mil dólares por la matrícula?
—No, nunca **he pagado** tanto dinero.

"Have you paid more than one thousand dollars for the tuition?"
"No, I've never paid that much money."

—¿**Has visto** a Teresa?
—No, no la **he visto.**

"Have you seen Teresa?"
"No, I haven't seen her."

Note that when the past participle is part of a perfect tense, it is invariable. The past participle only changes in form when it is used as an adjective.

Ella ha escrit**o** la cart**a.**
La cart**a** está escrit**a.**

She has written the letter.
The letter is written.

In the Spanish present perfect tense the auxiliary verb **haber** can never be separated from the past participle as it can in English.

Yo nunca **he estado** en Lima.

I have never been in Lima.

◆ Remember that when reflexive or object pronouns are used with compound tenses, the pronouns are placed immediately before the auxiliary verb.

Le ha dado mucho dinero a su hijo.
María y José **se** han ido.

He has given a lot of money to his son.
María and José have left.

Práctica

A. Look at the following illustrations and describe what these people have done to-day, using the present perfect.

1. Tú Tú has envuelto los regalos.

2. Tú y yo Tú y yo hemos cubierto el sofá.

3. Los chicos Los chicos han roto la ventana.

4. Yo Yo he puesto la mesa.

5. Mi mamá Mi mamá ha planchado la falda.

6. Uds. Uds. han visto la película.

B. With a partner, take turns asking each other what you have done lately.

◆ **MODELO:** ir al cine / con quién
—¿*Has ido al cine últimamente?*
—*Sí, he ido.*
—¿*Con quién?*
—*Con mi novio(-a).*

1. comprar ropa / dónde
2. ver alguna película / cuál
3. dar alguna fiesta / dónde
4. mandar algún mensaje electrónico / a quién
5. tomar algún examen / en qué clase
6. visitar algún lugar interesante / cuál
7. escribir una carta / a quién
8. poner dinero en el banco / en cuál
9. leer un libro / cuál
10. recibir algún regalo / de quién

 Un dicho

¡Quien no ha vista Sevilla, no ha visto maravilla!

Equivalent: If you haven't seen Sevilla, you've missed out on something wonderful.

Para conversar

Nuestras experiencias With a partner, discuss five things that you or your family and friends have never done and five things you have done many times. Compare your own experiences with those of your partner.

◆ **MODELO:** —*Yo nunca he estado en Buenos Aires.*
—*Yo tampoco he estado en Buenos Aires.*
(Yo he estado en Buenos Aires dos veces.)

B. The past perfect (pluperfect)

◆ The past perfect tense is formed by using the imperfect tense of the auxiliary verb **haber** with the past participle of the verb that expresses the action or state.

◆ This tense is equivalent to the English past perfect (*had* + past participle, as in *I had spoken*). Generally, the past perfect tense expresses an action that had taken place before another action in the past.

Imperfect of *haber*	
había	habíamos
habías	habíais
había	habían

Formation of the Past Perfect Tense			
	estudiar	*beber*	*ir*
yo	**había** estudiado	**había** bebido	**había** ido
tú	**habías** estudiado	**habías** bebido	**habías** ido
Ud. él ella	**había** estudiado	**había** bebido	**había** ido
nosotros(-as)	**habíamos** estudiado	**habíamos** bebido	**habíamos** ido
vosotros(-as)	**habíais** estudiado	**habíais** bebido	**habíais** ido
Uds. ellos ellas	**habían** estudiado	**habían** bebido	**habían** ido

—¿No hablaste con tu abogada?   *"Didn't you speak with your lawyer?"*
—No, cuando yo llegué, ella ya se   *"No, when I arrived, she had already left."*
  había ido.

—¿Uds. ya **habían estado** en Buenos   *"Had you been in Buenos Aires?"*
  Aires?
—No, nunca **habíamos estado** allí.   *"No, we had never been there."*

Práctica

A. One of your brothers is never around when there is work to be done. Say what had already been done by the time he got home last night.

◆ **MODELO:** nosotros / lavar los platos
Cuando él llegó, nosotros ya habíamos lavado los platos.

1. yo / barrer la cocina
2. los chicos / pasarle la aspiradora a la alfombra
3. Roberto y yo / hacer la comida
4. Elsa / planchar la ropa
5. tú / limpiar el refrigerador
6. Carmen y Elena / bañar al perro
7. Anita / poner la mesa
8. Raúl y Carlos / comprar las bebidas
9. Mirta / lavar las sábanas
10. Raúl y yo / envolver los regalos

B. Complete the following sentences logically, using the pluperfect tense.

1. Antes de venir a esta universidad, yo nunca…
2. Antes de tomar esta clase, mis compañeros y yo nunca…
3. Hasta el año pasado, mis amigos y yo siempre…
4. Hasta el semestre pasado, los estudiantes de esta clase nunca…
5. Hasta que yo cumplí dieciséis años, yo nunca…
6. Hasta el verano pasado, mi familia y yo siempre…
7. Antes de vivir en esta ciudad, yo nunca…
8. Antes de cumplir dieciocho años, yo siempre…

Para conversar

A. **¡Habla con tu compañero!** With a partner, ask each other the following questions.

1. Cuando llegaste a tu casa anoche, ¿las otras personas ya habían cenado?
2. A las once de la noche, ¿ya te habías acostado?
3. Cuando te levantaste esta mañana, ¿alguien te había preparado el desayuno?
4. Cuando yo llegué a clase, ¿ya habías llegado tú?
5. Cuando llegaste a clase hoy, ¿ya habías hecho todos los ejercicios de esta lección?
6. ¿Ya habías tomado español antes de tomar esta clase?

B. **Antes de cumplir los 16 años** With a partner, discuss things you had done before you turned sixteen. Then talk to another classmate and tell him/her about your partner's experience.

Así somos

Al escuchar...

Al escuchar... (script)

Aviso 1: La Facultad de Educación de la Universidad Nacional ofrece cursos especialmente **diseñados** para estudiantes graduados en universidades **extranjeras**, con el objeto de prepararlos para la **enseñanza** del español en las escuelas secundarias de sus países de origen. El programa de estudios incluye cursos de fonética, conversación y cultura y civilización hispanas, y no menos de cinco horas de práctica **docente** a la semana.

Aviso 2: La Universidad Central anuncia su **calendario** de admisiones para el próximo curso. Inscripciones del 22 al 29 de mayo, exámenes de admisión el domingo 4 de junio y entrevistas personales con los candidatos **a partir del** lunes 12 del mismo mes. La lista

Estrategia **Guessing meaning practice I** You have already practiced guessing meaning from context while listening and reading. Remember to use cognates, word families (**aprender–aprendizaje–aprendiz**), the words you know, and the surrounding ideas to make informed guesses about unfamiliar words.

Tres avisos You are going to hear three brief commercials on institutions of higher learning and guess the meaning of the following words or phrases. Listen to each commerical first for the gist and then listen again for the specific words.

Aviso 1: 1. diseñados 2. extranjeras 3. enseñanza 4. docente
Aviso 2: 1. calendario 2. a partir de 3. publicada 4. avanzados
Aviso 3: 1. aprendizaje 2. sustituir 3. a través de

Al conversar...

de los estudiantes admitidos va a ser **publicada** dos semanas después. La universidad ofrece cursos **avanzados** de Economía, Administración de Empresas y Cibernética. Para más información, debe llamar a la oficina de admisiones, teléfono 757-3926.

Aviso 3: ¡Nuevo! ¡Interesante! ¡Educación en línea! La Universidad Argentina del **Aprendizaje** a Distancia le ofrece al adulto que trabaja la oportunidad de estudiar programas especialmente diseñados para **sustituir** los sistemas de enseñanza tradicionales. Con su atención personal al estudiante, **a través de** Internet, y la información en línea de su Ciberbiblioteca, la universidad abre para todos el mundo de oportunidades de la globalización.

Estrategia **Paraphrasing practice IV** When paraphrasing, remember that your goal is to simplify what you hear while capturing the main idea. Aim to apply this technique in the future in speech and in writing when you report, summarize, or explain what you hear or read.

¿Qué dijeron? Listen to five sentences and restate each in your own words. Then compare your responses with those of a classmate.

¿Qué dice Ud.? What would you say in the following situations? What might the other person say? Act out the scenes with a partner. Take turns playing each role.

1. Carlos is a new classmate. Ask him what his major is, what his favorite subjects are, and when he plans to graduate. Ask also how he's doing in his classes.
2. You tell a friend that you want to take a physical education class because you realize you need to get in shape.
3. A freshman asks you what courses to take. Find out something about his or her interests and plans, and make sure he/she takes the appropriate courses. Be sure to mention some of your school's requirements.
4. You are talking to a friend about classes you like, classes you don't like, and the reasons why.

Tres avisos, Answers *Aviso 1* 1. designed 2. foreign 3. teaching (*noun*) 4. teaching (*adj.*) *Aviso 2* 1. schedule 2. beginning 3. published 4. advanced (*adj.*) *Aviso 3* 1. learning 2. replace 3. through (by means of)

¿Qué dijeron?, Answers *Answers will vary. Possibilities:* 1. No sé cuál va a ser mi especialización.   2. Llámame cuando llegues. 3. Necesitas ponerte en forma.   4. Mis padres quieren que (yo) sea periodista.   5. No tomes esa clase. Tú no quieres ser periodista.

Handouts Bingo / ¿Cómo respondes?

Para conocernos mejor To do this activity, work with a classmate whom you would like to get to know. Take turns asking and answering these questions.

1. ¿Prefieres tomar una clase de matemáticas, una clase de nutrición o una clase de contabilidad? ¿Has tomado una clase de biología? ¿Cuál es tu asignatura favorita? ¿Cuál es la materia que menos te gusta?
2. ¿Has pensado en el futuro? ¿En qué año te vas a graduar? ¿Qué carrera te gusta? ¿Te gusta más la idea de ser ingeniero(-a), arquitecto(-a), bibliotecario(-a) o profesor(-a)?

3. ¿Qué tal te va en tus estudios hasta ahora? ¿Tienes un buen horario? ¿Qué requisitos has tomado? ¿Has aprobado todos tus exámenes o has quedado suspendido(-a) en alguno?

4. ¿Te enojas a veces con tus profesores? ¿Por qué? ¿Con qué otras personas te enojas a veces?

5. ¿Ya estás matriculado(-a) para el semestre que viene? ¿Qué clases vas a tomar?

Una encuesta Interview your classmates to identify who fits the following descriptions. Include your instructor, but remember to use the **Ud.** form when addressing him/her. After finishing the survey, get together with two or three classmates and discuss the results.

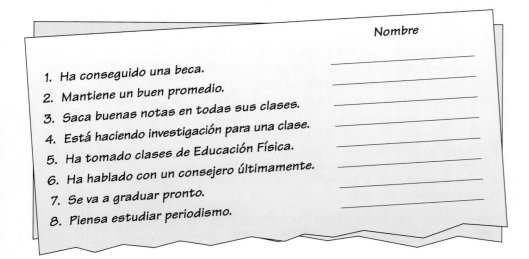

Nombre

1. Ha conseguido una beca. _____
2. Mantiene un buen promedio. _____
3. Saca buenas notas en todas sus clases. _____
4. Está haciendo investigación para una clase. _____
5. Ha tomado clases de Educación Física. _____
6. Ha hablado con un consejero últimamente. _____
7. Se va a graduar pronto. _____
8. Piensa estudiar periodismo. _____

Handout Para decirlo en español

¿Qué dijeron?, (script)

1. Para decir la verdad, todavía no he decidido con certeza en qué me voy a especializar. 2. Hazme el favor de llamarme por teléfono tan pronto como pongas un pie en tu apartamento. 3. Tienes que hacer algún tipo de ejercicio para mejorar tu condición física. 4. Mis padres me han repetido insistentemente que les gustaría que yo cursara la carrera de periodismo. 5. Es mejor que no te matricules en esa clase, puesto que a ti no te interesa la idea de ser periodista.

¿Qué dice Ud.?, Answers 1. ¿Cuál es tu especialización? ¿Cuáles son tus materias (asignaturas) favoritas? ¿Cuándo vas a graduarte? ¿Qué tal te va en las clases? 2. Quiero matricularme en una clase de educación física porque me doy cuenta de que necesito ponerme en forma. 3. *Answers will vary.* 4. *Answers will vary.*

Para crear In groups of three or four, make up a story about the people in the photo. Say who they are, what subjects they are taking, their majors, their grade point averages, when they will graduate, and so forth. The woman in the middle is an advisor.

Handout ¿Qué dijiste?

¡Vamos a escribir!

Antes de escribir

Estrategia **Writing a presentation** When preparing a presentation, you need to draw on a number of strategies.

- Brainstorm ideas and then select the most important and interesting aspects.
- Organize the presentation by grouping ideas according to categories or subtopics related to your main topic. You may want to create an outline to organize the parts of your presentation.
- Summarize the main idea or topic of each paragraph to use as your topic sentence at the start of the paragraph. Then include supporting or descriptive details that expand on the idea and add life and interest.
- When expressing opinions, use phrases that you learned in **Al conversar..., Lección 13.**

Una presentación You will write a presentation about yourself in which you describe your life as a student. First brainstorm the following topics, jotting down all the ideas that come to you. Then select the ideas you want to use and decide how you want to organize the ideas.

1. your studies: your major (if you have one) and the classes you are taking
2. your living situation and job (if you have one)
3. what you do outside class to relax and for fun
4. your thoughts about what you like and don't like about campus life

Here are some possible ways in which you could organize your presentation:

Option 1: Discuss your studies first, then your living situation and job, and finally other interesting aspects of your life.

Option 2: Discuss personal preferences and how these affect your choices at school regarding studies, work, and activities.

Option 3: Talk about the major aspects of your work chronologically, say, from Monday through Sunday.

A escribir la presentación

Write the **primer borrador** of your presentation.

Después de escribir

Before writing the final version of your presentation, exchange your first draft with a classmate and peer edit each other's work using the following guidelines.

- use and formation of the subjunctive and indicative
- subject-verb agreement in main and subordinate clauses
- noun-adjective agreement
- clear organization

Rincón literario

Enrique Anderson-Imbert (*Argentina: 1910–2000*)

Enrique Anderson-Imbert se conoce internacionalmente sobre todo como cuentista y crítico de literatura. En 1965 la Universidad de Harvard creó (*created*) la cátedra (*faculty appointment*) de literatura hispanoamericana para este distinguido estudioso y creador literario.

Anderson-Imbert escribió cuentos muy breves de tipo fantástico, en los que la realidad se mezcla con la fantasía. El cuento que Ud. va a leer muestra ambas (*shows both*) cualidades.

Antes de leer

Estrategia **Reading literature** As with poetry, many of the strategies you have employed with other types of texts are useful when reading literature. Predicting, guessing meaning from context, anticipating content as you read, and reading critically all contribute to understanding a text. In addition, for short stories or prose narrations, it may be important to identify who is telling the story. Is the narrator the writer or a character? Is the narration first or third person? This will determine whether you see a character only through his or her thoughts and speech or from the perspective of an observer and the point of view of others.

Estrategias Before reading the complete story, you will look at different aspects with different goals for each.

1. Predicting: Read the title. What does it suggest?
2. Predicting: Read the first two sentences of the story. In pairs, list three possible things that could happen to Costa, the murderer. Who is the narrator? How might this affect how the story unfolds?
3. Creating context by establishing key connections: Skim the story and try to figure out why it was entitled "Sala de espera." Were your earlier predictions helpful?

A leer

Comprensión Read the story and find the answers to the following questions.

1. ¿Qué hacen Costa y Wright y qué pasa después?
2. ¿Qué sucede en la sala de espera?
3. ¿Con quién conversa la señora?
4. ¿Por qué no puede Costa tomar el tren?
5. ¿Es lógico el final de este cuento? ¿Por qué?

Comprensión, Answers 1. Costa y Wright roban una casa y después Costa asesina a Wright. 2. Una señora se sienta a la izquierda de Costa y le da conversación. 3. Charla con el fantasma. 4. Costa no puede tomar el tren porque está paralizado. 5. *Answers will vary.*

Sala de espera (*Adaptado*)

Costa y Wright roban una casa. Costa asesina a Wright y se queda con° la valija llena de joyas y dinero. Va a la estación para escaparse en el primer tren. En la sala de espera, una señora se sienta a su izquierda y le da° conversación. Fastidiado,° Costa finge° con un bostezo que tiene sueño y que va a dormir, pero oye que la señora continúa conversando. Abre entonces los ojos y ve, sentado a la derecha, el fantasma° de Wright. La señora atraviesa° a Costa de lado a lado con la mirada y charla con el fantasma, quien contesta con simpatía.° Cuando llega el tren, Costa trata de levantarse, pero no puede. Está paralizado, mudo y observa atónito° cómo el fantasma toma tranquilamente la valija y camina con la señora hacia el andén,° ahora hablando y riéndose. Suben, y el tren parte.° Costa los sigue con los ojos. Viene un hombre y comienza a limpiar la sala de espera, que ahora está completamente desierta. Pasa la aspiradora por el asiento donde está Costa, invisible.

(De su colección *El gato Cheshire*)

se... keeps

*engages him in /
Annoyed / pretends*

ghost
transfixes

charm

aghast

platform
leaves

⌐Después de leer... reflexiones

A. In groups of four, discuss the following questions.

1. ¿Qué pensaron Ud. y sus compañeros(-as) que le iba a pasar a Costa en la sala de espera?
2. ¿Alguna de sus posibilidades se acerca a lo que le ocurrió a Costa según el desenlace (*according to the ending*) del cuento? Comparta sus ideas con la clase.

You may want to challenge students to tell the story from the perspective of Costa.

B. In pairs, write an equally surprising alternative ending to the story.

Frases célebres

Sobre la convivencia° — *coexistence*

El respeto al derecho ajeno° es la paz. — *al... the other person's right*
> Benito Juárez (México: 1806–1872)

Si te sientes muy solo, busca la compañía de otras almas° y frecuéntalas.° Pero no olvides que cada alma está especialmente construida para la soledad.° — *souls / be with them / solitude*
> Juan José Arreola (México: 1918–2001)

El primero de los deberes° es dar buen ejemplo. — *duties*
> Cecilia Böhl de Faber (España: 1796–1877)

Los hombres van en dos bandos°: los que aman y fundan, los que odian y destruyen. — *groups*
> José Martí (Cuba: 1853–1895)

Comentarios...

A. With a partner, take turns reading the **Frases célebres,** and say which one appeals to you the most. Give reasons for your choice.

B. Can you think of any famous sayings in English about this topic?

Panorama hispánico

Argentina

- La economía tradicional de Argentina se basa en la producción y exportación de carne y de cereales que se cultivan en grandes extensiones de terreno (*land*) fértil de sus llanuras o pampas. La economía actual, sin embargo, depende principalmente de la industria y del sector de servicios.

- Para muchos, Argentina es la tierra del tango, de Evita y de los gauchos, pero hoy la música argentina es muy variada, Evita es el símbolo de una época que no todos admiran, y los gauchos sólo se encuentran en las regiones aisladas del país y en los espectáculos para turistas.

- La ciudad más importante del país es Buenos Aires, la capital, la ciudad más grande del mundo hispano después de México. En la capital vive casi la mitad de la población argentina. Buenos Aires ha sido llamada "el París de Suramérica" porque muchos de sus edificios tienen un estilo similar al de París. La ciudad tiene amplias avenidas, entre ellas la avenida Nueve de Julio, una de las más anchas del mundo. Su nombre recuerda el día de la independencia del país.

- Son atracciones turísticas de la capital El Museo de Bellas Artes, el Teatro Colón, la calle Florida (donde están algunas de las tiendas más elegantes del país) y el barrio de la Boca, famoso por su tradición italiana, sus casas de múltiples colores y su famoso **Caminito,** que inspiró uno de los tangos más populares. Atracciones turísticas en el resto del país son las cataratas de Iguazú, el famoso balneario Mar del Plata, el centro turístico de deportes invernales Bariloche y el glaciar Perito Moreno.

◄ Hermosa vista del glaciar Perito Moreno, en la Patagonia, Argentina

Cumbres[1] de la literatura mundial contemporánea

▲ Jorge Luis Borges (1899–1986), maestro del relato (*short story*) y del ensayo (*essay*)

▲ Julio Cortázar (1914–1984), máximo exponente (*representative*) de la literatura fantástica

---

[1]**Cumbres** = *Pinnacles*

Estampas[1] de la vida cotidiana porteña

▲ Galerías Pacífico, elegante centro comercial

▲ La famosa calle Florida, arteria (*artery*) comercial y cultural de la ciudad a partir de (*since*) 1900

El espectáculo y las artes

▲ El tango se origina en los suburbios de la ciudad porteña a finales (*end*) del siglo XIX, adonde llegaban y se mezclaban inmigrantes de Europa y del interior (*provinces*).

Nuestro panorama cultural

In groups of three, answer the following questions about your home state, region, or country.

1. ¿Puede Ud. nombrar algunos escritores famosos de su país?
2. ¿Qué otras culturas influyen en la formación cultural de su país? ¿Puede dar algunos ejemplos?
3. ¿De dónde vienen sus antepasados (*ancestors*)? ¿Son de diferentes países?
4. ¿Sabe bailar el tango o ha visto cómo se baila? ¿Le gusta?

For the next class: Go to the World Wide Web and find photos from your hometown, state, region, or country. Use the questions from **Nuestro panorama cultural** above as guidelines for choosing them. Be ready to present the photos to your classmates.

Handout Un poco de cultura

---

[1]**Estampas** = *Images*

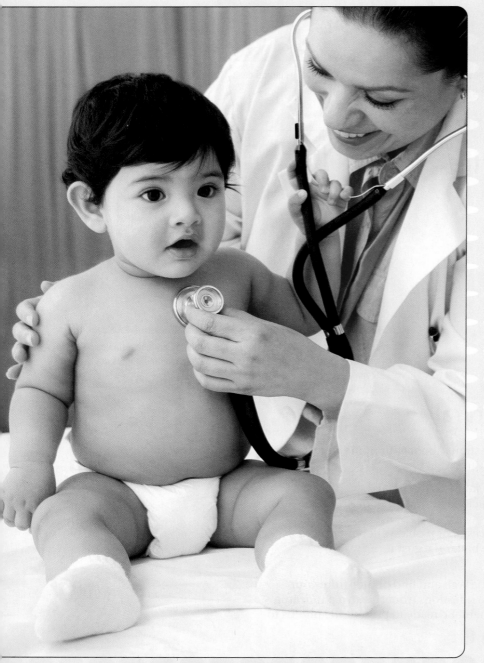

Lección

15

Objetivos

Comunicación
You will learn vocabulary related to health problems.

Pronunciación
Pronunciation in context

Estructuras
◆ The future
◆ The conditional
◆ The future perfect and the conditional perfect

Cultura
◆ Hospitals and clinics
◆ Urban vs. rural medical care
◆ Over-the-counter drugs
◆ Conventional and traditional medicine

Panorama hispánico
◆ Paraguay
◆ Bolivia

Estrategias
Listening: Recognizing transitions
Speaking: Practicing extended conversation
Writing: Writing to persuade
Rincón literario: Poetic language and the dictionary

Activity suggestion Use this photo to introduce the lesson theme. Ask your students:

1. ¿Vienes a la universidad cuando estás enfermo(-a)?
2. ¿Cuántas veces al año vas al médico?
3. Si la doctora de la foto te toma la presión, ¿la va a encontrar alta (*high*), baja (*low*) o normal?

▲ Una pediatra ausculta a uno de sus pequeños pacientes.

Problemas de salud

Paraguay y Bolivia

Paraguay

Paraguay es casi tan grande como el estado de California, pero su población es de menos de 6 millones de habitantes. La mayoría de los paraguayos hablan dos idiomas: el español y el guaraní.

Bolivia

Bolivia, llamada así en honor del Libertador Simón Bolívar, es un país de superlativos. Tiene la capital (La Paz), el aeropuerto y el lago navegable (el lago Titicaca) que son los más altos del mundo. También tiene unas de las ruinas más antiguas en Tiahuanaco.

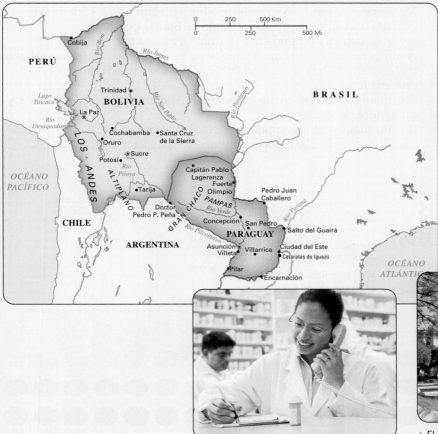

▲ Ruinas de las misiones jesuitas, que aparecen en la película *The Mission* de 1986 (con Robert DeNiro y Jeremy Irons).

▲ El Panteón de los Héroes, en Asunción, Paraguay

▲ Una farmacéutica en La Paz, Bolivia

La familia Vargas, de Villarrica, Paraguay, vive ahora en Asunción, en una casa de tipo colonial, con árboles frutales en el patio y un jardín enorme. Adriana, la hija menor, está en la sala, hablando por teléfono con una compañera de la universidad.

Adriana	¿Anabel? Habla Adriana. Hoy no quiero ir a la facultad, de modo que le voy a decir a mi mamá que no me siento bien. ¿Te gustaría venir a visitarme esta tarde? Podríamos mirar la tele y comer algo. Bueno... ¡te espero a eso de las cuatro! ¡Chau!

Adriana se acuesta en el sofá de la sala y llama a su mamá.

Adriana	Mamá, tendré que quedarme en casa hoy. Creo que tengo catarro... o gripe... o pulmonía... Me duele la cabeza, me duele la garganta, ¡y tengo fiebre! (*Tose.*)
Doña Eva	¡Tienes tos! Sería una buena idea llevarte al médico. El doctor Viñas está en su consultorio...
Adriana	No, no será necesario que me vea. Me quedaré en casa, tomaré dos aspirinas y mañana estaré perfectamente bien. ¡Ya verás!
Doña Eva	Bueno, mi hija, pero tendrás que acostarte y tomar una taza de té bien caliente, con miel de abeja. Voy a llamar al médico para que te recete algún antibiótico.

Más tarde suena el timbre. La criada abre la puerta.

Criada	Señora, aquí hay un joven que quiere hablar con la señorita Adriana.
Doña Eva	¡Ignacio! ¡Qué gusto de verte! De haber sabido que venías, habría preparado algo para merendar. ¿Un cafecito?
Ignacio	No, gracias, señora. ¡No se moleste! Vine a preguntarle a Adriana si le gustaría ir a una fiesta en la embajada de Bolivia esta noche.
Doña Eva	¡Ay, qué lástima! Adriana está enferma. Tiene una temperatura de 39 grados, creo... Supongo que lo que tiene es contagioso... ¡Menos mal que hoy es viernes! Para el lunes ya se habrá curado y podrá volver a la universidad.
Adriana	¡No, mamá! Para esta noche ya habré tomado un montón de remedios, y me sentiré mejor...
Ignacio	No, Adriana... podrías empeorarte. Necesitas descansar... Voy a llamar a Carolina, a ver si ella puede ir conmigo. ¡Ojalá que te mejores pronto!

Handout En contexto

En los países de habla hispana se mide la temperatura en grados Celsius, a los que también se les llama Centígrados. En la escala Celsius, 0° (temperatura de fusión del hielo) corresponde a 32° Fahrenheit. Por ejemplo, 40° Celsius corresponde a 104° Fahrenheit.

◆ **¿Sabe Ud. convertir grados Fahrenheit a Centígrados?**

¿Quién lo dice?   Identify the person who said the following in the dialogues.

1. No, gracias, señora. ¡No se moleste!   _Ignacio_
2. ¡Ojalá que te mejores pronto!   _Ignacio_
3. Para el lunes ya se habrá curado y podrá volver a la universidad.   _doña Eva_
4. Mamá, tendré que quedarme en casa hoy.   _Adriana_
5. Voy a llamar a Carolina, a ver si ella puede ir conmigo.   _Ignacio_
6. ¡Ignacio! ¡Qué gusto de verte!   _doña Eva_
7. ¿Te gustaría venir a visitarme?   _Adriana_
8. Señora, aquí hay un joven que quiere hablar con la señorita
   Adriana.   _criada_
9. Sería una buena idea llevarte al médico.   _doña Eva_
10. Bueno... ¡te espero a eso de las cuatro! ¡Chau!   _Adriana_

En el diálogo, Answers 1. Hay árboles frutales y un jardín enorme.
2. Le va a decir a su mamá que no se siente bien.   3. Dice que le duele la garganta y que tiene fiebre.
4. Tomará dos aspirinas.   5. Dice que tendrá que tomar una taza de té bien caliente con miel de abeja.
6. La criada abre la puerta.
7. Habría preparado algo para merendar.   8. Quiere preguntarle si quiere ir a una fiesta en la embajada.
9. Dice que Adriana podrá volver el lunes.   10. Dice que Adriana necesita descansar.

Hablemos.   With a partner, take turns asking and answering the following questions. Base your answers on the dialogue and on your own circumstances.

En el diálogo	¿Y tú?
1. ¿Qué hay en el patio de la familia Vargas?	¿Tu casa tiene árboles frutales?
2. Para no ir a la facultad, ¿qué le va a decir Adriana a su mamá?	¿Qué excusa das tú cuando no quieres venir a clase?
3. ¿Qué síntomas dice Adriana que tiene?	¿Qué síntomas tienes tú cuando tienes gripe?
4. ¿Qué tomará Adriana para mejorarse?	¿Qué tomas tú cuando te duele la cabeza?
5. ¿Qué dice la mamá de Adriana que su hija tendrá que tomar?	¿Qué le pones tú al té?
6. ¿Quién abre la puerta cuando suena el timbre?	¿Tú y tu familia tienen criada?
7. ¿Qué habría hecho doña Eva de haber sabido que Ignacio venía?	¿Tú meriendas a veces? ¿Qué comes?
8. ¿Qué quiere preguntarle Ignacio a Adriana?	¿Has ido a una fiesta últimamente?
9. ¿Cuándo dice doña Eva que Adriana podrá volver a la universidad?	Si tú tienes algo contagioso, ¿vienes a la universidad?
10. ¿Qué dice Ignacio que Adriana necesita hacer?	¿Qué haces tú cuando no te sientes bien?

Vocabulario

Improve Your Grade
Audio Flashcards

Cognados

el antibiótico antibiotic	**perfectamente** perfectly
la aspirina aspirin	**el síntoma** symptom
colonial colonial	**la temperatura** temperature
contagioso(-a) contagious	**el tipo** type
enorme enormous	

Nombres

la ambulancia ambulance	**la gripe** influenza, flu
los árboles frutales fruit trees	**el (la) joven** young man (woman)
el cafecito small (cup of) coffee	**la miel de abeja** honey
el catarro, el resfriado, el resfrío cold	**el patio** backyard
el chequeo checkup	**la pulmonía** pneumonia
el consultorio doctor's office	**el remedio, la medicina** medicine
la fiebre fever	**la salud** health
la garganta throat	**el timbre** doorbell
el grado degree	**la tos** cough

Verbos

curarse to cure oneself, to get better	**merendar (e:ie)** to have an afternoon snack
descansar to rest	**molestarse** to bother (doing something)
doler[1] **(o:ue)** to hurt	**preguntar** to ask (a question)
empeorarse to get worse	**recetar** to prescribe
enyesar to put in a cast	**sonar (o:ue)** to ring
mejorarse to get better	**toser** to cough

Otras palabras y expresiones

a eso de at about
bien caliente nice and hot
de haber sabido had I known
menos mal it's a good thing
¡Qué gusto de verte! How nice to see you!
¡Qué lástima! What a pity!
¡Ya verás! You'll see!

¿Lo sabía Ud.?

Especialmente en las grandes ciudades hispanas, la medicina está muy adelantada (*advanced*), pero en muchos pueblos remotos no hay médicos ni hospitales. En ese caso, mucha gente recurre a (*turn to*) los servicios de un curandero (*healer*). Muchas mujeres tienen sus bebés con la ayuda de una partera (*midwife*).

◆ **La mayoría de las mujeres de este país, ¿tienen su bebé en un hospital o en casa, con la ayuda de una partera?**

---

[1]Same construction as **gustar: Me duele** la cabeza. **Me duelen** los pies.

Vocabulario adicional

El cuerpo

la oreja
el ojo
la nariz
el cuello
la boca
el oído
los dientes
la lengua
el pelo
la cara
el dedo
el estómago
el pecho
la mano
la cabeza
la espalda
la rodilla
el tobillo
el dedo del pie
el pie

Handouts Palabras y más palabras / Palabras escondidas / Problemas médicos

En el consultorio del médico

el chequeo, el examen check-up
embarazada pregnant
hacer una radiografía to take an X-ray
la inyección antitetánica tetanus shot

poner una inyección to give a shot
la receta prescription
la sala de rayos X X-ray room

En el hospital

el accidente accident
el ataque al corazón heart attack
la emergencia emergency
romperse, quebrarse to break
la silla de ruedas wheelchair

¿Lo sabía Ud.?

En España y en algunos países latinoamericanos, las farmacias venden principalmente medicinas. En algunos países hispanos es posible comprar ciertas medicinas —como la penicilina— sin tener receta médica.

◆ **¿En este país se pueden comprar antibióticos sin receta médica?**

ACE the Test

Práctica

A. Select the word or phrase that does not belong in each group.

1. gripe / pulmonía / miel de abeja   miel de abeja
2. grado / consultorio / fiebre   consultorio
3. árbol frutal / puerta de calle / timbre   árbol frutal
4. pies / tobillos / oídos   oídos
5. cabello / dientes / lengua   cabello
6. espalda / rodilla / cuello   rodilla
7. comer / merendar / recetar   recetar
8. boca / nariz / dedo   dedo
9. ojo / oreja / pecho   pecho
10. estómago / cabeza / cara   estómago

B. Match the questions in column A with the answers in column B.

A		**B**
1. ¿El médico te recetó un antibiótico?	i	**a.** La espalda.
2. ¿Tiene fiebre?	f	**b.** ¡Sí! ¡Menos mal!
3. ¿Qué te duele?	a	**c.** ¡No! ¡Pulmonía!
4. ¿Te mejoraste?	j	**d.** Si quería merendar.
5. ¿Tiene gripe?	c	**e.** Miel de abeja.
6. ¿Eva está mejor?	b	**f.** Sí, tiene una temperatura de 104 grados.
7. ¿Qué le pones al té?	e	**g.** No, gracias. No te molestes.
8. ¿Qué le preguntaste?	d	**h.** De un ataque al corazón.
9. ¿Quieres que te traiga un cafecito?	g	**i.** Sí, porque tengo una infección.
10. ¿De qué murió?	h	**j.** No, me empeoré.

C. Write the words or phrases that correspond to the following.

1. la penicilina, por ejemplo ___antibiótico___
2. la tomamos para el dolor de cabeza ___aspirina___
3. muy grande ___enorme___
4. resfriado ___catarro (resfrío)___
5. medicina ___remedio___
6. opuesto de **mejorarse** ___empeorarse___
7. chequeo ___examen___
8. lo que nos da el médico para comprar medicina ___receta___
9. romperse ___quebrarse___
10. opuesto de **trabajar** ___descansar___

D. Complete the following sentences, using vocabulary from this lesson.

1. La fiebre es un ___síntoma___ de la gripe.
2. Se quebró la pierna y se la van a ___enyesar___.
3. No puedo hablar porque me ___duele___ la ___garganta___.
4. Marta está enferma. ¡Qué ___lástima___!
5. Está ___embarazada___; va a tener el bebé (*baby*) en junio.
6. En el ___patio___ de la casa hay ___árboles___ frutales.
7. La fiesta empieza a ___eso___ de las nueve.
8. Quiero un cafecito bien ___caliente___.
9. ¡Qué ___gusto___ de verte!
10. Salió de la sala de ___rayos___ X en una silla de ___ruedas___.

Para conversar

A. **¡Ay!** (*Ouch!*) With a partner, play the roles of a doctor and a patient who is a hypochondriac. The patient describes symptoms and says what he/she thinks the problem is (**Yo creo que tengo...**). The doctor tells the patient what to do or what he/she is going to prescribe (**Tiene que.../Le voy a recetar**).

B. **¿Qué haces tú?** With a partner, take turns asking each other what you do when different parts of your body hurt. When you answer, give some details.

C. **¡Bienvenido(-a)!** With a partner, play the roles of a guest and a gracious host (hostess). Express happiness at seeing each other. The host (hostess) offers something to eat and drink, including an afternoon snack. Use vocabulary from previous lessons.

Pronunciación

Pronunciation in context

In this lesson, there are some new words or phrases that may be challenging to pronounce. For further pronunciation practice of Spanish sounds, listen to your instructor and repeat the following sentences.

1. Son de **Villarrica,** pero ahora **viven** en **Asunción.**

2. Tendré que **quedarme** en casa hoy.

3. El doctor **Viñas** está en su **consultorio.**

4. Voy a llamar al médico para que te **recete** algún **antibiótico.**

5. Hay un **joven** que quiere hablar con la señorita **Adriana.**

6. Tiene una **temperatura** de treinta y nueve grados.

7. Ya **habré** tomado un montón de **remedios.**

8. **¡Ojalá** te mejores pronto!

Note To reinforce pronunciation practice, this section appears in **Lecciones 10–18.** The sentences featured as pronunciation models are taken from the lesson dialogues.

Un brindis

Salud, amor y pesetas...
y tiempo para gastarlas.

Health, love, and money ...
and the time to enjoy them.

Aspectos culturales

En imágenes (*La medicina convencional y la tradicional* [*homeopática*])

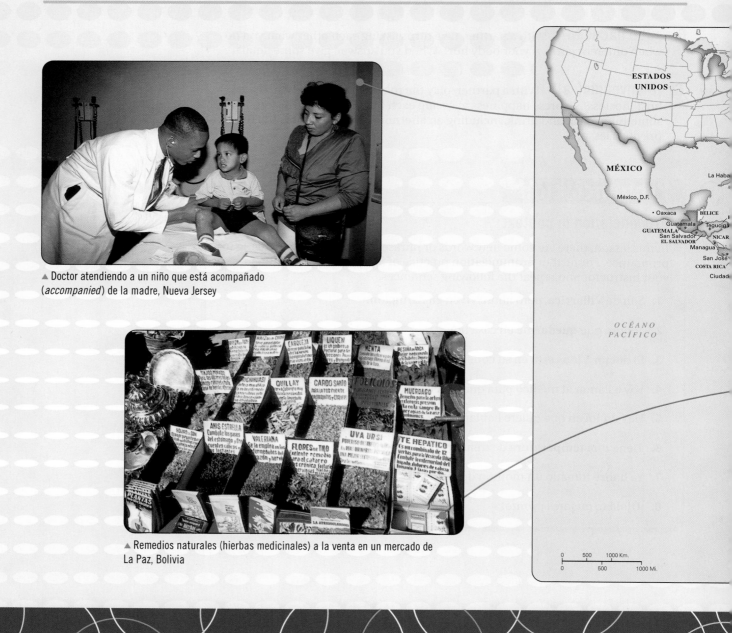

▲ Doctor atendiendo a un niño que está acompañado
(*accompanied*) de la madre, Nueva Jersey

▲ Remedios naturales (hierbas medicinales) a la venta en un mercado de
La Paz, Bolivia

Ubíquese... y búsquelo

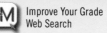 Improve Your Grade
Web Search

Ignacio comes to visit Adriana hoping that she can go with him to a dance at the
Bolivian embassy in Asunción. Go to **www.college.hmco.com** to find out about em-
bassies in Asunción. In the next class, team up with two classmates and report your
findings. What embassies did you find? Did you find the embassy of your country?
What are some of the services offered there?

OCÉANO
ATLÁNTICO

REPÚBLICA
DOMINICANA
PUERTO RICO
San Juan
Santo Domingo

Caribe

Caracas

VENEZUELA

BRASIL

BOLIVIA
La Paz
Sucre

Brasilia

PARAGUAY
Asunción

CHILE

ARGENTINA

URUGUAY
Buenos Aires   Montevideo
Santiago

OCÉANO
ATLÁNTICO

▲ Farmacia de Humacao, Puerto Rico

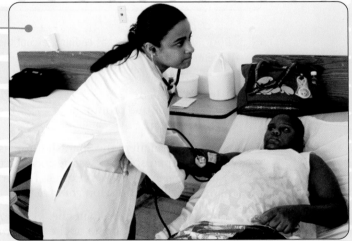

▲ Una enfermera atiende a un paciente en un hospital en Bolivia

Estructuras

1. The future (*El futuro*)

Activity suggestion Ask students personalized questions about what they plan to do in the future.

1. ¿Adónde irás de vacaciones? ¿Cuándo? ¿Con quién?
2. ¿Qué cursos tomarás el semestre / trimestre que viene? ¿Cuál será el más fácil / difícil?
3. ¿Comprarás un coche nuevo el año que viene? ¿De qué marca?
4. ¿Trabajarás este verano? ¿Dónde?
5. ¿Cuándo te graduarás?
6. ¿Dónde vivirás cuando termines tus estudios?
7. ¿Tomarás más clases de español?

◆ Most Spanish verbs are regular in the future tense. The infinitive serves as the stem of almost all of them, and the endings are the same for all three conjugations.

The Future Tense

Infinitive		Stem	Ending	
trabajar	yo	trabajar-	**é**	trabajar**é**
aprender	tú	aprender-	**ás**	aprender**ás**
escribir	Ud.	escribir-	**á**	escribir**á**
hablar	él	hablar-	**á**	hablar**á**
decidir	ella	decidir-	**á**	decidir**á**
dar	nosotros(-as)	dar-	**emos**	dar**emos**
ir	vosotros(-as)	ir-	**éis**	ir**éis**
caminar	Uds.	caminar-	**án**	caminar**án**
perder	ellos	perder-	**án**	perder**án**
recibir	ellas	recibir-	**án**	recibir**án**

¡Atención! Note that all the endings, except the one for the **nosotros** form, have written accents.

—¿**Irás** al médico?	*"Will you go to the doctor?"*
—Sí, y ya **verás** que pronto me **sentiré** mejor.	*"Yes, and you'll see that soon I'll feel better."*

The English equivalent of the Spanish future is *will* or *shall* + a verb. As you have already learned, Spanish also uses the construction **ir a** + *infinitive* or the present tense with a time expression to express future action, very much like the English present tense or the expression *going to*.

Vamos a ir al hospital esta noche. or: **Iremos** al hospital esta noche.	*We're going (We'll go) to the hospital tonight.*
Anita **toma** el examen mañana. or: Anita **tomará** el examen mañana.	*Anita is taking (will take) the exam tomorrow.*

¡Atención! The Spanish future is *not* used to express willingness, as is the English future. In Spanish, this is expressed with the verb **querer.**

¿**Quieres** llamar a Tomás?	*Will you call Tomás?*

¿Lo sabía Ud.?
En la mayoría de los países de habla hispana, los hospitales son gratis y subvencionados (*subsidized*) por el gobierno. Hay clínicas privadas para la gente de mejor posición económica que no quiere ir a un hospital público.

◆ En este país, ¿los hospitales son gratis?

◆ A small number of verbs are irregular in the future. These verbs use a modified form of the infinitive as a stem, but have the same endings as the regular verbs.

Irregular Future Stems		
Infinitive	*Modified form (Stem)*	*First-person singular*
decir	dir-	**diré**
hacer	har-	**haré**
querer	querr-	**querré**
saber	sabr-	**sabré**
poder	podr-	**podré**
caber	cabr-	**cabré**
poner	pondr-	**pondré**
venir	vendr-	**vendré**
tener	tendr-	**tendré**
salir	saldr-	**saldré**
valer[1]	valdr-	**valdré**

—¿Qué les **dirás** a tus padres?
—Les **diré** que no **podremos** venir en enero y que **vendremos** en febrero.

"What will you tell your parents?"
"I will tell them that we won't be able to come in January and that we will come in February."

¡Atención! The future of **hay** (impersonal form of **haber**) is **habrá**.

¿**Habrá** una fiesta?

Will there be a party?

LEARNING TIP

Remember that you must create activities that will place information in your long term memory. To help you do this, use each verb in short affirmative, interrogative, and negative sentences, varying the subjects. For example: *Eva dirá* la verdad. *¿Tú dirás* la verdad? *Ellos* no *dirán* la verdad.

Activity suggestion Ask students the following personalized questions or have them interview each other in groups of three. Remind them to use the irregular future forms of the verbs in their responses.

1. ¿Con quién vas a salir este fin de semana?
2. ¿A qué hora vas a venir a la universidad mañana?
3. ¿Qué vas a hacer después de la clase?
4. ¿Cuándo vas a poder comprar un coche?
5. ¿Cuándo vas a tener una fiesta?
6. Cuánto va a valer tu coche en tres años?
7. ¿Qué van a decir tus amigos si ganas la lotería?
8. ¿Cuándo vas a saber las notas finales del semestre?

HM
ACE the Test

Práctica

A. Say what the following people will do after next week, using the future tense.

1. Jorge / ir al consultorio del médico Jorge irá...
2. Mis padres / venir a visitarme / agosto Mis padres vendrán...
3. Ud. / ponerse / una inyección antitetánica Ud. se pondrá...
4. Uds. / pasar dos días / Asunción Uds. pasarán...
5. Marta y yo / tener que hacer una radiografía Marta y yo tendremos...
6. Yo tomar / medicina todos los días Yo tomaré...
7. Tú / visitar / un amigo en el hospital Tú visitarás...
8. Yo / salir para La Paz Yo saldré...

B. Say what the following people *will do* in each situation.

1. Mauricio tiene pulmonía.
2. Eva y yo tenemos tos.
3. El doctor tiene dos pacientes que tienen gripe.
4. Yo tengo una temperatura de 103 grados de fiebre.
5. El médico cree que uno de sus pacientes se rompió una pierna.
6. A Paco y a Raquel les duele la garganta.

Práctica B, Activity suggestion
Have students complete this activity in groups of three. Each student should first write his or her own solution. The group should then compare solutions and select the one they believe best solves the problem. Have several groups share their lists with the class.

 Un dicho **Dime con quién andas y te diré quién eres.**

Equivalent: You are known by the company you keep.

---
[1]**valer** = *to be worth*

Práctica C, Activity suggestion
Write these incomplete statements on the board or on a transparency. Have students complete the sentences orally or in writing, using two verbs in the future.

1. El año que viene, mi familia...
2. Esta noche, mis amigos y yo...
3. El último día de clase, nosotros...
4. Cuando tenga mucho dinero, yo...
5. Este fin de semana, mi amigo (-a)...
6. Mañana, el profesor / la profesora...
7. En el año 2010, yo...
8. Durante las vacaciones, yo...

HM

Handout Planes para el futuro

C. You and a friend will be attending a special program in Paraguay next year. Take turns asking and answering these questions about your trip.

1. ¿A qué ciudad irán?
2. ¿Cuándo saldrán de viaje?
3. ¿Viajarán en barco o en avión?
4. ¿Cuánto tiempo estarán estudiando?
5. ¿Podrán visitar muchas ciudades?
6. ¿Qué lugares visitarán? (Hint: *see Internet*)
7. ¿Les enviarán tarjetas postales a sus amigos?
8. ¿Cuánto dinero necesitarán para el viaje?
9. ¿Se lo pedirán a sus padres?
10. ¿Cuándo volverán?

Para conversar

A. ¿Cuáles son tus planes? Now, use the questions in Exercise C as a model to ask a classmate about his or her upcoming travel plans.

B. Tu horóscopo You and your partner are in charge of the astrology section in a newspaper. Using the future tense, write predictions for each sign. Compare notes with other members of the class.

Aries	Tauro	Géminis	Cáncer	Leo	Virgo

Libra	Escorpión	Sagitario	Capricornio	Acuario	Piscis

2. The conditional (*El condicional*)

Activity suggestion Have students work in pairs to practice giving excuses. One student should "invite" his or her partner to do something. The partner should then decline the invitation and offer an excuse. Remind students to switch roles.

S1 ¿Quieres ir a una fiesta conmigo esta noche?
S2 Iría contigo pero tengo que estudiar.

Write the following suggested phrases on the board or on an overhead transparency.

1. ayudarme / con las diligencias
2. trabajar / por mí / mañana
3. lavar / mi coche
4. prestarme / veinte dólares
5. ir de compras / conmigo
6. pagar / la cuenta
7. planchar / mi ropa
8. prepararme / la comida
9. limpiar / mi apartamento
10. revisar / mi tarea

◆ The conditional tense in Spanish is equivalent to the conditional in English, expressed by *should* or *would* + a verb.[1] Like the future tense, the conditional uses the infinitive as the stem and has only one set of endings for all three conjugations.

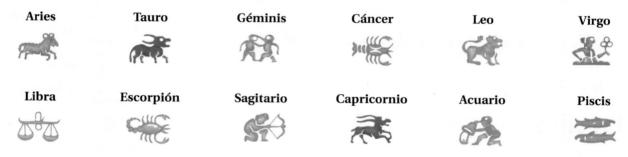

The Conditional Tense					
Infinitive		*Stem*		*Ending*	
trabajar	yo	trabajar-	**ía**	trabajar**ía**	
aprender	tú	aprender-	**ías**	aprender**ías**	
escribir	Ud.	escribir-	**ía**	escribir**ía**	
ir	él	ir-	**ía**	ir**ía**	
ser	ella	ser-	**ía**	ser**ía**	
dar	nosotros(-as)	dar-	**íamos**	dar**íamos**	
hablar	vosotros(-as)	hablar-	**íais**	hablar**íais**	
servir	Uds.	servir-	**ían**	servir**ían**	
estar	ellos	estar-	**ían**	estar**ían**	
preferir	ellas	preferir-	**ían**	preferir**ían**	

---

[1]The conditional is never used in Spanish as an equivalent of *used to*.
Cuando era pequeño siempre **iba a la playa.** *When I was little I would always go to the beach.*

◆ All of the conditional endings have written accents.

—Él dijo que **tomaría** esta medicina.   *"He said that he would take this medicine."*
—Sí, y también dijo que **hablaría**   *"Yes, and he also said that he would speak*
    con el médico.   *with the doctor."*

No sé... yo no lo **lavaría** aquí.

LEARNING TIP

Take all the affirmative and negative statements you created with verbs in the future, and change them to the conditional by starting with **"Yo te dije que..."** For example: **Yo te dije que *Eva diría* la verdad.**

◆ The conditional is also used as the future of a past action. The future states what *will* happen; the conditional states what *would* happen.

Future	Conditional
(states what *will* happen)	(states what *would* happen)
Él **dice** que **estará** aquí mañana.	Él **dijo** que **estaría** aquí mañana.
He says that he will be here tomorrow.	*He said that he would be here tomorrow.*

◆ The verbs that have irregular stems in the future tense are also irregular in the conditional. The endings are the same as those for regular verbs.

Irregular Conditional Stems

Infinitive	*Modified form (Stem)*	*First-person singular*
decir	dir-	**diría**
hacer	har-	**haría**
querer	querr-	**querría**
saber	sabr-	**sabría**
poder	podr-	**podría**
caber	cabr-	**cabría**
poner	pondr-	**pondría**
venir	vendr-	**vendría**
tener	tendr-	**tendría**
salir	saldr-	**saldría**
valer	valdr-	**valdría**

—¿A qué hora te dijo que **vendría**?   *"What time did he tell you he would come?"*
—Dijo que **saldría** de casa a las dos.   *"He said he would leave home at two."*

¡Atención!   The conditional of **hay** (impersonal form of **haber**) is **habría**.

Dijo que **habría** un examen   *He said there would be an exam tomorrow.*
    mañana.

Activity suggestion Write the following incomplete statements on the board or on an overhead transparency. Have students complete the sentences orally or in writing, using the irregular conditional verbs to tell what they, their friends, or their families would never do.

Yo / Mi(s) amigo(s) / Mi novio(-a) / Mi(s) padre(s) / El (La) profesor(-a)

nunca

decir una mentira (*lie*)... / querer visitar un país extranjero / poder conseguir un trabajo en... / tener una familia grande / venir tarde a clase / ponerle un pleito (*sue*) a un amigo / salir solo(-a) de noche

Práctica

A. Nobody would do the things that Carlos does. With a partner, take turns saying what the following people would do instead.

◆ **MODELO:** Carlos come en la cafetería. (yo)
Yo no comería en la cafetería; comería en mi casa.

Carlos...

1. se levanta a las cinco. (Uds.) Uds. se levantarían a las...
2. estudia por la mañana. (Ana y Luis) Ana y Luis estudiarían...
3. viene a la universidad en ómnibus. (nosotros) Nosotros vendríamos a la universidad en...
4. toma clases de alemán. (yo) Yo tomaría clases de...
5. se baña por la noche. (Elsa) Elsa se bañaría...
6. se acuesta a las nueve de la noche. (Ud.) Ud. se acostaría a la(s)...
7. va a las montañas los fines de semana. (ellos) Ellos irían a...
8. sale con Margarita. (tú) Tú saldrías con...

B. Describe what you would do in the following situations, using the conditional.

1. Su amigo(-a) le pide consejos sobre la carrera que debe seguir.
2. Su equipo de fútbol americano favorito juega hoy.
3. Un compañero quiere que Ud. lo ayude con su informe.
4. Sus amigos lo (la) invitan a ir al cine esta noche y Ud. tiene que trabajar mañana.
5. Una persona muy antipática lo (la) invita a salir.
6. Usted tiene que estar en la universidad a las siete de la mañana.
7. Usted tiene una beca y necesita mantener un buen promedio.
8. Ud. va a matricularse y no sabe qué asignaturas debe tomar.

Para conversar

A. **Buenos consejos**   Using the following advice from a magazine article, take turns with your partner indicating what each person in the list said he/she would or wouldn't do after reading it.

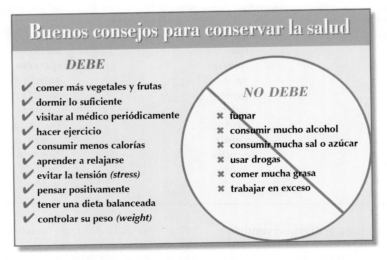

Buenos consejos para conservar la salud

DEBE

✔ comer más vegetales y frutas
✔ dormir lo suficiente
✔ visitar al médico periódicamente
✔ hacer ejercicio
✔ consumir menos calorías
✔ aprender a relajarse
✔ evitar la tensión *(stress)*
✔ pensar positivamente
✔ tener una dieta balanceada
✔ controlar su peso *(weight)*

NO DEBE

✘ fumar
✘ consumir mucho alcohol
✘ consumir mucha sal o azúcar
✘ usar drogas
✘ comer mucha grasa
✘ trabajar en exceso

1. El Sr. Vega toma diez cervezas todos los días. Consumiría menos alcohol.
2. La Srta. Díaz está siempre sentada, mirando la televisión. Haría ejercicio.
3. Elsa come muchos dulces *(sweets)*. Consumiría menos azúcar (menos calorías).
4. El Dr. Álvarez trabaja catorce horas cada día. Trabajaría menos horas. No trabajaría en exceso.
5. La Sra. Carreras duerme sólo cuatro horas cada noche. Dormiría lo suficiente.
6. Estela se preocupa constantemente por todo. Aprendería a relajarse y a evitar la tensión.

7. Adela siempre come papas fritas, hamburguesas, mantequilla, pollo frito, etc. Comería más vegetales y frutas. Tendría una dieta balanceada.
8. Hace cinco años que Carlos no va a ver a su médico. Visitaría a su médico periódicamente.
9. La dieta de Eduardo es de 5.000 calorías al día. Consumiría menos calorías.
10. Raúl pesa (*weighs*) 300 libras (*pounds*). Controlaría su peso.
11. Raquel solamente come carne y pastas. Comería más vegetales y frutas y tendría una dieta balanceada.
12. A Jorge le gustan mucho los cigarrillos. No fumaría.

B. **¡Gané la lotería!** With a partner, take turns telling each other what you would do if you won a million dollars in the lottery. Say at least five things each, and then compare your responses with those of other classmates.

3. The future perfect and the conditional perfect (*El futuro perfecto y el condicional perfecto*)

A. The future perfect

◆ The future perfect in Spanish corresponds closely in formation and meaning to the same tense in English. The Spanish future perfect is formed with the future tense of the auxiliary verb **haber** + *the past participle* of the main verb.

Future tense of *haber*	
habré	habremos
habrás	habréis
habrá	habrán

Formation of the Future Perfect Tense		
yo	**habré terminado**	*I will have finished*
tú	**habrás vuelto**	*you will have returned*
Ud. él ella	**habrá comido**	*you (he, she) will have eaten*
nosotros(-as)	**habremos escrito**	*we will have written*
vosotros(-as)	**habréis dicho**	*you* (fam.*) will have said*
Uds. ellos ellas	**habrán salido**	*you (they) will have left*

◆ Like its English equivalent, the future perfect is used to indicate an action that will have taken place by a certain time in the future.

—¿Tus padres estarán aquí para el dos de junio?
—Sí, para esa fecha ya **habrán vuelto** de Madrid.

"*Will your parents be here by June second?*"
"*Yes, by that date they will have returned from Madrid.*"

¿Habrás terminado para las seis?

Práctica

Complete the following dialogues, using the future perfect forms of the verbs listed. Then act them out with a partner.

acostarse	salir	limpiar
cenar	terminar (2)	volver (2)

1. —Esta noche a las once voy a llamar a Quique.

   —¿Estás loco(-a)? Para esa hora él ya __se habrá acostado__ . Llámalo mañana a las siete.

   —Para esa hora ya __habrá salido__ de su casa.

2. —¿Uds. __habrán vuelto__ de México para el 4 de julio?

   —No, no __habremos vuelto__ todavía. Vamos a estar allí hasta agosto.

3. —Tú y yo podemos salir para España el 12 de diciembre porque ya estaremos de vacaciones.

   —Bueno, tú __habrás terminado__ las clases para entonces, pero yo no las __habré terminado__ todavía.

4. —No podemos traer a mis amigos esta noche porque la casa está muy sucia (*dirty*).

   —No te preocupes. Para cuando Uds. vengan, las chicas ya la __habrán limpiado__ .

5. —¿Quieres cenar con nosotros hoy?

   —Gracias, pero para cuando yo vuelva, Uds. ya __habrán cenado__ .

Para conversar

Para entonces   With a partner, discuss things that you will or will not have done by the following times.

1. para las once de la noche
2. para mañana a las cinco de la mañana
3. para mañana a las seis de la tarde
4. para el sábado próximo
5. para junio del año próximo
6. para el año 2012
7. para diciembre
8. para el mes próximo
9. para el verano que viene
10. para el año 2020

B. The conditional perfect

◆ The conditional perfect is formed with the conditional tense of the auxiliary verb **haber** + *the past participle* of the main verb.

Conditional tense of *haber*	
habría	habríamos
habrías	habríais
habría	habrían

Yo **habría comprado** una talla más grande.

Formation of the Conditional Perfect Tense		
yo	**habría vuelto**	*I would have returned*
tú	**habrías comido**	*you would have eaten*
Ud. él ella	**habría salido**	*you (he, she) would have left*
nosotros(-as)	**habríamos estudiado**	*we would have studied*
vosotros(-as)	**habríais hecho**	*you (fam.) would have done*
Uds. ellos ellas	**habrían muerto**	*you (they) would have died*

◆ Like the English conditional perfect, the Spanish conditional perfect is used to indicate an action that would have taken place but didn't.

—Lo llevé al hospital en mi coche.　　*"I took him to the hospital in my car."*
—Yo **habría llamado** una　　　　　　*"I would have called an ambulance."*
ambulancia.

Práctica

ACE the Test

Last summer, my family, a friend, and I took a trip to New York. Based on what I tell you about our trip, say what you and each member of your family would have done differently, if anything.

◆ **MODELO:** Mi padre llevó tres maletas.
　　　　　Mi padre habría llevado una maleta.

1. Nosotros fuimos a Nueva York. Nosotros habríamos ido a...
2. Viajamos en tren. Nosotros habríamos viajado en...
3. Yo me senté en la sección de no fumar. Yo me habría sentado en...
4. Mi mamá preparó sándwiches para el viaje. Mi mamá habría preparado...
5. Mi amigo y yo bebimos refrescos en el café del tren. Mi amigo y yo habríamos bebido...
6. En Nueva York, mi amigo se quedó en casa de su abuelo. Mi amigo se habría quedado en...
7. Nosotros nos quedamos en un hotel. Nosotros nos habríamos quedado en...
8. Mis padres fueron a ver una comedia musical. Mis padres habrían ido a...
9. Yo fui a bailar. Yo habría ido a...
10. Nosotros visitamos el Museo de Arte Moderno. Nosotros habríamos visitado...
11. Mi amigo visitó la Estatua de la Libertad. Mi amigo habría visitado...
12. Estuvimos en Nueva York por dos semanas. Nosotros habríamos estado en... por...

Práctica, Activity suggestion Write the following infinitive phrases on the board. Then have students tell about the things they or their friends wanted to do or should have done over the weekend but for some reason did not.

Modelo:
Mi compañero habría limpiado el apartamento.

ver a la familia
leer una novela interesante
lavar el coche
bañar al perro
pasar más tiempo en la biblioteca
ir al banco para sacar dinero
ir al supermercado para hacer las compras de la semana
lavar la ropa

Para conversar

¡No los esperábamos!　You and your family had unannounced guests last Saturday. You were not prepared! Say what you and other members of your family would have done, had you known that they were coming.

◆ **MODELO:** mi mamá
　　　　　De haber sabido que vendrían, mi mamá habría limpiado la casa.

1. yo
2. mi papá
3. mi hermana y yo
4. mis hermanos
5. mis padres
6. mi mamá y yo
7. la criada
8. mi tía

Summary of the Tenses of the Indicative		
Simple Tenses		
-ar	*-er*	*-ir*
Presente　habl**o**	com**o**	viv**o**
Pretérito　habl**é**	com**í**	viv**í**
Imperfecto　habl**aba**	com**ía**	viv**ía**
Futuro　hablar**é**	comer**é**	vivir**é**
Condicional　hablar**ía**	comer**ía**	vivir**ía**
Compound Tenses		
Pretérito perfecto　**he** habl**ado**	**he** com**ido**	**he** viv**ido**
Pretérito pluscuamperfecto　**había** habl**ado**	**había** com**ido**	**había** viv**ido**
Futuro perfecto　**habré** habl**ado**	**habré** com**ido**	**habré** viv**ido**
Condicional perfecto　**habría** habl**ado**	**habría** com**ido**	**habría** viv**ido**

Así somos

Al escuchar...

Estrategia **Recognizing transitions** You have already seen that certain words establish links or transitions between one idea and the next. Review the transition words listed in **Al escuchar..., Lección 11**. Here are other transition words you have seen. The lesson number where each was introduced is shown in parentheses.

bueno (1)	a pesar de (esto, lo anterior) (9)	en cuanto (14)
en ese caso (2)	es que (13)	si (14)
en fin (8)	por ejemplo (13)	de haber(lo) sabido (15)

Estoy muy mal. Listen to a conversation between Rosa and Sergio. Listen specifically for the transitional markers and write them on a piece of paper. Try to list ten different ones.

Al conversar...

Estoy muy mal, Answers y, además, entonces, pero, es que, en ese caso, en cuanto, bueno, si, a pesar de, después de todo

Al escuchar... (script)

Rosa (*Coughing*) Sergio, me siento muy mal (*cough, cough*). Me duele la cabeza (*cough, cough*), tengo mucha tos **y**, **además**, creo que tengo fiebre.

Sergio **Entonces** debes acostarte ahora mismo **y**, mañana, no debes ir a la universidad.

Rosa **Pero**, **es que** tengo un examen **y** necesito asistir a clase.

Sergio **En ese caso**, puedes ir al examen **y** volver **en cuanto** termines.

Rosa **Bueno**, creo que **si** tomo dos aspirinas, **y** me acuesto, mañana estaré mejor. **Y**, **si a pesar de** eso no estoy bien, no iré al examen.

Sergio Sí, **después de todo**, la salud es lo más importante.

HM
Handout Para decirlo en español

¿Qué dice Ud.?, Answers
Possibilities: 1. Estaba enfermo(-a) pero el doctor me recetó un remedio (una medicina) y ahora me siento perfectamente bien. 2. Una ambulancia ha llevado a tu (su) padre a la sala de emergencia porque tuvo un ataque al corazón. 3. Su hijo tuvo un accidente. Le pregunté al doctor cómo está y está bien. 4. No se moleste (No te molestes).

Estrategia **Practicing extended conversation** As you continue your study of Spanish, it is important that you develop your conversational skills beyond brief oral exchanges. When you make a statement, try to elaborate with details. For example, on the topic **Hoy voy al médico**, you can talk about the time of the appointment, why you are going, your symptoms, how long you have had the problem, etc.

Anécdotas personales Think of three simple statements to tell your partner and expand on each with as much information as you can. You might talk about something you plan to do, a friend, a recent medical problem, a movie you saw, etc.

¿Qué dice Ud.? What would you say in the following situations? What might the other person say? Act out the scenes with a partner. Take turns playing each role.

1. You tell a friend that you were sick but the doctor has prescribed some medicine, and you are now feeling perfectly well.
2. You tell a friend that an ambulance has taken his dad to the emergency room because he had a heart attack.
3. You inform a man that his son has had an accident. Add that you asked the doctor how he is and he is O.K.
4. Someone offers to do something for you. Tell him/her not to bother.

Para conocernos mejor To do this activity, work with a classmate whom you would like to get to know. Take turns asking and answering these questions.

1. ¿Has tenido algún problema últimamente? ¿Cuántas veces al año vas al médico? ¿Cuándo fue la última vez que te hicieron un chequeo? ¿Cómo se llama tu médico? ¿Cómo te sientes hoy?
2. ¿Tú te quedas en tu casa cuando estás enfermo(-a)? ¿Has tenido pulmonía alguna vez? ¿Cuándo fue la última vez que tuviste catarro? ¿Qué hiciste?
3. ¿Tú eres alérgico(-a) a alguna medicina? ¿Qué tomas cuando tienes tos? ¿Tu médico te receta antibióticos a veces? ¿Cuáles?

4. ¿Te han enyesado una pierna o un brazo alguna vez? ¿Cuándo fue la última vez que te hicieron una radiografía? ¿De qué parte del cuerpo? ¿Te pusieron alguna inyección antitetánica? ¿Cuándo?

5. ¿Te habrás acostado para las once de la noche? ¿Tomarás algo antes de acostarte? ¿Qué?

Una encuesta Interview your classmates to identify who fits the following descriptions. Include your instructor, but remember to use the **Ud.** form when addressing him/her. After finishing the survey, get together with two or three classmates and discuss the results.

Handout ¿Qué dijiste?

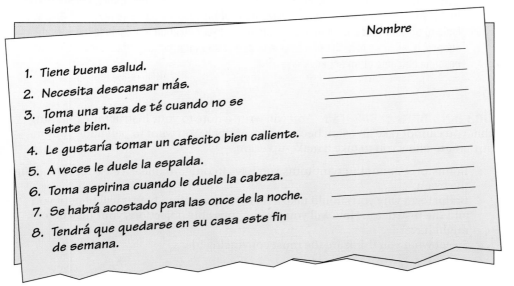

Nombre

1. Tiene buena salud.

2. Necesita descansar más.

3. Toma una taza de té cuando no se siente bien.

4. Le gustaría tomar un cafecito bien caliente.

5. A veces le duele la espalda.

6. Toma aspirina cuando le duele la cabeza.

7. Se habrá acostado para las once de la noche.

8. Tendrá que quedarse en su casa este fin de semana.

Para crear Get together in groups of three or four and "create" the scenario for this photo. Who are the people? Give them names. What is their relationship to each other? What happened to the young man, and what did the doctor do? What symptoms is the patient describing? What is the doctor saying? What will he prescribe?

¡Vamos a escribir!

Antes de escribir

Estrategia **Writing to persuade** One of the functions of writing is persuading someone to agree with your point of view. To be as convincing as possible, think through the reasons that justify or support your point of view. Think of the reader's possible reactions and use logic to present your case. Provide a statement of your position and include ideas that support it, such as benefits of a course of action and information or facts regarding the possible outcome of an action.

Una nota para excusarse You will write a note to your instructor explaining that you cannot take an exam because you are sick. You want to persuade your instructor to allow you to take a make-up exam.

- Brainstorm about the symptoms you have in order to make a case for not taking the exam.
- Brainstorm why you should take a make-up exam and how it will benefit you and the instructor. How will you counter possible objections your instructor might have?
- Select what you think are the most convincing ideas.

A escribir la nota

Write the **primer borrador** of your excuse note. Be sure to mention when you would be able to take the make-up exam and thank your instructor for considering your request!

Después de escribir

Before writing the final version of your note, exchange your first draft with a classmate and peer edit each other's work using the following guidelines.

- use of the subjunctive and indicative, especially after conjunctions
- formation and use of all tenses, especially the future and conditional
- convincing presentation of ideas

Rincón literario

Hugo Rodríguez-Alcalá (*Paraguay: 1917–*)

El autor paraguayo Hugo Rodríguez-Alcalá escribe poesía, cuentos y ensayos. Publicó sus dos primeros libros en 1939: *Poemas* y *Estampas de la guerra*. Este último influyó más tarde en la literatura de su país, evocadora de la Guerra del Chaco, librada (*fought*) con Bolivia.

Este escritor ha publicado gran número de estudios literarios en revistas del norte y del sur del continente a partir de 1950, pero la mayoría de sus libros han aparecido en México. Entre los más importantes figuran el libro de poemas *Abril que cruza el mundo* y el libro dedicado al gran escritor mexicano Juan Rulfo, *El arte de Juan Rulfo*.

Hugo Rodríguez-Alcalá fue catedrático de la Universidad de California en Riverside, y durante su estancia allí, escribió varios libros de poemas donde refleja su vivencia en este estado. El siguiente poema es un ejemplo de esta poesía.

Antes de leer

Estrategia   **Poetic language and the dictionary**   Poets use very precise language. Sometimes a poet uses a rather obscure word to create a specific effect. When you encounter an unfamiliar word, you can try to extract its meaning from context; however, often it may be necessary to look up the word in a dictionary to better understand the nuance and mood or tone the poet is conveying. When consulting a dictionary, you may need to consider the context in which the word appears in order to select the correct meaning.

Lenguaje poético   Go to your dictionary, find the definition of the following words, and write them on a piece of paper. Then, to help you remember the word, give a simpler approximate word you know that conveys the same general concept.

1. columbrar (una casa)
2. tembloroso
3. (a la) vera
4. verter (hojas de un árbol, *leaves of a tree*)

Lenguaje poético, Answers
1. **columbrar**: to make out, begin to see; **ver, mirar**   2. **tembloroso**: trembling, shaking; **moviéndose, con miedo**   3. (**a la**) **vera**: by, beside; (**al**) **lado**   4. **verter**: to shed; **dejar caer**

A leer

Read the first stanza of the poem. In pairs, try to determine what the direct object pronoun **lo** refers to. Then read the complete poem.

A leer, Answer   **Lo** refers to **el jacarandá**.

Jacarandá en California

Cuando regreso a la casa
y **lo columbro** de lejos,
todo vestido de gala°   vestido... *dressed up*
y enamorado del viento,

con el lila de sus ramos
tembloroso de deseo,
se me figura impaciente,
como si fuera un velero°   *sailboat*
queriendo soltar amarras°   **soltar...** *untie lines*
y navegar por el cielo.°   *sky*

Bajo del coche y avanzo
por la escalera de piedra,°   *stone*
y a su **vera** me detengo
para admirar su belleza.

Y él se me antoja° que inclina   **se...** *it seems to me*
su copa de primavera
y que a mis pies, saludando,
vierte sus flores más tiernas.

Después de leer... reflexiones

A. Recitation Listen to "Jacarandá en California" being recited in your in-text audio. Then answer the following questions.

1. ¿Qué ve el poeta de lejos al regresar a su casa? El poeta ve el jacarandá.
2. ¿De qué dice que está enamorado el árbol? Está enamorado del viento.
3. ¿Qué se le figura al poeta que es el árbol? Se le figura un velero.
4. ¿Qué dice que quiere hacer el árbol? Quiere soltar amarras y navegar por el cielo.
5. ¿Qué admira el poeta? Admira su belleza.
6. ¿Qué hace el árbol para saludar al poeta? Vierte sus flores más tiernas.

B. Expressing feelings With a partner, talk about how you feel when you are close to nature. **(Cuando estoy cerca de la naturaleza...)** Words you might include: **paz** (*peace*), **tranquilidad** (*tranquility*).

Sobre la libertad

¿De qué se hace un tirano?° De la vileza° de muchos y de la cobardía° de todos.

tyrant / vileness cowardice

   Enrique José Varona (Cuba: 1849–1933)

Mi único amor siempre ha sido el de la patria;° mi única ambición su libertad.

homeland

   Simón Bolívar (Venezuela: 1783–1830)

Libertad es el derecho° que todo hombre tiene a ser honrado° y a pensar y a hablar sin hipocresía.

right / honest, honorable

   José Martí (Cuba: 1853–1895)

La libertad no consiste en hacer lo que se quiere, sino° en hacer lo que se debe.

but

   Ramón de Campoamor (España: 1817–1901)

Comentarios...

A. With a partner, take turns reading the **Frases célebres,** and say which one appeals to you the most. Give reasons for your choice.

B. Can you think of any famous sayings in English about this topic?

Panorama hispánico

HM
Improve Your Grade
Web Search

Paraguay

◆ Paraguay es un país principalmente agrícola y su economía depende de sus bosques y sus fértiles tierras (*lands*). Sin embargo, desde la construcción de la planta hidroeléctrica de Itaipú, el país ha comenzado a industrializarse y empieza a convertirse en un centro de atracción turística. Itaipú, la mayor planta hidroeléctrica del mundo, obra del esfuerzo conjunto de Brasil y Paraguay, ha hecho de este país el mayor exportador de energía hidroeléctrica. Esta planta produce tanta energía como 10 plantas nucleares, y 6 veces más que la represa (*dam*) de Aswan en Egipto. Más importante aún, la planta evita la emisión de más de 67 millones de toneladas de dióxido de carbono al año.

◆ Al igual que Bolivia, Paraguay no tiene salida al mar, pero tiene más de 1.800 millas de ríos navegables, que son sus principales vías de transporte. En la frontera de Paraguay, Argentina y Brasil están las famosas cataratas de Iguazú, nombre guaraní que significa "agua grande".

◆ La mayor parte de los turistas que llegan a Paraguay, solamente van hasta el lado paraguayo de las cataratas y a la planta de Itaipú, pero los que visitan el resto del país, disfrutan de sus múltiples bellezas naturales y admiran su artesanía.

◆ Asunción, la capital de Paraguay, es también su principal puerto. Desde allí salen los barcos que, a través del río Paraná, transportan los productos del país hasta el río de la Plata. Asunción es una ciudad de más de 2 millones de habitantes en la que se mezclan los edificios coloniales con modernas construcciones.

◀ Cataratas de Iguazú, las más caudalosas del mundo, en la frontera (*border*) de Paraguay, Argentina y Brasil

Bolivia

Note Point out that Bolivia has two national flags. The state flag with the national coat of arms on the map on page 399 is flown on government buildings. The civil flag flown by private citizens does not have the coat of arms.

◆ En realidad, La Paz es una de las dos capitales de Bolivia; la otra es Sucre. La Paz, situada a 12.000 pies de altura, es la capital administrativa, y Sucre, la capital política. El lago Titicaca está a 12.500 pies de altura y es, después del lago Maracaibo, el segundo más grande de América del Sur. El país es tan grande como los estados de California y Texas juntos, pero apenas puede explotar sus riquezas naturales porque no tiene salida al mar y su territorio es muy montañoso.

◆ Los indios quechua y aymará, que constituyen más de la mitad de su población, mantienen su cultura y sus lenguas tradicionales. El resto de la población lo constituyen las personas de ascendencia europea (un 15% de la población) y los mestizos producto de la integración de las razas indígenas y europeas. La mayor parte de los habitantes del país vive en el altiplano (*plateau*).

◆ Bolivia es uno de los más atractivos destinos turísticos por sus bellísimos paisajes andinos, que le han valido el nombre de "el Tibet de América", y por las ruinas doblemente milenarias de Tiahuanaco.

◆ Otras ciudades importantes, además de las capitales, son Santa Cruz de la Sierra, Oruro y Potosí.

A 3.600 metros sobre (*above*) el nivel del mar, La Paz es la ciudad capital más alta del mundo y es la sede (*seat*) del gobierno y el centro administrativo, financiero y comercial del país.

Maravillas del ingenio[1] y del trabajo humanos

▲ Mineros de la plata (*silver*) de Potosí, Bolivia, nombre que dio origen a la palabra potosí, sinónimo poético de "gran riqueza" (*great wealth*).

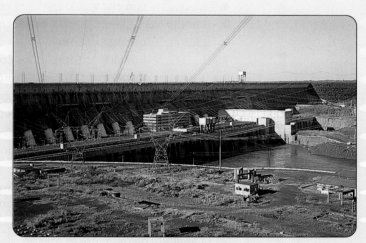

▲ Represa (*Dam*) de Itaipú, la mayor planta hidroeléctrica del mundo (construida entre 1974 y 1991). En treinta años, la economía de la zona se ha transformado y la población ha aumentado considerablemente, debido a la represa.

Nuestro panorama cultural

In groups of three, answer the following questions about your home state, region, or country.

1. ¿Hay grandes cataratas en su país? ¿Dónde están?
2. ¿Hay represas en su país? ¿Hay plantas que producen formas alternativas de energía en su región?
3. ¿Qué tipos de artesanía de su país o de su región se conocen en otros países?

For the next class: Go to the World Wide Web and find photos of your hometown, state, region, or country. Use the questions from **Nuestro panorama cultural** above as guidelines for choosing them. Be ready to present the photos to your classmates.

 Un poco de cultura

---

[1]**ingenio** = *creative powers*

Self-Test

Take this test. When you have finished, check your answers in the answer key provided in Appendix D. Then use a red pen to correct any mistakes you may have made. Are you ready?

Lección 13

A. Familiar commands (*tú*)   Give the Spanish equivalent of the words in parentheses.

1. ____Dime____, Paco. ¿Pusiste el dinero en la billetera? (*Tell me*)
2. ____Haz____ el trabajo y luego ____limpia____ los baños, Ana. (*Do / clean*)
3. ____Vete____ de mi cuarto, Carlos. (*Leave*)
4. ____Ve____ con ella y ____compra____ el vestido para Silvia, Pepe. (*Go / buy*)
5. ¿Los libros? ____Ponlos____ en la mesa, Dora. (*Put them*)
6. ____Ven____ conmigo. (*Come*)
7. ____Sé____ buena y ____tráeme____ los aretes. (*Be / bring me*)
8. ____Ten____ paciencia. ____Espérame____ unos minutos más. (*Have / Wait for me*)
9. _No compres_ el camisón si no está en rebaja, Anita. (*Don't buy*)
10. ¿Los zapatos? _No los cambies_ todavía (*yet*), Julio. (*Don't exchange them*)
11. ____No te vayas____, querido. (*Don't go away*)
12. ____Levántate____ a las seis y ____trabaja____ hasta las once. (*Get up / work*)

B. *Qué* and *cuál* used with *ser*   Supply the questions that elicited the following responses. Begin each one with **qué** or **cuál**, as needed.

1. Mi número de teléfono es 862-4031. ¿Cuál es tu número de teléfono?
2. El apellido de mi padre es Álvarez. ¿Cuál es el apellido de tu padre?
3. Una pulsera es una joya. ¿Qué es una pulsera?
4. Las lecciones que necesitamos son la once y la doce. ¿Cuáles son las lecciones que necesitan?
5. Su dirección es calle Universidad, número treinta. ¿Cuál es su dirección?
6. Una enchilada es un plato mexicano. ¿Qué es una enchilada?

C. The subjunctive to express indefiniteness and nonexistence   Complete the following sentences, using the present subjunctive or the present indicative of the verbs given.

1. ¿Hay alguien aquí que ____sepa____ (saber) hablar español?
2. Tengo unos zapatos que Uds. ____tienen____ (tener) que devolver.
3. No conozco a nadie que ____sea____ (ser) chileno.
4. ¿Ud. quiere una blusa que ____tenga____ (tener) rayas?
5. Necesito una falda que ____haga____ (hacer) juego con esta blusa.
6. Aquí hay una chica que ____habla____ (hablar) francés, pero no hay nadie que ____hable____ (hablar) italiano.

D. Just words . . .
Complete the following sentences, using the vocabulary from **Lección 13.**

1. Voy a ir al centro ___comercial___ para comprar unos ___zapatos___ de tenis. Hoy tienen una gran _liquidación (rebaja)_ .
2. No tengo nada que ___ponerme___; por eso voy a ___ir___ de compras.
3. Estas botas no son estrechas; son muy ___anchas___ .
4. ¿Qué número ___calza___ Ud.?
5. La caja está al ___lado___ del probador.
6. Voy a devolver este vestido porque me ___queda___ grande. Yo uso ___talla___ mediana.
7. Ernesto está en el ___departamento___ de caballeros porque necesita comprar ___ropa___ interior.
8. No me gustan las camisas de ___rayas___ . Prefiero las de cuadros.
9. Voy a la ___librería___ para comprar unos libros.
10. Tengo que comprar un ___par___ de zapatos negros.
11. ¿Qué les ___parece___ si vamos de compras hoy?
12. Esta cartera cuesta solamente diez dólares; es una ___ganga___ .

E. Culture
Complete the following sentences, based on the **Panorama hispánico** section.

1. Chile es un país largo y ___estrecho___ .
2. Casi la ___tercera___ parte de los habitantes de Chile viven en la capital.
3. Viña del ___Mar___ es el balneario más conocido de Chile.
4. Chile es conocido como "la ___frutería___ del mundo".

Lección 14

A. The subjunctive or indicative after certain conjunctions
Complete the following sentences with the present subjunctive or the present indicative of the verbs given.

1. Tan pronto como Marta ___llegue___ (llegar) a casa, le voy a dar el dinero.
2. Voy a esperarlos hasta que ___vuelvan___ (volver).
3. Cuando ellos ___van___ (ir) a la facultad, siempre salen temprano.
4. Cuando lo ___veas___ (ver), dile que me llame.
5. Vamos a hablar con ellos antes de que ___tomen___ (tomar) una decisión.
6. Ella va a ir al laboratorio con tal que tú ___vayas___ (ir) con ella.
7. No puedo matricularme a menos que tú me ___des___ (dar) el dinero.
8. En caso de que ella ___necesite___ (necesitar) el horario, yo puedo traérselo.
9. Voy a llamar a Raúl para que nos ___lleve___ (llevar) a la universidad.

B. The past participle
Give the past participle of the following verbs.

1. escribir escrito
2. abrir abierto
3. ver visto
4. hacer hecho
5. romper roto
6. ir ido
7. hablar hablado
8. comer comido
9. beber bebido
10. recibir recibido

C. Past participles used as adjectives
Give the Spanish equivalent of the words in parentheses.

1. Los informes están ___escritos___ en español. (*written*)
2. ¿Están ___abiertas___ las puertas del gimnasio? (*open*)
3. Ese escritor está ___muerto___. (*dead*)
4. El laboratorio está ___cerrado___. (*closed*)
5. Los trabajos ya están ___hechos___. (*done*)

D. The present perfect
Complete the sentences with the present perfect tense of the verbs given.

1. El arquitecto no ___ha venido___ (venir) hoy.
2. Los abogados no me ___han dicho___ (decir) nada.
3. ¿Tú ___has escrito___ (escribir) el informe de biología?
4. Yo no ___he hecho___ (hacer) el trabajo todavía.
5. ¿Uds. ___han hablado___ (hablar) con la bibliotecaria?
6. Nosotros nunca ___nos hemos enojado___ (enojarse) con ellos.

E. The past perfect (pluperfect)
Complete the following sentences with the past perfect tense of the verbs given.

1. Cuando yo llegué, la clase ya __había terminado__ (terminar).
2. Elsa dijo que ellos __habían ido__ (ir) al laboratorio.
3. El carpintero me __había dicho__ (decir) que venía hoy.
4. Yo ya __había terminado__ (terminar) el trabajo.
5. Nosotros todavía no nos __habíamos matriculado__ (matricular).
6. ¿Tú le __habías preguntado__ (preguntar) cuál era su especialización?

F. Just words . . .
Match the questions in column A with the answers in column B.

A		B
1. ¿Adónde vas?	d	a. Administración de empresas.
2. ¿Qué materias estás tomando?	f	b. El año próximo.
3. ¿Quién es tu consejero?	h	c. No, es plomero.
4. ¿Qué tal te va?	j	d. Al laboratorio.
5. ¿Qué tienes que escribir?	i	e. Sí, para pagar la matrícula.
6. ¿Qué nota sacaste?	k	f. Física, química y sociología.
7. ¿Estudia periodismo?	l	g. No, quedé suspendido.
8. ¿Necesitas dinero?	e	h. El Dr. Peña.
9. ¿Aprobaste el examen?	g	i. Un informe para mi clase de biología.
10. ¿Es carpintero?	c	j. No muy bien.
11. ¿Qué carrera estudia?	a	k. Una "B".
12. ¿Cuándo te gradúas?	b	l. Sí, quiere trabajar para el *Times*.

G. Culture
Answer the following questions, based on the **Panorama hispánico** section.

1. ¿Cuál es la capital de Argentina? Buenos Aires.
2. ¿Cuál es la música típica de Argentina? El tango.
3. ¿Cómo ha sido llamada Buenos Aires? El París de Suramérica.
4. ¿Qué cataratas famosas hay en Argentina? Las cataratas de Iguazú.

Lección 15

A. The future   Rewrite the following sentences using the future tense.

1. Le vamos a decir que necesita descansar. Le diremos que necesita descansar.
2. ¿Qué van a hacer Uds.? ¿Qué harán Uds.?
3. No van a querer ir. No querrán ir.
4. Lo voy a saber mañana. Lo sabré mañana.
5. No van a poder venir. No podrán venir.
6. ¿Adónde vamos a ir? ¿Adónde iremos?
7. ¿Dónde lo vas a poner? ¿Dónde lo pondrás?
8. Nosotros vamos a venir con él. Nosotros vendremos con él.
9. Voy a tener que preguntárselo. Tendré que preguntárselo.
10. Vamos a salir mañana. Saldremos mañana.

B. The conditional   Rewrite the following sentences, using the conditional tense.

1. Yo voy a Paraguay. Yo iría a Paraguay.
2. Nosotros les recetamos antibióticos. Nosotros les recetaríamos antibióticos.
3. ¿Tú se lo dices? ¿Tú se lo dirías?
4. Ellos hablan con Dora. Ellos hablarían con Dora.
5. ¿Ud. lo pone en el consultorio? ¿Ud. lo pondría en el consultorio?
6. ¿Uds. vienen el domingo? ¿Uds. vendrían el domingo?
7. Julio pide miel. Julio pediría miel.
8. Nosotros lo hacemos hoy. Nosotros lo haríamos hoy.
9. Tú no sales con ella. Tú no saldrías con ella.
10. Ella no va sola. Ella no iría sola.

C. The future perfect   Complete the following sentences, using the future perfect of the verbs given.

1. Para mañana, el médico me ___habrá dicho___ (decir) qué medicina debo tomar.
2. Para las cuatro de la tarde, ellos ___habrán vuelto___ (volver) del consultorio.
3. Para el domingo, yo ___habré mejorado___ (mejorar).
4. Para las cinco, nosotras ya ___habremos merendado___ (merendar).
5. ¿Tú me ___habrás traído___ (traer) la silla de ruedas para el mediodía?

D. The conditional perfect
Complete the following sentences, using the conditional perfect of the verbs given.

1. Yo __habría tomado__ (tomar) aspirinas.
2. Ellos __habrían venido__ (venir) a eso de las tres.
3. La enfermera te __habría puesto__ (poner) una inyección antitetánica.
4. De haber sabido que estabas enferma, nosotros __habríamos ido__ (ir) a verte.
5. ¿Qué __habrías hecho__ (hacer) tú?

E. Just words . . .
Choose the word or phrase in parentheses that best completes each sentence.

1. Ella es alérgica a la (radiografía, penicilina, clase). penicilina
2. Comemos con (los oídos, los dientes, el pecho). los dientes
3. Hablamos con (la espalda, los dedos, la lengua). la lengua
4. Vemos con (los ojos, la boca, las orejas). los ojos
5. Caminamos con (las manos, el cuello, los pies). los pies
6. Tuvo un accidente. Lo llevaron al hospital en una (garganta, salud, ambulancia). ambulancia
7. ¿Te (rompiste, atropellaste, evitaste) el brazo alguna vez? rompiste
8. Me dolía mucho (la pierna, el pelo, el consultorio). la pierna
9. Tenía ciento tres (fiebre, gripe, grados) de temperatura. grados
10. ¿Cuándo fue la última vez que le (cortaron, quebraron, pusieron) una inyección antitetánica)? pusieron
11. ¿Por qué tomaste aspirina? ¿Tenías (dolor de cabeza, tos, frío)? dolor de cabeza
12. ¿Tienes Alka Seltzer? Es para (el pecho, el estómago, los dedos de los pies). el estómago
13. Va a tener un niño. Está (cansada, enferma, embarazada). embarazada
14. Raúl no se siente bien. El médico dice que tiene (pastillas, gripe, recetas). gripe

F. Culture
Complete the following sentences, based on the **Panorama hispánico** section.

1. La mayoría de los paraguayos hablan dos idiomas, el español y el __guaraní__.
2. La represa de __Itaipú__ es la mayor planta hidroeléctrica del mundo.
3. Paraguay y Bolivia no tienen salida al __mar__.
4. El __Titicaca__ es el lago navegable más alto del mundo.
5. Bolivia tiene dos capitales: Sucre y __La Paz__.

▲ El jugador uruguayo Jorge Fucile durante un partido de fútbol

Objetivos

Comunicación

You will learn vocabulary related to sports and outdoor activities.

Pronunciación

Pronunciation in context

Estructuras

◆ The imperfect subjunctive
◆ Some uses of the prepositions **a, de,** and **en**
◆ The present perfect subjunctive

Cultura

◆ Sports in the Spanish-speaking world
◆ **Mate** and **asado** in the Southern Cone

Panorama hispánico

◆ Uruguay
◆ Brasil

Estrategias

Listening: Identifying word boundaries practice I
Speaking: Transitioning between ideas
Writing: Writing a short story
Rincón literario: Skimming and predicting

Activity suggestion Use this photo to introduce the lesson theme. Ask your students:

1. ¿Prefieres jugar al fútbol o al fútbol americano?
2. Generalmente, ¿ves deportes (*sports*) en la televisión o vas al estadio?
3. Ustedes están en este estadio de fútbol. ¿Quiénes se están divirtiendo y quiénes preferirían estar en un partido de béisbol?

Las actividades al aire libre

Uruguay y Brasil

Uruguay

Uruguay, el país más pequeño de Suramérica, está situado entre Brasil y Argentina, en la costa oriental (*east*) de este continente. Su nombre oficial es República Oriental del Uruguay.

Brasil

Brasil es el país más grande y más rico de América Latina. Limita con todos los países de Suramérica, excepto Chile y Ecuador. El idioma del país es el portugués, porque Brasil fue colonizado por Portugal.

▲ Un uruguayo tomando mate

▲ El Carnaval de Río, uno de los más importantes del mundo, se viene celebrando hace 200 años. Es el más grande del mundo: dura (*it lasts*) cinco noches y en él se dan cita (*come together*) unos 50.000 visitantes.

▲ Punta del Este, destino internacional de veraneo (*summer vacationing*), popular centro turístico en Uruguay

431

Ramón, Isabel, Néstor y Estrella son cuatro amigos inseparables que se conocen desde que estaban en el jardín de infantes en una escuelita de Montevideo. Hoy están en la casa de Isabel, charlando y tomando mate. Isabel y Estrella estaban leyendo la revista TodoVida *cuando los muchachos llegaron y ahora les están contando algo sobre un artículo.*

Isabel	El artículo es sobre cómo viven los millonarios, especialmente cuando van de vacaciones... A esquiar a Bariloche, a escalar montañas en Chile, a hacer surfing en Río de Janeiro...
Ramón	Yo traté de hacer surfing una vez... ¡Casi me ahogo!
Estrella	¡Ay, Ramón! Y aquella vez que fuimos a patinar, ¡te caíste como diez veces!
Néstor	¡Dejen tranquilo al pobre Ramón! ¿Quieren ver el partido de fútbol el domingo? Juega Peñarol.[1]
Isabel	¿En el estadio? ¿Podemos conseguir entradas?
Néstor	No, en mi casa. Mis padres invitaron a unos amigos de ellos a un asado, y van a estar en el patio. ¡Tenemos el televisor a nuestra disposición!
Ramón	¡Y asado! ¿Y le pediste a tu mamá que hiciera empanadas?[2]
Estrella	Bueno, si vamos a comer asado y empanadas, Isabel y yo aceptamos... ¡si ustedes van a misa con nosotras!
Isabel	(*Mira la revista.*) Aquí hay otro artículo sobre Fernando Peñarreal, el campeón de tenis... ¡Es divino! ¡Y no hay nadie que haya viajado tanto como él... ni ganado tantos partidos!
Estrella	Todas las chicas están enamoradas de él. ¡Y dicen que no es nada orgulloso! Los fines de semana le gusta ir a acampar con sus amigos... ¡Y sabe armar su propia tienda de campaña!
Ramón	Yo tengo una tienda de campaña, pero es de plástico...
Néstor	¡Tengo una idea! ¿Por qué no vamos a pescar?
Ramón	¡¿Estás loco?! ¡Yo trabajo en una pescadería! Y mi papá me dijo que comprara pescado para la cena esta noche...
Isabel	Además, ¡Estrella y yo nos aburriríamos como ostras! ¿Por qué no hacemos un picnic en Pocitos[3] mañana? Podemos nadar un poco, broncearnos, jugar al voleibol... ¡Es más divertido!
Ramón	¡Exactamente! Y, lo que es más importante, ¡es gratis!
Néstor	(*Bromeando*) ¡Y yo te puedo enseñar a hacer surfing!
Ramón	No, gracias... ¡Dame otro mate!

HM

Handout En contexto

Tomar **mate** es una costumbre típica en Uruguay, Argentina, Paraguay y el sur de Brasil. El mate es una especie de té que se bebe en un recipiente especial con una bombilla (*straw*) que generalmente es de plata. Compartir con alguien el mate es una señal (*sign*) de amistad. En Uruguay se ve gente tomando mate en todas partes y a todas horas.

◆ **¿Qué bebidas son muy populares en este país?**

---

[1]famoso equipo de fútbol de Uruguay
[2]**empanadas** = *meat turnovers*
[3]playa de Montevideo

Isabel

Ramón

Estrella

Néstor

ACE the Test

¿Quién lo dice? Identify the person who said the following in the dialogue.

1. Yo traté de hacer surfing una vez... ¡Casi me ahogo! _____Ramón_____
2. ¡Dejen tranquilo al pobre Ramón! _____Néstor_____
3. ¡Tenemos el televisor a nuestra disposición! _____Néstor_____
4. Todas las chicas están enamoradas de él. _____Estrella_____
5. Yo tengo una tienda de campaña, pero es de plástico... _____Ramón_____
6. El artículo es sobre cómo viven los millonarios, sobre todo cuando se van de vacaciones... _____Isabel_____
7. ¿Por qué no hacemos un picnic en Pocitos mañana? _____Isabel_____
8. Y aquella vez que fuimos a patinar, ¡te caíste como diez veces! _____Estrella_____

En el diálogo, Answers 1. Se conocen desde que estaban en el jardín de infantes.   2. Es sobre cómo viven los millonarios.   3. Casi se ahoga (ahogó).   4. No, no sabe patinar.   5. Van a verlo en la televisión en la casa de Néstor. 6. Les gusta comer asado y empanadas.   7. Se llama Fernando Peñarreal.   8. Le gusta ir a acampar con sus amigos.   9. No, no les gusta la idea de ir a pescar porque es aburrido.   10. Puede enseñarle a hacer surfing.

Hablemos. With a partner, take turns asking and answering the following questions. Base your answers on the dialogue and on your own circumstances.

En el diálogo	¿Y tú?
1. ¿Desde cuándo se conocen los cuatro amigos?	¿Desde cuándo conoces tú a tu mejor amigo(-a)?
2. ¿Sobre qué es el artículo que están leyendo las chicas?	¿Qué tipo de artículos te interesa leer?
3. ¿Qué pasó cuando Ramón trató de hacer surfing?	¿A ti te gusta hacer surfing?
4. ¿Ramón sabe patinar?	¿Cuándo fue la última vez que fuiste a patinar?
5. ¿Dónde van a ver los chicos el partido de fútbol?	¿Qué deportes prefieres tú?
6. ¿Qué les gusta comer a Isabel y a Estrella?	¿Qué prefieres comer tú?
7. ¿Cómo se llama el campeón de tenis?	¿Quién es el campeón de tenis de este país?
8. ¿Qué le gusta hacer a Fernando Peñarreal los fines de semana?	¿Qué te gusta hacer a ti los fines de semana?
9. ¿Les gusta a las chicas la idea de ir a pescar? ¿Por qué?	¿Tú prefieres pescar o hacer un picnic?
10. ¿Qué puede enseñarle Néstor a Ramón?	¿Tú eres experto(-a) en algún deporte? ¿En cuál?

¿Lo sabía Ud.? En cualquier reunión familiar, están siempre presentes el asado y las empanadas, comidas típicas de los países del Cono Sur (*Southern Cone*). La comida italiana es también muy popular allí.

◆ **¿Cuáles son las comidas típicas de este país?**

🎧 Vocabulario

Cognados

la **actividad** activity
el **artículo** article
atlético(-a) athletic
divino(-a) divine
el **estadio** stadium

millonario(-a) millionaire
el **plástico** plastic
el **tenis** tennis
el **voleibol** volleyball

Improve Your Grade
Audio Flashcards

Nombres

la **actividad al aire libre** outdoor activity
el **asado** barbecue
el (la) **campeón(-ona)** champion
la **entrada** ticket (to an event)
el **fútbol** soccer

el **jardín de infantes (de infancia)**
  kindergarten
la **misa** mass (*Catholic service*)
la **ostra** oyster
la **tienda de campaña** tent

Verbos

aburrirse to be bored
acampar to camp
ahogarse to drown
armar to pitch (*a tent*)
broncearse to get a tan
caerse (yo me caigo) to fall

escalar to climb
esquiar to ski
ganar to win
patinar to skate
pescar to fish, to catch (*a fish*)

Adjetivos

divertido(-a) fun
enamorado(-a) (de) in love (with)
loco(-a) crazy
orgulloso(-a) proud
propio(-a) own

¿Lo sabía Ud.? Aunque el básquetbol, el voleibol, el ciclismo y la natación son muy populares en Uruguay, el fútbol es el deporte nacional. Generalmente se juega los domingos, día en que los estadios están llenos de fanáticos de este deporte. Los niños comienzan a jugar al fútbol desde pequeños.

◆ **En este país, ¿cuáles son los deportes favoritos?**

a nuestra disposición at our disposal
aburrirse como una ostra to be bored to death
como about
dejar tranquilo(-a) to leave alone
hacer surfing to surf
hacer (tener) un picnic to have a picnic

ir a acampar to go camping
ir a pescar, ir de pesca to go fishing
no es nada orgulloso(-a) he (she) is
  not proud at all
una vez once

Vocabulario adicional

Deportes y actividades al aire libre (*Sports and outdoor activities*)

el velero
el mar
la caña de pescar
la tabla de mar
el esquí acuático
el bote, la barca
remar
bucear
el traje de baño
la arena
el/la salvavidas
Norte
Oeste Este
Sur
tomar el sol
montar a caballo
montar en bicicleta

Más sobre las actividades al aire libre

la cabaña cabin
el campo country, countryside
la canoa canoe
cazar to hunt
divertirse (e:ie) to have fun
la escopeta shotgun

jugar[1] al golf to play golf
jugar al tenis to play tennis
la nieve snow
el palo de golf golf club
el pino pine tree
la raqueta racquet

HM

Handouts De vacaciones / Palabras escondidas

_____

[1]present indicative: **juego, juegas, juega, jugamos, jugáis, juegan**

ACE the Test

Práctica

A. Select the word or phrase that does not belong in each group.

1. patinar / armar / acampar patinar
2. escalar / esquiar / pescar pescar
3. broncearse / hacer un picnic / tomar el sol hacer un picnic
4. hacer surfing / tabla de mar / caña de pescar caña de pescar
5. norte / campo / sur campo
6. escopeta / cazar / ahogarse ahogarse
7. aburrirse / pasarlo bien / divertirse aburrirse
8. bolsa de dormir / entrada / tienda de campaña entrada

B. Select the word or phrase that best completes each sentence.

1. Vamos a acampar. Necesitamos (la entrada, la tienda de campaña, el asado). la tienda de campaña
2. Voy a jugar al tenis. ¿Puedes prestarme tu (escopeta, campo, raqueta)? raqueta
3. Tiene cinco años. Asiste (a la escuela secundaria, a la Facultad de Medicina, al jardín de infantes). al jardín de infantes
4. Me gustan las actividades al aire (libre, loco, propio). libre
5. ¿Viven en el norte o en el (campo, sur, país)? sur
6. El pobre muchacho fue al río y casi se (divirtió, aburrió, ahogó). ahogó
7. Tenemos que (armar, patinar, ganar) la tienda de campaña. armar
8. Queremos (dejar, hacer, comprar) un picnic. hacer
9. Déjame (orgulloso, divertido, tranquilo). tranquilo
10. Tenemos la casa a nuestra (disposición, solución, conversación). disposición

C. Match the questions in column A with the responses in column B.

A		**B**
1. ¿Te aburriste?	_g_	a. Sí, pero no es nada orgulloso.
2. ¿Luis tiene novia?	_i_	b. No, alquilaron una cabaña.
3. Él es muy famoso, ¿verdad?	_a_	c. No, en bicicleta.
4. ¿No vas a la playa?	_j_	d. De plástico.
5. ¿Vas a montar a caballo?	_c_	e. No, no saben remar.
6. ¿Van en canoa?	_e_	f. Sí, son los campeones.
7. ¿Acamparon?	_b_	g. Sí, como una ostra.
8. ¿Ganaron todos los partidos?	_f_	h. No, no tenemos entradas.
9. ¿Van a ver el partido?	_h_	i. Sí, y está muy enamorado.
10. ¿De qué es la mesa?	_d_	j. No, no tengo traje de baño.

D. Write the words or phrases that correspond to the following.

1. lugar donde se juega al fútbol ___estadio___
2. opuesto de **perder** ___ganar___
3. opuesto de **divertirse** ___aburrirse___
4. se necesita para jugar al tenis ___raqueta___
5. opuesto de **ciudad** ___campo___
6. ceremonia católica ___misa___
7. se necesita para jugar al golf ___palo de golf___
8. tipo de árbol ___pino___
9. bote ___canoa (barca)___
10. persona que tiene un millón de dólares ___millonario___

Para conversar

A. Una semana inolvidable With a partner, play the roles of two activity directors for a children's camp. Discuss the activities that you will have for a week and equipment you will need.

B. Cada cual con su gusto[1] With a partner, discuss the outdoor activities that you love (**Me encanta...**) and the ones you hate (**Yo odio...**). Give details.

Pronunciación

Pronunciation in context

In this lesson, there are some new words or phrases that may be challenging to pronounce. For further pronunciation practice of Spanish sounds, listen to your instructor and repeat the following sentences.

1. Se conocen **desde** que estaban en el **jardín** de infantes.

2. Isabel y **Estrella** estaban leyendo una revista.

3. El **artículo** es sobre cómo viven los **millonarios.**

4. ¡Tenemos el televisor a nuestra **disposición!**

5. Fernando **Peñarreal** es el campeón de tenis.

6. Estrella y yo nos **aburriríamos** como ostras.

7. Podemos nadar un poco y **broncearnos.**

8. **¡Exactamente!** ¡Y yo te puedo enseñar a hacer surfing!

Un dicho

No te ahogues en un vaso de agua.

Equivalent: Don't make a mountain out of a mole hill.

---

[1]To each his own

Aspectos culturales

En imágenes (*Deportes y actividades al aire libre*)

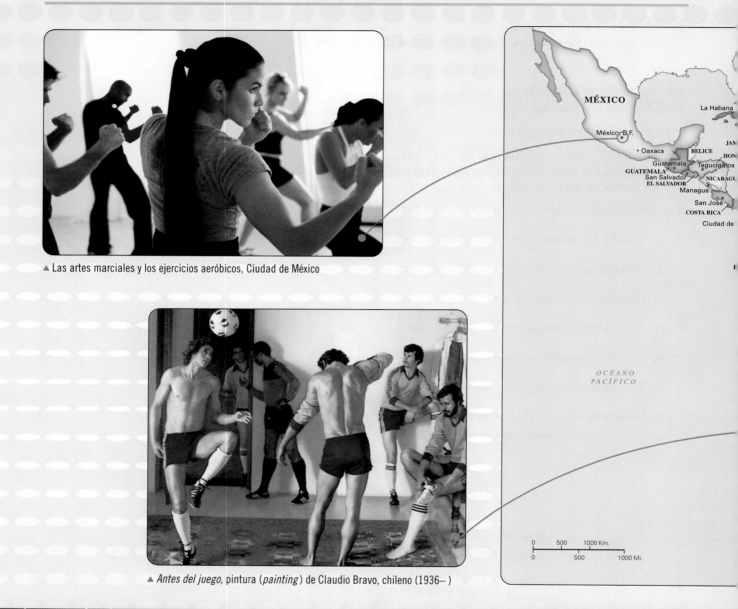

▲ Las artes marciales y los ejercicios aeróbicos, Ciudad de México

▲ *Antes del juego,* pintura (*painting*) de Claudio Bravo, chileno (1936–)

Ubíquese... y búsquelo

Improve Your Grade
Web Search

Ramón will be out of town next weekend, and because he doesn't like sports, his three friends are going to take the opportunity to pack as many outdoor sports and activities into their weekend as possible. Go to **www.college.hmco.com** and research some of the things they can do in the Río de la Plata area, near Montevideo. How many kinds of sports and outdoor activities can you find for them to do? In the next class, team up with two classmates to discuss your findings.

▲ Jugando al fútbol, equipo nacional uruguayo

▲ Andinismo (*Mountain climbing*) es el "alpinismo" cuando se practica en la cordillera (*mountain range*) de los Andes.

Estructuras

1. The imperfect subjunctive (*El imperfecto de subjuntivo*)

A. Forms

- To form the imperfect subjunctive of all Spanish verbs—regular and irregular—drop the **-ron** ending of the third-person plural of the preterit and add the following endings to the stem.[1]

Imperfect Subjunctive Endings	
-ra *form*	
-ra	-´ramos
-ras	-rais
-ra	-ran

Formation of the Imperfect Subjunctive			
Verb	**Third-person plural preterit**	**Stem**	**First-person singular imperfect subjunctive**
hablar	habla**ron**	habla-	**hablara**
aprender	aprendie**ron**	aprendie-	**aprendiera**
vivir	vivie**ron**	vivie-	**viviera**
dejar	deja**ron**	deja-	**dejara**
ir	fue**ron**	fue-	**fuera**
saber	supie**ron**	supie-	**supiera**
decir	dije**ron**	dije-	**dijera**
poner	pusie**ron**	pusie-	**pusiera**
pedir	pidie**ron**	pidie-	**pidiera**
estar	estuvie**ron**	estuvie-	**estuviera**

¡Atención! The **nosotros** form of the imperfect subjunctive always takes an accent on the vowel that precedes the **-ra** ending: **habláramos.**

ACE the Test

Práctica

Give the imperfect subjunctive forms of the following verbs.

1. yo: ganar, volver, pedir, decir, recibir ganara, volviera, pidiera, dijera, recibiera
2. tú: ser, dormir, querer, dar, conocer fueras, durmieras, quisieras, dieras, conocieras
3. él: ir, estar, poner, conducir, servir fuera, estuviera, pusiera, condujera, sirviera
4. nosotros: saber, poder, regresar, conseguir, hacer supiéramos, pudiéramos, regresáramos, consiguiéramos, hiciéram
5. ellos: tener, recetar, comenzar, seguir, mentir tuvieran, recetaran, comenzaran, siguieran, mintieran

---

[1]A second form of the imperfect subjunctive ends in **-se** rather than **-ra: hablase, hablases, hablase, hablásemos, hablaseis, hablasen.** The two forms are interchangeable, but the **-ra** form is more commonly used.

B. Uses

The imperfect subjunctive is used in a subordinate clause when the verb of the main clause is in the past and calls for the subjunctive.

—¿Qué te dijo René?   *"What did René tell you?"*
—Me dijo que **leyera** el artículo.   *"He told me to read the article."*

—¿Qué le pediste a tu mamá?   *"What did you ask your Mom?"*
—Le pedí que **hiciera** empanadas.   *"I asked her to make empanadas."*

When the verb of the main clause is in the present, but the subordinate clause refers to the past, the imperfect subjunctive is used.

—Es una lástima que no **fueras** al teatro ayer.   *"It's a pity that you didn't go to the theater yesterday."*
—No me sentía bien.   *"I wasn't feeling well."*

Activity suggestion Have students change sentences according to the new beginnings.

1. Quiere que le hablen. (Quería)
2. Espera que vuelvas. (Esperaba)
3. Quieres que vengamos. (Querías)
4. No hay nadie que lo sepa. (No había)
5. Me alegro de que estén aquí. (Me alegré)

Te dije que no lo **insultaras**.

Práctica

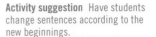
ACE the Test

A. Complete the following dialogues, using the imperfect subjunctive of the verbs given. Then act them out with a partner.

1. —¿Qué te dijo Cristina?
   —Me dijo que ___comprara___ (comprar) las entradas y se las ___trajera___ (traer) a su casa.

2. —¿Qué quería Eduardo?
   —Quería que nosotros lo ___lleváramos___ (llevar) al estadio y que ___fuéramos___ (ir) con él a esquiar.

3. —¿Por qué no te llevaron a escalar la montaña?
   —Porque temían que yo ___me cayera___ (caerse) y ___me rompiera___ (romperse) una pierna.

4. —Yo quería que tú ___pusieras___ (poner) la bolsa de dormir en la tienda de campaña.
   —Sí, pero yo no creí que tú la ___necesitaras___ (necesitar) hoy mismo.

5. —Siento que Uds. no ___pudieran___ (poder) venir a la cabaña ayer.
   —Yo no me sentía bien. Le dije a Jorge que te ___llamara___ (llamar) y que te lo ___dijera___ (decir).

B. Describe all the things your parents did and did not want you to do at college, using the cues provided and the imperfect subjunctive.

Mis padres querían que yo...	Mis padres no querían que yo...
1. *escribirles* todas las semanas	9. *vivir* lejos de la universidad
2. *llamarlos* por teléfono los domingos	10. *ir* a muchas fiestas
3. *tomar* varias clases el primer semestre	11. *comer* hamburguesas todos los días
4. *estudiar* mucho	12. *gastar* mucho
5. *abrir* una cuenta corriente en el banco	13. *pedirles* dinero extra todos los meses
6. *hacer* la tarea todos los días	14. *conducir* muy rápido
7. *levantarme* temprano	15. *olvidarme* de tomar la medicina
8. *visitarlos* en las vacaciones	16. *acostarme* muy tarde

Para conversar

Esperanzas y temores   With a partner, talk about what your parents and other people in your life hoped you would do and what they feared you would do.

2. Some uses of the prepositions *a, de,* and *en* (*Algunos usos de las preposiciones **a, de** y **en***)

A. A

The preposition **a** (*to, at, in*) expresses direction toward a point in space or a moment in time. It is used for the following purposes.

- to indicate the time (hour) of day

  A las cinco salimos para Montevideo.   *At five we leave for Montevideo.*

- after verbs of motion, when followed by an infinitive, a noun, or a pronoun

  Siempre venimos **a** caminar aquí.   *We always come to walk here.*

- after the verbs **empezar, comenzar, enseñar,** and **aprender,** when followed by an infinitive

  Ellos **empezaron a** esquiar.   *They started skiing.*
  Yo puedo **enseñarte a** patinar.   *I can teach you to skate.*

- after the verb **llegar**

  ¿Cuándo **llegaron a** Río?   *When did they arrive in Río?*

- before a direct object noun that refers to a specific person. It may also be used to personify an animal or a thing.

  Yo no conozco **a** tu padrino.   *I don't know your godfather.*
  Bañé **a** mi perro.   *I bathed my dog.*

¡Atención!   If the direct object is not a definite person, the personal **a** is not used.

  Busco un buen médico.   *I'm looking for a good doctor.*

B. De

The preposition **de** (*of, from, about, with, in*) indicates possession, material, and origin. It is also used in the following ways.

◆ to refer to a specific period of the day or night when telling time

Ayer buceamos hasta las tres **de** la tarde.	*Yesterday we dived until three in the afternoon.*

◆ after the superlative to express *in* or *of*

Orlando es el más simpático **de** la familia.	*Orlando is the nicest in the family.*

◆ to describe personal physical characteristics

Es morena, **de** ojos negros.	*She is brunette, with dark eyes.*

◆ as a synonym for **sobre** or **acerca de** (*about*)

Hablaban **de** todo menos **de** deportes.	*They were talking about everything except about sports.*

C. En

The preposition **en** (*at, in, on, inside, over*) in general situates someone or something within an area of time or space. It is used for the following purposes.

◆ to refer to a definite place

Están **en** el campo de golf.	*They are at the golf course.*

◆ as a synonym for **sobre** (*on*)

Está sentada **en** la silla.	*She is sitting on the chair.*

◆ to indicate means of transportation

Nunca he viajado **en** avión.	*I have never traveled by plane.*

¿Lo sabía Ud.?

En las ciudades hispanas, la gente camina mucho todos los días, una actividad excelente para mantenerse en forma.

Práctica

ACE the Test

A. Complete the following letter, adding the missing prepositions.

Querida Alicia:

Como te prometí, te escribo en seguida. Ayer llegamos __a__ Río. Es una __de__ las ciudades más hermosas __de__ Brasil. Llegamos __a__ las tres __de__ la tarde y fuimos __a__ buscar hotel.

__En__ el hotel conocimos __a__ unos chicos muy simpáticos que nos invitaron a salir con ellos. Yo salí con Carlos, que es alto, moreno, __de__ ojos verdes. Me ha dicho que me va __a__ enseñar __a__ bailar la samba. Espero aprender __a__ bailar otros bailes también. Mañana vamos __a__ ir __a__ visitar el Pan de Azúcar. Vamos __a__ ir __en__ el coche __de__ Carlos.

Bueno, __en__ la próxima carta espero poder contarte más __de__ mi vida __en__ esta hermosa ciudad.

Isabel

B. Look at the illustrations and complete the following sentences using an appropriate preposition.

1. Delia va a... viajar en avión.

2. Sergio y Toña están...
hablando de la clase de español.

3. Beatriz es rubia...
de ojos azules.

4. Teresa se quedó...
en su casa.

5. Rogelio quiere ir al club... a bailar.

6. Tito salió de su casa...
a la una y cuarto.

7. Julio es... grupo. el más alto del

8. Eva llega...
a Montevideo mañana.

Para conversar

Una cita   With a partner, talk about someone you met recently or someone you went out with. Include information about where you went, what time you left and returned home, what the person is like, and what you talked about.

3. The present perfect subjunctive (*El pretérito perfecto de subjuntivo*)

◆ The present perfect subjunctive is formed with the present subjunctive of the auxiliary verb **haber** + *the past participle* of the main verb.

Present subjunctive of *haber*	
haya	hayamos
hayas	hayáis
haya	hayan

Formation of the Present Perfect Subjunctive	
yo	**haya cambiado**
tú	**hayas temido**
Ud.	
él	**haya salido**
ella	
nosotros(-as)	**hayamos hecho**
vosotros(-as)	**hayáis puesto**
Uds.	
ellos	**hayan visto**
ellas	

- The present perfect subjunctive is used in the same way as the present perfect tense in English, but only in sentences that require the subjunctive in the subordinate clause. It is used to describe events that have ended prior to the time indicated in the main clause.

—Me alegro de que **hayas venido.**	*"I'm glad you have come."*
—Es una lástima que papá no **haya podido** venir conmigo.	*"It is a pity that Dad has not been able to come with me."*
—¿Hay alguien aquí que **haya estado** en Punta del Este?	*"Is there anyone here who has been in Punta del Este?"*
—No, no hay nadie que **haya viajado** a Uruguay.	*"No, there's no one who has traveled to Uruguay."*

Práctica

A. Complete the following dialogues, using the present perfect subjunctive forms of the verbs given. Then act them out with a partner.

1. —¿Dices que no hay nadie que te ___haya ganado___ (ganar) jugando al tenis?
   —No es verdad que yo ___haya dicho___ (decir) eso.
2. —Dudo que Olga ___haya leído___ (leer) ese artículo.
   —Bueno... si lo ha leído, no creo que lo ___haya entendido___ (entender).
3. —¿Dónde están los chicos?
   —No sé, pero espero que ya ___hayan vuelto___ (volver) a casa.
4. —Siento que tú no ___hayas ido___ (ir) a esquiar con tus amigos.
   —Y yo me alegro de que tú y yo ___hayamos podido___ (poder) conversar un rato.
5. —¿Aquí hay alguien que ___haya hecho___ (hacer) un viaje a Uruguay?
   —No, no hay nadie que ___haya estado___ (estar) allí.

B. Express your own feelings and those of the people mentioned, using the present perfect subjunctive.

1. Yo espero que el salvavidas...
2. Ojalá que mis padres...
3. Es una lástima que mi familia...
4. Mis padres no creen que yo...
5. No es verdad que mis amigos...
6. Me alegro mucho de que Ud....
7. Yo siento que mi compañero de cuarto...
8. Yo espero que mi equipo...

Para conversar

Díganos... With a partner, prepare two questions to ask your classmates about their life experiences and what they have done. Use the present subjunctive and always begin with **"¿Hay alguien aquí que...?"**

Un dicho

El que no haya trabajado, que no coma.

He who hasn't worked, shouldn't eat.

Así somos

Al escuchar...

Al escuchar... (script) and Una noticia, Answer La nueva campeona de tenis de Uruguay es María Alonso. Nadie ha ganado tantos partidos como ella. María es una joven muy atractiva y no es nada orgullosa. Además del tenis, ella practica otros deportes como el esquí acuático y el golf.

Estrategia **Identifying word boundaries practice I** In **Lección 10** you practiced recognizing units of meaning, that is, detecting where one word ends and the next one begins. Developing this skill takes practice. Remember to be aware of linking—a final vowel or consonant is linked with an initial vowel of the following word—to help you distinguish words, and listen for key words and phrases.

Una noticia Imagine that you work at a radio station. You need to prepare the transcript of what you hear for a press conference. Listen to several sentences that appear transcribed without spacing between words. Mark the divisions between words and punctuate the sentences.

Lanuevacampeonadetenisdeuruguayesmaríaalonsonadiehaganadotantospartidoscomoellamaríaesunajovenmuyatractivaynoesnadaorgullosaademásdeltenisellapracticaotrosdeportescomoelesquíacuáticoyelgolf

Al conversar...

Estrategia **Transitioning between ideas** In earlier lessons you practiced listening for Spanish transition words and expressions. Using transition words when speaking helps you sound more fluent. Linking your ideas together creates smoother sentences and avoids a choppy feel in your speech.

De una idea a otra In pairs, tell your partner about a sports event you attended, watched on TV, or participated in. Try to use as many of the following words as possible to create smooth transitions in your narrative.

primero	además	pero	en fin
después (luego)	entonces	de modo que	a pesar de
en fin	en cuanto	porque	si

¿Qué dice Ud.?, Answers
1. Aprendí a nadar y a montar a caballo y pesqué. (Me divertí mucho.)
2. No tengo tienda de campaña ni bolsa de dormir. ¿Qué más necesitaré? 3. *Answers will vary.*

¿Qué dice Ud.? What would you say in the following situations? What might the other person say? Act out the scenes with a partner. Take turns playing each role.

1. On your vacation, you learned how to swim and ride a horse, and you caught a fish. Someone asks whether you had a good time. Say what you did.
2. A friend invites you to go camping. You don't have a tent or a sleeping bag, and you want to know what else you will need.
3. You are trying to convince a friend to go camping. Tell him or her how much fun it can be and all the things you can do together.

Handouts ¡Qué aguafiestas! / ¿Cómo respondes? / Para decirlo en español

Para conocernos mejor To do this activity, work with a classmate whom you would like to get to know. Take turns asking and answering these questions.

1. ¿Recuerdas a tus amigos del jardín de infantes? ¿Eres amigo(-a) de alguno de ellos todavía? ¿Qué te gusta hacer con los amigos que tienes ahora?

2. ¿Qué actividades al aire libre te gustan? ¿Prefieres acampar o alquilar una cabaña? ¿Te gusta más montar a caballo o en bicicleta? ¿Te gusta más cazar o pescar? ¿Has ido a bucear alguna vez?

3. ¿Prefieres ir a la montaña o a la playa? Cuando vas a la playa, ¿tomas el sol para broncearte o prefieres nadar todo el tiempo? ¿Te gusta hacer surfing? ¿Has trabajado de salvavidas alguna vez? ¿Te gustaría ir a pasear en velero?

4. ¿Cuál es tu deporte favorito? ¿Has jugado al golf alguna vez? ¿Prefieres el fútbol o el fútbol americano? ¿Qué crees que es más divertido, jugar al tenis o al béisbol? ¿Prefieres patinar o esquiar?

5. Si fueras a pescar, ¿te divertirías o te aburrirías como una ostra? ¿Qué cosas te aburren? ¿Cuál es tu actividad favorita para divertirte?

Una encuesta   Interview your classmates to identify who fits the following descriptions. Include your instructor, but remember to use the **Ud.** form when addressing him/her. After finishing the survey, get together with two or three classmates and discuss the results.

Handout ¿Qué dijiste?

Nombre

1. Le gusta tomar el sol en la arena. _____
2. Le gusta escalar montañas. _____
3. Sabe nadar. _____
4. Tiene una tabla de mar. _____
5. Practica esquí acuático. _____
6. Tiene una cabaña a su disposición. _____
7. Es muy atlético(-a). _____
8. Tiene una escopeta para ir a cazar. _____

Para crear   Get together in groups of three or four and "create" the scenario for this photo. Say who this person is, how long she has been on vacation, how she is getting along, what she did already, and what her plans are for the next few days.

¡Vamos a escribir!

Antes de escribir

Estrategia   **Writing a short story** Fiction writers write because they love to, but they also go through a lot of effort to learn their craft and find their "voice." Developing a story idea involves many intertwining elements. Here are some basic aspects to consider.

- ◆ Who are the characters? What are they like?
- ◆ What is the central plot or argument? Is there a conflict to resolve, an obstacle to overcome, or a series of events that lead to a predictable or unexpected outcome?
- ◆ Who is the audience? How do you want the reader to react to the characters and events in the story?
- ◆ Is the narrator one of the characters, an outside observer, or another third party? Will the story contain dialogue?
- ◆ What is the title? You can start with a working title or wait until the story develops. In either case, change it as needed to reflect the story line and to entice your reader.

Un cuento breve   Using your imagination, write a short story about two friends who are spending their summer vacation together. Use the preceding ideas as well as the following guidelines to generate your story line.

1. Think of two people (real or imagined) whose tastes differ dramatically when it comes to leisure activities. For example, one likes the outdoors while the other prefers city life. Imagine their personalities and preferences. How do they decide where they'll spend their vacation and what they'll do?
2. Brainstorm the setting and possible activities or events that might occur.
3. Brainstorm an event or incident that lends excitement or conflict to your story. What are the consequences? How will it be resolved?

A escribir un cuento breve

Write the **primer borrador** of your story. If you haven't already thought of a title, decide on one when you complete your draft.

Después de escribir

Before writing the final version of your story, exchange your first draft with a classmate and peer edit each other's work, using the following guidelines.

- ◆ subject-verb agreement and correct formation of tenses
- ◆ use of transition words
- ◆ story line

Rincón literario

Horacio Quiroga (*Uruguay: 1878–1935*)

Horacio Quiroga es conocido por el dramatismo de sus cuentos y por su fino sentido del suspenso. En casi toda su obra vemos la influencia de las tragedias que experimentó en su vida. Sin embargo, en su cuento "Tres cartas... y un pie", que aparece a continuación, Quiroga experimenta con la comunicación epistolar (intercambio de cartas) para dar estructura a este relato (*story*) que, a diferencia de los demás, es humorístico.

Antes de leer

Estrategia **Skimming and predicting** When reading literature, it is sometimes helpful to first skim the reading or part of it to get the gist or learn what it's about. Other times, predicting based on the title or the first lines or paragraph can provide valuable insights. Or, as you read, you can predict what will happen next as the story unfolds.

Estrategias Before reading the complete story that follows, you will look at different aspects with different goals for each.

1. Skimming: The title of this story seems puzzling at first: What does a foot have to do with letters?! With a partner, skim through as much of the reading as you need to in order to figure out a possible reason for this title.
2. Predicting: Skim the first letter from M.R. and briefly discuss with your partner what kind of response you think M.R. will get, how you would respond, and how you think M.R. would respond to you.

A leer

Comprensión As you read the complete story, find the answers to the following questions.

1. ¿Por qué quiere M.R. que el autor publique con el nombre de él lo que ella escribió?
2. ¿Cómo se describe M.R.?
3. Según M.R., ¿qué hacen los hombres antes de subir a un tranvía?
4. ¿Qué hace M.R. cuando un hombre se sienta a su lado?
5. Mientras algunos hombres parecen estar pensando en la luna, ¿qué hacen en realidad?
6. ¿Qué hace M.R. cuando el pie de su vecino está a medio camino del suyo?
7. Cuando los hombres se dan cuenta de su fracaso, ¿qué hacen quince de diecisiete veces?
8. Cuando H.Q. le pregunta si alguna vez le ha sido difícil alejar su pie, ¿qué le contesta ella?

Comprensión, Answers 1. Porque sabe que no admitirían en un periódico, el artículo firmado por ella. 2. Tiene veinte años, es alta, delgada y no mal parecida. 3. Echan una ojeada hacia adentro para estudiar las caras de las mujeres. 4. Se corre hacia la ventanilla para dejarle amplio lugar. 5. Deslizan el pie hacia ella. 6. Desliza su pie en dirección inversa. 7. Los hombres no insisten más. 8. Le contesta que una sola vez en su vida, y que esa persona era él.

Tres cartas... y un pie (Adaptado)

Señor:

Le envío estas líneas, esperando que tenga la amabilidad de publicarlas con su nombre, pues sé que no las admitirían en un periódico firmadas por mí.

Dos veces por día tomo el tranvía y hace cinco años que hago el mismo recorrido. Tengo veinte años, soy alta, delgada y no mal parecida. Creo saber juzgar a la mayoría de los hombres.

Usted sabe que es costumbre de ustedes, antes de subir al tranvía, echar una ojeada hacia adentro para estudiar las caras de las mujeres. Después suben y se sientan. Pues bien, desde que el hombre se acerca al coche y mira hacia adentro, yo sé perfectamente qué clase de hombre es. Sé si es serio, o si quiere aprovechar bien los diez centavos, con una rápida conquista. Sé quiénes quieren ir cómodos, y nada más, y quiénes prefieren la incomodidad al lado de una chica.

Cuando el asiento a mi lado está vacío, sé cuáles son los indiferentes que se sentarán en cualquier lado y cuáles son los que dejarán siete asientos libres para buscar la incomodidad a mi lado. Cuando esto sucede, yo me corro hacia la ventanilla para dejarle amplio lugar a mi vecino.

¡Amplio lugar! Ésta es una simple expresión, pues si una persona lo observa, nota que el cuerpo del hombre empieza a deslizarse poco a poco hacia la ventanilla, donde está la chica que él no mira ni parece importarle en lo más mínimo. Así son: podría jurarse que están pensando en la luna. Entre tanto, el pie derecho (o el izquierdo) continúa deslizándose imperceptiblemente.

Confieso que en estos casos tampoco me aburro. Mi diversión consiste en lo siguiente: desde el momento en que el seductor ha apreciado con perfecta exactitud la distancia a recorrer con el pie, raramente baja los ojos. La gracia para él está en el contacto, no en la visión. Pues bien: cuando él está a medio camino, yo comienzo la maniobra que él ejecutó, también con aire distraído, solamente que en la dirección inversa. No mucho, diez centímetros son suficientes.

Imagínese la sorpresa de mi vecino cuando al llegar por fin al lugar exactamente localizado, no encuentra nada. Nada; su zapato está perfectamente solo. Es demasiado para él; echa una ojeada al piso primero, y a mi cara después... y se da cuenta.

De diecisiete veces, quince, el incómodo señor no insiste más. En los dos casos restantes tengo que recurrir a una mirada de advertencia. A veces basta con un movimiento de cabeza hacia él, pero sin mirarlo. El encuentro con la mirada de un hombre que podría interesarnos real y profundamente es algo que conviene evitar en estos casos.

Su segura servidora,

M.R.

Señorita:

Gracias por su amabilidad. Firmaré con mucho gusto sus impresiones, pero me interesaría, como coautor, saber lo siguiente: Aparte de los diecisiete casos que usted menciona, ¿no ha sentido nunca el menor enternecimiento por algún vecino? ¿No ha tenido jamás un vago sentimiento de abandono que le hiciera particularmente difícil alejar su propio pie?

Es lo que desearía saber,

H.Q.

Señor:

Sí, una vez, una sola vez en mi vida, he sentido ese enternecimiento por una persona, o ese falta de fuerzas en el pie a que usted se refiere. Esa persona era usted. Pero usted no supo aprovecharlo.

M.R.

Después de leer... reflexiones

The central topic of this story is flirting and, specifically, playing footsie. In groups of three, talk about what kinds of things you do, in several circumstances, when you spot someone you find attractive.

Panorama hispánico

Uruguay

- La superficie de Uruguay es casi igual a la del estado de Washington, y más del 80% de su territorio se dedica a la agricultura y a la ganadería (*livestock*), que son la base de la economía tradicional del país. Sin embargo, en las últimas décadas, el país se ha industrializado rápidamente gracias a la electricidad barata que producen sus plantas hidroeléctricas.

- En Uruguay, igual que en Argentina, se usa *vos* en lugar de *tú* en la conversación informal, y en la parte del país que limita con Brasil, la mayoría de sus residentes son bilingües: hablan español y portugués.

- Para los uruguayos, la carne es el plato esencial de su dieta, y el **mate,** su bebida nacional.

- El deporte nacional es el fútbol. Sus equipos han ganado varios campeonatos mundiales y olímpicos.

Además, los uruguayos son amantes de la música y de las fiestas. Su carnaval (*Mardi Gras*) se celebra con música, bailes y desfiles por las calles de Montevideo, la capital.

- Montevideo es una de las ciudades más cosmopolitas de Hispanoamérica, y es el centro administrativo, económico y cultural del país. Allí vive casi la mitad de su población, que es de unos 3 millones de habitantes. Otra ciudad importante de Uruguay es Punta del Este, uno de los centros turísticos más famosos de América Latina. Punta del Este está situada a unas dos horas de Montevideo, y es muy popular por sus hermosas playas y por los festivales de cine que allí se celebran.

▲ La Plaza de la Independencia, en Montevideo. En su centro está el monumento al general Artigas, iniciador de la lucha de independencia en Uruguay (1811).

▲ Mercado al aire libre, Montevideo

Brasil

- Brasil tiene muchos recursos naturales, incluidas extensas reservas de petróleo y de gas natural. Su principal producto agrícola es el café, pero también produce grandes cantidades de algodón y de azúcar, y su ganadería es muy importante.

- Desde 1960 la capital de Brasil es Brasilia, la ciudad más moderna del mundo. Aislada del interior del país, por la densa selva, la capital sigue prácticamente inaccesible excepto por avión y por eso Río de Janeiro, la antigua capital, y São Paulo siguen siendo las ciudades más importantes del país.

- El turismo tradicional de Brasil iba a Río de Janeiro atraído por su carnaval, el más famoso del mundo, su bello monumento al Cristo Redentor, conocido como el Cristo del Corcovado, el Pan de Azúcar, y sus populares y hermosas playas Copacabana e Ipanema. En las últimas décadas se han agregado al itinerario turístico los viajes por el Amazonas, las visitas a la selva, a Brasilia y a las cataratas de Iguazú.

◄ La formación rocosa (*rock*) el Pan de Azúcar, de granito, tiene 400 metros de alto y es el símbolo de Río de Janeiro.

Intelectuales uruguayos

▲ Eduardo Galeano (1940–), periodista, ensayista e historiador de América

▲ Mario Benedetti (1920–), poeta y escritor de ensayo y de narrativa

Nuestro panorama cultural

In groups of three, answer the following questions about your home state, region, or country.

1. ¿Hay variaciones regionales en el idioma que se habla en su país? En la región donde Ud. vive, ¿se dicen o se pronuncian algunas expresiones de manera diferente a como se pronuncian en otras partes del país?
2. ¿Hay en su país alguna bebida nacional?
3. ¿Cuáles son algunos de los platos típicos de su país? ¿En qué tipos de alimentos se basa la dieta de su país?
4. ¿Los equipos de su país han ganado competencias o campeonatos mundiales? ¿Qué competencias?
5. ¿Cuáles son las playas más conocidas de su país?

For the next class: Go to the World Wide Web and find photos from your hometown, state, region, or country. Use the questions from **Nuestro panorama cultural** above as guidelines for choosing them. Be ready to present the photos to your classmates.

Handout *Un poco de cultura*

▲ Reunión de ejecutivos de una empresa en Madrid, España

Objetivos

Comunicación

You will learn vocabulary related to business, job interviews, and job-related technology.

Pronunciación

Pronunciation in context

Estructuras

◆ The pluperfect subjunctive
◆ *If* clauses
◆ Summary of the uses of the subjunctive

Cultura

◆ The World Wide Web in the Spanish-speaking world
◆ Current workforce gender trends and implications for language
◆ Business across cultures

Panorama hispánico

◆ España (I)

Estrategias

Listening: Guessing meaning practice II
Speaking: Giving a presentation
Writing: Writing cover letters
Rincón literario: Interacting with a reading

Activity suggestion Use this photo to introduce the lesson theme. Ask your students:

1. ¿Qué salario esperas recibir cuando empieces a trabajar?
2. Si te ofrecen empleo ahora, ¿cuándo puedes empezar a trabajar?
3. Tú estás en esta reunión. ¿De qué están hablando? ¿Qué decisiones toman?

El mundo de los negocios

España (I)

España forma con Portugal la Península Ibérica, y es el tercer país europeo en cuanto a extensión. Con las Islas Baleares en el Mediterráneo, las Islas Canarias en el Atlántico, y Ceuta y Melilla en el continente africano, llega a una extensión de 770.750 kilómetros cuadrados. Por su situación entre el resto de Europa y África siempre ha poseído considerable valor (*value*) estratégico. En su suelo se mezclaron (*mixed*) y fundieron (*melted*) diversos grupos étnicos provenientes (*coming*) de una gran variedad de civilizaciones; entre ellas, las más importantes fueron la romana, la judía y la árabe (*Arabic*).

▲ La ciudad de San Sebastián, en el País Vasco (*Basque*)

▲ Un café al aire libre en la Plaza Mayor en Madrid, España

▲ Monasterio de Monserrate, cerca de Barcelona, Cataluña

Dos entrevistas

La señora Vigo Acosta, jefa de personal de una compañía de importaciones de Madrid, está en su oficina, lista para entrevistar a dos candidatos para el puesto de supervisor del departamento de compras.

La primera entrevista es con Luis Menéndez Cancio, contador público especializado en mercadeo.

Sra. Vigo Quiero que me hable de su experiencia en el mundo de los negocios, sobre todo en el puesto que desempeñaba en la Compañía Telelux.

Luis Muy bien. Yo era segundo jefe de compras de la compañía. Estaba encargado de la selección, evaluación y compra de los equipos electrónicos que vende la compañía: computadoras, impresoras, videograbadoras, fotocopiadoras, sistemas de comunicación telefónica, etc. Tenía seis empleados que trabajaban bajo mi supervisión.

Sra. Vigo ¡Mucha responsabilidad para un hombre tan joven como usted! ¿Y por qué dejó ese puesto, Sr. Menéndez?

Luis Porque pedí un aumento y no me lo dieron, a pesar de que, además de mi trabajo, servía de traductor de toda la correspondencia en inglés y, a veces, servía de intérprete.

Sra. Vigo Entonces, ¿Ud. pensaba que el sueldo que le pagaban no compensaba todo su trabajo?

Luis Exactamente. Si me hubieran dado el aumento, habría continuado trabajando allí.

Sra. Vigo Si le ofreciéramos el puesto, ¿cuándo podría empezar a trabajar?

Luis La semana próxima.

Sra. Vigo Perfecto. Si hoy termino las entrevistas, espero poder avisarle sobre mi decisión mañana mismo.

La segunda entrevista es con Pablo Casas Ariet, que acaba de graduarse y tiene un título en filosofía.

Sra. Vigo Espero que tenga conocimiento de ordenadores, Sr. Casas.

Pablo No... Sé escribir a máquina... con dos dedos...

Sra. Vigo ¿No sabe usar un procesador de textos?

Pablo No... pero creo que puedo mandar un fax...

Sra. Vigo Gracias, Sr. Casas. En cuanto terminemos las entrevistas, le avisaremos.

Pablo Bueno. ¡Ah! Si me llama y no estoy en casa, puede dejarme un mensaje en la máquina contestadora. A veces voy a visitar a mi tío, el señor José Ariet...

Pablo sale de la oficina. Elena, la secretaria de la Sra. Vigo, entra con unas carpetas que va a archivar.

Elena ¿Le va a dar el puesto al Sr. Menéndez? Leí su resumé y las cartas de recomendación de sus antiguos jefes. ¡Quedé muy impresionada!

Sra. Vigo ¡Yo también! Voy a hablar con el Sr. Valdivia, que es el que tiene la última palabra. Si él está de acuerdo conmigo, le ofrecemos el puesto.

Elena ¿Y el Sr. Casas? Si hubiera estudiado administración de empresas en vez de filosofía... quizá...

Sra. Vigo Le vamos a ofrecer un puesto... el de asistente del Sr. Menéndez.

Elena Porque parece muy inteligente y encantador... y puede aprender muy rápido, ¿verdad?

Sra. Vigo No... Porque su tío es uno de los principales accionistas de la compañía...

Handout En contexto

¿Quién lo dice? Identify the person who said the following in the dialogues.

1. ¡Mucha responsabilidad para un hombre tan joven como usted!   la Sra. Vigo
2. Si me hubieran dado el aumento, habría continuado trabajando allí.   Luis
3. Parece muy inteligente y encantador.   Elena
4. Si él está de acuerdo conmigo, le ofrecemos el puesto.   la Sra. Vigo
5. Además de mi trabajo, servía de traductor de toda la correspondencia en inglés.   Luis
6. A veces voy a visitar a mi tío, el señor José Ariet.   Pablo
7. ¿Le va a dar el puesto al Sr. Menéndez?   Elena
8. Sé escribir a máquina... con dos dedos...   Pablo

En el diálogo, Answers 1. Es jefa de personal de una compañía de importaciones. 2. Quiere que le hable de su experiencia en el mundo de los negocios. 3. Estaba encargado de la selección, evaluación y compra de los equipos electrónicos. 4. Porque pidió un aumento y no se lo dieron. 5. Habría continuado trabajando en la compañía. 6. Tiene un título en filosofía. 7. Sabe escribir a máquina y mandar un fax. 8. Puede dejárselo en la máquina contestadora. 9. Con el resumé y con las cartas de recomendación de Luis Menéndez. 10. Le van a ofrecer el puesto de asistente del Sr. Menéndez.

Hablemos. With a partner, take turns asking and answering the following questions. Base your answers on the dialogue and on your own circumstances.

En el diálogo	¿Y tú?
1. ¿Qué puesto tiene la Sra. Vigo?	¿Tú trabajas? ¿Dónde?
2. ¿De qué quiere la Sra. Vigo que le hable Luis?	¿Tú tienes experiencia en el mundo de los negocios?
3. ¿De qué estaba encargado Luis en la compañía Telelux?	¿De qué estás encargado(-a) tú en tu trabajo?
4. ¿Por qué dejó Luis el puesto?	¿Has recibido tú un aumento de sueldo últimamente?
5. ¿Qué habría hecho Luis si le hubieran dado el aumento?	¿Tú piensas seguir trabajando donde estás o vas a buscar otro trabajo?
6. ¿Qué título tiene Pablo Casas?	¿Qué título piensas obtener tú?
7. ¿Qué sabe hacer Pablo?	¿Qué sabes hacer tú?
8. ¿Dónde puede dejarle la Sra. Vigo un mensaje a Pablo?	¿Cuántos mensajes tienes tú en tu máquina contestadora hoy?
9. ¿Con qué quedó muy impresionada Elena?	¿Tú le has pedido una carta de recomendación a alguien? ¿A quién?
10. ¿Qué puesto le van a ofrecer a Pablo?	¿Tú has pedido algún puesto últimamente? ¿De qué?

Vocabulario

Cognados

el (la) **asistente** assistant
el (la) **candidato(-a)** candidate
la **correspondencia** correspondence
la **decisión** decision
especializado(-a) specialized
la **evaluación** evaluation
exactamente exactly
el **fax (facsímile)** fax
la **filosofía** philosophy
la **importación** import

impresionado(-a) impressed
el (la) **intérprete** interpreter
el **personal** personnel
el (la) **presidente(-a)** president
la **recomendación** recommendation
la **responsabilidad** responsibility
el **resumé, el currículum vitae** résumé, curriculum vitae
la **selección** selection
la **supervisión** supervision
el (la) **supervisor(-a)** supervisor

Nombres

el (la) **accionista** shareholder
el **aumento** increase
la **carpeta** folder
la **carta** letter
la **compra** purchase
el (la) **contador(-a) público(-a)** certified public accountant
el **departamento de compras** purchasing department
la **entrevista** interview
el **equipo electrónico** electronic equipment
la **fotocopiadora** photocopy machine
el (la) **jefe(-a)** boss, chief
— **de compras** purchasing manager

la **máquina contestadora** answering machine
el **mercadeo** marketing
el **mundo** world
el **negocio** business
la **palabra** word
el **procesador de textos** word processor
el **puesto** position, job
el **sistema de comunicación telefónica** telephone system
el **sueldo, el salario** salary
el (la) **traductor(-a)** translator
la **videograbadora** VCR

Verbos

archivar to file
compensar to compensate
continuar to continue
desempeñar to perform (*a job*)
entrevistar to interview
ofrecer (yo ofrezco) to offer

Adjetivos

antiguo(-a) former
encargado(-a) in charge
joven young
principal main
último(-a) last

bajo under
el correo electrónico e-mail
en vez de instead of
estar a cargo to be in charge
escribir a máquina to type

mañana mismo tomorrow and not a day later
quedar impresionado(-a) to be impressed
servir de to serve as
sobre todo above all, especially
tan so

¿Lo sabía Ud.?

En los países de habla hispana, generalmente las transacciones comerciales son menos formales que en los Estados Unidos y tienen un toque (*touch*) más personal. Nuestro *"businesslike approach"* puede parecerles brusco a las personas del mundo hispano.

◆ Las transacciones comerciales entre este país y los países de habla hispana, ¿son más o menos frecuentes hoy en día?

Vocabulario adicional

La computadora

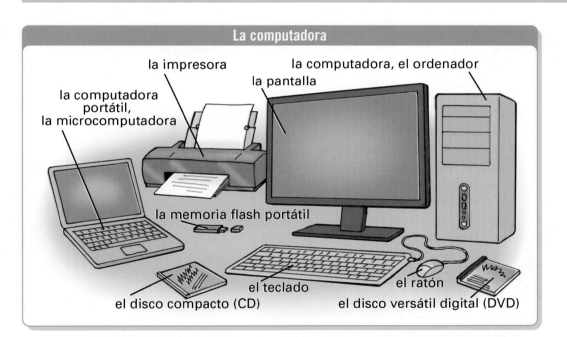

la impresora
la computadora, el ordenador
la pantalla
la computadora portátil, la microcomputadora
la memoria flash portátil
el disco compacto (CD)
el teclado
el ratón
el disco versátil digital (DVD)

Más sobre el mundo de los negocios

el (la) administrador(-a) administrator
el (la) agente de bienes raíces real estate agent
el (la) agente de relaciones públicas public relations agent
el (la) agente de seguros insurance agent

el (la) bolsista stockbroker
el (la) comprador(-a) buyer
el despacho office
el (la) empleado(-a) bancario(-a) bank employee
el (la) gerente manager

ACE the Test

Handout Palabras y más palabras / Palabras escondidas

Práctica

A. Select the word or phrase that doesn't belong in each group.

1. correspondencia / carta / compra   compra
2. decisión / computadora / equipo electrónico   decisión
3. servir de / en vez de / en lugar de   servir de
4. teclado / ratón / carpeta   carpeta
5. palabra / comprador / vendedor   palabra
6. traductor / intérprete / mercadeo   mercadeo
7. videograbadora / puesto / fotocopiadota   puesto
8. entrevista / teclado / pantalla   entrevista

B. Match the questions in column A with the answers in column B.

A		B
1. ¿Cuál es tu especialización? _g_		a. Sí, cien mil dólares al año.
2. ¿Qué hiciste con las carpetas? _j_		b. En su despacho.
3. ¿Cuándo te vas? _e_		c. El de gerente.
4. ¿Tiene un buen sueldo? _a_		d. Sí, y quedé muy impresionado.
5. ¿Qué puesto tiene él? _c_		e. Mañana mismo.
6. ¿Quién tiene la última palabra? _i_		f. Sí, es agente de bienes raíces.
7. ¿Dónde está tu jefe? _b_		g. Mercadeo.
8. ¿Vende casas? _f_		h. Sí, con dos dedos.
9. ¿Leyó mi resumé? _d_		i. El jefe de personal.
10. ¿Sabe escribir a máquina? _h_		j. Las archivé.

C. Write the words or phrases that correspond to the following.

1. fax   facsímile
2. George W. Bush, por ejemplo   presidente
3. persona que tiene acciones   accionista
4. opuesto de **primero**   último
5. oficina   despacho
6. opuesto de **venta**   compra
7. persona que vende casas, por ejemplo   agente de bienes raíces
8. sueldo   salario
9. seguir   continuar
10. persona que supervisa   supervisor

D. Complete the following sentences, using vocabulary from this lesson.

1. Tenemos que ____archivar____ estas cartas.
2. El jefe quedó muy ____impresionado____ con su resumé.
3. Elsa va a pedir un ____aumento____ de sueldo.
4. Carlos es ____contador____ público y trabaja en el ____departamento____ de compras.
5. Voy a comprar una ____máquina____ contestadora para mi oficina.
6. Hoy vamos a ____entrevistar____ a varias personas para el puesto de gerente.
7. Ellos trabajan ____bajo____ las órdenes del ____jefe____ de compras.
8. Rita debe escribir estas cartas a ____máquina____.
9. El ____agente____ de seguros debe regresar mañana ____mismo____.
10. Tomás trabaja en el banco. Es empleado ____bancario____.

Para conversar

A. **Una entrevista**   With a partner, play the roles of two friends who are helping a third friend get ready for an interview with a big company.

B. **Un aumento de sueldo**   With a partner, play the roles of an employee who wants a raise and a boss who doesn't think he/she deserves it. The employee should emphasize what he/she does for the company.

C. **Sueldos...**   With a partner, talk about the different kinds of jobs a person may have, and try to figure out what yearly salary they might earn. Give reasons why. Decide which profession would be the best.

Pronunciación

Pronunciation in context

In this lesson, there are some new words or phrases that may be challenging to pronounce. For further pronunciation practice of Spanish sounds, listen to your instructor and repeat the following sentences.

1. Es jefa de **personal** de una **compañía** de **importaciones** de Madrid.

2. La primera **entrevista** es con Luis **Menéndez** Cancio.

3. Quiero que me hable de su **experiencia** en el mundo de los **negocios.**

4. Estaba encargado de la **selección, evaluación** y compra de los **equipos electrónicos.**

5. Servía de **traductor** de toda la **correspondencia** en inglés.

6. Acaba de graduarse y tiene un **título** en **filosofía.**

7. ¿No sabes **usar** un **procesador** de textos?

8. Es uno de los **principales accionistas** de la compañía.

Aspectos culturales

En imágenes (*El trabajo y la tecnología*)

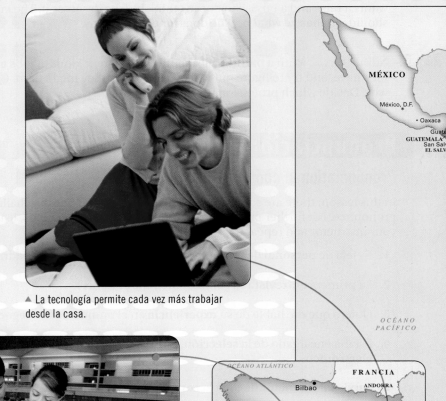

▲ La tecnología permite cada vez más trabajar desde la casa.

▲ Un hombre y una mujer de negocios hablan antes de tomar el AVE, tren español de alta velocidad.

Ubíquese... y búsquelo

HM Improve Your Grade
Web Search

Luis Menéndez did quite a bit of job research around Spain before he came to interview with Mrs. Vigo in Madrid. Go to **www.college.hmco.com** to find out about some of the other job possibilities that Luis might have considered. What are Spain's main industries? Can you find certain regions that are known for particular industries or products? In the next class, team up with two classmates to discuss your findings.

▲ Una pareja usa una computadora en un café de Internet.

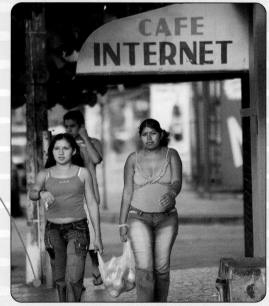

▲ Los cafés de Internet son populares en América Latina. Dos mujeres pasan frente a uno de ellos en Santa Cruz, Bolivia.

Estructuras

1. The pluperfect subjunctive (*El pluscuamperfecto de subjuntivo*)

◆ The pluperfect subjunctive is formed with the imperfect subjunctive of the auxiliary verb **haber** + *the past participle* of the main verb. It is used in the same way that the past perfect is used in English, but only in sentences in which the main clause calls for the subjunctive.

Imperfect subjunctive of *haber*	
hubiera	hubiéramos
hubieras	hubierais
hubiera	hubieran

Formation of the Pluperfect Subjunctive	
yo	**hubiera hablado**
tú	**hubieras comido**
Ud.	
él	**hubiera vivido**
ella	
nosotros(-as)	**hubiéramos visto**
vosotros(-as)	**hubierais hecho**
Uds.	
ellos	**hubieran vuelto**
ellas	

—Yo me alegré de que ellos le **hubieran dado** el puesto.
—Sí, porque ella tenía mucha experiencia.

"I was glad that they had given her the job."
"Yes, because she had a lot of experience."

—¿No había nadie que **hubiera visto** al jefe de personal?
—Sí, Eva ya lo había visto.

"Wasn't there anybody who had seen the personnel director?"
"Yes, Eva had already seen him."

ACE the Test

Práctica

A. Indicate what Mrs. Díaz, the supervisor, had expected everyone in the office to do by the time she got back from a business trip.

◆ **MODELO:** su secretaria/archivar la correspondencia
Ella esperaba que su secretaria hubiera archivado la correspondencia.

1. yo / leer los resumés de los candidatos
2. Álvaro y yo / hacer la evaluación de la nueva empleada
3. tú / ir al despacho del Sr. Gómez
4. su asistente / devolver la microcomputadora nueva
5. Víctor y Omar / escribir las cartas de recomendación
6. la Sra. López / limpiar su oficina

B. With a partner, take turns deciding how Mrs. Díaz reacted (**se alegró, lamentó, sintió**) to what happened during her absence. Use the pluperfect subjunctive.

◆ **MODELO:** El presidente de la compañía le había dado un aumento de sueldo.
Ella se alegró de que el presidente le hubiera dado un aumento de sueldo.

1. Su asistente había terminado todo el trabajo.
2. El jefe de compras se había enfermado.
3. Yo había hecho la selección de los equipos electrónicos.
4. Los traductores habían traducido todos los documentos.
5. Tú no habías entrevistado a los candidatos.
6. Su secretaria había renunciado (*resigned*).

Práctica B, Answers 1. Se alegró de que su asistente hubiera terminado todo el trabajo.   2. Sintió (Lamentó) que el jefe de compras se hubiera enfermado.   3. Se alegró de que yo hubiera hecho la selección de los equipos electrónicos.   4. Se alegró de que los traductores hubieran traducido todos los documentos.   5. Lamentó que tú no hubieras entrevistado a los candidatos.   6. Sintió que su secretaria hubiera renunciado.

Para conversar

El año pasado...   In groups of three, talk about the things that you hoped (**esperaba**) would happen, the things that you feared (**temía**) would happen, and the things that you were glad (**me alegré**) happened last year.

2. *If* clauses (*Cláusulas con* **si**)

◆ In Spanish, the imperfect subjunctive is used in *if* clauses when a contrary-to-fact statement is made.

—Si **tuviera** dinero, **compraría** una videograbadora. — *"If I had money, I would buy a VCR."*
—Usa tu tarjeta de crédito. — *"Use your credit card."*

◆ Note that the imperfect subjunctive is used in the *if* clause and the conditional is used in the main clause. When a statement expresses a contrary-to-fact situation in the past, the pluperfect subjunctive is used in the *if* clause and the conditional perfect is used in the main clause.

—No pude comprar la impresora. — *"I wasn't able to buy the printer."*
—Si **hubieras ahorrado** dinero, **habrías podido** comprarla. — *"If you had saved money, you would have been able to buy it."*

◆ The imperfect subjunctive is also used in *if* clauses that express an unlikely fact, or simply the Spanish equivalent of the English *if . . . were to . . . .*

—Si me **ofrecieran** el puesto, lo aceptaría. — *"If they were to offer me the job, I would accept it."*
—No creo que te lo ofrezcan. — *"I don't think they will offer it to you."*

◆ The imperfect subjunctive is also used after the expression **como si** (*as if*).

—Pepe se compró otra computadora. — *"Pepe bought himself another computer."*
—Ese hombre gasta dinero **como si fuera** millonario. — *"That man spends money as if he were a millionaire."*

◆ When an *if* clause refers to something that is possible or likely to happen, the indicative is used.

—¿Me vas a comprar la fotocopiadora? — *"Are you going to buy me the photocopy machine?"*
—Si **tengo** dinero, te la compro. — *"If I have money, I'll buy it for you."*

> **LEARNING TIP**
>
> Think of several ways in which you might finish these questions: **¿Qué haría yo si (no)...?** and **¿Qué habría hecho yo si (no)...?**

HM

Handout ¿Que pasaría si...?

Si yo **fuera** tú, no se lo **diría** a mamá.

¡Atención!   The present subjunctive is *never* used in an *if* clause.

Práctica

A. Complete the following sentences, using the imperfect subjunctive, the pluperfect subjunctive, or the present indicative, as appropriate.

1. Si yo ___hubiera hablado___ (hablar) con el agente de bienes raíces antes, habría podido vender mi casa.
2. Si tú ___estudias___ (estudiar) inglés, podrás trabajar de intérprete.
3. Si nosotros ___encontráramos___ (encontrar) un comprador, podríamos vender el coche mañana mismo.
4. Si el presidente de la compañía ___hubiera leído___ (leer) tu resumé, habría quedado muy impresionado.
5. Olga habla como si ___supiera___ (saber) mucho de mercadeo.
6. Si nosotros ___hubiéramos sabido___ (saber) lo que había pasado, te habríamos avisado.
7. Si ellos ___tienen___ (tener) la entrevista hoy, podremos ir.
8. Si tú ___quisieras___ (querer), podrías ayudarme con mi informe.
9. Si todos los accionistas ___vienen___ (venir) mañana, podemos tener la reunión.
10. Si Pablo ___tuviera___ (tener) experiencia, podría conseguir un puesto en el departamento de compras.
11. Esa mujer tiene cincuenta años, pero actúa como si ___fuera___ (ser) muy joven.
12. Si nosotros ___conseguimos___ (conseguir) bastante dinero, podemos mejorar el sistema de comunicación telefónica.

B. Say what the following people are going to do, would do, or would have done according to each situation.

◆ **MODELO:** María quiere comprar una computadora, pero no tiene dinero.
Si María tuviera dinero, compraría una computadora.

1. Yo no trabajé mucho el año pasado y no me dieron un aumento de sueldo.
2. Teresa quiere hablar con el administrador, pero no tiene tiempo.
3. Nosotros queremos comprar un procesador de textos nuevo. Es posible que tengamos suficiente dinero.
4. Juan quiere que yo le dé la dirección del agente de seguros, pero yo no la sé.
5. Mi madre quería que yo fuera contador público, pero no me gustaban las matemáticas.
6. Tú quieres estudiar para programador(-a), pero no tienes computadora. Es posible que tus padres te regalen una.
7. Yo habría llevado a Marta a hablar con el gerente, pero tuve que trabajar.
8. Nosotros habríamos hablado con el bolsista, pero él no estaba en su oficina hoy.

Práctica B, Answers 1. Si yo hubiera trabajado mucho el año pasado, me habrían dado un aumento. 2. Si Teresa tuviera tiempo, hablaría con el administrador. 3. Si tenemos suficiente dinero, compraremos un procesador de textos nuevo. 4. Si yo supiera la dirección del agente de seguros, se la daría a Juan. 5. Si me hubieran gustado las matemáticas, habría sido contador público. 6. Si tus padres te regalan una computadora, podrás estudiar (estudiarás) para programador(-a). 7. Si yo no hubiera tenido que trabajar, habría llevado a Marta a hablar con el gerente. 8. Si el bolsista hubiera estado en su oficina hoy, nosotros habríamos hablado con él.

Un dicho

Si los locos usaran corona, todos seríamos reyes.

Equivalent: If every fool wore a crown, we should all be kings.

Para conversar

Si... With a partner, take turns asking each other what you would do or what would happen if the following were true.

◆ **MODELO:** tener mucho dinero
—¿Qué harías tú si tuvieras mucho dinero?
—Si yo tuviera mucho dinero, viajaría mucho.

1. necesitar dinero
2. perder tus tarjetas de crédito
3. tener más tiempo libre
4. enseñar esta clase
5. querer aprender otro idioma
6. poder viajar a cualquier país
7. dar una gran fiesta
8. estar cansado(-a)
9. no sentirse bien
10. necesitar cartas de recomendación

¿Lo sabía Ud.?

En los países hispanos, las mujeres trabajan cada vez más fuera de su hogar (*home*), y tienen carreras y puestos importantes en el mundo de los negocios.

◆ ¿Qué problemas tienen en este país las mujeres que trabajan fuera de su hogar, y son esposas y madres?

3. Summary of the uses of the subjunctive (*Resumen de los usos del subjuntivo*)

Use the subjunctive . . .	Use the infinitive . . .
a. after verbs of volition (when there is change of subject). **Yo** quiero que **él salga.**	**a.** after verbs of volition (when there is no change of subject). **Yo** quiero **salir.**
b. after verbs of emotion (when there is change of subject). **Me alegro** de que **tú estés** aquí.	**b.** after verbs of emotion (when there is no change of subject). **Me alegro** de **estar** aquí.

Use the subjunctive . . .	Use the indicative . . .
a. to express doubt, denial, and disbelief. **Dudo** que **pueda** venir. **Niego** que él **esté** aquí. **No creo** que él **vaya** con Eva.	**a.** when there is no doubt, denial, or disbelief. **No dudo** que **puede** venir. **No niego** que él **está** aquí. **Creo** que él **va** con Eva.
b. to refer to the indefinite or non-existent. **Busco** una casa que **sea** cómoda. No **había nadie** que lo **supiera.**	**b.** to refer to something specific. **Tengo** una casa que **es** cómoda. **Había alguien** que lo **sabía.**
c. with certain conjunctions when referring to a future action.[1] Lo **llamaré** cuando **llegue.**	**c.** with certain conjunctions when there is no indication of future action. Lo **llamo** cuando **llego.**
d. in an *if* clause to refer to something contrary-to-fact or to something impossible or very improbable. Si **pudiera,** iría. Si el presidente me **invitara** a la Casa Blanca, yo aceptaría.	**d.** in an *if* clause when not referring to anything that is contrary-to-fact, impossible, or very improbable. Si **puedo,** iré. Si Juan me **invita** a su casa, aceptaré.

---

[1]The subjunctive is always used after the conjunctions **con tal que, sin que, en caso de que, a menos que, para que,** and **antes de que,** which by their very meaning imply uncertainty or condition: **Puedo salir** *sin que* los chicos me *vean, a menos que estén* en la sala.

Práctica

A. Complete the following dialogues using the subjunctive, indicative, or infinitive of the verbs given. Then act them out with a partner.

1. —¿Qué vas a hacer cuando ___llegues___ (llegar) a la oficina?

    —Yo quiero ___archivar___ (archivar) las carpetas, pero mi jefe quiere que ___trabaje___ (trabajar) con el agente de relaciones públicas.

2. —No creo que ___valga___ (valer) la pena continuar usando ese equipo.

    —Es verdad, pero dudo que nosotros ___podamos___ (poder) comprar uno nuevo.

3. —Yo espero ___poder___ (poder) hablar con mi antiguo jefe hoy.

    —No creo que ___esté___ (estar) en su oficina. Mándale un correo electrónico.

4. —¿Tú conoces a alguien que ___esté___ (estar) especializado en mercadeo?

    —Sí, conozco a un hombre que ___trabaja___ (trabajar) en la compañía Mirabal. Si tú ___quieres___ (querer), podemos ir a verlo mañana.

    —Si ___pudiera___ (poder), iría, pero tengo que trabajar.

5. —Yo llamé al electricista para que ___viniera___ (venir) a arreglar las luces de la oficina.

    —Cuando él ___venga___ (venir), quiero hablar con él.

B. Complete the following, according to your own thoughts and experience regarding college and family life.

1. Mis profesores quieren que yo...
2. Mis padres me aconsejan que...
3. Mi mejor amigo me sugirió que...
4. Yo habría sacado una "A" si...
5. Yo voy a llamar a mi amigo(-a) en cuanto...
6. Yo no tendría que pagar la matrícula si...
7. Yo no creo que mi profesor(-a) de español...
8. En mi clase de español no hay nadie que...
9. Yo dudo que mis amigos...
10. El verano próximo, yo espero...

Para conversar

A. **¡Habla con tu compañero!** With a partner, take turns asking each other the following questions.

1. ¿A quién llamarías si tu computadora no funcionara?
2. Tengo que arreglar mi computadora, ¿adónde me recomiendas que la lleve?
3. Si vas a comprar una computadora, ¿prefieres comprar una IBM o una Apple?
4. ¿Es cierto que siempre tienes tu teléfono celular contigo?
5. ¿Crees que es una buena idea tener una microcomputadora?
6. ¿Qué esperas que tus padres te regalen para tu cumpleaños?
7. ¿Tú podrías comprar una casa sin que tus padres te ayudaran?
8. ¿Es verdad que gastas dinero como si fueras millonario(-a)?
9. ¿Siempre tratas de llegar a la clase antes de que llegue el profesor (la profesora)?
10. ¿Qué vas a hacer hoy tan pronto como llegues a tu casa?

B. **Responde...** With a partner, take turns reacting to the following statements. Use the subjunctive.

1. El gerente tiene dieciocho años.
2. Busco a alguien que hable japonés y chino.
3. El sueldo que ganan los maestros compensa su trabajo.
4. Me dieron un aumento de sueldo.
5. No sé qué quiere el jefe que hagan los empleados.
6. Las secretarias escriben a máquina; no usan computadoras.

¿Lo sabía Ud.?

El uso de "Internet" o la "Red", como se llama en español, es cada día más popular en el mundo hispano, y muchas instituciones (empresas y organizaciones) tienen su propia página (*home page*).

◆ En general, ¿cuáles son algunas de las transacciones comerciales que se pueden hacer a través de Internet?

Así somos

Al escuchar...

Estrategia **Guessing meaning practice II** When listening, keep in mind the topic to help orient you to the nature of unfamiliar words. Also remember to use cognates, word families, the words you know, and the surrounding ideas to make informed guesses about unfamiliar words.

Avisos You will listen to three announcements about job openings. Listen for context and guess the meaning of the following words or phrases.

Aviso 1:	1. estar dispuesto	2. dominar	
Aviso 2:	1. ambos	2. capacidad	
Aviso 3:	1. empresa	2. se encarga de	3. adiestramiento

Al conversar...

Estrategia **Giving a presentation** When speaking formally about a topic in a foreign language, preparation is especially important. Here are some general guidelines for the delivery of a sound presentation.

- Know your subject as well as possible.
- Organize your presentation so that your audience is able to follow your thoughts easily.
- Establish a comfortable balance between following a script and improvising.
- Do a "dry-run" in front of people you know and get feedback from them.
- Rehearse further if you think that this will strengthen your actual delivery.

Para mejorar la universidad Imagine that you have been asked to present to the president of your college your ideas on how to improve student services. In pairs, brainstorm ideas; then, individually, prepare your presentation and rehearse it with your partner. As you develop your ideas, ask yourself the following questions.

- What specific measures am I proposing to achieve the suggested improvements?
- How am I going to persuade my audience (the president) about these measures?

¿Qué dice Ud.? What would you say in the following situations? What might the other person say? Act out the scenes with a partner. Take turns playing each role.

1. Someone wants you to help him get a job at the company where you work. Tell him that you work under the supervision of Mrs. Rojas, and she has the last word.
2. You complain to your boss, saying that the salary you get doesn't compensate for all the work you do because you have too many responsibilities.
3. You are interviewing a candidate. Tell him that you will let him know about your decision when you finish the interviews.
4. Tell a friend to leave you a message on your answering machine or to send you a fax.

Para conocernos mejor

To do this activity, work with a classmate whom you would like to get to know. Take turns asking and answering these questions.

Handout ¿Una promesa o una excusa? / Para decirlo en español

1. ¿Qué preferirías tú, ser empleado(-a) bancario(-a) o trabajar en una oficina? Si pudieras escoger una profesión, ¿cuál escogerías? ¿Por qué? ¿Qué es más importante para ti, tener un buen sueldo o desempeñar un trabajo que te guste?
2. ¿Crees que es importante que una persona tenga conocimiento de ordenadores? ¿Qué marca de computadora tienes tú? ¿Usas la computadora principalmente para escribir informes o para mandar y recibir mensajes?
3. Si tuvieras que escribir tu resumé para solicitar un trabajo, ¿qué podrías decir sobre tu experiencia? ¿Y sobre tu educación?
4. Si el sueldo que tú recibes no compensa el trabajo que tú haces, ¿continúas trabajando en el mismo lugar o tratas de conseguir otro trabajo? ¿Cuál crees tú que debe ser el sueldo mínimo?
5. ¿Vas a tratar de conseguir un trabajo en cuanto te gradúes o piensas tomarte unas vacaciones en vez de comenzar a trabajar enseguida?

Una encuesta

Interview your classmates to identify who fits the following descriptions. Include your instructor, but remember to use the **Ud.** form when addressing him/her. After finishing the survey, get together with two or three classmates and discuss the results.

Handout ¿Qué dijiste?

Nombre

1. A veces escribe a máquina. _____
2. Usa la computadora todos los días. _____
3. No sabe usar un procesador de textos. _____
4. Sabe exactamente lo que va a hacer en cuanto se gradúe. _____
5. Puede conseguir muy buenas cartas de recomendación. _____
6. Tiene muchas responsabilidades en su trabajo. _____
7. Tiene un jefe antipático. _____
8. Siempre tiene la última palabra en una discusión. _____

Para crear

In groups of three or four, look at the photo and use your imagination to create a story about the people in the picture. Who are they? Give them names and say where they work. What are their responsibilities? What do they do best? How much money do they make? What are their plans for their future?

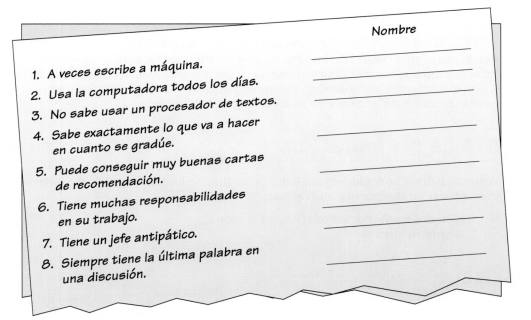

¡Vamos a escribir!

Antes de escribir

Estrategia **Writing cover letters** When writing a professional letter, you need to know as much as you can about the position, the circumstances, and the person or organization you are writing to. Organize your accomplishments according to your goals. For instance, you wouldn't write the same letter if you were applying for a job as a bank clerk as you would to get a position teaching English. In each letter, you need to emphasize different parts of your background or present them in a different order. Do the following.

- Identify a specific goal for writing your cover letter.
- Note your qualifications for this opportunity. These may include education, work, extracurricular experience, and any significant or pertinent personal circumstances, such as the fact that you know Spanish.
- Organize your qualifications according to the persuasive effect that your letter needs to convey for you to succeed in your endeavor.

Una carta de presentación You will write a short cover letter for a professional goal of your choice. Brainstorm about a specific goal for writing your cover letter or a letter recommending yourself for a concrete endeavor. It could be for applying to a program, a scholarship, a summer job, etc. List the qualifications you want to mention and organize them according to their importance.

A escribir la carta de presentación

Write the **primer borrador** of your letter. Since this is a formal letter, use the following formulas for the greeting and closing.

> **Estimado/-a señor** or **señora** (+ *name if known*):
>
> **Atentatmente,**

Después de escribir

Before writing the final version of your letter, exchange your first draft with a classmate and peer edit each other's work using the following guidelines.

- formation and use of the indicative and subjunctive
- subject-verb and noun-adjective agreement
- strong case for the position or goal

Rincón literario

Julio Camba (*España: 1882–1962*)

Julio Camba es un verdadero observador de culturas y sociedades, incluida la suya propia: España. Escritor humorístico y satírico, viajó por el mundo y escribió sus impresiones sobre la manera de ser de la gente, y sobre la vida y la cultura de los países que visitó. El artículo que ofrecemos a continuación es de su libro *La rana viajera*. Otros libros de Camba son *Alemania, Londres, Aventura de una peseta, Lúculo o el arte de comer* y *La ciudad automática*.

Antes de leer

Estrategia **Interacting with a reading** Training yourself to read includes, above all else, establishing a dialogue between what you read and what you think. Noting or jotting down your impressions, key information, and questions you have serves as an aid when later discussing a reading. By engaging with and reacting to a text you will be able to better understand and appreciate it.

La puntualidad The essay you are going to read takes a critical look at the concept of punctuality. Read the first seven lines of the text and note your reactions from the point of view of the narrator (**yo**). Then, in groups of three, discuss your impressions and talk about the personal issues that arise from meeting people who have a standard of punctuality that differs substantially from yours. Use the following questions to guide your conversation.

1. Para ti, ¿es importante la puntualidad? ¿Eres puntual o generalmente llegas tarde?
2. Si tienes una cita y la persona llega tarde, ¿cuánto tiempo la esperas? ¿Cómo te sientes?

A leer

Comprensión As you read the essay, find the answers to the following questions.

1. ¿Por qué dice el autor que "después de almorzar" es algo demasiado elástico?
2. ¿Tiene el amigo del autor una hora exacta para almorzar?
3. ¿A qué hora dice el amigo del autor que estará sin falta en el café?
4. ¿Qué sucede (*happens*) al día siguiente a las ocho?
5. ¿Qué piensa el amigo del autor sobre la puntualidad?
6. ¿Por qué es una buena idea acudir (*to show up*) puntualmente a una cita?

Comprensión, Answers 1. Porque es demasiado vago. 2. No, almuerza de una a dos y a veces a las tres. 3. Dice que estará en el café de cuatro a cinco. 4. El amigo no viene. 5. Piensa que la puntualidad es algo completamente absurdo. 6. Porque uno ahorra mucho tiempo para hacer otras cosas.

El tiempo y el espacio (*Adaptado*)

Tengo algo urgente que discutir con un amigo. Por supuesto el amigo dice que hoy no puede ser.

—¿Mañana...?

—Muy bien. ¿A qué hora?

—A cualquier hora. Después de almorzar, por ejemplo... Yo digo que eso no es una hora. "Después de almorzar" es algo demasiado vago, demasiado elástico.

—¿A qué hora almuerza usted? —pregunto.

—A la hora de almorzar.

—Pero ¿qué hora es la hora de almorzar para usted? ¿El mediodía? ¿La una de la tarde? ¿Las dos...?

—Más o menos... —dice mi amigo—. Yo almuerzo de una a dos. A veces a las tres... De todos modos° a las cuatro siempre estoy libre.

—Entonces, ¿a las cuatro?

—Sí, claro que, si llego unos minutos tarde —añade° — usted me puede esperar, ¿verdad? Quien dice a las cuatro, dice a las cuatro y media. En fin, de cuatro a cinco yo estoy sin falta° en el café.

Yo quiero ser exacto.

—¿A las cinco?

—Muy bien. A las cinco... Es decir,° de cinco a cinco y media...Uno no es un tren, ¡qué diablo!°

—Pues podemos decir a las cinco y media —propongo yo. Entonces mi amigo tiene una idea brillante.

—¿Por qué no decimos a la hora del aperitivo? —sugiere.

Finalmente, decidimos reunirnos° de siete a ocho. Al día siguiente son las ocho y, claro está, mi amigo no viene. Llega a las ocho y media echando el bofe° y no me encuentra.

—No es justo —exclama días después al encontrarnos en la calle—. Me hace usted fijar una hora, me hace usted correr, y no me espera ni diez minutos. Yo llego a las ocho y media en punto,° y usted no está esperándome.

De... Anyway

he adds

sin... without fail

Es... That is to say
qué... what the heck

to get together

echando... out of breath

en... on the dot

Y lo más curioso es que la indignación de mi amigo es auténtica. Para él, la puntualidad es algo completamente absurdo.

—Pero —digo yo— una cita° es una cosa que tiene que estar tan limitada en el tiempo como en el espacio.

De despreciar° el tiempo, podemos despreciar también el espacio. Y de respetar el espacio, ¿por qué no considerar también el tiempo?

—Pero con esa precisión, con esa exactitud,° la vida es imposible —opina mi amigo.

—¿Cómo explicarle que esa exactitud y esa precisión sirven, al contrario, para simplificar la vida? ¿Cómo convencerle de que, llegando puntualmente a las citas, uno ahorra mucho tiempo para hacer otras cosas?

appointment

De... *If we scorn*

accuracy

Después de leer... reflexiones

In groups of four, debate the two positions in the essay: **¿Está Ud. de acuerdo con el autor o con el amigo del autor? Defienda su postura** (*position*) **preferida o la que le asigne su profesor(-a).**

Panorama hispánico

Improve Your Grade
Web Search

España (I)

- El relieve de España varía desde las cordilleras hasta los valles, llanuras (*plains*) y extensas mesetas. En los Pirineos, que sirven de frontera con Francia, se encuentran algunos de los picos más altos de Europa. El clima de España es muy variado. Va desde la llamada "Iberia húmeda", por sus lluvias torrenciales, en las verdes y fértiles praderas del norte, hasta el clima seco (*dry*) y árido del sur.

- Por su clima y sus magníficas playas, España es uno de los países de más turismo en el mundo. Anualmente van más de 60 millones de turistas a España.

- El sistema de gobierno español es una monarquía constitucional. El actual rey (*king*) es Juan Carlos de Borbón. España es miembro de las Naciones Unidas desde el año 1955 y pertenece a la Unión Europea. Su moneda es el euro.

- Madrid, la capital, es una ciudad moderna, y hoy en día es uno de los centros de negocios más importantes del mundo. Es una ciudad de gran movimiento y se dice que "Madrid nunca duerme". Sus grandes avenidas, centros culturales, plazas y museos son puntos de atracción turística. A pesar de ser una gran metrópoli, Madrid conserva grandes extensiones de áreas verdes, como el parque del Buen Retiro, La Rosaleda, el Parque del Oeste y el Prado. En Madrid está el Museo del Prado, uno de los mejores del mundo. Allí se conserva la colección más grande de las obras de pintores españoles como Murillo, Velázquez, El Greco y Goya, entre otros.

- En el norte de España están Barcelona, la segunda ciudad más grande del país, Pamplona, conocida por sus encierros y sus corridas de toros el día de San Fermín, y Santiago de Compostela, punto de destino del Camino de Santiago, famoso por las peregrinaciones (*pilgrimages*) religiosas de la Edad Media.

La política: del pasado al presente

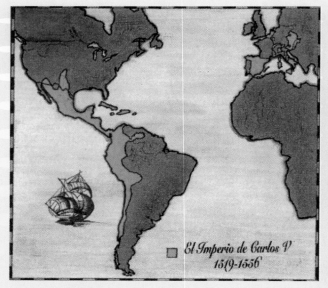

▲ Mapa que señala (*marks*) los territorios que pertenecían al imperio de Carlos V (Quinto) de España (s. XVI).

▲ El Rey Juan Carlos y la Reina Sofía, los Reyes de España, en el Palacio Real de Madrid

▲ Iglesia de la Sagrada (*Holy*) Familia, del arquitecto catalán Antonio Gaudí, Barcelona

▲ Hostal de los Reyes Católicos (s. XVI), Santiago de Compostela, Galicia. Es parador[1] nacional de turismo desde 1954.

▲ Segovia: El Alcázar, palabra árabe que significa "castillo" (*castle*), una de las muchas que se incorporan al idioma español durante los ocho siglos de la dominación musulmana

▲ La Mancha, región conocida en todo el mundo gracias a la novela *Don Quijote de la Mancha*, de Miguel de Cervantes. En esa región hay numerosos molinos de viento (*windmills*).

Nuestro panorama cultural

In groups of three, answer the following questions about your home state, region, or country.

1. ¿Qué tipo de sistema de gobierno hay en su país?
2. ¿Ha visitado algún puerto en su país? ¿Dónde está?
3. ¿Su ciudad tiene muchos parques y bosques? ¿Los visita Ud.?
4. ¿Sabe Ud. cuánto vale la moneda de su país, comparada con el euro?
5. ¿Hay muchos grupos étnicos en la ciudad donde Ud. vive? ¿Cuáles?
6. ¿Sabe Ud. cuál es el pico más alto de su país?
7. ¿Ha visto obras de algunos pintores españoles en los museos de su país? ¿En qué museo se encuentran algunas de sus obras favoritas?

For the next class: Go to the World Wide Web and find photos from your hometown, state, region, or country. Use the questions from **Nuestro panorama cultural** above as guidelines for choosing them. Be ready to present the photos to your classmates.

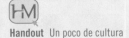

Handout Un poco de cultura

---

[1]Literally, "that which stops." In Spain a **parador nacional** is an official designation for a building of historical significance that has been converted into a luxury hotel.

Objetivos

Comunicación

You will learn vocabulary related to media and the arts, communication, and entertainment.

Pronunciación

Pronunciation in context

Estructuras

- Uses of some prepositions after certain verbs
- Uses of **por** and **para** in certain expressions
- Some idiomatic expressions

Cultura

- Entertainment
- Theater, television, and film
- Latin entertainment in the Americas

Panorama hispánico

- España (II)

Estrategias

Listening: Identifying word boundaries practice II and punctuating sentences
Speaking: Expressing idiomatic language
Writing: Assessing your writing needs
Rincón literario: Using reference materials

Activity suggestion Use this photo to introduce the lesson theme. Ask your students:

1. ¿Qué tipos de películas te gusta ver?
2. ¿Te gusta ir al cine o prefieres alquilar películas y verlas en tu casa?
3. ¿Cuáles son tus actores y actrices favoritos?
4. En la foto de esta página, vemos al director español Pedro Almodóvar con la actriz Penélope Cruz. ¿Preferirías conversar con el director o con la actriz? ¿Por qué?

▲ Pedro Almodóvar, famoso director del cine español con la actriz Penélope Cruz en el estreno de su última película *Volver*

Teatro... cine... televisión...

España (II)

En el sur de España se encuentran Granada, Sevilla y Córdoba, ciudades de gran belleza donde se ve la influencia árabe. La Alhambra de Granada, la Giralda de Sevilla y la Mezquita (*Mosque*) de Córdoba son verdaderas joyas arquitectónicas. Sevilla tiene además el maravilloso Parque de María Luisa, donde se encuentra la gran Plaza de España. En esta plaza, construida enteramente de azulejos (*ceramic tiles*) de tipo andaluz, están representadas escenas históricas de las cincuenta provincias de España.

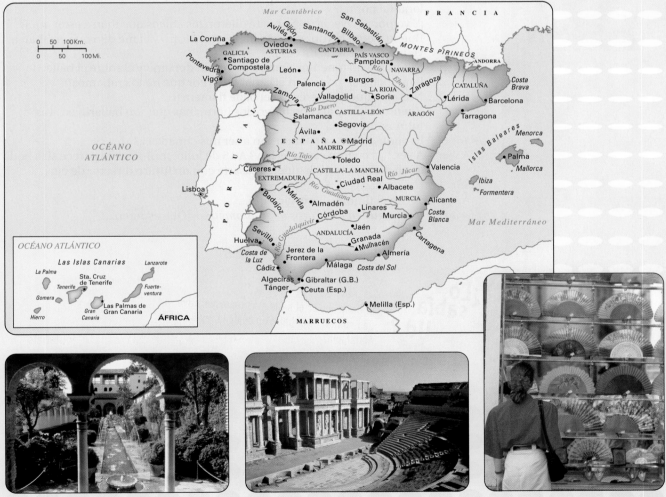

▲ Jardines del Generalife, en el Palacio de la Alhambra, Granada

▲ Ruinas de un anfiteatro frente a un edificio de la época romana, en Mérida, España

▲ Abanicos en las vidrieras de una tienda andaluza

479

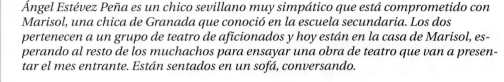

Ángel Estévez Peña es un chico sevillano muy simpático que está comprometido con Marisol, una chica de Granada que conoció en la escuela secundaria. Los dos pertenecen a un grupo de teatro de aficionados y hoy están en la casa de Marisol, esperando al resto de los muchachos para ensayar una obra de teatro que van a presentar el mes entrante. Están sentados en un sofá, conversando.

Marisol	Me gusta el teatro, pero creo que sería interesante filmar una película. Cuando era chica no me perdía una, especialmente si era una comedia musical o una película de misterio.
Ángel	Yo prefería las de guerra, las de acción o las de ciencia ficción, especialmente si tenían efectos especiales...
Marisol	¡Ay, Ángel! Los verdaderos actores y las grandes actrices no necesitamos efectos especiales si la trama es buena.
Ángel	A mí me gustaría dirigir... seguir los pasos de Almodóvar, o de Spielberg, por ejemplo, o estar a cargo de la programación de un canal... o quizás ser crítico y tener mi propia columna en un periódico importante. ¡Yo creo que tendría éxito!
Marisol	*(Bromeando)* Bueno... a mí me dijeron que tú criticabas a todo el mundo, así que eso te vendría de perillas...
Ángel	*(Se ríe)* ¡Por eso no te hablo de mis ilusiones! ¡Porque te burlas de mí...!
Marisol	No, guapo. Me gusta tomarte el pelo a veces, pero tú sabes que estoy loquita[1] por ti...
Ángel	¡Y yo por ti! Oye, ¿a qué hora te dijeron los chicos que iban a estar aquí?
Marisol	Bueno... eran las dos cuando hablé con Álvaro y él me dijo que estaban a veinte minutos de mi casa.
Ángel	Entonces, no tenemos tiempo de ver un documental sobre el baile flamenco que ponen en el canal dos. ¿Por qué no lo grabamos?
Marisol	No sabía que te interesaba el baile flamenco...
Ángel	Bueno... al fin y al cabo tengo dos hermanas que son bailarinas... tus futuras cuñadas...
Marisol	Es verdad. Oye, ¿y cuándo van a ser mis cuñadas...?
Ángel	A ver... ¿a cuánto estamos hoy? A 15 de julio, ¿no? ¿Qué te parece si la boda es en diciembre...? Si quieres casarte con un futuro director de cine...
Marisol	*(Lo abraza.)* ¡Sí! ¡Sí!
Ángel	Tocan el timbre... Ya están aquí...
Marisol	*(Que sigue en los brazos de su prometido)* ¡Que esperen...!

HM

Handout En contexto

¿Lo sabía Ud.?

El flamenco es el baile más representativo de España. Es el baile típico de la región de Andalucía.

◆ **¿Cuál es el baile típico de este país?**

---
[1]Diminutive of **loca**

Marisol

Ángel

¿Quién lo dice?　Identify the person who said the following in the dialogue.

1. Tengo dos hermanas que son bailarinas.　　　　Ángel
2. ¿Cuándo van a ser mis cuñadas?　　　　Marisol
3. Me gusta tomarte el pelo a veces.　　　　Marisol
4. A mí me gustaría dirigir.　　　　Ángel
5. Eran las dos cuando hablé con Álvaro.　　　　Marisol
6. No sabía que te interesaba el baile flamenco...　　　　Marisol
7. ¿Qué te parece si la boda es en diciembre?　　　　Ángel
8. Yo prefería las de guerra, las de acción o las de ciencia ficción.　　　　Ángel

En el diálogo, Answers 1. Está comprometido con Marisol.　2. La conoció en la escuela secundaria. 3. Van a ensayar una obra de teatro. 4. Le gustaban las comedias musicales o las películas de misterio. 5. Admira a Almodóvar.　6. Porque ella se burla de él.　7. Quiere ver un documental sobre el baile flamenco.　8. Son bailarinas.　9. Va a ser en diciembre.　10. Lo abraza.

Hablemos.　With a partner, take turns asking and answering the following questions. Base your answers on the dialogue and on your own circumstances.

En el diálogo	¿Y tú?
1. ¿Con quién está comprometido Ángel Estévez?	¿Tienes algún amigo o alguna amiga que esté comprometido(-a)?
2. ¿Dónde conoció Ángel a su prometida?	¿Dónde conociste tú a tu mejor amigo(-a)?
3. ¿Qué van a ensayar Ángel y sus amigos?	¿Tú tomaste parte en una obra teatral alguna vez?
4. ¿Qué tipo de películas le gustaban a Marisol?	¿Qué tipo de películas te gustan a ti?
5. ¿A qué famoso director español admira Ángel?	¿Quién es tu director de cine favorito?
6. ¿Por qué dice Ángel que no le habla de sus ilusiones a Marisol?	¿A quién le tomas tú el pelo a veces?
7. ¿Qué documental quiere ver Ángel?	¿Qué tipo de documental te gusta a ti?
8. ¿Qué hacen las dos hermanas de Ángel?	¿Te gustaría ser bailarín (bailarina)?
9. ¿En qué mes va a ser la boda de Ángel y Marisol?	¿Estás invitado(-a) a alguna boda? ¿Cuándo?
10. ¿Qué hace Marisol cuando Ángel le propone matrimonio (*marriage*)?	¿A quién abrazas tú frecuentemente?

Un dicho

Si quieres acertar, cásate con tu igual.

If you want to succeed "in marriage," marry your equal.

⌒ Vocabulario

Cognados

la acción action	**el (la) director(-a)** director
el actor actor	**el documental** documentary
la actriz actress	**el efecto especial** special effect
el (la) crítico(-a) critic	**el grupo** group
la columna column	**musical** musical

Nombres

el (la) bailarín(-ina) dancer	**la obra de teatro, la obra teatral** play
la boda wedding	**la película de misterio** mystery movie,
la ciencia ficción science fiction	murder mystery
el (la) director(-a) de cine movie director	**la programación** programming
la guerra war	**el teatro de aficionados** amateur theatre
la ilusión dream	**la trama** plot

Verbos

burlarse (de) to make fun (of)	**grabar** to tape
criticar to criticize	**interesar** to interest
dirigir to direct	**perderse** to miss (*out on something*)
ensayar to rehearse	**pertenecer (yo pertenezco)** to belong
filmar to film, to make (*a movie*)	**presentar** to present

Adjetivos

comprometido(-a) engaged
entrante next
verdadero(-a) real

¿Lo sabía Ud.?

En España, Cuba, México y Argentina, entre otros países, la producción de películas tiene gran importancia. Algunos directores hispanohablantes famosos son: Almodóvar y Buñuel, de España; Tomás Gutiérrez Alea, de Cuba; Guillermo del Toro, de México y Eduardo Mignogna de Argentina.

◆ **¿Pasan películas extranjeras en los cines de su ciudad? ¿Están dobladas o tienen subtítulos?**

Otras palabras y expresiones

¿A cuánto estamos hoy? What's the date today?
al fin y al cabo after all
así que so
estar loco(-a) por to be crazy about
el mes entrante next month
¡Que esperen! Let them wait!
seguir los pasos to follow in the footsteps

tener éxito to be successful
todo el mundo everybody
tomarle el pelo (a alguien) to pull someone's leg, to tease
venirle de perillas a uno to suit one to perfection

¿Lo sabía Ud.? Las películas americanas son muy populares en España y en el resto del mundo hispánico. Generalmente tienen subtítulos en español o están dobladas (*dubbed*). En el pasado muchos de los títulos en español eran completamente diferentes de los de inglés. Por ejemplo, la película *Where the heart is* se llamó **La fuerza del amor,** pero en la actualidad (*nowadays*) muchas veces dejan los títulos en inglés.

◆ **¿Tiene gran importancia la producción de películas en su país?**

Vocabulario adicional

Más sobre el cine

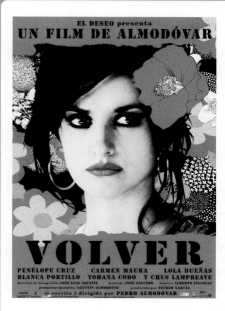

EL DESEO presenta
UN FILM DE ALMODÓVAR

VOLVER

PENÉLOPE CRUZ   CARMEN MAURA   LOLA DUEÑAS
BLANCA PORTILLO   YOHANA COBO   Y CRUS LAMPREAVE

escrita y dirigida por PEDRO ALMODÓVAR

la actuación acting
el avance preview
la banda sonora soundtrack
la cartelera movie section
los dibujos animados cartoons
el espectáculo show
estrenar to show for the first time
el estreno première
el festival de cine film festival
el guión, el libreto script, screenplay
la música music
el músico musician
la orquesta orchestra
la pantalla movie screen
el papel role
la película de suspenso thriller
la película del oeste (de vaqueros) western movie
el personaje character
el (la) productor(-a) producer
el (la) protagonista protagonist, main character
el reparto (la distribución) de papeles casting, cast

Handouts Crucigrama / Palabras escondidas

ACE the Test

Práctica

A. Select the word or phrase that does not belong in each group.

1. te quiero / me burlo de ti / estoy loco por ti me burlo de ti
2. casarse / boda / trama trama
3. es popular / sigue mis pasos / tiene éxito sigue mis pasos
4. guión / libreto / papel papel
5. banda sonora / música / avance avance
6. pantalla / protagonista / personaje pantalla
7. no asistir / criticar / perderse criticar
8. el mes próximo / el mes pasado / el mes entrante el mes pasado

B. Match the questions in column A with the responses in column B.

	A			B
1.	¿Están comprometidos?	i	**a.**	No, me lo perdí.
2.	¿No puedes ver tu programa hoy?	f	**b.**	Una obra teatral.
3.	¿No fuiste al estreno?	a	**c.**	A 14 de febrero.
4.	¿Qué van a ensayar?	b	**d.**	No, no me interesa.
5.	¿Es una película del oeste?	h	**e.**	Sí, toca el violín.
6.	¿Oscar es músico?	e	**f.**	No, lo voy a grabar.
7.	¿Te gustan los dibujos animados?	j	**g.**	Sí, te estoy tomando el pelo.
8.	¿A cuánto estamos hoy?	c	**h.**	Sí, con John Wayne.
9.	¿Quieres ver esa película?	d	**i.**	Sí, la boda es en mayo.
10.	¿Te estás burlando de mí?	g	**j.**	Sí, especialmente los de Walt Disney.

C. Write the words or phrases that correspond to the following.

1. persona que dirige una película director
2. hombre que baila bailarín
3. obra de teatro obra teatral
4. el mes que viene el mes entrante
5. mostrar una película por primera vez estrenar
6. estar encargado estar a cargo
7. personaje principal protagonista
8. Penélope Cruz, por ejemplo actriz
9. persona que toca un instrumento musical músico
10. Antonio Banderas, por ejemplo actor

D. Complete the following sentences, using vocabulary from this lesson.

1. Me gustan las películas de ciencia ficción.
2. Almodóvar es un famoso director de cine español.
3. Amalia es mi prometida ; nos vamos a casar en abril.
4. La Guerra *de las galaxias* es una película muy famosa.
5. Estoy enamorado de Nora. ¡Estoy loco por ella!
6. ¿Los chicos me están esperando? ¡Que esperen !
7. Sergio va a ser abogado. Va a seguir los pasos de su papá.
8. Voy a leer la cartelera para ver qué película pasan hoy.
9. Todo el mundo vino al estreno de esa película.
10. El reloj que me regaló mi padre me vino de perillas .

Para conversar

A. Algunas ideas With a partner, play the roles of two producers who are discussing the possibility of collaborating on a movie. Talk about different types of movies, whom you would like to get to direct the movie, where you would film it, and who would play the main roles. Add any necessary details.

B. Una película de suspenso Your class is making a movie. With a partner, decide who will be the director, who will be the producer, and who will have the main roles. Indicate also who will write the script. Give reasons for your choices. Join another group and compare notes.

C. ¿Cuándo es la boda? With a partner, play the roles of two friends who are planning someone's wedding. Decide who are the people getting married, when and where the wedding will be, who will be in charge of what, and whom you are going to invite. Add any pertinent details.

Pronunciación

Pronunciation in context

In this lesson, there are some new words or phrases that may be challenging to pronounce. For further pronunciation practice of Spanish sounds, listen to your instructor and repeat the following sentences.

1. Yo prefería las de **guerra,** las de **acción** o las de **ciencia ficción.**

2. Las **verdaderas actrices** no necesitamos efectos **especiales.**

3. A mí me gustaría **dirigir...** seguir los pasos de **Almodóvar.**

4. Yo creo que tendría **éxito.**

5. ¡Por eso no te hablo de mis **ilusiones!**

6. Al fin y al cabo tengo dos **hermanas** que son **bailarinas.**

7. ¿Qué te **parece** si la boda es en diciembre?

8. **Sigue** en los brazos de su **prometido.**

Aspectos culturales

En imágenes (*Expresiones artísticas y figuras del entretenimiento*)

En imágenes, Answers 1. Jon Secada
2. Ricky Martin 3. Carolina Herrera
4. Un nativo tocando la quena
5. Tango 6. Buenavista Social Club
7. Shakira 8. Plácido Domingo

¡Ahora le toca a Ud.! (*Now it's your turn!*) Ahora le toca a Ud. identificar a los artistas, grupos y lugares que aparecen en este, el último **En imágenes.**[1]

▲ 1.

▲ 2.

▲ 3.

HM Improve Your Grade
Web Search

Marisol and Ángel are making plans for the weekend, and they want to find out what kinds of performances are going on in Granada. Go to **www.college.hmco.com** to find out about some of the venues in Granada that offer dance or theater performances or films. How many possible places can you find for them to go? In the next class, team up with two classmates to discuss your findings.

---

[1]Consulte a su profesor(-a) para saber las respuestas a lo que no sabe.

▲ 4.

▲ 5.

▲ 6.

▲ 7.

▲ 8.

Estructuras

1. Uses of some prepositions after certain verbs (*Usos de algunas preposiciones con ciertos verbos*)

LEARNING TIP

Use each verb with its corresponding preposition to make a statement about yourself or people you know. For example: **Yo quiero** *aprender a* **tocar el piano.**

In Spanish, some verbs are used with prepositions that have no equivalent to or are different from the ones used in English. The prepositions used most often are **a, de, con,** and **en.**

♦ A

aprender a *to learn (how)*	**enseñar a** *to teach*
asistir a *to attend*	**invitar a** *to invite*
ayudar a *to help*	**ir a** *to go*
empezar (comenzar) a *to begin, to start*	**venir a** *to come*

—¿**Fuiste a** ensayar con Rafael? "*Did you go to rehearse with Rafael?*"
—Sí, **empezamos a** ensayar anoche. "*Yes, we started to rehearse last night.*"

—Yo quiero **aprender a** bailar flamenco. "*I want to learn how to dance flamenco.*"
—Yo te puedo **enseñar a** bailarlo. "*I can teach you how to dance it.*"

♦ De

acordarse de *to remember*	**enamorarse de** *to fall in love with*
alegrarse de *to be glad*	**olvidarse de** *to forget*

—No **te olvides de** llamar al productor. "*Don't forget to call the producer.*"
—Bueno..., y tú, **acuérdate de** leer el guión. "*Okay . . . , and you, remember to read the script.*"

♦ Con

casarse con *to marry, to get married to*	
comprometerse con *to get engaged to*	
soñar (o:ue) con *to dream about (of)*	

—Teresa **se comprometió con** Antonio. "*Teresa got engaged to Antonio.*"

—Debe estar muy contenta. Siempre **soñó con casarse con** un actor de cine. "*She must be very happy. She always dreamed of marrying a movie actor.*"

♦ En

fijarse en *to notice*	
insistir en *to insist on*	
pensar en *to think about*	

—¿**En** qué estás **pensando**? "*What are you thinking about?*"
—Estoy **pensando en** la boda de Beatriz. Ella **insistió en** invitar a Pablo y él siempre causa problemas... "*I am thinking about Beatriz's wedding. She insisted on inviting Pablo and he always causes problems . . .*"

Práctica

A. Complete the following dialogues with the Spanish equivalent of the words in parentheses. Then act them out with a partner.

1. —¿ <u>Te acordaste de</u> grabar el programa, Anita? (*Did you remember*)

   —Sí, pero <u>me olvidé de llamar</u> a Julio para que viniera a verlo. (*I forgot to call*)

2. —¿Dónde <u>aprendiste a bailar</u> flamenco, Rosita? (*did you learn to dance*)

   —En Sevilla. Y en Barcelona <u>me enseñaron a bailar</u> la sardana. (*they taught me how to dance*)

3. —Hola, vengo <u>a invitarte a</u> ir al estreno. (*to invite you*)

   —No puedo, porque tengo que <u>asistir a</u> una clase de drama. (*to attend*)

4. —Rubén <u>se enamoró de</u> Alicia, pero ella no <u>se fijó en</u> él. (*fell in love with / notice*)

   —No, ella <u>se casó con</u> Mauricio. (*married*)

5. —¿Cuándo van a <u>empezar a</u> filmar la película? (*start*)

   —El mes entrante.

B. With a partner, take turns asking and answering questions about the people in the following situations. *Answers will vary. Possibilities:*

1.

¿Con quién se casa Marisa? Marisa se casa con Daniel.

2.

¿Con quién se compromete Raúl? Raúl se compromete con Mirta.

3.

¿De qué no se acuerda Graciela? Graciela no se acuerda del número de teléfono de Pepe.

4.

¿De qué se alegra Marisol? Marisol se alegra de ver a Tito.

5.

¿En qué insiste Pedro? Pedro insiste en ir con Alina.

6.

¿Con qué sueña Carmen? Sueña con ir a París.

Para conversar

¿Qué hacemos? With a partner, discuss the following.

1. things you would like to learn to do or can teach others to do
2. what time you start to work and to study
3. what you always (never) remember to do and what you always (never) forget to do
4. what you dream about doing
5. what you insist on doing

2. Uses of *por* and *para* in certain expressions (*Usos de **por** y **para** en ciertas expresiones*)

Activity suggestion Review the uses of **por** and **para** taught in Lección 8. Students should provide examples.

A. Expressions with *por*

The following idiomatic expressions use **por.**

por aquí cerca	*around here*	**por lo general**	*generally*
por desgracia	*unfortunately*	**por si acaso**	*just in case*
por eso	*that's why*	**por suerte**	*luckily*
por fin	*finally*	**por supuesto**	*of course*

—¿Conseguiste la banda sonora de la película?   *"Did you get the movie sound track?"*

—No, **por desgracia** no pude conseguirla.   *"No, unfortunately I wasn't able to get it."*

—Hay una tienda **por aquí cerca** que la tiene. ¿Quieres que te la compre?   *"There's a store around here that has it. Do you want me to buy it for you?"*

—**Por supuesto.**   *"Of course."*

B. Expressions with *para*

The following idiomatic expressions use **para.**

para eso	*for that* (said sarcastically or contemptuously)
para peor	*to make matters worse*
¿para qué?	*what for?*
para siempre	*forever*
sin qué ni para qué	*without rhyme or reason*

—¿**Para qué** te vas a poner un vestido tan elegante?   *"What are you going to wear such an elegant dress for?"*

—Para ir a cenar con Beto. Me va a llevar a comer una hamburguesa.   *"To go to dinner with Beto. He's taking me out for a hamburger."*

—¿Y **para eso** te pones tu mejor vestido?   *"And for that you're wearing your best dress?"*

> **Por suerte** me dieron el cincuenta **por ciento** de descuento.

Práctica

Complete the following sentences, using the appropriate expressions with **por** or **para.**

1. Yo no tenía dinero para ir al estreno; ____por suerte____ mi papá me dio cien dólares.
2. ¡Esa actriz es tan temperamental! Nadie la criticó, pero ella se enojó __sin qué ni para qué__.
3. ¿ ____Para qué____ aceptaste ese papel? No es muy importante.
4. Hoy ponen una película de suspenso en un cine que hay ____por aquí cerca____.
5. No creo que ellos puedan ir al festival de cine con nosotros, pero ____por si acaso____ los voy a invitar.
6. El espectáculo fue muy aburrido y, ____para peor____, cuando salí del teatro descubrí que me habían robado el auto.
7. ¡ ____Por fin____ René pudo conseguir un puesto en la orquesta!
8. El productor invirtió mucho tiempo y mucho dinero en esa película, pero ____por desgracia____ no tuvo éxito.
9. Me ofrecieron el papel de protagonista y ____por supuesto____ lo acepté.
10. ____Por lo general____ vamos a ver películas musicales. Nos gustan mucho.
11. El día de la boda él le prometió amarla (*to love her*) ____para siempre____.
12. Armando admiraba mucho a ese director y ____por eso____ quiso seguir sus pasos.

Para conversar

Habla con tu compañero. With a partner, take turns asking and answering the following questions using appropriate expressions with **por** or **para.**

1. ¿Qué programas de televisión ves tú los sábados?
2. ¿Tú piensas quedarte a vivir en este estado?
3. Si te ofrecieran un aumento de sueldo, ¿lo aceptarías?
4. ¿Hay algún restaurante mexicano cerca de la universidad?
5. ¿Sacaste una buena nota en el último examen?
6. Si el cielo está nublado (*cloudy*) cuando sales de tu casa, ¿llevas un paraguas?

3. Some idiomatic expressions (*Algunas expresiones idiomáticas*)

♦ **a más tardar** *at the latest*

Van a estrenar la película la próxima semana **a más tardar.**

The movie will be shown for the first time next week at the latest.

♦ **a principios de** *the first part of (a month, a year, etc.)*

El grupo musical de Sevilla viene **a principios de mes.**

The musical group from Sevilla is coming during the first part of the month.

♦ **dar las gracias** *to express gratitude*

El actor **dio las gracias** cuando recibió el Oscar.

The actor expressed his gratitude when he received the Oscar.

♦ **darle rabia a uno** *to be furious*

Me dio rabia cuando el crítico dijo que la película era mala.

I became furious when the critic said (that) the movie was bad.

Activity suggestion Have students work in pairs to provide a different example for each expression.

◆ **de repente, de pronto** *suddenly*

De repente decidieron cambiar la programación del canal.

They suddenly decided to change the channel's programming.

◆ **dejar plantado(-a) a alguien** *to stand somebody up*

La novia **lo dejó plantado** en el altar.

The bride stood him up at the altar.

◆ **hacerse ilusiones** *to dream, to fool oneself*

¡No **te hagas ilusiones**! Tú no puedes pertenecer a ese club tan exclusivo.

Don't fool yourself! You can't belong to such an exclusive club.

◆ **hoy en día** *nowadays*

Hoy en día muchas películas tienen efectos especiales.

Nowadays many movies have special effects.

◆ **importarle a uno** *to matter, to concern*

La trama es interesante. No **me importa** lo que digan los críticos.

The plot is interesting. It doesn't matter to me what the critics say.

◆ **llevar puesto(-a)** *to have on, to be wearing (clothes)*

El vestido que la actriz **llevaba puesto** era horrible.

The dress the actress was wearing was horrible.

◆ **sin falta** *without fail*

Elba es muy puntual, así que tenemos que estar allí a las seis **sin falta.**

Elba is very puntual, so we have to be there at six o'clock without fail.

◆ **tarde o temprano** *sooner or later*

No te preocupes. **Tarde o temprano** él admitirá que tú tienes razón.

Don't worry. Sooner or later he'll admit that you're right.

¡No **te hagas ilusiones**!

Práctica

Complete the following sentences, using the appropriate idiomatic expressions.

1. Cuando yo era joven las cosas no eran así, pero ___hoy en día___ todo es diferente.
2. ___Me da rabia___ cuando mi novio insiste en ver una película de guerra. No me gustan esas películas.
3. Lo esperé por tres horas y no vino. ___Me dejó plantado(-a)___.
4. Tenemos que estar allí a las cinco ___a más tardar___. No podemos llegar más tarde.
5. Julián ___llevaba puesto___ un traje azul que le quedaba muy bien.
6. Ellos van a ir a verte el lunes, ___sin falta___.
7. La actuación de esa actriz es magnífica. ___Tarde o temprano___ le van a dar un Oscar.
8. Yo les ___doy las gracias___ por todos los favores que me han hecho.
9. Ernesto se fue ___de repente___, sin decir adiós.
10. Clara va a hacer lo que ella quiera porque no ___le importa___ lo que tú digas.
11. Van a estrenar la obra ___a principios de___ junio.
12. Mi padre me dice que no ___me haga ilusiones___ porque él no me va a comprar un coche nuevo.

Para conversar

¡Habla con tu compañero! With a partner, take turns asking and answering the following questions.

1. ¿Adónde tienes que ir mañana sin falta?
2. ¿A qué hora tienes que estar en la universidad, a más tardar?
3. Por lo general, ¿qué tienes que hacer a principios de mes?
4. ¿Qué llevabas puesto la última vez que fuiste a una fiesta?
5. ¿Qué tipo de música prefieren bailar los jóvenes hoy en día?
6. ¿Qué cosa te da rabia?
7. ¿A veces te haces ilusiones o eres una persona muy realista?
8. ¿Alguien te ha dejado plantado(-a) alguna vez? ¿Dónde?
9. ¿A quién tienes que darle las gracias? ¿Por qué?
10. ¿Qué va a pasar en tu vida tarde o temprano?

Un dicho

Tarde o temprano se descubre al mentiroso.

Equivalent: Sooner or later the liar is discovered.

Así somos

Al escuchar...

Estrategia **Identifying word boundaries practice II and punctuating sentences** When identifying where words and sentences begin and end, you may be dealing with narration or dialogue, or a combination of both. Spanish punctuation is similar to English; however, differences occur, not just with exclamations and questions, but also with dialogue and the use of the colon.

- A colon introduces a list, a quote, and the heading of a letter, and precedes the completion of a thought.
- Dialogue dashes (—) often precede a quote in Spanish.

Un guión, Script and Answers
Llegó el momento decisivo: Cristina no tenía la menor idea de su situación. Ester tocó a la puerta de la habitación de Cristina. Estaba pálida.

Cristina Adelante, Ester.

Ester Cristina, debo decirte la verdad. Luisito no es tu hijo.

Un guión Listen to an excerpt from a soap opera script. Mark the divisions between words and punctuate the sentences. Keep in mind the format of a script.

llegóelmomentodecisivocristinanoteníalamenorideadesusituación
estertocóalapuertadelahabitacióndecristinaestabapálida
adelanteester
cristinadebodecirtelaverdadluisitionoestuhijo

Al conversar...

Estrategia **Expressing idiomatic language** As you develop your ability to express yourself in Spanish, try not to "think" in English because you can run into trouble if you translate idiomatic English word for word. Instead, think in simple, basic terms about what you want to say. For example:

- Analyze the basic message behind *Can you give me a ride home?* You are actually asking the person to take you home in his or her car: **¿Puedes llevarme a casa (en tu coche)?**
- The idiomatic phrase *Are we on for tonight?* is asking if you are going to meet tonight: **¿Vamos a encontrarnos esta noche?** or **¿Nos veremos esta noche?**

¿Cómo se dice...? With a partner, express the following ideas.

1. We had a ball! Nos divertimos mucho.
2. I need to get dinner ready. Tengo que preparar la cena.
3. I'll walk you home. Voy (Camino) contigo hasta tu casa.
4. I would rather take a taxi. Prefiero tomar un taxi.
5. Keep quiet! ¡No digas nada! (¡No hables!)

¿Qué dice Ud.?, Answers 1. Que esperen, porque al fin y al cabo todavía es temprano. 2–4. *Answers will vary.*

¿Qué dice Ud.? What would you say in the following situations? What might the other person say? Act out the scenes with a partner. Take turns playing each role.

1. Someone tells you that there are people waiting for you. Tell him/her "let them wait, because after all it's still early."
2. You tell a friend what kind of movies you like and what kind you don't like.
3. You talk about what you always remember to do and what you forget to do.
4. Talk about something that suits you to perfection.

Para conocernos mejor
To do this activity, work with a partner whom you would like to get to know. Take turns asking and answering these questions.

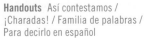

Handouts Así contestamos / ¡Charadas! / Familia de palabras / Para decirlo en español

1. ¿Tú perteneces a algún club universitario? ¿A cuál? ¿Qué clubes de los que hay aquí te parecen interesantes? ¿A cuál te gustaría pertenecer?

2. Si te ofrecieran un papel en una obra teatral, ¿lo aceptarías? ¿Tendrías tiempo para ensayar o estás demasiado ocupado(-a)? ¿Preferirías el papel de protagonista o uno menos importante? ¿Crees que tienes talento para actuar?

3. ¿Vas al cine a menudo? ¿Con quién? ¿Qué tipo de películas te gusta ver? De las películas que has visto últimamente, ¿cuál crees que puede ganar un Oscar? Por lo general, ¿estás de acuerdo con la opinión de los críticos?

4. Si tú estuvieras a cargo de la programación de un canal de televisión, ¿qué tipo de programas pondrías? ¿Cuáles suprimirías (*would you eliminate*)? ¿Crees que hay demasiada violencia en la televisión? ¿Estás de acuerdo con la censura (*censorship*) en la televisión? ¿Por qué?

5. ¿Te gusta bailar? ¿Eres buen bailarín (buena bailarina)? ¿Qué tipo de música prefieres para bailar? ¿Y para escuchar? ¿Has visto alguna vez bailar flamenco? ¿Te gustaría aprender a bailarlo?

Una encuesta
Interview your classmates to identify who fits the following descriptions. Include your intructor, but remember to use the **Ud.** form when addressing him/her. After finishing the survey, get together with two or three classmates and discuss the results.

Handout ¿Qué dijiste?

Nombre

1. Cree que tendría éxito como actor (actriz). _____
2. Le gusta ver dibujos animados. _____
3. Le gustan los documentales. _____
4. Ha asistido a un festival de cine. _____
5. Por lo general asiste a los estrenos. _____
6. A veces graba sus programas de televisión favoritos. _____
7. Le gustaría tener su propia columna en un periódico. _____
8. A veces les toma el pelo a sus amigos.

Handout ¿Qué cosas tenemos en común?

Para crear
These girls are going to get movie tickets. Get together in groups of three and "create" the scenario for this photo. Who are the people? Give them names. What is the relationship between them? What types of movies are they going to see? Are they going to enjoy the movies? What are they going to do afterwards?

¡Vamos a escribir!

Antes de escribir

Estrategia **Assessing your writing needs** Strategies are helpful guidelines, but in addition to all the strategies that have been presented throughout the textbook, you are likely to come across specific needs that you will have to assess and find solutions to. This means being an independent learner and tackling your projects with successful strategies you have used in the past as well as new or adapted ones.

Propuesta para una película (*A film proposal*)   You will write a proposal to a movie company about the vision you have for a film. Use any number of strategies that you think you need. Remember that you are writing a proposal containing a film idea. Start by brainstorming what strategies you think will be most helpful to you.

A escribir la propuesta para una película

Write the **primer borrador** of your film proposal.

Después de escribir

A. **A revisar**   Before writing the final version of your proposal, exchange your first draft with a classmate and peer edit each other's work using the following guidelines.

- formation and subject-verb agreement of all tenses used
- noun-adjective agreement
- use of transitions
- spelling and punctuation
- persuasive proposal and film idea

B. **Un guión**   In groups of three or four, select one of the ideas from your group's film proposal, write the script for a first scene, rehearse it, and present it to the class.

Rincón literario

Gustavo Adolfo Bécquer (*España: 1836–1870*)

A Bécquer se le considera un precursor de la poesía moderna. Los temas principales de su poesía son el amor, la soledad y el misterio. Se le conoce mayormente por sus *Leyendas* y por sus *Rimas;* éstas últimas son muy breves y de máxima condensación lírica. Los textos que aparecen a continuación son dos de las famosas rimas de Bécquer.

Antes de leer

Estrategia **Using reference materials** During your studies, you will often need to learn more about the context in which a specific piece of literature was produced. For instance, while reading a nineteenth-century novel, you might need to look up the meaning of words that are not used anymore, or you may be missing a historical context from the times, or a personal anecdote about the author's life that will make all the difference in finding out what something really means. At times, a library may be your best resource for obtaining material, especially for specialized topics. The Internet is also a valuable tool for researching information; however, keep in mind that not all the information you will find is accurate. Generally, it is best to use established sites and avoid pages created by individuals.

A investigar First, reread the author information for clues to understanding Bécquer's poems. Note that he often depicts extreme and passionate interpersonal dimensions and that his poems are charged with strong feelings. Then, use the library or Internet to research Bécquer's life and the literary currents of his time. Report three or four facts that you learned to a partner.

A leer

Comprensión As you read the poems, find the answers to the following questions.

1. ¿Qué hace la mujer cuando pasa junto al poeta? ¿Qué se pregunta él?
2. ¿Qué dice el poeta que es su sonrisa?
3. ¿Qué daría el poeta por saber lo que ella ha dicho de él?
4. ¿Qué daría por saber lo que ha pensado de él?
5. ¿Qué dice el poeta de la vida?
6. ¿Qué dice de la gloria y del amor?
7. Según el poeta, ¿qué es despertar?
8. ¿Qué pregunta le hace la amada al poeta? ¿Qué responde él?

Comprensión, Answers 1. Cuando pasa junto a él, pasa sonriendo. / Él se pregunta cómo ella puede reír. 2. Dice que es una máscara de dolor. 3. Daría los mejores años de la vida que le resta. 4. Daría su vida mortal y lo que le toque de la vida eterna. 5. Dice que es corta. 6. Dice que son sombras de un sueño. 7. Es morir. 8. Ella le pregunta ¿qué es poesía? y él responde que poesía es ella.

Rimas

Rima XLIV

Alguna vez la encuentro por el mundo,
    y pasa junto a mí;
y pasa sonriéndose,° y yo digo:
    "¿Cómo puede reír?"
Luego asoma a mi labio otra sonrisa,
    máscara de dolor,
y entonces pienso: "¡Acaso° ella se ríe
    como me río yo!"

smiling

Perhaps

Rima LI

De lo poco de vida que me resta,
diera con gusto los mejores años
    por saber lo que a otros
de mí has hablado.
Y esta vida mortal..., y de la eterna
lo que me toque, si me toca algo,
    por saber lo que a solas
de mí has pensado.

Rima LXIX

    Al brillar un relámpago nacemos,
y aún dura su fulgor cuando morimos:
    ¡tan corto es el vivir!
    La gloria y el amor tras que corremos,
sombras de un sueño son que perseguimos:
    ¡despertar es morir!

Rima XXI

    ¿Qué es poesía? dices mientras clavas
en mi pupila tu pupila azul;
¿Qué es poesía? ¿Y tú me lo preguntas?
    Poesia... eres tú.

In groups of three, discuss the following questions.

1. ¿Sonríe Ud. a veces cuando está triste? ¿Qué otros sentimientos escondemos (*do we hide*) a veces?
2. Si Ud. pudiera adivinar lo que otras personas piensan de Ud., ¿cree que esto sería una ventaja (*advantage*) o una desventaja (*disadvantage*)? ¿Por qué?
3. El poeta dice que el vivir es corto. ¿Está Ud. de acuerdo o no con esta idea? ¿Por qué?
4. Si alguien le preguntara a Ud. ¿qué es poesía?, ¿qué le contestaría?

HM

Handout La fábula

Frases célebres

Sobre la filosofía de la vida

Rico es el que posee, pero feliz, el que nada desea.
Cecilia Böhl de Faber (España: 1796–1877)

No puedo estar satisfecha de mí misma nunca, jamás.
Gertrudis Gómez de Avellaneda (Cuba: 1814–1873)

La mujer tiene destino propio: sus primeros deberes naturales son para consigo misma.
Emilia Pardo Bazán (España: 1851–1925)

La mayor virtud no compensa el defecto° del talento.   *lack of*
Gertrudis Gómez de Avellaneda

Comentarios...

A. With a partner, take turns reading the **Frases célebres,** and say which one appeals to you the most. Give reasons for your choice.

B. Can you think of any famous sayings in English about this topic?

Panorama hispánico

España (II)

- España es rica en tradiciones. Cada provincia tiene sus propios trajes regionales, música, artesanía y cocina típicas. La cocina y los vinos españoles son muy variados. Cada región tiene su especialidad: los jamones y chorizos (*sausages*) de Extremadura, la fabada asturiana, la famosa paella valenciana, el gazpacho[1] de Andalucía y los vinos de Jerez han ganado fama internacional. Valencia, situada al este, junto al mar Mediterráneo, es conocida como la "Huerta de España" por su alta producción de frutas y verduras.

- Las playas de Andalucía, conocidas como la "Costa del Sol", están entre las más famosas atracciones turísticas del país, y son visitadas todo el año gracias a su clima cálido, aun en invierno.

- Aunque no hay ninguna región española que no produzca su propio vino, Andalucía es la gran tierra del vino, por su gran calidad y variedad. Andalucía es famosa, además, por el cultivo del olivo y, en la música y en la danza, por el flamenco.

- España ha aportado (*exerted*) su influencia al mundo tanto en el campo de la ciencia como en el de la cultura, y ha obtenido premios Nobel en ambos campos. En la literatura, España se ha destacado desde la Edad Media. Entre sus numerosos escritores está Miguel de Cervantes, creador de *Don Quijote,* una de las obras literarias que más ha influido en todo el mundo. En la poesía, Antonio Machado, Juan Ramón Jiménez y Federico García Lorca son autores de fama internacional. Tres grandes pintores del siglo XX, conocidos mundialmente, son españoles: Salvador Dalí, Joan Miró y Pablo Picasso.

- Aunque es imposible expresar en pocas palabras la riqueza cultural que este país le ofrece al mundo, España será siempre conocida como "La tierra de don Quijote".

Literatura: los orígenes de la novela moderna

▲ Los personajes principales de la novela *Don Quijote:* Sancho Panza, a la izquierda, y don Quijote, a la derecha. Plaza de España, Sevilla.

---

[1] *a type of cold soup*

Pasado pluricultural:[1] crisol[2] de civilizaciones judía,[3] cristiana y musulmana[4]

▲ La catedral de Sevilla, la tercera en tamaño después de la Basílica de San Pedro en Roma y de la de St. Paul en Londres, fue construida donde antes había una mezquita árabe.

◄ La Giralda es el alminar (*minaret*) de la mezquita de Sevilla, destruida en 1401. Fue construida por los musulmanes entre 1170 y 1200 y fue convertida en campanario (*bell tower*) en el siglo XVI.

La artesanía española

◄ Artesano (*Artisan*) toledano trabajando la técnica del damasquinado (*damascene*), traída por los árabes desde Damasco, Siria.

Nuestro panorama cultural

In groups of three, answer the following questions about your home state, region, or country.

1. ¿Se produce vino en alguna región de su país? ¿En cuál?
2. ¿Su región tiene alguna comida típica? ¿Cuál?
3. ¿Su país tiene algunas costumbres especiales? ¿Cuáles, por ejemplo?
4. ¿Puede nombrar algunos escritores famosos de su país?
5. ¿Ha visto bailar el flamenco alguna vez? ¿Le gustó?

For the next class: Go to the World Wide Web and find photos from your hometown, state, region, or country. Use the questions from **Nuestro panorama cultural** above as guidelines for choosing them. Be ready to present the photos to your classmates.

Handouts Un poco de cultura / ¿Qué sabes sobre el mundo hispánico? / Para entrevistar a una persona de un país hispánico

---

[1]**pluricultural** = *multicultural*
[2]**crisol** = (fig.) *melting pot;* literally, *crucible*
[3]**judío(-a)** = *Jewish*
[4]**musulmán(-ana)** = *Muslim*

Self-Test

Take this test. When you have finished, check your answers in the answer key provided in Appendix D. Then use a red pen to correct any mistakes you may have made. Are you ready?

Lección 16

A. The imperfect subjunctive Rewrite the following sentences, using the new beginnings.

1. Quiere que vaya con ellos.
   Quería... que fuera con ellos.
2. Les digo que no monten a caballo hoy.
   Les dije... que no montaran a caballo hoy.
3. Me alegro de que él sea el campeón.
   Me alegré... de que él fuera el campeón.
4. Temo que se ahoguen.
   Temí... que se ahogaran.
5. Necesito a alguien que me enseñe a esquiar.
   Necesitaba... a alguien que me enseñara a esquiar.
6. No creo que él sepa armar la tienda de campaña.
   No creí... que él supiera armar la tienda de campaña.
7. ¿Hay alguien aquí que tenga una caña de pescar?
   ¿Había... alguien aquí que tuviera una caña de pescar?
8. No es verdad que necesitemos una raqueta.
   No era verdad... que necesitáramos una raqueta.
9. No creo que esté tomando el sol.
   No creía... que estuviera tomando el sol.
10. Me alegro de que te sientas bien.
    Me alegré... de que te sintieras bien.

B. Some uses of the prepositions *a, de,* and *en* Complete the following sentences, using **a, de,** or **en** as necessary.

1. Nora y Luisa fueron __a__ Brasil __en__ junio y ahora sólo hablan __de__ su viaje. Dicen que cuando llegaron __a__ Río conocieron __a__ dos chicos muy simpáticos.
2. Ricardo está __en__ el estadio desde las tres __de__ la tarde. Va __a__ volver __a__ su casa __a__ las cinco.
3. Anoche conocí __a__ Teresa. Es una chica morena __de__ ojos verdes y es la más simpática __de__ su familia.
4. El mes pasado empecé __a__ aprender __a__ jugar al tenis.
5. A Rita no le gusta viajar __en__ avión; prefiere viajar __en__ tren.

C. The present perfect subjunctive
Complete these sentences with the present perfect subjunctive form of the verbs given.

1. Es una lástima que ellos no ___hayan ido___ (ir) al estadio hoy.
2. Me alegro de que tú ___hayas aprendido___ (aprender) a jugar al golf.
3. ¿Hay alguien aquí que ___haya leído___ (leer) ese artículo?
4. Los padres de Clara esperan que ella no ___se haya aburrido___ (aburrirse) en la fiesta.
5. No creo que Ud. ___haya sabido___ (saber) armar la tienda de campaña.
6. No es verdad que nosotros nos ___hayamos divertido___ (divertir) en la fiesta.

D. Just words . . .
Match the questions in column A with the answers in column B.

A		B
1. ¿Vas a cazar?	i	a. No, no saben remar.
2. ¿Él habla con todo el mundo?	e	b. De salvavidas.
3. ¿Se divirtió en la fiesta?	j	c. Dos entradas para el juego.
4. ¿Van a ir en bote?	a	d. México.
5. ¿Uds. acamparon?	g	e. Sí, no es nada orgulloso.
6. ¿Qué compraste?	c	f. Tomo el sol.
7. ¿Qué país está al sur de los Estados Unidos?	d	g. No, alquilamos una cabaña.
8. ¿Qué haces en la playa?	f	h. Esquiar y patinar.
9. ¿De qué trabaja?	b	i. Sí, necesito la escopeta.
10. ¿Qué actividades al aire libre te gustan más?	h	j. No, se aburrió como una ostra.

E. Culture
Answer the following questions, based on the **Panorama hispánico** section.

1. ¿Cuál es la capital de Uruguay? Montevideo.
2. ¿Cuál es la bebida nacional del país? El mate.
3. ¿Qué es Punta del Este? Un famoso centro turístico.
4. ¿Qué idioma se habla en Brasil? Se habla portugués.
5. ¿Qué playas son famosas en Río de Janeiro? Ipanema y Copacabana.

Lección 17

A. The pluperfect subjunctive
Complete the following sentences with the pluperfect subjunctive of the verbs in parentheses.

1. No había nadie que ___hubiera visto___ (ver) al presidente de la compañía.
2. Yo me alegré de que ellos no ___hubieran tenido___ (tener) que entrevistarme.
3. Ellos no creían que nosotros ya ___hubiéramos archivado___ (archivar) todos los documentos.
4. Yo temía que Ud. no le ___hubiera ofrecido___ (ofrecer) el puesto.
5. Ellos se alegraron de que yo ___hubiera escrito___ (escribir) las cartas a máquina.

B. *If* clauses
Complete the following sentences with the imperfect subjunctive, the pluperfect subjunctive, or the present indicative of the verbs given.

1. Si yo ___tengo___ (tener) tiempo, hablaré con el jefe.
2. Nosotros trabajaríamos con ellos si ___pudiéramos___ (poder).
3. Si ellos ___hubieran ido___ (ir) al despacho, habrían visto al supervisor.
4. Si Uds. ___necesitan___ (necesitar) un traductor, pueden emplearlo.
5. Tú habrías hablado con el jefe de personal si lo ___hubieras visto___ (ver).
6. Elsa habla como si lo ___supiera___ (saber) todo.

C. Summary of the uses of the subjunctive
Complete the following sentences, using the verbs in parentheses in the appropriate tense of the subjunctive or the indicative.

1. Yo quería que ellos me ___entrevistaran___ (entrevistar) hoy.
2. Esperamos que tú ___puedas___ (poder) hablar mañana con los accionistas.
3. Dile que me ___avise___ (avisar) esta tarde.
4. Yo no creo que nosotros ___podamos___ (poder) desempeñar ese puesto, pero creo que Carlos ___puede___ (poder) hacerlo.
5. ¿Hay alguien aquí que ___haya___ (haber) visto al gerente hoy?
6. Voy a usar la fotocopiadora en cuanto ___llegue___ (llegar) a la oficina.
7. Le di dinero para que ___pudiera___ (poder) comprar la videograbadora.
8. No es verdad que nosotros le ___paguemos___ (pagar) ese sueldo.

D. Just words. . . Complete the following sentences, using vocabulary from **Lección 17.**

1. Ayer pedí un ___aumento___ de sueldo y no me lo dieron.
2. Trabaja en el ___departamento___ de compras. Es contador ___público___.
3. Vamos a comprar ___equipos___ electrónicos y un ___procesador___ de textos para la oficina.
4. Ellos quedaron muy ___impresionados___ con mis ___cartas___ de recomendación.
5. Él vende casas. Es agente de ___bienes___ raíces.
6. Ellos están ___encargados___ de hacer todas las entrevistas.
7. Le voy a ___avisar___ mañana sobre mi decisión.
8. Eduardo trabaja ___bajo___ la supervisión del agente de ___relaciones___ públicas.
9. Todos los días recibo muchos ___mensajes___ electrónicos.
10. Ricardo habla dos idiomas. Trabaja como intérprete y ___traductor___.

E. Culture Complete the following sentences, based on the **Panorama hispánico** section.

1. España y ___Portugal___ forman la Península Ibérica.
2. El sistema de gobierno español es una ___monarquía___ constitucional.
3. La moneda de España es el ___euro___.
4. La capital de España es ___Madrid___.
5. En la capital está uno de los museos más famoso del mundo: el Museo del ___Prado___.

Lección 18

A. Uses of some prepositions after certain verbs
Complete the following sentences, using the verbs listed and the appropriate prepositions.

insistir   comprometerse   olvidarse
enamorarse   venir   soñar

1. Yo nunca __me olvido de__ grabar ese programa.
2. Julio y Silvia __sueñan con__ casarse muy pronto.
3. El director __insiste en__ que esa actriz sea la protagonista.
4. Nosotros __venimos a__ filmar todos los días.
5. Adela __se comprometió con__ Pepe en la fiesta de anoche.
6. Yo __me enamoré de__ Alicia la primera vez que la vi.

B. Uses of *por* and *para* in certain expressions
Complete the following sentences, using the appropriate expressions with **por** or **para.**

1. __Por desgracia__ no me dieron el papel principal en la película.
2. ¿ __Para qué__ necesitas ir al teatro hoy? ¿Tienes que ensayar?
3. El actor se enojó __sin qué ni para qué__ .
4. Voy a comprarme un vestido nuevo __por si acaso__ me invitan a la boda.
5. No tenemos que caminar mucho porque el teatro está __por aquí cerca__ .
6. El vendedor me dijo que la garantía del coche duraba __para siempre__ .
7. Rosa admiraba mucho a esa actriz y __por eso__ quería seguir sus pasos.
8. Trabajaron mucho, pero __por suerte__ tuvieron éxito.

C. Some idiomatic expressions
What idiomatic expressions would you use to complete the following sentences?

1. Le hice un gran favor y no __me dio las gracias__ .
2. Vamos a salir de viaje __a principios de__ mes.
3. Necesitamos el dinero para mañana __sin falta__ .
4. ¡No __te hagas ilusiones__ ! No vas a ser la protagonista de la telenovela.
5. El actor no vino al estreno. __Dejó plantado__ a todo el mundo.
6. A ellos no __les importa__ lo que yo pienso. No me hacen caso (*pay attention*).
7. Las películas de __hoy en día__ no son tan buenas como las de antes.
8. El vestido que ella __llevaba puesto__ era muy elegante.

D. Just words . . . Complete the following sentences, using vocabulary from **Lección 18.**

1. Pedro Almodóvar es un famoso ___director___ de cine.
2. Van a casarse. La ___boda___ es a ___principios___ de mes.
3. *The Sound of Music* es una ___película___ musical.
4. Se burla de mí. Siempre me ___toma___ el pelo.
5. El dinero que mi padre me dio me vino de ___perillas___ .
6. Yo no voy a abrirles la puerta ahora, ¡ ___que esperen___ !
7. Elsa es la ___protagonista___ ; tiene el papel principal.
8. ¿ ___A cuánto___ estamos hoy?
9. No me gusta la ___banda___ sonora de esa película.
10. John Wayne hacía películas del ___oeste___ .

E. Culture Complete the following sentences, based on the **Panorama hispánico** section.

1. Tres famosas ciudades en el sur de España son ___Granada___ , ___Sevilla___ y ___Córdoba___ .
2. En el Parque de María Luisa se encuentra la ___Plaza de España___ .
3. Los vinos de ___Jerez___ tienen fama internacional.
4. Valencia es conocida como la ___"Huerta de España"___ .
5. El escritor ___Miguel de Cervantes___ es el creador de don Quijote.

Appendixes

Appendix A: Spanish Sounds

🎧 Vowels

There are five distinct vowels in Spanish: **a, e, i, o,** and **u.** Each vowel has only one basic, constant sound. The pronunciation of each vowel is constant, clear, and brief. The length of the sound is practically the same whether it is produced in a stressed or unstressed syllable.[1]

While producing the sounds of the English stressed vowels that most closely resemble the Spanish ones, the speaker changes the position of the tongue, lips, and lower jaw, so that the vowel actually starts as one sound and then glides into another. In Spanish, however, the tongue, lips, and jaw keep a constant position during the production of the sound.

> **English:** ban*a*na   **Spanish:** ban**a**na

The stress falls on the same vowel and syllable in both Spanish and English, but the English stressed *a* is longer than the Spanish stressed **a.**

> **English:** ban*a*na   **Spanish:** ban**a**na

Note also that the English stressed *a* has a sound different from the other *a*'s in the word, while the Spanish **a** sound remains constant.

a   The Spanish **a** sounds similar to the English *a* in the word *father.*

> alta   casa   palma   Ana
> cama   Panamá   alma   apagar

e   The Spanish **e** is pronounced like the English *e* in the word *eight.*

> mes   entre   este   deje
> ese   encender   teme   prender

i   The Spanish **i** has a sound similar to the English *ee* in the word *see.*

> fin   ir   sí   sin   dividir   Trini   difícil

o   The Spanish **o** is similar to the English *o* in the word *no,* but without the glide.

> toco   como   poco   roto
> corto   corro   solo   loco

u   The Spanish **u** is pronounced like the English *oo* sound in the word *shoot* or the *ue* sound in the word *Sue.*

> su   Lulú   Úrsula   cultura
> un   luna   sucursal   Uruguay

Diphthongs and Triphthongs

When unstressed **i** or **u** falls next to another vowel in a syllable, it unites with that vowel to form what is called a *diphthong.* Both vowels are pronounced as one syllable. Their sounds do not change; they are only pronounced more rapidly and with a glide. For example:

> tra**i**ga   Lid**i**a   tre**i**nta   s**ie**te   **oi**go   ad**ió**s
> **Au**rora   ag**ua**   b**ue**no   antig**uo**   c**iu**dad   L**ui**s

---

[1]In a stressed syllable, the prominence of the vowel is indicated by its loudness.

A triphthong is the union of three vowels: a stressed vowel between two unstressed ones (**i** or **u**) in the same syllable. For example: Para**guay,** estud**iéi**s.

NOTE: Stressed **i** and **u** do not form diphthongs with other vowels, except in the combinations **iu** and **ui**. For example: **rí**-o, sa-**bí**-ais.

In syllabication, diphthongs and triphthongs are considered a single vowel; their components cannot be separated.

Consonants

p   Spanish **p** is pronounced in a manner similar to the English *p* sound, but without the puff of air that follows after the English sound is produced.

pesca	pude	puedo	parte	papá
post	piña	puente	Paco	

k   The Spanish **k** sound, represented by the letters **k, c** before **a, o, u** or a consonant, and **qu,** is similar to the English *k* sound, but without the puff of air.

casa	comer	cuna	clima	acción	que
quinto	queso	aunque	kiosko	kilómetro	

t   Spanish **t** is produced by touching the back of the upper front teeth with the tip of the tongue. It has no puff of air as in the English *t*.

todo	antes	corto	Guatemala	diente
resto	tonto	roto	tanque	

d   The Spanish consonant **d** has two different sounds depending on its position. At the beginning of an utterance and after **n** or **l,** the tip of the tongue presses the back of the upper front teeth.

día	doma	dice	dolor	dar
anda	Aldo	caldo	el deseo	un domicilio

In all other positions the sound of **d** is similar to the *th* sound in the English word *they,* but softer.

medida	todo	nada	nadie	medio
puedo	moda	queda	nudo	

g   The Spanish consonant **g** is similar to the English *g* sound in the word *guy* except before **e** or **i.**

goma	glotón	gallo	gloria	lago	alga
gorrión	garra	guerra	angustia	algo	Dagoberto

j   The Spanish sound **j** (or **g** before **e** and **i**) is similar to a strongly exaggerated English *h* sound.

gemir	juez	jarro	gitano	agente
juego	giro	bajo	gente	

b, v   There is no difference in sound between Spanish **b** and **v.** Both letters are pronounced alike. At the beginning of an utterance or after **m** or **n, b** and **v** have a sound identical to the English *b* sound in the word *boy.*

vivir	beber	vamos	barco	enviar
hambre	batea	bueno	vestido	

When pronounced between vowels, the Spanish **b** and **v** sound is produced by bringing the lips together but not closing them, so that some air may pass through.

sábado	autobús	yo voy	su barco

y, ll In most countries, Spanish **ll** and **y** have a sound similar to the English *y* sound in the word *yes*.

el llavero	trayecto	su yunta	milla
oye	el yeso	mayo	yema
un yelmo	trayectoria	llama	bella

NOTE: When it stands alone or is at the end of a word, Spanish **y** is pronounced like the vowel **i**.

rey	hoy	y	doy	buey
muy	voy	estoy	soy	

r The sound of Spanish **r** is similar to the English *dd* sound in the word *ladder*.

crema	aroma	cara	arena	aro
harina	toro	oro	eres	portero

rr Spanish **rr** and also **r** in an initial position and after **n, l,** or **s** are pronounced with a very strong trill. This trill is produced by bringing the tip of the tongue near the alveolar ridge and letting it vibrate freely while the air passes through the mouth.

rama	carro	Israel	cierra	roto
perro	alrededor	rizo	corre	Enrique

s Spanish **s** is represented in most of the Spanish world by the letters **s, z,** and **c** before **e** or **i.** The sound is very similar to the English sibilant *s* in the word *sink*.

sale	sitio	presidente	signo
salsa	seda	suma	vaso
sobrino	ciudad	cima	canción
zapato	zarza	cerveza	centro

h The letter **h** is silent in Spanish.

hoy	hora	hilo	ahora
humor	huevo	horror	almohada

ch Spanish **ch** is pronounced like the English *ch* in the word *chief*.

hecho	chico	coche	Chile
mucho	muchacho	salchicha	

f Spanish **f** is identical in sound to the English *f*.

difícil	feo	fuego	forma
fácil	fecha	foto	fueron

l Spanish **l** is similar to the English *l* in the word *let*.

dolor	lata	ángel	lago	sueldo
los	pelo	lana	general	fácil

m Spanish **m** is pronounced like the English *m* in the word *mother*.

mano	moda	mucho	muy
mismo	tampoco	multa	cómoda

n In most cases, Spanish **n** has a sound similar to the English *n*.

nada	nunca	ninguno	norte
entra	tiene	sienta	

The sound of Spanish **n** is often affected by the sounds that occur around it. When it appears before **b, v,** or **p,** it is pronounced like an **m**.

tan bueno	toman vino	sin poder
un pobre	comen peras	siguen bebiendo

Appendix A

ñ   Spanish **ñ** is similar to the English *ny* sound in the word *canyon*.

señor	otoño	ñoño	uña
leña	dueño	niños	años

x   Spanish **x** has two pronunciations depending on its position. Between vowels the sound is similar to English *ks*.

examen	exacto	boxeo	éxito
oxidar	oxígeno	existencia	

When it occurs before a consonant, Spanish **x** sounds like *s*.

expresión	explicar	extraer	excusa
expreso	exquisito	extremo	

NOTE: When **x** appears in **México** or in other words of Mexican origin, it is pronounced like the Spanish letter **j.**

Rhythm

Rhythm is the variation of sound intensity that we usually associate with music. Spanish and English each regulate these variations in speech differently, because they have different patterns of syllable length. In Spanish the length of the stressed and unstressed syllables remains almost the same, while the English stressed syllables are considerably longer than unstressed ones. Pronounce the following Spanish words, enunciating each syllable clearly.

es-tu-dian-te	bue-no	Úr-su-la
com-po-si-ción	di-fí-cil	ki-ló-me-tro
po-li-cí-a	Pa-ra-guay	

Because the length of the Spanish syllables remains constant, the greater the number of syllables in a given word or phrase, the longer the phrase will be.

Linking

In spoken Spanish, the different words in a phrase or a sentence are not pronounced as isolated elements but are combined together. This is called *linking*.

Pepe come pan.		Pe-pe-co-me-pan
Tomás toma leche.		To-más-to-ma-le-che
Luis tiene la llave.		Luis-tie-ne-la-lla-ve
La mano de Roberto.		La-ma-no-de-Ro-ber-to

◆ The final consonant of a word is pronounced together with the initial vowel of the following word.

Carlos anda		Car-lo-san-da
un ángel		u-nán-gel
el otoño		e-lo-to-ño
unos estudios interesantes		u-no-ses-tu-dio-sin-te-re-san-tes

◆ A diphthong is formed between the final vowel of a word and the initial vowel of the following word. A triphthong is formed when there is a combination of three vowels (see rules for the formation of diphthongs and triphthongs on pages A-1–A-2).

su hermana		suher-ma-na
tu escopeta		tues-co-pe-ta
Roberto y Luis		Ro-ber-toy-Luis
negocio importante		ne-go-cioim-por-tan-te
lluvia y nieve		llu-viay-nie-ve
ardua empresa		ar-duaem-pre-sa

◆ When the final vowel of a word and the initial vowel of the following word are identical, they are pronounced slightly longer than one vowel.

Ana alcanza	A-n*a*l-can-za
lo olvido	l*o*l-vi-do
tiene eso	tie-n*e*-so
Ada atiende	Ad*a*-tien-de

The same rule applies when two identical vowels appear within a word.

crees	cr*e*s
Teherán	T*e*-rán
coordinación	c*o*r-di-na-ción

◆ When the final consonant of a word and the initial consonant of the following word are the same, they are pronounced as one consonant with slightly longer than normal duration.

el lado	e-*l*a-do
Carlos salta	Car-lo-*s*al-ta
tienes sed	tie-ne-*s*ed

Intonation

Intonation is the rise and fall of pitch in the delivery of a phrase or a sentence. In general, Spanish pitch tends to change less than English, giving the impression that the language is less emphatic.

As a rule, the intonation for normal statements in Spanish starts in a low tone, rises to a higher one on the first stressed syllable, maintains that tone until the last stressed syllable, and then goes back to the initial low tone, with still another drop at the very end.

Tu amigo viene mañana.	José come pan.
Ada está en casa.	Carlos toma café.

Syllable Formation in Spanish

General rules for dividing words into syllables:

Vowels

◆ A vowel or a vowel combination can constitute a syllable.

> a-lum-no   a-bue-la   Eu-ro-pa

◆ Diphthongs and triphthongs are considered single vowels and cannot be divided.

> bai-le   puen-te   Dia-na   es-tu-diáis   an-ti-guo

◆ Two strong vowels (**a**, **e**, **o**) do not form a diphthong and are separated into two syllables.

> em-ple-ar   vol-te-ar   lo-a

◆ A written accent on a weak vowel (**i** or **u**) breaks the diphthong, separating the vowels into two syllables.

> trí-o   dú-o   Ma-rí-a

Consonants

◆ A single consonant forms a syllable with the vowel that follows it.

> po-der   ma-no   mi-nu-to

NOTE: Spanish **ch, ll,** and **rr** are considered single consonants: **a-ma-ri-llo, co-che, pe-rro.**

◆ When two consonants appear between two vowels, they are separated into two syllables.

     al-fa-be-to   cam-pe-ón   me-ter-se   mo-les-tia

EXCEPTION: When a consonant cluster composed of **b, c, d, f, g, p,** or **t** with **l** or **r** appears between two vowels, the cluster joins the following vowel: **so-bre, o-tros, ca-ble, te-lé-gra-fo.**

◆ When three consonants appear between two vowels, only the last one goes with the following vowel.

     ins-pec-tor   trans-por-te   trans-for-mar

EXCEPTION: When there is a cluster of three consonants in the combinations described in rule 2, the first consonant joins the preceding vowel and the cluster joins the following vowel: **es-cri-bir, ex-tran-je-ro, im-plo-rar, es-tre-cho.**

Accentuation

In Spanish, all words are stressed according to specific rules. Words that do not follow the rules must have a written accent to indicate the change of stress. The basic rules for accentuation are as follows.

◆ Words ending in a vowel, **n**, or **s** are stressed on the next-to-last syllable.

    hi-jo   **ca**-lle   **me**-sa   fa-**mo**-sos
    flo-**re**-cen   **pla**-ya   **ve**-ces

◆ Words ending in a consonant, except **n** or **s**, are stressed on the last syllable.

     ma-**yor**   a-**mor**   tro-pi-**cal**   na-**riz**   re-**loj**   co-rre-**dor**

◆ All words that do not follow these rules must have a written accent.

    ca-**fé**   **lá**-piz   **mú**-si-ca   sa-**lón**
    án-gel   **lí**-qui-do   fran-**cés**   **Víc**-tor
    sim-**pá**-ti-co   rin-**cón**   a-**zú**-car   de-**mó**-cra-ta
    sa-**lió**   **dé**-bil   e-**xá**-me-nes

◆ Pronouns and adverbs of interrogation and exclamation have a written accent to distinguish them from relative pronouns.

¿Qué comes?	*What are you eating?*
La pera que él no comió.	*The pear that he did not eat.*
¿Quién está ahí?	*Who is there?*
El hombre a quien tú llamaste.	*The man whom you called.*
¿Dónde está él?	*Where is he?*
En el lugar donde trabaja.	*At the place where he works.*

◆ Words that have the same spelling but different meanings take a written accent to differentiate one from the other.

el	*the*	él	*he, him*	te	*you*	té	*tea*
mi	*my*	mí	*me*	si	*if*	sí	*yes*
tu	*your*	tú	*you*	mas	*but*	más	*more*

Appendix B: Verbs

Regular Verbs

Model -ar, -er, -ir verbs

INFINITIVE		
amar *(to love)*	**comer** *(to eat)*	**vivir** *(to live)*

PRESENT PARTICIPLE		
amando *(loving)*	**comiendo** *(eating)*	**viviendo** *(living)*

PAST PARTICIPLE		
amado *(loved)*	**comido** *(eaten)*	**vivido** *(lived)*

SIMPLE TENSES

Indicative Mood

Present

(I love)		*(I eat)*		*(I live)*	
amo	amamos	como	comemos	vivo	vivimos
amas	amáis	comes	coméis	vives	vivís
ama	aman	come	comen	vive	viven

Imperfect

(I used to love)		*(I used to eat)*		*(I used to live)*	
amaba	amábamos	comía	comíamos	vivía	vivíamos
amabas	amabais	comías	comíais	vivías	vivíais
amaba	amaban	comía	comían	vivía	vivían

Preterit

(I loved)		*(I ate)*		*(I lived)*	
amé	amamos	comí	comimos	viví	vivimos
amaste	amasteis	comiste	comisteis	viviste	vivisteis
amó	amaron	comió	comieron	vivió	vivieron

Future

(I will love)		*(I will eat)*		*(I will live)*	
amaré	amaremos	comeré	comeremos	viviré	viviremos
amarás	amaréis	comerás	comeréis	vivirás	viviréis
amará	amarán	comerá	comerán	vivirá	vivirán

Conditional

(I would love)		*(I would eat)*		*(I would live)*	
amaría	amaríamos	comería	comeríamos	viviría	viviríamos
amarías	amaríais	comerías	comeríais	vivirías	viviríais
amaría	amarían	comería	comerían	viviría	vivirían

Subjunctive Mood

Present

([that] I [may] love)		*([that] I [may] eat)*		*([that] I [may] live)*	
ame	amemos	coma	comamos	viva	vivamos
ames	améis	comas	comáis	vivas	viváis
ame	amen	coma	coman	viva	vivan

Imperfect (two forms: -ra, -se)

([that] I [might] love)	*([that] I [might] eat)*	*([that] I [might] live)*
amara(-ase)	comiera(-iese)	viviera(-iese)
amaras(-ases)	comieras(-ieses)	vivieras(-ieses)
amara(-ase)	comiera(-iese)	viviera(-iese)
amáramos(-ásemos)	comiéramos(-iésemos)	viviéramos(-iésemos)
amarais(-aseis)	comierais(-ieseis)	vivierais(-ieseis)
amaran(-asen)	comieran(-iesen)	vivieran(-iesen)

Imperative Mood

(love)	(eat)	(live)
ama (tú)	come (tú)	vive (tú)
ame (Ud.)	coma (Ud.)	viva (Ud.)
amemos (nosotros)	comamos (nosotros)	vivamos (nosotros)
amad (vosotros)	comed (vosotros)	vivid (vosotros)
amen (Uds.)	coman (Uds.)	vivan (Uds.)

COMPOUND TENSES

Perfect Infinitive

haber amado	haber comido	haber vivido

Perfect Participle

habiendo amado	habiendo comido	habiendo vivido

Indicative Mood

Present Perfect

(I have loved)	(I have eaten)	(I have lived)
he amado	he comido	he vivido
has amado	has comido	has vivido
ha amado	ha comido	ha vivido
hemos amado	hemos comido	hemos vivido
habéis amado	habéis comido	habéis vivido
han amado	han comido	han vivido

Pluperfect

(I had loved)	(I had eaten)	(I had lived)
había amado	había comido	había vivido
habías amado	habías comido	habías vivido
había amado	había comido	había vivido
habíamos amado	habíamos comido	habíamos vivido
habíais amado	habíais comido	habíais vivido
habían amado	habían comido	habían vivido

Future Perfect

(I will have loved)	(I will have eaten)	(I will have lived)
habré amado	habré comido	habré vivido
habrás amado	habrás comido	habrás vivido
habrá amado	habrá comido	habrá vivido
habremos amado	habremos comido	habremos vivido
habréis amado	habréis comido	habréis vivido
habrán amado	habrán comido	habrán vivido

Conditional Perfect

(I would have loved)	(I would have eaten)	(I would have lived)
habría amado	habría comido	habría vivido
habrías amado	habrías comido	habrías vivido
habría amado	habría comido	habría vivido
habríamos amado	habríamos comido	habríamos vivido
habríais amado	habríais comido	habríais vivido
habrían amado	habrían comido	habrían vivido

Subjunctive Mood

Present Perfect

([that] I [may] have loved)	([that] I [may] have eaten)	([that] I [may] have lived)
haya amado	haya comido	haya vivido
hayas amado	hayas comido	hayas vivido
haya amado	haya comido	haya vivido
hayamos amado	hayamos comido	hayamos vivido
hayáis amado	hayáis comido	hayáis vivido
hayan amado	hayan comido	hayan vivido

	Pluperfect (two forms: -ra, -se)	
([that] I [might] have loved)	([that] I [might] have eaten)	([that] I [might] have lived)
hubiera(-iese) amado	hubiera(-iese) comido	hubiera(-iese) vivido
hubieras(-ieses) amado	hubieras(-ieses) comido	hubieras(-ieses) vivido
hubiera(-iese) amado	hubiera(-iese) comido	hubiera(-iese) vivido
hubiéramos(-iésemos) amado	hubiéramos(-iésemos) comido	hubiéramos(-iésemos) vivido
hubierais(-ieseis) amado	hubierais(-ieseis) comido	hubierais(-ieseis) vivido
hubieran(-iesen) amado	hubieran(-iesen) comido	hubieran(-iesen) vivido

Stem-changing verbs

The -ar and -er stem-changing verbs

Stem-changing verbs are those that have a spelling change in the root of the verb. Stem-changing verbs that end in **-ar** and **-er** change the stressed vowel **e** to **ie,** and the stressed **o** to **ue.** These changes occur in all persons, except the first- and second-persons plural, of the present indicative, present subjunctive, and imperative.

Infinitive	Indicative	Imperative	Subjunctive
cerrar (to close)	cierro	——	cierre
	cierras	cierra	cierres
	cierra	cierre	cierre
	cerramos	cerremos	cerremos
	cerráis	cerrad	cerréis
	cierran	cierren	cierren
perder (to lose)	pierdo	——	pierda
	pierdes	pierde	pierdas
	pierde	pierda	pierda
	perdemos	perdamos	perdamos
	perdéis	perded	perdáis
	pierden	pierdan	pierdan
contar (to count; to tell)	cuento	——	cuente
	cuentas	cuenta	cuentes
	cuenta	cuente	cuente
	contamos	contemos	contemos
	contáis	contad	contéis
	cuentan	cuenten	cuenten
volver (to return)	vuelvo	——	vuelva
	vuelves	vuelve	vuelvas
	vuelve	vuelva	vuelva
	volvemos	volvamos	volvamos
	volvéis	volved	volváis
	vuelven	vuelvan	vuelvan

Verbs that follow the same pattern:

acordarse	to remember	confesar	to confess
acostar(se)	to go to bed	costar	to cost
almorzar	to have lunch	demostrar	to demonstrate, show
atravesar	to go through		
cocer	to cook	despertar(se)	to wake up
colgar	to hang	empezar	to beg
comenzar	to begin	encender	to light; to turn on
		encontrar	to find

entender	*to understand*	
extender	*to stretch*	
llover	*to rain*	
mover	*to move*	
mostrar	*to show*	
negar	*to deny*	
nevar	*to snow*	

pensar	*to think; to plan*
probar	*to prove; to taste*
recordar	*to remember*
rogar	*to beg*
sentar(se)	*to sit down*
soler	*to be in the habit of*
soñar	*to dream*
torcer	*to twist*

The -ir stem-changing verbs

There are two types of stem-changing verbs that end in **-ir:** one type changes stressed **e** to **ie** in some tenses and to **i** in others, and stressed **o** to **ue** or **u;** the second type changes stressed **e** to **i** only in all the irregular tenses.

Type 1: -ir:e > ie or i / o > ue or u

These changes occur as follows.

Present Indicative: all persons except the first- and second-persons plural change **e** to **ie** and **o** to **ue.** *Preterit:* third person, singular and plural, changes **e** to **i** and **o** to **u.** *Present Subjunctive:* all persons change **e** to **ie** and **o** to **ue,** except the first- and second-persons plural, which change **e** to **i** and **o** to **u.** *Imperfect Subjunctive:* all persons change **e** to **i** and **o** to **u.** *Imperative:* all persons except the first- and second-persons plural change **e** to **ie** and **o** to **ue;** first-person plural changes **e** to **i** and **o** to **u.** *Present Participle:* changes **e** to **i** and **o** to **u.**

Infinitive	Indicative		Imperative	Subjunctive	
	PRESENT	PRETERIT		PRESENT	IMPERFECT
sentir (*to feel*)	siento	sentí		sienta	sintiera(-iese)
	sientes	sentiste	siente	sientas	sintieras
	siente	sintió	sienta	sienta	sintiera
PRESENT PARTICIPLE sintiendo	sentimos	sentimos	sintamos	sintamos	sintiéramos
	sentís	sentisteis	sentid	sintáis	sintierais
	sienten	sintieron	sientan	sientan	sintieran
dormir (*to sleep*)	duermo	dormí		duerma	durmiera(-iese)
	duermes	dormiste	duerme	duermas	durmieras
	duerme	durmió	duerma	duerma	durmiera
PRESENT PARTICIPLE durmiendo	dormimos	dormimos	durmamos	durmamos	durmiéramos
	dormís	dormisteis	dormid	durmáis	durmierais
	duermen	durmieron	duerman	duerman	durmieran

Other verbs that follow the same pattern:

advertir	*to warn*	
arrepentirse	*to repent*	
consentir	*to consent; to pamper*	
convertir(se)	*to turn into*	
discernir	*to discern*	
divertir(se)	*to amuse oneself*	

herir	*to wound, hurt*
mentir	*to lie*
morir	*to die*
preferir	*to prefer*
referir	*to refer*
sugerir	*to suggest*

The verbs in the second category are irregular in the same tenses as those of the first type. The only difference is that they have only one change: **e > i** in all irregular persons.

Infinitive	Indicative		Imperative	Subjunctive	
pedir *(to ask for, request)*	PRESENT	PRETERIT		PRESENT	IMPERFECT
	pido	pedí		pida	pidiera(-iese)
PRESENT	pides	pediste	pide	pidas	pidieras
PARTICIPLE	pide	pidió	pida	pida	pidiera
pidiendo	pedimos	pedimos	pidamos	pidamos	pidiéramos
	pedís	pedisteis	pedid	pidáis	pidierais
	piden	pidieron	pidan	pidan	pidieran

Verbs that follow this pattern:

concebir	*to conceive*	repetir	*to repeat*
competir	*to compete*	reñir	*to fight*
despedir(se)	*to say good-bye*	seguir	*to follow*
elegir	*to choose*	servir	*to serve*
impedir	*to prevent*	vestir(se)	*to dress*
perseguir	*to pursue*		

Orthographic-Changing Verbs

Some verbs undergo a change in the spelling of the stem in some tenses in order to maintain the sound of the final consonant. The most common ones are those with the consonants **g** and **c.** Remember that **g** and **c** in front of **e** or **i** have a soft sound, and in front of **a, o,** or **u** have a hard sound. In order to keep the soft sound in front of **a, o,** or **u, g** and **c** change to **j** and **z,** respectively. In order to keep the hard sound of **g** or **c** in front of **e** and **i, u** is added to the **g** (**gu**) and the **c** changes to **qu.** The most important verbs that are regular in all the tenses but change in spelling are the following.

1. Verbs ending in **-gar** change **g** to **gu** before **e** in the first person of the preterit and in all persons of the present subjunctive.

   pagar   *to pay*
   Preterit: pa**gu**é, pagaste, pagó, etc.
   Pres. Subj.:   pa**gu**e, pa**gu**es, pa**gu**e, pa**gu**emos, pa**gu**éis, pa**gu**en

   Verbs that follow the same pattern: **colgar, llegar, navegar, negar, regar, rogar, jugar.**

2. Verbs ending in **-ger** or **-gir** change **g** to **j** before **o** and **a** in the first person of the present indicative and in all the persons of the present subjunctive.

   proteger   *to protect*
   Pres. Ind.:   prote**j**o, proteges, protege, etc.
   Pres. Subj.:   prote**j**a, prote**j**as, prote**j**a, prote**j**amos, prote**j**áis, prote**j**an

   Verbs that follow the same pattern: **coger, corregir, dirigir, elegir, escoger, exigir, recoger.**

3. Verbs ending in **-guar** change **gu** to **gü** before **e** in the first person of the preterit and in all persons of the present subjunctive.

   averiguar   *to find out*
   Preterit: averi**gü**é, averiguaste, averiguó, etc.
   Pres. Subj.:   averi**gü**e, averi**gü**es, averi**gü**e, averi**gü**emos, averi**gü**éis, averi**gü**en

   The verb **apaciguar** follows the same pattern.

4. Verbs ending in **-guir** change **gu** to **g** before **o** and **a** in the first person of the present indicative and in all persons of the present subjunctive.

conseguir   *to get*
Pres. Ind.:   consi**g**o, consi**g**ues, consi**g**ue, etc.
Pres. Subj.:   consi**g**a, consi**g**as, consi**g**a, consi**g**amos, consi**g**áis, consi**g**an

Verbs that follow the same pattern: **distinguir, perseguir, proseguir, seguir.**

5. Verbs ending in **-car** change **c** to **qu** before **e** in the first person of the preterit and in all persons of the present subjunctive.

tocar   *to touch; to play (a musical instrument)*
Preterit: to**qu**é, tocaste, tocó, etc.
Pres. Subj.:   to**qu**e, to**qu**es, to**qu**e, to**qu**emos, to**qu**éis, to**qu**en

Verbs that follow the same pattern: **atacar, buscar, comunicar, explicar, indicar, pescar, sacar.**

6. Verbs ending in **-cer** or **-cir** preceded by a consonant change **c** to **z** before **o** and **a** in the first person of the present indicative and in all persons of the present subjunctive.

torcer   *to twist*
Pres. Ind.:   tuer**z**o, tuerces, tuerce, etc.
Pres. Subj.:   tuer**z**a, tuer**z**as, tuer**z**a, tor**z**amos, tor**z**áis, tuer**z**an

Verbs that follow the same pattern: **convencer, esparcir, vencer.**

7. Verbs ending in **-cer** or **-cir** preceded by a vowel change **c** to **zc** before **o** and **a** in the first person of the present indicative and in all persons of the present subjunctive.

conocer   *to know, be acquainted with*
Pres. Ind.:   cono**zc**o, conoces, conoce, etc.
Pres. Subj.:   cono**zc**a, cono**zc**as, cono**zc**a, cono**zc**amos, cono**zc**áis, cono**zc**an
Verbs that follow the same pattern: **agradecer, aparecer, carecer, entristecer** *(to sadden)*, **establecer, lucir, nacer, obedecer, ofrecer, padecer, parecer, pertenecer, reconocer, relucir.**

8. Verbs ending in **-zar** change **z** to **c** before **e** in the first person of the preterit and in all persons of the present subjunctive.

rezar   *to pray*
Preterit: re**c**é, rezaste, rezó, etc.
Pres. Subj.:   re**c**e, re**c**es, re**c**e, re**c**emos, re**c**éis, re**c**en

Verbs that follow the same pattern: **abrazar, alcanzar, almorzar, comenzar, cruzar, empezar, forzar, gozar.**

9. Verbs ending in **-eer** change the unstressed **i** to **y** between vowels in the third-persons singular and plural of the preterit, in all persons of the imperfect subjunctive, and in the present participle.

creer   *to believe*
Pres. Part: cre**y**endo
Preterit: creí, creíste, cre**y**ó, creímos, creísteis, cre**y**eron
Imp. Subj.:   cre**y**era(-ese), cre**y**eras, cre**y**era, cre**y**éramos, cre**y**erais, cre**y**eran
Past Part.:   creído

Verbs that follow the same pattern: **leer, poseer.**

10. Verbs ending in **-uir** change the unstressed **i** to **y** between vowels (except **-quir,** which has the silent **u**) in the following tenses and persons.

huir   *to escape, flee*
Pres. Part.:   hu**y**endo
Pres. Ind.:   hu**y**o, hu**y**es, hu**y**e, huimos, huís, hu**y**en
Preterit: huí, huiste, hu**y**ó, huimos, huisteis, hu**y**eron
Imperative: hu**y**e, hu**y**a, hu**y**amos, huid, hu**y**an
Pres. Subj.:   hu**y**a, hu**y**as, hu**y**a, hu**y**amos, hu**y**áis, hu**y**an
Imp. Subj.:   hu**y**era(-ese), hu**y**eras, hu**y**era, hu**y**éramos, hu**y**erais, hu**y**eran

Verbs that follow the same pattern: **atribuir, concluir, constituir, construir, contribuir, destituir, destruir, disminuir, distribuir, excluir, incluir, influir, instruir, restituir, sustituir.**

11. Verbs ending in **-eír** lose the **e** in the third-person singular and plural of the preterit, in all persons of the imperfect subjunctive, and in the present participle.

reír   *to laugh*
Pres Ind.:   río, ríes, ríe, reímos, reís, ríen
Preterit: reí, reíste, rio, reímos, reísteis, rieron
Pres. Subj.:   ría, rías, ría, riamos, riáis, rían
Imp. Subj.:   riera(-ese), rieras, riera, riéramos, rierais, rieran
Pres. Part.:   riendo

Verbs that follow the same pattern: **freír, sonreír.**

12. Verbs ending in **-iar** add a written accent to the **i,** except in the first- and second-persons plural of the present indicative and subjunctive.

fiar(se)   *to trust*
Pres. Ind.:   (me) fío, (te) fías, (se) fía, (nos) fiamos, (os) fiáis, (se) fían
Pres. Subj.:   (me) fíe, (te) fíes, (se) fíe, (nos) fiemos, (os) fiéis, (se) fíen

Verbs that follow the same pattern: **ampliar, criar, desviar, enfriar, enviar, guiar, telegrafiar, vaciar, variar.**

13. Verbs ending in **-uar** (except **-guar**) add a written accent to the **u,** except in the first- and second-persons plural of the present indicative and subjunctive.

actuar   *to act*
Pres. Ind.:   actúo, actúas, actúa, actuamos, actuáis, actúan
Pres. Subj.:   actúe, actúes, actúe, actuemos, actuéis, actúen

Verbs that follow the same pattern: **acentuar, continuar, efectuar, exceptuar, graduar, habituar, insinuar, situar.**

14. Verbs ending in **-ñir** lose the **i** of the diphthongs **ie** and **ió** in the third-person singular and plural of the preterit and all persons of the imperfect subjunctive. They also change the **e** of the stem to **i** in the same persons in the present indicative and present subjunctive.

teñir   *to dye*
Pres. Ind.:   tiño, tiñes, tiñe, teñimos, teñís, tiñen
Preterit: teñí, teñiste, tiñó, teñimos, teñisteis, tiñeron
Pres. Subj.:   tiña, tiñas, tiña, tiñamos, tiñáis, tiñan
Imp. Subj.:   tiñera(-ese), tiñeras, tiñera, tiñéramos, tiñerais, tiñeran

Verbs that follow the same pattern: **ceñir, constreñir, desteñir, estreñir, reñir.**

Some Common Irregular Verbs

Only those tenses with irregular forms are given below.

adquirir   *to acquire*
Pres. Ind.:   adquiero, adquieres, adquiere, adquirimos, adquirís, adquieren
Pres. Subj.:   adquiera, adquieras, adquiera, adquiramos, adquiráis, adquieran
Imperative: adquiere, adquiera, adquiramos, adquirid, adquieran

andar   *to walk*
Preterit: anduve, anduviste, anduvo, anduvimos, anduvisteis, anduvieron
Imp. Subj.:   anduviera (anduviese), anduvieras, anduviera, anduviéramos, anduvierais, anduvieran

avergonzarse   *to be ashamed, to be embarrassed*
Pres. Ind.:   me avergüenzo, te avergüenzas, se avergüenza, nos avergonzamos, os avergonzáis, se avergüenzan
Pres. Subj: me avergüence, te avergüences, se avergüence, nos avergoncemos, os avergoncéis, se avergüencen
Imperative: avergüénzate, avergüéncese, avergoncémonos, avergonzaos, avergüéncense

caber   *to fit, to have enough room*

Pres. Ind.:	quepo, cabes, cabe cabemos, cabéis, caben
Preterit:	cupe, cupiste, cupo, cupimos, cupisteis, cupieron
Future:	cabré, cabrás, cabrá, cabremos, cabréis, cabrán
Conditional:	cabría, cabrías, cabría, cabríamos, cabríais, cabrían
Imperative:	cabe, quepa, quepamos, cabed, quepan
Pres. Subj.:	quepa, quepas, quepa, quepamos, quepáis, quepan
Imp. Subj.:	cupiera (cupiese), cupieras, cupiera, cupiéramos, cupierais, cupieran

caer   *to fall*

Pres. Ind.:	caigo, caes, cae, caemos, caéis, caen
Preterit:	caí, caíste, cayó, caímos, caísteis, cayeron
Imperative:	cae, caiga, caigamos, caed, caigan
Pres. Subj.:	caiga, caigas, caiga, caigamos, caigáis, caigan
Imp. Subj.:	cayera (cayese), cayeras, cayera, cayéramos, cayerais, cayeran
Past Part.:	caído

conducir   *to guide, to drive*

Pres. Ind.:	conduzco, conduces, conduce, conducimos, conducís, conducen
Preterit:	conduje, condujiste, condujo, condujimos, condujisteis, condujeron
Imperative:	conduce, conduzca, conduzcamos, conducid, conduzcan
Pres. Subj.:	conduzca, conduzcas, conduzca, conduzcamos, conduzcáis, conduzcan
Imp. Subj.:	condujera (condujese), condujeras, condujera, condujéramos, condujerais, condujeran
	(All verbs ending in **-ducir** follow this pattern.)

convenir   *to agree (see **venir**)*

dar   *to give*

Pres. Ind.:	doy, das, da, damos, dais, dan
Preterit:	di, diste, dio, dimos, disteis, dieron
Imperative:	da, dé, demos, dad, den
Pres. Subj.:	dé, des, dé, demos, deis, den
Imp. Subj.:	diera (diese), dieras, diera, diéramos, dierais, dieran

decir   *to say, to tell*

Pres. Ind.:	digo, dices, dice, decimos, decís, dicen
Preterit:	dije, dijiste, dijo, dijimos, dijisteis, dijeron
Future:	diré, dirás, dirá, diremos, diréis, dirán
Conditional:	diría, dirías, diría, diríamos, diríais, dirían
Imperative:	di, diga, digamos, decid, digan
Pres. Subj.:	diga, digas, diga, digamos, digáis, digan
Imp. Subj.:	dijera (dijese), dijeras, dijera, dijéramos, dijerais, dijeran
Pres. Part.:	diciendo
Past Part.:	dicho

detener   *to stop; to hold; to arrest (see **tener**)*

entretener   *to entertain, amuse (see **tener**)*

errar   *to err; to miss*

Pres. Ind.:	yerro, yerras, yerra, erramos, erráis, yerran
Imperative:	yerra, yerre, erremos, errad, yerren
Pres. Subj.:	yerre, yerres, yerre, erremos, erréis, yerren

estar   *to be*

Pres. Ind.:	estoy, estás, está, estamos, estáis, están
Preterit:	estuve, estuviste, estuvo, estuvimos, estuvisteis, estuvieron
Imperative:	está, esté, estemos, estad, estén
Pres. Subj.:	esté, estés, esté, estemos, estéis, estén
Imp. Subj.:	estuviera (estuviese), estuvieras, estuviera, estuviéramos, estuvierais, estuvieran

haber   *to have*

Pres. Ind.:	he, has, ha, hemos, habéis, han
Preterit:	hube, hubiste, hubo, hubimos, hubisteis, hubieron
Future:	habré, habrás, habrá, habremos, habréis, habrán
Conditional:	habría, habrías, habría, habríamos, habríais, habrían
Pres. Subj.:	haya, hayas, haya, hayamos, hayáis, hayan
Imp. Subj.:	hubiera (hubiese), hubieras, hubiera, hubiéramos, hubierais, hubieran

hacer   *to do, to make*

Pres. Ind.:	hago, haces, hace, hacemos, hacéis, hacen
Preterit:	hice, hiciste, hizo, hicimos, hicisteis, hicieron

Future:	haré, harás, hará, haremos, haréis, harán
Imperative:	haz, haga, hagamos, haced, hagan
Pres. Subj.:	haga, hagas, haga, hagamos, hagáis, hagan
Imp. Subj.:	hiciera (hiciese), hicieras, hiciera, hiciéramos, hicierais, hicieran
Past Part.:	hecho

imponer   *to impose; to depose (see* **poner***)*

ir   *to go*
Pres. Ind.:	voy, vas, va, vamos, vais, van
Imp. Ind.:	iba, ibas, iba, íbamos, ibais, iban
Preterit:	fui, fuiste, fue, fuimos, fuisteis, fueron
Imperative:	ve, vaya, vayamos, id, vayan
Pres. Subj.:	vaya, vayas, vaya, vayamos, vayáis, vayan
Imp. Subj.:	fuera (fuese), fueras, fuera, fuéramos, fuerais, fueran

jugar   *to play*
Pres. Ind.:	juego, juegas, juega, jugamos, jugáis, juegan
Imperative:	juega, juegue, juguemos, jugad, jueguen
Pres. Subj.:	juegue, juegues, juegue, juguemos, juguéis, jueguen

obtener   *to obtain (see* **tener***)*

oír   *to hear*
Pres. Ind.:	oigo, oyes, oye, oímos, oís, oyen
Preterit:	oí, oíste, oyó, oímos, oísteis, oyeron
Imperative:	oye, oiga, oigamos, oíd, oigan
Pres. Subj.:	oiga, oigas, oiga, oigamos, oigáis, oigan
Imp. Subj.:	oyera (oyese), oyeras, oyera, oyéramos, oyerais, oyeran
Pres. Part.:	oyendo
Past Part.:	oído

oler   *to smell*
Pres. Ind.:	huelo, hueles, huele, olemos, oléis, huelen
Imperative:	huele, huela, olamos, oled, huelan
Pres. Subj.:	huela, huelas, huela, olamos, oláis, huelan

poder   *to be able to*
Preterit:	pude, pudiste, pudo, pudimos, pudisteis, pudieron
Future:	podré, podrás, podrá, podremos, podréis, podrán
Conditional:	podría, podrías, podría, podríamos, podríais, podrían
Imperative:	puede, pueda, podamos, poded, puedan
Pres. Subj.:	pueda, puedas, pueda, podamos, podáis, puedan
Imp. Subj.:	pudiera (pudiese), pudieras, pudiera, pudiéramos, pudierais, pudieran
Pres. Part.:	pudiendo

poner   *to place, to put*
Pres. Ind.:	pongo, pones, pone, ponemos, ponéis, ponen
Preterit:	puse, pusiste, puso, pusimos, pusisteis, pusieron
Future:	pondré, pondrás, pondrá, pondremos, pondréis, pondrán
Conditional:	pondría, pondrías, pondría, pondríamos, pondríais, pondrían
Imperative:	pon, ponga, pongamos, poned, pongan
Pres. Subj.:	ponga, pongas, ponga, pongamos, pongáis, pongan
Imp. Subj.:	pusiera (pusiese), pusieras, pusiera, pusiéramos, pusierais, pusieran
Past Part.:	puesto

querer   *to want, to wish; to like, to love*
Preterit:	quise, quisiste, quiso, quisimos, quisisteis, quisieron
Future:	querré, querrás, querrá, querremos, querréis, querrán
Conditional:	querría, querrías, querría, querríamos, querríais, querrían
Imp. Subj.:	quisiera (quisiese), quisieras, quisiera, quisiéramos, quisierais, quisieran

resolver   *to decide on, to solve*
| *Past Part.:* | resuelto |

saber   *to know*
Pres. Ind.:	sé, sabes, sabe, sabemos, sabéis, saben
Preterit:	supe, supiste, supo, supimos, supisteis, supieron
Future:	sabré, sabrás, sabrá, sabremos, sabréis, sabrán
Conditional:	sabría, sabrías, sabría, sabríamos, sabríais, sabrían

Imperative:	sabe, sepa, sepamos, sabed, sepan
Pres. Subj.:	sepa, sepas, sepa, sepamos, sepáis, sepan
Imp. Subj.:	supiera (supiese), supieras, supiera, supiéramos, supierais, supieran

salir   *to leave; to go out*

Pres. Ind.:	salgo, sales, sale, salimos, salís, salen
Future:	saldré, saldrás, saldrá, saldremos, saldréis, saldrán
Conditional:	saldría, saldrías, saldría, saldríamos, saldríais, saldrían
Imperative:	sal, salga, salgamos, salid, salgan
Pres. Subj.:	salga, salgas, salga, salgamos, salgáis, salgan

ser   *to be*

Pres. Ind.:	soy, eres, es, somos, sois, son
Imp. Ind.:	era, eras, era, éramos, erais, eran
Preterit:	fui, fuiste, fue, fuimos, fuisteis, fueron
Imperative:	sé, sea, seamos, sed, sean
Pres. Subj.:	sea, seas, sea, seamos, seáis, sean
Imp. Subj.:	fuera (fuese), fueras, fuera, fuéramos, fuerais, fueran

suponer   *to assume, to suppose (see* **poner***)*

tener   *to have*

Pres. Ind.:	tengo, tienes, tiene, tenemos, tenéis, tienen
Preterit:	tuve, tuviste, tuvo, tuvimos, tuvisteis, tuvieron
Future:	tendré, tendrás, tendrá, tendremos, tendréis, tendrán
Conditional:	tendría, tendrías, tendría, tendríamos, tendríais, tendrían
Imperative:	ten, tenga, tengamos, tened, tengan
Pres. Subj.:	tenga, tengas, tenga, tengamos, tengáis, tengan
Imp. Subj.:	tuviera (tuviese), tuvieras, tuviera, tuviéramos, tuvierais, tuvieran

traducir   *to translate (see* **conducir***)*

traer   *to bring*

Pres. Ind.:	traigo, traes, trae, traemos, traéis, traen
Preterit:	traje, trajiste, trajo, trajimos, trajisteis, trajeron
Imperative:	trae, traiga, traigamos, traed, traigan
Pres. Subj.:	traiga, traigas, traiga, traigamos, traigáis, traigan
Imp. Subj.:	trajera (trajese), trajeras, trajera, trajéramos, trajerais, trajeran
Pres. Part.:	trayendo
Past Part.:	traído

valer   *to be worth*

Pres. Ind.:	valgo, vales, vale, valemos, valéis, valen
Future:	valdré, valdrás, valdrá, valdremos, valdréis, valdrán
Conditional:	valdría, valdrías, valdría, valdríamos, valdríais, valdrían
Imperative:	vale, valga, valgamos, valed, valgan
Pres. Subj.:	valga, valgas, valga, valgamos, valgáis, valgan

venir   *to come*

Pres. Ind.:	vengo, vienes, viene, venimos, venís, vienen
Preterit:	vine, viniste, vino, vinimos, vinisteis, vinieron
Future:	vendré, vendrás, vendrá, vendremos, vendréis, vendrán
Conditional:	vendría, vendrías, vendría, vendríamos, vendríais, vendrían
Imperative:	ven, venga, vengamos, venid, vengan
Pres. Subj.:	venga, vengas, venga, vengamos, vengáis, vengan
Imp. Subj.:	viniera (viniese), vinieras, viniera, viniéramos, vinierais, vinieran
Pres. Part.:	viniendo

ver   *to see*

Pres. Ind.:	veo, ves, ve, vemos, veis, ven
Imp. Ind.:	veía, veías, veía, veíamos, veíais, veían
Preterit:	vi, viste, vio, vimos, visteis, vieron
Imperative:	ve, vea, veamos, ved, vean
Pres. Subj.:	vea, veas, vea, veamos, veáis, vean
Imp. Subj.:	viera (viese), vieras, viera, viéramos, vierais, vieran
Past Part.:	visto

volver   *to return*

| *Past Part.:* | vuelto |

Appendix C:
Glossary of Grammatical Terms

adjective: A word that is used to describe a noun: *tall* girl, *difficult* lesson.

adverb: A word that modifies a verb, an adjective, or another adverb. It answers the questions "How?" "When?" "Where?": She walked *slowly*. She'll be here *tomorrow*. She is *here*.

agreement: A term applied to changes in form that nouns cause in the words that surround them. In Spanish, verb forms agree with their subjects in person and number (**yo** habl**o**, **él** habl**a**, etc.). Spanish adjectives agree in gender and number with the noun they describe. Thus, a feminine plural noun requires a feminine plural ending in the adjective that describes it (cas**as** amarill**as**) and a masculine singular noun requires a masculine singular ending in the adjective (libr**o** negr**o**).

auxiliary verb: A verb that helps in the conjugation of another verb: I *have* finished. He *was* called. She *will* go. He *would* eat.

command form: The form of the verb used to give an order or a direction: *Go! Come* back! *Turn* to the right!

conjugation: The process by which the forms of the verb are presented in their different moods and tenses: I *am*, you *are*, he *is*, she *was*, we *were*, etc.

contraction: The combination of two or more words into one: *isn't, don't, can't.*

definite article: A word used before a noun indicating a definite person or thing: *the* woman, *the* money.

demonstrative: A word that refers to a definite person or object: *this, that, these, those.*

diphthong: A combination of two vowels forming one syllable. In Spanish, a diphthong is composed of one *strong* vowel (**a, e, o**) and one *weak* vowel (**u, i**) or two weak vowels: **ei, ua, ui.**

exclamation: A word used to express emotion: *How* strong! *What* beauty!

gender: A distinction of nouns, pronouns, and adjectives, based on whether they are masculine or feminine.

indefinite article: A word used before a noun that refers to an indefinite person or object: *a* child, *an* apple.

infinitive: The form of the verb generally preceded in English by the word *to* and showing no subject or number: *to do, to bring.*

interrogative: A word used in asking a question: *Who? What? Where?*

main clause: A group of words that includes a subject and a verb and by itself has complete meaning: *They saw me. I go now.*

noun: A word that names a person, place, or thing: *Ann, London, pencil.*

number: Refers to singular and plural: *chair, chairs.*

object: Generally a noun or a pronoun that is the receiver of the verb's action. A direct object answers the question *"What?"* or *"Whom?"*: We know *her*. Take *it*. An indirect object answers the question *"To whom?"* or *"To what?"*: Give *John* the money. Nouns and pronouns can also be objects of prepositions: The letter is *from Rick*. I'm thinking *about you*.

past participle: Past forms of a verb: *gone, worked, written.*

person: The form of the pronoun and of the verb that shows the person referred to: *I* (first-person singular), *you* (second-person singular), *she* (third-person singular), and so on.

possessive: A word that denotes ownership or possession: This is *our* house. The book isn't *mine*.

preposition: A word that introduces a noun or pronoun and indicates its function in the sentence: They were *with* us. She is *from* Nevada.

present participle: A verb form in English that ends in -*ing*: *eating, sleeping, working*. In Spanish, this form cannot be used as a noun or after a preposition.

pronoun: A word that is used to replace a noun: *she, them, us*, and so on. A **subject pronoun** refers to the person or thing spoken of: *They* work. An **object pronoun** receives the action of the verb: They arrested *us* (direct object pronoun). She spoke to *him* (indirect object pronoun). A pronoun can also be the object of a preposition: The children stayed with *us*.

reflexive pronoun: A pronoun that refers back to the subject: *myself, yourself, himself, herself, itself, ourselves*, and so on.

subject: The person, place, or thing spoken of: *Robert* works. *Our car* is new.

subordinate clause: A clause that has no complete meaning by itself but depends on a main clause: They knew *that I was here*.

tense: The group of forms in a verb that show the time in which the action of the verb takes place: *I go* (present indicative), *I'm going* (present progressive), *I went* (past), *I was going* (past progressive), *I will go* (future), *I would go* (conditional), *I have gone* (present perfect), *I had gone* (past perfect), *that I may go* (present subjunctive), and so on.

verb: A word that expresses an action or a state: We *sleep*. The baby *is* sick.

Appendix D:
Answer Key to the Self-Tests

Self-Test Lecciones 1–3

Lección 1

A. 1. ve-a-ere-ge-a-ese   2. eme-e-ene-a   3. be-o-te-e-ere-o   4. pe-e-eñe-a   5. jota-u-a-ere-e-zeta
6. ce-hache-a-ve-e-zeta   7. de-a-ve-i-ele-a   8. efe-e-ele-i-equis   9. cu-u-i-ere-o-zeta

B. 1. once   2. diecisiete   3. treinta   4. veinte   5. quince   6. trece   7. veintiocho   8. diecinueve   9. doce
10. catorce   11. dieciséis   12. veintidós

C. 1. verde   2. anaranjado   3. amarillo   4. rosado   5. negro   6. morado   7. marrón (café)   8. rojo, blanco
y azul

D. 1. domingo   2. miércoles   3. viernes   4. martes   5. sábado   6. jueves   7. lunes

E. 1. noviembre   2. marzo   3. julio   4. enero   5. mayo   6. septiembre   7. otoño   8. primavera
9. diciembre

F. son / somos / eres / soy / es / es / son

G. 1. e   2. h   3. j   4. b   5. g   6. d   7. i   8. a   9. c   10. f

H. 1. María   2. Marité / Paco   3. unos cuarenta millones   4. una escritora mexicoamericana

Lección 2

A. 1. la   2. la   3. los   4. el   5. la   6. los   7. el   8. las   9. la   10. los   11. la   12. los

B. 1. unos   2. unos   3. una   4. unos   5. una   6. un   7. unos   8. un   9. una   10. una

C. 1. treinta y ocho   2. cien   3. noventa y uno   4. ochenta y cinco   5. setenta y dos   6. cincuenta y siete
7. cuarenta y seis   8. sesenta y tres   9. setenta y siete

D. 1. La clase de español es a las nueve y diez de la mañana.   2. La clase de inglés es a la una y cuarto
de la tarde.   3. La clase de literatura es a las ocho y veinticinco de la noche.

E. 1. trabajas / trabajo / regresas   2. estudian / estudiamos / toman / tomo / toma
3. necesitan / necesita / necesita   4. deseas / deseo   5. hablan / hablamos

F. 1. Los estudiantes de la señorita son norteamericanos.   2. El profesor de Amanda es mexicano.
3. Los amigos de Paco son de California.

G. 1. biblioteca   2. dirección (domicilio)   3. dice   4. quiere   5. Cuándo   6. italiano / francés   7. idioma
8. todos   9. caso   10. poco

H. 1. las siete de la noche   2. uniforme   3. más de medio millón   4. un barrio cubano de Miami

Lección 3

A. 1. mi / mis   2. nuestra / su   3. tus   4. sus   5. nuestra / nuestros   6. su

B. 1. ciento noventa y cinco   2. doscientos ochenta y seis   3. trescientos setenta y uno   4. cuatrocientos
sesenta   5. quinientos cincuenta y tres   6. seiscientos cuarenta y cuatro   7. setecientos treinta y dos
8. ochocientos veintisiete   9. novecientos dieciocho   10. mil quinientos trece

C. 1. La chica es alta.   2. Los escritorios son pequeños.   3. Las chicas son norteamericanas.   4. Es una
mujer muy simpática.   5. Necesito las plumas rojas.

D. 1. aprendemos   2. comes   3. creo   4. leen   5. bebe   6. debe   7. venden   8. abro   9. reciben
10. escribimos

E. 1. vengo / tengo   2. tienes / viene   3. venimos / tenemos   4. viene / vienen   5. tienen

F. 1. Yo llamo a Rosa a las tres.   2. Nosotros llevamos los libros a la universidad.
3. Ellos llevan a Julio y a su novia a la biblioteca.   4. Nosotros tenemos muchos amigos.

G. 1. m   2. f   3. i   4. k   5. b   6. o   7. a   8. d   9. h   10. c   11. n   12. e   13. g   14. l   15. j

H. 1. Bueno.   2. castellano   3. Ni pasaporte ni visa.   4. Una famosa cantante colombiana.

Lección 4

A. 1. mí   2. ti   3. ellos   4. nosotros   5. conmigo   6. contigo

B. 1. al Sr. Estrada   2. del hospital   3. de la playa   4. a las chicas   5. del Sr. Soto

C. 1. voy   2. damos   3. está   4. está   5. van   6. dan   7. estoy   8. van   9. estás   10. doy

D. 1. Yo no voy a hablar con mi mamá hoy.   2. Mis hijos van a estudiar en Guadalajara.   3. Mi amiga va a leer un libro.   4. Uds. van a traer los discos compactos.   5. Tú vas a bailar en la fiesta.   6. Nosotros no vamos a brindar con vino.

E. 1. quiere   2. entendemos   3. pierde   4. cierras   5. empiezan (comienzan)   6. empezamos (comenzamos)   7. pienso (quiero)   8. preferimos (queremos)

F. 1. tienen prisa   2. no tengo hambre / tengo mucha sed   3. tenemos calor   4. tienen mucho sueño   5. tienes miedo   6. tiene razón / tiene diez años

G. 1. pasar   2. a la vez   3. empieza   4. agua   5. tía   6. sobrino   7. partido   8. invitados   9. ocupado   10. sacar

H. 1. no existe   2. santo   3. Guadalajara   4. pintor

Lección 5

A. 1. Mi hermano es el estudiante más inteligente de la clase.   2. La Lección 2 es menos interesante que la Lección 7.   3. Mi novia es más bonita que tu novia.   4. Mi primo es el más guapo de la familia.   5. El profesor Paz tiene menos de veinte estudiantes.   6. Mi sobrino es tan alto como yo.

B. 1. más grande   2. mejor   3. mejor / peor   4. mayor / menor   5. más pequeño

C. 1. cuesta   2. pueden   3. Recuerda   4. cuento   5. almorzamos   6. vuelves   7. llueve   8. Duerme

D. 1. Ella está diciendo que nosotros necesitamos más dinero.   2. Yo estoy hablando con mi abuela en español.   3. Nosotros estamos leyendo un libro muy bueno.   4. ¿Qué estás comiendo tú? ¿Biftec?   5. Luis está durmiendo en su cuarto.   6. Los chicos están pidiendo dinero.

E. 1. Elsa es la mamá de Marcela.   2. El restaurante Miramar está en la calle Siete.   3. ¡Mmmm! El pollo está delicioso.   4. Roberto es de México, pero ahora está en Guatemala.   5. El café está frío.   6. El escritorio es de metal.   7. Hoy es lunes.   8. Elvira es profesora de español.   9. La fiesta es en la casa de Armando.   10. Mariana es muy inteligente.   11. Ellos están cansados.   12. Mi suegra es guatemalteca.

F. 1. Está lloviendo   2. Hace frío   3. Hace calor   4. nieva   5. hace sol   6. lluvia

G. 1. de postre   2. lechón   3. pescado   4. primo   5. pollo   6. arroz   7. cuenta   8. mantel   9. hermoso   10. leche   11. platillo   12. camarero

H. 1. postre   2. propina   3. primavera   4. pequeño

Lección 6

A. 1. este / esta / esos   2. Aquel / aquellas / Eso

B. 1. sirven   2. pedimos / pides   3. consigo   4. siguen   5. digo / dice

C. 1. Ellos van a querer algo.   2. Hay alguien en la clase.   3. Tengo algunos amigos españoles.   4. Ellos siempre dicen algo.   5. Yo también ceno a las nueve.   6. Siempre tiene los libros que necesita.   7. Puedes ir o al cine o al teatro.   8. Ellos siempre quieren algo también.

D. 1. conduzco   2. sé   3. quepo   4. salgo   5. traduzco   6. veo   7. hago   8. pongo   9. conozco   10. traigo

E. 1. Nosotros sabemos que ella es su novia.   2. Yo conozco a Teresa, pero no sé dónde vive.   3. Peter conoce Madrid, pero no sabe hablar español.   4. Los chicos no saben los poemas de memoria.

F. 1. No, no quiero comprarlo (no lo quiero comprar).   2. No, no los llamo todos los días.   3. No, no la servimos a las siete.   4. No, no los tengo.   5. No, no va a llevarme (no me va a llevar) a la fiesta.   6. No, no podemos llevarte (no te podemos llevar).   7. No, no las conozco.   8. No, no las necesito.   9. No, no nos lleva.   10. No, no puedo llevarlos (no los puedo llevar).

G. 1. j   2. m   3. g   4. o   5. a   6. d   7. k   8. c   9. b   10. f   11. e   12. i   13. h   14. l   15. n

H. 1. Su apellido de soltera.   2. El imperio maya.   3. Porque las tierras volcánicas, por lo general, son buenas para la agricultura.   4. Tegucigalpa.   5. Copán.

Self-Test Lecciones 7–9

Lección 7

A. 1. Ella les trae las llaves.   2. Yo te voy a preparar (voy a prepararte) la cena.   3. El botones le trae el equipaje.   4. Ana me va a comprar (va a comprarme) las tarjetas.   5. Él nos trae el desayuno.   6. Les traen las maletas.

B. 1. (A nosotros) nos gusta más esta película.   2. A ellos les gusta mucho ese hotel.   3. (A ti) te gusta nadar.   4. (A mí) me gusta hacer ejercicio.   5. (A ella) no le gusta usar la escalera mecánica.

C. 1. Hace dos días que yo no duermo.   2. Hace un mes que tú no me llamas.   3. Hace media hora que nosotras estamos aquí.   4. Hace un año que ellos viven en Panamá.   5. Hace doce horas que Eva no come.

D. 1. Leo y yo compramos las valijas ayer.   2. La semana pasada yo viajé.   3. Ayer ella canceló la reservación.   4. ¿Confirmaron Uds. el viaje ayer?   5. Ellos hablaron con el empleado al mediodía.   6. Anoche les di las maletas.

E. 1. tercer   2. quinto   3. cuarto   4. décimo   5. octavo   6. primer

F. 1. aire   2. botones   3. elevador (ascensor)   4. desayuno / almuerzo   5. bañadera   6. doble   7. cámara   8. habitación (cuarto)   9. nadar   10. servirle   11. cambio   12. dejar

G. 1. ecoturismo   2. obligatoria   3. Atlántico / Pacífico   4. los Estados Unidos

Lección 8

A. 1. Se las van a mandar (Van a mandárselas) mañana.   2. Mi mamá me lo va a comprar (va a comprármelo).   3. Luis nos lo va a prestar (va a prestárnoslo).   4. Te la voy a traer (voy a traértela) esta tarde.   5. La profesora nos lo va a dar (va a dárnoslo).

B. 1. fuimos / dimos   2. fueron   3. diste   4. fui   5. dieron   6. fueron   7. fue   8. fui / di

C. 1. Durmieron   2. siguieron   3. servimos   4. mintió   5. consiguió   6. pidieron   7. murió   8. repitió

D. 1. por / para / para / por   2. para / por / por / para

E. 1. especialmente   2. frecuentemente   3. lenta / claramente   4. recientemente   5. Generalmente   6. Desafortunadamente

F. 1. tintorería   2. préstamo   3. robaron   4. una multa   5. gratis   6. violetas   7. fechar   8. regalo   9. encanta   10. prestar

G. 1. San Juan   2. Ponce   3. Antillas   4. béisbol

Lección 9

A. 1. Tú te vistes muy bien.   2. Ellos se afeitan todos los días.   3. Nosotros nos acostamos a las once.   4. ¿Uds. se preocupan por sus hijos?   5. Yo me pongo la camisa.   6. Juan se sienta aquí.   7. Ella se lava la cabeza todos los días.   8. Él se quita el suéter.   9. Yo no me acuerdo de eso.   10. Uds. se van.   11. ¿Cómo te llamas?   12. Daniel no se despierta hasta las diez.

B. 1. ¿Tú te quitas el abrigo?   2. Ellos están en la escuela.   3. Mi mamá me lava la cabeza.   4. Uds. no se lavan las manos.   5. Los padres se preocupan por sus hijos.   6. Nosotros preferimos el café.   7. La educación es lo más importante.

C. 1. El mío   2. las suyas   3. las nuestras   4. las tuyas   5. los nuestros   6. El suyo (El de él)

D. 1. tuve / estuvieron   2. trajeron / pusieron   3. vino / tradujo   4. pudo / tuvo   5. dijimos   6. supiste   7. vinieron / quisieron   8. condujeron   9. hizo

E. 1. Hace cuatro años que conocí a mi mejor amigo(-a).   2. Hace seis meses que mis amigos y yo fuimos de vacaciones.   3. Hace tres días que mi familia y yo fuimos a la playa.   4. Hace una semana que mis padres volvieron de Cuba.   5. Hace quince minutos que llegué a mi casa.

F. 1. h   2. j   3. a   4. e   5. c   6. i   7. b   8. g   9. d   10. f

G. 1. mayor   2. tabaco   3. merengue   4. primera

Self-Test Lecciones 10–12

Lección 10

A. 1. era / Eran   2. vivías / eras / vivía / íbamos / veías / vivían   3. era / quejaba   4. gustaba

B. 1. dijo / necesitaba / podía / tenía   2. compramos / éramos / llevábamos / íbamos   3. tenía / vinimos / hablábamos   4. fue / tuve / sentía   5. iba / vio / murieron

C. 1. La conoció en la universidad.   2. Sí, la conocía.   3. No, no quería venir.   4. No, no sabíamos que había examen hoy.   5. Lo supimos anoche.   6. No, él no quiso venir.

D. 1. Ésta es la señora que vino ayer.   2. Éstos son los niños de quienes te hablé.   3. Ésa es la profesora para quien compramos los libros.   4. Ésa es la chica que trajo la licuadora.

E. 1. mudar   2. incluye / electricidad   3. amueblado   4. lejos   5. amplio   6. edificio / desocupado   7. centro / mesita   8. calefacción   9. cortinas / espejo   10. secadora

F. 1. Caracas.   2. Significa "pequeña Venecia".   3. El petróleo.   4. El Salto Ángel.

Lección 11

A. 1. estemos 2. camines 3. saque 4. sugiera 5. den 6. sepa 7. vuelvas 8. me queje 9. sean 10. vaya 11. recoja 12. reciba

B. 1. ir / vayamos 2. venga / estés 3. ir / compre 4. hagan / visitar 5. viajes / viajar

C. 1. hagan una excursión. 2. vengan este verano. 3. sepas cuánto cuesta el vuelo. 4. esté enferma. 5. no podamos ir en ese viaje. 6. vayan a Colombia.

D. 1. g 2. j 3. h 4. e 5. c 6. i 7. b 8. f 9. d 10. a

E. 1. costas 2. café 3. esmeraldas 4. Shakira 5. Avianca

Lección 12

A. 1. Estén 2. Tráigamelo 3. Salgan 4. Désela 5. Vayan 6. Quédese 7. Mándenoslas 8. los ponga

B. 1. sea 2. esté 3. necesiten 4. está 5. se encuentran 6. necesito 7. cuesta 8. gusta

C. 1. ¿Qué idiomas se hablan en Perú? 2. ¿A qué hora se cierran las gasolineras? 3. ¿A qué hora se abre la peluquería? 4. ¿Dónde se vende gasolina? 5. ¿Por dónde se sale de aquí?

D. 1. peluquería 2. arranca 3. cambios mecánicos 4. costó 5. doblar 6. los frenos 7. chapa 8. la cajuela 9. vacío 10. valía

E. 1. nuevo sol 2. Cuzco / Machu Picchu 3. antigua 4. islas Galápagos

Self-Test Lecciones 13–15

Lección 13

A. 1. Dime 2. Haz / limpia 3. Vete 4. Ve / compra 5. Ponlos 6. Ven 7. Sé / tráeme 8. Ten / Espérame 9. No compres 10. No los cambies 11. No te vayas 12. Levántate / trabaja

B. 1. ¿Cuál es tu número de teléfono? 2. ¿Cuál es el apellido de tu padre? 3. ¿Qué es una pulsera? 4. ¿Cuáles son las lecciones que necesitan? 5. ¿Cuál es su dirección? 6. ¿Qué es una enchilada?

C. 1. sepa 2. tienen 3. sea 4. tenga 5. haga 6. habla / hable

D. 1. comercial / zapatos / liquidación (rebaja) 2. ponerme / ir 3. anchas 4. calza 5. lado 6. queda / talla 7. departamento / ropa 8. rayas 9. librería 10. par 11. parece 12. ganga

E. 1. estrecho 2. tercera 3. Mar 4. frutería

Lección 14

A. 1. llegue 2. vuelvan 3. van 4. veas 5. tomen 6. vayas 7. des 8. necesite 9. lleve

B. 1. escrito 2. abierto 3. visto 4. hecho 5. roto 6. ido 7. hablado 8. comido 9. bebido 10. recibido

C. 1. escritos 2. abiertas 3. muerto 4. cerrado 5. hechos

D. 1. ha venido 2. han dicho 3. has escrito 4. he hecho 5. han hablado 6. nos hemos enojado

E. 1. había terminado 2. habían ido 3. había dicho 4. había terminado 5. habíamos matriculado 6. habías preguntado

F. 1. d 2. f 3. h 4. j 5. i 6. k 7. l 8. e 9. g 10. c 11. a 12. b

G. 1. Buenos Aires. 2. El tango. 3. El París de Suramérica. 4. Las cataratas de Iguazú.

Lección 15

A. 1. Le diremos que necesita descansar. 2. ¿Qué harán Uds.? 3. No querrán ir. 4. Lo sabré mañana. 5. No podrán venir. 6. ¿Adónde iremos? 7. ¿Dónde lo pondrás? 8. Nosotros vendremos con él. 9. Tendré que preguntárselo. 10. Saldremos mañana.

B. 1. Yo iría a Paraguay. 2. Nosotros le recetaríamos antibióticos. 3. ¿Tú se lo dirías? 4. Ellos hablarían con Dora. 5. ¿Ud. lo pondría en el consultorio? 6. ¿Uds. vendrían el domingo? 7. Julio pediría miel. 8. Nosotros lo haríamos hoy. 9. Tú no saldrías con ella. 10. Ella no iría sola.

C. 1. habrá dicho 2. habrán vuelto 3. habré mejorado 4. habremos merendado 5. habrás traído

D. 1. habría tomado 2. habrían venido 3. habría puesto 4. habríamos ido 5. habrías hecho

E. 1. penicilina 2. los dientes 3. la lengua 4. los ojos 5. los pies 6. ambulancia 7. rompiste 8. la pierna 9. grados 10. pusieron 11. dolor de cabeza 12. el estómago 13. embarazada 14. gripe

F. 1. guaraní 2. Itaipú 3. mar 4. Titicaca 5. La Paz

Lección 16

A. 1. que fuera con ellos.   2. que no montaran a caballo hoy.   3. de que él fuera el campeón.   4. que se ahogaran.   5. a alguien que me enseñara a esquiar.   6. que él supiera armar la tienda de campaña.   7. alguien aquí que tuviera una caña de pescar?   8. que necesitáramos una raqueta.   9. que estuviera tomando el sol.   10. de que te sintieras bien.

B. 1. a / en / de / a / a   2. en / de / a / a / a   3. a / de / de   4. a / a   5. en / en

C. 1. hayan ido   2. hayas aprendido   3. haya leído   4. se haya aburrido   5. haya sabido   6. hayamos divertido

D. 1. i   2. e   3. j   4. a   5. g   6. c   7. d   8. f   9. b   10. h

E. 1. Montevideo.   2. El mate.   3. Un famoso centro turístico.   4. Se habla portugués.   5. Ipanema y Copacabana.

Lección 17

A. 1. hubiera visto   2. hubieran tenido   3. hubiéramos archivado   4. hubiera ofrecido   5. hubiera escrito

B. 1. tengo   2. pudiéramos   3. hubieran ido   4. necesitan   5. hubieras visto   6. supiera

C. 1. entrevistaran   2. puedas   3. avise   4. podamos / puede   5. haya   6. llegue   7. pudiera   8. paguemos

D. 1. aumento   2. departamento / público   3. equipos / procesador   4. impresionados / cartas   5. bienes   6. encargados   7. avisar   8. bajo / relaciones   9. mensajes   10. traductor

E. 1. Portugal   2. monarquía   3. euro   4. Madrid   5. Prado

Lección 18

A. 1. me olvido de   2. sueñan con   3. insiste en   4. venimos a   5. se comprometió con   6. me enamoré de

B. 1. Por desgracia   2. Para qué   3. sin qué ni para qué   4. por si acaso   5. por aquí cerca   6. para siempre   7. por eso   8. por suerte

C. 1. me dio las gracias   2. a principios de   3. sin falta   4. te hagas ilusiones   5. Dejó plantado   6. les importa   7. hoy en día   8. llevaba puesto

D. 1. director   2. boda / principios   3. película   4. toma   5. perillas   6. que esperen   7. cargo / grupo   8. A cuánto   9. bando   10. oeste

E. 1. Granada / Sevilla / Córdoba   2. Plaza de España   3. Jerez   4. "Huerta de España"   5. Miguel de Cervantes

Appendix E: Professions and Trades

accountant **contador(-a)**
actor **actor**
actress **actriz**
administrator **administrador(-a)**
agent **agente**
architect **arquitecto(-a)**
artisan **artesano(-a)**
artist **artista**
baker **panadero(-a)**
bank officer **empleado(-a) bancario(-a)**
bank teller **cajero(-a)**
banker **banquero(-a)**
barber **barbero(-a)**
bartender **barman, cantinero(-a)**
bill collector **cobrador(-a)**
bookkeeper **tenedor(-a) de libros**
brickmason (bricklayer) **albañil**
butcher **carnicero(-a)**
buyer **comprador(-a)**
camera operator **camarógrafo(-a)**
carpenter **carpintero(-a)**
cashier **cajero(-a)**
chiropractor **quiropráctico(-a)**
clerk **dependiente(-a)** *(store)*, **oficinista** *(office)*
computer operator **computista**
construction worker **obrero(-a) de la construcción**
constructor **constructor(-a)**
contractor **contratista**
cook **cocinero(-a)**
copilot **copiloto** *(masc., fem.)*
counselor **consejero(-a)**
dancer **bailarín(-ina)**
decorator **decorador(-a)**
dental hygienist **higienista dental**
dentist **dentista**
designer **diseñador(-a)**
detective **detective**
dietician **especialista en dietética**
diplomat **diplomático(-a)**
director **director(-a)**
dockworker **obrero(-a) portuario(-a)**
doctor **doctor(-a), médico(-a)**
draftsman **dibujante**
dressmaker **modista**
driver **conductor(-a)**
economist **economista**
editor **editor(-a)**
electrician **electricista**
engineer **ingeniero(-a)**
engineering technician **ingeniero(-a) técnico(-a)**

eye doctor **oculista**
farmer **agricultor(-a)**
fashion designer **diseñador(-a) de alta costura**
fire fighter **bombero(-a)**
fisherman **pescador(-a)**
flight attendant **auxiliar de vuelo**
foreman **capataz, encargado(-a)**
funeral director **empresario(-a) de pompas fúnebres**
garbage collector **basurero(-a)**
gardener **jardinero(-a)**
guard **guardia**
guide **guía**
hairdresser **peluquero(-a)**
home economist **economista doméstico(-a)**
housekeeper **mayordomo, ama de llaves**
inspector **inspector(-a)**
instructor **instructor(-a)**
insurance agent **agente de seguros**
interior designer **diseñador(-a) de interiores**
interpreter **intérprete**
investigator **investigador(-a)**
janitor **conserje**
jeweler **joyero(-a)**
journalist **periodista**
judge **juez(-a)**
lawyer **abogado(-a)**
librarian **bibliotecario(-a)**
machinist **maquinista**
maid **criada**
mail carrier **cartero(-a)**
manager **gerente**
mechanic **mecánico(-a)**
midwife **comadrona, partera**
miner **minero(-a)**
model **modelo**
musician **músico(-a)**
nurse **enfermero(-a)**
optician **óptico(-a)**
optometrist **optometrista**
painter **pintor(-a)**
paramedic **paramédico(-a)**
pharmacist **farmacéutico(-a)**
photographer **fotógrafo(-a)**
physical therapist **terapista físico(-a)**
physician **médico(-a)**
pilot **piloto** *(masc., fem.)*, **aviador(-a)**
plumber **plomero(-a)**

police officer **policía, agente de policía**
printer **impresor(-a)**
psychologist **psicólogo(-a)**
public relations agent **agente de relaciones públicas**
real estate agent **agente de bienes raíces**
receptionist **recepcionista**
reporter **reportero(-a), periodista**
sailor **marinero(-a)**
sales representative **vendedor(-a)**
scientist **científico(-a)**
secretary **secretario(-a)**
security guard **guardia**
social worker **trabajador(-a) social**
sociologist **sociólogo(-a)**
soldier **soldado, militar**
stenographer **estenógrafo(-a)**
stockbroker **bolsista**
student **estudiante**
supervisor **supervisor(-a)**
surgeon **cirujano(-a)**
systems analyst **analista de sistemas**
tailor **sastre**
taxi driver **chofer de taxi, taxista**
teacher **maestro(-a)** *(elem. school)*, **profesor(-a)** *(high school and college)*
technician **técnico(-a)**
telephone operator **telefonista**
television and radio announcer **locutor(-a)**
television and radio technician **técnico(-a) de radio y televisión**
teller **cajero(-a)**
therapist **terapista**
travel agent **agente de viajes**
truck driver **camionero(-a)**
typist **mecanógrafo(-a), dactilógrafo(-a)**
undertaker **director(-a) de pompas fúnebres**
veterinarian **veterinario(-a)**
waiter **mozo, camarero**
waitress **camarera**
watchmaker **relojero(-a)**
worker **obrero(-a)**
writer **escritor(-a)**

Vocabulary

The Spanish-English vocabulary contains all active and passive vocabulary that apears in the student text. Active vocabulary includes words and expressions that appear in the vocabulary lists that follow the dialogues and in charts and word lists that are part of the grammar explanations. Passive vocabulary consits of words and expressions that are given an English gloss in textual material throughout the book: readings, photo captions, exercises, activities, and authentic documents.

The English-Spanish Vocabulary contains both active and passive words and expressions. The following abbreviations are used in the vocabularies:

abbr.	abbreviation	*indir. obj.*	indirect object	*poet.*	poetic
adj.	adjective	*inf.*	infinitive	*prep.*	preposition
adv.	adverb	*obj.*	object	*pron.*	pronoun
aux.	auxiliary	*lang.*	language	*p.p.*	past participle
dir. obj.	direct object	*m.*	masculine	*sing.*	singular
f.	feminine	*Mex.*	Mexico	*Sp.*	Spain
fam.	familiar	*obj.*	object	*Sp. Am.*	Spanish America
form.	formal	*pl.*	plural		

Spanish-English

A

a at, 2; to, 16; in, 16; **—casa** home; **¿ — cómo está el cambio de moneda?** What is the exchange rate?, 6; **¿ — cuánto estamos hoy?** What's the date today?, 18; **— deshoras** untimely; **— eso de** at about, 15; **— la derecha (izquierda)** to the right (left), 12; **— la parrilla** grilled, 5; **— la vez** at a time; **— lo mejor** maybe, 12; **— más tardar** at the latest, 18; **— menos que** unless, 14; **— menudo** often, 12; **— nuestra disposición** at our disposal, 16; **— pesar de (que)** in spite of, 9; **— pie** on foot, 12; **— plazos** in installments, 11; **— principios de** at the first part of, 18; **¿ — qué hora?** At what time?, 2; **— (en) todas partes** everywhere, 12; **— todos lados** everywhere, 12; **— veces** sometimes, 6; **— ver** let's see, 3

abierto(-a) *(p.p. of* **abrir** *and adj.)* open(ed), 14

abogado(-a) *(m., f.)* lawyer, 14

abrazar to hug, 4

abrazo *(m.)* hug, 4

abrigo *(m.)* coat

abril April, 1

abrir to open, 3; **— una cuenta** to open an account, 8

abuela *(f.)* grandmother, 4

abuelo *(m.)* grandfather, 4

aburrido(-a) bored, 4

aburrirse (como una ostra) to be bored (to death), 16

acá here, 10

acabar de to have just, 4

acampar to camp, 16

accidente *(m.)* accident, 15

acción *(f.)* action, 18

accionista *(m., f.)* shareholder, 17

aceite *(m.)* oil, 9; **— de oliva** *(m.)* olive oil

aceituna *(f.)* olive

aceptar to accept, 3

acercarse to approach

aconsejar to advise, 11

acontecimiento *(m.)* event

acordarse (o:ue) (de) to remember, 9

acostar (o:ue) to put to bed, 9

acostarse to go to bed, 9

acostumbrarse (a) to get used to, 12

actividad *(f.)* activity, 16; **— al aire libre** *(f.)* outdoor activity, 16

actor *(m.)* actor, 18

actriz *(f.)* actress, 18

actualmente nowadays

actuación *(f.)* acting, 18

actuar to act

acumulador *(m.)* battery, 12

adelantado(-a) advanced

además besides, 5

adicional additional

adiós good-bye, 1

adjetivo *(m.)* adjective

administración de empresas *(f.)* business administration, 14

administrador(-a) administrator, 17

adolescente *(m., f.)* teenager, 7

¿adónde? where? (destination)

aduana *(f.)* customs, 7

advertencia *(f.)* warning

aerolínea *(f.)* airline, 11

aeropuerto *(m.)* airport, 4

afeitar(se) to shave, 9

agencia de viajes *(f.)* travel agency, 11

agente *(m., f.)* agent; **— de bienes raíces** *(m., f.)* real estate agent, 17 ; **— de policía** *(f.)* policewoman, 8; **— de relaciones públicas** *(m., f.)* public relations agent, 17; **— de seguros** *(m., f.)* insurance agent, 17; **— de viajes** *(m., f.)* travel agent, 11

agosto August, 1

agradecimiento *(m.)* gratefulness

agua *(f.)* water, 4; **— mineral** *(f.)* mineral water, 5

aguardar to wait

ahijado(-a) *(m., f.)* godson (daughter)

ahogarse to drown, 16

ahora now, 4

ahorrar to save, 8

ahorros *(m. pl.)* savings, 11

aire acondicionado *(m.)* air conditioning, 7

ajeno belonging to other people

al *(m. sing.) (contraction)* to the; **— aire libre** outdoor; **— contado** in cash, 8; **— fin y al cabo** after all, 18; **— horno** baked, cooked in the oven, 5; **— lado de** next to, 12; **— mes** a month, per month; **— teléfono** on the phone, 3

alacena (*f.*) pantry
alba (*f.*) dawn, daybreak
alberca (*f.*) swimming pool (*Mex.*), 7
alegrarse (de) to be glad, 11
alegre merry
alérgico(-a) allergic, 8
alfabetizar to alphabetize
alfabeto (*m.*) alphabet
alfombra (*f.*) carpet, 10
alforja (*f.*) saddlebag
algo something, anything, 6
algodón (*m.*) cotton, 13
alguien someone, somebody,
   anyone, 6
alguno(-a), algún any, some, 6
algunos(-as) some, 6
allí there
alma (*f.*) soul
almacén (*m.*) department store, 13
almohada (*f.*) pillow, 10
almorzar (o:ue) to have lunch, 5
almuerzo (*m.*) lunch, 7
alojamiento (*m.*) lodging
alquilar to rent, 10
alquiler (*m.*) rent, 10
altiplano (*m.*) plateau
alto(-a) tall, 3
alumno(-a) (*m., f.*) student
amable polite, courteous, 3;
   Muy —. Very kind (of you)., 1
amante (*adj.*) loving
amar to love
amarillo(-a) yellow, 1
ambos(-as) both
ambulancia (*f.*) ambulance, 15
americano(-a) American, 2
amigo(-a) (*m., f.*) friend, 1
amistad (*f.*) friendship
amor (*m.*) love
amplio(-a) large, ample, 10
amueblado(-a) furnished, 10
anaranjado(-a) orange, 1
ancho(-a) wide, 13
andén (*m.*) platform
angosto(-a) narrow, 13
anillo (*m.*) ring, 13
anoche last night, 7
anotar to write down, 2
anteayer the day before yesterday, 7
antes (de) before, 7; **— de que**
   before, 14
antibiótico (*m.*) antibiotic, 15
antiguo(-a) former, 17
antipático(-a) unpleasant, 3
antojársele a uno to seem to one
anuncio (*m.*) ad, 3
añadir to add
año (*m.*) year, 3; **— Nuevo** (*m.*) New
   Year, 4
aparato electrodoméstico (*m.*) home
   appliance, 10
aparcar to park, 8
apariencia (*f.*) appearance
apartamento (*m.*) apartment, 3
apellido (*m.*) last name, 3; **— de
   soltera** (*m.*) maiden name

apio (*m.*) celery, 9
aprender (a) to learn, 3
apretar (e:ie) to be tight, 15; to tie
   together
aprobar (o:ue) to pass (*an exam or
   course*), 14
aprovechar to take advantage of
aquel(los), aquella(s) (*adj.*) that,
   those (*distant*), 6
aquél(los), aquélla(s) (*pron.*) that
   one, those (*distant*), 6
aquello (*neuter pron.*) that, 6
aquí here, 3; **¡— va!** Here it
   goes!
árbol (*m.*) tree; **— de Navidad**
   Christmas tree, 4; **— frutal** (*m.*)
   fruit tree, 15
archivar to file, 17
arena (*f.*) sand
arete (*m.*) earring, 13
argentino(-a) Argentinian, 11
armar to pitch (*a tent*), 16
arquitecto(-a) (*m., f.*) architect, 14
arrancar to start (*car*), 12
arreglar to tidy up, to fix, 6; to repair,
   12
arreglo (*m.*) repair, 12
arroz (*m.*) rice, 5; **— con leche** (*m.*)
   rice pudding, 5
arte (*f.*) art
artículo (*m.*) article, 16
asado (*m.*) barbecue, 16
asado(-a) roasted, barbecued, 9
ascendencia (*f.*) ancestry, 14
ascensor (*m.*) elevator, 7
Así es la vida. Such is life.
así que so, 18
asiento (*m.*) seat; **— de pasillo** (*m.*)
   aisle seat, 11; **— de ventanilla** (*m.*)
   window seat, 11
asignatura (*f.*) (school) subject, 14
asistente (*m., f.*) assistant, 17
asistir (a) to attend, 3
aspiradora (*f.*) vacuum cleaner, 6
aspirina (*f.*) aspirin, 15
ataque al corazón (*m.*) heart attack,
   15
atlético(-a) athletic, 16
atónito(-a) aghast
atravesar (e:ie) to go through; **— con
   la mirada** to look right through
aturdido(-a) dazed, confused, 4
aumento (*m.*) increase, 17
aunque although, 9
auto (*m.*) car, 10
autobús (*m.*) bus, 6
automático(-a) automatic, 12
automóvil (*m.*) car, 10
autopista (*f.*) freeway, highway, 12
auxiliar de vuelo (*m., f.*) flight
   attendant, 11
avance (*m.*) preview, 18
avenida (*f.*) avenue, 12
avergonzado(-a) ashamed
avión (*m.*) plane, 11
avisar to let know, to advise, 10

aviso (*m.*) ad, 3; **— clasificado** (*m.*)
   classified ad
ayer yesterday, 7
ayudar (a) to help, 6
azafata (*f.*) female flight attendant,
   11
azúcar (*m.*) sugar, 9
azul blue, 1
azulejo (*m.*) tile

B

bailar to dance, 4
bailarín(-ina) (*m., f.*) dancer, 18
bajo(-a) (*adj.*) short, 3; (*prep.*) under
balneario (*m.*) resort
banana (*f.*) banana, 9
banco (*m.*) bank, 18
banda sonora (*f.*) sound track, 18
bandera (*f.*) flag
bañadera (*f.*) bathtub, 7
bañar(se) to bathe (oneself), 9
bañera (*f.*) bathtub, 7
baño (*m.*) bathroom, 6
barato(-a) inexpensive, 13
¡Bárbaro! Great!
barca (*f.*) boat, 16
barco (*m.*) ship, 11
barrer to sweep, **6**
barrio (*m.*) neighborhood, 10
bastante quite, 14
batería (*f.*) drums, 9; battery, 12;
   — de cocina (*f.*) cookware, 10
batir to beat
beber to drink, 3; **— algo** to have
   something to drink, 3
bebida (*f.*) drink, 5
beca (*f.*) scholarship, 14
belleza (*f.*) beauty
besar to kiss
beso (*m.*) kiss
biblioteca (*f.*) library, 2
bibliotecario(-a) (*m., f.*) librarian, 14
bicicleta (*f.*) bicycle, 12
bien well, fine, 1; **— caliente** nice
   and hot, 15
bienvenido(-a) welcome, 4
biftec (*m.*) steak, 5
billete (*m.*) ticket, 11; **— de ida** (*m.*)
   one-way ticket, 11; **— de ida y
   vuelta** (*m.*) round-trip ticket, 11
billetera (*f.*) wallet, 13
biología (*f.*) biology, 14
bisabuela (*f.*) great-grandmother
bisabuelo (*m.*) great-grandfather
bistec (*m.*) steak, 5
blanco(-a) white, 1
blusa (*f.*) blouse, 13
boca (*f.*) mouth, 15; **— de incendios**
   (*f.*) fire hydrant, 8
bocina (*f.*) horn, 12
boda (*f.*) wedding, 18
bolígrafo (*m.*) pen, 2
bolsa de aire (*f.*) air bag, 12
bolsa de dormir (*f.*) sleeping bag, 10
bolso (*m.*) purse, handbag, 9; **— de
   mano** (*m.*) carry-on bag

bombilla (*f.*) straw (*for mate*)
bondad (*f.*) kindness
bonito(-a) pretty, 3
borrador (*m.*) first draft
bosque (*m.*) forest, 11
bosquejo (*m.*) outline
bota (*f.*) boot, 13
bote (*m.*) (*Mex.*) can, 9; boat, 16
botones (*m.*) bellhop, 7
brillante brilliant, 11
bromear to joke, to kid, 12
broncearse to get a tan, 16
bucear to scuba dive, 16
buenísimo(-a) extremely good, 11
bueno(-a), buen good, 1
    ¡Buen viaje! Have a nice trip!, 11
    buenas noches good evening, good night, 1
    buenas tardes good afternoon, 1
    bueno… well…, okay, 1
    buenos días good morning, 1
burlarse de to make fun of, 18
burro(-a) (*m., f.*) donkey
bus (*m.*) bus, 16
buscar to get, to pick up, 6; to look for; to find
búsqueda (*f.*) search
butaca (*f.*) armchair, 10

C

caballería (*f.*) chivalry
caballero (*m.*) knight
cabaña (*f.*) cabin, 16
cabello (*m.*) hair, 15
caber to fit, 6
cabeza (*f.*) head, 15
cacerola (*f.*) saucepan, 10
cada (*invariable adj.*) each, 13
caer(se) to fall, 16
café (*m.*) brown, 1; coffee, 3; café, 3
cafecito (*m.*) small (cup of) coffee, 15
cafetera (*f.*) coffee maker, 10
cafetería (*f.*) cafeteria, 1
caja (*f.*) cash register, 13
cajero automático (*m.*) automatic teller, 8
cajuela (*f.*) trunk (*car*), 12
calcetines (*m. pl.*) socks, 13
calculadora (*f.*) calculator
calefacción (*f.*) heating, 10
callar to be silent
calle (*f.*) street, 2
calor (*m.*) heat, 14
caloría (*f.*) calorie, 5
calzar to wear (a certain size in shoes), 13
cama (*f.*) bed, 16
cámara (fotográfica) (*f.*) camera, 7; **— de video** (*f.*) video camera, 7
camarero(-a) (*m., f.*) waiter, waitress, 5
camarones (*m. pl.*) shrimp, 5
cambiar to change, 6; to exchange, 13
cambio de moneda (*m.*) exchange rate

cambios mecánicos (*m. pl.*) standard shift, 12
camelia (*f.*) camellia, 8
caminar to walk, 12
camión (*m.*) truck, 13
camisa (*f.*) shirt, 6
camiseta (*f.*) T-shirt, 13
camisón (*m.*) nightgown, 13
campeón(-ona) (*m., f.*) champion, 16
campo (*m.*) country, 16
canal (*m.*) channel, 7
canario (*m.*) canary, 8
cancelar to cancel, 7
canción (*f.*) song, 9; **— infantil** (*f.*) children's song
candidato(-a) (*m., f.*) candidate, 17
canoa (*f.*) canoe, 16
cansado(-a) tired, 4
cantar to sing, 4
caña de azúcar (*f.*) sugar cane
caña de pescar (*f.*) fishing rod, 16
capital (*f.*) capital (city)
capó (*m.*) hood, 12
capullo (*m.*) bud
cara (*f.*) face, 15
¡caramba! gee!, 2
carbón (*m.*) coal
carburador (*m.*) carburetor, 12
cárcel (*f.*) jail
cargado(-a) (**de**) loaded with, 13
cargo (*m.*) position
cariño (*m.*) love
carnaval (*m.*) Mardi Gras
carne (*f.*) meat, 6; flesh; **— de res** (*f.*) beef
carnicería (*f.*) meat market, 9
caro(-a) expensive, 5
carpeta (*f.*) folder, 17
carpintero(-a) (*m., f.*) carpenter, 14
carrera (*f.*) career, 16
carro (*m.*) car, 10; carriage
carta (*f.*) letter, 17
cartelera (*f.*) movie (entertainment) section (of a newspaper), 18
cartera (*f.*) handbag, 9; wallet, 13
casa (*f.*) house, 2; home; **— de ancianos** (*f.*) nursing home
casado(-a) married, 3
casarse (con) to get married (to), 11
casi almost, 8
catarro (*m.*) cold, 15
cátedra (*f.*) faculty appointment
catorce fourteen, 1
cazar to hunt, 16
cebolla (*f.*) onion, 9
cédula (*f.*) document
celebrar to celebrate, 9
cena (*f.*) dinner, 7
cenar to have dinner, to dine, 7
censura (*f.*) censorship
centro (*m.*) downtown; **— commercial** (*m.*) shopping mall, 13
cerca close to, near, 10; around; **— de** near

cereza (*f.*) cherry
cero zero, 1
cerradura (*f.*) lock
cerrar (**e:ie**) to close, 4
cerveza (*f.*) beer, 5
cesto de papeles (*m.*) wastebasket, 2
champán (*m.*) champagne, 5
chapa (*f.*) license plate, 12
Chau. Good-bye., 1
cheque (*m.*) check, 8; **— de viajero** (*m.*) traveler's check, 8
chequeo (*m.*) checkup, 15
chequera (*f.*) checkbook, 8
¡Chévere! Great!
chica (*f.*) girl, young woman, 2
chico (*m.*) boy, young man, 2
chico(-a) small, 10
chino Chinese (*lang.*)
chocolate (*m.*) chocolate, 5; **— caliente** (*m.*) hot chocolate, 5
chorizo (*m.*) sausage
cielo (*m.*) sky, heaven
cien, ciento one hundred, 2
ciencia (*f.*) science, 14; **— ficción** (*f.*) science fiction, 18
cierto true
cinco five, 1
cincuenta fifty, 2
cine (*m.*) movie (theater), 4
cita (*f.*) appointment
ciudad (*f.*) city, 3
clarinete (*m.*) clarinet, 9
claro(-a) light; clear
clase (*f.*) class, 1; **— optativa** (*f.*) elective; **— turista** (*f.*) tourist class, 11
clasificado(-a) classified, 12
clavel (*m.*) carnation, 8
cliente (*m., f.*) customer
cobardía (*f.*) cowardice
cobrar un cheque to cash a check, 8
cobre (*m.*) copper
coche (*m.*) car, 10
cocina (*f.*) kitchen, 5
cocinar to cook, 6
cocinero(-a) (*m., f.*) cook, chef, 14
cognado (*m.*) cognate
col (*f.*) cabbage
cola (*f.*) tail
colchón (*m.*) mattress, 7
colega (*m., f.*) colleague
collar (*m.*) necklace, 13
colonial colonial, 15
color (*m.*) color, 1
colorado(-a) red
columna (*f.*) column, 18
combinar (con) to match, 13
comedia (*f.*) comedy, 7
comedor (*m.*) dining room, 6
comenzar (**e:ie**) (**a**) to begin, to start, 4
comer to eat, 3; **— algo** to have something to eat, 3
comida (*f.*) food, 4; meal, 5
como since, 7; about, 16; **— si** as if, 17

¿cómo? how?, 1; what?; **¿ — está usted?** How are you? (*form.*), 1; **¿ — estás?** How are you? (*fam.*); **¿ — están ustedes?** How are you?, 1; **¿ — le va?** How is it going (for you)? (*form.*), 1; **¿ — se dice...?** How do you say . . . ?, 2; **¿ — se escribe...?** How do you write . . .?; **¿ — se llama usted?** What's your name? (*form.*), 1; **¿ — te llamas tú?** What's your name? (*fam.*), 1; **¿ — te va?** How is it going (for you) (*fam.*)?

cómoda (*f.*) bureau, chest of drawers, 10

cómodo(-a) comfortable, 7

compacto(-a) compact, 12

compañero(-a) (*m., f.*) partner; **— de clase** (*m., f.*) classmate, 4; **— de cuarto** (*m., f.*) roommate, 3

compañía (*f.*) company, 3

comparar to compare, 14

comparativo(-a) comparative

compartir to share, 9

compensar to compensate, 17

complicado(-a) complicated, 12

compra (*f.*) purchase, 17

comprador(-a) (*m., f.*) buyer, 17

comprar to buy, 6

comprometerse con to get engaged to, 18

comprometido(-a) engaged, 18

computadora (*f.*) computer, 2; **— portátil** (*f.*) laptop computer, 17

con with, 1; **¿ — cuánta anticipación?** How far in advance?; **— él (ella) habla.** This is he (she) speaking., 3; **— permiso.** Excuse me., 1; **— razón** no wonder, 3; **— tal (de) que** provided that, as long as, 14; **— vista a** overlooking, 7

concierto (*m.*) concert, 4

concordancia (*f.*) agreement

condicional conditional

conducir to drive (*Sp.*), 6

conejillo de Indias (*m.*) Guinea pig, 8

conejo (*m.*) rabbit, 8

conferencia (*f.*) lecture

confiar to trust

confirmar to confirm, 7

conmigo with me, 2

conocer to know, to be acquainted, 6; to meet, 10

conocimiento (*m.*) knowledge, 3

conseguir (e:i) to get, to obtain, 6

consejero(-a) (*m., f.*) advisor, 14

consejo (*m.*) advice

consulado (*m.*) consulate, 7

consultorio (*m.*) doctor's office, 15

contabilidad (*f.*) accounting, 14

contado: al — in cash, 8

contador(-a) (*m., f.*) accountant, 5; **— público(-a)** (*m., f.*) certified public accountant, 17

contagioso(-a) contagious, 15

contaminación del aire (*f.*) smog

contar (o:ue) to count, 5; to tell, 18

contento(-a) happy, 4

contestar to answer, 3

contigo (*fam. sing.*) with you, 4

continente (*m.*) continent, 11

continuar to continue, 17

contra against

contrabajo (*m.*) bass, 9

contracción (*f.*) contraction

convencer to convince, 10

conversación (*f.*) conversation, 2

conversar to talk, to converse, 4

convivencia (*f.*) coexistence

copa (*f.*) glass, goblet, 5

corbata (*f.*) tie, 13

cordero (*m.*) lamb, 5

correo (*m.*) post office, 12; **— electrónico** (*m.*) e-mail, 17

correr to run, 3

corrida de toros (*f.*) bullfight

correspondencia (*f.*) correspondence, 17

corsario (*m.*) privateer

cortar(se) to cut (oneself), 9; **— el césped** to mow the lawn, 6

corte de pelo (*m.*) haircut, cut, 12

cortés polite, courteous, 3

cortina (*f.*) curtain, 10

cosa (*f.*) thing, 6

costar (o:ue) to cost, 5; **— un ojo de la cara** to cost an arm and a leg, 12

costumbre (*f.*) custom, 4

crear to create

crecer to grow, 9

creer to believe, to think, 3

creído (*p.p. of* **creer**) believed, 14

crema (*f.*) cream, 5

crepúsculo (*m.*) twilight

criada (*f.*) maid, 10

criticar to criticize, 18

crítico(-a) (*m., f.*) critic, 18

cuaderno (*m.*) notebook, 2

cuadro (*m.*) picture, painting, 10

de cuadros plaid, 13

¿cuál? what?, which?, 1; **¿ — es tu (su) número de teléfono?** What is your telephone number?, 1

cuando when, 14

¿cuándo? when?, 2

¿cuánto(-a)? how much?; **¿ — tiempo hace que...?** How long . . . ?, 7

¿cuántos(-as)? how many?

cuarenta forty, 2

cuarto (*m.*) room, 4; **— de baño** (*m.*) bathroom, 6; **menos —** quarter of/to (*time*), 2; **y —** quarter after/past (*time*), 2

cuarto(-a) fourth, 7

cuatro four, 1

cuatrocientos(-as) four hundred, 3

cubano(-a) Cuban, 2

cubierto(-a) (*p.p. of* **cubrir** *and adj.*) covered, 14

cubiertos (*m. pl.*) silverware, 5

cubrir to cover

cuchara (*f.*) spoon, 5

cucharada (*f.*) spoonful

cucharita (*f.*) teaspoon, 5

cuchillo (*m.*) knife, 5

cuello (*m.*) neck, 15; collar

cuenta (*f.*) bill, check, 5; account, 8; **— conjunta** (*f.*) joint account, 8; **— corriente** (*f.*) checking account, 8; **— de ahorros** (*f.*) savings account, 8

cuero (*m.*) leather, 13

cuerpo (*m.*) body, 15

cuidado (*m.*) care

cumbre (*f.*) pinnacle

cumpleaños (*m.*) birthday, 1

cumplir... años to turn . . . years old, 9

cuñada (*f.*) sister-in-law, 6

cuñado (*m.*) brother-in-law, 6

curandero(-a) (*m, f.*) healer

curarse to cure oneself, to get better, 15

currículum vitae (*m.*) curriculum vitae, 17

curtido(-a) weatherbeaten

D

dar to give, 4; **— alimento (a)** to feed; **— hacia** to overlook; **— la mano** to shake hands; **— las gracias** to express gratitude, 18; **— un beso** to kiss; **— una multa** to give a ticket (fine), 8; **— una película** to show a movie, 7; **— le rabia a uno** to be furious, 18; **—se cuenta (de)** to realize, 14

datos personales (*m. pl.*) personal data

de from, 1; of, 1; about, with, in, 16; **— acuerdo** in agreement, 13; **— acuerdo con** according to; **— cuadros** plaid, 13; **— estatura mediana** of medium height, 5; **— haber sabido** had I known, 15; **— la mañana** A.M., 2; **— la tarde** P.M., 2; **— lunares** polka-dotted, 13; **— manera que** so, 9; **— memoria** by heart; **— modo que** so, 9; **— nada.** You're welcome., 1; **— postre** for dessert, 5; **— pronto** suddenly, 18; **— rayas** striped, 13; **— repente** suddenly, 18; **— todos modos** anyway

debajo de under, 6

deber (+ *infinitive*) must, should, 3

deberse a to be due to

debidamente duly

decidir to decide, 3

décimo(-a) tenth, 7

decir (e:i) to say, to tell, 6

decisión (*f.*) decision, 17

dedo (*m.*) finger, 15; **— del pie** (*m.*) toe, 15

dejar to leave behind, 5; **— plantado(-a) a alguien** to stand somebody up, 18; **— tranquilo(-a)** to leave alone, 16

deletrear to spell
deletreo (*m.*) spelling
delgado(-a) thin, slender, 3
demás: los (las) — others
demasiado(-a)(s) too
demostrativo(-a) demonstrative
dentro inside
departamento (*m.*) department, section; **— de (ropa para) caballeros** (*m.*) men's department, 13; **— de (ropa para) damas** (*m.*) women's department, 13
depender to depend, 14
deporte (*m.*) sport, 16
depositar to deposit, 8
derecho (*m.*) right; **derecho(-a)** (*adj.*) right; **— ajeno** (*m.*) the other person's right; **a la derecha** to the right, 12
derretir (e:i) to melt
desafortunadamente unfortunately, 8
desafortunado(-a) unfortunate, 8
desagradecido(-a) (*adj.*) ungrateful
desamparo (*m.*) abandonment
desastre (*m.*) disaster, 8
desayuno (*m.*) breakfast, 7
descansar to rest, 15
descomponerse to break down, 12
descompuesto(-a) (*p.p. of* **descomponer** *and adj.*) out of order, not working, 12
desconcertado(-a) bewildered
describir to describe, 11
desde since, 6; from, 10
desear to want, to wish, 11
desempeñar to perform (a job), 17
desesperanza (*f.*) despair
desfallecer to faint
desocupado(-a) vacant, 10
desocupar el cuarto to vacate the room, 7
despacho (*m.*) office, 17
despacio slowly
despedazar to tear
despedida (*f.*) farewell, 1
despertarse (e:ie) to wake up, 9
desposar to marry, to betroth
despreciar to scorn
después afterwards, 3
desvestirse (e:i) to get undressed, 9
destacar to emphasize
destacarse to stand out
detener to stop (something); **—se** to stop
determinado(-a) definite
devolver (o:ue) algo to return (something), 13
devuelto(-a) (*p.p. of* **devolver** *and adj.*) returned, 14
día (*m.*) day, 1
diamante (*m.*) diamond
diariamente daily
diario (*m.*) newspaper, 3
dibujos animados (*m. pl.*) cartoons, 18

diccionario (*m.*) dictionary, 8
diciembre December, 1
dicho (*m.*) saying
dicho(-a) (*p.p. of* **decir** *and adj.*) said, told, 15
diecinueve nineteen, 1
dieciocho eighteen, 1
dieciséis sixteen, 1
diecisiete seventeen, 1
diente (*m.*) tooth, 15
dieta (*f.*) diet, 5
diez ten, 1
difícil difficult, 2
diligencia (*f.*) errand, 11
dinero (*m.*) money, 2
Dios God
dirección (*f.*) address, 2
directo(-a) direct, 11
director(-a) (*m., f.*) director, 18; **— de cine** (*m., f.*) movie director, 18
dirigir to direct, 18
disco compacto (*m.*) compact disc (CD), 4
discoteca (*f.*) discotheque, 4
diseño (*m.*) design, 13
disfrutar to enjoy
disquete (*m.*) diskette, 17
distinto(-a) different
distribución de papeles (*f.*) casting, 18
divertido(-a) fun, 16
divertirse (e:ie) to have a good time, to enjoy oneself, 6
divino(-a) divine, 16
divorciado(-a) divorced, 3
doblado(-a) dubbed
doblar to turn, 12; to dub; **— la ropa** to fold the clothes, 6
doble double, 7
doce twelve, 1
doctor(-a) (*m., f.*) doctor, 1
documental (*m.*) documentary, 18
doler (o:ue) to hurt, 15
dolor (*m.*) pain
domicilio (*m.*) address, 2
domingo (*m.*) Sunday, 1
don (*m.*) gift
¿dónde? where?, 1
dorado(-a) golden
dormir (o:ue) to sleep, 5
dormirse to fall asleep, 9
dormitorio (*m.*) bedroom, 6
dos two, 1
doscientos(-as) two hundred, 3
dramaturgo(-a) (*m., f.*) playwright
ducha (*f.*) shower, 7
dudar to doubt, 12
dulce fresh (*water*); sweet
dulces (*m. pl.*) sweets
durar to last, 13
durazno (*m.*) peach, 9

E

echar el bofe to be out of breath
económico(-a) financial, 3
edad (*f.*) age, 14
edificio (*m.*) building, 10

educación física (*f.*) physical education, 14
efectivo (*m.*) cash, 8
en — in cash, 8
efecto especial (*m.*) special effect, 18
ejecutivo(-a) (*m., f.*) executive, 14
ejército (*m.*) army
el the (*m. sing.*), 2; **— (la) que** he (she) who
él he, 1; him, 4
electricidad (*f.*) electricity, 10
electricista (*m., f.*) electrician, 14
elevador (*m.*) elevator, 7
ella she, 1; her, 4
ellas (*f. pl.*) they, 1; them, 4
ellos (*m. pl.*) they, 1; them, 4
embajada (*f.*) embassy, 7
embarazada pregnant, 15
embarcarse to get in a boat
emergencia (*f.*) emergency, 15
empanada (*f.*) meat turnover
empeorarse to get worse, 15
empezar (e:ie) (a) to begin, to start, 4
empleado(-a) (*m., f.*) clerk, 13; **— bancario** (*m., f.*) bank employee, 17
empleo (*m.*) job, 3
empresarial (*adj.*) business
en in, at, 1; on, inside, over, 16; **— casa** at home, 4; **— caso de que** in case, 14; **— cuanto** as soon as, 14; **— cuanto a** regarding; **— efectivo** in cash, 11; **— ese caso** in that case, 2; **— este momento** at this moment, 5; **— fin...** anyway . . ., 8; **— la actualidad** nowadays, 18; **— ningún lado** nowhere, 11; **— ninguna parte** nowhere, 11; **— parte** in part, 14; **¿— qué puedo servirle?** How can I help you?, 7; **— punto** on the dot; **— seguida** right away, 6; **— seguida vuelvo** I'll be right back, 6; **¿— serio?** seriously?, 2; **— vez de** instead of, 17
enamorado(-a) (de) in love (with), 16
enamorarse de to fall in love with, 18
encantado(-a) charmed
encantador(-a) charming, 3
encantarle a uno to love, 8
encargado(-a) (*m., f.*) super-(intendent), 10
encargado(-a) de in charge of, 17
enciclopedia (*f.*) encyclopedia, 8
encontrar (o:ue) to find, 5
encontrarse (con) to meet, 10
encuesta (*f.*) survey
enderezarse a to be for, to exist for
enero January, 1
enfriar to cool down
enojarse to get angry, 14
enorme enormous, 15
ensalada (*f.*) salad, 5
ensangrentado(-a) blood-stained
ensayar to rehearse, 18
ensayo (*m.*) essay

enseñar (a) to teach, 18
entablar to start
entender (e:ie) to understand, 4
enterrado(-a) buried
entonces then, in that case, 4
entrada (*f.*) entrance, 11; ticket (*to an event*), 16
entrante next, 18; **el mes —** (*m.*) next month, 18
entrar to enter, to come in, 12
entre among, between, 9
entregar to turn in, to deliver, 14
entrevista (*f.*) interview, 17
entrevistar to interview, 17
enviar to send, 7
envolver (o:ue) to wrap, 14
envuelto(-a) (*p.p. of* **envolver** *and adj.*) wrapped, 14
enyesar to put in a cast, 15
equipaje (*m.*) luggage, 7
equipo electrónico (*m.*) electronic equipment, 17
equipo estereofónico (*m.*) stereo system, 4
equivocado(-a) wrong, 4
errabundo wandering
es decir that is to say
es que... the fact is . . . , 13
escalar to climb, 16
escalera (*f.*) stairs, 7; **— mecánica** (*f.*) escalator, 7
escapar to escape, 14
esclavo(-a) (*m., f.*) slave
escoba (*f.*) broom, 6
escoger to choose
esconder to hide, 6
escopeta (*f.*) shotgun, 16
escribir to write, 3; **— a máquina** to type, 17
escrito(-a) (*p.p. of* **escribir** *and adj.*) written, 14
escritor(-a) (*m., f.*) writer, 14
escritorio (*m.*) desk, 2
escuchar to listen (to)
escuela (*f.*) school, 10; **— secundaria** (*f.*) high school, 18
ese(-os), esa(s) (*adj.*) that, those, (*nearby*), 6
ése(-os), ésa(s) (*pron.*) that one, those (*nearby*), 6
esfuerzo (*m.*) effort
eso (*neuter pron.*) that, 6
espada (*f.*) sword
espalda (*f.*) back, 15
España Spain
español (*m.*) Spanish (*lang.*), 2
especial special, 5
especialización (*f.*) major (*field of study*), 14
especializado(-a) specialized, 17
especialmente especially, 8
espectáculo (*m.*) show, 18
espejo (*m.*) mirror, 10
esperanza (*f.*) hope
esperar to wait (for), to expect, 6; to hope, 11

esposa (*f.*) wife, 5
esposo (*m.*) husband, 5
espuma (*f.*) foam
esquí acuático (*m.*) water ski, 16
esquiar to ski, 16
esquina (*f.*) corner
esta noche tonight, 2
estación (*f.*) season, 1; station, 12; **— de la seca** (*f.*) dry season; **— de servicio** (*f.*) gas (service) station, 12
estacionar to park, 8
estadio (*m.*) stadium, 16
estado (*m.*) state; **— civil** (*m.*) marital status, 3
Estados Unidos (*m. pl.*) United States
estampado(-a) print (fabric), 13
estar to be, 4; **— a cargo** to be in charge, 18; **— de acuerdo** to agree, 6; **— de vacaciones** to be on vacation, 7; **— equivocado(-a)** to be wrong, 4; **— loco(-a) por** to be crazy about, 18; **— muerto(-a) de hambre** to be starving, 15
¿Está... (*name***)?** Is . . . (*name*) there?, 3
estatura (*f.*) height, 5
este east, 16
este(-os), esta(s) (*adj.*) this, 6; these, 6
este fin de semana (*m.*) this weekend, 4
éste(-os) ésta(s) (*pron.*) this one; these, 6
estimarse to have self-esteem
estirar to stretch
esto (*neuter pron.*) this, 6
estómago (*m.*) stomach, 15
estrechar to hold
estrecho(-a) narrow, 13
estrenar to show for the first time, 18
estreno (*m.*) première, 18
estribillo (*m.*) refrain
estrofa (*f.*) stanza
estudiante (*m., f.*) student, 1
estudiar to study, 2
etapa (*f.*) period
evaluación (*f.*) evaluation, 17
evitar to avoid, 17
exactamente exactly, 17
exactitud (*f.*) accuracy
examen (*m.*) exam, 3; checkup, 15; **— parcial (de mitad de curso)** (*m.*) midterm examination, 3
excelente excellent, 11
exceso de equipaje (*m.*) excess baggage, 11
excursión (*f.*) excursion, 11
exigir to demand
éxito (*m.*) success
experiencia (*f.*) experience, 3
experto(-a) (*m., f.*) expert, 14
expresión (*f.*) expression
extranjero(-a) foreign; **en el extranjero** abroad

extrañar to miss, 9
extraño(-a) (*m., f.*) stranger

F

fábrica (*f.*) factory, 5
fácil easy, 2
fácilmente easily
facsímile (*m.*) fax, 17
factoría (*f.*) factory, 5
facturar el equipaje to check luggage, 11
facultad (*f.*) college, school, 14
falda (*f.*) skirt, 13
fallecer to pass away, 9
falta (*f.*) lack
familia (*f.*) family, 4
fantasma (*m.*) ghost
farmacia (*f.*) pharmacy, 9
fastidiado(-a) annoyed
favorito(-a) favorite, 7
fax (*m.*) fax , 17
febrero February, 1
fecha de nacimiento (*f.*) date of birth, 3
fechar to date (*check or letter*), 8
feliz happy, 1
femenino(-a) feminine
feo(-a) ugly, 3
ferretería (*f.*) hardware store, 9
festejar to celebrate, 9
festival de cine (*m.*) film festival, 18
fiebre (*f.*) fever, 15
fiesta (*f.*) party, 1
fijarse en to notice, 18
filmar to film (make) a movie, 18
filosofía (*f.*) philosophy, 17
fin (*m.*) end; **— de semana** (*m.*) weekend, 4
fingir to pretend
firma (*f.*) signature, 8
firmar to sign, 8
física (*f.*) physics, 14
flan (*m.*) caramel custard, 5
flauta (*f.*) flute, 9
flor (*f.*) flower, 8
florería (*f.*) flower shop, 8
folleto (*m.*) brochure, 11
fortaleza (*f.*) fortress
foto (*f.*) photo, photograph, 4
fotocopiadora (*f.*) photocopy machine, 17
fotografía (*f.*) photo, photograph, 4
francamente frankly, 12
francés (*m.*) French (*lang.*), 2
frecuentar to visit frequently
frecuente frequent
frecuentemente frequently, 12
fregar (e:ie) los platos to wash the dishes, 6
freno (*m.*) brake, 12
frente a in front of, 8
fresa (*f.*) strawberry, 9
frijoles (*m. pl.*) beans, 5
frito(-a) fried, 5
frondoso(-a) leafy
fruta (*f.*) fruit, 9

fuego (*m.*) fire, 8
fuente (*f.*) source
fuera (*adv.*) outside
fumar to smoke
funcionar to work, to function, 12
funda (*f.*) pillowcase, 10
fundir to melt
fusilar to shoot
fútbol (*m.*) soccer, 16
futuro (*m.*) future, 14

G

ganadería (*f.*) livestock
ganar to earn, 3; to win, 16
ganga (*f.*) bargain, 13
garaje (*m.*) garage, 6
garganta (*f.*) throat, 15
gasolina (*f.*) gasoline, 12
gasolinera (*f.*) gas (service) station, 12
gato (*m.*) cat, 8; car jack, 12
general general, 8
generalmente generally, 8
género (*m.*) gender
gente de negocio (*f.*) businesspeople
geranio (*m.*) geranium, 8
gerente (*m., f.*) manager, 17
gimnasio (*m.*) gym, 14
goma de borrar (*f.*) eraser, 2
gordo(-a) fat, 3
grabar to tape, 18
gracias thank you, thanks, 1
grado (*m.*) degree, 15
graduarse to graduate, 14
grande big
gratis free (of charge), 8
gratuito(-a) free
gripe (*f.*) flu, 15
gris gray, 1
grúa (*f.*) tow truck, 12
grupo (*m.*) group, 18
guante (*m.*) glove, 13
guapo(-a) handsome, good-looking, 3
guatemalteco(-a) (*m., f.*) Guatemalan, 5
guerra (*f.*) war, 18
guía telefónica (*f.*) telephone book
guión (*m.*) script, screenplay, 18
guitarra (*f.*) guitar, 9
gustar to like, to be pleasing to, 7
gusto (*m.*) pleasure, joy; **El — es mío.** The pleasure is mine., 1

H

haber (*aux.*) to have
habitación (*f.*) room, 4; **— doble** (*f.*) double room, 7; **— sencilla** (*f.*) single room, 7
hablar to speak, 2
hace + *time* + **que** + *verb* (*present*) to have been doing something for a length of time, 7
hace + *time* + **que** + *verb* (*preterit/imperfect*) to have done something in the past (ago), 9

hacer to do, 4; to make, 6; **— buen tiempo** to be good weather, 5; **— calor** to be hot, 5; **— diligencias** to run errands, 8; **— ejercicio** to exercise, 7; **— escala** to make a stopover, 11; **— frío** to be cold, 5; **— juego (con)** to match, 13; **— las compras** to do the shopping, 6; **— las maletas** to pack; **— mal tiempo** to be bad weather, 5; **— sol** to be sunny, 5; **— surfing** to surf, 16; **— un crucero** to take a cruise, 11; **— un picnic** to have a picnic, 16; **— una radiografía** to take an X-ray, 15; **— viento** to be windy, 5; **—se cargo** to take charge; **—se ilusiones** to dream, to fool oneself, 18
hacia towards, 5
hambre (*f.*) hunger, 4; **tener —** to be hungry, 4
hamburguesa (f.) hamburger, 5
hasta until, 7; **— ahora** up to now, 14; **— la vista.** Good-bye., 1; **— mañana.** See you tomorrow., 1; **— que** until, 14
hay there is, there are, 1
hecho happening
hecho(-a) (*p.p. of* **hacer** *and adj.*) done, made, 14
helado (*m.*) ice cream, 5
herir (**e:ie**) to hurt
hermana (*f.*) sister, 4
hermanastra (*f.*) stepsister, 6
hermanastro (*m.*) stepbrother, 6
hermanita(-o) (*m., f.*) little sister (brother), 13
hermano (*m.*) brother, 4
hermoso(-a) beautiful, 5
hidrante (*m.*) fire hydrant, 8
hija (*f.*) daughter, 4
hijastra (*f.*) stepdaughter, 6
hijastro (*m.*) stepson, 6
hijito(-a) darling, 4
hijo (*m.*) son, 4
hijos (*m. pl.*) children
hilo (*m.*) linen, 13
historia (*f.*) history, 3
hogar (*m.*) home
hogareño(-a) family oriented
hoja (*f.*) leaf; **— de papel** (*f.*) sheet of paper, 2
hola hello, 1
hombre (*m.*) man; **— de negocios** (*m.*) businessman, 7
honrado(-a) honest, honorable
hora (*f.*) time (of day), 2; hour; **¿A qué —…?** (At) what time . . . ?, 2; **¿Qué — es?** What time is it?, 2
horario (*m.*) schedule, 14
horno (*m.*) oven, 10
hospedaje (*m.*) lodging, 11
hospedarse en to stay, to lodge (at a hotel), 11
hospital (*m.*) hospital, 2
hotel (*m.*) hotel, 7

hoy today, 1; **— en día** nowadays, 18

I

idea (*f.*) idea, 2
ideal (*adj.*) ideal, 11
idioma (*m.*) language, 2
iglesia (*f.*) church
igualmente likewise, 1
ilusión (*f.*) dream, 18
impaciencia (*f.*) lack of patience; **—s** (*f. pl.*) pressures
imperativo (*m.*) command
imperfecto (*m.*) imperfect
impermeable (*m.*) raincoat
importación (*f.*) import, 17
importarle a uno to matter, to concern
imposible impossible, 5
impresionado(-a) impressed, 17
impresora (*f.*) printer, 17
incendio (*m.*) fire, 8
incluir to include, 10
indeterminado(-a) indefinite
indicativo(-a) indicative
infancia (*f.*) childhood, 9
informe (*m.*) report, 3
ingeniero(-a) (*m., f.*) engineer, 14
inglés (*m.*) English (*lang.*), 2
ingreso(s) (*m.(pl.)*) income
insistir en to insist on, 14
instantáneo(-a) instant, 7
instrumento musical (*m.*) musical instrument, 9
inteligente intelligent, 3
interesante interesting, 11
interesar to interest, 18
Internet (*f.*) the World Wide Web, 7
intérprete (*m., f.*) interpreter, 17
interrogativo(-a) interrogative
investigación (*f.*) research, 14
invierno (*m.*) winter, 1
invitación (*f.*) invitation, 3
invitado(-a) (*m., f.*) guest, 10
invitado(-a) invited, 4
invitar (a) to invite, 18
inyección antitetánica (*f.*) tetanus shot, 15; **poner una —** to give a shot, 15
ir to go, 4; **ir a** + *infinitive* to be going (to) + *infinitive*, 4; **— a acampar** to go camping, 16; **— a pescar** to go fishing, 16; **— a pie** to go on foot, to walk, 12; **— caminando** to go on foot, to walk, 12; **— de pesca** to go fishing, 16
irse to go away, to leave, 9
isla (*f.*) island, 9
italiano (*m.*) Italian (*lang.*), 2
izquierdo(-a) left; **a la —** to (on, at) the left, 12

J

jabón (*m.*) soap, 7
jactarse (de) to brag (about)

jamás never, ever 6
jamón (*m.*) ham, 5
jardín (*m.*) garden, 13; **— de infantes (infancia)** (*m.*) kindergarten, 16
jefe(-a) (*m., f.*) boss, chief, 17; **— de compras** purchasing manager, 17
joven (*m., f.*) young man, young woman, 15; (*adj.*) young, 17
jóvenes (*m., f.*) young people
joyas (*f. pl.*) jewels, jewelry, 13
joyería (*f.*) jewelry store, 9
juego (*m.*) game, 4
jueves (*m.*) Thursday, 1
jugar (**u:ue**) to play (*game, sport*); **— al golf** to play golf, 16; **— al tenis** to play tennis, 16
jugo (*m.*) juice; **— de frutas** fruit juice, 5
julio July, 1
junio June, 1
juntos(-as) together, 7
justo(-a) fair
juventud (*f.*) youth, 9

L

la (*f. sing.*) the, 2; (*pron.*) her, it, you (*form.*), 6
labio (*m.*) lip
laboratorio (*m.*) laboratory, 14
labrador(-a) (*m., f.*) farmer
ladera (*f.*) hillside
lago (*m.*) lake
lámpara (*f.*) lamp, 10
lana (*f.*) wool, 13
langosta (*f.*) lobster, 5
lápiz (*m.*) pencil, 2
las (*f. pl.*) the, 2; (*pron.*) them, you (*form.*), 6
lástima (*f.*) pity, shame; **es una —** it's a pity, 11; **¡Qué —!** What a pity!, 15
lata (*f.*) can, 9
lavadora (*f.*) washing machine, 10
lavar(se) to wash (oneself), 9; **— la cabeza** to wash one's hair, 9; **— la ropa** to do the laundry, 6; **— los platos** to wash dishes, 6
le (to, for) her, (to, for) him, (to, for) you (*form.*), 7
leal loyal
leche (*f.*) milk, 5
lecho (*m.*) bed
lechón (*m.*) pork, 5
lechuga (*f.*) lettuce, 9
lector(-a) (*m., f.*) reader
leer to read, 3
legumbre (*f.*) vegetable, 5
leído (*p.p. of* **leer**) read, 14
lejano(-a) far away
lejos (*adv.*) far, 10
lengua (*f.*) language, 2; tongue, 15
lentamente slowly, 8
lento(-a) slow, 8
les (to, for) them, (to, for) you, (*form. pl.*), 7

levantar to lift, to raise, 9; **— se** to get up, 9
libertad (*f.*) liberty, freedom, 2
libra (*f.*) pound
libre vacant, 7; free, available, 13
librería (*f.*) bookstore, 13
libreta de ahorros (*f.*) savings passbook, 8
libreto (*m.*) script, screenplay, 18
libro (*m.*) book, 2
licencia para conducir (*f.*) driver's license, 12
licuadora (*f.*) blender, 10
liga (*f.*) league
ligero(-a) light
lila (*f.*) lilac, 8
limpiar el baño to clean the bathroom, 6
limpio(-a) clean
lino (*m.*) linen, 13
liquidación (*f.*) sale, 13
lista (*f.*) list; **— de espera** (*f.*) waiting list, 7
literatura (*f.*) literature, 3
llama (*f.*) flame
llamar to call, 3; **—se** to be called, 9; **¿Cómo se llama usted?** What is your name? (*form.*), 1; **¿Cómo te llamas?** What's your name? (*fam.*), 1; **Me llamo…** My name is . . . , 1
llano (*m.*) plain
llanta (*f.*) tire, 12; **— pinchada** (*f.*) flat tire, 12
llanura (*f.*) plain
llave (*f.*) key, 7
llegada (*f.*) arrival
llegar to arrive, 4
llenar to fill, to fill out, 3
lleno(-a) full, 12
llevar to take (*someone or something someplace*), 3; **— puesto(-a)** to have on, to be wearing (clothes), 18
llover (**o:ue**) to rain, 5
lluvia (*f.*) rain, 5
lo him, it, you (*form.*), 6; **— que** what, which, 6; **— siguiente** the following; **— soy.** Indeed I am.; **— + adj.** that which is + *adj.*
loco(-a) crazy, 16
logro (*m.*) achievement
loquito(-a) crazy
loro (*m.*) parrot, 8
los (*m. pl.*) the, 2; (*pron.*) them, you (*form.*), 6
luchar to fight
lugar (*m.*) place, 6; **— de nacimiento** (*m.*) place of birth, 3; **— donde trabaja** (*m.*) place of employment, 3
lujo (*m.*) luxury
luna (*f.*) moon, 11; **— de miel** (*f.*) honeymoon, 11
lunares: de — polka-dotted, 13

lunes (*m.*) Monday, 1
luz (*f.*) light, 2; headlight, 12

M

madera (*f.*) wood
madrastra (*f.*) stepmother, 6
madre (*f.*) mother, 1
madrina (*f.*) godmother
maestro(-a) (*m., f.*) teacher (elementary school), 7
magnífico(-a) excellent, 14; great, 4
mal bad, badly
maleta (*f.*) suitcase, 7
maletero (*m.*) (car) trunk, 12
maletín (*m.*) briefcase
maligno(-a) evil
malo(-a) bad
mamá mom, 1
mancha (*f.*) blemish, spot
mandar to send, 7; to order
manejar to drive
manga (*f.*) sleeve
mango (*m.*) mango, 9
mano (*f.*) hand, 15
mantel (*m.*) tablecloth, 5
mantener to maintain, 14; **— la conversación** to keep the conversation going
mantequilla (*f.*) butter, 9
manzana (*f.*) apple, 9; (*Sp.*) city block
mañana (*f.*) tomorrow; **— mismo** tomorrow and not a day later, 17
mapa (*m.*) map, 2
máquina contestadora (*f.*) answering machine, 17
máquina de afeitar (*f.*) razor
mar (*m.*) sea, 7
marca (*f.*) brand, 13
margarina (*f.*) margarine, 9
margarita (*f.*) daisy, 8
marido (*m.*) husband, 5
mariposa (*f.*) butterfly
mariscos (*m. pl.*) shellfish, 8
marrón brown, 1
martes (*m.*) Tuesday, 1
marzo March, 1
más more, 2; plus; **— allá** beyond; **— o menos** more or less, 3
mascota (*f.*) pet, 8
masculino male
matemáticas (*f. pl.*) math, mathematics, 14
materia (*f.*) (school) subject, 14
maternidad (*f.*) motherhood
matrícula (*f.*) registration, tuition, 14
matricularse to register, 14
matrimonio (*m.*) marriage
mayo May, 1
mayor older, 5; bigger, 5; **el (la) —** the oldest, 5
me me, 6; (to, for) me, 7; (to) myself, 9; **— llamo…** My name is . . . , 1
mecánico (*m.*) mechanic, 12
mecer to rock
mediano(-a) medium, 13
medicina (*f.*) medicine, 15

médico(-a) (*m., f.*) physician, doctor, 14

medida (*f.*) size, 13; measure

medio(-a) half; **medio** (*m.*) means; **media hermana** (*f.*) half sister, 6; **medio hermano** (*m.*) half brother, 6; **y media** half-past (*telling time*), 2

mejor best; better, 5; **el (la) —** the best, 5

mejorar to improve, 9; **—se** to get better, 15

melocotón (*m.*) peach, 9

menor younger, 5; **el (la) —** youngest, 5

menos to, till (*telling time*), 2; less, 5; minus; **— mal** it's a good thing, 15

mensaje electrónico (*m.*) e-mail, 3

menú (*m.*) menu, 5

mercadeo (*m.*) marketing, 17

mercado (*m.*) market, 6

merecer la pena to be worth it, 12

merendar (**e:ie**) to have an afternoon snack, 15

mes (*m.*) month, 1

mesa (*f.*) table, 4; **— de centro** (*f.*) coffee table, 10

mesita de noche (*f.*) night table, 10

meta (*f.*) goal

métrica (*f.*) meter (*poetry*)

metro (*m.*) subway, 10

mexicano(-a) Mexican, 1

mexicanoamericano(-a) Mexican American, 1

mezcla (*f.*) mixture

mezclar to mix

mi (*sing.*) my, 3; **— amor** my love, 3; **— vida** (*f.*) darling, (my life), 3

mí (*obj. of prep.*) me, 4

microcomputadora (*f.*) laptop computer, 17

microondas (*m.*) microwave, 10

miedo (*m.*) fear, 4

miel de abeja (*f.*) honey, 15

mientras while, 3

miércoles (*m.*) Wednesday, 1

mil one thousand, 3

milla (*f.*) mile, 12

millar (*m.*) thousand

millonario(-a) (*m., f.*) millionaire, 16

mío(s), mía(s) (*pron.*) mine, 9

mirar to look (at), 5; to watch (*i.e., TV*), 5; **— por la ventana** to look out the window, 6; **— vidrieras** to window shop, 13

mis (*pl.*) my, 3

misa (*f.*) mass (*Catholic service*), 16

mismo(-a) same, 10

misterio (*m.*) mystery

mitad (*f.*) half

mochila (*f.*) backpack, 2

moda (*f.*) fashion

moderno(-a) modern, 12

modista (*f.*) dressmaker

modo (*m.*) way

molestarse to bother (doing something), 15

momento (*m.*) moment, 3

moneda (*f.*) currency

mono (*m.*) monkey, 8

montaña (*f.*) mountain, 4

montar to ride, 16; **— a caballo** to ride a horse, 16; **— en bicicleta** to ride a bicycle, 16

monte (*m.*) mountain

montón (*m.*): **un montón de** a bunch of, 6

morado(-a) purple, 1

moreno(-a) dark, brunette, 3

morir (**o:ue**) to die, 5

mostrar (**o:ue**) to show

moto (*f.*) motorcycle, 8

motocicleta (*f.*) motorcycle, 8

mozo (*m.*) waiter, 5

muchacha (*f.*) girl, young woman, 2

muchacho (*m.*) boy, young man, 2

muchísimo a lot, 7

mucho(-a) much, 1

Mucho gusto. How do you do? Nice to meet you., 1

mucho tiempo a long time, 7

muchos(-as) many, 4

Muchas gracias. Thank you very much., 1

mudarse to move (from one house to another), 10

muebles (*m. pl.*) furniture, 10

muelle (*m.*) dock

muerte (*f.*) death

muerto(-a) (*p.p. of* **morir** *and adj.*) died, 14

mujer (*f.*) wife, 5; woman; **— de negocios** (*f.*) businesswoman, 7

multa (*f.*) fine, ticket, 8

mundo (*m.*) world, 17

museo (*m.*) museum, 4

música (*f.*) music

musical musical, 18

músico (*m.*) musician, 18

muy very, 1; **— bien** very well, 1

N

nacer to be born

nacido(-a) born

nacimiento (*m.*) birth

nacionalidad (*f.*) nationality

nada nothing, 1

nadar to swim, 7

nadie nobody, no one, not anyone, 6

naranja (*f.*) orange, 9

nariz (*f.*) nose, 15

Navidad (*f.*) Christmas, 4

necesario(-a) necessary, 3

necesitar to need, 2

negarse (**e:ie**) to refuse

negativo(-a) negative

negocio (*m.*) business, 17

negro(-a) black, 1

neumático (*m.*) tire, 12; **— pinchado** (*m.*) flat tire, 12

nevado(-a) snowed

nevar (**e:ie**) to snow, 5

ni nor, 6; **—... ni...** neither ... nor ..., 6

niebla (*f.*) fog, 5

nieta (*f.*) granddaughter, 6

nieto (*m.*) grandson, 6

nieve (*f.*) snow, 16

ninguno(-a), ningún no, none, not any, 6

niño(-a) (*m., f.*) child, 5

no no, not, 1; **—... más que** nothing but; **— muy bien** not very well, 1

noche (*f.*) evening, night, 3

nocturno (*m.*) nocturne

nombre (*m.*) (first) name, 1; noun; **— de pluma** (*m.*) pen name

norte north, 16

norteamericano(-a) North American, 2

nos us, 6; (to, for) us, 7; (to, for) ourselves, 9; **— vemos.** See you., 1

nosotros(-as) we, 1; us, 4

nota (*f.*) grade, 14

noticia(s) (*f. (pl.)*) (piece of) news, 7

novecientos(-as) nine hundred, 3

noveno(-a) ninth, 7

noventa ninety, 2

novia (*f.*) girlfriend, 3

noviembre November, 1

novio (*m.*) boyfriend, 3

nublado(-a) cloudy

nuera (*f.*) daughter-in-law, 5

nuestro(-a) our, 3; (*pron.*) ours, 9

nuestro(-as) our (*pl.*), 3

nueve nine, 1

nuevo(-a) new, 1

número (*m.*) number, 1; size (*of shoes*), 13; **— de identidad** (*m.*) I.D. number, 3; **— de la licencia de conducir** (*m.*) driver's license number, 3; **— de seguro social** (*m.*) social security number, 3; **— de teléfono** (*m.*) phone number, 1

nunca never, 6

nutrición (*f.*) nutrition, 14

O

o or, 6; **—... o...** either ... or ..., 6

objeto (*m.*) object

obligar to force, to make, 12

obra (*f.*) work (*of art*); **— teatral (de teatro)** (*f.*) play, 18

obrero(-a) (*adj.*) labor

ochenta eighty, 2

ocho eight, 1

ochocientos(-as) eight hundred, 3

octavo(-a) eighth, 7

octubre October, 1

ocultar to hide

ocupación (*f.*) occupation, 3

ocupado(-a) busy, 4

ocurrir to happen, 8

oeste west, 16

oficina (*f.*) office, 13; **— de correos** (*f.*) post office, 12

oficio (*m.*) trade, 14

ofrecer to offer, 17

oído (*m.*) (*p.p. of* **oír**) heard, 14; ear (inner), 17

oír to hear

ojalá I hope, God grant, 11

ojo (*m.*) eye, 15

ola (*f.*) wave

olvidar(se) (de) to forget, 9

ómnibus (*m.*) bus, 6

once eleven, 1

oportunidad (*f.*) opportunity, 13

oprimir to hold tightly

optativo(-a) elective

optimista (*invariable adj.*) optimistic, 3

opuesto(-a) opposite

oración (*f.*) sentence

orden (*f.*) order

ordenador (*m.*) computer (*Sp.*), 3

oreja (*f.*) ear, 15

orgulloso(-a) proud, 16; **no ser nada —** not to be proud at all, 16

oro (*m.*) gold

orquesta (f.) orchestra, band, 18

orquídea (*f.*) orchid, 8

os you (*fam. pl.*), 6; (to, for) you, 7; (to) yourselves, 9

oscuro(-a) dark

ostra (*f.*) oyster, 16

otoño (*m.*) autumn, fall, 1

otro(-a) another, other, 2

otra vez again

oveja (*f.*) sheep

oye listen, 1

P

padrastro (*m.*) stepfather, 6

padre (*m.*) father, 1

padres (*m., pl.*) parents, 6

padrino (*m.*) godfather, 11

pagar to pay, 5

país (*m.*) country, 9

pájaro (*m.*) bird

palabra (*f.*) word, 17

palma (*f.*) palm, palm tree, 9

palo de golf (*m.*) golf club, 16

pan (*m.*) bread, 14

panadería (*f.*) bakery, 9

pantalla (*f.*) screen, 17; movie screen, 18

pantalones (*m. pl.*) pants, trousers, 8

pantimedias (*f. pl.*) pantyhose, 13

pañuelo (*m.*) handkerchief, 13

papa (*f.*) potato, 5

papá dad, 1

papel (*m.*) paper; role; **— higiénico** (*m.*) toilet paper, 9

paquete (*m.*) package, 11

par (*m.*) pair, 13

para in order, 2; for, 3; to, in order to, 8; by, 8; **— beber** to drink, 5; **— eso** for that, 18; **— peor** to make matters worse, 18; **— que** in order that, 14; **¿ — qué?** What for?;

— siempre forever, 18; **— ver** to see, 5

parabrisas (*m.*) windshield, 12

parada de autobuses (*f.*) bus stop, 6

paraguas (*m.*) umbrella

paraíso terrenal (*m.*) Garden of Eden

parecer to seem, 18

pared (*f.*) wall, 2

pareja (*f.*) couple

pariente (*m., f.*) relative, 6

parque (*m.*) park, 4; **— de diversiones** (*m.*) amusement park, 4

parquear to park, 8

partera (*f.*) midwife

partido (*m.*) game, 4

partir to leave

pasado(-a) last, 7

pasado mañana the day after tomorrow, 4

pasaje (*m.*) ticket, 11; **— de ida** (*m.*) one-way ticket, 11; **— de ida y vuelta** (*m.*) round-trip ticket, 11

pasaporte (*m.*) passport, 7

pasar to spend (*time*), 4; to happen, 8; **— la aspiradora** to vacuum, 6; **— por la aduana** to go through customs, 7; **— por las armas** to shoot; **— una película** to show a movie, 7

pasarlo bien to have a good time, 5

Pase. Come in., 1

pastel (*m.*) pie, 5

patinar to skate, 16

patio (*m.*) backyard, 15

patria (*f.*) homeland

pavo (*m.*) turkey, 8

paz (*f.*) peace

pecho (*m.*) chest, 15

pedazo (*m.*) piece, 5

pedido (*m.*) order, 5

pedir (e:i) to order, 5; to ask for, to request, 6; **— un préstamo** to apply for a loan, 8

película (*f.*) movie, 7; **— de misterio** (*f.*) mystery, murder mystery, 18; **— de suspenso** (*f.*) thriller, 18; **— de vaqueros** (*f.*) western, 18; **— del oeste** (*f.*) western, 18

peligroso(-a) dangerous

pelirrojo(-a) red-headed, 3

pelo (*m.*) hair, 15

peluquería (*f.*) beauty salon, 12

pena (*f.*) sorrow

pensamiento (*m.*) pansy, 8; thought

pensar (e:ie) to think, 4; (*+ inf.*) to plan (*to do something*), 4; **— en** to think about, 18

pensión (*f.*) boarding house, 10

peor worse, 5; **el (la) — ** the worst, 5

pepino (*m.*) cucumber, 9

pequeño(-a) small, little

perder (e:ie) to lose, 4; **— se (algo)** to miss (*out on something*), 18

Perdón. Pardon me., 1

perfectamente perfectly, 15

perfecto(-a) perfect, 2

periódico (*m.*) newspaper, 3

periodismo (*m.*) journalism, 14

pero but, 1

perro(-a) (*m., f.*) dog, 8; **— caliente** (*m.*) hot dog, 5

persona (*f.*) person, 4

personaje (*m.*) character, 18

personal (*m.*) personnel, 17

pertenecer to belong, 18

pesar to weigh

pescadería (*f.*) fish store, 9

pescado (*m.*) fish, 5

pescar to fish, to catch (*a fish*), 16

pesimista (*invariable adj.*) pessimistic, 3

pez (*m.*) fish; **— de color** (*m.*) goldfish, 8

piano (*m.*) piano, 9

pie (*m.*) foot, 15

piedra (*f.*) stone

pierna (*f.*) leg

pieza de repuesto (*f.*) spare part, 12

pimienta (*f.*) pepper, 5

pino (*m.*) pine tree, 16

pintor(-a) (*m., f.*) painter

piña (*f.*) pineapple, 9

piscina (*f.*) swimming pool, 7

piso (*m.*) floor, 6

placa (*f.*) license plate, 12

plancha (*f.*) iron, 10

planchar to iron, 6

planear to plan, 11

plástico (*m.*) plastic, 16

plata (*f.*) silver

plátano (*m.*) banana, 9

platicar to talk, to converse, 2

platillo (*m.*) saucer, 5

plato (*m.*) plate, 5; dish, 5

playa (*f.*) beach, 4

plomero(-a) (*m., f.*) plumber, 14

pluma (*f.*) pen, 2

pluscuamperfecto (*m.*) pluperfect

pobre poor (*unfortunate*), 4

pobrecito(-a) poor thing, 8

pobreza (*f.*) poverty

poder (o:ue) to be able to, can, 5; (*m.*) power

poema (*m.*) poem, 2

poesía (*f.*) poetry

policía (*m.*) policeman, 8

poliéster (*m.*) polyester, 13

pollo (*m.*) chicken, 5

ponche (*m.*) punch, 4

poner to put, to place, 6; **— una inyección** to give an injection, shot, 15; **— una multa** to give a ticket (*fine*), 8; **—se** to put on, 9; **—se en forma** to get into shape, 14; **no tener nada que —** not to have anything to wear, 13

por along, 8; around, 8; because of, 8; by, 8; during, 8; for, 8; in, 8; in exchange for, 8; in search of, 8; on account of, 8; on behalf of, 8; per, 8; through, 8; **— aquí cerca** around here, 18; **— desgracia** unfortunately, 8; **— ejemplo** for example, 13; **— el contrario** on the contrary, 13; **— eso** that is why, 18; **— favor** please, 1; **— fin** finally, 18; **— la mañana** in the morning, 2; **— la noche** in the evening, at night, 2; **— la tarde** in the afternoon, 2; **— lo general** generally, 18; **— lo menos** at least, 13; **— mes** a month, per month, 12; **— primera vez** for the first time, 4; ¿ **— qué?** why?; **— si acaso** just in case, 18; **— suerte** luckily, 18; **— supuesto** of course, 18; **— teléfono** on the phone, 3; **— un tiempo** for a while, 12

porque because
postre (*m.*) dessert, 5
porteño(-a) from Buenos Aires
portugués (*m.*) Portuguese (*lang.*), 2
practicar to practice, 2
precioso(-a) pretty, beautiful, 13
preferir (e:ie) to prefer, 4
pregunta (*f.*) question, 4
preguntar to ask (a question), 15
preocuparse (por) to worry (about), 9
preparar to prepare, 4
presentar to introduce, 18
presente present
presidente(-a) (*m., f.*) president, 17
préstamo (*m.*) loan, 8
prestar to lend, 8
presuroso(-a) in haste
prevalecer to prevail
primaria (*f.*) elementary school
primavera (*f.*) spring, 1
primera clase (*f.*) first class, 11
primero(-a), primer first, 2; **—** (*poet., pl.*) basic (i.e., elemental)
primo(-a) (*m., f.*) cousin, 4
principal main, 17
probable probable, 8
probablemente probably, 18
probador (*m.*) fitting room, 13
probar (o:ue) to try, 9; to taste, 9; **—se** to try on, 9
problema (*m.*) problem, 2
procesador de textos (*m.*) word processor, 17
productor(-a) (*m., f.*) producer, 18
profesión (*f.*) profession, 3
profesor(-a) (*m., f.*) professor, teacher, instructor, 1
profundidad (*f.*) depth
programa (*m.*) program, 2
programación (*f.*) programming, 18
programador(-a) (*m., f.*) programmer, 14
promedio (*m.*) grade point average, 14
prometer to promise, 7

prometido(-a) fiancé(e), 11
pronóstico del tiempo (*m.*) weather forecast
pronto soon, 14
propina (*f.*) tip, 5
propio(-a) own, 16; **propia página** (*f.*) home page
proponer to propose; **—se** to set out to
proporcionar to furnish
proseguir (e:i) to continue
protagonista (*m., f.*) protagonist, main character, 18
próximo(-a) next, 6
publicar to publish
pueblo (*m.*) town, 11; (*community, nation*) people
puente (*m.*) bridge
puerta (*f.*) door, 2; **— de calle** (*f.*) front door, 12; **— de salida** (*f.*) airline departure gate, 11
puertorriqueño(-a) (*m., f.*) Puerto Rican
pues… well . . ., 6
puesto(-a) (*p.p. of* **poner** *and adj.*) put, 14; (*m.*) position, job, 17
pulmonía (*f.*) pneumonia, 15
pulsera (*f.*) bracelet, 13
punto (*m.*) dot
puré de papas (*m.*) mashed potatoes, 5

Q

que (*rel. pron.*) that, who, 4; than, 5; which, 10; (*conj.*) than, 5; **— viene** coming, next, 11
¿qué? what?, 1; **¿A — hora?** (At) what time?, 2; **¡— Diablo!** What the heck!; **¡— esperen!** Let them wait!, 18; **¡— gusto de verte!** How nice to see you!, 15; **¿ — hay (de nuevo)?** What's up (new)?, 1; **¿ — hora es?** What time is it?, 2; **¡— lástima!** What a pity!, 15; **¿ — les parece si…?** What do you think about . . .? 13; **¡— mala suerte!** Such bad luck!, 8; **¿ — quiere decir…?** What does . . . mean?; **¿ — tal?** How are you?, 1; **¿ — tal te va?** How's it going for you? (*fam.*), 14
quebrar(se) (e:ie) to break, 15
quedar to fit, to be; **— impresionado(-a)** to be impressed, 17; **—le grande (chico) a uno** to be too big (small) on someone, 13; **— suspendido(-a)** to fail (*an exam or a course*), 14; **—se** to stay, 11; **—se con** to keep; **—se sentado(-a)** to remain seated
quehaceres de la casa (*m. pl.*) housework, 6
quejarse to complain, 10
quemar to burn
querer (e:ie) to want, to wish, 4; **— decir** to mean; **no quise** I refused, 10

queso (*m.*) cheese, 5
quien(es) who, whom, that, 10
¿quién? who?; **¿de —?** whose?
química (*f.*) chemistry, 14
quince fifteen, 1
quinientos(-as) five hundred, 3
quinto(-a) fifth, 7
quitar to take away, 9; **—se** to take off, 9
quizás perhaps, 13

R

radiografía (*f.*) X-ray
raíz (*f.*) root
rama (*f.*) branch
ramo (*m.*) bouquet, 8
rápidamente rapidly, 8
rápido (*adv.*) quick, 6; rapid, 8
rápido(-a) fast, 13
raqueta (*f.*) racket, 16
rascacielos (*m. sing.*) skyscraper
rato (*m.*) while, 4
ratón (*m.*) mouse, 17
raya (*f.*) stripe, 13
rayón (*m.*) rayon, 13
razón (*f.*) reason; **tener —** to be right, 4
realista (*invariable adj.*) realistic, 3
realizar to make
rebaja (*f.*) sale, 13
rebajar to mark down, 13
recámara (*f.*) bedroom (*Mex.*), 6
recepción (*f.*) registration, 7
receta (*f.*) recipe, 9; prescription, 15
recetar to prescribe, 15
recibir to receive, 3
reciente recent, 8
recientemente recently, 8
recoger to pick up, 6
recomendación (*f.*) recommendation, 17
recomendar (e:ie) to recommend, 11
recompensa (*f.*) reward
recordar (o:ue) to remember, 5
recurrir a to turn to
Red (*f.*) the World Wide Web
refresco (*m.*) soft drink, soda pop, 5
refugiado(-a) (*m., f.*) refugee
regalar to give (*as a gift*), 8
regalo (*m.*) gift, 8
regatear to bargain
regla (*f.*) ruler
regresar to return, 2
reina (*f.*) queen
reírse (e:i) to laugh, 12
reloj (*m.*) clock, 2
remar to row, 16
remedio (*m.*) medicine, 15
remolcador (*m.*) tow truck, 12
renglón (*m.*) line
renunciar to resign
reparto de papeles (*m.*) casting, 18
repetir (e:i) to repeat
repollo (*m.*) cabbage, 9

represa (*f.*) dam
reproductor de discos (*m.*) CD player, 4
requisito (*m.*) requirement, 14
reserva (*f.*) reservation, 7
reservación (*f.*) reservation, 7
resfriado (*m.*) cold, 15
resfrío (*m.*) cold, 15
resoplar to blow
responsabilidad (*f.*) responsibility, 17
respuesta (*f.*) answer
restaurante (*m.*) restaurant, 4
resto (*m.*) the rest, 10
resumé (*m.*) résumé, curriculum vitae, 17
resumen (*m.*) summary
retrato (*m.*) portrait
reunirse to get together
revista (*f.*) magazine, 6
revolución (*f.*) revolution, 9
revolver (o:ue) to stir
revuelo (*m.*) fluttering
rey (*m.*) king
rico(-a) tasty, 5
risa (*f.*) laughter
robar to steal, 8
rodaja (*f.*) slice
rodeado(-a) surrounded
rodilla (*f.*) knee, 15
rogar (o:ue) to beg, to plead, 11
rojo(-a) red, 1
romántico(-a) romantic, 11
romper(se) to break, 15
ropa (*f.*) clothes, 6; clothing, 13; — **hecha** (*f.*) ready-to-wear clothes; — **interior** (*f.*) underwear, 13
rosa (*f.*) rose, 8
rosado(-a) pink, 1
rostro (*m.*) face
roto(-a) (*p.p. of* **romper** *and adj.*) broken, 14
rubio(-a) blond, 3
ruido (*m.*) noise

S

sábado (*m.*) Saturday, 1
sábana (*f.*) sheet, 6
saber to know, 6; to find out, 10
sabroso(-a) tasty, 5
sacapuntas (*m.*) pencil sharpener, 2
sacar to get, to receive (*a grade*), 14; — **la basura** to take out the garbage, 6; — **una foto** to take a picture, 4
saco de dormir (*m.*) sleeping bag, 10
sacudir los muebles to dust the furniture, 6
sal (*f.*) salt, 5
sala de estar (*f.*) living room, 3
sala de rayos X (equis) (*f.*) X-ray room, 15
salario (*m.*) salary, 17
salida (*f.*) exit, departure, 11
salir to go out, 6; leave; — **de casa** to leave the house, 8

salón de belleza (*m.*) beauty salon, 12
salsa (*f.*) sauce, 9
salud (*f.*) health, 15
¡Salud! Cheers!
saludo (*m.*) greeting, 1; —**s a...** Say hello to . . . , 1
salvavidas (*m., f.*) lifeguard, 16
sandía (*f.*) watermelon, 9
sándwich (*m.*) sandwich, 3
santo (*m.*) saint's day
sartén (*f.*) frying pan, skillet, 10
sastre (*m.*) tailor
se (to) himself, (to) herself, (to) yourself (*form.*), (to) yourselves, (to) themselves, 9; — **dice...** You say . . . , One says . . . , 2
Sea. So be it.
secadora (*f.*) dryer, 10
secar to dry, 6
sección de (no) fumar (*f.*) (no) smoking section, 11
seco(-a) dry
sed (*f.*) thirst, 4; **tener** — to be thirsty, 4
seda (*f.*) silk, 13
seguir (e:i) to follow, 6; to continue, 6; — **derecho** to continue straight ahead, 12; — **los pasos** to follow in the footsteps, 18
según according to
segundo(-a) second, 7; **Segunda Guerra Mundial** (*f.*) Second World War; **segundo nombre** (*m.*) middle name
seguro(-a) sure, 8
seis six, 1
seiscientos(-as) six hundred, 3
selección (*f.*) selection, 17
selva (tropical) (*f.*) jungle, 11
semana (*f.*) week, 4; **la semana que viene** (*f.*) next week, 4; **la semana próxima** (*f.*) next week, 4
sendero (*m.*) path
sensibilidad (*f.*) sensitivity
sentado(-a) seated, sitting, 14
sentarse (e:ie) to sit (down), 9
sentir(se) (e:ie) to feel, 9; to be sorry, to regret
señal (*f.*) sign
señor (Sr.) mister, Mr., sir, gentleman, 1
señora (Sra.) madam, Mrs., lady, 1
señorita (Srta.) Miss, young lady, 1
septiembre September, 1
séptimo(-a) seventh, 7
sepulcro (*m.*) tomb
ser to be, 1
servicio (*m.*) service, 7; — **de habitación (cuarto)** (*m.*) room service, 7
servilleta (*f.*) napkin, 5
servir (e:i) to serve, 6; — **de** to serve as, 17; **no** — **de mucho** to not be much good, 14
sesenta sixty, 2
setecientos(-as) seven hundred, 3

setenta seventy, 2
sexo (*m.*) gender
sexto(-a) sixth, 7
si if, 14
sí yes, 1
sicología (*f.*) psychology, 14
siempre always, 6
sierra (*f.*) mountain
siete seven, 1
siglo (*m.*) century
signo (*m.*) sign
siguiente following
silla (*f.*) chair, 2; — **de ruedas** (*f.*) wheelchair, 15
sillón (*m.*) armchair, 10
simpatía (*f.*) charm
simpático(-a) nice, charming, 3
sin without; — **embargo** however, nevertheless, 13; — **falta** without fail, 18; — **que** without, 14; — **qué ni para qué** without rhyme or reason, 18
sincero(-a) sincere, 9
síntoma (*m.*) symptom, 15
sistema (*m.*) system. 2; — **de calificaciones** (*m.*) grading system; — **de comunicación telefónica** (*m.*) telephone system, 17
sitio (*m.*) room
sobre about, 11; — **todo** above all, especially, 17
sobrecama (*f.*) bedspread, 10
sobrenombre (*m.*) nickname
sobrina (*f.*) niece, 4
sobrino (*m.*) nephew, 4
sociología (*f.*) sociology, 14
sofá (*m.*) sofa, 6
sol (*m.*) sun
solamente only, 10
soledad (*f.*) loneliness; solitude
solicitar un préstamo to apply for a loan, 8
solicitud (*f.*) application (form), 3; — **de empleo** (*f.*) job application, 3
solo(-a) alone, 5
sólo only, 10
soltar (o:ue) amarras to untie lines
soltero(-a) single, 3
sombra (*f.*) shadow
sombrero (*m.*) hat
sonar (o:ue) to ring, 15
sonido (*m.*) sound
sonreír to smile
soñar (o:ue) con to dream about (of), 18
sopa (*f.*) soup, 5; — **de fideos** (*f.*) noodle soup, 5
sorprender to surprise, 11
sótano (*m.*) basement, 6
su his, her, its, your (*form.*), their, 3
subterráneo (*m.*) subway, 10
subvencionado(-a) subsidized
sucio(-a) dirty
sucursal (*f.*) branch (office)
suegra (*f.*) mother-in-law, 6
suegro (*m.*) father-in-law, 6

sueldo (*m.*) salary, 17
sueño (*m.*) dream; **tener —** to be sleepy, 4
suerte (*f.*) luck, 8
suéter (*m.*) sweater, 15
sugerir (e:ie) to suggest, 11
supermercado (*m.*) supermarket, 9
supersticioso(-a) superstitious, 8
supervisión (*f.*) supervision, 17
supervisor(-a) (*m., f.*) supervisor, 17
sur south, 16
sus his, her, its, your (*form.*), their, 3
suspirar to sigh, 6
sustantivo (*m.*) noun
suyo(s), suya(s) (*pron.*) his, hers, theirs, yours, 9

T

tabla de mar (*f.*) surfboard, 16
tablilla de anuncios (*f.*) bulletin board, 2
talla (*f.*) size, 13
taller de mecánica (*m.*) car repair shop, 12
talonario de cheques (*m.*) checkbook, 8
tamaño (*m.*) size
también also, too, 2
tampoco neither, not either, 6
tan as, 5; so, 17; **— pronto como** as soon as, 14
tanque (*m.*) tank, 12
tanto(-a) as much, 5; so much, 11; **— como** as much as, 5; **— en... como en...** both in . . . and in . . .
tantos(-as) as many, 5; **— como** as many as, 5
tardar to take (*time to do something*), 13
tarde (*f.*) afternoon, 2; (*adv.*) late, 7; **— o temprano** sooner or later, 18; **por la —** in the afternoon, 2
tarjeta (*f.*) card, 7; **— de crédito** (*f.*) credit card, 8; **— de embarque** (*f.*) boarding pass, 11; **— de turista** (*f.*) tourist card, 7; **— postal** (*f.*) postcard, 7
taxi (*m.*) taxi, 6
taza (*f.*) cup, 5
te (*pron.*) you (*fam.*), 6; (to, for) you, 7; (to) yourself, 9
té (*m.*) tea, 5; **— frío (helado)** (*m.*) iced tea, 5
teatro (*m.*) theater, 4; **— de aficionados** (*m.*) amateur theatre, 18
teclado (*m.*) keyboard, 17
teja (*f.*) tile
tela (*f.*) material, 13
teléfono (*m.*) telephone, 1; **— celular** (*m.*) cellular phone, 12
telenovela (*f.*) soap opera, 5
televisión (*f.*) television, 2
televisor (*m.*) TV, 7
tema (*m.*) subject, theme, 2
temblar to tremble
temer to fear, to be afraid, 11

temperatura (*f.*) temperature, 17
templado(-a) mild
temprano early, 9
tenedor (*m.*) fork, 5
tener to have, 3; **—... años (de edad)** to be . . . years old, 4; **— calor** to be hot, 4; **— cuidado** to be careful, 4; **— ... de retraso (atraso)** to be . . . behind schedule, 11; **— en cuenta** to keep in mind; **— éxito** to be successful, 18; **— frío** to be cold, 4; **— hambre** to be hungry, 4; **— lugar** to take place; **— miedo** to be afraid, 4; **— prisa** to be in a hurry, 4; **— que** (+ *inf.*) to have to (+ *inf.*), 3; **— razón** to be right, 4; **— sed** to be thirsty, 4; **— sueño** to be sleepy, 4; **— un picnic** to have a picnic, 16; **— un pinchazo** to have a flat tire, 18; **no — razón** to be wrong, 4
tenis (*m.*) tennis, 16
tercero(-a), tercer third, 7
terco(-a) stubborn, 3
terminar to finish, to end, 14
ternura (*f.*) tenderness
terreno (*m.*) land
ti you (*obj. of prep.*), 4
tía (*f.*) aunt, 4
tiburón (*m.*) shark
tiempo (*m.*) time, 2; weather, 5
tienda (*f.*) store, 4; **— por departamentos** (*f.*) department store, 13
tierra (*f.*) land
timbre (*m.*) doorbell, 15
tinto red (wine), 5
tintorería (*f.*) dry cleaner's, 8
tío (*m.*) uncle, 4
tipo (*m.*) type, 15
tirano(-a) (*m., f.*) tyrant
tirar to throw (away), to abandon ; **— basura** to litter
título (*m.*) degree, 14; title
toalla (*f.*) towel, 7
tobillo (*m.*) ankle, 15
tocador (*m.*) dresser, 10
tocar to play (*a musical instrument*), 9; **— a la puerta** to knock on the door, 6
todo(-a) all, 6
todo all, everything, 8; **— el mundo** everybody, 18
todos(-as) everybody
todos los días every day
tomar to take, 2; to drink, 3; **— algo** to have something to drink, 3; **— el sol** to sunbathe, 16; **— una decisión** to make a decision, 14; **— una foto** to take a picture, 4
Tome asiento. Have a seat., 1
tomate (*m.*) tomato, 9
toque (*m.*) touch
torpeza (*f.*) stupidity
torre (*f.*) tower
torta (*f.*) cake, 5

tortuga (*f.*) turtle, 8
tos (*f.*) cough, 15
toser to cough, 15
tostadora (*f.*) toaster, 10
trabajar to work, 2
trabajo (*m.*) job, 3; work, 3; **— de la casa** (*m.*) housework, 6
tradición (*f.*) tradition, 4
traducir to translate, 6
traductor(-a) (*m., f.*) translator, 17
traer to bring, 6
trágico(-a) tragic
traído (*p.p. of* **traer**) brought, 14
traje (*m.*) suit, 13; **— de baño** (*m.*) bathing suit, 16
trama (*f.*) plot, 18
tranquilidad (*f.*) tranquility
trapear el piso to mop the floor, 6
tratar de to deal with
trece thirteen, 1
treinta thirty, 1
tren (*m.*) train, 11
tres three, 1
trescientos(-as) three hundred, 3
trigo (*m.*) wheat
trompeta (*f.*) trumpet, 9
tropezar (e:ie) to trip
trozo (*m.*) piece, 5
tu your (*fam. sing.*), 3
tú you (*fam. sing.*), 1
tulipán (*m.*) tulip, 8
turbio(-a) muddy
turismo (*m.*) tourism, 7
turista (*m., f.*) tourist, 6
tus your (*fam. pl.*), 3
tuyo(s), tuya(s) (*pron.*) yours (*fam. sing.*), 9

U

ubicación (*f.*) location
ubicar to locate
último(-a) last, 17
última vez last time, 17
un a, an, 1; **— poco +** *adj.* a little + *adj.*, 4; **— poco (de)** a little, 2; **— rato** (*m.*) a while, 4
una a, an 1; **— vez** (*f.*) once, 16
único: lo — the only thing, 14
universidad (*f.*) university, 1
universitario(-a) (*adj.*) university, 14
uno(-a) one, 1
unos(-as) a few, some, 2; about
usado(-a) used, 12
usar to use, 6; to wear
usted (Ud.) you (*form., sing.*), 1; (*obj. of prep.*), 4
ustedes (Uds.) you (*form. pl.*), 1; (*obj. of prep.*), 4
utilidad (*f.*) usefulness
uva (*f.*) grape, 9

V

vacaciones (*f. pl.*) vacation, 7
vacío(-a) empty, 12

valer to be worth; **(no) vale la pena** it's (not) worth the trouble, 12
valeroso(-a) brave
valija (*f.*) suitcase, 7
valor (*m.*) value
¡vamos! let's go!, 2; **— de compras** let's go shopping, 13
vaso (*m.*) glass, 4
vecindad (*f.*) neighborhood, 10
vecino(-a) (*m., f.*) neighbor, 4
veinte twenty, 1
veinticinco twenty-five, 1
veinticuatro twenty-four, 1
veintidós twenty-two, 1
veintinueve twenty-nine, 1
veintiocho twenty-eight, 1
veintiséis twenty-six, 1
veintisiete twenty-seven, 1
veintitrés twenty-three, 1
veintiuno twenty-one, 1
velero (*m.*) sailboat, 16
velocidad máxima (*f.*) speed limit, 12
vendedor(-a) (*m., f.*) salesperson, 14; merchant
vender to sell, 3
venir (a) to come, 3; **—le de perillas a uno** to suit one to perfection, 18
ventaja (*f.*) advantage
ventana (*f.*) window, 2
ventanilla (*f.*) window (of a vehicle or booth), 12
ventilador (*m.*) fan, 10
ver to see, 6

verano (*m.*) summer, 1
verbo (*m.*) verb
verdad (*f.*) truth; **¿verdad?** right?, 1
verdadero(-a) real, 18; true
verde green, 1
verdura (*f.*) vegetable, 5
versión (*f.*) draft
verso (*m.*) line (of poetry)
vestido (*m.*) dress, 13; **— de noche** (*m.*) evening gown, 13
vestido(-a) dressed; **— de gala** dressed up
vestirse (e:i) to get dressed, 9
vez (*f.*) time (*in a series*), 4; **a veces** at times, 6; **en — de** instead of, 17
viajar to travel, 7
viaje (*m.*) trip, 4
viajero(-a) (*m., f.*) traveler, 11
vida (*f.*) life
videograbadora (*f.*) VCR, 17
vidriera (*f.*) shop window, 18
viejo(-a) old
viento (*m.*) wind, 5; **hacer —** to be windy; **viernes** (*m.*) Friday, 1
vileza (*f.*) vileness
vinagre (*m.*) vinegar, 9
vino (*m.*) wine, 4; **— tinto** (*m.*) red wine, 8
violeta (*f.*) violet, 8
violín (*m.*) violin, 9
visitar to visit, 4
visto(-a) (*p.p. of* **ver** *and adj.*) seen, 14; **vista** (*f.*) eyes

viudo(-a) widowed, 3
vivir to live, 3
vocabulario (*m.*) vocabulary
volante (*m.*) steering wheel, 12
volar (o:ue) to fly, 5
vóleibol (*m.*) volleyball, 16
voltear to turn over
voluntad (*f.*) will power
volver (o:ue) to return, 5
vosotros(-as) (*subject pron.*) you (*fam. pl.*), 1; (*obj. of prep.*), you (*fam. pl.*), 4
vuelo (*m.*) flight, 11
vuelto(-a) (*p.p. of* **volver** *and adj.*) returned, 14
vuestro(-a) your (*fam. sing.*), 3; (*pron.*) yours (*fam. pl.*), 9
vuestros(-as) your (*fam. pl.*), 3

Y

y and, 1; past, after (time), 2
ya already, 2; now, 7; **— lo creo** I'll say, 13; **¡— verás!** You'll see!, 15
yerno (*m.*) son-in-law, 6
yo I, 1

Z

zanahoria (*f.*) carrot, 9
zapatería (*f.*) shoe store, 9
zapato (*m.*) shoe, 13; **— de tenis** (*m.*) tennis shoe, 13
zona postal (*f.*) zip code, 3
zoológico (*m.*) zoo, 4

English-Spanish

A

a, an un(a), 1
abandonment desamparo (*m.*)
about sobre, 11; de, 16; como, 16
above all sobre todo, 17
abroad en el extranjero
accept aceptar, 3
accident accidente (*m.*), 15
according to de acuerdo con; según
account cuenta (*f.*), 8
accountant contador(-a) (*m., f.*), 5
accounting contabilidad (*f.*), 14
accuracy exactitud (*f.*)
achievement logro (*m.*)
acorn bellota (*f.*)
act actuar
acting actuación (*f.*), 18
action acción (*f.*), 18
activity actividad (*f.*), 16
actor actor (*m.*), 18
actress actriz (*f.*), 18
ad anuncio (*m.*), aviso (*m.*), 3
add añadir
address dirección (*f.*), domicilio (*m.*), 2

adjective adjetivo (*m.*)
advanced adelantado(-a)
advice consejo (*m.*)
advise avisar, 10; aconsejar, 11
advisor consejero(-a) (*m., f.*), 14
afraid: to be — tener miedo, 4
after (*time*) y, 2; **— all** al fin y al cabo, 18
afternoon tarde (*f.*), 2
good — buenas tardes, 1
afterwards después, 3
again otra vez
against contra
age edad (*f.*), 14
agency agencia (*f.*), 11
aghast atónito(-a)
ago: . . . ago hace + *time*, 9
agree estar de acuerdo, 6
agreement concordancia (*f.*)
air aire (*m.*); **— bag** bolsa de aire (*f.*), 12; **— conditioner** aire acondicionado (*m.*), 7
airline aerolínea (*f.*), 11
airport aeropuerto (*m.*), 4
aisle seat asiento de pasillo (*m.*), 11

all todo(-a), 6; (*pron.*) todo, 8
allergic alérgico(-a), 8
almost casi, 8
alone solo(-a), 5
along por, 8
alphabet alfabeto (*m.*)
alphabetize alfabetizar
already ya, 7
also también, 2
always siempre, 6
A.M. de la mañana, 2
amateur theatre teatro de aficionados (*m.*), 18
ambulance ambulancia (*f.*), 15
American americano(-a), 2
among entre, 9
ample amplio(-a), 10
amusement park parque de diversiones (*m.*), 4
an un(a), 1
ancestry ascendencia (*f.*), 14
and y, 1
angry enfadado(-a), enojado(-a), 4
animated animado(-a), 4
ankle tobillo (*m.*), 15

annoyed fastidiado(-a)

another otro(-a), 2

answer contestar, 3; respuesta (f.)

answering machine máquina contestadora (f.), 17

antibiotic antibiótico (m.), 15

any alguno(-a), algún, 6; cualquier; **not —** ninguno(-a), ningún, 6

anyone alguien, 6; **not —** nadie, 6

anything algo, 6

anyway en fin…, 8; de todos modos

apartment apartamento (m.), 3

appearance apariencia (f.)

apple manzana (f.), 9

application (form) solicitud (f.), 3

apply for a loan pedir (e:i) un préstamo, 8

appointment cita (f.)

approach acercarse

April abril, 1

architect arquitecto(-a) (m., f.), 14

Argentinian argentino(-a), 11

armchair butaca (f.); sillón (m.), 10

army ejército (m.)

around por, 8; cerca de; **— here** por aquí cerca, 18

arrival llegada (f.), 4

arrive llegar, 4

art arte (f.)

article artículo (m.), 16

as tan, 5; **— … —** tan… como, 5; **— if** como si, 17; **— long as** con tal de que, 14; **— many** tantos(-as), 5; **— many … —** tantos(-as)… como, 5; **— much** tanto, 5; **— much —** tanto como, 5; **— soon —** en cuanto, tan pronto como, 14

ashamed avergonzado(-a)

ask (a question) preguntar, 15; **— (for)** pedir (e:i), 6

aspirin aspirina (f.), 15

assistant asistente (m., f.), 17

at en, 1; a, 2; **— a time** a la vez, 4; **— about** a eso de, 15; **— home** en casa, 4; **— least** por lo menos, 13; **— night** por la noche, 2; **— our disposal** a nuestra disposición, 16; **— the latest** a más tardar, 18; **— this moment** en este momento, 5; **at +** time a la (las) + time, 2

athletic atlético(-a), 16

attend asistir (a), 3

August agosto, 1

aunt tía (f.), 4

automatic automático(-a), 12; **— teller (ATM)** cajero automático (m.), 8

autumn otoño (m.), 1

available libre, 13

avenue avenida (f.), 12

avoid evitar

B

back espalda (f.), 15

backpack mochila (f.), 2

backyard patio (m.), 15

baked al horno, 5

bakery panadería (f.), 9

banana plátano (m.), 9

bank banco (m.), 8; **— employee** empleado(-a) bancario(-a) (m., f.), 17

banner divisa (f.)

bargain regatear

basement sótano (m.), 6

bass contrabajo (m.), 9

bathe (oneself) bañar(se), 9

bathing suit traje de baño (m.), 16

bathroom baño (m.), 6; cuarto de baño (m.), 6

bathtub bañadera (f.), 7

battery acumulador (m.), batería (f.), 12

be ser, 1; estar, 4; **— able to** poder (o:ue), 5; **— acquainted with** conocer, 6; **— afraid** tener miedo (de), 4; temer, 11; **— bad weather** hacer mal tiempo, 5; **— … behind schedule** tener… de retraso (atraso), 11; **— bored (to death)** aburrirse (como una ostra), 16; **— called** llamarse, 9; **— careful** tener cuidado, 4; **— cold** tener frío, 4; (weather) hacer frío, 5; **— crazy about** estar loco(-a) por, 18; **— due to** debido a; **— for,** to exist for enderezarse a ; **— furious** darle rabia a uno, 18; **— glad** alegrarse (de), 11; **— going to +** inf. ir a + inf., 4; **— good weather** hacer buen tiempo, 5; **— hot** tener calor, 4; (weather) hacer calor, 5; **— hungry** tener hambre, 4; **— impressed** quedar impresionado(-a), 17; **— in a hurry** tener prisa, 4; **— in agreement** estar de acuerdo, 6; **— in charge** estar encargado(-a), 18; **— named** llamarse, 9; **— not much good** no servir de mucho, 14; **— on vacation** estar de vacaciones, 7; **— pleasing to** gustar, 7; **— right** tener razón, 4; **— right back** volver en seguida, 6; **— scared** tener miedo, 4; **— silent** callar; **— sleepy** tener sueño, 4; **— sorry** sentir (e:ie), 11; **— successful** tener éxito, 18; **— sunny** hacer sol, 5; **— thirsty** tener sed, 4; **— too big (small) on someone** quedarle grande (chico) a uno, 13; **— wearing** llevar puesto(-a), 18; **— windy** hacer viento, 6; **— worth it** valer (merecer) la pena, 12; **— wrong** estar equivocado(-a), no tener razón, 4; **— … years old** tener… años, 4

beach playa (f.), 4

beans frijoles (m. pl.), 5

beat batir

beautiful hermoso(-a), 5; precioso(-a), 13

beauty belleza (f.); **— salon** peluquería (f.), salón de belleza (m.), 12

because porque; **— of** por, 8

bed cama (f.), 6; lecho (m.); **to go to —** acostarse (o:ue), 9; **to put to —** acostar (o:ue), 9

bedroom dormitorio (m.); recámara (f.) (Mex.), 6

bedspread sobrecama (f.), 10

beef carne de res (f.)

beer cerveza (f.), 5

before antes (de), 7; antes de que, 14

beg rogar (o:ue), 11

begin comenzar (e:ie), empezar (e:ie) (a), 4

believe creer, 3

believed creído (p.p. of creer), 14

bellhop botones (m.), 7

belong pertenecer, 18; **—ing** to other people ajeno(-a)

besides además, 5

best el (la) mejor, 5

betroth desposar

better mejor, 5

beverage bebida (f.), 5

bewildered desconcertado(-a)

beyond más allá

bicycle bicicleta (f.), 12

big grande

bigger mayor, 5

bill cuenta (f.), 5

biology biología (f.), 14

bird pájaro (m.)

birth nacimiento (m.)

birthday cumpleaños (m.), 1

black negro(-a), 1

blemish mancha (f.)

blender licuadora (f.), 10

block (city) manzana (f.) (Sp.), cuadra (f.)

blond(e) rubio(-a), 3

blood-stained ensangrentado(-a)

blouse blusa (f.), 13

blow resoplar

blue azul, 1

boarding house pensión (f.), 10

boarding pass tarjeta de embarque (f.), 11

boat barca (f.), bote (m.), 16

body cuerpo (m.), 15

book libro (m.), 2

bookstore librería (f.), 13

boot bota (f.), 13

bored aburrido(-a), 4

born nacido(-a)

borrow pedir (e:i) prestado, 11

boss jefe(-a) (m., f.), 17

both ambos(-as); **— in … and in …** tanto en… como en…

bother (doing something) molestarse, 15

bouquet ramo (m.), 8

boy chico (m.), muchacho (m.), 2

boyfriend novio (m.), 3

bracelet pulsera (f.), 13

brake freno (*m.*), 12
branch rama (*f.*); (*office*) sucursal (*f.*)
brand marca (*f.*), 13
brave valeroso(-a)
bread pan (*m.*), 9
break romper(se), quebrar(se) (e:ie), 17; — **down** (*car*) descomponerse, 12
breakfast desayuno (*m.*), 7
bridge puente (*m.*)
brilliant brillante, 11
bring traer, 6
brochure folleto (*m.*), 11
broken roto(-a), 14
broom escoba (*f.*), 6
brother hermano (*m.*), 4
brother-in-law cuñado (*m.*), 6
brown marrón, café, 1
brought traído (*p.p. of* traer), 14
brunette moreno(-a), 3
bud capullo (*m.*)
building edificio (*m.*), 10
bulletin board tablilla de anuncios (*f.*), 2
bullfight corrida de toros (*f.*)
bunch: a — **of** un montón de (*m.*), 6
bureau cómoda (*f.*), 10
buried enterrado(-a)
burn quemar
bus autobús (*m.*), ómnibus (*m.*), bus (*m.*), 6; — **stop** parada de autobuses (*f.*), 6
business (*adj.*) empresarial; — **administration** administración de empresas (*f.*), 14
businessman (woman) hombre (mujer) de negocios (*m., f.*), 7
businesspeople gente de negocio (*f.*)
busy ocupado(-a), 4
but pero, 1; sino
butter mantequilla (*f.*), 9
butterfly mariposa (*f.*)
buy comprar, 6
buyer comprador(-a) (*m., f.*), 17
by para, 8; por, 8; — **heart** de memoria
bye chau, 1

C

cabbage repollo (*m.*), 9; col (*f.*)
cabin cabaña (*f.*), 16
cafe café (*m.*), 3
cafeteria cafetería (*f.*), 1
cake torta (*f.*), 5
calculator calculadora (*f.*), 2
call llamar, 3
calorie caloría (*f.*), 5
camellia camelia (*f.*), 8
camera cámara fotográfica (*f.*), 7
camp acampar, 16
can poder (o:ue), 5; bote (*m.*) (*Mex.*), lata (*f.*), 9
canary canario (*m.*), 8
cancel cancelar, 7
candidate candidato(-a) (*m., f.*), 17

canoe canoa (*f.*), 16
canyon desfiladero (*m.*)
capital (*city*) capital (*f.*)
car auto (*m.*), automóvil (*m.*), carro (*m.*), coche (*m.*), 10
caramel custard flan (*m.*), 5
carburetor carburador (*m.*), 12
card tarjeta (*f.*)
care cuidado (*m.*)
career carrera (*f.*), 14
carnation clavel (*m.*), 8
carpet alfombra (*f.*), 10
carpenter carpintero(-a), (*m., f.*), 14
carriage carro (*m.*)
carrot zanahoria (*f.*), 9
carry-on bag bolso de mano (*m.*)
cartoons dibujos animados (*m. pl.*), 18
carved tallado(-a)
case: in — en caso de que, 14
cash efectivo (*m.*), 8; — **a check** cobrar un cheque, 8; — **register** caja (*f.*), 13; **in** — al contado, en efectivo, 8
casting reparto de papeles (*m.*), distribución de papeles (*f.*), 18
cat gato (*m.*), 8
catch a fish pescar, 16
celebrate celebrar, 9
celery apio (*m.*), 9
cellular phone teléfono celular (*m.*), 12
censorship censura (*f.*)
ceramic tile azulejo (*m.*)
certified public accountant contador(-a) público(-a) certificado(-a), 17
chair silla (*f.*), 2
champagne champán (*m.*), 5
champion campeón(-ona) (*m., f.*), 16
change cambiar, 6
channel canal (*m.*), 7
character personaje (*m.*), 18
charge: in — encargado(-a), 17
charm simpatía (*f.*)
charmed encantado(-a)
charming simpático(-a), encantador(-a), 3
check cuenta (*f.*), 5; — **luggage** facturar el equipaje, 11
checkbook talonario de cheques (*m.*), chequera (*f.*), 8
checking account cuenta corriente (*f.*), 8
checkup examen (*m.*), chequeo (*m.*), 15
Cheers! ¡Salud!
cheese queso (*m.*), 5
chef cocinero(-a), (*m., f.*), 14
chemistry química (*f.*), 14
cherry cereza (*f.*)
chest pecho (*m.*), 15; — **of drawers** cómoda (*f.*), 10
chicken pollo (*m.*), 5
chief jefe(-a) (*m., f.*), 17

child niño(-a) (*m., f.*), 5; **only** — hijo(-a) único(-a), 11
childhood infancia (*f.*), 9
children hijos (*m. pl.*); — **'s** (*adj.*) infantil
Chinese (*lang.*) chino (*m.*), 2
chivalry caballería (*f.*)
chocolate chocolate (*m.*), 5
choose escoger
Christmas Navidad (*f.*), 4; — **tree** árbol de Navidad (*m.*), 4
church iglesia (*f.*)
city ciudad (*f.*), 3; — **block** manzana (*f.*) (*Sp.*), cuadra (*f.*)
class clase (*f.*), 1
classified clasificado(-a), 12; — **ad** aviso clasificado (*m.*), 3
classmate compañero(-a) de clase (*m., f.*), 4
clean limpio(-a); limpiar
clerk empleado(-a) (*m., f.*), 13
climb escalar, 16
clock reloj (*m.*), 2
close cerrar (e:ie), 4; (*adv.*) cerca, 10
clothes ropa (*f.*), 6
clothing ropa (*f.*), 13
cloudy nublado(-a)
coal carbón (*m.*)
coat abrigo (*m.*)
coffee café (*m.*), 3; (*small cup of*) cafecito (*m.*), 15; — **maker** cafetera (*f.*), 10
cognate cognado (*m.*)
cold catarro (*m.*), resfriado (*m.*), resfrío (*m.*), 15; **to be** — tener frío, 4; (*weather*) hacer frío, 5
collar cuello (*m.*)
colleague colega (*m., f.*)
college facultad (*f.*), 14; (*adj.*) universitario(-a), 14
colonial colonial, 15
color color (*m.*), 1
column columna (*f.*)
come venir (a), 3; — **in** entrar, 12; Pase., 1
comedy comedia (*f.*), 7
comfortable cómodo(-a), 7
compact compacto(-a); — **disc** disco compacto (*m.*), 4; — **disc player** reproductor de discos (*m.*), 4
company compañía (*f.*), 3
comparative comparativo(-a)
compare comparar, 14
compensate compensar, 17
complain quejarse, 10
computer computadora, (*f.*), 2; ordenador (*m.*) (*Sp.*), 3
concern importarle a uno, 18
concert concierto (*m.*), 4
conditional condicional (*m.*)
conduct conducir, 6
confirm confirmar, 7
confused aturdido(-a), 4
consulate consulado (*m.*), 6
continent continente (*m.*), 11
contagious contagioso(-a), 5

continue seguir (e:i), 6; continuar, 17; proseguir (e:i); **— straight ahead** seguir derecho, 12

contraction contracción (f.)

contrary: on the — por el contrario, 13

conversation conversación (f.), 2

converse conversar, platicar, 2

convince convencer, 10

cook cocinar, 6; cocinero(-a) (m., f.), 14

cookware batería de cocina (f.), 10

cool (down) enfriar

copper cobre (m.)

corner (street) esquina (f.)

correspondence correspondencia (f.), 17

cost costar (o:ue), 5; **— an arm and a leg** costar un ojo de la cara, 12

cotton algodón (m.), 13

cough tos (f.), 15; toser, 15

count contar (o:ue), 5

country país (m.), 9; campo (m.), 16

couple pareja (f.)

courteous amable, cortés, 3

cousin primo(-a) (m., f.), 4

covered cubierto(-a), 14

cowardice cobardía (f.)

crazy loco(-a), 16; loquito(-a)

cream crema (f.), 5

create crear

credit card tarjeta de crédito (m.), 8

critic crítico(-a) (m., f.), 18

criticize criticar, 18

cruise crucero (m.), 11

Cuban cubano(-a), 2

cucumber pepino (m.), 9

cup taza (f.), 5

cure oneself curarse, 15

currency moneda (f.)

curriculum vitae currículum vitae (m.), 17

curtain cortina (f.), 10

custom costumbre (f.), 4

customer cliente (m., f.)

customs aduana (f.), 7

D

dad papá (m.), 1

daily diariamente

daisy margarita (f.), 8

dam represa (f.)

dance bailar, 4

dancer bailarín(-ina) (m., f.), 18

dangerous peligroso(-a)

dark moreno(-a), 3; oscuro(-a)

darling mi amor (m.), mi vida, (f.), 3; hijito(-a) (m., f.), 4

date fechar, poner la fecha, 8; fecha; **— of birth** fecha de nacimiento (f.), 3

daughter hija (f.), 4; **— in-law** nuera (f.), 6

dawn alba (f.)

day día (m.), 1; **— after tomorrow,** pasado mañana, 4; **— before yesterday** anteayer, 8

dazed aturdido(-a), 4

deal with tratar de

death muerte (f.)

December diciembre, 1

decide decidir, 3

decision decisión (f.), 17

definite determinado(-a)

degree título (m.), 14; grado (m.), 15

deliver entregar, 14

demand exigir

demonstrative demostrativo(-a)

denial negación (f.)

deny negar (e:ie), 12

department store almacén (m.), tienda por departamentos (f.), 13

departure salida (f.), 11; **— gate** puerta de salida (f.), 11

depend depender, 14

deposit depositar, 8

depth profundidad (f.)

describe describir, 11

design diseño (m.), 13

desk escritorio (m.), 2

despair desesperanza (f.)

dessert postre (m.), 5; **for —** de postre, 5

diamond diamante (m.)

dictionary diccionario (m.), 8

die morir (o:ue), 5

died muerto(-a), 14

diet dieta (f.), 5

different distinto(-a)

difficult difícil, 2

dine cenar, 7

dining room comedor (m.), 6

dinner cena (f.), 7

to have — cenar, 7

direct directo(-a), 11; dirigir, 18

director director(-a) (m., f.), 18

dirty sucio(-a)

disaster desastre (m.), 8

discotheque discoteca (f.), 4

diskette disquete (m.), 17

divine divino(-a), 16

divorced divorciado(-a), 3

do hacer, 4; **— the laundry** lavar la ropa, 6; **— the shopping** hacer las compras, 6

dock muelle (m.)

doctor (Dr.) doctor(-a) (m., f.), 1; médico(-a) (m., f.), 14; **—'s office** consultorio (m.), 15

document documento (m.), 12; cédula (f.)

documentary documental (m.), 18

dog perro(-a) (m., f.), 8

done hecho (p.p. of hacer), 14

donkey burro(-a) (m., f.)

door puerta (f.), 2

doorbell timbre (m.), 15

dot punto (m.); **on the —** en punto

double doble, 7; **— room** habitación doble (f.), 7

doubt dudar, 12

draft borrador (m.), versión (f.)

dream ilusión (f.), 18; hacerse ilusiones, 18; **— about (of)** soñar (o:ue) con, 18

dress vestido (m.), 13

dressed: to get — vestirse (e:i), 9; **— up** vestido(-a) de gala

dresser tocador (m.), 10

dressmaker modista (f.)

drink beber, tomar, 3; bebida (f.), 5

drive conducir, manejar, 5

driver's license licencia para conducir (f.), 12; **— number** número de la licencia de conducir, 3

drown ahogarse, 16

drums batería (f.), 9

dry secar; seco(-a); **— cleaner's** tintorería (f.), 8; **— season** estación de la seca (f.)

dryer secadora (f.), 10

dubbed doblado(-a)

duly debidamente

during durante, 7; por, 8

E

each cada, 13

ear (inner) oído (m.), 17; (external) oreja (f.), 17

early temprano, 9

earn ganar, 3

earring arete (m.), 13

easily fácilmente

east este, 16

easy fácil, 2

eat comer, 3

effort esfuerzo (m.)

eight ocho, 1; **— hundred** ochocientos(-as), 3

eighteen dieciocho, 1

eighth octavo(-a), 7

eighty ochenta, 2

either . . . or o… o, 6; **not —** tampoco, 6

elective clase optativa (f.)

electrician electricista (m., f.), 14

electricity electricidad (f.), 10

electronic equipment equipo electrónico (m.), 17

elevator ascensor (m.), elevador (m.), 7

eleven once, 1

e-mail mensaje electrónico (m.), 3; correo electrónico (m.), 17

embassy embajada (f.), 7

emergency emergencia (f.), 17

emphasize destacar

empty vacío(-a), 12

encyclopedia enciclopedia (f.), 8

end terminar, 14; fin (m.)

engaged comprometido(-a), 18

engineer ingeniero(-a) (m., f.), 14

English (lang.) inglés (m.), 2

enjoy disfrutar; **— oneself** divertirse (e:ie), 16

enormous enorme, 15

enter entrar, 12

entertainment section (*of newspaper*) cartelera (*f.*), 18
enthused entusiasmado(-a), 4
entrance entrada (*f.*), 11
eraser goma de borrar (*f.*), 2
errand diligencia (*f.*), 8
to run —s hacer diligencias, 8
escalator escalera mecánica (*f.*), 7
escape escapar, 14
especially especialmente, 8; sobre todo, 17
essay ensayo (*m.*)
evaluation evaluación (*f.*), 17
evening noche (*f.*), 2; **— gown** vestido de noche (*m.*), 13
event acontecimiento (*m.*)
ever alguna vez
every day todos los días, 2
everybody todo el mundo, 18
everything todo, 8
everywhere a (de) todas partes, a todos lados, 12
evil maligno(-a)
exactly exactamente, 17
exaggerate exagerar, 13
exam examen (*m.*), 3
excellent excelente, 11; magnífico(-a), 14
exercise hacer ejercicio, 7
excess baggage exceso de equipaje (*m.*), 11
exchange cambiar, 13
excursion excursión (*f.*), 11
excuse: Excuse me. Con permiso., 1
executive ejecutivo(-a) (*m., f.*), 14
exit salida (*f.*), 11
expect esperar, 6
expensive caro(-a), 5
expert experto(-a) (*m., f.*), 14
experience experiencia (*f.*), 3
express gratitude dar las gracias, 18
expression expresión (*f.*)
extremely good buenísimo(-a), 11
eye ojo (*m.*), 15

F

face cara (*f.*), 15; rostro (*m.*)
fact: the — is . . . es que… , 13
factory fábrica (*f.*), factoría (*f.*), 5
faculty appointment cátedra (*f.*)
fail (*course or exam*) quedar suspendido(-a), 14
faint desfallecer
fair justo(-a)
fall otoño (*m.*), 1; caer, 16; **— asleep** dormirse (o:ue), 9; **— in love with** enamorarse de, 18
false falso(-a)
family familia (*f.*), 4; **— oriented** hogareño(-a); **— room** salón de estar (*m.*), 6
fan ventilador (*m.*), 10
far lejos, 10; **— away** lejano(-a)
farewell despedida (*f.*), 1
farmer labrador(-a) (*m., f.*)
fashion moda (*f.*)

fast rápido(-a), 13
fat gordo(-a), 3
father padre (*m.*), 1
father-in-law suegro (*m.*), 6
favorite favorito(-a), 7
fax fax (*m.*), facsímile (*m.*), 17
fear miedo (*m.*), 4; temer, 11
February febrero, 1
feed dar alimento (a), dar de comer
feel sentir(se) (e:ie), 9
fever fiebre (*f.*), 15
fiancé(e) prometido(-a) (*m., f.*), 11
fifteen quince, 1
fifth quinto(-a), 7
fifty cincuenta, 2
fight luchar
file archivar, 17
fill out llenar, 3
film película (*f.*), 7; filmar, 18; **— festival** festival de cine (*m.*), 18
finally por fin, 18
financial económico(-a), 3
find encontrar (o:ue), 5; **— out** saber, 10
fine (*adv.*), bien, 1; multa (*f.*), 8; (*verb*) dar (poner) una multa, 8
finger dedo (*m.*), 15
finish terminar, 14
fire hydrant boca de incendios (*f.*), hidrante (*m.*), 8
first primero(-a), primer, 2; **— class** primera clase, 11; **— name** nombre (*m.*), 3; **— part of** a principios de, 18
fish pescado (*m.*), 5; pez; pescar, 16; **— store** pescadería (*f.*), 9
fishing rod caña de pescar (*f.*), 16
fit caber, 6
five cinco, 1; **— hundred** quinientos(-as), 3
fix arreglar, 6
flame llama (*f.*)
flat tire llanta pinchada (*f.*), neumático pinchado (*m.*), 12
flesh carne (*f.*)
flight vuelo (*m.*), 11; **— attendant** auxiliar de vuelo (*m., f.*), 11; azafata (*f.*), 11
floor piso (*m.*), 7
flower flor (*f.*), 8; **— shop** florería (*f.*), 8
flu gripe (*f.*), 15
flute flauta (*f.*), 9
fly volar (o:ue), 5
foam espuma (*f.*), 11
fog niebla (*f.*), 5
fold the clothes doblar la ropa, 6
folder carpeta (*f.*), 17
follow seguir (e:i), 6; **— in the footsteps** seguir los pasos, 18
following siguiente
food comida (*f.*), 4
fool oneself hacerse ilusiones, 18
foot pie (*m.*), 15; **on —** a pie, 12
for para, 3; por, 8; **— example** por ejemplo, 13; **— that** para eso, 18

force obligar, 12
foreign extranjero(-a)
forest bosque (*m.*), 11
forever para siempre, 18
forget olvidar(se) (de), 9
fork tenedor (*m.*), 5
former antiguo(-a), 17
fortress fortaleza (*f.*)
forty cuarenta, 2
four cuatro, 1; **— hundred** cuatrocientos(-as), 3
fourteen catorce, 1
fourth cuarto(-a), 7
frankly francamente, 12
free (*of charge*) gratis, 8, gratuito(-a); libre, 13
freedom libertad (*f.*), 2
freeway autopista (*f.*), 12
French (*lang.*) francés (*m.*), 2
frequent frecuente
frequently a menudo, frecuentemente, 12
fresh (*water*) dulce
Friday viernes (*m.*), 1
fried frito(-a), 5
friend amigo(-a) (*m., f.*), 1
friendship amistad (*f.*)
from de, 1; desde, 10
front: in — of frente a, 8; **— door** puerta de calle (*f.*), 12
fruit juice jugo de frutas (*f.*), 5
fruit tree árbol frutal (*m.*), 15
frustrated frustrado(-a), 4
frying pan sartén (*f.*), 10
full lleno(-a), 12
fun (*adj.*) divertido(-a), 16
function funcionar, 12
furnish proporcionar
furnished amueblado(-a), 10
furniture muebles (*m. pl.*), 10
future futuro (*m.*), 14

G

game juego (*m.*), 4; partido (*m.*), 4
garage garaje (*m.*), 6
garden jardín (*m.*), 7; **— of Eden** paraíso terrenal (*m.*)
gas station gasolinera (*f.*), estación de servicio (*f.*), 12
gasoline gasolina (*f.*), 12
gee! ¡caramba!, 2
gender género (*m.*)
general general, 8
generally generalmente, 8; por lo general, 18
gentleman señor (*m.*), 1; caballero (*m.*)
geranium geranio (*m.*), 8
get buscar, 6; conseguir (e:i), 6; (*grade*) sacar, 14; **— a tan** broncearse, 16; **— angry** enojarse, 14; **— better** curarse, mejorarse, 15; **— dressed** vestirse (e:i), 9; **— engaged to** comprometerse con, 18; **— in shape** ponerse en forma, 14; **— married** casarse con, 11;

— together reunirse; **— undressed** desvestirse (e:i), 9; **— up** levantarse, 9; **— used to** acostumbrarse a, 12; **— worse** empeorarse, 15

ghost fantasma (*m.*)

gift regalo (*m.*), 8; don (*m.*)

girl chica (*f.*), muchacha (*f.*), 2

girlfriend novia (*f.*), 3

give dar, 4; (*as a gift*) regalar, 8; **— a shot** poner una inyección, 15

glass vaso (*m.*), 4; copa (*f.*), 5

glove guante (*m.*), 13

go ir (a), 4; **— away** irse, 9; **— camping** acampar, ir a acampar, 16; **— down** bajar, 12; **— fishing** ir de pesca, ir a pescar, 16; **— on foot** ir a pie, ir caminando, 12; **— out** salir, 6; **— through** atravesar (e:ie); **— through customs** pasar por la aduana, 7; **— to bed** acostarse (o:ue), 9; **— to be going (to)** + *infinitive* ir a + *infinitive*, 4

goal meta (*f.*)

goblet copa (*f.*), 5

God Dios; **— grant** ojalá, 11

goddaughter ahijada (*f.*)

godfather padrino (*m.*), 11

godmother madrina (*f.*)

godson ahijado (*m.*)

gold oro (*m.*)

golden dorado(-a)

goldfish pez de color (*m.*), 8

golf club palo de golf (*m.*), 16

good bueno(-a), buen, 1; **— afternoon** buenas tardes, 1; **— evening** buenas noches, 1; **— morning** buenos días, 1; **— night** buenas noches, 1

good-bye adiós, 1; Hasta la vista., 1

good-looking guapo(-a), 3

grade nota (*f.*), 14; **— point average** promedio (*m.*), 14

grading system sistema de calificaciones (*m.*)

graduate graduar(se), 14

granddaughter nieta (*f.*), 6

grandfather abuelo (*m.*), 4

grandmother abuela (*f.*), 4

grandson nieto (*m.*), 6

grape uva (*f.*), 9

gratefulness agradecimiento (*m.*)

gray gris, 1

great magnífico(-a), 14

Great! ¡Chévere!, ¡Bárbaro!

great-grandfather (mother) bisabuelo(-a) (*m., f.*)

green verde, 1

greeting saludo (*m.*), 1

grilled a la parrilla, 5

group grupo (*m.*), 18

grow crecer, 9

Guatemalan guatemalteco(-a) (*m., f.*), 10

guest invitado(-a) (*m., f.*), 10

guilty culpable

Guinea pig conejillo de Indias (*m.*), 8

guitar guitarra (*f.*), 9

gym gimnasio (*m.*), 14

H

hair pelo (*m.*), cabello (*m.*), 15

haircut corte (*m.*), 12

half medio(-a); mitad (*f.*); **— brother** medio hermano, 6; **— past** y media (*time*), 2; **— sister** media hermana, 6

ham jamón (*m.*), 5

hamburger hamburguesa (*f.*), 5

hand mano (*f.*), 15

handbag bolso (*m.*), cartera (*f.*), 10

handkerchief pañuelo (*m.*), 13

handsome guapo(-a), 3

happen pasar, ocurrir, 8

happening hecho (*m.*)

happy feliz, 1; contento(-a), 4

hardware store ferretería (*f.*), 9

hat sombrero (*m.*)

have tener, 3; haber (*aux.*); **— a good time** pasarlo bien, 5; divertirse (e:ie), 16; **— a nice trip** buen viaje, 11; **— a picnic** hacer un picnic, 16; **— a seat.** Tome asiento., 1; **— an afternoon snack** merendar (e:ie), 15; **— been doing something for a length of time** hace + *time* + que + *verb* (*present*), 7; **— dinner** cenar, 7; **— done something in the past** hace + *time* + que + *verb* (*preterit/ imperfect*), 9; **— just . . .** acabar de…, 4; **— lunch** almorzar (o:ue), 5; **— self-esteem** estimarse; **— something to drink (eat)** tomar (beber) algo, 3; **— to** tener que + *inf.*, 3

he él, 1; **— (she) who** el (la) que

head cabeza (*f.*), 15

headlight luz (*f.*), 12

healer curandero(-a) (*m., f.*)

health salud (*f.*), 15

hear oír

heard oído (*p.p. of* oír), 15

heart corazón (*m.*); **— attack** ataque al corazón (*m.*), 15

heat calor (*m.*), 14

heaven Cielo (*m.*)

hello hola, 1; **say — to . . .** saludos a…, 1

help ayudar (a), 6

her su(s), 3; ella, 4; la, 6; le, 7

here aquí, 3; acá, 10; **— it goes.** Aquí va.

hers suyo(-a)(s), 9

herself se, 9

hide esconder, 6; ocultar

high school escuela secundaria (*f.*), 18

highway autopista (*f.*), 12

hillside ladera (*f.*)

him él, 4; lo, 6; le, 7

himself se, 9

his su(s), 3; suyo(-a)(s), 9

history historia (*f.*), 3

hold estrechar; **— tightly** oprimir

home casa (*f.*), hogar (*m.*); **— appliance** aparato electrodoméstico (*m.*), 10; **— page** propia página (*f.*)

honest honrado(-a)

honey miel de abeja (*f.*), 15

honeymoon luna de miel (*f.*), 11

hood capó (*m.*), 12

hope esperar, 11; esperanza (*f.*); **I —** ojalá, 11

horn bocina (*f.*), 12

horse caballo (*m.*); **— rider** jinete (*m., f.*)

hospital hospital (*m.*), 2

hot caliente; **— chocolate** chocolate caliente (*m.*), 5; **— dog** perro caliente (*m.*), 5; **to be —** tener calor, 4; (*weather*) hacer calor, 5; **nice and —** bien caliente, 15

hotel hotel (*m.*), 7

hour hora (*f.*)

house casa (*f.*), 2

housework quehaceres (trabajo) de la casa, 6

how? ¿cómo?, 1; **— are you?** ¿Cómo está Ud.? (*form. sing.*),1; ¿Cómo están ustedes? (*form. pl.*), 1; ¿Cómo estás? (*fam.*), 1; ¿Qué tal?, 1; **— do you do?** Mucho gusto., 1; **— does one say . . . ?** ¿Cómo se dice…?, 2; **— far in advance?** ¿Con cuánta anticipación?; **— is it going (for you)?** ¿Qué tal te va?, 14; ¿Cómo le va? (*form.*), ¿Cómo te va? (*fam.*); **— long . . . ?** ¿Cuánto tiempo hace que…?; **— many?** ¿cuántos(-as)?; **— may I help you?** ¿En qué puedo servirle?, 7; **— much?** ¿cuánto(-a)?; **— nice to see you!** ¡Qué gusto de verte!, 15; **— that?** ¿Cómo?

however sin embargo, 13

hug abrazo (*m.*), 4; abrazar, 8

hundred cien, ciento, 2

hungry: to be — tener hambre, 4

hunt cazar, 16

hurt doler (o:ue), 15; herir (e:ie)

husband esposo (*m.*), marido (*m.*), 5

I

I yo, 1

ice cream helado (*m.*), 5

iced tea té helado, 5

I.D. number número de identidad (*m.*), 3

idea idea (*f.*), 2

ideal (*adj.*) ideal, 11

if si, 14

imperfect imperfecto(-a)

import importación (*f.*), 17

impossible imposible, 5

impressed impresionado(-a), 17

improve mejorar, 9

in en, 1; por, 8; de, 16; a, 16; **— case** en caso de que, 14; **— charge** encargado(-a), 17; **— exchange for** por, 8; **— front of** frente a, 8; **— haste** presuroso(-a); **— order** para, 2; **— order that** para que, 14; **— order to** a, 3; para, 8; **— part** en parte, 14; **— search of** en busca de, 8; **— spite of** a pesar de (que), 9; **— that case** en ese caso, 2; entonces, 4; **— the afternoon** de (por) la tarde, 2; **— the evening** de (por) la noche, 2; **— the morning** de (por) la mañana, 2

include incluir, 10

income ingreso (*m.*)

increase aumento (*m.*), 17

Indeed I am. Lo soy.

indefinite indeterminado(-a)

indicative indicativo(-a)

inexpensive barato(-a), 13

influenza gripe (*f.*), 15

injection inyección (*f.*), 15; **to give an —** poner una inyección, 15

inside en, 16; dentro

insist on insistir en, 14

installments plazos (*m. pl.*), 8; **in (on) —** a plazos, 8

instant instantáneo(-a), 7

instead of en vez de, 17

insurance agent agente de seguros (*m., f.*), 17

intelligent inteligente, 3

interest interesar, 18

interesting interesante, 11

interior interior, 6

interpreter intérprete (*m., f.*), 17

interrogative interrogativo(-a)

interview entrevista (*f.*), 17; entrevistar, 17

invitation invitación (*f.*), 3

invite invitar (a), 18

invited invitado(-a), 4

iron planchar, 6; plancha (*f.*), 10

Is. . . (*name*) **there?** ¿Está... (*name*)?, 3

island isla (*f.*), 9

it la, 6; lo, 6

Italian (*lang.*) italiano (*m.*), 2

its su(s), 3

itself se, 9

J

jack gato (*m.*), 12

jail cárcel (*f.*)

January enero, 1

jewelry joyas (*f. pl.*), 13; **— store** joyería (*f.*), 9

job empleo (*m.*), trabajo (*m.*), 3; puesto (*m.*), 17; **— application** solicitud de trabajo (*f.*), 3

joint account cuenta conjunta (*f.*), 8

joke bromear, 12

journalism periodismo (*m.*), 14

joy gusto (*m.*)

joyful alegre, 4

juice jugo (*m.*), 5

July julio, 1

June junio, 1

jungle selva (tropical) (*f.*), 11

just in case por si acaso, 18

K

keep quedarse con; (*something going*) mantener; **— in mind** tener en cuenta

key llave (*f.*), 6

keyboard teclado (*m.*), 17

kid: to — (*joke*) bromear, 12

kindergarten jardín de infantes (infancia) (*m.*), 16

kindness bondad (*f.*)

king rey (*m.*)

kiss beso (*m.*)

kitchen cocina (*f.*), 5

knee rodilla (*f.*), 15

knife cuchillo (*m.*), 5

knight caballero (*m.*)

knock on the door tocar a la puerta, 6

know conocer, 6; saber, 6

knowledge conocimiento (*m.*), 3

L

laboratory laboratorio (*m.*), 14

lack falta (*f.*); **— of patience** impaciencia (*f.*)

lady señora (*f.*), 1

lake lago (*m.*)

lamb cordero (*m.*), 5

lamp lámpara (*f.*), 10

land tierra (*f.*), terreno (*m.*)

language idioma (*m.*); lengua (*f.*), 2

laptop computer microcomputadora (*f.*), computadora portátil (*f.*), 17

large grande, amplio, 10

last pasado(-a), 7; último(-a), 17; durar, 13; **— name** apellido (*m.*), 3; **— night** anoche, 7; **— time** última vez (*f.*)

late tarde, 2

later después, 3

laugh reírse (e:i), 12

laughter risa (*f.*)

lawyer abogado(-a) (*m., f.*), 14

leaf hoja (*f.*)

leafy frondoso(-a)

league liga (*f.*)

learn aprender (a), 3

leather cuero (*m.*), 13

leave (behind) dejar, 5; salir, 6; irse, 9; partir; **— alone** dejar tranquilo(-a), 16; **— the house** salir de casa, 8

lecture conferencia (*f.*)

left izquierdo(-a); **to the —** a la izquierda, 12

leg pierna (*f.*)

lend prestar, 8

less menos, 5; **— . . . than** menos… que, 5; **— than** + *number* menos de + *number*, 5; **more or —** más o menos, 3

let know avisar, 10

Let them wait! ¡Que esperen!, 18

let's go vamos, 2; **— shopping** vamos de compras, 13

let's see a ver, 3

letter carta (*f.*), 17

lettuce lechuga (*f.*), 9

liberty libertad (*f.*), 2

librarian bibliotecario(-a) (*m., f.*), 16

library biblioteca (*f.*), 14

license licencia; **— plate** chapa (*f.*), placa (*f.*) (*Mex.*), 12

life vida (*f.*)

lifeguard salvavidas (*m., f.*), 16

lift levantar, 9

light luz (*f.*), 2; (*adj.*) claro(-a), ligero(-a)

like gustar, 7

likewise igualmente, 1

lilac lila (*f.*), 8

line renglón (*m.*); (*of poetry*) verso (*m.*)

linen hilo (*m.*), lino (*m.*), 13

lip labio (*m.*)

listen oye, 1; escuchar, 12

literature literatura (*f.*), 3

litter tirar basura

little pequeño(-a); **— sister (brother)** hermanita(-o) (*f., m.*), 13; **a —** un poco (de), 2; **a —** + *adjective* un poco + *adjective*, 4

live vivir, 3

livestock ganadería (*f.*)

living room sala (*f.*), 3

loaded (with) cargado(-a) (con), 13

loan préstamo (*m.*), 8

lobster langosta (*f.*), 5

locate ubicar

location ubicación (*f.*)

lock cerradura (*f.*)

lodging hospedaje (*m.*), 11; alojamiento (*m.*)

loneliness soledad (*f.*)

long time mucho tiempo, 7

look (at) mirar, 5; **— for** buscar, 6; **— out the window** mirar por la ventana, 6; **— right through** atravesar (e:ie) con la mirada

lose perder (e:ie), 4

lot: a — muchísimo(-a), 7

love encantarle a uno, 8; amar; cariño (*m.*), 8; **in — (with)** enamorado(-a) (de), 16

loving amante (*adj.*)

loyal leal

luck suerte (*f.*), 8

luckily por suerte, 18

luggage equipaje (*m.*), 7

lunch almuerzo (*m.*), 7; **to have —** almorzar (o:ue), 5

luxury lujo (*m.*)

M

madam señora (*f.*), 1

made hecho(-a) (*p.p. of* hacer), 14

magazine revista (*f.*), 6

maid criada (*f.*), 10

maiden name apellido de soltera (*m.*)

main principal, 17; — **character** protagonista (*m., f.*), 18

maintain mantener, 14

major especialización (*f.*), 14

make hacer, 6; obligar, 12; realizar; — **a decision** tomar una decisión, 14; — **a movie** filmar, 18; — **fun of** burlarse de, 18; — **matters worse** para peor, 18

man hombre (*m.*)

manager gerente (*m., f.*), 17

mango mango, 9

many muchos(-as), 4

map mapa (*m.*), 2

March marzo, 1

Mardi Gras carnaval (*m.*)

margarine margarina (*f.*), 9

marital status estado civil (*m.*), 3

mark down rebajar, 13

market mercado (*m.*), 6

marketing mercadeo (*m.*), 17

marriage matrimonio (*m.*)

married casado(-a), 3

marry casarse (con), 18

mashed potatoes puré de papas (*m.*), 5

mass (*Catholic service*) misa (*f.*), 16

match combinar, hacer juego, 13

material tela, 13

math(ematics) matemáticas (*f. pl.*), 14

matter importarle a uno, 18

mattress colchón (*m.*), 7

May mayo, 1

maybe a lo mejor, 12; tal vez

me mí, 4; me (*d.o.*), 6; me (*i.o.*), 7

meal comida (*f.*), 5

mean querer decir

means medio (*m.*)

measure medida (*f.*)

meat carne (*f.*), 6; — **market** carnicería (*f.*), 9; — **turnover** empanada (*f.*)

mechanic mecánico (*m.*), 12

medicine medicina (*f.*), remedio (*m.*), 15

medium mediano(-a), 13

meet conocer, 10; encontrarse (o:ue) (con), 10

melt fundir

men hombres (*m. pl.*); — **'s department** departamento de (ropa para) caballeros (*m.*), 13

menu menú (*m.*), 5

merchant vendedor(-a) (*m., f.*)

merry alegre

meter métrica (*f.*) (*poetry*)

Mexican mexicano(-a), 1; — **American** mexicoamericano(-a), 1

microwave microondas (*m.*), 10

middle name segundo nombre (*m.*)

midterm exam examen parcial (*m.*), examen de mitad de curso (*m.*), 3

midwife partera (*f.*)

mild templado(-a)

mile milla (*f.*), 12

milk leche (*f.*), 5

millionaire millonario(-a) (*m., f.*), 16

mine mío(-a), míos(-as), 9

mineral water agua mineral (*f.*), 5

mirror espejo (*m.*), 10

miss extrañar, 9; (*out on something*) perderse (e:ie), 18

Miss señorita (Srta.) (*f.*), 1

mister señor (Sr.), 1

mix mezclar

mixture mezcla (*f.*)

modern moderno(-a), 12

mom mamá (*f.*), 1

moment momento (*m.*), 3

Monday lunes (*m.*), 1

money dinero (*m.*), 2

monkey mono (*m.*), 8

month mes (*m.*), 1; **a (per) —** al (por) mes, 12

moon luna (*f.*), 11

mop the floor trapear el piso, 6

more más, 2; — **or less** más o menos, 3

most el (la) más, 5

mother madre (*f.*), 1

motherhood maternidad

mother-in-law suegra (*f.*), 6

motorcycle motocicleta (*f.*), moto (*f.*), 8

mountain montaña (*f.*), 4; sierra (*f.*), monte (*m.*)

mouse ratón (*m.*), 17

mouth boca (*f.*), 15

move (*from one house to another*) mudarse, 10

movie película (*f.*), 7; — **director** director(-a) de cine (*m., f.*), 18; — **screen** pantalla (*f.*), 18; — **section** (*of newspaper*) cartelera (*f.*), 18; — **theater** cine (*m.*), 4

mow the lawn cortar el césped, 6

Mr. señor (*m.*), Sr., 1

Mrs. señora (*f.*), Sra., 1

much mucho(-a), 1

muddy turbio(-a)

murder mystery película de misterio (*f.*), 18

museum museo (*m.*), 4

music música (*f.*), 18

musical musical, 18; — **instrument** instrumento musical (*m.*), 9

musician músico (*m.*), 18

must deber, 3

my mi(s), 1; — **love** mi amor; — **name is . . .** Me llamo..., 1

myself me, 9

mystery (*movie*) película de misterio (*f.*), 18

N

name nombre (*m.*), 3; nombrar; **My — is . . .** Me llamo..., 1; **first —** nombre (*m.*), 3; **What's your —?**

¿Cómo se llama Ud.? (*form.*), 1; ¿Cómo te llamas? (*fam.*), 1

napkin servilleta (*f.*), 5

narrow estrecho(-a), 13

nation nación (*f.*); pueblo (*m.*)

nationality nacionalidad (*f.*), 3

natural ínsito(-a)

near (*adv.*) cerca, 10

necessary necesario(-a), 3

neck cuello (*m.*), 15

necklace collar (*m.*), 13

need necesitar, 2

negative negativo(-a)

neighbor vecino(-a) (*m., f.*), 4

neighborhood barrio (*m.*), vecindad (*f.*), 10

neither tampoco, 6; — **. . . nor** ni... ni, 6

nephew sobrino (*m.*), 4

nervous nervioso(-a), 4

never nunca, jamás, 6

new nuevo(-a), 1

New Year Año Nuevo (*m.*), 4

newspaper diario (*m.*), periódico (*m.*), 3

next próximo(-a), 6; que viene, 11; entrante, 18; — **to** al lado de, 13; — **month** el mes entrante (*m.*), 18; — **week** la semana que viene (*f.*), la semana próxima, 4

nice simpático(-a), 3; — **to meet you.** Mucho gusto., 1

niece sobrina (*f.*), 4

night noche (*f.*), 2; — **table** mesita de noche (*f.*), 10

nightgown camisón (*m.*), 13

nine nueve, 1; — **hundred** novecientos(-as), 3

nineteen diecinueve, 1

ninety noventa, 2

ninth noveno(-a), 7

no no, 1; ningún, ninguna, 6; — **one** nadie, 6; — **smoking section** sección de no fumar (*f.*), 11; — **wonder** con razón, 3

nobody nadie, 6

nocturne nocturno (*m.*)

noise ruido (*m.*)

none ninguno(-a), ningún, 6

noodle soup sopa de fideos (*f.*), 5

nor ni, 6

neither . . . — . . . ni... ni..., 6

north norte (*m.*), 16

North American norteamericano(-a), 2

nose nariz (*f.*), 15

not no, 1; — **any** ninguno(-a), 6; — **to be proud at all** no ser nada orgulloso(-a), 16; — **either** tampoco, 6; — **working** descompuesto(-a), 12

notebook cuaderno (*m.*), 2

nothing nada, 1; — **but** no... más que

notice fijarse en, 18

noun nombre (*m.*), sustantivo (*m.*)

November noviembre, 1
now ahora, 4
nowadays hoy en día, 18; actualmente
nowhere en ningún lado, en ninguna parte, 11
number número (*m.*), 1
nursing home casa de ancianos (*f.*)
nutrition nutrición (*f.*), 14

O

object objeto (*m.*)
obtain conseguir (e:i), 6
occupation ocupación (*f.*), 3
October octubre, 1
of de, 1; — **course** por supuesto, 7
offer ofrecer, 17
office oficina (*f.*), 13, despacho (*m.*), 17
often a menudo, frecuentemente, 12
oil aceite (*m.*), 9
old viejo(-a); **to be ... years —** tener… años, 4
older mayor, 5
oldest el (la) mayor, 5
olive aceituna (*f.*); — **oil** aceite de oliva (*m.*)
on en, 16; — **account of** por, 8; — **behalf of** por, 8; — **the other hand** por otro lado, 13; — **the phone** al (por) teléfono, 3
once una vez, 16
one uno, 1; — **says** se dice, 2; — **way (ticket)** de ida, 11
onion cebolla (*f.*), 9
only solamente, sólo, 10 ; — **thing** lo único, 14
open abrir, 3; abierto(-a), 12; — **an account** abrir una cuenta, 8
opened abierto (*p.p. of* abrir), 14
opportunity oportunidad (*f.*), 13
optimist(ic) optimista (*m., f.*), 3
or o, 6
orange anaranjado(-a), 1; naranja (*f.*), 9
orchestra orquesta (*f.*), 18
orchid orquídea (*f.*), 8
order pedir (e:i), 5; mandar, 11; pedido (*m.*), 5; orden (*f.*)
other otro(-a), 2; — **person's right** derecho ajeno (*m.*)
others los (las) demás
our nuestro(-a)(-os)(-as), 3
ours nuestro(-a)(s), 9
ourselves nos, 9
out of breath echando el bofe
out of order descompuesto(-a), 12
outdoor activity actividad al aire libre, 16
outline bosquejo (*m.*)
outside fuera
oven horno (*m.*), 10
over en, 16
overlook dar hacia
overlooking con vista a, 6

own propio(-a)
oyster ostra (*f.*), 16

P

pack hacer las maletas
package paquete (*m.*), 11
pain dolor (*m.*)
painting cuadro (*m.*), 10
pair par (*m.*), 13
palm (tree) palma (*f.*), 9
pansy pensamiento (*m.*), 8
pantry alacena (*f.*)
pants pantalones (*m. pl.*), 8
pantyhose pantimedias (*f. pl.*), 13
Pardon me. Perdón., 1
parents padres (*m. pl.*)
park parque (*m.*), 4; aparcar, estacionar, parquear, 8
parrot loro (*m.*), 8
partner compañero(-a) (*m., f.*)
party fiesta (*f.*), 1
pass (*an exam or course*) aprobar (o:ue), 14; — **away** fallecer, 9
passport pasaporte (*m.*), 7
past (*time*) y, 2
path sendero (*m.*)
pay pagar, 5
peace paz (*f.*)
peach durazno (*m.*), melocotón (*m.*), 9
pen pluma (*f.*), 2; bolígrafo (*m.*), 2; — **name** nombre de pluma (*m.*)
pencil lápiz (*m.*), 2
people (*nation*) pueblo (*m.*)
pepper pimienta (*f.*), 5
per por, 8
perfect perfecto(-a), 2
perfectly perfectamente, 15
perform (*a job*) desempeñar, 17
perhaps quizás, 13
period etapa (*f.*)
person persona (*f.*), 4
personnel personal, 17
pessimist(ic) pesimista (*m., f.*), 3
pet mascota (*f.*), 8
pharmacy farmacia (*f.*), 9
philosophy filosofía (*f.*), 17
phone book guía telefónica (*f.*)
phone number número de teléfono (*m.*), **photocopy machine** fotocopiadora (*f.*), 17
photo(graph) fotografía (*f.*), foto (*f.*), 4
physical education educación física (*f.*), 14
physician médico(-a) (*m., f.*), 15
physics física (*f.*), 14
piano piano (*m.*), 9
pick up recoger, 6; buscar, 6
picture cuadro (*m.*), 10
pie pastel (*m.*), 5
piece pedazo (*m.*), trozo (*m.*), 5; — **of news** noticia (*f.*), 7
pillow almohada (*f.*), 10
pillowcase funda (*f.*), 10
pine tree pino (*m.*), 16
pineapple piña (*f.*), 9

pink rosado(-a), 1
pinnacle cumbre (*f.*)
pitch (a tent) armar, 16
pity: it's a — es una lástima, 11
place lugar (*m.*), 6; poner, 6; — **of birth** lugar de nacimiento (*m.*), 3; — **of employment** lugar donde trabaja (*m.*), 3
plaid de cuadros, 13
plain llanura (*f.*), llano (*m.*)
plan pensar (e:ie) (+ *inf.*), 4; planear, 1
plane avión (*m.*), 11
plastic plástico (*m.*), 16
plateau altiplano (*m.*)
plate plato (*m.*), 5
platform andén (*m.*)
play (*instrument*) tocar, 9; jugar (u:ue), 16; obra teatral (de teatro) (*f.*), 18; — **golf** jugar (u:ue) al golf (*m.*), 16; — **tennis** jugar (u:ue) al tenis (*m.*), 16
playwright dramaturgo(-a) (*m., f.*)
plead rogar (o:ue), 11
please por favor, 1
pleasure: The — is mine. El gusto es mío., 1
plot trama (*f.*), 18
plumber plomero(-a) (*m., f.*), 14
pluperfect pluscuamperfecto
P.M. de la tarde, 2
pneumonia pulmonía (*f.*), 15
poem poema (*m.*), 2
poetry poesía (*f.*)
police policía (*f.*)
policeman policía (*m.*), 8
policewoman agente de policía (*f.*), 8
polite amable, cortés, 3
polka-dotted de lunares, 13
polyester poliéster (*m.*), 13
pool piscina (*f.*), 7
poor pobre (*unfortunate*), 4; — **thing** pobrecito(-a) (*m., f.*), 8
pork lechón (*m.*), 5
portrait retrato (*m.*)
Portuguese (*lang.*) portugués (*m.*), 2
position puesto (*m.*), 17; cargo (*m.*)
post office correo (*m.*), oficina de correos (*f.*), 12
postcard tarjeta postal (*f.*), 7
potato papa (*f.*), 5
pound libra (*f.*)
poverty pobreza (*f.*)
power poder (*m.*)
practice practicar, 2
prefer preferir (e:ie), 4
pregnant embarazada, 15
première estreno (*m.*), 18
prepare preparar, 4
prescribe recetar, 15
prescription receta (*f.*), 15
present regalo (*m.*), 8; presentar, 18
president presidente(-a) (*m., f.*), 17
pretend fingir
pretty bonito(-a), lindo(-a), 3; precioso(-a), 13

prevail prevalecer

preview avance (*m.*), 18

print (*fabric*) estampado(-a), 13

printer impresora (*f.*), 17

privateer corsario (*m.*)

probable probable, 8

probably probablemente, 8

problem problema (*m.*), 2

producer productor(-a) (*m., f.*), 18

profession profesión (*f.*), 3

professor profesor(-a) (*m., f.*), 1

program programa (*m.*), 2

programmer programador(-a), (*m., f.*), 14

programming programación (*f.*), 18

promise prometer, 7

propose proponer, 14

protagonist protagonista (*m., f.*), 18

proud orgulloso(-a), 16

provided that con tal (de) que, 14

psychology sicología (*f.*), 14

public relations agent agente de relaciones públicas (*m., f.*), 17

publish publicar

Puerto Rican puertorriqueño(-a) (*m., f.*), 3

pull someone's leg tomarle el pelo (a alguien), 18

punch ponche (*m.*), 4

purchase compra (*f.*), 17

purchasing department departmento de compras (*m.*), 17

purchasing manager jefe(-a) de compras (*m., f.*), 17

purple morado(-a), 1

purse bolso (*m.*), 9

put poner, 6; (*p.p. of* poner) puesto, 14; **— in a cast** enyesar, 15; **— on** ponerse, 9; **— to bed** acostar (o:ue), 9

Q

quarter after/past ...y cuarto (*time*), 2

quarter of/to ...menos cuarto (*time*), 2

queen reina (*f.*)

question pregunta (*f.*), 4

Quick! ¡Rápido!, 6

quite bastante, 14

R

rabbit conejo, 8

racket raqueta (*f.*), 16

rain lluvia (*f.*), 5; llover (o:ue), 5

raincoat impermeable (*m.*)

raise levantar, 9

rapid rápido(-a), 8

rapidly rápidamente, 8

rare raro(-a)

rate of exchange cambio de moneda (*m.*)

rayon rayón (*m.*), 13

razor máquina de afeitar (*f.*)

read leer, 3; (*p.p.*) leído, 14

reader lector(-a) (*m., f.*)

ready-to-wear clothes ropa hecha (*f.*)

real verdadero(-a), 18; **— estate agent** agente de bienes raíces (*m., f.*), 17

realist(ic) realista (*m., f.*), 3

realize darse cuenta (de), 14

reason razón (*f.*)

receive recibir, 3; (*grade*) sacar, 14

recent reciente, 8

recently recientemente, 8

recipe receta (*f.*), 9

recommend recomendar (e:ie), 11

recommendation recomendación (*f.*), 17

red rojo(-a), 1; (*wine*) tinto, 5; colorado(-a)

red-headed pelirrojo(-a), 3

refrain estribillo (*m.*)

refugee refugiado(-a) (*m., f.*)

refuse no querer (e:ie), 10

regarding en cuanto a

register matricularse, 14

registered matriculado(-a), 14

registration recepción (*desk*) (*f.*), 7; matrícula (*f.*), 14

regret sentir (e:ie), 11

rehearse ensayar, 18

relative pariente (*m., f.*), 6

remain seated quedar(-se) sentado (-a)

remember recordar (o:ue), 5; acordarse (o:ue) (de), 9

rent alquiler (*m.*), 10; alquilar, 10

repair arreglar, 12; arreglo (*m.*), 12; **— shop** taller de mecánica (*m.*), 12

report informe (*m.*), 3

request pedir (e:i), 6

requirement requisito (*m.*), 14

research investigación (*f.*), 14

reservation reserva (*f.*), reservación (*f.*), 7

resign renunciar

resort balneario

responsibility responsabilidad (*f.*), 17

rest el resto (*m.*), 10; descansar, 15

restaurant restaurante (*m.*), 4

résumé resumé (*m.*), 17

return regresar, 2; volver (o:ue), 5; (*some thing*) devolver (o:ue), 7

returned (*p.p.*) (de)vuelto(-a), 14

revolution revolución (*f.*), 9

reward recompensa (*f.*)

rice arroz (*m.*), 5; **— pudding** arroz con leche (*m.*), 5

ride (*a bicycle*) montar en bicicleta, 16; (*a horse*) montar a caballo, 16

right derecho (*m.*); (*adj.*) derecho (-a); **to the —** a la derecha, 12; **—?** ¿verdad?, 1; **— away** en seguida, 6

to be — tener razón, 4

ring anillo (*m.*), 13; (*phone*) sonar (o:ue), 15

roasted asado(-a), 9

rock mecer

role papel (*m.*)

romantic romántico(-a), 11

room cuarto (*m.*), habitación (*f.*), 4; sitio (*m.*); **— service** servicio de habitación (cuarto) (*m.*), 7

roommate compañero(-a) de cuarto (*m., f.*), 3

root raíz (*f.*)

rose rosa (*f.*), 8

round-trip de ida y vuelta, 11

row remar, 16

run correr, 3; **— errands** hacer diligencias, 8

S

sad triste, 4

saddlebag alforja (*f.*)

said (*p.p. of* decir) dicho, 14

sailboat velero (*m.*), 16

saint's day santo (*m.*)

salad ensalada (*f.*), 5

salary salario (*m.*), sueldo (*m.*), 17

sale liquidación (*f.*), rebaja (*f.*), 13

salesperson vendedor(-a) (*m., f.*), 1

salt sal (*f.*), 5

same mismo(-a), 10

sand arena (*f.*), 16

sandwich sándwich (*m.*), 3

Saturday sábado (*m.*), 1

sauce salsa (*f.*), 9

saucepan cacerola (*f.*), 10

saucer platillo (*m.*), 5

sausage chorizo (*m.*)

save ahorrar, 8

savings ahorros (*m. pl.*); **— account** cuenta de ahorros (*f.*), 8; **— passbook** libreta de ahorros (*f.*), 8

say decir (e:i), 6

schedule horario (*m.*), 14

scholarship beca (*f.*), 14

school escuela (*f.*), 10; facultad (*f.*), 14

science ciencia (*f.*), 14; **— fiction** ciencia ficción (*f.*), 18

scorn despreciar

screen pantalla (*f.*), 17; **—play** guión (*m.*), 18

script guión (*m.*), 18

scuba dive bucear, 16

sea mar (*m.*), 7

search búsqueda (*f.*)

season estación (*f.*), 1

seated sentado(-a), 14

second segundo(-a), 6; **— World War** Segunda Guerra Mundial (*f.*)

see ver, 6; **— you.** Nos vemos., 1

seem parecer, 13; antojársele (a uno)

seen (*p.p. of* ver) visto(-a), 14

selection selección (*f.*), 17

sell vender, 3

send enviar, mandar, 7

sensitivity sensibilidad (*f.*)

sentence oración (*f.*)

September septiembre, 1

seriously? ¿en serio?, 2

serve servir (e:i), 6

set out to proponerse

seven siete, 1; **— hundred** setecientos(-as), 3

seventeen diecisiete, 1

seventh séptimo(-a), 7

seventy setenta, 2

shadow sombra (*f.*)

shake hands darse la mano

shame: it's a — es una lástima, 11

share compartir, 9

shareholder accionista (*m., f.*), 17

shark tiburón (*m.*)

shave afeitar(se), 9

she ella, 1

sheep oveja (*f.*)

sheet sábana (*f.*), 6

ship barco (*m.*), 11

shirt camisa (*f.*), 6

shoe zapato (*m.*), 13; **— store** zapatería (*f.*), 9

shoot fusilar, pasar por las armas

shopping: to go — ir de compras, 13

shopping mall centro comercial (*m.*), 13

short bajo(-a), 3; corto(-a), 9

shot inyección (*f.*), 15; **to give a —** poner una inyección, 15

shotgun escopeta (*f.*), 16

should deber, 3

show mostrar (o:ue), 6; espectáculo (*m.*), 18; **— a movie** pasar (dar) una película, 7; **— for the first time** estrenar, 18

shower ducha (*f.*), 7

shrimp camarones (*m. pl.*), 5

sick enfermo(-a), 4

sigh suspirar, 6

sign firmar, 8; señal (*f.*); signo (*m.*)

signature firma (*f.*), 8

silently sin ruido

silk seda (*f.*), 13

silver plata (*f.*)

since desde, 6; como, 7

sincere sincero(-a), 9

sing cantar, 4

single soltero(-a), 3; **— room** habitación sencilla (*f.*), 7

sir señor, 1

sister hermana (*f.*), 4

sister-in-law cuñada (*f.*), 6

sit down sentarse (e:ie), 9

sitting sentado(-a), 14

six seis, 1; **— hundred** seiscientos(-as), 3

sixteen dieciséis, 1

sixth sexto(-a), 7

sixty sesenta, 2

size medida (*f.*), talla (*f.*), 13; (*of shoes*) número (*m.*), 13; tamaño (*m.*)

skate patinar, 16

ski esquiar, 16

skillet sartén (*f.*), 10

skirt falda (*f.*), 13

sky cielo (*m.*)

skyscraper rascacielos (*m. sing.*)

slave esclavo(-a) (*m., f.*)

sleep dormir (o:ue), 5

sleeping bag saco de dormir (*m.*), bolsa de dormir (*f.*), 10

sleepy: to be — tener sueño, 4

sleeve manga (*f.*)

slender delgado(-a), 3

slice rodaja (*f.*)

slippers zapatillas (*f., pl.*), 15

slow lento(-a), 8

slowly lentamente, 8; despacio

small chico(-a), 10; pequeño(-a); **to be too — (on someone)** quedar(le) chico(-a) (a uno), 13

smile sonreír

smog contaminación del aire (*f.*)

smoke fumar

smoking: (no) smoking section sección de (no) fumar (*f.*), 11

snow nevar (e:ie), 5; nieve (*f.*), 16

so de manera (modo) que, 9; tan, 17; así que, 18; **— be it.** Sea.; **— much** tanto, 11

soap jabón (*m.*), 7; **— opera** telenovela (*f.*), 5

soccer fútbol (*m.*), 16

social security number número de seguro social (*m.*), 3

sociology sociología (*f.*), 14

sock calcetín (*m.*), 13

soda pop refresco (*m.*), 5; soda (*f.*), 4

sofa sofá (*m.*), 6

some unos(-as), 2; algunos(-as), 6; alguno(-a), algún, 6

somebody alguien, 6

someone alguien, 6

something algo, 6

sometimes a veces

son hijo (*m.*), 4

son-in-law yerno (*m.*), 6

song canción (*f.*), 9

soon pronto, 16; **as — as** en cuanto, tan pronto como, 14; **—er or later** tarde o temprano, 18

sorrow pena (*f.*)

soul alma (*f.*)

sound sonido (*m.*)

sound track banda sonora (*f.*), 18

soup sopa (*f.*), 5

source fuente (*f.*)

south sur (*m.*), 16

Spanish (*lang.*) español (*m.*), 2

spare part pieza de repuesto (*f.*), 12

speak hablar, 2

special especial, 5; **— effect** efecto especial (*m.*), 18

specialized especializado(-a), 17

speed limit velocidad máxima (*f.*), 12

spell deletrear

spelling deletreo (*m.*)

spend (*time*) pasar, 4

spoon cuchara (*f.*), 5

spoonful cucharada (*f.*)

sport deporte (*m.*), 16

spring primavera (*f.*), 1

stadium estadio (*m.*), 16

stairs escalera (*f.*), 7

stand out destacarse

stand somebody up dejar plantado(-a) a alguien, 18

standard shift de cambios mecánicos, 12

stanza estrofa (*f.*)

start comenzar (e:ie), empezar (e:ie), 4; arrancar (*car*), 12; entablar

state estado (*m.*)

stay quedarse, 11; hospedarse (en) (*at a hotel*), 11

steak bistec (*m.*), biftec (*m.*), 5

steal robar, 8

steering wheel volante (*m.*), 12

stepbrother hermanastro (*m.*), 6

stepdaughter hijastra (*f.*), 6

stepfather padrastro (*m.*), 6

stepmother madrastra (*f.*), 6

stepsister hermanastra (*f.*), 6

stepson hijastro (*m.*), 6

stereo system equipo estereofónico (*m.*), 4

stir revolver (o:ue)

stockbroker bolsista (*m., f.*), 17

stomach estómago (*m.*), 15

stone piedra (*f.*)

stop detenerse; **— (something)** detener + *d.o.*

stopover: to make a — hacer escala, 11

store tienda (*f.*), 8

stranger extraño(-a) (*m., f.*)

straw (*for mate*) bombilla (*f.*)

strawberry fresa (*f.*), 9

street calle (*f.*), 2

stretch estirar

striped de rayas, 13

stubborn terco(-a), 3

student estudiante (*m., f.*), 1

study estudiar, 2

stupidity torpeza (*f.*)

subject tema (*m.*), 2; (*course*) asignatura, materia, 14

subsidized subvencionado(-a)

subway metro (*m.*), subterráneo (*m.*), 10

success éxito (*m.*)

Such bad luck! ¡Qué mala suerte!, 8

Such is life. Así es la vida.

suddenly de pronto, de repente, 18

sugar azúcar (*m.*), 9; **— cane** caña de azúcar (*f.*)

suggest sugerir (e:ie), 11

suit traje (*m.*), 13; **— one to perfection** venirle de perillas a uno, 18

suitcase maleta (*f.*); valija (*f.*), 7

summary resumen (*m.*)

summer verano (*m.*), 1

sun sol (*m.*)

sunbathe tomar el sol, 16

Sunday domingo (*m.*), 1

sunny: to be — hacer sol, 5

super (*of a building*) encargado(-a) (*m., f.*), 10

supermarket supermercado (*m.*), 9

supervision supervisión (*f.*), 17

supervisor supervisor(-a) (*m., f.*), 17

supper cena (*f.*), 7

sure seguro(-a), 8

surf hacer surfing, 16

surfboard tabla de mar (*f.*), 16

surprise sorpresa (*f.*), 8; sorprender, 11

surrounded rodeado(-a)

sweater suéter (*m.*)

sweep barrer, 6

sweet dulce

sweets dulces (*m. pl.*)

swim nadar, 7

swimming pool piscina (*f.*), alberca (*f.*) (*Mex.*), 7

sword espada (*f.*)

symptom síntoma (*m.*), 15

system sistema (*m.*)

T

T-shirt camiseta (*f.*), 13

table mesa (*f.*), 4

tablecloth mantel (*m.*), 5

tail cola (*f.*)

tailor sastre (*m.*)

take tomar, 2; (*someone or something someplace*) llevar, 3; (*a taxi*), 6 ; **— a picture** sacar (tomar) una foto, 4; **— advantage of** aprovechar, 15; **— an X-ray** hacer una radiografía, 15; **— away** quitar, 9; llevarse, 11; **— charge** hacerse cargo; **— off** quitarse, 9; **— out the garbage** sacar la basura, 6; **— place** tener lugar

talk conversar, platicar, 2; hablar, 2

tall alto(-a), 3

tank tanque (*m.*), 12

tape grabar, 18

taste probar (o:ue), 9

tasty sabroso(-a), rico(-a), 5

taxi taxi (*m.*), 6

tea té (*m.*), 5

teach enseñar (a), 18

teacher (*elementary school*) maestro(-a) (*m., f.*), 7

tear despedazar

tease tomarle el pelo (a alguien), 18

teaspoon cucharita (*f.*), 5

teenager adolescente (*m., f.*), 7

teeth dientes (*m. pl.*), 15

telephone teléfono (*m.*), 1; **— system** sistema de comunicación telefónica (*m.*), 17

television televisión (*f.*), 2

tell decir (e:i), 6; contar (o:ue), 8

temperature temperatura (*f.*), 15

ten diez, 1

tenderness ternura (*f.*)

tennis tenis (*m.*), 16; **— shoes** zapatos de tenis (*m. pl.*), 13

tent tienda de campaña (*f.*), 16

tenth décimo(-a), 7

tetanus shot inyección antitetánica (*f.*), 15

than que, 5

thank you gracias, 1; **— very much.** Muchas gracias., 1

thanks gracias, 1

that (*adj.*) que, 4; aquel(la), 6; (*adj.*) ese, 6; (*adj.*) esa, 6; (*neuter pron.*) aquello, 6; (*neuter pron.*) eso, 6; **— is to say** es decir; **— one** aquél(la), 7; ése, 7; ésa, 7; **— which** lo que, 6; **— which is +** *adj.* lo + *adj.*; **—'s why** por eso, 18

the el, la, las, los, 2

theater teatro (*m.*), 4

their su(s), 3

theirs suyo(-a)(s), 9

them ellas, ellos, 4; las, 6; los, 6; les, 7

theme tema (*m.*), 2

themselves se, 9

then entonces (*in that case*), 4

there allí; **— are, is** hay, 1

these (*adj.*) estos(-as), 7; (*pron.*) éstos(-as), 7

they ellos 1; ellas, 1

thin delgado(-a), 3

thing cosa (*f.*), 6

think creer, 3; pensar (e:ie), 4; **— about** pensar en, 18

third tercero(-a), tercer, 7

thirsty: to be — tener sed, 4

thirteen trece, 1

thirty treinta, 1

this (*adj.*) este, esta, 6; (*neuter pron.*), esto, 6; **— is he (she) speaking.** Con él (ella) habla., 3

those (*adj.*) aquellos(-as), 6; (*pron.*) aquéllos(-as), 6; (*adj.*) esos(-as), 6; (*pron.*) ésos(-as), 6

thousand mil, 3; millar (*m.*)

three tres, 1; **— hundred** trescientos(-as), 3

thriller película de suspenso (*f.*), 18

throat garganta (*f.*), 15

through por, 8

Thursday jueves (*m.*), 1

ticket (*for plane, train, bus*) pasaje (*m.*), 11; (*to an event*) boleto (*m.*), entrada (*f.*), 16; (*fine*) multa (*f.*), 8; **one-way —** billete (pasaje) de ida (*m.*), 11; **round-trip —** billete (pasaje) de ida y vuelta (*m.*), 11

tidy up arreglar, 6

tie corbata (*f.*), 13; **— together** apretar (e:ie)

tile teja (*f.*); (*ceramic*) azulejo (*m.*)

till menos (*telling time*), 2

time hora (*f.*), 2; tiempo, 2; vez (*in a series*) (*f.*), 4; **for the first —** por primera vez, 4; **have a good —** divertirse (e:ie), 16; **What — is it?** ¿Qué hora es?, 2

tip propina (*f.*), 5

tire llanta (*f.*), neumático (*m.*), 12

tired cansado(-a), 4

to (*telling time*) menos, 2; a, 2; para, 3

toaster tostadora (*f.*), 10

today hoy, 1

toe dedo del pie (*m.*), 15

together juntos(-as), 13

toilet paper papel higiénico (*m.*), 9

tomato tomate (*m.*), 9

tomb sepulcro (*m.*)

tomorrow mañana, 3; **— and not a day later** mañana mismo, 17

tongue lengua (*f.*), 15

tonight esta noche, 2

too también, 2; demasiado(-a), 8

touch toque (*m.*)

tourism turismo (*m.*), 7

tourist turista (*m., f.*), 11; **— card** tarjeta de turista (*f.*), 7; **— class** clase turista (*f.*), 11

tow truck grúa (*f.*), remolcador (*m.*), 12

towards hacia, 5

towel toalla (*f.*), 7

tower torre (*f.*)

town pueblo (*m.*), 11

trade oficio (*m.*), 14

tradition tradición (*f.*), 4

tragic trágico(-a)

train tren (*m.*), 11

tranquility tranquilidad (*f.*)

translate traducir, 6

translator traductor(-a) (*m., f.*), 17

travel viajar, 7; **— agency** agencia de viajes (*f.*), 11; **— agent** agente de viajes (*m., f.*), 11

traveler viajero(-a) (*m., f.*), 11

traveler's check cheque de viajeros (*m.*), 6

traveling de viaje, 11

tremble temblar

trip viaje (*m.*), 4

trousers pantalón (*m.*), pantalones (*m. pl.*), 8

truck camión (*m.*), 13

true cierto

trumpet trompeta (*f.*), 9

true? ¿verdad?, 11

trunk (*car*) maletero (*m.*), cajuela (*f.*), 12

trust confiar

truth verdad (*f.*), 6

try probar (o:ue), 9; **— on** probarse (o:ue), 9

Tuesday martes (*m.*), 1

tuition matrícula (*f.*), 14

tulip tulipán (*m.*), 8

turkey pavo (*m.*), 5

turn doblar, 12; **— ...years old** cumplir ...años, 9; **— in** entregar, 14; **— over** voltear; **— to** recurrir a

turtle tortuga (*f.*), 8

TV set televisor (*m.*), 7
twelve doce, 1
twenty veinte, 1; — **-one** veintiuno, 1; — **-two** veintidós, 1; — **-three** veintitrés, 1; — **-four** veinticuatro, 1; — **-five** veinticinco, 1; — **-six** veintiséis, 1; — **-seven** veintisiete, 1; — **-eight** veintiocho, 1; — **-nine** veintinueve, 1
twilight crepúsculo (*m.*)
two dos, 1; — **hundred** doscientos(-as), 3
type tipo (*m.*), 15; escribir a máquina, 17
tyrant tirano(-a) (*m., f.*)

U

ugly feo(-a), 3
umbrella paraguas (*m. sing.*)
uncle tío (*m.*), 4
under debajo de, 6; bajo, 17
understand entender (e:ie), 4
underwear ropa interior (*f.*), 13
unfortunate desafortunado(-a), 8
unfortunately desgraciadamente, por desgracia, desafortunadamente, 8
ungrateful (*adj.*) desagradecido(-a)
United States Estados Unidos (*m. pl.*)
university universidad (*f.*), 1; (*adj.*) universitario(-a), 3
unless a menos que, 14
unpleasant antipático(-a), 3
untie lines soltar (o:ue) amarras
until hasta, 7; hasta que, 14
untimely a deshoras
up to now hasta ahora, 14
us (*obj. of prep.*) nosotros(-as), 4; nos, 6, 7
use usar, 6
used usado(-a), 12
usefulness utilidad (*f.*)

V

vacant libre, 7; desocupado(-a), 10
vacate the room desocupar el cuarto, 7
vacation vacaciones (*f. pl.*), 7
vacuum pasar la aspiradora, 6
value valor (*m.*)
VCR videograbadora (*f.*), 17
vegetable verdura (*f.*), vegetal (*m.*), 5
verb verbo (*m.*)
very muy, 1; (**not**) — **well** (no) muy bien, 1
video camera cámara de video (*f.*), 7
vinegar vinagre (*m.*), 9
violet violeta (*f.*), 8
violin violín (*m.*), 9
visit visitar, 4 ; — **frequently** frecuentar
vocabulary vocabulario (*m.*)
volleyball vóleibol (*m.*), 16

W

wait (for) esperar, 9; aguardar
waiter camarero (*m.*), mozo (*m.*), 5

waiting list lista de espera (*f.*), 7
waitress camarera (*f.*), 5
wake up despertarse (e:ie), 9
walk caminar, ir a pie, ir caminando, 12
wall pared (*f.*), 2
wallet billetera (*f.*), cartera (*f.*), 13
wandering errabundo
want querer (e:ie), 4; desear, 11
war guerra (*f.*), 18
warning advertencia (*f.*)
wash lavar(se), 9; — **dishes** lavar los platos, fregar (e:ie) los platos, 6; — **one's hair** lavarse la cabeza, 9
washing machine lavadora (*f.*), 10
wastebasket cesto de papeles (*m.*), 2
watch mirar, 5
water agua (*f.*), 4; — **ski** esquí acuático (*m.*), 16
watermelon sandía (*f.*), 9
wave ola (*f.*)
way modo (*m.*)
we nosotros(-as), 1
wear usar; — **a certain (shoe) size** calzar, 13; **not to have anything to —** no tener nada que ponerse, 13
weather tiempo (*m.*); — **forecast** pronóstico del tiempo; **to be good (bad) —** hacer buen (mal) tiempo, 6; **What's the weather like?** ¿Qué tiempo hace?, 6
weatherbeaten curtido(-a)
wedding boda (*f.*), 18
Wednesday miércoles (*m.*), 1
week semana (*f.*), 4
weekend fin de semana (*m.*), 4
weigh pesar
welcome bienvenido(-a), 4; **You're —.** De nada., 1
well bien, 1; pues, 6; — **... okay** bueno…, 1
west oeste (*m.*), 16
western (movie) película del oeste (de vaqueros) (*f.*), 18
what cuál, 1; qué, 2; lo que, 6; — **a pity!** ¡Qué lástima!, 15; — **do you think about . . . ?** ¿Qué les parece si…?, 13; — **for?** ¿Para qué?, 18; — **is the rate of exchange?** ¿A cómo está el cambio de moneda?, 7; — **is your name?** ¿Cómo se llama Ud.? (*form.*), 1; ¿Cómo te llamas? (*fam.*), 1; — **is your phone number?** ¿Cuál es tu número de teléfono?, 1; — **the heck!** ¡Qué diablo!; — **time is it?** ¿Qué hora es?, 2; — **'s the date today?** ¿A cuánto estamos hoy?, 18; — **'s up (new)?** ¿Qué hay (de nuevo)?, 1
wheat trigo (*m.*)
wheelchair silla de ruedas (*f.*), 15
when? ¿cuándo?, 2; cuando, 14
where? ¿dónde?, 1; ¿adónde? (*destination*)
which? ¿cuál?, 1; (*rel. pron.*) que, 10

while mientras, 3; **a —** un rato, 4; **for a —** por un tiempo, 12
white blanco(-a), 1
who (*rel. pron.*) que, 4; quien(es), 10
whom quien, quienes, 10
whose de quién
why? ¿por qué?
wide ancho(-a), 13
widowed viudo(-a), 3
wife esposa (*f.*), mujer (*f.*), 5
will power voluntad (*f.*)
win ganar, 16
window ventana (*f.*), 2; (*of a vehicle or booth*) ventanilla (*f.*), 12; — **seat** asiento de ventanilla (*m.*), 11; **to — shop** mirar vidrieras, 13
windshield parabrisas (*m.*), 12
windy: to be — hacer viento, 6
wine vino (*m.*), 4
winter invierno (*m.*), 1
wish desear, 2; querer (e:ie), 4
with con, 1; de, 16; — **me** conmigo, 2; — **you** (*fam. sing.*) contigo, 4
without sin que, 14; sin; — **fail** sin falta, 18; — **rhyme or reason** sin qué ni para qué, 18
woman mujer (*f.*)
women's department departamento de (ropa para) damas, 13
wood madera (*f.*)
wool lana (*f.*), 13
word palabra (*f.*), 17; — **processor** procesador de textos (*m.*), 17
work trabajar, 2; trabajo (*m.*), 3; funcionar, 12; (*of art*) obra (*f.*)
world mundo (*m.*), 17; — **Wide Web** Internet (*f.*), Red (*f.*), 7
worried preocupado(-a), 4
worry (about) preocuparse (por), 9
worse peor, 5
worst el (la) peor, 5
worth: to be — the trouble valer la pena, 12
wrapped envuelto(-a), 14
write escribir, 3; — **down** anotar, 2
writer escritor(-a) (*m., f.*), 14
written escrito(-a), 14
wrong: to be — estar equivocado(-a), no tener razón, 4

X

X-ray radiografía (*f.*), 15; — **room** sala de rayos X (*f.*), 15

Y

year año (*m.*), 3; **to be . . . —s old** tener… años, 4
yellow amarillo(-a), 1
yes sí, 2
yesterday ayer, 7
you (*subj.*) tú (*fam.*), usted (Ud.) (*form.*); ustedes, vosotros(-as), 1; (*d.o. pron.*) la(s), lo(s), os, te, 6; (*i.o. pron.*) le(s), os, te, 7; (*obj. of prep.*) ti, usted(es), vosotros(-as), 4

young joven (*m.*, *f.*), 17; **— man** chico (*m.*), muchacho (*m.*), 2; joven (*m.*), 15; **— lady** señorita (*f.*), 1; **— people** jóvenes (*m.*, *f.*); **— woman** chica (*f.*), muchacha (*f.*), 2; joven (*f.*), 15
younger menor, 5
youngest el (la) menor, 5

your su(s), tu(s), vuestro(-a)(-os) (-as), 3
yours suyo(-a)(s), tuyo(-a)(s), vuestro(-a)(s), 9
yourself se, te, 9
yourselves os, se, 9
youth juventud (*f.*), 9

Z

zero cero, 1
zip code zona postal (*f.*), 3
zoo zoológico (*m.*), 4

Index

Credits

Photos

Lesson 1 p. 2: Bill Jarvis; **p. 3L:** © Danny Lehman/Corbis; **p. 3C:** ©Stewart Aitchison/DDB Stock Photo; **p. 3R:** David R. Frazier/PhotoEdit, Inc.; **p. 10TL:** © Royalty-Free/Corbis; **p. 10BL:** Robert Frerck and Odyssey Productions, Inc.; **p. 10R:** ©H. Huntly Hersch/DDB Stock Photo; **p. 11TL:** Robert Frerck and Odyssey Productions, Inc.; **p. 11TR:** Jeff Greenberg/PhotoEdit, Inc.; **p. 11C:** © JLP/Jose L. Pelaez/Corbis; **p. 11B:** ©Joe Sohm/The Image Works; **p. 15:** ©Bill Cotton/Colorado State University, ©Leo Tanguma; **p. 19:** La Belle Aurore/Alamy; **p. 25:** David Young-Wolff/PhotoEdit, Inc.; **p. 26L:** David R. Frazier/Stock Boston; **p. 26CL:** Flash!Light/Stock Boston; **p. 26C:** David R. Frazier/Stock Boston; **p. 26CR:** Robert Fried/Stock Boston; **p. 26R:** Esbin-Anderson /The Image Works; **p. 28TL:** AP/Wide World Photos; **p. 28TR:** AP/Wide World Photos; **p. 28CL:** Robert Frerck and Odyssey Productions, Inc.; **p. 28CR:** ©Bill Cotton/Colorado State University, ©Leo Tanguma; **p. 28B:** AP/Wide World Photos; **p. 29TL:** ©Robert Holmes/Corbis; **p. 29TR:** Chuck Peflay/Stock Boston.

Lesson 2 p. 30: ©Chris R. Sharp/DDB Stock Photo; **p. 31L:** Vic Bider/PhotoEdit,Inc.; **p. 31R:** © Nik Wheeler/Corbis; **p. 38T:** Tomas Stargardter/Latin Focus; **p. 38B:** Ulrike Welsch; **p. 39T:** Beryl Goldberg; **p. 39C:** Jeff Greenberg/PhotoEdit, Inc.; **p. 39B:** ©Max & Bea Hunn/DDB Stock Photo; **p. 54T:** Bill Jarvis; **p. 54B:** Ana C. Jarvis; **p. 57:** Image Source Black/Getty Images; **p. 58:** Raquel Lebredo; **p. 60TL:** Alex Wong/Getty Images; **p. 60TR:** Mark Wilson/Getty Images; **p. 60BL:** David Bergman/Corbis; **p. 60BC:** Sean Gallup/Getty Images; **p. 60BR:** Mark Wilson/Getty Images; **p. 61L:** ©David Samuel Robbins/Corbis; **p. 61R:** David R. Frazier.

Lesson 3 p. 62: © LWA-Stephen Welstead/zefa/Corbis; **p. 63L:** Beryl Goldberg; **p. 63R:** © Richard Cummins/Corbis; **p. 70L:** Beryl Goldberg; **p. 70R:** James Marshall/The Image Works; **p. 71L:** ©Richard Chung/Reuters/Corbis; **p. 71C:** Bill Bachmann/The Image Works; **p. 71R:** Bill Bachmann/The Image Works; **p. 71B:** Beryl Goldberg; **p. 77L:** Carlos Alvarez/Getty Images; **p. 77R:** ©Steve Sands/Corbis; **p. 95L:** Creatas Images/Jupiter Images; **p. 95R:** © Michael A. Keller/Corbis; **p. 88T:** Beryl Goldberg; **p. 88B:** Beryl Goldberg; **p. 89TL:** Courtesy of Nydia Valasquez; **p. 89TR:** © Nancy Kaszerman /ZUMA/Corbis; **p. 89BL:** Gerard Julien/AFP/Getty Images; **p. 89BC:** Scott Gries /Getty Images; **p. 89BR:** Stephen Shugerman/Getty Images.

Lesson 4 p. 96: Zephyr Picture/Index Stock; **p. 97L:** Jimmy Dorantes/Latin Focus; **p. 97C:** © Brand X Pictures/Alamy; **p. 97R:** © AM Corporation/Alamy; **p. 104L:** Robert Frerck and Odyssey Productions, Inc.; **p. 104R:** AP/Wide World Photos; **p. 105T:** H. Gans/The Image Works; **p. 105C:** © Gustavo Amador/epa/Corbis; **p. 105B:** Betty Press/Panos Pictures; **p. 117:** Getty Images/Uppercut; **p. 118T:** Ana C. Jarvis; **p. 118CT:** Robert Frerck and Odyssey Productions, Inc.; **p. 118CB:** H. Huntly Hersch/DDB Stock Photo; **p. 118B:** Beryl Goldberg; **p. 120T:** Beryl Goldberg; **p. 120B:** ©Suzanne Murphy-Larronde/DDB Stock Photo; **p. 121T:** Robert Frerck and Odyssey Productions, Inc.; **p. 121BL:** © Banco de México Diego Rivera & Frida Kahlo Museums Trust. Av. Cinco de Mayo No. 2, Col. Centro, Del. Cuauhtémoc 06059, México, D.F. SFMOMA internal number: 36.6061; **p. 121BC:** AP/Wide World Photos; **p. 121BR:** AP/Wide World Photos.

Lesson 5 p. 122: ©John Mitchell/DDB Stock Photo; **p. 123T:** ©J.P. Courau/DDB Stock Photo; **p. 123BL:** Bill Wassman/Lonely Planet Images; **p. 123BR:** D. Donne Bryant/DDB Stock Photo; **p. 130T:** Beryl Goldberg; **p. 130C:** Randall Hyman/Stock Boston; **p. 130B:** Robert Fried Photography; **p. 131TL:** Beryl Goldberg; **p. 131TR:** Beryl Goldberg; **p. 131BL:** SuperStock; **p. 131BR:** Beryl Goldberg; **p. 131B:** ©John Mitchell /DDB Stock Photo; **p. 145:** Doug Menuez/Getty Images; **p. 146:** Robert Frerck and Odyssey Productions, Inc.; **p. 148L:** ©Libro sagrado de los Mayas. Text ©1999 Victor Monejo; Illustration ©1999 by Luis Garay; First published in Canada by Groundwood Books/Douglas & McIntyre Ltd.; **p. 148R:** SIPA Press; **p. 149L:** AP/Wide World Photos; **p. 149RT:** Jefkin/Elnekave Photography; **p. 149RB:** Beryl Goldberg; **p. 149RL:** Beryl Goldberg.

Lesson 6 p. 150: © Royalty-Free/Corbis; **p. 151L:** Max and Bea Hunn/DDB Stock Photo; **p. 151TR:** © Tony Arruza/CORBIS; **p. 151BR:** © Oswaldo Rivas/Reuters/Corbis; **p. 158TL:** Peter Menzel/Stock Boston; **p. 158BL:** ©Bob Daemmrich/The Image Works; **p. 158R:** ©Royalty- Free/Corbis; **p. 159TR:** David Dudenhoefer and Odyssey Productions, Inc.; **p. 159L:** © H. Huntly Hersch/DDB Stock Photo; **p. 159BR:** ©Robert Fried/DDB Stock Photo; **p. 159B:** ©Jean-Yves Rabeuf-Valette/The Image Works; **p. 173:** Myrleen Ferguson Cate/PhotoEdit; **p. 174:** AP/Wide World Photos; **p. 176L:** San Antonio de Oriente, 1972, oil on canvas, collection of the Art Museum of the Americas, OAS, Washington DC; **p. 176R:** ©Corbis; **p. 177TL:** Hulton Archive/Getty Images; **p. 177TR:** Stan Honda/AFP/Getty Images; **p. 177B:** Brenda J. Latvala/DDB Stock Photo.

Lesson 7 p. 184: © Roberto Soncin Gerometta/Alamy; **p. 185L:** Robert Frerck and Odyssey Productions, Inc.; **p. 185C:** Ulrike Welsch; **p. 185R:** ©Steve Kaufman/Corbis; **p. 192T:** Elizabeth Hansen/Adams/Hansen Stock Photos; **p. 192B:** Jeff Zaruba/Corbis; **p. 193T:** © Richard Broadwell/Alamy; **p. 193C:** Shalom Ormsby/Getty Images; **p. 193B:** © Dave G. Houser/Corbis; **p. 207:** Getty Images/Image Source; **p. 210TL:** Francis Lepine/Earth Scenes; **p. 210TR:** Ulrike Welsch; **p. 210B:** Robert Frerck and Odyssey Productions, Inc.; **p. 211L:** Suzanne Murphy/DDB Stock Photography; **p. 211C:** AP/Wide World Photos; **p. 211R:** Luis Acosta/AFP/Getty Images.

Lesson 8 p. 212: © Macduff Everton/Corbis; **p. 213L:** ©James Marshall/The Image Works; **p. 213C:** © Bruce Adams; Eye Ubiquitous/CORBIS; **p. 213R:** ©Bob Krist/Corbis; **p. 220T:** Robert Fried Photography; **p. 220C:** Ulrike Welsch; **p. 220B:** Robert Frerck and Odyssey Productions, Inc.; **p. 221T:** David R. Frazier Photolibrary; **p. 221C:** David Frazier/PhotoEdit; **p. 221B:** Mark Kavanagh; **p. 233:** © Frank Conlon/Star Ledger/Corbis; **p. 236T:** Townsend Dickinson/The Image Works; **p. 236BL:** ©Robert Frerck and Odyssey Productions, Inc.; **p. 236BR:** Ana Martinez/Reuters/CORBIS; **p. 237T:** ©Bettmann/Corbis; **p. 237B:** AP/Wide World Photos.

Lesson 9 p. 238: Paul Burns/blend images/age fotostock; **p. 239L:** Ulrike Welsch; **p. 239C:** Topham/Pressnel/The Image Works; **p. 239R:** Cosmo Condina/Getty Images; **p. 246T:** Suzanne Murphy-Larronde/DDB Stock Photos; **p. 246B:** Ana C. Jarvis; **p. 247T:** Martha Cooper/Viesti Associates; **p. 247C:** Jimmy Dorantes/Latin Focus; **p. 247B:** Angelo Cavalli/Getty Images; **p. 261:** Brand X/Jupiter Images; **p. 264:** ©Massimo Mastrorillo/Corbis; **p. 265TL:** ©Tom Bean/Corbis; **p. 265TR:** Dimitrios Kambouris/Fashion Wire Daily/AP/Wide World Photos; **p. 265C:** ©Kimberly White/Reuters/Corbis; **p. 265BL:** ©Bettmann/Corbis; **p. 265BR:** ©Peter Morgan /Reuters/Corbis.

Lesson 10 p. 272: Michael Moody/DDB Stock Photo; **p. 273TR:** © D. Donne Bryant/DDB Stock Photo; **p. 273BL:** Streano/Havens; **p. 273BR:** ©Neil Rabinowitz/Corbis; **p. 280T:** Paul Vozdic/Getty Images; **p. 280C:** Margot Granitsas/The Image Works; **p. 280B:** Beryl Goldberg; **p. 281L:** David Simson/Stock Boston; **p. 281C:** Degas Parra/ADK Images/Viesti Associates; **p. 281R:** Ulrike Welsch; **p. 281B:** Ecograph Editores; **p. 291:** Shelley Gazin/The Image Works; **p. 294T:** Mark Antman/The Image Works; **p. 294BL:** ©Mitchell Gerber/Corbis; **p. 294BR:** AP/Wide World Photos; **p. 295L:** D. Donne Bryant/DDB Stock Photography; **p. 295R:** Max and Bea Hunn/DDB Stock Photography.

Lesson 11 p. 296: Stuart Cohen/The Image Works; **p. 297T:** ©Paolo Ragazzini/Corbis; **p. 297C:** ©Robert Frerck and Odyssey Productions, Inc.; **p. 297B:** © Daniel Munoz/Reuters/Corbis; **p. 304T:** ©Viesti Associates; **p. 304B:** Beryl Goldberg; **p. 305L:** © Robert Frerck and Odyssey Productions, Inc.; **p. 305C:** ©Robert Frerck and Odyssey Productions, Inc.; **p. 305R:** Topham/The Image Works; **p. 305B:** Beryl Goldberg; **p. 313:** © Colin Young-Wolff/PhotoEdit; **p. 316L:** Piero Pomponi/Liaison/Getty Images; **p. 316R:** AP/Wide World Photos; **p. 317T:** © Museo del Oro; **p. 317BL:** Les Stone/SYGMA/Corbis; **p. 317BR:** ©Museum of Modern Art/Licensed by SCALA/Art Resource, NY©Fernando Botero, courtesy Marlborough Gallery, New York.

Lesson 12 p. 318: © Andrew Holt/Alamy; **p. 319BL:** Robert Fried Photography; **p. 319BR:** Anna E. Zuckerman/PhotoEdit; **p. 319R:** © Amy Johnson; **p. 326T:** Ulrike Welsch; **p. 326B:** Chip & Rosa Maria Peterson/Peterson Photos; **p. 327T:** Robert Fried/DDB Stock Photo; **p. 327C:** Michael Dwyer/Stock Boston; **p. 327B:** Adalperto Rios Szalay/Sexto

Sol/Getty Images; **p. 331:** Ana C. Jarvis; **p. 337:** © Digital Vision/Alamy; **p. 340T:** © Robert Frerck and Odyssey Productions, Inc.; **p. 340BL:** ©Gianni Dagli Orti/Corbis; **p. 340BR:** ©Richard Smith/Corbis; **p. 341T:** Robert Fried Photography; **p. 341BL:** Robert Fried Photography; **p. 341BR:** Robert Fried Photography.

Lesson 13 p. 348: © Jon Hicks/Corbis; **p. 349T:** © Robert Frerck and Odyssey Productions, Inc.; **p. 341C:** George F. Mobley/NGC/Getty Images; **p. 341B:** © Robert Frerck and Odyssey Productions, Inc.; **p. 356T:** D. Donne Bryant/DDB Stock Photography; **p. 356B:** D. Donne Bryant/DDB Stock Photography; **p. 357T:** Mark Lewis/Getty Images; **p. 357TC:** © Robert Frerck and Odyssey Productions, Inc.; **p. 357BC:** ©Hubert Stadler/Corbis; **p. 357B:** Ulrike Welsch; **p. 365:** Ana C. Jarvis; **p. 370TL:** AP/Wide World Photos; **p. 370TR:** AP/Wide World Photos; **p. 370B:** Ulrike Welsch; **p. 371T:** ©Corbis; **p. 371B:** Charles O'Rear/Corbis.

Lesson 14 p. 372: Cy Hire/Tom Stack & Associates; **p. 373T:** (c) Kit Houghton/CORBIS; **p. 373C:** Peter Adams Photography/Alamy; **p. 373B:** Robert Frerck/Getty Images; **p. 380T:** © Robert Frerck and Odyssey Productions, Inc.; **p. 380B:** Richard Hutchings/PhotoEdit; **p. 381T:** ©David Butow/Corbis; **p. 381C:** Chris Sharp/DDB Stock Photo; **p. 381B:** Robert Frerck/Odyssey/Chicago; **p. 391:** ©H. Huntly Hersch/DDB Stock Photo; **p. 396T:** Carsten Peter/Getty Images; **p. 396BL:** ©Bettmann/Corbis; **p. 396BR:** ©Bettmann/Corbis; **p. 397TL:** David R. Frazier Photolibrary; **p. 397TR:** © Robert Frerck and Odyssey Productions, Inc.; **p. 397B:** Adriana Groisman/Contact Press Images.

Lesson 15 p. 398: © Jose Luis Pelaez, Inc./Blend Images/Corbis; **p. 399BL:** Jose Luis Pelaez Inc/Getty Images; **p. 399BR:** imagebroker/Alamy; **p. 399T:** Fabian Samaniego; **p. 406T:** Ulrike Welsch; **p. 406B:** © Robert Frerck and Odyssey Productions, Inc.; **p. 407T:** Kathrine McGlynn/The Image Works; **p. 407C:** Beryl Goldberg; **p. 407B:** Michael Moody/DDB Stock Photo; **p. 417:** Ron Chapple/Getty Images; **p. 420:** Ana C. Jarvis; **p. 422:** Science Museum of Minnesota; **p. 423T:** Jefkin/Elnekave Photography; **p. 423BL:** Joly/Latin Stock/DDB Stock Photo; **p. 423BR:** Chris R. Sharp/DDB Stock Photo.

Lesson 16 p. 430: Miguel Riopa/AFP/Getty Images; **p. 431L:** ©Stephanie Maze/Corbis; **p. 431C:** ©Massimo Mastrorillo/Corbis; **p. 431R:** © Amy Johnson; **p. 438T:** Mark Romanelli/Getty Images; **p. 438B:** Claudio Bravo, courtesy, Marlborough Gallery, New York; **p. 439T:** ©Andres Stapff/Reuters/Corbis; **p. 439C:** ©Galen Rowell/Corbis; **p. 439B:** Max and Bea Hunn/DDB Stock Photo; **p. 447:** Ron Niebrugge/Alamy; **p. 452L:** ©Bettmann/Corbis; **p. 452R:** Beryl Goldberg; **p. 453T:** Eduardo Garcia/Getty Images; **p. 453BL:** Marcelo Isarrualde/Susan Bergholz Literary Services; **p. 453BR:** AP/Wide World Photos.

Lesson 17 p. 454: Black/Getty Images; **p. 455BL:** © Robert Frerck and Odyssey Productions, Inc.; **p. 455BR:** Jose Fusta Raga/eStock Photo; **p. 455T:** Mark Antman/The Image Works; **p. 462T:** ©Rob Lewine/Corbis; **p. 462B:** © Javier Larrea/age footstock; **p. 463T:** © Lorne Resnick/age footstock; **p. 463C:** Melanie Stetson Freeman/The Christian Science Monitor via Getty Images; **p. 463B:** ©Leslie Richard Jacobs/Corbis; **p. 471:** ©Royalty-Free/Corbis; **p. 476L:** Houghton Mifflin Company; **p. 476R:** © Dany Virgili/SPANISH ROYAL HOUSE/epa/Corbis; **p. 477TL:** Mark Antman/The Image Works; **p. 477TR:** Robert Fried Photography; **p. 477BL:** Steve Vidler/eStock Photo **p. 477BR:** Mark Antman/The Image Works.

Lesson 18 p. 478: George Pimentel/WireImage/Getty Images; **p. 479L:** © Patrick Ward/CORBIS; **p. 479C:** © Adam Woolfitt/Corbis; **p. 479R:** David R. Frazier Photolibrary; **p. 483:** EL DESEO S.A./The Kobal Collection; **p. 486TL:** Mark Wilson/Getty Images; **p. 486R:** ©Claudio Papi/Reuters/Corbis; **p. 486BL:** ©Mitchell Gerber/Corbis; **p. 486TL:** Adriana Groisman/Contact Press Images; **p. 486TR:** Ulrike Welsch; **p. 486BL:** © Sergio Barrenechea/epa/Corbis; **p. 486CR:** Jack Vartoogian/FrontRowPhotos; **p. 486BR:** © Reuters/Corbis; **p. 486B:** © Mark Antman/The Image Works; **p. 495:** Colin Young-Wolff/PhotoEdit; **p. 500:** ©Charles Lenars/Corbis; **p. 501TL:** © Robert Frerck and Odyssey Productions, Inc.; **p. 501TR:** Beryl Goldberg; **p. 501B:** © Robert Frerck and Odyssey Productions, Inc.

Text and Illustrations

All maps, graphics, and illustrations © Houghton Mifflin Publishing, with the following exceptions.

Lesson 5, p. 146: "¿Qué hemos de comer cada día?" Reprinted with permission from *Vivir Feliz.* **Lesson 6, p. 174:** "Con el son en las venas." From *Selecciones*, pp. 52–59. *Revista Selecciones* del Reader's Digest, diciembre de 2002. **Lesson 7, p. 208:** "Costa Rica busca aumentar la entrada de cruceros." From *El Nuevo Día,* Sección Negocios, p. 97, 18 diciembre 2002. **Lesson 8, p. 234:** "El día de la semana en que nació marcó su suerte." Adapted from *Vanidades,* Año 35, No. 5, pp. 84–87. Reprinted with permission of Editorial Televisa. **Lesson 10, p. 281B:** © Ecograph Inc. **Lesson 13, p. 368:** "Yo no tengo soledad." From *Ternura* by Gabriela Mistral. Copyright © 1989 Editorial Universitaris, Santiago de Chile. Reprinted with permission. **p. 369:** "Meciendo" by Gabriela Mistral from *Selected Poems of Gabriela Mistral: A Bilingual Edition* (Baltimore: The Johns Hopkins University Press, 1971), edited by Doris Dana. Copyright © 1961, 1964, 1970, 1971 by Doris Dana. Reprinted with the permission of Joan Daves Agency/Writer's House, Inc., New York, on behalf of the proprietors. **Lesson 15, p. 420:** "Jacarandá en California" reprinted with permission of Hugo Rodríguez-Alcalá. **Lesson 17, p. 474–475:** "El tiempo y el espacio" by Julio Camba. Reprinted with permission.

América del Sur

Mar Caribe

OCÉANO ATLÁNTICO

OCÉANO PACÍFICO

Barranquilla
Cartagena
Maracaibo
Caracas
La Guaira
Puerto España
TRINIDAD Y TOBAGO
San Carlos
Ciudad Bolívar
VENEZUELA
Medellín
Zipaquirá
Bogotá
Cali
COLOMBIA
Popayán
San Agustín
Otavalo
Pichincha
Santo Domingo
de los Colorados
Quito
ECUADOR
Chimborazo
Guayaquil
Iquitos
Georgetown
Paramaribo
Cayena
GUYANA
SURINAM
GUAYANA FRANCESA
Salto Ángel
Río Orinoco
Río Negro
Río Amazonas
Manaos
Belén
Ecuador
CORDILLERA DE LOS ANDES
Sipán
Trujillo
PERÚ
Callao
Lima
Machu Picchu
Cuzco
Puno
Arequipa
Lago Titicaca
La Paz
Tiahuanaco
Cochabamba
Arica
Sucre
BOLIVIA
Iquique
Potosí
BRASIL
Recife
Salvador
Brasilia
Bello Horizonte
Río Madeira
Río Paraguay
Filadelfia
PARAGUAY
Asunción
San Pablo
Río de Janeiro
Santos
Trópico de Capricornio
Antofagasta
Salta
San Miguel de Tucumán
Resistencia
Puerto Iguazú
Río Paraná
Río Uruguay
Puerto Alegre
Córdoba
Aconcagua
Mendoza
Rosario
URUGUAY
Montevideo
Punta del Este
CHILE
Viña del Mar
Valparaíso
Santiago
ARGENTINA
Buenos Aires
La Plata
Río de la Plata
Concepción
Mar del Plata
Río Colorado
Bahía Blanca
CORDILLERA DE LOS ANDES
Bariloche
Puerto Montt
PATAGONIA
Estrecho de Magallanes
Islas Malvinas
Punta Arenas
TIERRA DEL FUEGO
Cabo de Hornos

ISLAS GALÁPAGOS
San Salvador
Santa Cruz
San Cristóbal
Isabela
Ecuador
Quito
ECUADOR
Guayaquil

0   250   500 Km.
0   250   500 Mi.